국어의미론의 새로운 인식과 전개 3

국어의미론의 접목과 확장

국어의미론의 새로운 인식과 전개 3

국어의미론의 접목과 확장

윤평현 선생 정년퇴임 기념논총 간행위원회

역락

발간사

  윤평현 교수님께서 2016년 2월 정년을 맞아 40여 년을 몸담은 교단을 떠나십니다. 선생님의 영예로운 퇴임을 축하하고 그 간의 학덕을 오래오래 기리기 위하여 정년퇴임 기념 논총을 만들었습니다.

  선생님을 뵈면 누구나 그가 온화하고 부드러운 분이라는 것을 알 수 있습니다. 좀 더 가까이 지내다 보면 속이 올곧고 꿋꿋하다는 것도 곧 알게 됩니다. 선생님은 한 마디로 천성이 외유내강하신 분입니다. 외유내강은 교육과 연구를 업으로 삼는 대학 교수에게는 제일로 꼽는 덕목일 것입니다. 존경 받는 교육자로서, 학문의 경지가 높은 학자로서 선생님께서 후회 없는 교단생활을 할 수 있었던 것도 외유내강하신 성품 때문에 가능했을 것입니다.

  선생님의 연구 활동은 국어문법론 특히 통사론으로 시작하여 차츰 의미론으로 연구 영역을 확장하였는데 그 결과로 지금까지 10권의 저서와 70여 편의 논문을 발표하였습니다. 학문 활동의 초반부에는 국어 접속어미 연구에 진력하여 30여 편의 논문을 발표하고, 1989년에 국어학계 최초의 국어 접속어미 연구서인 「국어의 접속어미 연구」를 내놓으셨습니다. 이후 계속 정진하여 2005년에 「현대국어 접속어미 연구」를 출간하였는데, 이 저서는 대한민국 학술원의 기초학문 우수도서로 선정되었습니다. 중반부부터는 의미 연구에 집중하여 30여 편의 논문을 발표하였습니다. 2008년에 출간한 「국어의미론」은 국어의미론 연구서 가운데 손꼽히는 역저로 평가받고 있으며, 문화체육관광부의 우수 학술도서로 선정되기도 하였습니다. 2013년에는 「국어의미론 강의」를 출간하여 국어 의미 연구와 교육에 크게 기여하고 있습니다. 이러한 업적만으로도 선생님의 발자취는 국어학계에 오랫동안 남아 있을 것입니다.

선생님은 국어국문학 분야의 모 학회인 국어국문학회 대표이사를 지방대학 교수로서는 처음으로 맡는 영예를 얻기도 하고, 한국어의미학회 회장으로서 학회의 발전에 헌신하기도 하였습니다. 현재도 국어국문학회와 한국어의미학회는 물론 국어학회, 한글학회, 한국언어문학회, 한국어문학회의 평의원으로서 왕성하게 활동하고 있으십니다. 또한 전남대학교 인문대학장을 비롯하여 전국인문대학장 협의회 회장, 교육부 전국대학 학문분야 [국어국문학] 평가위원회 위원장, 국어정책심의위원회 위원장 등 여러 행정 업무를 맡아 탁월한 행정 수완을 보여주기도 하였습니다.

선생님은 교수로서의 직분에 최선을 다하시고 이제 정년을 맞아 그 짐을 내려놓으십니다. 이에 동료 후학들이 모여 선생님의 업적을 기리기 위한 기념논총 만들기로 하고, 선생님께서 특히 헌신하신 분야인 '국어의미론 연구'로 제한하여 원고를 받았습니다. 그런데 무려 57편에 달하는 옥고가 답지하여 새삼스럽게 선생님의 학덕과 인품을 우러러보게 되었습니다. 논총의 편집을 끝내고 보니 책의 규모가 1,700여 쪽을 넘어 부득이 세 권의 책으로 분권하여 만들었습니다.

이 논총에 실린 논문들은 2000년 이후 국어의미론 연구의 성과를 담고 있습니다. 지난 15년 동안 국어의미론은 의미 연구에 대한 새로운 인식과 함께 다양한 전개가 이루어졌습니다. 따라서 이 논총에 실린 논문들은 2000년 이후의 연구 업적의 축적이라고 말할 수 있습니다. 이 논총의 구성을 보면, 제1권 「국어의미론의 탐색」은 의미 연구의 기반이라고 할 수 있는 어휘 의미에 대한 연구 성과를 담았습니다. 여기에 실린 논문들을 통해서 어휘 의미 연구의 다양성은 물론 의미 연구의 출발점이 어디에 있는가를 생각해 볼 수 있습니다. 특히 전통의 계승 발전과 새로운 연구 방법의 접목은 우리가 사용하는 어휘의 심연을 들여다보게 할 것입니다. 제2권 「국어의미론의 심화」는 논리의미론과 화용론 분야에서 최근에 이루어진 연구 성과를 담았습니다. 여기에 게재된 논문들을 통해서 의미 연구의 대상이 어휘에서 문장으로, 문장에서 담화로 확장되는 모습을 볼 수 있습니다. 그리고 문장 또는 담화의 내적구조와 의미가 어떠한 상관관계를 가지고 있으며 그것들이 어떠한 방법으로 소통하는가에 대해서도 알 수 있을 것입니다. 제3권 「국어의미론의 접목과 확장」은 인지의미론, 텍스트언어학, 의미 교육 등 의미론 연구의 외연을 넓혀주는 논문들을 실었습니다. 최근 언어학과 밀접한 관계를 맺고 있는 철학, 심리학, 사회학, 교육학, 통계학 등의 연구 방법이 의미론에 어떻게 접목되는가를 알 수 있으며, 이러한 방법론을 통해서 기존의 연구 방법에서 살피지 못했던 의미의 다른 모습들도 보게 될 것입니다.

이제 윤평현 교수님께서 정년을 맞이하여 공식적으로는 교단을 떠나십니다. 그렇지만 학문에 대한 깊은 성찰과 끝없는 열정은 후학들에게 오랜 세월 귀감으로 남아 있을 것입니다. 앞으로의 연구 활동뿐만 아니라 일상생활에서도 더욱 강건하시기를 기원합니다. 그리고 선생님의 영예로운 정년퇴임을 송축하는 마음을 담아 이 논총을 올립니다.

끝으로 출판에 물심양면으로 도와주신 역락의 이대현 사장님과 편집을 맡아 수고해주신 권분옥 편집장님께 심심한 사의를 올립니다.

2016년 2월 1일
윤평현 선생 정년퇴임 기념논총 간행위원회

차례

어휘의미론과 인지언어학

1. 들머리

어휘의미론은 국어학 연구에서[1] 영고성쇠가 가장 극심한 영역 가운데 하나라 하겠다. 1950년대에 역사언어학의 관점에서 의미변화의 연구가 어휘의미론의 주류를 이루었으나, 1960년대에 기술언어학이 전개되면서 형태론 연구에 밀려 어휘의미론은 무대 전면에 나서지 못했다. 1970년대에 접어들어 구조언어학이 구조의미론으로 결실을 맺을 무렵에는 의미구조 및 의미관계의 연구가 활성화되었으나, 곧바로 변형생성언어학이 도입되면서 '나뭇가지 그림(tree diagram)'으로 상징되던 통사론 중심의 유행 앞에서 어휘의미론은 구시대의 유물처럼 국어 연구의 무대에서 영원히 사라지는 듯했다. 그러다가 1990년대에 언어학의 블루오션이라 할 수 있는 인지언어학이 소개되면서 어휘의미론은 그 어느 때보다도 튼실하고 역동적인 이론적 뒷받침

---

[1] 이와 관련하여 현대 언어학의 흐름은 소쉬르(1916)의 '구조언어학', 블룸필드(1933)의 '기술언어학', 촘스키(1957)의 '변형생성언어학', 그리고 레이콥(1987)과 래너커(1987)의 '인지언어학'을 들 수 있다. 국어학계에서 구조언어학과 기술언어학은 1950-60년대에 도입되어 국어학을 언어과학으로 정착시켰는데, 그 중 구조언어학은 국어 음운론 연구에 새로운 시각을 제공했으며, 기술언어학은 국어 형태론 연구를 정밀화시키는 데 기여했다. 또한 변형생성언어학은 1970-80년대에 도입되어 언어능력의 해명과 국어 통사론 연구를 활성화시켰다. 한편, 인지언어학은 1990년대에 도입되어 국어 의미론을 비롯하여 통사론, 형태론, 그리고 화용론과 담화분석의 지평을 넓혀 오고 있다.

속에서 국어학 연구의 보고(寶庫)로 재평가되기에 이르렀다.

  잘 알려진 바와 같이 '인지언어학(cognitive linguistics)'은 인간의 언어, 마음, 사회-물리적 경험 간의 관계를 탐구하는 현대 언어학파의 사고와 실행이다(Evans 2009 : 47 참조). 1970년대 말부터 싹트기 시작한 이 새로운 방법론은 오늘에 이르러 언어 연구의 가장 중요하고도 지배적인 패러다임으로 자리 잡게 되었다. 더욱이 주목되는 사항으로는 인지언어학이 의미와 의미론 연구에 초점을 두고 출발하였으며, 원형이론을 비롯하여 인지언어학을 탄생시킨 주요 이론 가운데 그 진원지나 시험무대가 어휘의미론인 경우가 적지 않다는 점이다.

  이와 관련하여 이 글은 어휘의미론의 위상 및 인지언어학의 성격을 살펴보고 인지언어학적 어휘의미 연구의 주요 과제를 검토해 보기로 한다. 또한 기존의 어휘의미 연구의 주요 과제를 검토해 보기로 한다. 또한 기존의 어휘의미 연구 방법론과 대비하여 인지언어학적 방법론의 특성을 기술하고 앞으로의 전망과 과제를 조망하기로 한다. 이 과정에서 우리는 어휘의미론 연구에 대한 부동의 의의를 확인하게 될 뿐 아니라, 그 지평을 넓히고 심화할 수 있는 계기를 확보할 수 있을 것이며, 나아가 의미의 본질에 한 걸음 더 가까이 다가갈 수 있을 것이다.

2. 어휘의미론과 인지언어학의 특성

  아래에서는 어휘의미론의 위상 및 주요 접근법, 인지언어학의 특성에 대해서 검토하기로 한다.

2.1. 어휘의미론의 위상

'의미론(semantics)'은 언어의 의미를 탐구하는 학문 분야이다. 의미론은 어휘, 문장, 발화 층위의 단위에 따라 어휘의미론, 문장의미론, 발화의미론으로 대별된다. 그 중 '어휘의미론(lexical semantics)'은 어휘 층위, 즉 명사·동사·형용사·부사와 같은 내용어를 중심으로 단어의 의미를 연구하는 분야이다(Cruse 2001 : 242 참조). 전통적으로, 어휘의미론은 내용어를 대상으로 단어의 정의, 단어의 구분, 의미의 분석, 의미 관계, 의미 확장 등을 다루어 왔다.

그러면 어휘의미론이 갖는 비중을 살펴보기로 한다. 첫째, 어휘의미론의 대상인 단어는 개념 및 사고 표현의 도구로서 문장을 이루는 근간이 되며, 의사소통 체계에서 가장 중심적인 요소가 된다.[2] 둘째, 단어의 집합인 어휘의 구조와 의미의 측면에서 한 언어공동체의 사고방식과 문화를 드러내고 형성하는 표상이라고 할 수 있다. 셋째, 어휘의미론은 의미론의 신비에 대해 가장 쉬운 접근 경로를 제공해 주며, 언어학에서 현저한 위치를 차지한다(Cruse 2000 : 15 참조). 같은 맥락에서 국어학계에서 어휘의미론은 새로운 의미 이론이 등장할 때마다 주요 시험장이 되었으며, 그 성과도 매우 풍성하다고 하겠다.

2.2. 어휘의미론의 주요 접근법

현대 언어학에서 어휘의미론의 세 가지 접근법을 살펴보기로 한다(Cruse 2000 : 96-101, 2001 : 242-244 참조).

첫째, '국부적 접근법(localist approach)'은 언어철학자들 사이에서 한 단어

---

2) 이와 관련하여 Lipka(1992 : ix)에서는 단어의 무리인 어휘, 그리고 어휘사전은 언어의 가장 기본적인 층위이며 의사소통의 가장 중요한 도구라고 하였다.

의 의미가 그 언어에서 다른 단어의 의미와 무관하게 한정적으로 상술될 수 있다는 관점이다. 국부적 견해는 종래의 어휘사전에서 단어의 의미를 '가나다' 또는 '알파벳' 순서에 따라 기술함으로써 동의관계·대립관계·상하관계 등의 의미관계, 그리고 의미장의 고려 없이 단어를 개별적으로 기술한 데서 볼 수 있다. 국부적 견해의 한 변종이 의미 성분, 의미 자질, 또는 의미 본원소로 알려진 의미의 원자적 견해이다. 이에 따르면 수많은 단어의 의미 본원소는 수십 개 또는 일백 개 내외일 것으로 추정하고, 개별 단어는 이런 본원소의 조합으로 이루어져 있을 것으로 보았다.

둘째, '총체적 접근법(holistic approach)'은 국부적 견해와 반대되는 관점으로서, 단어의 의미는 해당 언어의 모든 다른 단어들의 의미를 고려하지 않고서는 알 수 없다는 것이다. 구조의미론에 따르면 '의의(sense)'란 독립적이 아니라 관계적이며, 동일한 체계 안에서 대조에 의해 구성된다고 본다. 구조의미론을 집대성한 Lyons(1997 : 270-335 참조)는 어휘 항목의 의의란 그 항목이 동일한 장에 참여하는 다른 항목들과 맺고 있는 일련의 의의관계로 구성된다고 주장하였다. 예를 들어 '말(馬)'의 의미는 [그림 1]의 의의관계로 기술되며, 그 완전한 의미는 잠재적으로 '말'의 전체 어휘부를 포함하는 복합적인 관계의 망이라 할 수 있다.

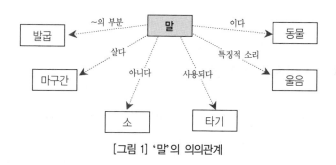

[그림 1] '말'의 의의관계

셋째, '개념적 접근법(conceptual approach)'에서는 단어의 의미를 인지 체계

안에서 단어가 접근하는 개념으로 본다. 이 경우 한 표현의 의미는 언어 사용자의 마음속에서 일어나는 개념화와 동일시된다(Taylor 2002 : 187 참조). 이 접근법은 인지언어학의 일환인 개념주의 의미론의 관점으로서 의미 즉 개념을 객관적인 실재의 복재가 아니라 그것을 기초라 하여 개념 주체가 선택하고 만들어가는 동적인 과정임을 뜻한다.

요컨대 의미의 국부적 접근법은 단어의 의미가 그 자체로 충분히 규정되며, 다른 단어의 의미와는 독립적으로 기술된다고 본다. 또한, 의미의 총체적 접근법은 단어의 의미가 근본적으로 다른 단어들과 관계의 문제라고 본다. 그런데 국부적 접근법의 문제점은 의미 본원소의 존재를 제대로 확인할 수 없으며, 그러한 본원소로 기술될 수 있는 단어는 소수에 불과하다는 점이다. 또한 총체적 접근법은 어떤 사람을 정의하기 위해 그의 가족이나 친구들과의 관계를 망라하는 것과 같이 의미의 간접적인 접근법이라 하겠다. 그 반면, 인지언어학에서는 의미 자체의 해명에 초점을 둔다. 인지적 접근법은 단어 의미에 대한 긍정적인 기술을 제공하고자 하며, 그에 따라서 단어가 그것이 지시하는 바를 왜 그리고 어떻게 지시하는지를 설명하고자 한다.

2.3. 인지언어학의 특성

인지언어학은 언어 연구에서 생성문법이나 형식의미론으로 대표되는 형식적 접근법이 언어의 기술과 설명에 있어서 언중의 언어 직관과 일상적 경험에서 극단적으로 벗어난 데 대한 반작용으로 출발되었다. 인지언어학은 1970년대와 1980년대에 소수의 학자들에 의해 연구되어 오다가 1990년대를 전후하여 그 체제가 본격적으로 정립되었다. 언어지식은 일반적 인지의 일환이라는 공감대 속에서, 이 자의식적인 지적 운동을 '인지언어학(Cognitive Linguistics)', '인지의미론(Cognitive Semantics)', '인지문법론(Cognitive

Grammar)'이라는 용어로 혼용해 왔는데, 이제 '인지언어학'은 포괄적인 상위 개념으로, '인지의미론'과 '인지문법론'은 그 하위 개념으로 자리 잡게 되었다.[3] 이 관계를 Evans & Green(2006 : 50)에서는 [그림 2]로 간추린 바 있다.

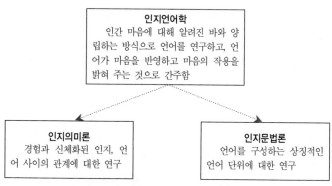

[그림 2] 인지언어학, 인지의미론, 인지문법론

[그림 2]와 관련하여, '인지언어학'은 인간 마음에 대해 알려진 바와 공존하는 방식으로 언어를 탐구하며, 언어가 마음을 반영하고 마음의 작용방식을 밝혀 주는 창구로 간주한다. 그 중 '인지의미론'은 의미의 문제를 인지와

---

3) 이와 관련하여, Croft & Cruse(2004 : 1)는 '인지언어학(Cognitive Linguistics)'에 대한 세 가지 가설로서 "①언어는 자율적 인지능력이 아니다 ②문법은 개념화이다 ③언어지식은 언어사용으로부터 발생하다"를 제시하고 있다. 한편, Mastimoto(2007 : 1-12)는 '인지의미론 (Cognitive Semantics)'의 세 가지 주장으로서 "①의미는 개념적이다 ②의미적 지식과 세계의 지식 간에는 명확한 경계가 없다 ③의미는 이 세상의 인간 경험에 의해 동기화되어 있다"를 제시하고 있다. 또한, Raddrn & Dirven(2007 : xi-xii)은 '인지문법론(Cognitive Grammar)'의 5가지 가정으로서 "①한 언어의 문법은 '인간 인지'의 일부분이며 다른 인지능력(지각, 주의, 기억 등)과 상호작용한다. ②한 언어의 문법은 세상의 형상에 대한 '일반화'를 화자가 그 현상을 경험하는 대로 반영하고 제시한다. ③문법 형태도 어휘 항목처럼 '유의적'이다. ④한 언어의 문법은 그 언어의 어휘범주와 문법구조에 대한 토박이 화자의 '지식'을 나타낸다. ⑤한 언어의 문법은 하나의 특정한 장면에 대한 화자들의 견해를 제시하기 위해 그들에게 다양한 구조적 선택을 제공한다는 점에서 '용법 기반적이다'를 제시하고 있다.

의 관련 속에서 파악하는 의미 이론으로서, 개념적 체계가 작용하는 방식을 이해하기 위해 언어에 의존하는 것이며, '인지문법론'은 언어의 작용방식을 이해하기 위해 개념적 지식에 의존하는 것이라 하겠다.

그러면 의미와 의미론을 중심으로 생성문법 및 형식의미론의 '자율언어학'에 대조되는 '인지언어학'의 특성 네 가지를 살펴보기로 한다.[4]

첫째, 의미와 의미론에 대한 시각이다. 자율언어학에서는 언어 단위의 주된 관심을 통사구조에 두어 왔으며, 연구 분야도 통사론이 중심이었다. 그 반면, 인지언어학에서는 출발 당시부터 의미에 초점을 두고, 의미론의 중요성을 강조해 왔다. 구체적으로, '의미'의 규정을 보면 자율언어학에서는 한 표현의 의미를 그 표현이 환기하는 필요충분조건의 개념적 내용이라고 한 반면, 인지언어학에서 채택하고 있는 '개념주의적 의미론(conceptualist semantics)'에 따르면 의미를 개념의 주체와 객체로 구성되는 개념화라고 보며, 따라서 한 표현의 의미는 그 표현이 환기하는 개념적 내용과 그 내용이 표현 목적을 위해 해석되는 방법과의 함수관계로 규정한다(Langacker 1997 : 242 참조).

둘째, 언어의 의미에서 언어적 지식과 백과사전적 지식에 대한 시각이다. 자율언어학에서는 순수한 '언어적 지식(linguistic knowledge)'과 화자의 '백과사전적 지식(encyclopedic knowledge)'을 엄격히 분리하고, 의미 분석의 대상을 '언어적 지식'에 국한했다.[5] 그 반면, 인지언어학에서는 의미를 언어적

---

4) '자율언어학(autonomous linguistics)'은 언어능력을 다른 인지능력과 무관한 별개의 능력으로 간주하는 관점으로서, 객관주의 철학에 뿌리를 두고 있으며, 언어연구의 '형식주의' 또는 '논리주의'를 추구해 온 반면, 인지언어학은 언어의 이해와 사용을 일반적 인지능력의 일환으로 간주하는 관점으로서, 체험주의 철학을 옹호하며, '개념주의' 또는 '기능주의'를 추구해 왔다.

5) 의미의 '언어적 지식' 즉 '사전적 모형'을 채택하는 '진리조건적 의미론'의 특징은 다음과 같다. 첫째, 언어의 의미는 '세계 지식'과 분리되어 있다. 둘째, 의미론('사용 문맥과 상관 없이 의미 분해될 수 있는 단어의 의미와 관련 있음')과 화용론('화자가 추리를 구성하기 위해 문맥적 정보를 사용함')을 구분한다. 셋째, '의미 분해'를 통해 단어 의미의 엄격한 정의를 추구한다. 넷째, 단어 및 문장 의미에서 합성성의 원리를 채택한다. 다섯째, 객관주의 관점을 채택하여, 객관적인 실재를 가정하고 언어로 이루어진 기술을 참이나 거짓으로 판단하며 그 결과 논리적 상위언어에 의해 명시적인 의미 모형을 설정한다(임지룡 2008a :

지식과 세상사의 지식, 즉 백과사전적 지식 속에 들어 있는 인지구조로 보고 그 둘의 뚜렷한 구분을 부정하며, 단어의 의미를 본질적으로 백과사전적 지식으로 본다(Evans & Green 2006 : 215-216 참조).[6]

셋째, 언어 표현의 구조와 의미에 대한 시각이다. 자율언어학에서는 언어 표현의 구조는 의미와 무관한 형식적인 규칙에 의해 결정되며, 따라서 언어의 형식적 분석을 중시해 왔다. 그 반면, 인지언어학에서는 언어의 구조와 의미는 인지적 필터를 통해 이해되고 동기화되어 있다고 본다. 즉, 인지주의자들은 언어의 구조가 인지의 직접적인 반영이라고 주장하는데, 왜냐하면 특정한 언어 표현은 주어진 상황을 개념화하는 특정한 방법과 관련이 있다고 보기 때문이다(Lee 2001 : 1 참조). 요컨대 구조와 의미에 대해 자율언어학에서는 자율성을 강조한 반면, 인지언어학에서는 동기화와 도상성을 강조하고 있다.

넷째, 의미 구조의 대칭성에 대한 시각이다. 자율언어학에서는 의미의 구조나 작용방식을 대칭적, 평면적으로 파악하고 있다. 이것은 '언어 중심적 관점(logocentric view)'으로서 일차적으로 고전 범주화의 세계관에 뿌리를 둔 것이다. 또한 현대의 언어과학이 자연과학적 객관성을 중시하고, 과학의 이름으로 언어의 의미 분석을 시도해 왔는데, 자연과학에서는 세상을 이루는 물질의 존재를 대칭적, 균질적으로 간주한다. 그 반면, 인지언어학은 '인간 중심적 관점(anthropocentric view)'으로서 의미 구조가 언어 외적 요서인 인간의 인지적, 신체-경험적, 문화적 맥락에 의해 동기화되어 있다고 봄으로써 의미 구조의 비대칭성, 가치우열에 주목한다(임지룡 2008a : 136-137 참조).[7]

---

41 참조).

6) 의미의 '백과사전적 모형'을 채택하는 '인지의미론'의 특징은 다음과 같다. 첫째, 언어의 의미는 '세계 지식'과 얽혀 있다. 둘째, 의미론과 화용론의 명확한 구분을 부인한다. 셋째, 단어 의미에 대해 '의미 분해'에 기초한 엄격한 정의를 부인하고 의미의 '원형 모형'을 채택한다. 넷째, 관용어 및 비유 언어의 의미에서 구성성의 원리를 채택한다. 다섯째, 의미는 실재에 대한 인간의 경험적 해석이라는 체험주의를 채택한다(임지룡 2008a : 42 참조).

7) 이와 관련하여 의미 구조의 부분과 전체에 대하여, 자율언어학에서는 전체가 부분의 총화

요컨대 자율언어학에서는 단어의 객관적 의미 자질 파악, 문장 생성에 있어서 문법적으로 정확하고 의미적으로 수용 가능한 일련의 논리적 규칙의 수립을 궁극적인 목표로 삼고 있다. 그 결과 형식적으로 우아하며, 개념적으로 단순하며, 수학적으로 적형인 자율성을 추구해왔다. 그 반면, 인지언어학에서는 세상에 대한 우리의 경험과 우리가 세상을 인지하고 개념화하는 방식에 기초하여 '언어', '몸과 마음', '문화'의 상관성 규명을 추구한다.

3. 인지언어학적 어휘의미 분석

아래에서는 어휘의미론의 주요 연구 과제 7가지에 대하여, 기존의 연구 방법론과 대비하면서 인지언어학적 관점으로 검토하기로 한다.

3.1. 단어의 의미

전통적으로, 단어의 의미를 규정하는 방식에는 그 의미가 고정되고 명확하다는 관점과 유동적이고 불명확하다는 관점이 대립되어 왔다. 전자의 관점은 사전편찬자, 교사, 철학자들에 의해서 수용되어 왔으며, 후자의 관점은 시인, 신비주의자, 심리학자들에 의해서 선호되어 왔다. 비유적으로 전자의 관점에서는 단어가 '박제된 새' '죽은 곤충' '바위 위에 홰를 치고 앉아 있는 갈매기'에 해당되며, 후자의 관점에서는 단어가 '살아있는 나비', '미끄러져 빠져나가는 물고기' '공중을 선회하는 새'와 같다(Aitchison 2003 :

라는 '합성성의 원리'와 전체의 해체는 부분으로 환원된다는 '환원주의'를 주장하는 반면, 인지언어학에서는 전체가 부분의 총화 이상이라는 '게슈탈트 원리'와 전체의 해체는 부분으로 환원되지 않는다는 '비환원주의'를 지지한다.

41-45 참조). 현대 언어학에서 전자의 관점은 성분분석 이론이나 진리조건
설로, 후자의 관점은 원형이론이나 해석설로 전개되었다.

먼저, 의미의 성분분석 이론과 원형 이론을 대비해 보기로 한다. 구조언
어학의 '성분분석 이론(componential analysis theory)'은 물질이 분자나 원자로
분해되듯이, 단어의 의미를 의미 성분의 결합체로 간주하고 의미 성분이라
는 더 작은 단위로 분석하는 것을 말한다. 예를 들어, '소년'의 의미는 [+인
간] [+남성] [-성숙], 그리고 '소녀'의 의미는 [+인간] [-남성] [-성숙]의
세 가지 의미 성분으로 구성된다. 이처럼 구조의미론에서는 단어의 의미를
의미 성분의 집합으로 정의한다. 이 경우 의미 성분은 언어 자체의 이원적
대립 속성으로서 인간의 경험이나 인지의 측면이 배제된 채 해당 단어가 속
한 의미장 안에서 자율적으로 규정되고 있다. 그런데 의미의 성분분석 이론
은 제한된 범위의 단어 의미 분석에만 적용될 뿐 일상 언어의 수많은 어휘
의 의미를 분석하고 기술할 수 없으며, 의미적 현상의 복잡성을 충족시킬
수 없다.

한편, 인지언어학의 '원형 이론(prototype theory)'은 자연 범주가 원형적
인 구성원을 중심으로 '방사상 범주'를 형성한다고 봄으로써 사물을 범주
화할 때 '원형'을 인지 과정의 참조점으로 삼는다는 관점이다. 자연 범주에
대한 원형 이론은 단어의 의미를 중심으로 언어적 범주에 적용되기에 이르
렀는데, 이 경우 의미는 범주 원소의 원형을 통하여 인지되며 범주의 판정
은 참조점인 원형과의 대조를 통하여 결정된다는 인식이 확립되었다. 이
경우 '원형(prototype)'이란 해당 범주를 대표할 만한 가장 '전형적, 적절한,
중심적, 이상적, 좋은' 보기를 말한다. 예를 들어 "나무에 새가 앉아 있다."
에서 '새'에 대해 '닭, 타조, 펭귄' 등이 아니라, '참새, 비둘기, 까치' 등을
떠올리게 되는데, 이처럼 원형적 구성원은 중립적인 문맥에서 '기본치 추론
(default reasoning)'이 가능하다.

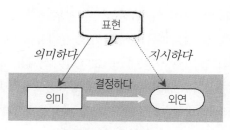

[그림 3] 단어의 의미

의미의 인지언어학적 접근법은 [그림 3]의 기호 삼각형의 관점에서 볼 때 삼각형의 밑변, 즉 의미 및 의미가 외연을 결정하는 방식에 초점을 두는 것으로 특징지을 수 있다(Löbner 2002/임지룡·김동환 옮김 2010 : 311 참조).

다음으로, 의미의 진리조건설과 해석설을 대비해 보기로 한다. '의미'를 '지시 대상'으로 보는 의미관은 현대 언어학의 형식의미론에서 '진리조건'으로 파악되기에 이르렀다. 예를 들어, '강아지'라는 언어 기호의 의미는 이 세상에 존재하는 '강아지'의 집합이며, "우리 집에서 기르는 강아지는 갈색이다."라는 문장의 의미는 그것이 어떠한 진리조건으로 참이 될 수 있는가를 나타내는 진리조건의 문제라고 본다. 따라서 형식의미론에서는 지시 대상이나 진리조건이 같으면 의미도 같다고 본다. 예를 들어, '금성, 샛별, 개밥바라기'는 동일한 지시 대상을 가리키므로 동의어가 된다. 그런데, 세 단어의 지시 대상이 동일하다고 하더라도 '샛별'은 새벽녘 동쪽 하늘에서 나타날 때 사용되며, '개밥바라기'는 저녁에 서쪽 하늘에서 나타날 때 사용되는 반면, '금성'은 중립적이며 일반적인 명칭으로 사용됨으로써 그 의미가 같지 않다. 따라서 의미를 단순히 이 세계에 존재하는 지시 대상을 그대로 반영하는 '지시'로 보거나 객관적으로 동일한 지시 대상을 진리 조건이 같다고 하여 그 의미가 동일하다고 할 수는 없다.

인지언어학의 '해석설'에 따르면 그 의미는 객관적 대상의 개념적 내용에 국한되는 것이 아니라, 개념화[8] 즉 그러한 개념적 내용에 대하여 의미를 부

---

8) 인지언어학에서는 언어 자체가 의미를 부호화하지 않으며, 단어는 의미구성을 위한 촉진

여하는 인지 주체의 '해석'을 포함한다. 이 경우 '해석(construal)'은 대안적 방식으로 장면이나 상황을 파악해서 언어로 표현하는 화자의 선택을 가리킨다. 해석설에 따르면 '엔이아이에스(NEIS)/나이스/네이스'나 '동해/일본해'의 의미는 동의적일 수가 없다. 곧 '교육행정정보시스템(National Educational Information Ststem)'에 대해 이를 찬성하는 쪽에서는 '나이스'라 하고, 반대하는 쪽에서는 '네이스'라 하였으며, 중립적인 쪽에서는 '엔이아이에스'라고 불렀는데, 각 경우에는 인지 주체의 해석이 게재되어 있음을 알 수 있다. 또한 '동해'와 '일본해'는 동일한 지시 대상을 가리키지만, 그 명칭의 사용에는 한일 양국 간의 정치적 시각이 반영되어 있다. 이렇게 볼 때 언어적 의미는 개념적 내용과 해석을 포함한 다면적 현상이 된다.

　요컨대 종래 의미론의 두 가지 주류인 구조의미론과 형식의미론에서는 의미 그 자체를 다루지 않았다. 구조주의 전통은 의미 관계를 포착함으로써 간접적으로 의미에 접근하였는데, 한 표현의 의미를 체계 내에서 다른 표현들과 맺는 관계들의 합으로 보았다. 형식의미론 역시 지시와 진리조건을 탐구함으로써 간접적으로 의미를 포착한 것이다. 그 반면, 인지언어학의 원형이론은 단어의 의미 자체, 즉 개념 층위에 초점을 두며, 해석설에서는 의미란 개념적 내용과 그에 대한 개념화자의 인지적 해석을 망라한 것이라 하겠다.

3.2. 범주화

　우리는 범주라는 수단에 의해서 경험한 세계를 이해하고 사고한 바를 전달할 수 있다. 이 경우 '범주(category)'는 우리에게 유의미하고 우리와 관련한 맺고 있는 경험의 유사한 부류를 가리킨다. 또한 '범주화(categoriization)'

　제일 뿐이라고 본다. 따라서 의미는 개념적 층위에서 구성되며, 의미구성은 '개념화 (conceptualisation)', 즉 단어가 개념적 작용과 배경 지식의 보충을 위한 촉진제 역할을 하는 동적 과정과 동일시된다(Evans & Green 2006 : 162 참조).

는 다양성 속에서 유사성을 파악하는 인지 능력으로서, 인간이 환경 세계를 의미 있는 분절로 나누어 파악하는 장치이다. 우리가 어떻게 범주화하느냐를 이해하는 것은 우리가 어떻게 사고하며, 어떻게 기능을 하고 있는가를 이해하는 지름길이 된다.

범주화에 대해서는 고전 범주화와 원형 범주화가 뚜렷이 구별된다. 먼저, 객관주의 및 자율언어학이 수용해온 '고전 범주화(classical categorization)'의 원리는 다음 세 가지이다. 첫째, 범주는 구성원 모두가 공유하는 필요충분 속성으로 이루어진다. 둘째, 범주는 명확한 경계를 갖는다. 셋째, 범주의 구성원들은 동등한 자격을 갖는다. 이러한 고전 범주화의 원리는 집합론의 집합과 동일시된다. 즉 어떤 집합 A는 동등한 자격을 가진 a, b, c, d라는 필요충분 자질로 구성되며, 이러한 자격을 갖춘 A는 그 경계가 뚜렷하여 다른 집합과 구별된다.

고전 범주화는 논리학을 비롯하여 서고의 과학적 인식 또는 세계관의 기반이 되어 왔다. 그런데 1950년대 후반부터 고전 범주화에 대한 경험적 반증을 통해 '원형 범주화(prototype categorization)'가 등장하였다. 인지언어학의 성립을 촉진시킨 원형 범주화의 원리는 다음 세 가지이다. 즉, 범주는 원형적인 구성원을 중심으로 가족의 닮음처럼 연쇄적인 망으로 이루어지며, 그 경계는 불분명하여, 범주의 구성원간에는 원형에서부터 주변에 이르기까지 비대칭적으로 구성되어 있다는 것이다. 요컨대 범주화는 본질적으로 고전 범주화로써 망라할 수 없는 다양성과 복잡성이 확인됨으로써 원형 범주화가 설득력을 얻게 되었다.

그러면 원형 범주화와 관련하여 원형 효과와 기본층위에 대해서 살펴보기로 한다. 먼저, 범주의 구성원들 사이에는 '원형 효과(prototype effect)'가 나타난다. 여기서 원형 효과란 범주 구성원들 사이의 비대칭성으로서, 원형적인 보기가 비원형적인 보기에 대하여 특권적, 우월적 효과를 나타내는 것을 뜻하는데, 다음 다섯 가지 측면에서 확인된다. 첫째, 원형적인 보기는 비원형적인 보기에 비해 그 범주에 속하느냐 그렇지 않느냐를 판단하는 데 시간이 덜 걸린다. 둘째, 어떤 범주 명칭의 점화 효과는 그 하위 범주가 원형일 때 최대화된다. 셋째, 판단이나 추론의 기준이 되는 것은 원형적 보기이다. 넷째, 어린이들은 범주의 원형적인 보기를 먼저 습득한다. 다섯째, 언어장애, 곧 실어증 환자는 범주의 원형적인 보기보다 주변적인 보기를 발화하는 데 더 많은 오류를 범한다.[9]

한편, 범주의 '계층적 분류관계(hierachical taxonomy)'에서 개념적·기능적·언어적으로 가장 현저한 기능을 담당하고 있는 층위를 '중간층위' 또는 '기본층위(basic level)'라고 한다. 예를 들어, '개'의 '분류관계'[10]를 보면 [그림 4]와 같다.

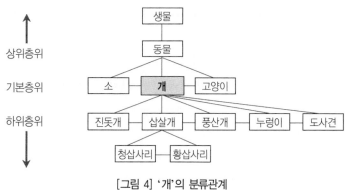

[그림 4] '개'의 분류관계

우리의 눈앞에 있는 한 피조물을 두고 "저것이 무엇인가?"라는 질문을 할 경우 '생물-동물-개-삽살개-청삽사리' 가운데 어느 것으로도 대답할 수 있

---

9) 범주 구조의 원형 효과는 '이상화된 인지모형(idealized cognitive models; ICMs)'의 산물이다. 이 경우 ICMs란 인지모형 자체가 현실적으로 존재하는 것이 아니라, 사람들의 의식 속에서 만들어진 것을 뜻한다. 즉, 'bachelor(독신남성)'는 성분분석에 의하여 [+HUMAN][+MALE] [+ADULT][-MARRIED]로 정의되지만, 일부일처제 결혼제도와 결혼적령기에 대한 ICMs를 전제로 한다(Lakoff 1987 : 68-76, Aitchison 2003 : 69-74 참조).

10) '분류관계(taxonomy)'는 범주의 구조에서 '생물-동물-개-삽살개-청삽사리'와 같이 '상하위어'로 구성되는 '수직적 의미관계'와 '소-개-고양이'와 같이 '동위어'로 구성되는 '수평적 의미관계'를 뜻한다.

겠지만, 사람들은 상위층위인 '생물·동물'이나 하위층위인 '삽살개·청삽사리'가 아니라 대개 중간층위의 '개'를 선택하게 된다. 이와 같이 사람들이 보편적으로 사물을 지각하고 개념화하는 층위를 '기본층위'라고 하며, 기본층위 범주의 어휘적 실현을 '기본층위 용어'라고 한다(Radden & Dirven 2007 : 8-9 참조). 그런데 자연계의 범주에 고유하거나 예정된 계층적 순서가 존재하는 것은 아니다. 그런 점에서 범주의 분류관계는 본질상 개념적이다. 곧 계층구조의 분류관계는 인간의 경험과 유용성에 바탕을 둔 범주화의 발현이며, 그 한 특성으로서 상위층위나 하위층위가 아니라 '기본층위'에 우월성을 부여한 것이라 하겠다.

그러면 기본층위의 특징적인 측면을 [그림 4]의 '생물-동물-개-삽살개-청삽사리'와 같은 계층구조에서 보기로 한다. 첫째, 기본층위는 우리의 머릿속에서 그 영상을 명확히 떠올릴 수 있으므로 인지의 기준점이 된다. 경험적으로 볼 때 우리의 머릿속에서 '개'의 영상은 쉽사리 포착되는 데 비해 '동물'의 영상을 하나의 통일체로 포착하기는 어렵다. 실제로 피험자에게 상위층위의 '동물'이나 하위층위의 '삽살개'를 그리게 할 경우 기본층위의 '개'를 그리게 된다.[11] 둘째, 기본층위는 기능적인 측면에서 사용 빈도가 높고 가장 이른 시기에 습득된다. 실제로 기본층위의 '개'는 상위층위인 '동물'이나 하위층위인 '삽살개'보다 일상 언어에서 빈도수가 높고,[12] 유아의 언어 발달에서 더 일찍 습득된다. 셋째, 기본층위는 언어적으로 형태가 짧고 대개 고유어로 되어 있다. '개'에서 보듯이 기본층위는 형태적으로 단순하고 고유어인 반면, 상위층위는 '동물'에처럼 다른 언어에서 차용하는 경우가 많으며 하위층위는 '삽살개, 청삽사리'에서처럼 합성어로서 형태가 더

---

11) 이와 관련하여 미국의 '수어(sing language)'에서 상위층위 용어는 기본층위 용어로 구성된다고 한다(Murphy 2002 : 214 참조).

12) 이와 관련하여 조남호(2002)의 『현대 국어 사용 빈도 조사』(국립국어원)에 따르면 1,531,966어절에서 '생물'은 68회(빈도차례 3,042), '동물'은 179회(빈도차례 1,294), '개'는 145회(빈도차례 1,569), '삽살개'는 2회(빈도차례 33,623), '청삽사리'는 0회로 나타났다. 이 경우 '개'의 동위어인 '소(89회), 고양이(10회), 말(81회)…' 등의 빈도수를 합하면 기본층위의 발생빈도가 상위층위나 하위층위에 비해 현저히 높다.

길다.

요컨대 기본층위는 인지적 경제성의 측면에서 볼 때 범주의 계층구조에서 가장 많은 양의 정보가 가장 적은 인지적 노력으로 획득되는 층위이므로 인지적·기능적·언어적으로 현저하고 우월한 경향성을 드러내는데, 이를 '기본층위 효과(basic level effect)'라고 한다.

3.3. 다의관계

'다의어(polysemous word)'는 하나의 단어가 두 가지 이상의 관련된 '의의(sense)'를 지닌 것으로서, 다의어를 이루는 '중심 의미(central sense)'와 '주변 의미(peripheral sense)' 간의 상호 의의관계를 총칭적으로 '다의관계(polysemy)'라고 한다.

다의어의 의미 분석은 고전 범주화에 바탕을 둔 자율언어학과 원형 범주화에 의한 인지언어학의 관점이 뚜렷한 대조를 이루고 있다. 먼저, 다의어에 대한 자율언어학의 관점에 보면 [그림 5]에서 보듯이 중심의미와 주변의미 간에 '핵 의미(core meaning)'를 갖는다.

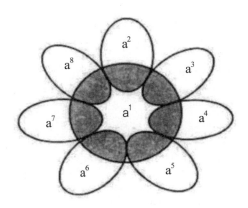

[그림 5] 다의어의 핵 의미 구조

또한, 동일한 형태를 띠면서 다의어와 동음이의어의 경계가 모호한 경우에는 동음이의어로 처리하며, 다의어의 중심의미와 주변의미의 관계는 평면적이며 대칭적이라고 본다. 다의어에 대한 이러한 관점은 기존의 사전편찬이나 언어 교육에서 수용되어 왔다.

이상과 같은 다의어의 의미 규정은 언중의 언어적 직관과 경험에 비추어 볼 때 많은 한계를 드러내게 되었다. 그 대안으로 인지언어학에서는 철학의 '가족 닮은 현상'과 심리학의 '원형 범주화'를 수용함으로써, 전통적으로 어휘의미론에서 난제의 하나였던 다의어 연구에 발상의 전환을 가져왔으며 인지언어학 연구에서 가장 핵심적인 분야가 되기에 이르렀다. 다의어에 대한 인지언어학적 관점을 세 가지 측면에서 살펴보기로 한다.

첫째, 한 단어가 관련된 여러 의의를 가지고 있으면서 공통된 핵 의미를 찾기 어려운 경우, 의미 연쇄를 통해 다의어로 판정하게 된다. 곧 [그림 6]과 같이 다의적 용법 간에는 해당 범주를 망라하는 핵 의미를 갖는 것이 아니라, AB, BC, CD 간에 인접한 용법끼리 의미를 공유하게 된다. 예를 들어, '고락'은 '낙지의 배→그 배 속에 검은 물→그 물이 담긴 주머니'(『표준국어대사전』)로 의미 연쇄가 일어나며, '벤치'는 '긴 의자'("공원 벤치에 앉았다.")→'축구장의 긴 의자'("그는 후보 선수로서 벤치를 지키는 신세가 되었다.")→'감독'("선수들이 벤치의 지시를 어겼다.")으로 의미 연쇄가 일어난다.

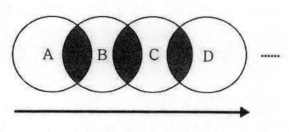

[그림 6] 다의어의 의미 연쇄 구조

둘째, 형태가 동일한 단어의 용법에서 의미적 관련성의 정도가 불명확한 경우 동음이의어가 아니라 다의어로 취급하게 된다.[13] 예를 들어, '먹다'의 경우 '밥을 먹다' '귀를 먹다' 등에 대하여『표준국어대사전(국립국어원)』에 서는 동음이의어로,『조선말대사전(사회과학출판사)』에서는 다의어로 기술하고 있다. 두 용법의 '먹다'를 동음이의어로 파악한 것은 '귀를 먹다'의 '먹다'가 '막다'에서 유래한 것으로 보기 때문인데, '막다'의 피동형 '막히다'와 달리 '귀를 먹다'에는 '먹히다'와 같은 피동형이 없을 뿐 아니라 "우리 할머니는 귀를 잡수셔서 말귀를 잘 알아듣지 못한다."는 표현을 통해서 볼 때 이들이 다의어일 개연성이 높다고 하겠다. 이처럼 동일한 형태의 언어적 용법에 대해서 다의어와 동음이의어의 처리가 불투명한 경우, 다의어로 처리하는 것이 효율적인데, 그 까닭은 의의의 다름에 따라 별개의 형태를 부여하게 되면 우리의 기억능력이 이를 감당하기 어렵기 때문이다. 그런 점에서 다의어란 기존의 형태에 의미를 확장하여 하나의 명칭으로 범주화하려는 경제적 인지 전략이라 하겠다.

셋째, 다의어의 중심의미와 주변의미는 대칭적이지 않고, 중심의미가 주변의미에 비해 인지적·구조적·빈도적 측면에서 우월성을 띠고 있다. 예를 들어, '사다'의 경우 중심의미인 '과일을 사다'와 주변의미인 '공로를 높이 사다'를 보기로 한다. 전자는 구체적인 상거래에 사용되는 반면, 후자는 추상적인데, 인지적 측면에서 중심의미가 주변의미에 비해 언어 습득이나 학습의 시기가 빠르며, 우리 머릿속에 뚜렷이 각인됨으로써 일상 언어생활에서 더 쉽게 이해되고 연상된다. 구조적 측면에서 전자는 한 자리 서술어인 반면, 후자는 두 자리 서술어로서 '높이'라는 부사가 필요하다. 빈도적 측면에서 전자가 후자에 비해 빈도수가 현저히 높다.[14]

---

13) 용언의 경우 의미적 연관성이 뚜렷하지만 동사와 형용사로 구분되는 '크다' '늦다' '밝다' '멀다' 등에 대하여『연세한국어사전』에서는 모두 동음이의어로 처리하고 있으며『조선 말대사전』에서는 모두 다의어로 처리하고 있으며, '크다' '늦다' '밝다'를 다의어 처리한 사전은『표준국어대사전』,『우리말 큰사전』인데, 인지언어학적 관점에서는 이들 모두를 다의어로 처리하게 된다.

3.4. 대립관계

'대립관계(opposition)'는 의미적으로 공통점을 많이 가진 바탕 위에서 차이점을 통해 대립을 이루는 단어의 쌍을 가리키며, 그 전형적인 경우가 이원대립이다. 아래에서는 대립관계의 유형을 기술하고 자율언어학과 인지언어학의 관점을 살펴보기로 한다.

먼저, 대립관계의 유형에는 다음 세 가지가 있다. 첫째, '반의어'는 정도나 등급에 있어서 대립을 이루는 것으로서, '길다/짧다, 쉽다/어렵다, 빠르다/느리다'와 같은 형용사인데, 양극 사이에 중간 지역을 갖는다. 둘째, '상보어'는 대립관계의 개념적 영역을 상호 배타적인 두 구역으로 양분하는 경우로서, '남성/여성, 참/거짓, 살다/죽다'가 그 보기인데, 대립의 양극 사이에 중간 지역이 존재하지 않는다. 셋째, '방향대립어'는 맞선 방향을 전제로 하여 위치·관계·이동 및 동작의 측면에서 대립을 이루는 경우로서 '위/아래, 앞/뒤, 오른쪽/왼쪽', 인간적 관계의 '부모/자식, 남편/아내, 스승/제자', 이동 및 동작의 '가다/오다, 사다/팔다, 입다/벗다'가 그 보기인데 맞선 방향을 전제로 하여 공간 및 인간관계나 이동의 측면에서 대립을 이룬다.

종래 구조의미론이나 형식의미론에서는 대립관계의 단어 쌍이 구조적으로나 의미적으로 고정적이고 등가적인 것으로 간주해 왔다. 그러나 인지언어학적 관점에서는 대립관계가 언어적 맥락이나 언중의 의식 속에서 수시로 활성화되고[15] 비대칭적으로 파악된다. 대립관계의 비대칭성을 보면 다음

---

14) 100만 어절을 대상으로 한 『한국어 교육 기초 의미 빈도 사전의 개발』(2000, 문화관광부 한국어 세계화 추진 위원회)의 경우 '사다'는 872회로서, 그 용법에 따른 빈도수의 양상은 다음과 같다. ①돈을 주고 그 물건을 제 것으로 만들다.<823회 : 94.38%> ②돈을 내고 먹을 것을 함께 먹거나 나누다.<31회 : 3.56%> ③(다른 사람에게)어떤 감정을 가지게 하다.<8회 : 0.92%> ④돈을 주고 그 사람의 노동력을 얻다.<1회 : 0.11%> ⑤(곡식 등을 팔아서) 돈을 장만하다.<1회 : 0.11%> ⑥(하룻밤 자기 위해 여자를) 구하다. <1회 : 0.11%> ⑦(주로 '사서'의 꼴로 쓰이어)가만히 있으면 좋은 일을 일부러 적극적으로<1회 : 0.11%> ⑧기타<6회>

15) 이와 관련하여 "부모는 멀리 보라 하고 학부모는 앞만 보라 합니다. 부모는 함께 가라하고 학부모는 앞서 가라 합니다. 부모는 꿈을 꾸라 하고 학부모는 꿈꿀 시간을 주지 않습

과 같다.

첫째, 반의어 '길다/짧다, 높다/낮다, 깊다/얕다, 멀다/가깝다, 넓다/좁다, 굵다/가늘다, 두껍다/얇다, 크다/작다' 등에서 '길다'와 같은 (+)쪽이 '짧다'와 같은 (-)쪽에 비해 빈도수가 높고,16) "연필이 어느 정도 깁니까?"와 같이 중립적인 의문문에서 사용되고, '길이/ *짧이'와 같이 파생명사나 파생부사, 또는 '높다랗다/ *낮다랗다'와 같이 파생형용사가 생산되며, '높낮이/ *낮높이', "{길고 짧은/ *짧고 긴} 것은 대 보아야 안다."와 같이 합성어나 구에서 앞자리에 놓인다는 점에서 적극적이다.17)

둘째, 상보어의 '남성/여성'의 성별이 대립될 경우 남성이 여성에 비해 우월성을 띤다. 즉, '{청소년/ *청소녀} 보호 선도의 달'에서 보듯이 '(청)소년'은 '(청)소년'과 '(청)소녀'의 대립의 중화 환경에 쓰여 상위어가 된다. 합성어의 경우 '남녀/ *여남, 부모/ *모부, 소년소녀/ *소녀소년'과 같이 일반적인 경우 '남성'이 앞자리에 놓이는 반면, '연놈/ *놈년, 비복(婢僕)/ *복비(僕婢), 암수(자웅(雌雄))/ *수암(웅자雄雌))'와 같이 비속어, 비천한 신분, 동물의 경우 '여성'이 앞자리에 놓인다.

셋째, 방향대립어의 경우이다. 먼저, 공간적 위치 대립에서 '위/아래, 앞/뒤, 오른쪽/왼쪽'의 경우, "사기가 {올라다/내려가다}.", "의식수준이 십년 {앞섰다/뒤처졌다}.", "그는 내 오른팔이다./왼새끼 꼬다."에서 볼 대 '위, 앞, 오른쪽'은 긍정적이며, '아래, 뒤 왼쪽'은 부정적이다. 또한 '착탈(着脫)' 대

니다. 당신은 부모입니까? 학부모입니까? 부모의 모습으로 돌아가는 길 참된 교육의 시작입니다."(공익광고협의회 '부모의 모습 편')의 '부모'와 '학부모'는 대립관계를 형성한다.

16) 조남호(2002)의 1,531,966,어절을 대상으로 한 『현대 국어 사용 빈도 조사』(국립국어원)에 따르면 다음과 같다.

반의어	빈도 차례	빈도수	반의어	빈도 차례	빈도수
길다/짧다	386/856	509/260	넓다/좁다	638/1754	342/128
높다/낮다	277/974	691/228	굵다/가늘다	1937/2757	113/76
깊다/얕다	461/9253	443/17	두껍다/얇다	2827/3421	74/59
멀다/가깝다	718/648	301/336	크다/작다	39/259	2835/738

17) '길다/짧다'에 나타나는 이러한 비대칭성을 '유표성(markedness)'이라고 하는데, '길다'와 같이 적극적인 쪽을 '무표어(unmarked term)'라 하며, '짧다'와 같은 소극적인 쪽을 '유표어(marked term)'라고 한다.

립의 경우, '입다·쓰다·신다·두르다·끼다'에 대한 '벗다', '끼우다·꽂다'에 대한 '빼다', '매다·차다·드리다'에 대한 '풀다'에서 보듯이, '착(着)'에 관한 쪽은 다양하고 분화되어 있는 반면, '탈(脫)'에 관한 쪽은 제한되어 있다.

　그러면 대립관계에서 왜 이러한 비대칭성이 작용하게 되는 것인가? 이것은 다음과 인지적 원리나 경향성이 대립관계에 투영되어 있기 때문이다.

　첫째, 반의어의 경우, 우리의 대상 지각은 현저성의 정도에 차이를 띠게 된다. 곧 현저한 대상은 덜 현저한 대상에 비해 잘 지각되며 비중이 높다. 예를 들어, '길다/짧다'에서 지각상으로 '길다'는 '짧다'에 비해 더 현저하다. 그에 따라 범언어적으로 '길다'의 적극적인 쪽은 '짧다'의 소극적인 쪽과 달리 "연필이 얼마나 깁니까?"와 같이 중립적인 의문문이나 '길이'와 같은 명사화가 성립되며, 파생에 있어서 생산적이다. 같은 맥락에서 적극적인 쪽은 소극적인 쪽보다 언어 습득에서 선행되며, 사용 빈도가 높다.

　둘째, 성별 상보어의 경우, 합성어의 어순에는 우리 사회의 전통적 사고방식인 남존여비 의식이 반영되어 있다. '남녀'에서 남성이 앞자리에 놓이는 것은 남성을 중시하는 사고방식이 반영된 것이며, '연놈' '비복' '암수'와 같이 비속어, 비천한 신분, 동물의 경우에 여성이 앞자리에 놓인 것은 전자와 구별하기 위한 인지전략이 내포되어 있다고 하겠다.

　셋째, 방향대립어의 경우, '위, 앞, 오른쪽'이 긍정적이며, '아래, 뒤, 왼쪽'이 부정적인 것은 신체적 경험 및 사회문화적 경험과 깊은 상관성을 지니고 있다. 또한 '착탈'에 대한 우리의 대상 인식은 에너지의 양과 상관성을 띤다. 즉 우리는 에너지의 양이 많이 필요한 대상에 더 많은 관심과 주의를 기울인다. 이러한 경향성은 '착탈' 어휘의 구조적 비대칭성에 반영되어 있는데, '착(着)'에 관한 동작을 발생시키는 데나 그 상태를 유지하는 데는 에너지의 양이 많이 요구되므로 더 활성적인 반면, '탈'에 관해서는 에너지의 양이 적게 요구되므로 덜 활성화된 것이라 하겠다.

3.5. 비유

'비유(figure of speech)'는 '환유'와 '은유'로 대별되는데, 비유에 대한 전통적 관점, 생성문법적 관점, 그리고 인지언어학적 관점을 대비해 보기로 한다.

비유의 '전통적 관점'은 다음과 같다. 첫째, 언어 표현은 '글자 그대로의 의미'와 '비유적 의미'로 대별되며, 전자는 일상 언어에 해당되며 후자는 예술 언어에 해당된다. 둘째, 비유는 언어적 현상으로서 주로 단어의 문제이다. 셋째, 비유는 미적·수사적 목적을 위해 사용되며, 특별한 능력을 지녀야 잘 사용할 수 있다. 넷째, 비유는 문체적 효과를 가져올 뿐 인간은 비유 표현 없이도 언어생활을 잘 수행해 갈 수 있다.

비유의 생성문법적 관점을 보면, "지하철이 파업했다."라는 환유 표현은 '파업하다'의 주체인 '지하철'이 [-유생적]이므로 선택제약에 어긋난 비문법적 문장으로 처리되며, "유치원생이 도시락을 먹는다."나 "그들이 팔을 걷어붙였다."와 같은 환유 표현도 형식 논리상 이치에 어긋남으로써 부적형의 문장, 즉 일탈된 표현으로 간주된다. 또한 '사랑에 빠지다'나 '사랑이 넘치다'라는 은유 표현은 '빠지다' 및 '넘치다'의 주체가 [+액체]가 되어야 하지만 '사랑'은 [-액체]이므로 선택제약에 어긋나 수용될 수 없는 것으로 보았다. 그 결과 생성문법에서는 일상 언어에 널리 퍼져 있는 비유 표현을 화용론의 몫으로 돌린 채 환유나 은유에 무관심하였다.

위의 두 관점은 비유에 대한 우리의 다음과 같은 경험을 제대로 망라하지 못한 것이라 하겠다. 첫째, 일상 언어에는 비유, 즉 환유와 은유가 무수히 나타나며, 어느 면에서 환유와 은유 없이는 제대로 사고하고 표현할 수 없게 된다. 둘째, 일상 언어의 환유와 은유는 문학 심지어 음악이나 미술과 같이 모든 표현 영역의 비유와 일맥상통한다. 셋째, 일상 언어의 환유와 은유는 비문법적이거나 일탈된 표현이 아니라 매우 자연스럽고 정상적인 문장이다.

비유의 이와 같은 일상 경험을 바탕으로 인지언어학에서는 '개념적 환유'
와 '개념적 은유' 이론을 정립하였다. 곧 '개념적 환유'란 동일한 개념 영역
안에서 인접성을 확보하여 개념적으로 현저한 실체인 '매체'를 통해 또 다
른 개념적 실체인 '목표'에 정신적 접근을 제공해 주는 인지적 전략이며,
'개념적 은유'란 다른 개념 영역 간에 유사성을 확보하여 구체적인 '근원영
역'으로써 추상적인 '목표영역'을 개념화하는 인지적 전략이다.18) 예를 들
어, "온 동네가 슬픔에 빠졌다."와 "온 동네 사람이 슬퍼했다."에서 전자의
'동네가 슬픔에 빠지는 것'은 글자 그대로 보면 있을 수 없을 것이며, 문장
의 적형성을 선택제약의 관점에서 판단하는 생성문법에서는 비문법적인 문
장으로 처리될 것이다. 그러나 언중들은 전자를 후자의 표현만큼 자연스럽
게 생산하고 이해할 뿐만 아니라 더 선호하는 경향을 지닌다. 곧 전자에는
'동네'와 '동네 사람' 간에 인접성의 기제가 작용한 '개념적 환유', 그리고
추상적인 감정인 '슬픔'을 구체적인 대상인 '그릇 속의 액체'로 파악함으로
써, '그릇 속의 액체'에 빠지는 경험과 '슬픔'에 빠지는 경험 간에 유사성의
기제가 작용한 '개념적 은유'가 나타나 있다.

　그러면 개념적 환유와 은유의 작용 원리와 기능을 살펴보기로 한다. 먼
저, 개념적 환유가 가능한 것은 동일한 영역에서 인접성 관계에 있는 '매체'
를 통해 '목표'를 표현하는 것이다. 예를 들어, '태극마크'가 '태극마크를 단
사람', 즉 '국가대표 선수'를 지칭하는 확대지칭은 목표의 한 부분인 매체가
이해, 기억, 인식에 현저한 참조점이 되기 때문이며, "도시락을 먹었다."의
'도시락'이 '도시락의 내용물'을 지칭하는 축소지칭은 전체인 매체가 그 부
위의 목표에 대한 현저한 참조점 역할을 하기 때문이다. 이 경우 '참조점'은
매체를 목표에 정신적으로 접근시켜 주는데 이 과정을 '사상(mapping)'이라
고 한다. 이러한 개념적 환유는 글자 그대로의 표현에 비해 "자동차에 기름

18) 경험의 측면에서 볼 때 '근원영역'과 '목표영역'은 대조적인 개념이다. 즉 '근원영역'은
　　구체적·물리적이며, 명확하게 윤곽이 주어지고 구조화된 경험인 반면, '목표영역'은 표
　　현하려는 영역으로서 추상적·비물리적이며, 그 윤곽이 불명확하고 구조화되지 않은 경
　　험이다. 또한 근원영역은 낡고 진부한 경험인데 비하여 새롭고 신선하다.

을 칠했다."의 경제성 효과, "대한민국이 폭설에 뒤덮였다./대한민국이 웃는 그날까지/대한민국은 민주공화국이다."의 유연성 효과, "등산화에 앞산이 무너진다."의 사실성 효과, "아버지가 왔다. 아니 십구문반의 신발이 왔다."의 참신성 효과, "그녀는 가슴이 작다."의 완곡성 효과를 갖는 효율적인 인지 전략이다.

다음으로, 개념적 은유가 가능한 것은 근원영역과 목표영역 간에 체계적인 대응관계가 형성되며, 이들 요소 간에 사상이 맺어지기 때문이다. 이 경우 근원영역과 목표영역 간에 본질적이거나 필연적인 유사성이 존재한다기보다 두 영역 간에 유사성을 부여할 수 있는 창조적 인지 능력이 인간에게 있기 때문일 것이다. 예를 들어, "화가 폭발했다."라는 표현은 "화는 그릇 속 액체의 열이다."라는 생각을 드러낸 것인데, 이 경우 '화'와 '액체의 열' 사이에 존재론적, 인식론적 대응관계가 형성된다. 이러한 개념적 은유는 글자 그대로의 용법으로 표현하기 불가능한 대상을 표현하며, 표현의 생생함을 제공하며, 복잡한 개념에 대해서 간결성을 제공해 줄 뿐 아니라,19) 추론 및 의미 확장의 도구가 된다는 점에서 유효한 인지 전략의 기제가 된다.

3.6. 도상성

'도상성(iconicity)'은 언어의 구조(형식)와 의미(내용) 간에 존재하는 유사성을 가리킨다. 소쉬르가 기호의 형식과 내용 간의 관계에 대한 '자의성(arbitrariness)'을 주창한 이래로 구조언어학에서부터 생성문법에 이르기까지 언어의 자의성이 굳건한 자리를 차지해 왔다. 그러나 인지언어학이 출현하면서 언어의 도상성 원리가 다시 주목을 받게 되었다.20) 곧 자의성은 주로

---

19) 개념적 은유 이론에서는 우리의 사고나 개념 자체가 본질상으로 은유적이라고 본다. 실제로 은유의 기제가 아니면 '시간', '이론', '사랑'과 같이 추상적인 개념을 제대로 표현하거나 생생하게 전달할 수 없으며, '감정'과 같이 복합적이고 강렬한 개념을 제대로 포착해 낼 수 없게 된다.

단일어의 형태와 의미 간에 국한되며, 복합어를 비롯한 어휘 층위, 문장 층
위, 그리고 담화 층위에서는 구조와 의미 간에 도상성이 존재함이 확인된다.
아래에서 어휘 층위를 중심으로 도상성의 양상과 의의를 보기로 한다.

먼저, 구조적 도상성에는 양적·순서적·거리적 도상성이 있다.

첫째, '양적 도상성'은 '눈'과 '물'의 단일어에 대한 '눈물'의 합성어, '나
무'와 '소나무'의 기본층위와 하위층위, '붉다'와 '붉어지다'에 대한 상태와
상태변화, '규칙'과 '불규칙'의 긍정과 부정에서 보는 바와 같이 개념의 복
잡성 정도가 언어적 재료의 양과 비례하는 경우를 말한다.

둘째, 순서적 도상성은 시간적 순서나 우선성의 정도가 언어 구조에 반영
된 경우를 가리키는데, '어제오늘', '금명간', '여닫다', '공수(攻守)'와 같이
시간적 순서에 따른 사건이 언어 구조의 순서에 비례하는 '선형적 순서'의
도상성, 그리고 '하나둘'의 수, '앞뒤'의 방향, '잘잘못' 및 '선악'의 긍·부
정에 관한 합성어의 어순, '이곳저곳', '엊그제' 및 '오늘내일', '나남' 및 '국
내외' 등의 나 먼저 원리에 따른 합성어의 어순, '장단(長短)', '여야(與野)',
'경부선', '부모' 등의 길이, 집단, 지명, 성별의 현저성에 관한 합성어에서
보듯이 인지적으로 자연스러운 경향성이나 중요성의 정도가 언어 구조에
반영되어 있는 '연속적 순서'의 도상성이 있다.

셋째, 거리적 도상성은 개념적 거리와 언어적 거리가 비례 관계를 형성하
는 것을 말한다. '소문나고 맛있는 울릉도 호박엿'에서 보듯이 '엿'의 수식
어에 대한 개념적 근접성과 언어적 근접성의 상관성을 보여 주는 '근접성
도상성', '아버지/할-아버지/외-할-아버지'의 호칭어, '죽다'와 '돌아가다',
'괴질(怪疾)'과 '사스(SARS)'의 완곡어법에 나타나는 '직접성 도상성'이 있다.

그러면 이러한 도상성이 갖는 의의를 보기로 한다.[21]

---

20) 1930년대에 퍼어스는 기호를 형식과 내용의 관계에 따라 다음 세 가지로 구별하였다. 즉,
'도상(icon)'은 기호의 형식과 내용 간에 '닮음(resemblance)'이 존재하는 경우이며, '지표
(index)'는 기호의 형식과 내용 간에 '자연적 관계(natural connection)'가 존재하는 경우이
며, '상징(symbol)'은 기호의 형식과 내용이 '관습(convention)'에 의해 확정되는 경우라 하
였다.

첫째, 양적 도상성은 개념의 복잡성이 언어 구조의 복잡성과 비례 관계에 있는 경우로서, 단일어/복합어, 기본층위/하위층위, 상태/상태변화, 긍정/부정에서 전자는 단순한 개념이며 후자는 복잡한 개념인데 언어 표현의 형태 역시 전자는 단순하며 후자는 복잡하게 실현되고 있다. 이 경우 양적 도상성은 기억 부담 양을 최소화해 준다는 점에서 효율성의 기능을 갖는다.

둘째, 순서적 도상성은 사건의 시간적 순서나 개념의 우선성 정도가 언어 구조에 비례하거나 유의미하게 단위를 이루는 경우이다. 그중 선형적 순서의 경우, 시간적 순서에 따른 합성어에서 앞선 시간과 사건이 앞자리에, 후속 시간과 사건이 뒷자리에 놓이는 것은 효율성의 기능을 갖는다. 연속적 순서의 경우, 중요성이나 인지적으로 자연스러운 경향성의 정도가 언어 구조에 반영된 것으로서, 합성어의 어순에서 쉽고, 단순하고, 긍정적인 요소, 자아 중심적인 요소, 현저하거나 적극적인 요소가 앞자리를 차지한다. 이는 하나의 단위 안에서 처리하기 용이하고 나에게 가까운 요소는 인지의 출발점이 되며, 현저하거나 적극적인 요소에 주의가 집중되므로 이들 요소를 일차적으로 고려하여 앞자리에 놓게 된 것이다.[22]

셋째, 거리적 도상성은 개념적 거리와 언어적 거리가 비례 관계를 형성하는 경우로서, 근접성의 측면에서 한정적 수식어의 거리가 결정된다. 이것은 게슈탈트 법칙에서 '근접성 원리' 즉, 개별적인 요소들 사이에서 거리가 짧은 요소들은 서로 관계가 있는 것으로 지각된다는 지각원리가 언어 구조에도 그대로 적용됨을 뜻한다(Ungerer & Schmid 2006 : 36 참조). 또한, 직접성의 측면에서 호칭어의 형태, 완곡어법 등의 언어적 거리는 개념의 직접성 정도와 일치함으로써 자연스럽다.

---

21) 이와 관련하여, Givón(1989 : 97)은 도상성의 원리, 즉 "모든 다른 것이 동등할 경우, 부호화된 경험은 그 부호가 경험과 최대한으로 구조상 동일하면, 저장하고 검색하고 소통하기에 더 쉽다"고 하였으며, Croft(2001 : 108)는 "언어의 구조는 어떤 식으로든지 경험의 구조, 즉 (화자가 세계에 부과한 관점인) 세계의 구조를 반영한다."고 하였다.

22) 이를 케슈탈트 심리학의 '지각적 현저성(perceptual prominence)'의 관점에서 보면 선행 요소가 '전경(figure)'이 되고 후행요소가 '배경(ground)'이 된다.

요컨대 양적·순서적·거리적 도상성은 단일어에서 형태와 의미간의 자의성과 달리 언어 구조와 개념 구조 간의 유의미한 동기화에 바탕을 두고 있다. 이러한 도상성은 효율성, 경제성, 자연성, 현저성 등에 대한 국어 사용자의 인지 경향성이 발현된 것으로써, 국어 공동체의 몸과 마음의 경험과 구조, 사회문화적 배경과 뿌리 깊은 상관성을 지니는 것이라 하겠다.

3.7. 문화모형

생성문법에서는 언어의 보편성을 추구하면서 문화적인 요인을 철저히 배제하였다. 그 반면, 인지언어학에서는 언어의 보편성뿐만 아니라, 문화 특정성을 인정하고 있다. 환경이 바뀌면 귤이 탱자가 된다는 고사성어처럼, 단어의 의미는 사회문화적 배경이나 세상사의 지식을 반영하게 마련인데, 한 문화 공동체가 공유하는 지식이나 생각의 경향성을 '문화모형(cultural model)'이라고 한다. 어휘에 나타나는 민간범주, 민간모형, 그리고 의미장을 중심으로 문화모형의 양상을 살펴보기로 한다.

첫째, 민간범주란 민간에 의해 자연 발생적으로 이루어진 범주로서 과학적 연구에 기초하여 의식적으로 만들어진 전문범주와 대조를 이룬다. 전문범주는 인간의 주관이 배재된 채 복잡성과 엄격성을 특징으로 삼는 반면,[23] 민간범주는 원형적인 보기를 중심으로 구조화되며, 환경 속에서 인간이 사물을 지각하고 상호작용하는 방식에 근거하고 있다. 이 둘 사이에는 종종 흥미로운 불일치가 나타난다. 예를 들어, '고래'는 전문범주에서 포유류로 분류되지만, 민간범주에서 '물고기'로 분류된다. 중국어의 '鯨'과 독일어의 'Walfish'에서 '魚-', '-fish'는 물고기를 뜻하며, 영어의 'whale'도 물고기를

---

23) 전문범주, 즉 과학적 분류는 18세기 중반 스웨덴의 식물학자 린네에 의해 제안된 식물 및 동물의 분류에서 시작되었으며, 1853년에 Roget에 의한 *Thesaurus of English Words and Phrases*가 있다. 이들 분류는 복잡성과 엄밀성을 특징으로 하는데, 범주에 대한 인간의 경험과 주관성을 배제함으로써 한계를 지닌다(Ungerer & Schmid 2006 : 65-67 참조).

뜻하는 라틴어의 'squalus'에서 유래한 것이다. '박쥐'는 전문범주에서 '익수
목'에 속하는 포유류이지만, 민간범주에서는 '새'나 '쥐'로 간주한다. '감자'
의 경우, 전문범주로는 '채소'이지만, 문화권별 민간범주에서는 분류 방법을
달리한다. 곧 영어의 'potato'는 채소로 분류되는 반면, 독일어의 'Kartoffel'
은 주식이기 때문에 채소로 취급되지 않는다. 또한, '토마토'는 전문범주에
서는 채소로 분류하지만, 우리의 민간범주에서는 '일년감' 또는 '땅감'이라
고 하여 과일로 분류한다.

　둘째, '민간모형(folk model)', 또는 '소박한 모형(naive model)'은 문화모형
의 일종으로서 어떤 문화권의 언중들이 일상생활 속에서 얻은 경험과 직관
을 통해 형성해 온 상식적인 세계관을 말한다.[24]

　이러한 세계관은 비공식적 관찰, 전통적 믿음, 심지어는 미신에 근거를
두기도 하지만, 그 속에는 언중들의 경향성, 지혜, 예측력이 집약되어 있다.
예를 들어, 감정과 관련된 관용어 가운데는 화가 날 때에 '속이 상하다, 부
아가 나다', 두려울 때에 '간이 콩알만 해지다', 슬플 때에 '가슴이 미어지
다', 사랑할 때에 '눈이 멀다'고 한다. 여기서 주목되는 것은 이러한 표현들
이 우리의 신체 생리적 경험에 근거하고 있을 뿐만 아니라 과학적으로 증명
된다는 점이다. 미각 표현의 경우 기본 미각어가 한국어에는 '달다, 짜다,
시다, 쓰다, 떫다'의 다섯 가지가 있으며 영어에는 'sweet, salty, sour, bitter'
의 네 가지가 있다. 이와 관련하여 생리학에서는 혀의 끝에 '단맛', 앞에 '짠
맛', 옆에 '신맛', 뒤에 '쓴맛'의 미뢰가 분포되어 있다고 할 뿐, '떫은 맛'에
대해서는 언급이 없다. 그러나 우리 문화권에서 '떫다'는 '설익은 감의 맛처
럼 거세고 텁텁한 맛'으로서, 그 의미가 확장되어 '하는 짓이나 말이 덜되고
못마땅한' 경우에 사용될 만큼 우리 삶에 밀착되어 있다. 곧 미뢰를 찾아낸
서양 생리학자들에게는 '떫다'라는 개념이나 단어가 없으므로 그에 대응하
는 미뢰나 미각을 탐색해 볼 계기가 마련되지 않은 것으로 보인다.

---

24) '민간모형'에 대립되는 '과학적 모형' 또는 '전문가 모형'은 기존 학문 분야에서 실험 및
　　사례 분석과 논증을 통하여 검증된 객관적이며 엄격한 모형을 가리킨다.

셋째, '의미장(semantic field)'은 문화모형의 일종으로서 하나의 상위어 아래 의미상 밀접하게 연관된 단어의 무리를 가리킨다. 단어의 무리로 실현되는 '의미장'을 '개념장'이라고도 하는데, 의미장 속에는 개별 언어의 의미 특성과 특질뿐만 아니라 그 의미장을 통해서 살아온 언어 공동체의 개념체계가 반영되어 있다(Löbner 2002 : 94-97 참조). '온도어장'의 경우 한국어에는 '춥다/차갑다, 서늘하다/미지근하다, 따뜻하다/뜨뜻하다, 덥다/뜨겁다'와 같이 여덟 가지, 영어에는 'cold, cool, (lukewarm), warm, hot'과 같이 네 가지 또는 다섯 가지가 있다. 한국어의 온도어장은 조어의 측면에서 '-ㅂ다' 형과 '-하다' 형으로 대별되는데, 이러한 형태는 '과한 온도/적당한 온도' 또는 '불쾌한 온도/유쾌한 온도'의 대립을 이룬다.[25] 또한, '덥다, 뜨겁다, 따뜻하다, 뜨뜻하다'와 '춥다, 차갑다, 서늘하다, 미지근하다'는 '높은 온도/낮은 온도' 또는 '확장적 온도/수축적 온도'의 대립을 이루며, '덥다, 춥다, 따뜻하다, 서늘하다'와 '뜨겁다, 차갑다, 뜨뜻하다, 미지근하다'는 '생리적 온도/물리적 온도' 또는 '전체적 온도/부분적 온도'의 대립을 이룬다(천시권 1980 : 1-14 참조). 이를 통해서 볼 때 한국어의 온도 어장은 영어의 단선 구조에 비해 풍부하고 입체적임이 확인된다. '착탈어장'의 경우 한국어에는 '입다・쓰다・신다・두르다・끼다 ↔ 벗다', '끼우다・꽂다 ↔ 빼다' '매다・차다・드리다 ↔ 풀다'에서 보듯이 '착(着)'에 관한 단어는 다양하게 분화되어 있지만 '탈(脫)'에 관한 단어는 그 수가 제한되어 있다. 대조적으로 영어에는 'wear ↔ doff' 'put on ↔ take off'에서 보듯이 '착탈'에 관한 단어가 수적으로 제한되어 있으며 대칭적이다.

---

25) 온도어장은 조어법과 온도 유형 간의 상관성은 인지언어학에서 중요한 개념인 '동기화(motivation)'의 한 보기이다.

4. 마무리

이제까지 어휘의미론의 위상과 주요 접근법, 인지언어학의 특성, 그리고 인지언어학적 어휘의미 분석의 주요 과제에 대해서 살펴보았다. 이상에서 논의한 바를 간추리고 전망과 과제를 제시하면서 이 글을 마무리하기로 한다.

첫째, 어휘의미론은 내용어를 중심으로 한 단어 의미의 연구 영역으로서, 언어학 및 국어학의 중요한 분야이다. 이와 관련하여 현대 언어학에서 어휘 의미 연구의 방법론은 국부적·총체적·개념적 접근법을 사용해 왔는데 개념적 접근법을 인지언어학으로 발전하였다.

둘째, 인지언어학은 인간 마음에 대해 알려진 바와 공존하는 방식으로 언어를 탐구하며 언어가 마음을 반영하고 마음의 작용방식을 밝혀주는 창구로 간주되며, 자율언어학과 대비해서 의미와 의미론의 중시, 백과사전적 모형, 언어의 구조와 의미에 대한 동기화, 의미 구조의 비대칭성을 특성으로 삼는다.

셋째, 인지언어학적 관점에서 어휘의미론의 주요 과제인 단어의 의미, 범주화, 다의관계, 대립관계, 비유, 도상성, 문화모형을 검토한 결과 의미 분석에 인간의 인지 및 경향성, 경험, 문화가 고려됨으로써 자율언어학의 정적이고 평면적인 양상과 달리 동적이고 입체적인 작용 양상이 확인된다.

넷째, 장차 어휘의미론은 원형 이론 및 해석설, 개념적 환유와 은유 이론, 도상성 및 동기화 이론, 문화모형 등 인지언어학의 관점에서 의미 양상 및 작용에 대한 다양한 용법을 확보하고, 설명력을 증대시킴으로써 한층 더 활성화될 것으로 전망된다. 같은 맥락에서 이 결과를 의미교육, 사전편찬 등에 응용하는 노력도 병행되어야 할 것이다.

참고문헌

김봉주. 1988. 「개념학 : 의미론의 기초」, 한신문화사.

임지룡. 1997ㄱ. 「인지의미론」, 탑출판사.

임지룡. 1997ㄴ. "21세기 국어어휘 의미의 연구 방향", 「한국어 의미학」 1, 한국어의미학회, pp.5-28.

임지룡. 1998. "인지 의미론", 이승명 편 「의미연구의 새 방향」, 박이정, pp.35-64.

임지룡. 2004ㄱ. "인지언어학의 현황과 전망", 「숭실어문」 19, 숭실어문학회, pp.51-90.

임지룡. 2004ㄴ. "국어학과 인지언어학", 「나라사랑」 108, 외솔회, pp.47-74.

임지룡. 2006ㄱ. "의미교육이 학습 내용에 대하여 : 제7차 교육과정과 교과서를 중심으로", 「한국어학」 33, 한국어학회, pp.87-116.

임지룡. 2006ㄴ. "인지언어학적 관점에서 본 의미의 본질", 「한국어 의미학」 21, 한국어의미학회, pp.1-29.

임지룡. 2007. "인지의미론 연구의 현황과 전망", 「우리말연구」 21, 우리말학회, pp.51-104.

임지룡. 2008ㄱ. 「의미의 인지언어학적 탐색」, 한국문화사.

임지룡. 2008ㄴ. "한국어 의미 연구의 방향", 「한글」 282, 한글학회, pp.195-234.

조춘옥. 2005. 「조선어어휘의미로」, 사회과학출판사.

천시권. 1980. "온도어휘의 상관체계", 「국어교육연구」 15, 국어교육연구회, pp.1-14.

Aitchison, J. 1987/2003. *Words in the Mind : An Introduction to the Mental Lexicon.* Oxford : Basil Blackwell. (임지룡・윤희수 옮김. 1993. 「심리학언어학 : 머릿속 어휘사전의 신비를 찾아서」, 경북대학교출판부.)

Croft, W. 2001. *Radical Construction Grammar : Syntactic Theory in Typological Perspective.* Oxford : Oxford University Press.

Croft, W. & D.A. Cruse. 2004. *Cognitive Linguistics,* Cambridge : Cambridge University Press. (김두식・나익주 옮김. 2010. 「인지언어학」, 박이정)

Cruse, D.A. 2000. *Meaning in Language : An Introduction to Semantics and Pragmatics.* Oxford : Oxford University Press. (임지룡・김동환 옮김. 2002, 「언어의 의미 : 의미・화용론 개론」, 태학사.)

Cruse, D.A. 2001. "The lexicon". In M. Aronoff & J. Ress-Miller. eds. *The Handbook of Linguistics.* Oxford : Blackwell. pp.238-264.

Evans, V. 2009. *How Words Mean : Lexical Concepts, Congnitive Models, and Meaning Construction*. Oxford : Oxford University Press.

Evans, V. & M. Green. 2006. *Cognitive Linguistics : An Introduction*. Edinburgh : Edinburgh University Press. (임지룡·김동환 옮김. 2008. 「인지언어학 기초」, 한국문화사.)

Givón, T. 1989. *Mind, Code and Context : Essays in Pragmatics*. Hillsdale : Lawrence Erlbaum Associates Publishers.

Langacker, R.W. 1997, "The contextual basis of cognitive semantics", In J. Nuyts & E, Pederso eds., *Language and Conceptualization*. Cambrige : Cambridge University Press. pp.229-252.

Lee, D. 2001. *Cognitive Linguistics : An Intrdouction*. Oxford : Oxford University Press. (임지룡·김동환 옮김. 2003. 「인지언어 입문」, 한국문화사.)

Lakoff, G. 1987. *Women, Fire and Dangerous Things : What Categories Reveral About the Mind*. Chicago : The University Chicago Press.

Lipka, L. 1992. *An Outline of English Lexicology : Lexical Structure, Word Semantics, and Word-Formatio*n, Tübingen : Niemeyer.

Löbner, S. 20002. *Understanding Semantics*. Oxford : Oxford University Press. (임지룡·김동환 옮김. 2010 「의미론의 이해」, 한국문화사.)

Lyons, J. 1977. *Semantics*. Cambridge : Cambridge University Press.

Matsumoto, Y. 2007. "Cognitive Semantics : Basic concepts and application". In *The Third Seoul International Condetence on Discourse and Cognitive Linguostics : Cognition, Meanming, Implicature and Discourse(workshop)*. pp.1-45.

| 이 논문은 한국어학 49집(2010, 한국어학회)에 게재된 논문을 재수록한 것입니다.

필수성과 수의성의 본질
―인지언어학적 관점에서

이 정 택

1. 들어가기

전통문법 이래로 국어의 문장 성분은 주성분과 부속성분 그리고 독립성분으로 분류되어 왔다. 이들 중 독립성분은 문장의 여타 성분과는 동떨어져 있는 성분을 말한다. 그리고 이들 독립성분의 상당수가 별개의 문말 억양을 가지는 등 독립된 문장의 속성을 보여 준다. 따라서 독립성분은 문장의 기본적인 짜임새와는 다소 먼 거리에 있다고 할 수 있다.[1]

주성분은 주어, 목적어, 보어, 서술어처럼 문장의 골격을 이루는 성분을 말하며, 부속성분은 이들 주성분에 부속되어 이들을 수식하는 성분을 말한다. 결국 주성분이 문장의 골격을 형성하고 부속성분이 이들에 걸려 수식의 기능을 담당하는 만큼, 주성분과 부속성분이 서로 긴밀히 얽혀 문장의 전체적인 구조를 형성한다고 말할 수 있을 것이다.

그런데 여기서 문장의 골격을 이룬다는 말은 결국 문장의 기본 짜임새를 형성한다는 것이므로, 주성분은 없어서는 안 될 성분 즉 필수성분으로 이해

---

1) 이런 현상에 대해서는 일찍이 최현배(1937)에서 관찰된 바 있으며, 이정택(2002)에서는 국어의 독립성분 대부분을 일종의 불완전문으로 처리하고 있다.

될 수 있고, 부속성분이란 이에 부속되는 성분이므로 일종의 수의성분을 의미하는 것으로 해석할 수 있다.

 문장의 성분을 필수적인 성분과 수의적인 성분으로 나누는 분류 방법은 지금까지 국어 통사론의 핵심으로 자리매김 되어 왔다. 특히 GB 이론 이후에는 필수성 여부를 놓고 활발한 논의가 진행되고 있다. 그러나 수많은 노력에도 불구하고 필수성분과 수의성분의 본질 구명은 아직도 답보 상태를 면치 못하고 있는 듯하다. 많은 문법학자들이 지속적인 노력을 경주했음에도 불구하고, 이 문제가 미몽을 헤매는 데에는 나름대로 이유가 있을 것이다. 그리고 필자는 그 이유를 잘못된 접근 방법에서 찾으려고 한다. 즉 문법과는 일정 부분 거리가 있는 필수와 수의의 개념을 오로지 문법론의 시각에서만 관찰하려 했기 때문에 이러한 혼란이 야기된 것으로 파악한다.

 이 글에서는 꼭 있어야 하는 필수성분과 없어도 문장 성립이 가능한 수의성분의 본질 구명을 위해 지금까지와는 다소 다른 시각에서 접근하려고 한다. 필자는 이들 성분의 구별이 인지언어학에서 말하는 '모습'과 '바탕'의 구분과 깊이 관련되어 있다고 생각한다. 따라서 여기서는 '모습과 바탕 이론'이 필수와 수의 구분에 어떠한 도움을 줄 수 있는지 그 내용을 집중적으로 검토하려고 한다.

2. 문법적 기준과 그 한계

 대부분의 문법 범주가 그러하듯이, 필수와 수의성분의 구분도 최현배(1937)에 가장 가까운 뿌리를 두고 있다. 이 책에서는 문장의 성분(월의 조각)을 '주요성분(으뜸 조각)', '종속성분(딸림 조각)', '독립성분(홀로 조각)'의 셋으로 구분하였는데, 본고의 서두에서도 언급한 것처럼 이들 중 주요성분과 종속성분은 곧 필수성분과 수의성분을 의미한다. 이에 관한 이 책의 설명을 인용하면 다음과 같다.

> (1) 으뜸 조각(主要成分)이란 것은 월의 성립에 가장 중요한 으뜸이 되는
> 조각이니, 이것이 없으면, 월을 이룰 수 없음이 원칙이니라.
> 이 으뜸 조각은 다시 갈라 임자말(主語), 풀이말(說明語, 述語), 부림말
> (目的語, 客語), 기움말(補語)의 네 가지로 하느니라.
> (2) 딸림 조각(從屬成分)이란 것은 으뜸 조각 모양으로 월의 성립에 반드
> 시 있어야 할 중요성은 없고, 다만 으뜸 조각에 붙어서 그것을 꾸미는
> 노릇을 하는 것(꾸밈말)이니 : 이에는 매김말(冠形語), 어찌말(副詞語)과
> 의 두 가지가 있느니라(딸림 조각은 또 붙음 조각이라고도 함).(최현배
> 1937 : 748)

이러한 최현배(1937)의 분류는 정도의 차이는 있겠지만, 이후에 이루어지
는 학술문법 및 교육문법 등에 기본 골격을 제공하게 된다.

필수와 수의 성분 분류에 관한 논의는 서구의 항가 이론과 결합하면서
더욱 활기를 띄게 된다. 우선 김일웅(1984)은 명사항과 서술어의 관계를 바
탕으로 명사항을 필수성분과 수의성분으로 나눈 바 있다. 유현경(1994)에서
는 논항(필수성분 중 명사항)이 되기 위한 조건으로 크게 '필수성'과 '독립
성'을 제시하고, 필수성과 독립성을 모두 갖춘 성분은 논항이며, 부가어(수
의성분)는 독립성은 있으나 필수성이 없는 성분으로 보았다. 그리고 필수성
은 만족시키지만 독립성이 없는 성분을 따로 '서술논항'으로 분류한 바 있
다. 필수성분과 수의성분 외에 제 3의 성분 설정 가능성을 열어 놓은 셈이
다. 우형식(1994)에서는 필수성은 정도의 차이이기에 문장 구성 성분을 필
수성분과 수의성분으로 단순히 양분할 수 없음을 지적하고 이에 대한 다단
계 분류를 시도했다. 그리고 이병규(1996)는 우형식(1994)의 이러한 입장을
받아들여 문장 성분을 서술어가 갖는 항가 의존성 정도에 따라 명세논항,
필수논항, 잠재논항, 선택적 부가어, 비선택적 부가어로 분류한 바 있다.[2]

---

[2] 이렇게 우리말 문법 연구에 있어서의 '필수성'과 '수의성'은 말 그대로 문장을 이루는 데
반드시 필요한 것과 그렇지 않은 것을 의미하는데 여기서 분명히 기억해야 할 것은 이러한

이러한 성분 분류는 이분법이든 다단계 분류이든 간에 기본적으로 필수적 속성과 수의적 속성 간의 구별을 전제로 한 것들이다. 따라서 이들의 본질 구명이 어렵다면, 이러한 분류 체계는 사상누각에 불과하다.[3] 그런데 실제 발화에서 필수성과 수의성을 가름할 만한 명백한 근거를 찾기는 무척 어렵다. 왜냐하면 아래 예문 (1)에서 볼 수 있듯이 필수성분으로 여겨지는 주어, 목적어, 보어 등 체언성분이나 서술어가 빠진 문장이 얼마든지 있기 때문이다.[4]

> (1) 가. 똑똑해요.
> 나. 엄마도 먹었어요.
> 다. 나는 아니야.
> 라. 영희?

위 (1)에 제시된 예문들은 화맥을 전제로 한다는 공통점을 갖고 있다. 즉 아래 (2)와 같은 상황에서나 쓰일 수 있는 용례들이다. 따라서 이러한 화맥이 전제되지 않은 상황에서 없어서는 안 될 성분이 필수성분이라는 생각을 하는 경우도 있다.

> (2) A. 그 녀석 어때요?
> B. 똑똑해요.

필수성이 모든 문장에서 요구되는 것이 아니라는 점이다. 일례로 목적어는 자동사 구문에서는 필수적인 것이 될 수 없으며 보어는 매우 특수한 서술어에만 요구되는 성분이다. 따라서 필수성을 지닌 필수성분이란 우리말에서 사용될 수 있는 모든 문장을 대상으로 그들 문장을 구성함에 있어 반드시 필요한 성분들을 총체적으로 지칭하는 것이라고 이해할 수 있다.

3) 김영희(2004)에서는 필수성에 대한 다단계 분류 이전에 먼저 논항의 판별기준 즉 필수성의 본질을 규명하는 것이 선결되어야 함을 밝힌 바 있다.

4) 생략이 불가능함으로써 진정한 의미의 필수적 요소로 볼 수 있는 용례는 기껏해야 아래 예문들의 서술어 '굴다, 삼다'에 선행하는 '용언어간+게' 혹은 '체언+로' 정도일 것이다. 그러나 이렇게 몇 안 되는 용례에 나타나는 성분들을 필수적인 것으로 보고 이들을 그렇지 않은 모든 경우와 대비되는 것으로 파악하는 이원적 분류는 생각할 수조차 없다. 이들은 용언의 비자립성 때문에 나타나는 익은 표현에 불과하다.

(3) A. 또 누가 먹었니?
   B. 엄마도 먹었어요.

(4) A. 도대체 누가 범인이야?
   B. 나는 아니야.

(5) A. 걔가 글쎄 합격을 했대.
   B. 영희?

 그러나 아무런 맥락 없이 사용될 수 있는 아래 예문들은 이런 설명 방식에 큰 문제가 있음을 보여 준다. 왜냐하면 관형어나 부사어가 수의성분으로 분류되어 온 반면, 아래 (6)의 두 문장에서는 의문사인 관형어와 부사어가 문장의 핵심적이고 필수적인 요소로 여겨지기 때문이다.5)

(6) 가. 너 지금 <u>무슨</u> 책을 읽고 있니?
   나. 사고 후에, 어머니는 손가락을 <u>어떻게</u> 움직이시나?

 서술어 의미에 대한 논리적 분석을 통해 필수성과 수의성을 가름하려 할 경우 시간 및 장소 부사어가 가장 큰 난제로 등장하게 된다. 왜냐하면 이들이 대표적인 수의성분으로 분류되고 있는 것과 달리, 적어도 사건성을 표시하는 서술어(일반적으로 동사 서술어)의 경우 시간과 장소는 논리적으로 필수적인 개념에 해당하기 때문이다.
 시간과 장소의 부사어가 대부분의 사건성 구문에 분포할 수 있다는 점에 착안하여 일종의 잉여적 요소로 봄으로써 이를 수의성분으로 분류하려는 시도도 있다.6) 그러나 이러한 주장이 논리적 일관성을 유지하기 위해서는, 상태동사를 포함한 모든 용언과 공기할 수 있는 주어 역시 수의성분으로 처리해야 한다. 그러나 주어를 필수성분이 아닌 수의성분으로 보는 것은 상상

---

5) 이러한 문제를 지적한 연구로 이용주(1990)이 있다.
6) 유현경(1994) 참조.

하기 어려운 일이다.

　이러한 문제들 때문에 필수성 여부를 문법적으로 판단하려는 이들은 필수와 수의를 구분할 수 있는 객관적이고 형식적인 기제들을 찾아 나서게 된다. 즉 관계 관형절의 머리명사 되기 여부, 무표격 현상 여부, 쪼갬문의 초점성분에서의 조사 배제 여부 등의 통사적 기제들을 통해 필수성분과 수의성분의 분류를 객관화하려는 시도가 이루어지기도 했다. 이들 현상 각각이 필수성분 혹은 수의성분 일방에 주로 적용되고 있음에 착안하여, 이들을 통해 필수성분과 수의성분의 객관적인 경계 구획을 모색한 셈이다. 그러나 아래 예문 (7)~(12)에서 확인할 수 있듯이, 이러한 형식적인 기제들 역시 일정한 한계를 갖는다.

　　(7) 가. 영희는 <u>학원에서(수의성분)</u> 영어공부를 한다.
　　　　나. 영희가 영어공부를 하고 있는 <u>학원(머리명사)</u>은 수업료가 비싸다.

　　(8) 가. 영희는 <u>새벽 5시에(수의성분)</u> 일어난다.
　　　　나. 영희가 일어나는 <u>새벽 5시(머리명사)</u>는 한 밤중과 같다.

　　(9) 가. 순희는 편지를 <u>우체통에(필수성분)</u> 넣었다.
　　　　나. *순희는 편지를 <u>우체통</u> 넣었다.

　　(10) 가. 이건 <u>저것과(필수성분)</u> 다르다.
　　　　 나. *이건 <u>저것</u> 다르다.

　　(11) 가. 우리는 <u>덕수궁 돌담길을(수의성분)</u> 함께 걸었다.
　　　　 나. 우리가 함께 걸은 것은 <u>덕수궁 돌담길이었다.</u>

　　(12) 가. 열차는 언제나 <u>이 시각에(수의성분)</u> 도착한다.
　　　　 나. 열차가 도착하는 것은 언제나 <u>이 시각이다.</u>

　위 예문 (7), (8)은 일반적으로 필수성분에 적용되는 관계 관형절의 머리

명사 되기가 수의성분에도 적용될 수 있음을 보여 준다. 또 (9), (10)은 필수성분에 적용되는 것으로 알려진 무표격 현상이 일부 필수성분에는 적용될 수 없음을 보여 준다. 마지막으로 (11), (12)는 필수성분에 적용됨으로써 필수와 수의성분을 가려내는 가장 강력한 기제로 알려진, 쪼갠문의 초점성분에서의 조사 배제 현상 역시 수의성분에도 적용될 수 있음을 보여 준다.[7] 따라서 적어도 지금까지는 '필수성'과 '수의성'을 명확히 가름할 만한 문법적 기제가 발견되지 않았다고 할 수 있다.

3. 필수성과 수의성 변별을 위한 인지언어학적 접근

3.1. 필수성에 대한 언어직관

이른바 필수성분과 수의성분을 경계 지을 만한 문법적 근거가 박약함에도 불구하고 국어문법 연구에서는 이러한 분류법이 지금까지도 널리 통용되고 있다. 필수성분 및 수의성분의 개념이 서구문법에서 유래된 것이므로 국어의 현실을 왜곡하는 서구문법 이론에 대한 맹종의 결과라고 생각할 수도 있다. 왜냐하면 실제로 우리말 연구에 구미의 언어이론이 부정적 영향을 끼친 사례는 상당히 많기 때문이다. 그러나 필자는 적어도 필수성분과 수의성분의 분류만큼은 우리들의 언어직관을 반영하고 있다고 생각한다.

(2) A. 그 녀석 어때요?
　　B. 똑똑해요.

(3) A. 또 누가 먹었니?

---

7) 김영희(2004) 참조.

     B. 엄마도 먹었어요.

(4) A. 도대체 누가 범인이야?
     B. 나는 아니야.

(5) A. 걔가 글쎄 합격을 했대.
     B. 영희?

예문 (2)-(5)에서 이른바 필수적인 성분이 아무 문제없이 생략될 수 있는 것은 선행하는 대화맥락에 그 내용이 분명히 드러나 있기 때문이다. 만약 이러한 정보가 전혀 없는 상황, 즉 특정 사건이나 상태에 대해 화자와 청자가 공유하는 구정보가 공백상태인 상황에서 (2)-(5)의 B와 같은 발화로 대화의 문을 열었다면, 이를 듣는 청자는 주어, 목적어, 보어, 서술어와 같은 이른바 필수성분들이 빠졌음을 분명히 인식할 것이고, 그가 효과적인 대화를 원한다면 그러한 정보를 요구하게 될 것이다. 그러나 아래 예문 (13)의 각 문장에서 수의성분으로 분류되는 부분을 제거한 (13)'를 듣는 청자에게서 이런 반응을 기대하기는 쉽지 않다.

(13) 가. 순희는 <u>빨리</u> 뛴다.
     나. 아빠도 <u>예전에는</u> 어린아이였단다.
     다. 그 아이가 <u>길거리에서</u> 노래를 불렀대요.
     라. <u>정말로</u> 엄마가 왔어?

(13)' 가. 순희는 뛴다.
     나. 아빠도 어린아이였단다.
     다. 그 아이가 노래를 불렀대요.
     라. 엄마가 왔어?

(2)-(5) 및 (13)과 (13)'에서 확인되는 이러한 대비는 이른바 필수성분과 수의성분의 분류가 적어도 한국어를 사용하는 우리들의 언어직관을 일정 부

분 반영하고 있음을 의미한다. 따라서 이러한 언어직관의 근거가 무엇인지 그 내용을 밝힌다면, 그것이 곧 필수성과 수의성의 본질을 구명하는 일이 될 것이다.

3.2. '바탕'에 대한 수의적 인식

시간과 장소를 나타내는 부사어들이 상당수 문장에서 논리적으로 필수적인 요소가 됨은 주지의 사실이다. 그러나 실제로 문장성분을 논의하는 대다수의 연구에서는 의미 혹은 논리적인 참여자와 통사적 논항을 구분하면서 이들 부사어를 대표적인 수의성분으로 처리하고 있다. 그런데 문제는 지금까지의 논의에서 의미 및 논리적인 참여자와 통사적인 논항 즉 필수적인 명사항을 가름하는 기준이 명확히 제시되지 않고 있다는 점이다.

앞에서도 밝힌 바 있듯이 필자는 이 문제의 해답이 인지언어학의 방법론 중 하나인 '모습과 바탕' 이론에서 찾아질 수 있다고 생각한다.[8] 그리고 여기서는 특정 문장에서 '바탕'으로 인식되는 성분은 비록 논리적으로 꼭 필요한 요소라 하더라도 일반적으로 언중에 의해 필수적으로 여겨지지 않음을 보이려고 한다.

> (14) 가. <u>무도회에서</u> 그녀의 모습은 아름다웠다.
>   나. 트럭 한 대가 <u>교문 앞에</u> 있다.
>   다. 철수가 <u>충무에서</u> 시장이 된다.
>   라. 김 선생이 <u>운동장에서</u> 철수의 뺨을 때렸대요.

---

8) '모습과 바탕' 이론은 20세기 초 형태심리학자들에 의해 개발되어 지금까지 심리학에서 주목을 받는 이론이다. 즉 우리들이 어떤 대상을 시각적으로 관찰할 때, 우리들의 초점이 놓여 두드러지게 인식되는 부분과 그렇지 않은 부분으로 양분되는데, 이 중에서 두드러진 부분을 '모습'이라 하고 그렇지 않은 부분을 '바탕'으로 불러왔다. 그런데 인간 언어 역시 이러한 인지를 반영할 수밖에 없으므로 '모습과 바탕' 이론이 인지언어학에 하나의 방법론으로 수용된 것이다.

(14)' 가. [[그녀의 모습은 아름답다]모습 무도회에서, 과거]바탕
　　　나. [[트럭 한 대가 있다]모습 교문 앞에, 현재]바탕
　　　다. [[철수가 시장이 된다]모습 총무에서, 현재]바탕
　　　라. [[김 선생이 철수의 뺨을 때린다]모습 운동장에서, 과거]바탕

　예를 들어 장소의 부사어를 지닌 위 (14)는 대체로 (14)'와 같은 짜임새를 이루는 것으로 파악된다. 그리고 이들 예문에서 주어와 서술어, 주어와 보어 및 서술어, 혹은 주어와 목적어 및 서술어가 각각 일정한 명제를 나타내는데, 이들 명제의 의미 내용은 외부 세계와 뚜렷이 구분됨으로써(discret) '모습'을 이룬다. 반면에 이들 문장에서 장소나 시간을 표시하는 문장성분들의 의미 내용은 추상적이거나 널리 퍼져있는(diffuse) 속성을 지님으로써 '바탕'이 되고 이에 따라 수의 성분으로 지각되는 것이다.9) 따라서 (14)에서 수의성분으로 인식되는 '바탕' 구성 성분을 뺀 아래 (14)"는 언중들에 의해 온전한 문장으로 인식되는 것이 보통이다.

(14)" 가. 그녀의 모습은 아름다웠다.
　　　나. 트럭 한 대가 있다.
　　　다. 철수가 시장이 된다.
　　　라. 김 선생이 철수의 뺨을 때렸다.

　구체적인 장소가 그곳에서 일어나는 실질적인 사건의 '바탕'이 되는 것은 매우 자연스러운 현상일 수 있다. 따라서 장소의 부사어가 '바탕'이 되는 것은 더 이상 논의할 필요가 없을 듯하다. 그러나 시간의 부사어가 '바탕'으로 인지된다는 것은 보충설명이 필요할 듯하다. 왜냐하면 '모습과 바탕' 이론 자체가 형태심리학에서 시작된 것으로서 기본적으로 시각적인 인지에 그 뿌리를 둔 것인 반면, '시간'이란 비가시적이고 추상적인 존재이기

---

9) 이기동(1983)에서는 '모습'과 '바탕'의 세부적 특징을 지적한 Wallace, Stephen(1982)를 번역하여 소개했다. 그 내용에 따르면 'discret'와 'diffuse'는 대립적으로 각각 '모습'과 '바탕'의 세부 특징이 된다.

때문이다.

　시간과 공간이 밀접한 관련을 지니고 있음은 주지의 사실이다. 우선 구체적인 존재를 지각할 때 시간과 공간적 배경은 동시에 전제되어야 하는 개념들이다. 시간이 공간보다 인지되기 어려운 속성을 지니고 있는 것은 사실이나 이들 모두를 의식하지 않고는 존재에 대한 명확한 인식이 불가능하다. 또 국어의 시간 개념어 상당수가 공간 개념어에 그 어원을 두고 있음도 밝혀진 바 있다.[10) 공간 개념어가 시간 개념어로 전이된 예는 현대국어에서도 쉽게 발견된다. 일례로 일정한 공간 개념을 나타내는 '위, 아래, 앞, 뒤' 등과 공간적인 범위를 표현하는 '안'은 아래의 (15)를 통해 확인할 수 있듯이 시간 개념을 나타낼 수 있다.[11)

　　(15) 가. <u>위에서</u> 이야기한 내용과 <u>아래에서</u> 이야기할 내용
　　　　나. 회의에 <u>앞서</u> 환영회가 열렸다.
　　　　다. 이 일은 복잡하니 <u>뒤로</u> 미루자.
　　　　라. <u>5분 안에</u> 모든 일을 끝내야 한다.

　그리고 아래 예문 (16)에서 볼 수 있듯이 국어의 경우 시간과 공간이 동일한 조사에 의해 표현되는데 이러한 현상도 이들의 상관관계를 보여 주는 방증이 될 수 있다.

　　(16) 가. 어머니는 <u>고향에</u> 계시다.
　　　　나. 어머니는 <u>3시에</u> 떠나신다.

　앞에서 시간은 공간과 달리 비가시적이고 추상적인 존재임을 밝힌 바 있다. 그런데 예문 (17)의 밑줄 친 부분들은 공간 또한 동일한 속성을 가질 수

---

10) 시간개념어와 공간개념어의 관계 및 그 어원에 관해서는 심재기(1983)에서 언급된 바 있고, 최창렬(1985)에서는 우리말 시간 계열어의 거의 전부가 공간 개념어에서 왔음을 밝힌 바 있다.
11) 박경현(1986) 참조.

있음을 보여 준다. 즉 '(17)가'와 '(17)나'의 밑줄 친 부분들은 각각 비가시적인 공간과 추상적인 공간을 나타내고 있다.

(17) 가. <u>특정 환경에서</u> 수소 두 분자가 산소 한 분자와 화학적으로 결합한다.
　　　나. <u>사회과학에서</u> 절대적 가치는 없다.

　결국 장소와 시간의 부사어가 갖는, 가시성(可視性) 및 구체성(具體性) 여부가 '바탕'의 자격을 결정하는 잣대가 될 수는 없다고 결론지을 수 있다. 따라서 아래 예문 (18)의 밑줄 친 시간 부사어들이 (18)'에서와 같이 일정한 '바탕'을 구성한다고 보는 데에는 무리가 없을 것이다.

(18) 가. 영희는 <u>한 때</u> 예뻤지.
　　　나. 기차가 <u>정오에</u> 도착했다.
　　　다. <u>하루 종일</u> 영희는 남편을 기다렸다.

(18)' 가. [[영희 예쁘다]모습 한 때(과거)]바탕
　　　 나. [[기차가 도착한다]모습 정오에(과거)]바탕
　　　 다. [[영희는 남편을 기다린다]모습 하루 종일(과거)]바탕

　그리고 위 (18)과 아래 (18)"의 대비에서도 드러나듯이 이들 시간 부사어는 수의성분으로 인지되는데, 그 이유도 이들 성분이 '바탕'을 이루는 성분이라는 데에서 찾을 수 있다.

(18)" 가. 영희 예뻤다.
　　　 나. 기차가 도착했다.
　　　 다. 영희는 남편을 기다렸다.

　동일한 조사를 취하는 장소 부사어가 경우에 따라 필수 혹은 수의성분이 되는 일이 있다. 예를 들어 예문 (14)에서 조사 '-에' 혹은 '-에서'를 취하는

장소 부사어들은 모두 수의성분을 만들고 있지만, 아래 (19)의 밑줄 친 부분들은 필수성분으로 인식된다. 따라서 이들을 뺀 (19)'는 무언가 부족한 문장으로 여겨질 수 있다.

(14) 가. <u>무도회에서</u> 그녀의 모습은 아름다웠다.
　　 나. 트럭 한 대가 <u>교문 앞에</u> 있다.
　　 다. 철수가 <u>총무에서</u> 시장이 된다.
　　 라. 김 선생이 <u>운동장에서</u> 철수의 뺨을 때렸대요.

(19) 가. 이 편지를 <u>우체통에</u> 넣어라.
　　 나. 영희는 <u>주머니에서</u> 손수건을 뺐다.

(19)' 가. 이 편지를 넣어라.(?)
　　 나. 영희는 손수건을 뺐다.(?)

이렇게 동일 조사가 이질적인 문장 성분을 만드는 현상은 문법론에서 일종의 난제로 여겨졌던 것이 사실이다. 그러나 '바탕'을 이루는 성분이 수의성분으로 인식된다는 점을 상기한다면 이러한 현상은 아무 문제가 되지 않는다. 왜냐하면 (14)의 밑줄 친 성분들은 '바탕'을 이루는 반면, (19)의 밑줄 친 성분들은 사건에 직접 개입함으로써 '모습'의 일부분이 되고 있기 때문이다.

3.2. '모습'의 골격을 이루는 필수성분

앞의 예문 (14)와 (14)', (15)와 (15)' 등에서 관찰할 수 있듯이 필수성분으로 인식되는 명사항인 주어, 목적어, 보어 및 서술어는 '모습'을 형성한다는 공통점을 지닌다. 그러나 '모습'을 이루는 성분이라 하여 모두 필수적인 속성을 갖는 것은 아니다. 잘 알려진 바와 같이 관형어 및 부사어는 위와 같은 필수성분의 의미내용을 구체화하는 역할을 주로 하는데, 이럴 경우 이들은 분명히 '모습'의 구성요소가 된다. 그러나 이런 경우에도 이들은 대부분 뚜렷한 수의성분으로 인지된다. 예를 들어 아래 예문 (20)과 (21)에서 밑줄 친 관형어와 부사어가 '모습'의 구성요소임은 분명하지만 필수성분은 아니기 때문에, (20)', (21)'에서 볼 수 있듯이, 이들 없이도 '모습'을 이루는데 지장이 없고 또 문장 구성에도 큰 무리가 없다.

(20) 가. <u>철지난</u> 옷은 모두 교회로 가지고 가자.
　　 나. <u>선택받은</u> 상류층만 사는 세상인가?

(21) 가. 어머니는 <u>천천히</u> 걷기 시작했다.
　　 나. 칼을 <u>그렇게</u> 휘두르면 안 돼.

(20)' 가. 옷은 모두 교회로 가지고 가자.
　　　 나. 상류층만 사는 세상인가?

(21)' 가. 어머니는 걷기 시작했다.
　　　 나. 칼을 휘두르면 안 돼.

　아래 문장 (22)의 밑줄 친 부분들 역시 (22)'에서 확인되듯이 수의적인 부사어인데, 시간 혹은 공간을 나타내는 것도 아니고 위 예문 (21)에서처럼 서술어 자체의 세부적인 양상을 표현하지도 않는다.

(22) 가. 어머니는 <u>할머니와</u> 병원에 가셨다.
　　 나. 아버지는 들판에 <u>벽돌로</u> 집을 지으셨다.

(22)' 가. 어머니는 시장에 가셨다.
　　　 나. 아버지는 들판에 집을 지으셨다.

그런데 특정 대상에 대한 우리들의 지각이 '모습'과 '바탕'으로 이분된다고 할 경우, 이들 밑줄 친 성분들 역시 '모습'을 구성하는 요소가 될 것임은 분명하다. 그리고 (22)'를 통해 확인할 수 있듯이 이들 없이도 '모습'의 기본적인 구성에는 문제가 없다. 따라서 이들 또한 '모습'을 구성하는 수의적 요소이며 수의성분이 된다고 할 수 있다. 결국 '모습'을 구성하는 모든 성분이 필수성분으로 인지되는 것이 아니라 이들 중에서 '모습'의 구성에 필수적인 요소만이 필수성분으로 인지된다는 결론에 도달하게 된다.

동사가 아닌 명사항의 속성에 따라서도 필수성에 차이가 발생할 수 있다. 예를 들어 아래 (23)과 같은 경우 '-에게' 및 '-로' 조사에 이끌리는 성분은 그 필수성이 뚜렷이 인식됨에 반해, 동일 동사로 구성된 (24)에서는 수의적인 요소로 인식될 수 있다는 것이다.[12]

(23) 가. 순희는 딸에게 용돈을 주었다.
     나. 김 사장은 침대방을 모두 온돌방으로 바꾸었다.

(24) 가. 순희의 모습은 사람들에게 큰 충격을 주었다.
     나. 김 씨는 전구를 모두 새것으로 바꾸었다.

이러한 현상 역시 '모습' 구성에 반드시 필요한 성분을 필수성분으로 인지한다는 지금까지의 원리가 그대로 적용된다. 즉 (23)의 밑줄 그은 부분들은 일반적으로 예측이 불가능하다. 그러므로 '모습'의 기본적인 틀을 이루는 데 있어 필수불가결한 요소가 되고, 이에 따라 필수성분으로 인지되는 것이다. 그러나 (24)의 밑줄 그은 부분들은 나머지 요소들에 근거하여 예측될 수 있기 때문에, 이들이 없어도 '모습'의 기본적인 틀이 형성될 수 있으며 이에 따라 수의성분으로 인식되는 것이다.

---

12) 이병규(1996)에서는 이러한 현상의 원인을 명사항이 지닌 [한정성] 여부와 [변성] 및 [속성]의 대립에서 찾았다. 즉 (23)의 두 문장은 각각 [한정성]과 [변성]의 자질을 갖고 있기 때문에 필수적으로 인식되는 반면 (24)의 두 문장은 각각 [비한정성]과 [속성]의 특징을 지니고 있기 때문에 수의적으로 인식되는 것으로 보았다.

'바탕'이 아닌 '모습'을 이루는데 필요한 필수적 요소만이 필수성분으로 인지되는 것은, 우리들의 인지 작용이 '바탕'보다는 '모습'에 초점을 맞추고 이를 중시하기 때문이라고 생각한다. 예를 들어 먼 곳에 있는 산은 '바탕'이 될 만한 요소이지만, 만일 그 전면에 두드러지는 '모습'이 나서지 않는다면, 먼 산 자체가 우리들에게 '모습'으로 인지되고 만다. 반대로 증명사진과 같은 경우 '모습'만이 중요하고 '바탕'은 거의 무의미한 존재일 뿐이다. 이렇게 '모습'을 중시하는 것이 사람들의 자연스러운 인지 원리이고 이러한 원리가 문장에 적용됨으로써 '모습'의 필수적 구성 요소만이 필수성분으로 여겨지는 것이라고 볼 수 있다.

앞 장에서 가시적이고 구체적인 공간뿐 아니라 비가시적이거나 추상적인 공간 역시 '바탕'이 될 수 있음을 살펴본 바 있다. 그런데 이처럼 비가시적 혹은 추상적인 공간에서 이루어지는 사건들 또한 동일한 속성을 지니기 쉽다. 실제로 예문 (17)의 밑줄 친 '바탕'에서 이루어지는 사건 즉 (17)'의 '가'와 '나'의 의미 내용 역시 비가시적이거나 추상적인 성격을 지닌다. 그런데 (17)의 두 문장에서 밑줄 친 부분들이 '바탕'이라면 그 나머지 즉 (17)'의 '가'와 '나'는 두드러진 '모습'을 이루는 것으로 볼 수밖에 없다. 결국 비가시적이거나 추상적인 속성을 지니는 명제 내용이라 하더라도 '바탕'보다 두드러지게 뚜렷이 인식되는 경우 '모습'이 될 수 있음을 알 수 있다.

(17) 가. <u>특정 환경에서</u> 수소 두 분자가 산소 한 분자와 화학적으로 결합한다.
　　　나. <u>사회과학에서</u> 절대적 가치는 없다.

(17)' 가. 수소 두 분자가 산소 한 분자와 화학적으로 결합한다.
　　　나. 절대적 가치는 없다.

'바탕'의 전면에 두드러지는 '모습'이 시각적일 때에는 그 시각적인 '모습'을 구성하는 필수적인 요소와 수의적인 요소를 가르는 일은 크게 어렵지 않을 것이다. 그러나 위 예문 (17)에서와 같이 '모습' 자체가 시각적 인지에서 멀어진 경우, 시각적인 장면을 분석하여 필수성 여부를 가려낼 수는 없는 일이다. 따라서 이들로부터 필수성분과 수의성분을 구분해내기 위해서는 별도의 잣대가 마련되어야 한다. 그리고 필자는 그 대안을 전통적인 분석 방법에서 찾으려고 한다. 즉 서술어와 명사항이 갖는 의미 관계에 따라 반드시 필요한 성분을 필수성분으로 보고 그렇지 않은 성분을 수의성분으로 파악하는 전통적인 방법에 의존하고 싶다. 예를 들어 '(17)'가'에서는 서술어인 '결합하다'가 논리적으로 두 개의 명사항을 요구하기 때문에, 이들 명사항이 '모습'을 구성하는 필수적 요소가 되고 이에 따라 이들이 필수성분으로 인지된다고 보는 것이다.

이렇게 '모습'의 시각적 속성 유·무에 따라 필수 요소를 분석하는 잣대가 달라지는 것은 논의 전개의 취약점으로 비춰질 수 있다. 그런데 위의 두 번째 방법 즉 전통적인 방법을 따를 경우에는 이들을 일관된 원리로 분석할 수는 있다. 그러나 구체적인 것에서 출발한 후 이를 기반으로 하여 추상적인 대상을 인식하는 것이 인지 발달의 자연스러운 진행일 것이므로, 단지 일관성을 위해 모든 문장의 인식을 추상적으로 파악하기보다는 시각적 인지에 기초한 '모습과 바탕' 이론에 충실하게 논의를 전개하고자 한다. 즉 '모습'이 구체적인 장면을 갖는 경우 장면 구성의 필수 요소를 언중이 필수성분으로 인지하는 것으로 파악하고, 장면을 이루기 어려운 상황에 한해 장면 분석에서 추상화한 논리적 분석이 동원되는 것으로 보려고 한다.

실제 언어생활에서는 아래 예문 (23)과 같이 특정 장소나 시간 개념에 상관없이 사용되는 표현들을 상당수 발견할 수 있다. 이들이 공간과 시간에 대한 인식 없이 사용된다는 것은 이들 문장에서 '바탕'이 문제되지 않음을 의미한다. 그리고 이런 현상은 이미 밝힌 바 있듯이 '모습'을 중시하는 인지 원리에 따른 자연스러운 것이라고 말할 수 있다.

    (23) 가. 영희는 머리가 좋다.
         나. 진리는 존귀한 존재이다.

다. 지구는 태양을 돈다.
라. 소수(素數)란 수학적 개념이다.
마. 효는 백행(百行)의 근본이다.

3.3. 예외적인 현상들에 대한 설명력

관형어와 부사어는 일반적으로 수의적인 성분으로 여겨져 왔다. 이 글에서도 '모습'을 이루는 수의적 요소인 관형어와 부사어가 수의성분으로 인지되는 현상들을 관찰한 바 있다. 그런데 이미 확인한 것처럼 아래와 같은 예문들에서는 관형어와 부사어 역시 필수성분으로 파악되었고, 이 글에서는 이런 예들까지 '모습과 바탕' 이론을 통해 일관되게 설명할 수 있었다.

(19) 가. 이 편지를 <u>우체통에</u> 넣어라.
　　　나. 영희는 <u>주머니에서</u> 손수건을 뺐다.

(24) 가. 순희의 모습은 <u>사람들에게</u> 큰 충격을 주었다.
　　　나. 김 사장은 어음을 모두 <u>돈으로</u> 바꾸었다.

(25) 가. 영희는 <u>예쁜</u> 것만 좋아해.
　　　나. 순희가 영희를 <u>이렇게</u> 했어.

물론 이들 예문들에서 부사어와 관형어가 필수적으로 파악되는 현상은 서술어의 논항 구조를 파악하는 기존의 접근방법으로도 나름대로 설명이 가능하다. 예컨대 (19)와 같은 경우는 부사어이기는 하나 서술어의 서술 내용에 직접 개입하는 성분이기 때문에 필수성분이 된다고 설명할 수 있고, (24)에서는 서술어에 의해 예측 가능한 명사항이기 때문에 수의적으로 인식되는 것이라고 설명할 수 있다. 또 (25)에서는 체언 '것'과 용언 '하다'의 의미 내용이 불충하기 때문에 관형어와 부사어가 필요한 것이고, 이런 경우에

는 이들 수식어를 포함하는 체언과 용언 전체가 하나의 필수적인 요소가 되
는 것으로 설명할 수 있다.

그러나 예외가 되는 모든 현상을 문법적으로 설명할 수는 없다고 본다.
예를 들어 앞에서 살핀 예문 (6)과 (6)'에서 나타나는 현상은 기존의 문법적
접근 방법으로는 해결하기 어렵다.

(6) 가. 너 지금 <u>무슨</u> 책을 읽고 있니?
나. 사고 후에, 어머니는 손가락을 <u>어떻게</u> 움직이시나?

(6)' 가. 너 지금 책을 읽고 있니?
나. 사고 후에, 어머니는 손가락을 움직이시나?

이들 예문에서 밑줄 그은 부분들은 이어지는 체언이나 용언의 구체적인
특징을 표현하고 있고, 이에 따라 (6)'를 통해 알 수 있듯이 이들이 없어도
문장의 성립이 가능하다. 그러나 (6)과 (6)'의 의미는 확연히 다르다. (6)은 의
문사가 있는 의문문인 반면, (6)'는 단순한 긍정과 부정의 대답을 요구하는
의문문에 불과하다. 따라서 이들 의문사는 필수적인 성분으로 보아야 하는
데 문법에서 이런 현상을 설명하기는 매우 어려울 것 같다.

그러나 이 글에서 필수성 변별의 원리로 파악하고 있는 '모습과 바탕' 이
론을 도입한다면 이들 현상도 특별한 어려움 없이 설명이 가능하다. 왜냐하
면 '모습과 바탕' 이론은 인지 작용에 따른 초점 위치에 그 근본을 두는 것
이므로, 초점 이동에 따른 '모습'과 '바탕'의 지위 변화가 가능하기 때문이
다. 위 예문 (6)에 사용된 의문사들이 수식어인 관형어와 부사어에 불과하지
만 이들 성분은 화자의 초점이 놓이는 질문의 핵심이기에 필수성분이 되는
것이다.

(25) 가. <u>서울에서는</u> 앞뒷집 사람들이 서로 인사를 안 한대.
나. <u>1월 1일 영시에는</u> 타종행사가 열립니다.

다. <u>영희와는</u> 가지 않을 거야.

위 (25)의 문장들에서도 유사한 현상이 관찰된다. 이들 예문에서는 일반적으로 수의성분이 되는 장소와 시간 및 동반의 부사어가 조사 '-는'을 취함으로써 초점 성분이 되는데, 이렇게 초점 성분이 될 경우 이들을 빼놓고 문장의 온전함을 논하기는 어렵다. 그리고 이런 현상은 이들 역시 언중들에 의해 일종의 필수적인 요소로 인지됨을 의미한다. 이들 성분에 대한 이러한 인식은 문법적 관점에서는 도저히 설명히 불가능한 반면, 감각적 인지에 기초한 이 글에서는 초점의 이동으로 충분히 설명할 수 있다. 즉 '바탕'이 될 만한 요소이지만, 이들 성분에 초점이 놓임으로써 필수적인 것으로 인지된다고 해석하면 된다.

결국 '모습과 바탕' 이론을 통해 문법적으로 설명이 가능했던 예외는 물론이고, 문법에서 설명하기 어려운 예외적 현상들까지도 모두 설명할 수 있었다.

3.4. 필수성과 수의성의 인지언어학적 본질

지금까지 필수성분과 수의성분의 본질을 '모습과 바탕' 이론의 틀로 분석하여 다음과 같은 결론을 얻을 수 있었다.

첫째로 장소나 시간의 부사어는 많은 경우에 있어 논리적인 필수요소가 됨에도 불구하고 수의적인 성분으로 인지되는 것이 보통이다. 그리고 이들이 이렇게 수의적 요소로 여겨지는 것은 이들이 '모습'이 아닌 '바탕'을 구성하는 요소이기 때문이다.

둘째, '모습'을 구성하는 성분 중에서 주어, 목적어, 보어 등 필수성분으로 분류되는 요소들은 '모습'의 골격을 구성하는 요소이기에 필수적인 성분으로 인지된다. 그러나 이들 명사항 및 서술어를 수식하는 관형어와 부사어는 비록 '모습'을 구성한다 하더라도 그 구성에 필수적 요소로 작용하지 않기 때문에 수의성분으로 파악된다.

셋째, 필수성 여부를 가름함에 있어 '바탕'이 아닌 '모습'이 중시되는 것은 인지 현상에 따르는 자연스러운 귀결이라고 할 수 있다. 즉 사람들의 시각이나 지각적 인지에는 초점이 있기 마련이고, 이러한 초점이 놓이는 자리가 '모습'이기에 초점에서 벗어난 '바탕'이 필수적인 요소로 지각되지 않는 것이다. 이것은 증명사진에서 배경이 중시되지 않는 것과 동일한 현상이라고 할 수 있다.

넷째, '모습'과 '바탕'의 구별은 인지의 초점에 따라 결정되는 것인데, 인지의 초점이 언제나 자연스러운 위치에 놓이는 것은 아니다. 때에 따라서는 초점의 위치가 관형어, 부사어 등에도 놓일 수 있고, 이럴 경우에는 이들 성분 역시 필수성분으로 인지될 수 있다.

4. 결론

문장을 이루는 성분들을 필수성분과 수의성분으로 나누는 문법학계의 오랜 관행과는 달리 이들을 문법적으로 구분할 만한 합리적이고 명백한 근거는 아직까지 발견되지 않고 있다. 특히 장소와 시간을 나타내는 부사어들은 그 논리적인 필연성에도 불구하고 대표적인 수의성분으로 여겨져 왔지만, 이들을 수의성분으로 분류할 근거는 매우 박약했다.

그러나 문장의 성분을 주어, 목적어, 보어, 서술어 등의 필수성분과 관형어 및 부사어를 포함하는 수의성분으로 나누는 분류 자체가 전혀 무의미한 것은 아니다. 왜냐하면 언중들의 대부분은 주어, 목적어, 보어, 서술어 등 이른바 필수적인 성분들과 관형어, 부사어 등 수의적인 성분들을 서로 다르게 직관하고 있기 때문이다. 그리고 이러한 직관의 근거는 곧 필수성과 수의성의 본질이 된다.

이 글에서는 인지언어학의 '모습과 바탕' 이론을 수용하여, 필수성에 대한 언중의 직관적 인식을 분석해 보았다. 그리고 그 결과 이러한 직관이 '모습'의 골격을 구성하는 현상과 밀접히 관련됨을 확인하였다. 즉 기본적인 장면이나 명제인 '모습'을 이루는 데 필수적인 요소는 필수성분으로 인식되고 그 이외의 성분은 일반적으로 수의성분으로 인지된다는 결론을 얻을 수 있었다.

'모습과 바탕' 이론을 수용하여 필수성과 수의성을 가름하는 기준을 세운 이 글의 설명 방법으로는 문법에서 해석하기 어려웠던 여러가지 예외적 현상까지도 큰 무리 없이 설명할 수 있었다. 따라서 '모습과 바탕' 이론에서 필수성과 수의성의 차이를 확인하려는 이 글의 방법론은 기존의 문법적 설명에 비해 진일보한 것이라고 말할 수 있다.

참고문헌

김영희. 2004. "논항의 판별 기준", 「한글」 266, 한글학회, pp.139-166.

김일웅. 1986. "풀이말의 결합가와 격", 「한글」 186, 한글학회, pp.35-37.

김진우. 1966. "기본문형의 설정", 「어학연구」 2-1, 서울대학교 어학연구소, pp.85-103.

남기심·고영근. 1995. 「표준 국어 문법론(개정판)」, 탑출판사.

민현식. 1993. "성분론의 문제점에 대하여", 「선청어문」 21, 서울대학교 국어교육과,
    pp.59-77.

박경현. 1986. "현대국어 공간개념어의 의미 연구", 명지대학교 박사학위논문.

박소영. 2000. "한국어 부사의 문장 계층적 유형론", 「어학연구」 36-3, 서울대학교
    어학연구소, pp.615-642.

심재기. 1982. 「국어어휘론」, 집문당.

양정석. 1995. 「국어동사의 의미 분석과 연결이론」, 박이정.

우형식. 1994. "동사의 결합가 기술에 대한 방법론적 접근", 「한글」 225, 한글학회,
    pp.83-108.

유현경. 1992. "논항과 부가어-서술논항 정립을 위하여", 「우리말글연구」 1, 우리말
    학회, pp.175-196.

이기동 외. 1999. 「언어와 언어학 : 인지적 탐색」, 한국문화사.

이기동. 1983. 「언어와 인지」, 한신문화사.

이병규. 1996. "문장 구성 성분의 항가 의존성 검토", 「국어문법의 탐구 3」, 태학사,
    pp.173-215.

이용주. 1990. "언어의 필연과 필수-문 성분을 중심으로-", 「국어학」 20, 국어학회,
    pp.13-27.

이용주. 1993. 「한국어의 의미와 문법」, 삼지사.

이익섭·임홍빈. 1983. 「국어문법론」, 학연사.

이정택. 2002. "문장 성분 분류 試論", 「한국어학」 16, 한국어학회, pp.375-389.

이홍식. 1999. 「국어 문장의 주성분 연구」, 월인.

최창렬. 1985. "우리말 시간계열어의 어원적 의미", 「한글」 188, 한글학회, pp.117-145.

최현배. 1937. 「우리말본」, 정음문화사.

허 웅. 1983. 「국어학-우리말의 오늘·어제」, 샘문화사.

| 이 논문은 한국어학 30집(2006, 한국어학회)에 게재된 논문을 재수록한 것입니다.

'정'과 '한'의 은유적 개념화

나 익 주

1. 머리말

'정'과 '한'은 흔히 한국인의 대표적인 정서라 불린다. 왜 한국인의 감정이라 일컫지 않고 정서라 부르는가? 이에 대한 답은 쉽지 않아 보인다. 감정과 정서를 명확하게 구별하기 힘들기 때문이다. 두 개념에 대한 사전적인 정의를 살펴보면 '감정'은 "느끼어 일어나는 심정이나 마음, 기분" 또는 "어떠한 대상이나 상태에 따라 일어나는 기쁨이나 노여움, 슬픔, 두려움, 쾌감, 불쾌감 따위 마음의 현상"이며, '정서'는 "어떤 일을 경험하거나 생각할 때 일어나는 갖가지 감정이나 그런 감정을 유발하는 주위의 분위기나 기분" 또는 "희로애락과 같이 본능적으로나 충동적으로 외부에 표출되기 쉬운 감정"이다. 이 정의는 이 정서가 감정과 뗄 수 없을 정도로 긴밀한 연관이 있음을 보여준다.[1]

---

[1] 일반적으로 감정과 정서를 명확하게 구분하는 경계선을 지을 수 없으며 거의 동의어처럼 사용되고 있다. 물론 이 두 개념을 어떤 심적 상태의 지속성의 정도에 근거하여 구별할 수는 있다. 즉, 감정이란 어떤 상황에서의 사람의 일시적인 마음의 상태를 지시하는 반면, 정서는 어떤 상황에서 사람이 지속적으로 유지하는 마음의 상태이다. 그러면 '한국인의 가슴 속에 면면히 흐르는 정'과 '가슴 깊이 맺혀 있는 한'이란 표현에서 드러나듯이 '정'과 '한'은 감정보다 정서에 속하는 것으로 보인다. 그렇지만 이 논문에서 '정'과 '한'이 감정에 속하는지 또는 정서에 속하는지의 구별은 별로 중요하지 않다. 정과 한이라는 개념을 한국인들이 이해하는 양상을 밝혀내는 것이 이 논문의 초점이기 때문이다.

한국인들은 '정'과 '한'이 자신들의 삶 속에 깊숙이 자리 잡고 있으며 자신들의 삶에 많은 영향을 미치고 있다는 것을 인식한다. 따라서 한국인들은 일반적으로 자신들이 '정'과 '한'이 무엇인지에 대해 알고 있다고 생각한다. 그렇지만 과연 '정'과 '한'이 무엇인지 간명하게 정의할 수 있는 한국인들이 얼마나 될까? 그렇게 많지 않을 것이다. 이것은 '정'과 '한'이 손으로 만져볼 수도 없고 눈으로 볼 수도 없어서 실체를 파악하기 어려운 복합적인 개념이기 때문이다.

일반적으로 사랑, 미움, 분노, 두려움, 긴장 등의 복합적인 감정은 그 실체에 직접 접근할 수 있는 방법이 없다. 그렇지만 이러한 추상적인 무형질의 감정이 우리의 일상생활 속에 존재한다는 것은 아무도 부인하지 않는다. 정말로 이러한 감정은 우리의 일상생활 바로 한가운데서 중요한 역할을 수행한다. 따라서 인간의 감정 영역을 탐구하면 인간 본성에 대해 더 깊이 이해할 수 있다. 이 때문에 감정은 오랫동안 인간의 본성과 마음, 삶의 방식이 무엇인가를 밝혀내고자 시도한 철학자와 심리학자, 사회학자의 많은 관심을 받아왔다. 그러한 관심에도 불구하고 감정의 구체적인 양상은 별로 밝혀지지 않았다. 추상적인 감정의 본성을 밝히는 일에 거의 관심을 갖지 않았던 언어학계에서도 1980년대 초부터 인지언어학자들을 중심으로 감정과 관련된 표현의 의미와 은유적 의미 확장에 관한 탐구가 이루어졌다. 이 과정에서 다양한 감정의 양상이 조금씩 밝혀지기 시작했다.

인지언어학에서는 감정의 분석이 "언어사용이 우리의 일상적 경험에 그 토대를 두고 있으며, 이성과 의미가 우리의 신체화된 경험에서 직접 발생한다"는 인지언어학의 한 핵심적 주장을 뒷받침한다고 믿기 때문에 감정을 중요한 탐구 영역으로 간주한다(Casad 1996 : 1; Lakoff 1987 : xv). 인지언어학자는 특정한 문화에서 다양한 감정이 은유적으로 어떻게 개념화되는지에 연구의 초점을 맞추었다. 그 결과 많은 감정 관련 표현의 기저에 반영되어 있는 개념적 은유의 존재가 드러났다(Kövecses 1987, 1990, 1995; Lakoff 1987; Woo & Lee 2002; 나익주 2000, 2003; 임지룡 2000).

이러한 인지언어학의 주장에 근거하여, 이 논문에서는 한국인의 대표적인 정서로 간주되는 '정'과 '한'이라는 정서적 개념의 모습이 구체적으로 무엇인지를 밝혀내고자 시도한다.[2] 이를 통하여 인간의 사고와 이해가 우리의 신체적 경험에서 발생한다는 인지언어학의 핵심적 주장이 타당함을 보여주고자 한다.

2. 이론적 배경과 선행 연구

이 연구에서 사용하는 이론적 틀은 은유를 사고 과정의 본질적인 부분으로 보는 개념적 은유 이론이라 불리는 새로운 시각이다. 먼저 이 이론의 핵심적 가정을 간략하게 제시하고 이 틀에서 이루어진 선행 연구를 간략하게 살펴본다.

2.1. 개념적 은유 이론

은유가 시인이나 능변가의 전유물로서 미적 완성도를 높이며 장식적 효과를 전달하는 기능을 수행하는 언어적 현상에 불과하다는 고전적 이론은 아리스토텔레스 이후 2천년 이상 동안 은유에 대한 독점적 지위를 누려왔다(Johnson 1980 : 5-20). 그러나 인지언어학자 레이코프(G. Lakoff)와 철학자 존슨(M. Johnson)은 1980년 공저 『삶으로서의 은유』(Metaphors We Live By)에서 고전적 견해에 정면으로 도전하는 새로운 착상을 내놓았다. 그 이후

---

2) 이러한 목적을 위해 정이나 한과 관련된 100여 개의 표현이 분석될 것이다. 분석하는 실례는 『연세한국어사전』, 어문각의 『표준국어대사전』, 국립국어원의 [한국 현대 소설의 어휘 조사 연구 : 용례 파일], 대중가요 노랫말에서 추출하여 공기하는 동사와 명사, 형용사는 그대로 두고 주어와 목적어를 삽입하거나 수정하여 만들었다.

이 착상은 그들 자신은 물론 수많은 인지언어학자들에 의해 세련된 이론으로 다듬어지고 있다. 이 은유 이론의 주장은 한 마디로 은유의 소재는 언어가 아니라 인간의 사고와 이해이며, 은유는 우리 인간의 개념화의 핵심적인 부분을 차지한다는 것이다. 이러한 측면에서 이 은유 이론은 개념적 은유 이론이라 불린다.3)

이 이론은 이성과 의미가 우리의 신체화된 경험에서 발생한다는 인지언어학의 중요한 주장과 긴밀하게 맞물려 있다. 즉, 인간의 개념화 과정은 대부분 은유적이며 신체화된 경험에 근거한다. 구체적으로 은유는 ('목표 영역'이라 불리는) 한 개념 영역의 측면에서 ('근원 영역'이라 불리는) 다른 한 개념 영역을 이해하는 우리의 인지 과정이다.4) 그렇다면 목표 영역이 근원 영역의 측면에서 이해된다는 것은 정확히 무엇을 의미하는가? 그것은 근원 영역의 일부 요소가 목표 영역의 일부 요소에 사상(寫像)한다는 점에서 두 영역 사이에 체계적인 대응 집합이 있다는 것을 의미한다.

[사랑은 여행]이라는 개념적 은유를 통해 두 영역 사이에 사상이 어떻게 이루어지는지를 구체적으로 살펴보자. 다음은 이 개념적 은유의 발현인 한 국어 표현이다.

---

3) 이 이론의 핵심은 다음 다섯 가지 주장으로 압축할 수 있다. (i) 은유는 낱말의 문제가 아니라 개념과 관련이 있다. 즉, 은유는 언어 속에 있는 것이 아니라, 우리의 사고 속에 있다. (ii) 은유 덕택에 우리는 추상적인 개념을 더 잘 이해할 수 있다. 따라서 은유는 단순히 어떤 미적인 목적을 수행하거나 장식적 효과를 전달하는 수단에 불과한 것이 아니다. (iii) 은유는 객관적 유사성이 아니라 체험적 유사성에 근거한다. (iv) 은유는 시인이나 능변가와 같은 특별한 사람들의 전유물이 아니라, 보통 사람이 특별한 노력 없이 거의 무의식적으로 자동적으로 사용하는 사고 기제이다. (v) 은유는 없어도 일상생활을 영위하는 데 아무 지장을 주지 않는 비유법이 아니라, 사고와 추론의 필수 불가결한 부분이다.
4) 개념적 은유는 어떤 목표 영역 (A)가 다른 어떤 근원 영역 (B)의 관점에서 이해되는 인지 과정으로, [A는 B]의 형태를 갖는다. 이 글에서 개념적 은유의 이름은 대괄호에 넣어 제시하고, 실례 (1)에서 보듯이 은유적인 언어 표현에서 개념적 은유와 밀접한 관련이 있는 부분은 짙게 표시한다.

(1) ㄱ. 사랑했지만 갈 길이 달랐다.

ㄴ. 당신은 나의 동반자

ㄷ. 사랑의 기로에 서서 슬픔을 짓지 말아요.

ㄹ. 그들의 사랑은 뜻밖의 장애물에 부딪혔다.

ㅁ. 달리는 차창에 비가 내리네 너는 상행선 나는 하행선 차창에 몸을 실었다.

(1ㄱ)에서 '갈 길'은 축자적으로 여행의 목적지에 이르는 경로를 나타낸다. (1ㄴ)에서 '동반자'는 공통의 목적지를 향해 나아가고 있는 여행자를 의미한다. (1ㄷ)에서 '기로에 서서'는 갈림길에 이르렀기 때문에 이제는 두 여행자가 더 이상 같은 길을 따라갈 수 없다는 것을 뜻한다. (1ㄹ)의 '장애물'은 홍수나 범람, 강풍, 추위, 교통 체증 등 여행자의 여정을 가로막는 방해물을 가리킨다. 마지막으로 (1ㅁ)에서 '차창'과 '상행선' '하행선'은 여행자의 이동 수단과 경로를 나타낸다.

(1)의 다양한 실례가 축자적으로는 분명히 여행을 묘사하는 표현이지만, 한국이라면 누구라도 그러한 표현이 실제로 물리적 여행을 묘사하는 것이 아니라 사랑 관계에 대한 기술이라는 것을 거의 무의식적으로 안다. 이러한 표현을 들으면, 즉시 사랑 중인 두 사람, 연인 관계, 사랑할 때 겪는 다양한 경험 등을 떠올린다. 따라서 이러한 표현은 한국인이 추상적인 사랑 개념을 구체적인 여행 개념의 관점에서 이해한다는 것을 보여준다. 더 구체적으로 말하면, 사랑하는 사람은 여행자에 대응하고, 사랑 관계 그 자체는 여행자가 탑승하는 탈것에 해당한다. 또한 사랑하는 사람이 추구하는 목표는 여행자가 도달하고자 하는 목적지에 대응하고 사랑하면서 겪는 어려움은 여정에서 만나는 장애물에 대응한다.

[표 1] [사랑은 여행] 은유의 개념적 사상

근원 영역 : 여행	목표 영역 : 사랑
• 여행자	• 사랑하는 사람
• 동반자	• 연인
• 목적지	• 사랑의 목표
• 장애물	• 사랑의 어려움
• 교통수단(탈것)	• 사랑 관계 그 자체
• 동일한 탈것에 탑승함	• 사랑 관계의 지속
• 다른 길을 따라감	• 사랑 관계의 사라짐

사랑이 여행의 관점에서 개념화될 때, 사랑의 모든 측면이 여행의 모든 측면에 대응하는 것은 아니다. 예를 들어, 여행사나 여행 경비, 출발지 등의 여행 요소들은 사랑 개념을 은유적으로 이해하는 데 사용되지 않는다. 또한 사랑은 여행의 관점에서만 개념화되는 것이 아니라, 음식, 불, 새, 식물 등 다양한 물건의 관점에서도 개념화될 수 있다. 이 경우에 각각의 목표 영역 은 사랑의 서로 다른 측면들을 부각한다. 일반적으로 하나의 근원 영역이 다수의 목표 영역의 관점에서 개념화된다는 점에서 두 영역 사이에 비대칭 성이 존재하며, 목표 영역의 모든 측면이 근원 영역의 모든 측면에 다 사상 되지는 않는다는 점에서 은유적 사상은 부분적이다.

2.2. 선행 연구

개념적 은유 이론을 토대로 한 감정 개념에 대한 분석은 영어권에서 먼 저 이루어졌다. 레이코프(Lakoff 1987 : 380-415) 그리고 레이코프와 커브체 쉬(Lakoff & Kövecses 1983)는 영어 사용자들이 분노(anger) 개념을 불, 그릇 속의 액체, 적, 광기, 위험한 동물 등의 관점에서 은유적으로 개념화한다는 것을 보여주었다. 커브체쉬(Kövecses 1987 : 61-105; 1990 : 128-140)에서는 영어 화자들이 낭만적 사랑(romantic love)을 이해할 때 두 물체의 결합, 음식, 물리적 힘, 귀중품, 불 등을 근원 영역으로 사용한다는 것을 보여주었다. 에머네이션(Emanation 1995 : 163-182) 영어 화자와 차가어(Chagga) 화자가 성욕에 대한 개념화 방식의 공통점과 차이점을 연구하였다.

국내에서도 2000년대에 들어서면서 감정 개념에 대한 개념적 은유 이론을 토대로 한 분석이 활발하게 이루어지고 있다. 특히 임지룡의 연구 성과가 두드러진다. 임지룡(2000 : 693-721)은 화가 그릇 속의 액체, 불, 열기 등의 관점에서 은유적으로 이해된다는 것을 보여주었다. 그리고 임지룡(2001 : 205-226)에서는 긴장 개념을 그릇 속의 액체와 불, 얼음, 끈, 적을 목표 영역을 사용하여 개념화한다는 것을 보여주었다. 또한 사랑 개념의 은유적 이해 방식은 나익주(2000 : 415-443)와 임지룡(2005 : 201-233)에서 분석되었다. 나익주는 [사랑은 두 물건의 결합체]를 중심적 은유로 설정하고, 연인은 음식과 새, 주인의 관점에서 개념화되며, 사랑은 무아경과 불, 꽃/나무 가꾸기의 관점에서 이해된다고 보았다. 임지룡은 사랑의 환유적 양상으로 신체적 생리적 반응을 상세하게 기술하고, 사랑이 그릇 속의 액체, 적, 물건, 식물, 음식물, 술, 불 등의 관점에서 이해된다고 묘사하였다.

다음 두 장에서는 지금까지 간단히 살펴본 개념적 은유 이론을 바탕으로 한국인들에게 특유한 정서로 간주되는 두 개념인 정과 한이 어떻게 이해되는지를 살펴볼 것이다.[5]

---

5) 얼핏 전혀 관련이 없어 보일 수도 있지만, '한은 자기 내부로 침전하여 쌓이는 정의 덩어리'(이어령 1993 : 70)나 '정의 끝에 오는 한'(서정주 1959 : 205)에서 알 수 있듯이 '정'과 '한'은 깊은 관련이 있으며, '한'은 '정'에 바탕을 둔 간절한 그리움의 감정이다.

3. '정'의 개념화 양상

'한'과 더불어 '정'은 한국인에게 매우 특별한 개념이다.6) 한국어에서 '정'은 친밀감, 애정, 좋아함, 따스한 느낌, 배려, 연민, 헌신 등과 긴밀하게 연결되어 있다. 한국인에게 정은 다양한 개념을 포괄하는 복합적인 감정이기 때문에, 그들의 삶에 다양한 방식으로 스며들어 있으며 영향을 미친다. 예를 들어, 많은 한국인이 참여한 1997년 말 외환위기 때의 금 모으기 운동은 바로 이 '정'의 발현이다(김선희 2000 : 224). 또한 어렵고 힘든 이웃과 함께 하고 나눔을 실천하도록 장려하기 위한 목적으로 진행하는 한 방송사의 프로그램 '사랑의 리퀘스트'도 역시 정 개념에 호소한다.

3.1. [정은 물건]

레이코프와 존슨(Lakoff & Johnson 1980 : 25-27)에 따르면, 구체적 물건(특히, 우리 자신의 몸)에 대한 경험 덕택에 우리는 활동과 아이디어, 감정과 같은 추상적인 개념을 다양한 물건이나 물질로 간주할 수 있다. 존재론적 은유라 불리는 이 개념화 방식은 추상적인 어떤 개념을 지시하고 양화하거나 어떤 사건이나 상황의 특별한 국면과 인과관계를 식별하는 등 다양한 역할을 수행한다. 곧 존재하는 은유의 다양성은 충족되는 목적의 종류를 반영한다.

'정'은 한국인 특유의 감정 중의 하나로서 추상적인 복합 개념이다. 따라

---

6) 이것이 다른 문화권에 정과 비슷한 어떤 개념도 존재하지 않는다고 주장하는 것이 아니다. 외국 문화권에도 정과 유사한 개념이 존재할 수 있다고 본다. 예를 들어, 영어의 affection이나 warmth가 정과 유사하다고 말할 수 있다. 그러나 영어 토박이가 affection이나 warmth로 나타내는 개념은 한국인의 '정'과 같은 방식으로 독립적인 개념을 이루지 않는다. '정'이 한국인 특유의 감정이라는 말은 바로 이러한 측면에서 사용된다. 앞으로 연구해 보아야 확실히 드러나겠지만, 중국인이나 일본인은 정에 대해 한국인과 동일한 방식의 범주화를 사용할 것으로 추정된다. 한국어와 일본어에서 '정'은 중국어의 차용어이기 때문이다.

서 이 감정을 이해하는 가장 쉬운 방법은 존재론적 은유를 통해서 파악하는 것이다. '정'이 구체적인 개체로 간주될 때, 우리는 정과 관련하여 다양한 목적을 충족할 수 있다. 더 구체적으로 말하면, 우리는 '정'을 지시할 수 있고, 양화할 수 있으며, '정'의 특정한 국면을 식별할 수 있고, '정'을 어떤 사건의 원인으로 간주할 수 있으며, '정'과 관련하여 어떤 활동을 수행할 수 있다. 먼저 '정'에 대한 존재론적 은유, 곧 [정은 물건]이 지시하거나 대상 조작하기의 목적을 충족시키는 실례를 살펴보자.7)

    지시하기/ 대상 조작하기
(2) ㄱ. 맺은 첫정 때문에 그 사람을 잊지 못했다.
    ㄴ. 부부의 정/ 어머니의 정
    ㄷ. 그 여자에게 정을 둔 사내는 많다.
    ㄹ. 정만을 남겨놓고 어이 홀로 떠나갔느냐?

(2ㄱ)에서 서수 '첫'은 뒤따른 명사 '정'이 순서가 정해진 물건들 중의 하나를 가리킨다는 것을 보여준다. 물건들은 무작위로 흩어져 있을 때보다 정렬되어 있을 때 지시하기 더 쉽다. (2ㄴ)의 격 표지 '-의'는 '정'이 어떤 소유자에게 속하는 구체적 물건들 중의 하나로 간주된다는 것을 보여준다.

원형적인 경우에 (2ㄷ)의 한국어 처소동사 '두다'는 행위자가 물리적 힘을 어떤 물건에 행하고 그 결과 그 물건이 새로운 장소에 놓이게 되는 과정을 기술하는 데 사용되고, (2ㄹ)의 '남겨놓다'는 행위자가 어떤 물건의 소유자가 그 물건을 원래의 장소에 그대로 두고 다른 어떤 장소로 이동하는 과정을 지시한다. 그렇지만 (2ㄷ)와 (2ㄹ)에서 '두다'와 '남겨놓다'는 어떤 구체적인 물건이 아니라 추상적인 감정 '정'에 대해 서술하고 있다. 이것은 '정'이 지시될 수 있고 조작될 수 있는 물건으로 이해된다는 것을 보여준다.

추상적인 어떤 개념이 구체적 물건으로 간주되면 그 개념은 양화될 수

---

7) 이 은유는 '정'에 대한 다른 은유보다 더 상위 층위에 있다. 물건은 끈적끈적한 물건과 자양분, 액체, 소유물 등을 모두 포괄할 수 있는 일반적인 개념이기 때문이다.

있다. 다음 실례에서 알 수 있듯이, 이것은 추상적 감정 '정'의 경우에도 적
용된다.

> 양화하기
> (3) ㄱ. 철수는 정이 많다.
> ㄴ. 영희는 남편에게 정이 하나도 없다.
> ㄷ. 정희는 정이 있는 여자이다.

한국어에서 '많다'와 '하나도 없다' '있다'는 말은 그대로 구체적 물건을
양화하는 데 사용된다. 그런데 (3)에서 이 술어들이 서술하는 것은 구체적인
물건이 아니라 추상적인 감정인 '정'이다. 이것은 '정'이 양화될 수 있는 물
건으로 간주된다는 것을 나타낸다.[8]

경계가 애매하거나 추상적인 경험에 물건의 지위를 부여함으로써 얻는
또 다른 이점은 그 경험을 우리의 행동에 대한 원인으로 식별할 수 있다는
점이다. 다음 실례에서 보듯이 '정'의 경우에도 마찬가지이다. '정' 관련 경
험은 흔히 우리의 여러 행동의 원인이나 근원으로 간주된다.

> 원인의 식별
> (4) ㄱ. 사사로운 정 때문에 일을 그르치지 말라.
> ㄴ. 정에서 노염이 난다.

> 목적 달성의 수단 식별
> (5) ㄱ. 철수는 마음의 평화를 얻기 위해 옛사랑과의 정을 끊었다.
> ㄴ. 살 맛 나는 세상을 만들려면 정을 주고받아야 한다.
> ㄷ. 그 부부는 고운 정이 아니라 미운 정으로 산다.

(4ㄱ)에서 원인을 지시하는 '-때문에'는 추상적인 감정인 '정'이 바로 사

---

8) (3)에서 서술어 '있다'와 '없다' '많다'는 추상적인 '정'이 양화될 수 있다는 것만을 나타내
   는 것이 아니라, 소유물로 개념화될 수 있다는 것도 암시한다. 이 점에 대해서는 3.5절에서
   더 상세하게 논의한다.

람의 일을 뒤틀리게 하는 것이라는 점을 나타낸다. (4ㄴ)에서 처소격 표지 '-에서'는 '정'이 바로 또 다른 감정인 노여움의 근원임을 보여준다. 한편 (5)의 연결표지 '-기 위해'나 '-려면'과 도구격 조사 '-(으)로'는 '정'이 어떤 목적을 달성하기 위한 수단이나 도구의 역할을 한다는 것을 보여준다. 구체적으로 (5ㄱ)에서는 '정'이 마음의 평화를 달성케 해주는 수단이며, (5ㄴ)에서는 살아가기에 더 나은 세상을 만드는 수단이며, 그리고 (5ㄷ)에서는 삶을 지탱시켜 주는 도구이다.

추상적인 개념을 물건으로 이해하는 존재론적 은유는 또한 우리에게 해당 개념의 구체적 양상을 식별하도록 해준다. '정'도 구체적 물건으로 간주될 때, 우리는 '정'이 어떤 모양인지, 어떤 속성을 지녔는지, 얼마나 큰지, 무엇으로 만들어졌는지 등 '정'의 여러 속성을 식별할 수 있다. 다음 실례는 정의 이러한 양상을 예시한다.

　　　　양상 식별
　(6)　ㄱ. 오가는 정이 있어야 살 맛 나는 사회이지.
　　　　ㄴ. 신뢰의 정을 쌓다 / 흠모의 정을 품다.
　　　　ㄷ. 두터운 정
　　　　ㄹ. 영희는 잔정이 많다.

(6ㄱ)에서 동사 '오가다'는 정이 움직일 수 있는 물건으로 개념화된다는 것을 알려준다. 그리고 (6ㄴ)의 격 표지 '-의'는 '정'을 구성하는 내용물이 무엇인지, 즉 신뢰와 흠모가 각각 정의 내용물이라는 것을 나타낸다. 또한 (6ㄷ)와 (6ㄹ)의 형용사 '두텁다'와 '잘다'는 '정'이 모양과 크기를 묘사할 수 있는 물건으로 개념화된다는 것을 암시한다.

지금까지 살펴본 바와 같이, 존재론적 은유 [정은 물건]은 '정'을 지시하거나 양화하고, '정'의 구체적 양상을 식별하며, '정'을 어떤 행동이나 사건에 대한 원인이나 수단으로 식별하는 등의 역할을 한다. 그렇지만 '정'을 단순히 물리적 개체로 간주하는 은유만으로는 '정'에 대해 알 수 있는 것이 그리 많지 않으며, 아주 작은 부분만을 이해할 수 있을 뿐이다. '정'의 구체적인 모습은 '정'이 물리적 개체의 구체적 실례(예를 들어, 끈적끈적한 물체나 액체, 영양소 등)로 간주될 때에야 비로소 드러나기 시작한다. 먼저 '정'이 끈적끈적한 액체로 개념화되는 은유를 살펴보자.

3.2. [정은 끈적끈적한 물건]

추상적인 개념이 어떤 특정한 물건으로 개념화되면, 단순히 물건으로만 개념화되는 경우보다 그 개념의 구조나 특성에 대해 훨씬 더 풍부하게 알 수 있다. '정'의 경우에도 마찬가지이다. (7)에서 보듯이 '정'은 접착제와 같은 끈적끈적한 물건의 측면에서 구조화된다.

> (7) ㄱ. 철수는 아무 데도 정을 붙이지 못하고 떠돌았다.
> ㄴ. 정을 떼는 것이 얼마나 힘든데 독한 년이지.
> ㄷ. 그 자식 하는 짓을 보면 정나미가 떨어진다.
> ㄹ. 솔직히 말해서 이 대학에 정 떨어졌어요.
> ㅁ. 성희의 지나친 이기심 때문에 오만 정이 다 떨어졌다.
> ㅂ. 찰거머리 정/질긴 정을 모질게 떼다.

'붙이다'가 묘사하는 시나리오에서는 접착성 물건에 힘을 가하는 행위자와 접착성 물건, 그 물건이 도달하게 되는 목표로서의 또 다른 물건이 존재한다. 구체적으로 행위자가 접착성을 지닌 어떤 물건에 힘을 가해서 그 물건이 다른 한 물건에 연결된다. (7ㄱ)에서는 이 과정을 기술하는 데 사용되는 동사 '붙이다'가 서술하는 것은 구체적인 물건이 아니라 추상적인 개념 '정'이다. 이것은 '정'이 은유적으로 끈적끈적한 물건으로 이해된다는 것을 암시한다. 반면에, (7ㄴ-ㅂ)에 쓰인 동사 '떼다'와 '떨어지다'의 원형적인 의미는 어떤 끈적끈적한 물건이 외적인 힘에 의해서 또는 스스로 원래 달라붙

어 있던 또 다른 물건으로부터 분리되는 이탈 과정을 지시한다. 그런데 (7
ㄴ-ㅂ)에서는 이탈 과정을 겪는 것은 구체적인 물건이 아니라 바로 추상적
인 감정인 '정'이다. 이것은 역시 '정'이 끈적끈적한 물건으로 개념화된다는
것을 반영한다.

[정은 끈적끈적한 물건] 은유는 근원 영역인 끈적끈적한 물건과 목표 영
역인 '정' 사이의 많은 대응에 의해 구체화된다. 다음은 그러한 대응의 일부
이다.

[표 2] [정은 끈적끈적한 물건] 은유의 개념적 사상

원천영역 : [끈적끈적한 물건]	목표영역 : [정]
• 끈적끈적한 물건	• 정
• 끈적끈적한 물건이 달라붙게되는 또 다른 물건	• 정이 있는 사람이 감정이입을 하게 되는 물건이나 사람
• 끈적끈적한 물건의 소유자	• 정이 있는 사람
• 끈적끈적한 물건이 다른 물건에 달라붙는다.	• 정이 있는 사람이 다른 어떤 사람이나 물건에 감정을 이입한다.
• 끈적끈적한 물건이 원래 달라붙어 있던 다른 물체로부터 스스로 또는 외적 힘에 의해 분리된다.	• 다른 물건이나 사람에게 감정이 입을 한 사람이 스스로의 선택에 의해서 또는 외적인 강요에 의해서 감정이입을 해소한다.

3.3. [정은 그릇 속의 액체]

인지언어학의 은유 이론에 따르면, 감정은 일반적으로 그릇 속의 유체로
개념화되고 인간의 몸은 그러한 감정을 담는 그릇으로 이해된다(Kövecses
2002 : 93-98; Lakoff 1987 : 380-415). 만일 이 논증이 타당하다면, 한국인
특유의 감정인 '정'에 대해서도 사실이어야 한다. '정'도 역시 감정이라는
일반적인 범주에 속하기 때문이다. 실제로 한국인들은 '정'을 그릇 속의 유
체(특히, 액체)로 이해하고 우리의 몸도 '정'을 담는 그릇으로 간주한다는

것으로 드러난다. 다음 예문은 정에 대한 한국인의 이러한 개념화 방식을
보여준다.

> (8) ㄱ. 철수는 봉사 활동을 하는 동안 마을 사람들에게 정이 들었다.
> 　　ㄴ. 사람은 정이 깊이 들면 헤어지기 힘들다.
> 　　ㄷ. 명희는 딸에게 정을 듬뿍 쏟았다.
> 　　ㄹ. 하나뿐인 자식에게 정을 흠뻑 쏟아 부었다.
> 　　ㅁ. 우리는 너나없이 정을 쏟고 퍼부으며 살아왔다.
> 　　ㅂ. 샘솟는 정
> 　　ㅅ. 마음속에 깊이 서리어 잊히지 않는 정

　　원형적인 의미로 쓰일 때, (8ㄱ)와 (8ㄴ)의 동사 '들다'는 물이나 염색약과
같은 액체가 그릇으로 간주되는 또 다른 물건 속으로 들어가게 되는 과정을
참조한다. 이 원형적인 의미는 '옷에 물이 들었다'와 같은 실례에 반영되어
있다. 그렇지만 (8ㄱ)와 (8ㄴ)에서 동사 '들다'가 참조하는 과정에 참여하는
것은 물리적으로 눈에 보이는 구체적인 액체가 아니라 무형질의 감정인
'정'이다. (8ㄷ-ㅅ)에 쓰인 표현 '듬뿍 쏟다'와 '쏟아 붓다' '퍼붓다' '솟아나
다' '서리다'도 역시 '정'이 액체로서 개념화된다는 것을 암시한다. (8ㄷ-ㅁ)
의 '쏟다'와 '쏟아 붓다' '퍼붓다'는 모두 '정'에 대해 기술하고 있는데, 이들
의 원형적인 의미는 모두 어떤 행위자가 액체를 어떤 그릇 밖으로 흘러나가
게 하는 과정을 참조한다. '정'에 대해 기술하고 있는 (8ㅂ)의 '샘솟다'의 원
형적인 의미도 액체가 지면 아래로부터 지면 위로 흘러나오는 과정을 지시
한다. 이 그와 같이 개념화되는 것을 되는 것을 보여주는 쓰인 '서리다'의
원형적인 의미도 역시 온도의 하강으로 인해 액체가 일종의 이슬방울을 맺
게 되는 과정을 지시한다. (8ㅅ)에서는 이 동사가 역시 '정'에 대해 서술하
고 있다.
　　그런데 '정'은 사람의 소재지는 몸속일 수도 있고 몸 밖일 수도 있다. 몸
밖에 있던 '정'은 사람의 몸속으로 들어올 수 있다. 일단 어떤 사람의 몸속

에 들어온 정은 그 사람의 몸속에 깊이 자리 잡을 수도 있고 그 사람의 몸속을 가득 채울 수도 있으며, 또한 그 사람의 몸 밖으로 다시 나가게 될 수도 있다.[9] 몸 밖에 있던 '정'이 사람(궁극적으로 정의 소유자)의 몸속에 도달하는 과정은 (8ㄱ-ㄴ)에 예시되어 있다. 구체적으로 (8ㄱ-ㄴ)에서 '들다'는 '정'이 (아마도 '정'이 들어가게 되는 목표 역할을 하는) 사람의 몸 밖(아마도 그 사람의 바로 인근)으로부터 그 사람의 몸속에 도달하는 과정을 지시한다. 일단 어떤 사람의 몸속에 들어온 '정'이 그 사람의 몸 밖으로 다시 나갈 수 있다는 것은 (8ㄷ-ㅁ)의 동사 '쏟다'나 '붓다'의 의미를 보면 알 수 있다. (8ㅂ-ㅅ)는 어떤 사람의 몸속에 도달한 '정'이 계속 그곳에 머물러 있거나 그 내부에서 어떤 다른 활동을 한다는 것을 예시한다.

(8ㄱ-ㅁ)에서 보듯이, '정'이 소유자의 몸 밖에서 그의 몸속에 도달하도록 힘을 가하는 행위자는 통상적으로 사람이다. 그렇지만 다음 실례는 무정적인 개체도 추상적인 '정'에 힘을 가하여 어떤 사람의 몸속에 도달하게 할 수 있다는 것을 보여준다. 구체적으로 고향이나 어떤 지역이 그러한 무정적인 행위자 역할을 할 수 있다.

(9) ㄱ. 타향도 정이 들면 고향.
    ㄴ. 정든 고향을 벌써 잊었다.
    ㄷ. 정든 땅 언덕 위에

일반적으로 존재론적 은유 [감정은 그릇 속의 유체] 은유는 감정의 양이나 강도에 대해 풍부한 정보를 제공한다. 예를 들어, 어떤 감정이 그릇 속의 액체로 개념화될 때, 그릇 속의 액체의 높은 수면은 그 감정의 더 강한 정

---

9) '정'이 결국 도달하게 되는 목표로서의 사람은 행위자가 아니라 경험자이다. 이것은 그 사람이 자신의 힘으로 '정'을 자신의 몸속으로 끌어당기는 것이 아니라, 외적인 어떤 힘(예를 들어, 그 사람이 감정이입을 하게 되는 사람이나 대상의 매력)에 의해 자신의 의지와 상관없이 '정'을 소유하게 된다는 것을 의미한다. '정'의 궁극적인 소유자의 비자발성은 '그는 정희에게 정이 들었다'와 대립적으로 *'그는 정희에게 정을 들었다'이 수용 불가능함을 보면 쉽게 알 수 있다. 또한 후자의 수용불가능성과 '그녀는 손가락에 봉숭아물을 들였다'의 정상적인 사용을 대조해 보라.

도에 대응하고, 액체 압력의 증가는 그 감정이 더 커졌음을 암시한다. '정'의 경우에는 이것이 부분적으로만 사실이다. 그릇 속 액체의 강도에 대한 경험은 '정'에 대한 경험 영역으로 사상되지 않고, 오직 그릇 속 액체의 수면에 대한 경험만이 사상된다는 점에 주목하라.[10]

    (10) ㄱ. 연말이면 정이 철철 넘친다.
        ㄴ. 이제는 우리 사회에 흥건히 흐르고 있던 정은 찾아보기 어렵다.
        ㄷ. 정이 메마른 사회는 살기 힘들다.
        ㄹ. 정희는 정이 완전히 메마른 사람이다.

(10ㄱ-ㄷ)에서는 의인화된 사회가 원소유자의 몸에서 나온 '정'이 들어가 있는 그릇의 역할을 하는 반면, (10ㄹ)에서는 액체로 개념화된 '정'이 원소유자의 몸속에서 그대로 말라버려서 더 이상 밖으로 나올 수 없다. '정'은 액체로 개념화되기 때문에 (원천으로서의 그릇이든 목적지로서의 그릇이든) 그릇에 가득 차거나 넘쳐흐를 수도 있고, 그릇의 밑바닥만을 적실 수도 있으며, 그릇 속에서 건조되어 사라질 수도 있다.

지금까지 '정'이 그릇 속의 액체로 개념화되는 경우를 살펴보았다. 일반적으로 액체는 다른 어떤 물건을 담는 그릇의 역할을 할 수 있다. (예를 들어, 강물 속에는 수많은 물고기와 수생 식물이 살고 있음을 보라.) 다음 예에서 보듯이, '정'도 역시 다른 감정을 담을 수 있는 그릇 역할을 할 수 있다.

    (11) ㄱ. 영희는 정에 흠뻑 빠져 살았다.
        ㄴ. 정에서 노염이 난다.

---

10) 다른 감정을 은유적으로 개념화하는 데에는 그릇 속의 액체의 다른 측면이 활용될 수 있다. 예를 들어, 분노가 그릇 속의 액체로 개념화될 때에는, 그릇 속의 액체의 압력이 분노 영역에 사상된다. 이 사상은 영어에서 blow off steam(분기를 내뿜다)이나 bursting with anger(화를 폭발하다), blow one's stack(뚜껑이 열리다)와 같은 표현에서 찾아볼 수 있다 (Kövecses 2002 : 93-98). 분노에 대한 한국인의 은유적 개념화에서도 비슷한 양상이 나타난다(임지룡 2000 : 701-705).

(11ㄱ)에서는 액체로 개념화된 '정'은 암시되어 있는 또 하나의 감정인 '행복'을 담고 있는 그릇의 역할을 한다. 마찬가지로 (11ㄴ)에서도 '정'은 다른 감정인 노여움이 흘러나오는 그릇의 역할을 한다.

3.4. [정은 자양분]

끈적끈적한 물건이나 그릇 속의 액체에 더하여 '자양분'도 역시 무형질의 추상적인 감정인 정을 구체화하는 근원 영역으로 사용된다. 이 개념적 은유의 존재는 다음의 예문에서 확인할 수 있다.[11]

(12) ㄱ. 어머니 품을 떠나 외롭게 자라난 그는 정에 주리고 정에 목말라 했다.
    ㄴ. 성희는 계모 밑에서 정을 제대로 받지 못하고 자라서 성격이 비뚤어졌다.
    ㄷ. 순희의 딸은 정을 듬뿍 받고 자랐다.
    ㄹ. 부모의 정은 밥이고 부부의 정은 꿀이다.
    ㅁ. 정이 있어야 살 맛 나는 사회가 되지.

(12ㄱ-ㄴ)의 동사 '자라다'는 아이가 어른이 되는 과정을 지시한다. 아이나 어린이의 성장 과정에서 부모의 관심과 보살핌이 필수적이라는 데는 아무도 이견을 제기하지 않는다. 따라서 부모의 관심이나 보살핌이 어린이의 성장에 필요한 음식이나 식수와 같은 자양분으로 개념화되는 것은 당연하다. 마찬가지로 '정'도 역시 일종의 관심이나 보살핌이기 때문에 어린이를

---

11) '그 아이는 부모님의 사랑을 듬뿍 받고 자랐다'와 '사랑에 굶주린 아이' 등의 표현에서 볼 수 있듯이, 한국어에서는 사랑도 역시 자양분으로 개념화된다. 영어에서도 사랑이 자양분으로 개념화된다는 것은 I thrive on love(나는 사랑으로 잘 자라고 있다)와 He is sustained by love(그의 삶은 사랑으로 유지된다) 등의 표현에서 쉽게 확인할 수 있다(Kövecses 2002 : 81-83; Gibbs 1994 : 147).

성장시키는 자양분으로 개념화된다. 한편 (12ㄱ)의 동사 '주리다'와 '목마르다'는 원형적인 의미로 사용될 때 음식과 관련된 과정을 지시한다. 구체적으로 아이가 자양분의 결여로 인해 자양분을 몹시 원하는 과정을 지시한다. 그런데 이 경우에 아이가 진심으로 원하는 자양분은 물리적인 음식이 아니라 무형질의 추상적인 '정'이다. 이것은 (12ㄴ)에서도 마찬가지이다. 부실한 음식 섭취가 신체 발육의 지체를 초래하듯이 관심이나 보살핌의 결여는 건전한 성격 형성에 지장을 준다. 또한 (12ㄷ)에서도 역시 '정'은 어린 딸이 잘 자라나도록 어머니가 그녀에게 주는 자양분으로 간주된다. (12ㄹ)에서도 '정'은 자녀의 성장이나 배우자의 행복한 삶을 지탱해 주는 자양분으로 인지되고 있다. (12ㅁ)에서 '정'은 미성숙한 사회를 성숙한 사회로 변화하게 하는 자양분이다. 즉 의인화된 사회가 '정'을 받는 수혜자이다.

[정은 자양분] 은유는 구체적으로 '자양분' 영역과 '정' 영역 사이의 다음과 같은 사상으로 구성된다.

[표 3] [정은 자양분] 은유의 개념적 사상

근원 영역 : 자양분	목표 영역 : 정
• 자양분	• 정
• 자양분의 결여	• 정의 결핍
• 자양분의 소유자	• 정의 통제자
• 자양분의 섭취	• 정을 받음
• 자양분의 필요한 사람	• 정이 필요한 사람
• 자양분의 충분한 섭취는 건강한 신체를 만든다.	• 정을 충분히 받으면 성품의 균형이 잡힌다.

3.5. [정은 귀중한 소유물]

추상적 감정 개념인 '정'은 또 하나의 은유적 개념화에 의해 더욱 정교화

된다. 이 은유에서는 '정'이 어떤 사람이 소유하고 있는 귀중한 물건으로 이해된다. 이 개념화의 존재는 다음 실례에서 찾아볼 수 있다.

> (13) ㄱ. 영희는 내가 한 때 정을 주었던 여인이다.
> ㄴ. 정희는 첫사랑에게서 많은 정을 받았다.
> ㄷ. 정이란 줄 때는 꿈속 같고 받을 때는 안타까운 그런 것이다.
> ㄹ. 성희는 그 불쌍한 소녀에게 많은 정을 베풀었다.
> ㅁ. 철수는 정이 헤프다.
> ㅂ. 동생에게 정을 빼앗긴 아이는 맨 날 울었다.

원형적인 의미로 쓰일 때, 동사 '주다'와 '받다'는 둘 다 어떤 사람(행위자)이 자신의 영향권에 있던 어떤 물건(이동체)에 힘을 가하여 다른 어떤 사람(수령인)의 영향권(가장 전형적인 영향권은 손 안)에 들어가게 하는 과정을 참조한다. 이 두 동사의 의미적 차이는 이 과정에서 어느 부분에 더 현저한 초점이 주어지는가에 있다. '주다'는 이동체가 행위자의 영향권에서 벗어나는 부분에 초점이 더 현저하게 주어지지만, '받다'의 경우에는 수령인의 영향권에 도달하게 되는 부분이 현저한 초점을 받는다는 점에서만 차이가 있다(Langacker 1990 : 226-227 참조). 그런데 (13ㄱ-ㄷ)에서 이 동사가 지시하는 과정에 참여하는 이동체는 구체적인 물건이 아니라 추상적인 '정'이다. 이것은 '정'이 구체적인 물건으로 개념화된다는 것을 암시한다. 이것은 (13ㄹ-ㅁ)에 사용된 서술어 '베풀다'와 '헤프다'의 경우에도 마찬가지이다. 동사 '베풀다'는 어떤 사람이 자신의 물건을 아끼지 않고 공짜로 남에게 주는 과정을 가리킨다. 반면 동사 '헤프다'의 원형적인 의미는 자신의 물건을 아끼지 않고 사용하거나 남에게 주는 장면을 참조한다.

동사 '주다'와 '받다' '베풀다' '헤프다'는 정이 단순히 물건으로 개념화된다는 것을 보여주는 데 그치지 않는다. 어떤 사람이 다른 사람에게 어떤 물건을 준다고 해서, 그 물건이 반드시 그 사람의 소유물이라는 것을 보장하지는 않는다. 그렇지만 그 사람이 중간 전달자의 역할만을 하는 경우가 아니라면, 이동되는 물건이 주는 사람의 소유물이라고 간주하는 것이 더 자연스럽다. 또한 하찮은 물건을 주면 보통 받으려고 하지도 않는다. 더욱이 귀한 물건을 받을 때의 느낌과 귀한 물건을 내주었을 느낌을 묘사하는 (13ㄷ)의 술어인 '꿈속 같다'와 '안타깝다'는 정이 귀중한 소유물이라는 것을 보여준다. '베풀다'와 '헤프다'도 역시 정이 단순한 물건이 아니라 어떤 사람의 귀한 소유물이라는 것을 보여준다. (13ㅂ)의 서술어 '빼앗기다'의 의미도 소유권을 참조하므로 '정'이 단순한 물건이 아니라 소유물로 개념화됨을 보여준다.

3.6. [정은 따스함]

한국인들은 사랑이나 분노, 긴장, 두려움 등의 추상적인 감정 개념에 열기의 속성이 내재하는 것으로 이해한다.[12] 예를 들어, 한국인들은 사랑과 분노, 성욕 등의 개념에는 뜨거움의 속성이 내재하는 반면, 두려움이나 긴장 개념에는 차가움의 속성이 담겨있는 것으로 이해한다. 앞에서 살펴본 바와 같이, 정은 한국인들에게 그릇 속의 물건이나 끈적끈적한 물건, 귀중한 소유물, 자양분과 같은 물리적 개체로 이해되었다. 그렇다면 그러한 물건은 어느 정도의 온도를 담고 있는 것으로 이해될까? 한국인들에게 정은 너무 뜨겁지도 너무 차갑지도 않은 물건으로 개념화된다. 한국인의 이러한 개념화 양식은 다음 예문에서 확인할 수 있다.

---

12) 영어에도 감정이 온도의 측면에서 개념화되는 은유가 있다. 예를 들어, anger(분노)와 love (사랑)는 각각 그릇 속의 뜨거운 유체와 불의 관점에서 흔히 개념화된다(Kövecses 1990 : 128-140, 2002 : 81-83; Lakoff 1987 : 380-415; Emantaion 1995 : 163-170). 일본어에서도 분노가 불의 관점에서 이해되는 은유가 있다(Masutki 1995 : 137-51). 한국어에서 사랑이나 분노는 불의 측면에서 개념화되지만, 두려움이나 긴장은 차가움의 측면에서 이해된다(임지룡 2000 : 693-721; 나익주 2000 : 415-443).

(14) ㄱ. 따스한 가슴에서 우러나오는 정
 ㄴ. 어려운 때일수록 따뜻한 정을 나눕시다.
 ㄷ. 세밑의 훈훈한 정이 추위를 녹였다.
 ㄹ. 마음을 데우고 녹이는 정

(14ㄱ-ㄹ)의 형용사 '따스하다' '따뜻하다' '훈훈하다' '데우다'는 축자적인 의미로 쓰일 때 너무 뜨겁지도 차갑지도 않은 온기의 존재를 나타낸다. 이러한 서술어가 '정'에 대해 서술하고 있다는 사실은 그 자체가 정이 따스함으로 이해된다는 것을 반영한다.

4. '한'의 개념화 양상

'정'과 마찬가지로 '한'도 역시 한국인 특유의 감정으로 간주된다. 이 장에서는 '한'이 개념화되는 양상을 구체적으로 살펴보기로 한다. '한'에 대한 사전적 의미를 살펴보면 "원한 또는 한탄의 준말로서 원통하고 한 되는 생각"이라고 서술되어 있다. 이 정의만으로는 '한'의 모습이 구체적으로 무엇인지 알기 어렵다.

4.1. [한은 물건]

먼저 추상적이고 무형질인 '한'이 구체적인 물건으로 개념화된다. '정'의 경우와 마찬가지로 '한'을 물리적인 물건으로 개념화하면 '한'과 관련하여 다양한 목적을 충족할 수 있게 된다. 즉, '한'을 구체적 물건처럼 지시할 수 있고 양화할 수 있으며, 어떤 행동이나 사건의 원인으로 식별할 수 있게 된다. (다음 각 실례 뒤의 괄호 속의 표시는 이러한 목적을 나타낸다.)

> (15) ㄱ. 한 많은 이 세상 (양화하기)
> ㄴ. 나는 이젠 죽어도 한이 없다. (양화하기)
> ㄷ. 아직도 남아 있는 한 (양화하기)
> ㄹ. 이 한을 어찌 다 풀거나? (지시하기)
> ㅁ. 아무도 할머니의 한을 이해하지 못한다. (지시하기)
> ㅂ. 그것이 바로 어머니의 한이다. (지시하기)
> ㅅ. 그녀는 가슴의 한 때문에 일찍 죽었다. (원인 식별)
> ㅇ. 어머니는 가슴에 커다란 한을 품고 있었다. (양상 식별)
> ㅈ. 그녀는 가슴 깊이 한을 지니고 있었다. (양상 식별)
> ㅊ. 그들에게는 사는 것이 바로 한을 쌓은 일이다. (양상 식별)

(15ㄱ-ㄷ)에서 '많다' '없다' '있다'는 한국인들이 '한'의 양을 측정할 수 있는 것처럼 생각한다는 것을 보여준다. 그리고 (15ㄹ-ㅂ)에서 지시형용사 '이'와 지시대명사 '그것', 격 표지 '-의'가 '한'을 묘사하는 데 사용되는 것을 보면, '한'이 마치 물리적 실체가 있는 물건인 것처럼 지시된다는 것을 알 수 있다. (15ㅅ)의 접속어 '때문에'는 '한'이 어떤 사건(할머니의 때 이른 죽음)의 원인으로 작용한다는 것을 보여준다. 한편 (15ㅇ)에서 전형적으로 구체적인 실체가 있는 물건의 크기를 묘사할 때 사용되는 형용사 '커다랗다'가 '한'을 서술하는 데 사용되고 있다. 이것도 역시 한국인들이 '한'을 구체적인 물건으로 개념화한다는 것을 보여주는 증거이다.

4.2. [한은 그릇 속의 응고 액체]

'한'이 물건으로만 개념화된다는 존재론적 은유는 한의 실재만을 밝혀줄 뿐이며, '한'의 더욱 정교한 모습은 알려주지 못한다. 그렇지만 한국인들은

'한'을 일반적인 층위에서 단순히 물건으로 개념화하는 데 머물지 않으며 어떤 특별한 물건으로 이해한다. 그렇다면 한국인들에게 '한'은 구체적으로 어떤 특별한 특성을 지닌 개체로 이해되는가? 다른 감정과 마찬가지로 '한'도 역시 그릇 속의 유체로 이해된다. 그렇지만 '한'은 그릇 속의 단순한 액체가 아니라 그릇 속의 응고되어 있는 액체로 개념화된다는 점에서 다른 감정과 차이가 난다. 그런데 이 개념화에서 그릇의 역할을 하는 것은 바로 인간의 몸, 특히 가슴이다. '한'에 대한 이 은유적 개념화는 다음의 예에서 확인할 수 있다.

(16) ㄱ. 그녀는 분하고 억울해서 마음에 한이 맺혔다.
ㄴ. 피맺힌 한을 누가 풀어줄까?
ㄷ. 한풀이
ㄹ. 풀지 못하고 남은 한
ㅁ. 가슴에 서린 한
ㅂ. 6·25 동란의 피난살이 설움과 가족 생이별의 한들이 응어리진 노래들
ㅅ. 한이 어떻게 해소되고 승화되었는지
ㅇ. 그들은 이념보다 한으로 뭉쳐져 있어서 앞뒤를 가릴 여유가 없었다.
ㅊ. 그녀는 가슴의 한 때문에 일찍 죽었다.

동사 '(눈물, 피, 이슬 등이) 맺히다'는 글자 그대로의 의미로 사용될 때 기체가 눈물이나 이슬방울로 변하게 되는 과정을 지시한다. 이와 비슷하게 동사 '서리다'도 온도의 하강으로 인해 수증기가 물방울로 만들어지는 과정을 지시한다. 그렇지만 이와는 반대로 동사 '풀다'는 글자 그대로 사용될 때 정반대의 과정을 지시한다. 즉, 동사 '풀다'의 원형적인 의미들 중의 하나는 사람(행위자)이 피멍이나 뭉친 근육을 원래의 상태로 되돌리는 과정을 지시한다.

(16)의 각 문장에서 이러한 동사가 지시하는 과정에 참여하는 것은 구체

적으로 눈에 보이는 액체가 아니라 무형질의 추상적인 감정인 '한'이다. 이 것은 바로 한국인들에게 '한'이 눈으로 볼 수 있으며 만져볼 수 있는 응고된 액체로 개념화된다는 것을 보여준다. 더 구체적으로 말하면, 응고 액체는 '한'의 존재에 해당하는 반면, 응고 액체가 해체되거나 기체로 승화된 상태는 '한'의 소멸에 대응한다. 따라서 동사 '맺히다'와 '서리다'는 은유적으로 '한'의 생성을 지시하는 반면, 동사 '풀다'의 은유적 의미는 '한'의 소멸과 관련이 있다.

[한은 응고 액체] 은유는 구체적으로 '응고 액체' 영역과 '한' 영역 사이의 구체적 사상은 다음 표에서와 같이 요약할 수 있다.

[표 4] [한은 응고 액체] 은유의 개념적 사상

근원 영역 : 응고 액체	목표 영역 : 한
• 그릇	• 사람의 몸
• 그릇 속의 액체	• 사람의 몸속의 체액(한의 재료)
• 사람의 몸(특히, 가슴)	• 사람의 마음
• 응고 액체	• 한
• 액체의 차가움 정도	• 한의 정도
• 액체는 온도가 차가워지면 응고한다.	• 마음속에 한이 생긴다.
• 몸속의 응고된 액체는 응고되지 않은 액체의 순환을 막아 병을 초래한다.	• 마음속의 한은 마음의 병을 초래해서 정상적인 생활을 방해한다.
• 온도가 증가하면 응고된 액체는 순전한 액체가 되거나 기체가 된다.	• 마음속의 한이 사라진다.

4.3. [한은 차가움]

여타의 감정과 마찬가지로 '한'도 역시 온도의 특성을 지닌다. 따스함의 속성을 지닌 것으로 개념화되는 '정'과 달리, '한'은 차가움의 속성을 지닌 것으로 이해된다. 액화 기체가 존재하려면 먼저 온도가 일정 수준이하로 떨어져야 하기 때문에, 액화 기체로 개념화되는 '한'이 차가움의 속성을 지닌 것으로 이해되는 것은 당연하다. 이것은 다음 예문에서 분명히 알 수 있다.

(17) ㄱ. 여자가 한을 품으면, 오뉴월에도 서리가 내린다.
ㄴ. 한이 서린 삼팔선
ㄷ. 차가운 한

명사 '서릿발'과 동사 '서리다', 형용사 '차갑다'는 글자 그대로의 의미로 어떤 물건의 물리적 차가움을 함축한다. (17)에서 이러한 표현이 '한'을 묘사하는 데 사용되고 있다는 것은 바로 '한'이 차가움의 속성을 지니고 있음을 보여준다.

5. '정'과 '한' 은유의 부분적 사상과 도상적 속성

레이코프와 존슨에 따르면, 개념에 대한 은유적 구조화는 필연적으로 부분적이며 이것은 언어 표현 곳곳에 반영되어 있다(Lakoff & Johnson 1980 : 52). 이 절에서는 앞에서 제시된 '정'과 '한'에 대한 한국인의 개념화 양상의 두 가지 특성을 살펴본다. 먼저 은유적 구조화의 부분적 성질이 정과 한의 경우에도 그대로 적용됨을 살펴보기로 한다. 이어서 '정'에 대한 개념화 양상에 비해 '한'에 대한 개념화 양상이 훨씬 더 제한되어 있음이 도상성 원리의 반영임을 살펴볼 것이다.

5.1. '정'과 '한' 은유의 부분적 사상

앞에서 살펴보았듯이 정은 다양한 원천영역에 의해 은유적으로 개념화되는데, 각각 '정'의 다른 측면을 부각하고 은폐한다. 예를 들어, '정'을 자양분으로 보는 착상은 자양분 개념의 어떤 측면은 활용하지만, 그 개념의 대부분의 측면은 활용하지 않는다. 만일 (12)의 표현이 [정은 자양분] 은유의 대표적 실례라면, 원천영역(자양분)의 요소들 중에서 ('정에 주리다'와 '정에 목마르다'에서 보듯이) 영양 섭취 열망과, ('정을 듬뿍 받고 자라다'에서 보듯이) 충분한 영양 섭취의 긍정적 효과,('정을 제대로 받지 못해 성격이 삐뚤어지다'에서 보듯이) 자양분 결여의 부정적 결과와 같은 측면이 이 은유에 활용되고 있다. 그렇지만 자양분과 관련된 다른 측면들은 '정'을 개념화하는 데 활용되지 않는다. 예를 들어, 자양분이 몸 밖에서 목이나 혈관을 통해 들어온다거나, 그 자양분을 흡수하기 위해 소화를 시키며, 그 자양분 중의 일부가 결국 몸 밖으로 나가고, 자양분은 밖의 상점에서 구할 수 있으며, 그 자양분을 냉장고에 보관할 수 있고, 자양분은 맛이 상하여 우리를 아프게 할 수 있다는 등의 지식은 전혀 이 은유에 사용되지 않는다.

정반대의 관점에서 보면, 어떤 목표 개념은 단지 하나의 원천 개념에 의해서 이해되는 것이 아니라 다수의 원천 개념의 측면에서 이해된다(Lakoff & Johnson 1980 : 52-55). 만일 어떤 개념의 모든 측면이 다른 한 개념에 의해서 모두 이해된다면, 이 두 개념은 완전히 일치하게 된다. 그러면 이 두 개념 사이에 은유적 이해는 존재할 수 없다. 은유는 두 개념 영역 사이의 부분적 사상으로 이루어지기 때문이다. 근원 영역의 모든 측면과 목표 영역의 모든 측면 사이에 정확히 일대일의 대응이 이루어진다면, 이 두 개념은 완전히 일치할 것이다. 그렇지만, 실제에서 이것은 불가능하다. 어떤 개념이든지 수많은 측면을 지니고 있는데, 이 다양한 측면을 이해하는 데에는 여러 개념이 필요할 수밖에 없다. 따라서 어떤 근원 영역이 다른 한 목표 영역에 사상될 때, 해당 목표 영역의 오직 일부 측면만이 초점을 받게 된다.

이러한 은유적 사상의 부분성은 '정'에 대한 개념화에서도 그대로 적용됨을 알 수 있다. [정은 자양분] 은유는 '정'의 원소유자와 '정'을 받는 사람 사이의 보살핌 관계를 부각하지만, '정'의 다른 측면('정'의 소유자의 너그러운 마음이나, '정'의 소유자와 수혜자 사이의 친밀한 관계 등)은 드러나지 않도록 숨긴다. 반면, [정은 따스함] 은유는 '정'이 '정'의 소유자나 수혜자 모두에게 주는 평안함을 부각한다. 마찬가지로 '한'의 은유적 개념화에서도 은유적 사상의 부분성은 찾아볼 수 있다. [한은 그릇 속의 응고 개체] 은유에서 '그릇 속의 응고 개체'의 모든 측면이 '한'을 이해하는 데 사용되는 것은 아니다. 또한 그 은유는 '한'의 강도와 병적 속성을 부각하지만, [한은 차가움] 은유는 '한'의 온도 속성을 부각한다.

5.2. '정'과 '한' 은유의 도상적 속성

'정'은 물건과 그릇 속의 유체, 끈적끈적한 물건, 소유물, 자양분, 따스함이라는 6개의 원천영역에 의해서 개념화되는데 반해, '한'의 개념화에는 단지 물건과 응고 액체, 차가움의 3개의 원천영역만이 사용된다. 이 은유들 중에서 존재론적 은유는 어떤 다른 추상적인 개념에 대한 이해에서와 마찬가지로 '정'과 '한'에 대한 한국인들의 이해에서도 필수적이다. 손으로 만져볼 수도 눈으로 확인할 수도 없는 추상적이고 무형질의 개념인 '정'과 '한'은 구체적인 물건이라는 존재론적 지위를 부여하는 은유를 통하지 않고서는 그 실체를 파악할 수 없기 때문이다. 또한 물건의 지위를 부여받은 '정'과 '한' 개념은 둘 다 온도의 속성을 지닌 것으로 이해된다. 구체적으로 '정'은 따스함의 속성을 지닌 것으로 간주되는 반면, '한'은 차가움의 속성을 지닌 것으로 개념화된다.

존재론적 은유와 온도 속성 은유를 제외하면 '정'은 네 개의 원천영역에 의해서 파악되는 반면, '한'은 단지 하나의 원천영역을 통해서만 개념화된다. 이 두 개념에 대한 개념적 은유의 이름과 이 은유를 언어적으로 실현하는 데 주로 쓰이는 언어 표현들은 다음과 같이 요약된다.

    (18) 정의 개념적 은유와 언어적 실현

        ㄱ. [정은 끈적끈적한 물건] : 붙이다, 떼다, 떨어지다, 끊다

        ㄴ. [정은 그릇 속의 액체] : 쏟다, 쏟아 붓다, 퍼붓다, 샘솟다, 듬뿍, 흠뻑

        ㄷ. [정은 자양분] : 주리다, 목마르다

        ㄹ. [정은 소유물] : 주고받다, 베풀다, 헤프다, 펴주다

    (19) 한의 개념적 은유와 언어적 실현

        [한은 응고 액체] : 맺히다, 풀다, 풀리다, 해소되다, 서리다

  '정'과 '한'에 대한 개념적 은유들의 수와 이 은유들을 실현하는 언어 표현들의 양에서 이러한 비대칭은 왜 나타나는가? '정'과 '한'에 대한 한국인들의 통속적인 모형에서 몸은 '정'과 '한'이라는 정서(어떤 감정의 지속적인 결과)를 담는 은유적인 그릇의 역할을 한다. 그러한 이해 모형에서 '정'은 그릇(몸) 속의 액체로서 그릇 속에 고여 있을 수도 있고 그릇 밖으로 흘러나올 수도 있으며, 또한 그릇 밖에 계속 있을 수도 있고 다시 그릇 속으로 흘러들거나 스며들 수 있는 것으로 간주된다. 반면에 '한'은 그릇으로서의 몸 밖에서 몸속으로 들어오는 것이 아니라, 애초에 몸속에 있으며 그 내부에서 덩어리로 응고되거나 다시 액체로 환원되는 것으로 간주된다. 즉 한은 그릇의 내부에 머물러 있는 것으로 간주된다. 일반적인 우리의 시각 경험에서 관찰자는 그릇 밖에 있기 때문에, 그릇 밖의 물건은 더 많이 그리고 더 흔히 볼 수 있지만, 그릇 속의 물건은 접근하기 더 어렵다. 즉, 그릇 밖의 물건보다 그릇 속의 물건에 대한 관찰자의 시각 경험의 양이 더 적다. '한'에 대한 개념적 은유의 수와 그 은유를 실현하는 언어 표현들의 양이 더 적은 것은 바로 '정'의 이러한 폐쇄성의 반영으로 보인다. 즉, 개념의 양이 많으면 형태의 양도 많고 개념의 양이 적으면 형태의 양도 적어진다는 도상성 원리(특히, 양의 원리)에 기인하는 것으로 볼 수 있다.[13]

6. 맺음말

지금까지 한국인들이 자신들 특유의 감정인 '정'과 '한'을 어떻게 개념화하는지를 살펴보았다. 다른 감정과 마찬가지로 무형질의 추상적인 정서인 '정'과 '한'에 직접 접근할 수는 없다. 즉, '정'과 '한'은 개념적 은유를 통해서만 한국인에게 어떤 모습으로 다가오는지를 이해할 수 있으며, 일상생활에서 그들이 정을 어떤 목적으로 사용하는지를 포착할 수 있다. '정'과 '한'을 묘사하는 모든 표현은 아무리 느슨하게 분석하여도 한국인들이 구체적 실체가 없는 무형질의 '정'에 물건의 지위를 부여하고 있음을 보여준다. [정은 물건]과 [한은 물건]이라는 존재론적 은유로 인해 한국인들은 '정'과 '한'을 지시하거나, 다른 어떤 사건이나 활동의 원인으로 식별할 수 있으며, '정'과 '한'에 대한 다양한 경험을 양화할 수 있고, 정과 한의 구체적 속성을 식별할 있다.

그렇지만 존재론적 은유는 이 두 개념에 대한 한국인의 이해 방식의 극히 일부만을 알려준다. 물건 개념이 일반적이어서 수많은 종류의 더 구체적인 물건을 실례로 포괄하기 때문에, '정'과 '한'은 다른 물건들에 의해 추가적으로 더 상세하게 이해될 수 있다. 실제로 한국인들은 끈적끈적한 물건이나 그릇 속의 액체, 귀중한 소유물, 자양분의 측면에서 '정'을 훨씬 더 정교하게 이해하며, 응고 액체의 관점에서 '한'을 이해한다. 달리 말하면, [정은 끈적끈적한 물건]과 [정은 그릇 속의 액체], [정은 귀중한 소유물], [정은 자양분] 은유가 '정'에 대한 한국인의 개념화 방식에 대해 훨씬 더 많은 것을 알려준다. 이것은 [정은 물건]이나 [한은 물건]이라는 존재론적 은유가 일반

---

13) 양의 도상성 원리는 복잡성의 원리(complexity principle)이라고도 불리는데 개념적 복잡성이 언어 표현의 복잡성에 반영되는 경향을 말한다. 즉, 복잡한 개념의 표현은 단순한 개념의 표현보다 복잡하며 양이 더 많다(Clark & Clark 1977 : 523). 예를 들어, happy보다 unhappy가 개념적으로 더 복잡하기 때문에 언어 표현이 더 복잡하다. 또한 He ran보다 He ran and ran and ran and ran이 개념적으로 더 복잡한 내용을 담고 있는 언어 표현이다 (Lakoff & Johnson 1980 : 127-128).

성의 수준과 관련하여 다른 은유와 차이가 난다는 것을 암시한다. 물건이 수많은 기본 층위의 하위물건을 실례로 포함하기 때문에, [정은 물건] 은유는 실제로 총칭 수준의 개념화이다. 나머지 네 은유는 기본 층위의 개념화 방식을 나타낸다. 그리고 [정은 따스함] 은유는 이 네 개의 기본 층위 은유, 특히 [정은 그릇 속의 액체]에 의존적이다. 이것은 '한'의 경우에도 마찬가지이다. 즉, [한은 응고 액체] 은유가 [한은 물건] 은유보다 한에 대한 훨씬 더 구체적인 양상을 보여준다.

한국인들이 '정'을 은유적으로 개념화하는 방식은 한 개의 총칭 층위 은유와 다섯 개의 기본 층위 은유로 나뉜다는 것을 살펴보았다. 총칭 은유 [정은 물건]은 근원 영역이 각각 끈적끈적한 물건과 그릇 속의 액체, 자양분, 소유물, 따스함인 나머지 다섯 은유에 의해 더욱 구체화된다. 반면 '한'의 은유적 개념화는 한 개의 총칭적 은유 [한은 물건]과 두 개의 기본 층위 은유 [한은 응고 액체]와 [한은 차가움]에 의해서 이루어진다. 이 사실은 한국 문화에서 추상적 감정 개념 '정'과 '한'에 대한 이해가 기본 층위의 물건들에 대한 경험에서 직접 발생한다는 것을 암시한다. 이것은 의미가 우리의 일상적인 문화적 경험에 근거한다는 인지언어학의 핵심적 주장과 잘 들어맞는다는 것을 뒷받침한다.

이 글에서는 '정'이나 '한'과 밀접한 관련이 있을 것으로 판단되는 다른 개념은 살펴보지 않았다. 형태적으로 그러한 개념은 '온정'이나 '열정' '색정' '춘정' '연정' '한탄' '원한'과 같이 두 개의 한자로 구성된 복합어로 부호화된다. 이 두 형태소 중의 하나는 '정'이나 '한'이다. 다섯 개의 기본 층위의 은유 중에서 어느 것이 가장 중심적인가와, 어떻게 이 다섯 은유는 서로 연결되어 있는가, 이 은유들 이외에도 정에 대한 어떤 다른 은유가 존재하는가를 밝혀내기 위해서는 이러한 표현을 비롯하여 더 많을 자료를 더 상세하게 분석할 필요가 있다.

참고문헌

김선희. 2001. 「우리 사회 속의 우리말」, 한국문화사.

김한샘. 2003. 「한국 현대 소설의 어휘 조사 연구 : 용례 파일」, 국립국어원.

나익주. 2000. "개념적 은유 : [사랑]," 이기동 편저, 「인지언어학」, 한국문화사, pp.415 -443.

나익주. 2003. "한국어에서의 성욕의 은유적 개념화", 「담화와 인지」 10-1, pp.79- 104.

서정주. 1959. "소월 시에 있어서의 정한의 처리", 「현대문학」 54, 현대문학사, pp.197 -218.

이어령. 1993. 「한과 원」, 학생사.

임지룡. 2000. "'화'의 개념화 양상", 「언어」 25-4, pp.693-721.

임지룡. 2001. "'긴장'의 개념화 양상", 「담화와 인지」 8-2, pp.205-227.

임지룡. 2005. "'사랑'의 개념화 양상", 「어문학」 89, pp.201-233.

Casad, Eugene H. 1996. *Cognitive Linguistics in the Redwood.* Berlin : Mouton de Gruyter.

Clark, Eve and Herb Clark. 1977. *Psycholgoy and Language : An Introduction to Psycholinguistics.* New York : Harcourt Brace Javanovich, Inc.

Emanation, Michele. 1995. *Metaphor and the expression of emotion : The value of cross-cultural perspectives.* Metaphor and Symbolic Activity 10-3, pp.163-182.

Gibbs, Raymond Jr. 1994. *The Poetics of Mind.* Cambridge : Cambridge University Press.

Johnson, Mark. 1980. *Philosophical Perspective on Metaphor.* Minneapolis, Minnesota : University of Minnesota Press.

Johnson, Mark. 1986. *The Body in the Mind.* Chicago : University of Chicago Press.

Johnson, Mark. 1992. *Philosophical implications of cognitive semantics.* Cognitive Linguistics pp.3-4, pp.345-366.

Kovesces, Zoltan. 1987. *Metaphors of Anger*, Pride, and Love. Amsterdam : John Benjamins.

Kovesces, Zoltan. 1990. *Emotion concepts.* Springer-Verlag : New York.

Kovesces, Zoltan. 1992. *Happiness of definitional effort.* Metaphor and Symbolic Activity 6-1, pp.29-46.

Kovesces, Zoltan. 1992. *American friendship and the scope of metaphor.* Cognitive Linguistics pp.6-4, 315-346.

Kovesces, Zoltan. 2002. *Metaphor : A practical Introduction*. Clarendon : Oxford University Press.

Lakoff, George. 1987. *Women, Fire, and Dangerous Things*. Chicago : University of Chicago Press.

Lakoff, George. 1990. *The Invariance Hypothesis*. Cognitive Linguistics 1-1, pp.39-74.

Lakoff, George. 1993. *The Contemporary Theory of Metaphor*. In Andrew Ortony (ed.), Metaphor and Thought, 202-251. Cambridge : Cambridge University Press.

Lakoff, George. 2002. *Moral Politics : How Liberals and Conservatives Think*. Chicago : University of Chicago Press.

Lakoff, George and Mark Johnson. 1980. *Metaphors We Live By*. Chicago : University of Chicago Press.

Lakoff, George and Mark Johnson. 1999. *Philosophy in the Flesh*. New York : Basic Books.

Lakoff, George and Zoltan Kövecses. 1983. *The cognitive model of anger inherent in American English*. Berkeley : University of California. Berkeley Cognitive Science Report No. 10.

Langacker, Ronald W. 1990. *Image, Concept, and Symbol : The Cogntive Basis of Grammar*. Berlin : Mouton de Gruyter.

Matsuki, Keiko. 1995. *Metaphors of anger in Japanese*. In John R. Taylor and Robert E. MacLaury (eds.), The Language and the Cognitive Construal of the World, pp.137-151. Berlin : Mouton de Gruyter.

Woo, Soojung and Jeong-Hwa Lee. 2002. "Conceptual Metaphors for Happiness in Korean and English : A Cognitive-Cultural Study," Journal of the Applied Linguistics Association of Korea 18-2, pp.1-27.

| 이 논문은 한국어의미학 20집(2006, 한국어의미학회)에 게재된 논문을 재수록한 것입니다.

의미 확장에 있어서 도식의 역할

이 건 환

1. 머리말

본 논문의 주된 목적은 최근 '체험주의(experientialism)'에 의해 제시된 '이미지 도식(image schema)'이 어떻게 생성되고, 어떻게 기능하며, 나아가 이 도식이 의미 확장의 해명에 있어서 어떻게 적용되는지를 검토하려는 것이다. 체험주의의 해명에 따르면 '이미지 도식'은 우리의 사고와 이해에 있어서 반복적으로 드러나는 기본적인 패턴으로 의미 형성의 '근거'를 이루고 있을 뿐만 아니라 의미 확장에 있어서도 '제약'으로 작용한다. 따라서 우리의 일상적인 언어적 표현들에서 이 도식의 작용을 살펴보는 것은 과거의 자료체 분석이 갖는 제약을 넘어서 새로운 의미 분석의 가능성을 제시할 것이다.

이러한 시도를 위해 우선 체험주의가 제시하는 이미지 도식의 형성 방식과 이미지 도식의 기능과 역할을 살펴보고, 이것을 토대로 우리말의 합성어, 다의어, 관용어 등을 분석할 것이다. 이러한 분석을 통해 우리의 의미망이 일련의 도식들에 근거를 두고 있을 뿐만 아니라 동시에 도식들에 의해 제약되고 있다는 점을 보여 줄 수 있을 것으로 기대된다. 다시 말해서 우리의 일상적인 의미망은 몇몇 기초적 차원의 도식들을 바탕으로 정합성을 갖고 확장되어 간다는 것이다. 동시에 대부분의 도식들이 기본적인 신체적 활동을 통해 발생한다는 점을 드러냄으로써 우리의 일상적인 의미 체계가 신체적인 요소들에 뿌리를 두고 있다는 점을 드러낼 수 있을 것이다.

2. 도식의 발생

존슨(1987)은 자신의 상상력 이론을 통해 '이미지 도식'이라는 까다로운 개념을 제시한다. 존슨은 명제적이고 인지적인 차원에 앞서 우리의 기본적인 신체적 활동으로부터 직접 발생하는 몇몇 도식들이 존재한다고 주장하며, 이러한 도식들이 의미 확장의 근거로서 작용할 뿐만 아니라, 의미 확장의 방식을 제약한다고 말한다. 이러한 존슨의 주장은 의미의 발생 근거가 우리의 신체적 활동이라는 점을 보여 주는 것이며 동시에 우리의 의미확장 방식 또한 신체적 근거에 의해 제약되고 있다는 것을 말해 준다. 여기에서는 존슨의 주장을 따라 도식이 어떻게 발생하며, 또 어떻게 우리의 의미 형성에 어떤 역할을 하는지 살펴볼 것이다.

통칭 '객관주의(objectivism)'로 대변되는 고전 범주에서는 인간이 사물을 이해할 수 있는 힘을 언어-세계의 관계에서 정립한다. 따라서 세계는 독립된 갖가지 특성을 띠며, 동시에 대상으로 성립되어 있다고 본다. 따라서 세계는 그것에 관해서 누가 무엇을 믿고 있는 것에 상관없이 있는 그대로 존재하는 것이며, 세계가 어떠한 것인가에 관한 하나의 올바른 '신의 관점 (God's-Eye View)'이 있다고 한다. 이런 종류의 객관성을 설명하기 위해서는 언어가 필요한데, 이때의 언어는 일의적인, 그리고 문맥에서 독립적으로 사상하는 그런 개념들을 필요로 한다. 이런 설명에서는 어디에도 인간에 관한 언급은 없다. 인간의 이해하는 능력, 상상하는 활동, 기능을 발휘하는 유기체로서의 인간의 본성, 그 밖의 인간에 관해서는 하나도 언급되어 있지 않다.

수세기 동안 앞의 의미와 합리성의 설명에 많은 회의를 품어 온 철학자와 언어학자들은 카테고리를 통해서 도식, 은유, 환유, 심적 이미지와 같은 이해의 상상적 구조의 중요성을 다양한 증거를 통해서 밝혀오고 있다. 상상적 구조들은 일반적으로 신체의 성질, 특히 우리의 지각 능력과 운동 기능에 의존하고 있다.

상상적 구조를 밝혀 온 많은 철학자 가운데 존슨(Johnson, 1987)은 '이미지 도식(image schema)'과 '은유적 투사(metaphorical projection)'의 두 가지 중요한 개념을 강조한다. 이미지 도식이란 우리의 지각적 상호 작용과 운동 프로그램에 반복적으로 나타나는 역동적 패턴이고, 동시에 우리의 경험에 정합성과 구조를 주는 것이다. 예를 들면, 수직성 도식은 우리의 경험에서 의미 있는 구조를 꺼낼 경우에 위-아래라는 방향을 부여하는 경향에서 발생한다. 우리는 수직성이라고 하는 이 구조를 매일 경험하는 수천 가지나 되는 지각과 활동-나무를 지각하는 일, 일어설 때 느끼는 감각, 계단을 오르내리는 행동, 기폭을 다는 막대의 심적 이미지를 형성하는 일, 어린이의 키를 재는 일, 욕조에서 올라가는 수면의 높이의 경험 등-에서 경험하고 있다. 즉 수직성 도식은 이런 수직성의 경험, 이미지, 그리고 지각의 추상적 구조이다(존슨, 1987 : 12).

이런 상상적 구조를 통한 도식은 은유를 통해서 추상적인 영역에 투사될 수 있다. 이 개념이 존슨이 '은유적 투사'라고 부르는 개념이다. 이것은 우리의 추상적인 명제에 복잡하고 경험적인 그물눈을 이름붙이기 위한 하나의 방식이다.

이미지 도식과 은유적 투사는 의미의 경험적 구조이고, 우리가 행하는 추상적 이해와 추리의 전반에 필요한 것이다. 은유적 투사는 자의적으로 행해지는 것이 아니라 우리의 신체 기능과 경험의 여러 양상에 의해서 고도로 제약을 받는다. 따라서 체험주의에 있어서 '경험(experience)'이라는 말은 기본적 지각, 운동 프로그램, 역사, 사회, 언어, 문화 등의 여러 차원을 포함한 넓은 개념으로 이해되어야 한다.

위에서 살핀 개념을 토대로 언어 분석을 위한 가설을 제시하면 다음과 같다.

> (1) 물리적·구체적인 요소는 이미지 도식을 형성하며 이것은 우리가 지각하고 경험할 수 있는 영역이다.
> (2) 이미지 도식은 은유적 투사를 통해 추상적, 문화적 영역으로 확장될 수 있다.

위의 두 가지 가설을 언어 분석을 통해 검토하는 것이 앞으로 과제며 이 글을 전개하기 위한 발판이다. 그리고 앞으로 검토해 볼 이미지 도식의 유형을 상정하면 다음과 같다.

> (3) 이미지 도식의 유형
> ㄱ. 「대상」(OBJECT) 도식
> ㄴ. 「힘」(FORCE)) 도식
> ㄷ. 「경로」(PATH) 도식 (이동도식)
> ㄹ. 「연결」(LINK) 도식 (결합도식)
> ㅁ. 「위-아래」(UP-DOWN) 도식
> ㅂ. 「안-밖」(IN-OUT) 도식 (그릇 도식)[1]
> ㅅ. 「경계」(BOUNDARY) 도식
> ㅇ. 「포함」(CONTAINER) 도식
> ㅈ. 「균형」(BALANCE) 도식

위에 제시한 이미지 도식의 유형 말고 다른 유형이 얼마든지 우리의 경험에서 생성될 수 있다. 여기에서는 9가지 이미지 도식이 어떻게 생성되는 지를 먼저 살핀다.

---

1) 이정애(1996)은 '안-밖'의 의미 관계를 인지의미론의 방법을 이용하여 기본의미와 확대의 미를 다양한 실례를 통하여 검토하였으나 도식이 신체적 근거로 야기되었다는 설명은 잘 드러나지 않는 것으로 평가된다.

먼저 「대상」 도식과 「힘」 도식을 드러내 보이기 위해 다음 예문을 살펴
보자.

(4) ㄱ. 영수는 걸어서 학교로 간다.
    ㄴ. 소나기가 갑자기 내렸다.
    ㄷ. 공이 굴러 간다.

위의 예문에서 영수, 소나기, 공 등은 한 개체로서 드러나는데 이 개체는
하나의 대상으로 지각된다. 우리는 이들을 「대상」 도식이라 부른다. 또 영
수가 걷는다는 사실, 소나기가 내린다는 사실, 공이 굴러 간다는 사실 등은
인위적인 작용이건 자연적인 현상이건 우리의 지각 능력과 운동 기능에는
하나의 작용력이 가해졌다는 것을 알 수 있다.

한 현상에서 다른 현상으로의 변화를 우리는 '힘이 가해졌다'는 것으로
표현한다. 인간은 자기 주위의 세계와 또는 문화 현상을 접하면서 되풀이하
여 이런 작용력을 감지하게 되는데, 이런 반복적인 구조화된 패턴을 우리는
「힘」 도식이라 부른다.

또한 우리는 위의 예문에서 「힘」 도식을 근거로 동사로 투영된 개념에서
「경로」 도식을 상정하게 된다. 소위 이동체가 '목적지'라 하는 곳으로 향하
는 일련의 길을 상정할 수 있는데 우리는 이것을 「경로」 도식이라 부른다.
이런 길은 수평적인 길뿐만 아니라 수직적인 길을 상정할 수 있다. 예문 (4
ㄱ, ㄷ)은 전자의 예문이 될 수 있고 (4ㄴ)은 후자의 예가 될 것이다. 동시에
우리는 동사 '가다'와 '내리다'의 시간의 흐름에 의해 경험의 연속적인 면을
부각시킬 때 「연결」 도식은 자연히 부각됨을 알 수 있다. 이런 「연결」 도식
은 뒤에서 살펴볼 합성어의 구조 형성뿐만 아니라 문장의 산출에 중요하게
드러난다.

수직 「경로」 도식을 통해서 우리는 「위-아래」 도식도 이끌어 낼 수 있다.
다음 예문을 보자.

(5) ㄱ. 철수는 항아리에 물을 부었다.
    ㄴ. 철이의 키를 재었더니 110cm이었다.

위의 예문에서 우리는 항아리라는 용기 안에 물을 많이 부으면 높이가
올라간다는 사실을 체험적으로 알게 된다. 또한 철이가 성장함에 따라 키가
자란다는 사실을 알게 된다. 더불어 양과 높이가 상호 상관관계를 가질 수
있음도 알 수 있게 된다. 이런 일련의 현상을 통해서 우리는 「위-아래」 도
식을 얻는다. 「위-아래」 도식은 다음과 같이 문화적·추상적 영역으로 확
장될 수 있다. 졸고(1996)의 예를 들면,

(6) ㄱ. 할아버지가 산에 오르셨다.
    ㄴ. 노동자의 임금이 오른다.
    ㄷ. 철희가 기세가 오른다.

예문 (6ㄱ)은 물리적 신체적 영역에서 우리의 지각과 운동 기능을 통해
체험적으로 동사 '오르다'의 의미를 실감할 수 있다. 우리의 개념화는 평지
에 기준점을 두고 산꼭대기를 위로 파악하고 평지를 아래로 파악한다. 무
수히 반복된 패턴에 의해 생성된 「위-아래」 도식은 문화적·추상적 영역
으로 확장된다. (6ㄴ, ㄷ)은 이렇게 문화적·추상적으로 확장된 예문들이다.
이런 다양한 확장의미들은 필자가 앞서 제시한 (1), (2)의 가설을 증명해 주
고 있다.

다음은 「그릇」 도식을 살펴보자. 「그릇」 도식에 대한 존슨(1987)의 설명
을 따르면, 우리는 환경, 즉 우리를 둘러싸고 있는 사물들 안에서 지속적으
로 물리적 포함을 경험한다. 우리는 방, 의복, 차량, 그리고 무수한 종류의
경계지어진 공간의 안 또는 밖으로 움직인다. 우리는 물건을 다루면서 그것
들을 그릇(컵, 상자, 깡통, 자루 등) 안에 집어넣는다. 이 각각의 경우에 반복
적인 공간적·시간적 구조화가 있다. 다시 말해서 물리적 포함에 대한 전향
적인 도식들이 존재한다.

우리의 체험에 의해서 생성된 「그릇」 도식은 '안-경계-밖'의 구조를 지니는데, 그 예로 우리의 가옥 구조를 생각해 볼 수 있다. 즉 우리는 건물의 벽을 경계로 해서 '안'과 '밖'이라고 명명을 하는 것이다. 다음 예문을 살펴보자.

    (7) ㄱ. 인수는 방금 방 안에서 나온다.
        ㄴ. 경기에 출전하실 분은 출발선(금)에 서 주십시오.
        ㄷ. 고양이가 밖에서 안으로 들어온다.

예문 (7)은 「그릇」 도식에 근거해서 우리의 다양한 경험 방식을 언어화시킨 예문이다. 일반적으로 우리는 '용기'라는 사물을 통해서 「안-밖」의 도식을 이해하고, 또한 이것은 그릇으로 이해하기 때문에 물건을 '담는다' 또는 '넣는다'와의 근거에서 「포함」 도식으로 확장할 근거를 아울러 갖는다. 오늘날 우리가 논리학에서 'P가 Q를 포함한다.'라고 말할 수 있는 근거는 위의 물리적 근거에서 그 구조를 확장시켜 이해할 수 있다는 점이다.

마지막으로 「균형」 도식을 살펴보자. 우리가 '줄다리기'나 자전거를 탈 때, 한쪽으로 밀려가지 않거나 넘어지지 않으려는 일련의 시도를 통해서 「균형」 도식이 인지적으로 실재한다고 믿고 있다. 다음 언어 표현을 살펴보자.

    (8) ㄱ. 용호상박
        ㄴ. 그들의 논쟁은 한치의 우열 없이 치열하게 돌아갔다.

우리는 예문 (8ㄱ)과 (8ㄴ)와 같은 표현을 통해서 두 대상이 한쪽으로 기울어짐이 없이 막상막하의 대치를 이루는 경우에 균형의 의미를 사용한다. 그리고 이런 경우 '균형을 이룬다'라고 의미한다. 「균형」 도식은 우리가 작업하는 논문 쓸 때의 정보의 배치에도 확장되어 쓰인다. 다음 예문을 살펴보면,

　(9) ㄱ. 이 논문은 무게가 있는데…
　　　 ㄴ. 저 사람의 사랑은 한쪽으로 쏠렸어.

예문 (9)에서처럼 균형의 상실을 양의 영역에서 확장하여 사용하고 있다. 이런 다양한 실례들은 우리가 「균형」 도식에 대해서 이야기 할 수 있게 해 준다.

3. 의미의 확장과 제약에 있어서 도식의 기능

우리는 불연속인 경험 현상을 새롭게 담을 어휘가 없을 경우 새로운 단어를 필요로 한다. 이와 같은 필요에 의해서 우리는 기존의 단어를 이용하거나 새로운 지칭을 위한 언어를 생성한다. 이때 도식은 중요한 기능을 담당한다. 우리 사고의 비유, 유추 등에 상호 근거한 도식이 우리의 의미 생성에 중요한 역할을 한다. 임지룡(1996)은 언어 표현의 두 층위를 '글자 그대로의 의미'와 '비유적 의미'로 대별하고 후자의 중요성을 강조하고 있다. 즉 비유는 어떤 의미를 나타내는 명칭을 그와 관련되어 있는 새로운 영역으로 확장시킴을 의미하는데, 이 과정에서 도식의 역할이 중요하게 부각된다.

김광해(1982)는 변형 문법에서 주장하듯이 심층 구조에서 복합명사를 끌어오는 일련의 선행 연구에 의문을 제기하고 Downing(1977)의 주장에 따라 '어휘화된 복합어'와 '신형 복합어'를 구별한다. 이런 구별은 전통 합성어는 주로 어휘화된 합성어에만 관심을 기울이고 신형 복합어에는 관심이 없었음에 대한 반성이다. 이어서 김광해(1982)는 신형 복합어의 특성으로 생산성, 모호성, 상황성을 들고 있는데 사실은 이런 특성은 도식에 의해 의미를 생성할 때 자연스럽게 드러나는 것들이다. 이러한 설명은 도식의 다음과 같은 성격 때문에 설득력을 얻고 있다. 도식은 인지적으로 실재하며 자연스럽게 변형할 수 있는 능력을 지니고 있는데 이것을 '자연스런 이미지 도식적 변형'이라 부른다. 레이코프는 이미지 도식적 변형은 자연스런, 되풀이해서 일어나는 조작이기 때문에 인지적으로 실재한다고 주장하고 있다. 이미지 도식은 일반성과 추상의 수준에 존재한다. 바로 이러한 수준에 속하기 때문에 대상이나 사건에 관한 무한히 많은 경험, 지각, 이미지 형성에 갖추어진 패턴을 행할 구실을 되풀이해서 맡아할 수 있다. 이것은 체험주의의 핵심적 주장에 근거한다. 체험주의의 핵심적 주장은 인간이 신체화된 사회적 존재이며, 인간의 전 경험은 기본적으로 신체화된 상상적 구조 — 우리의 신체적 경험으로부터 직접 발생하는 — 에 근거하고 또 그것에 의해 제약된다는 것이다(노양진, 1995 : 348).

우리는 다양한 경험 현상을 공통되는 몇 가지로 분류하여 한 무리의 묶음을 형성하는데 우리는 이것을 '범주화 과정'이라고 부른다. 따라서 이런 범주화 과정은 기억과 사고를 구성하는데 있어서 중요한 도구가 된다. 그리고 범주화 규정의 방법은 세 가지로 분류할 수 있다.

　　　(11) 범주화 규정의 방법
　　　　　ㄱ. 열거 방법
　　　　　ㄴ. 속성 제시 방법
　　　　　ㄷ. 원형에 의한 방법

(11ㄱ)의 열거 방법은 구성원으로 판단되는 모든 방법을 열거하는 것이지만 우리는 범주를 대부분 공통되는 어떤 것으로 상정한다. (11ㄴ)의 속성 제시 방법은 한 범주의 구성원으로 판단되는 속성을 갖추기 위해서는 필요 충분의 속성을 모두 갖추어야 하는데 이를 벗어나는 다양한 실례가 존재한다. 이는 객관주의 모형이 제시하는 하나의 틀이다. 객관주의가 제시하는 범주는 다음과 같은 특성을 지니고 있다. 1) 범주는 그 성원들이 내재적으로 공유하는 속성들(properties)에 의해 결정되며, 따라서 여기에는 범주를 사용하

는 범주자인 인간의 특성 — 상상력, 인지 구조, 심리적, 신체적 요소들은 완전히 무관한 것으로 배제된다. 2) 범주에 속하는 성원들은 성원의 자격의 측면에서 상호 차별없이 동등한 것으로 이해된다. 3) 범주는 "그 범주의 모든 성원, 그리고 오직 그 성원들에 의해 공유된 속성들을 규정하는 필요충분조건에 의해서 규정된다. 따라서 범주의 성원과 비성원 간의 경계 또한 명확한 것으로 간주된다(노양진 1995 : 346). 따라서 객관주의의 범주 특성에 의하면 그것은 범주에 관한 인간의 역할은 단지 발견자이며 관찰자로 드러난다. 즉, 객관주의는 범주자인 인간이 갖는 신체적, 문화적 특성들을 무시한다. 범주화 규정의 세 번째 방법은 원형에 의한 방법으로서 우리가 이미지 도식과 은유적 투사에 의해 의미를 확장시킬 수 있는 모형을 제시할 수 있는 기반을 제공해 준다. 우리의 문화적, 사회적 요건은 이미지 도식과 은유적 투사에 의해 무한히 산출된 많은 의미를 제약한다. 이렇게 제약된 의미를 하나의 의미장을 형성하게 하는 것이 범주화이다. 언어 연구에서 의미장 이론은 훔볼트의 영향을 받은 것으로 평가하고 있다. 훔볼트(Humboldt)에 의하면 개개의 언어는 한 곳의 방언에 지나지 않을지라도 하나의 유기체로서 취급하여야 한다고 주장한다. 언어는 그것을 사용하는 사람들의 특수성, 즉 그 사람들의 심성을 표시하고 그들대로 언어의 이상을 실현하려는 것이라고 말하고 있다.

독일의 트리어, 포르지히, 바이스게르버 등은 이런 훔볼트의 생각에 소쉬르의 구조적 원리를 결합하여 장이론을 형성한다. 장이론(field theroy)은 언어를 하나의 유기체로 보고 각 요소가 서로 한정되어 결합하고 있어서 그것이 속하고 있는 일반적인 조직으로부터 그 어휘의 의미, 곧 가치를 끌어내려는 것이다. 즉 언어에 따라서 개개의 의미 분야는 다르게 형성되어 있으며, 의미의 조직으로부터 개개의 어휘의 의미가 규정되어 있다고 보는 것이다(천시권·김종택, 1971, 1994[11] : 94). 이런 사유 방법은 철학적으로 상대주의로 흐를 염려가 있으나 앞서 제시한 체험주의는 '완화된 상대주의'를 지향함으로서 이를 해결한다(노양진, 1995 : 372-374).

전체적으로 체험주의적 범주화 틀이나 장이론은 전체주의적(holistic) 지향점을 공유하고 있으나 철학적인 난제에 있어서는 서로 차이점을 보이고 있다. 따라서 필자가 앞서 제시한 가설 (1), (2)는 이를 보완하는 하나의 틀로 생각한다.

이처럼 범주화는 의미 확장의 산물이다. 의미 확장은 도식에 의해서 형성되는데 이 때 중요한 개념이 이미지 도식과 은유적 투사이다. 먼저 존슨이 설명하는 이 개념을 살피면, 이미지 도식은 우리의 신체적 운동 경험, 대상 조작, 지각적 상호작용으로부터 직접적이고 반복적으로 나타나는 역동적 패턴인데, 이것은 게슈탈트 구조를 지니며 선개념적이고 비명제적이라고 지적한다. 동시에 우리의 다양한 경험들의 영역에 정합성과 구조를 부여하고 은유적 투사의 바탕이 되며 동시에 은유적 투사에 제약을 가한다. 앞에서 살펴보았듯이 이미지 도식들은 우리의 수많은 경험으로부터 발생하지만 동시에 다양한 경험에서 식별의 패턴으로 작용함으로써 우리의 이해를 제약하기도 한다. 존슨(1987 : 29)에 따르면, "우리가 이해할 수 있는, 사고할 수 있는, 연관된 경험을 하기 위해서는 행동, 지각, 개념에 패턴과 질서가 있어야 한다고 한다. 도식은 이 지속적인 질서를 부여하는 활동들에 반복적으로 나타나는 패턴, 모형 또는 규칙성이다. 이 패턴들이 우리에게 의미 있는 구조로 출현하는 것은 주로 공간 내에서의 신체의 움직임, 대상들의 조작, 그리고 지각적 상호작용의 수준에서이다. 존슨(1987 : 61)은 우리의 추상적 개념 구조들은 이 이미지 도식들에 근거한 은유적 확장을 통해 가능하다는 것이다. 이미지 도식은 의미, 이성, 언어활동의 다양한 측면들을 연결하기 위해서 은유적으로 확장되고 정교화 된다. 노양진(1996 : 4)은 존슨의 은유적 투사의 '투사'에 대한 설명을 다음과 같이 잘 요약하고 있다.

우리는 어떤 경험 또는 개념을 다른 경험 또는 개념의 관점에서(in terms of) 이해하는데, 이러한 작용 방식을 존슨은 "투사"라고 부른다. 유사한 관점에서 레이코프는 은유를 "개념 체계 안의 영역간 사상(cross-domain mapping in the conceptual system)"이라고 정의한다. 따라서 이 새로운 입장에서 보면 은 유가 단순히 언어적 표현이라는 전통적인 입장은 이 영역간 사상에 대한 피 상적 이해에 근거한 것이다. 이러한 투사의 구조를 설명하는데 사용되는 것 은 "원천 영역"(source domain)과 "대상 영역"(target domain)의 구분이다. 「논쟁 은 전쟁」(ARGUMENT IS WAR) 은유를 예로 들어 보자. 우리는 일상적인 사 고에서 논쟁이 마치 전쟁인 것처럼, 즉 전쟁의 관점에서 이야기 한다. "그의 입장을 공격했다.", "너의 논증은 방어하기 힘들다.", "그는 논쟁에서 유리한 고지를 차지했다." 등의 표현들이 보여주는 것처럼 우리는 논쟁을 전쟁의 관 점에서 이해하고 이야기 한다. 말하자면 「전쟁」 개념 또는 경험을 「논쟁」 개 념 또는 경험에 투사함으로써 이러한 표현을 받아들이는 것이다. 여기에서 「전쟁」 개념은 원천 영역, 「논쟁」 개념은 대상 영역이 된다. 그리고 우리는 이 투사라는 방식을 사용해서 원천 영역의 "관점에서" 대상 영역을 경험하고 이해한다는 것이다.

이상의 이론적 논의는 다음과 같은 방법적 이득이 있다. 전통적으로 국어 연구에서 합성어, 다의어, 관용어는 개별 문법 범주로 다루어 오고 있다. 그 러나 이들의 문법 범주는 도식에 연관을 시키면 그것은 통합 범주로 의미 기술을 할 수 있는 장점이 생긴다. 그것은 언어의 경제성에 비추어 봐도 납 득이 충분히 갈 것이라 믿는다. 이상의 논의를 통해서 도식은 의미 확장의 기제로서 작용하며 앞서 제시한 가설 (1), (2)의 설득력을 확보해 준다.

4. 도식의 응용 분석

4.1. 합성어

이 장에서는 도식이 합성어에 어떻게 기능하고 있는지를 응용 분석한다. 합성이란 말은 '두 요소를 결합시킨다'는 의미를 지니고 있으므로 거시적으로는 「연결」 도식이 관여하고 있음을 알 수 있다. 그러나 합성어는 의미적인 성격이 강하므로 도식의 직접관여를 추적하기보다는 해석학적 관점에서 합성어가 문화인 맥락과 어떻게 관련하는 지에 더 관심을 두려고 한다. 일반적으로 합성어는 '두 성분이 결합하여 제3의 의미를 산출하는 것'으로 정의하고 있다. 이것은 합성어의 구조를 파악해 보면 알 수 있다.

(12) 합성어의 구조
    N1 + N2 + α

합성어는 두 성분의 결합에 의하여 알파라는 제3의 의미를 산출한다. 필자는 이 제3의 의미를 문화적인 요소를 생각하지 않고는 생성할 수 없다고 본다. 따라서 알파의 의미는 합성어를 존재시키는 근원임과 동시에 문화적 변이에 의해서 확장된 영역이다. 그런데 언어 연구에서 문화적 변이에 관한 문제는 화용론에서 '맥락'의 개념과 연계된다. 메이(J.L. mey, 1993)에 의하면 맥락은 정적인 개념이 아니라 동적인 개념으로서 우리가 언어작용의 언어적 표현을 알아들을 수 있게 해주는 가장 넓은 의미의 환경으로 파악한다. 메이의 관점을 우리가 참조하면 합성어의 제3의 의미를 파악해 낼 때 우리는 맥락을 참조해야만 한다. 이런 맥락을 고려하게 될 때 우리는 다양한 언어게임을 수행하게 된다. 그러면 선행연구된 정원수(1992)의 '집'의 예를 통해서 합성어를 분석해 보자.

(13) '집'과 관련된 합성어
    ㄱ. 기와집, 벽돌집, 판자집, 초가집,
    ㄴ. 집짐승, 집비둘기, 집토끼, 집누에, 집파리, 기러기집, 제비집
    ㄷ. 앞집, 뒷집, 이층집, 남향집, 동향집, 북향집
    ㄹ. 칼집, 안경집, 벼룻집, 거울집, 갓집, 삿갓집
    ㅁ. 물집, 알집, 똥집, 염통집
    ㅂ. 두집, 열집, 스무집
    ㅅ. 초상집, 잔치집

ㅇ. 김씨집, 이씨집, 큰집, 작은집, 처가집

ㅈ. 평양집, 전주집, 함흥집, 부산집, 홍도집

ㅊ. 꽃집, 이불집, 빵집, 술집, 나무집, 감자국집

위의 예들은 「집」과 관련된 합성어들이다. 먼저 사전적인 의미로서 제시된 정원수(1992)의 '집'에 대한 풀이를 보면,

(14) 집에 대한 의미 풀이

ㄱ. 풍우, 한서를 막고 사람이 그 속에 들어 살기 위해 지은 건물

ㄴ. 모든 동물이 보금자리 치는 곳

ㄷ. 칼집, 벼룻집 같이 작은 물건을 끼거나, 담아두는 곳

ㄹ. 바둑에서 완전히 자기 차지가 된 곳

ㅁ. 가족, 가정

ㅂ. 집사람

ㅅ. 자기 가내에서 출가한 손아래 여자를 시집의 성밑에 붙여 그 집 사람임을 나타내어 부르는 말

ㅇ. 남의 적은 집이나 기생첩에 대하여, 전에 마물러 있던 지명의 아래에 붙여 쓰는 말

ㅈ. 물건을 파는 가게임을 나타내는 말

ㅊ. 주점, 음식점의 이름을 이르는 말

위에 제시한 「집」의 풀이에서 (14ㄱ, ㄴ)의 의미가 원형 의미로 생각된다. 왜냐하면 인간의 지각적, 운동 수행적인 부분이 도식의 발생에 근접해 있기 때문이다. 인간은 생리학적으로 더위와 추위에 약하기 때문에 주위의 여러 재료를 이용해서 은신처를 필요로 했을 것이다. 이때 명명된 '집'의 의미는 원초적인 것이다. '원초적'의 의미는 언어학적 술어로 '원형' 의미이다. 따라서 사람이나 동물이 살기 위한 공간으로서의 원형 의미는 다양한 영역으로 은유적 투사를 거쳐 (14 ㄷ, ㄹ, ㅁ, ㅂ, ㅅ, ㅇ, ㅈ, ㅊ)에서와 같이 확장 의미로 드러난다.

위의 합성어를 이 구조에 의하여 분석하면,

(13)' 집의 구조 분석

ㄱ. 재료(기와, 벽돌, 판자, 짚)+집

ㄴ. 집+(동물-새-비둘기, 기러기, 제비)

ㄷ. (위치, 방위-앞, 뒤, 위) +집

ㄹ. (목적)+집

ㅁ. (신체부위)+집

ㅂ. (바둑규칙)+집

ㅅ. (행사)+집

ㅇ. (성(性), 혈연)+집

ㅈ. (지명)+집

ㅊ. (판매기능, 목적)+집

위의 구조를 분석해 볼 때, 집이라는 단어는 다양한 관련 방식에 의해 추상적 영역으로 은유적 투사를 하고 있으며 다양한 문화적 변이(의미확장)가 새로운 의미 창출의 원동력임을 보여주고 있다. 그런데 여기서 다음과 같은 예들을 상정해 볼 수 있다.

(14) 용인 불가능한 합성어

    *외계인집, *공룡집, *사랑집……

위의 예들도 위의 구조에 맞추면 얼마든지 합성어로 생성될 가능성은 얼마든지 있다. 그런데 왜 우리 언어권에서는 합성어로 취급하지 않는가? (14)의 예들의 합성어를 우리 언어권에서는 받아들일 맥락이 없고 또한 은유적 투사가 무작위로 행해지는 것이 아니고 우리의 언어공동체의 맥락에 의해 제약된다는 점을 생각해 볼 수 있다. 따라서 합성어의 알파의 의미는 무작위로 생성된 의미가 아니라 사회적, 문화적으로 제약된 의미들이며 동시에 동적인 맥락으로서의 의미인 것이다.

다음은 맥락을 고려하여 다양한 합성어의 실례를 보이기로 한다.

(15) 그 사람 하는 짓이 꼭 마소와 다를 바가 없어.

(16) 그 사람은 작년까지 콩밥을 막고 나왔대.

(17) 철수의 할아버지는 엄청난 기와집을 가지고 있대.

(18) 당신이 진정한 촛불의 의미를 아느냐?

합성어의 실례들은 우리의 생활에서 얼마든지 다양하게 나타난다. 위에 드러난 마소, 콩밥, 기와집, 촛불 등은 문자적 의미로도 뜻을 가지고 있지만 맥락을 달리하면 전혀 다른 의미를 띄게 된다. (15)에서 마소는 동물들 가운데 우리에게 대표적으로 인지되는 하위 종류이다. 그런데 동물의 양태의 일부분을 마치 사람의 한 행위에 은유적으로 투사시켜 그 사람의 행위를 비꼬고 있다. 이런 맥락은 일상의 문자적 의미 이상을 지니게 되고 이것을 문화적 맥락과 일치시켜 보게 될 때 우리는 제3의 의미를 이해하게 된다. 근원적으로 동물의 하위분류로서 마소는 상위어 동물의 범주에 포함되게 되므로 우리는 이것을 포함 도식에 의거하게 되었다고 생각해 볼 수 있다. (16)은 콩밥과 관련된 문제인데 우리 문화권에서는 죄를 지어 교도소에 다녀온 일련의 상황을 '콩밥 먹었다'라고 표현한다. 콩밥과 교도소와의 유연성에 대한 맥락은 추측이 되나 좀더 깊은 맥락의 요구가 재고된다. (17)은 과거 우리 사회에서 기와집을 가진 이는 극소수에 한정되고 거의가 초가집이라는 형태의 가옥 구조를 지니고 있었다. 이런 맥락에서 기와집을 가진 이는 엄청난 재산가로 인식되고 이것이 제3의 의미로 형성되었다. (18)은 가톨릭의 종교 문화와 연관을 시켜야만 합성어로서의 인식이 가능하다. 가톨릭에서 '촛불'의 의미는 사랑과 희생으로서의 상징을 지닌다. 이런 맥락이 일상의 언중들에게 그대로 투영되어 합성어로 형성된 듯하다.

다음의 합성어 예를 통해서 확장의 경로를 더 고려해 보자.

(19) ㄱ. 아빠와 영희는 정원 꽃밭에 물을 주었다.
　　 ㄴ. 수피아여고 선생님들은 꽃밭에 있는 기분일 거야.

위의 예문 (19ㄱ)은 우리가 물리적 영역에서 보고 느낄 수 있는 즉 꽃들이 피어나고 자라는 공간으로서의 꽃밭이라는 의미를 지니고 있다. 이런 물리적 공간에서의 '꽃'의 의미(아름다운, 예쁜, 화려한 등)가 여학교의 여학생들에게 부분적인 은유적 투사가 이루어짐으로써 (19ㄴ)의 '꽃밭'이라는 합성어를 생성하고 있다. 따라서 (19ㄴ)의 합성어의 의미는 사회적인 맥락을 고려해서 우리의 이해가 이루어지는 것으로 보인다. 이때 투사의 경로는 물리적 영역에서 추상적 영역으로의 투사인 것이다.

이상의 예문을 통해서 우리가 사용하는 일상의 언어는 물리적 공간 영역을 통해 추상 영역으로 그 의미를 확장해 가고 있고, 이 과정에서 문화적, 사회적 맥락이 상당히 관여하고 있다.

4.2. 다의어

일반적으로 다의어를 연구하는 입장은 크게 '추상화' 접근 방식과 '망상모형' 접근 방식으로 크게 대별된다. 전자는 낱말의 여러 의미들을 모두 포괄할 수 있는 가장 추상적인 의미를 찾아내려는 방법이고, 후자는 낱말이 지니는 여러 의미들은 서로 관련성이 있으며, 그 의미들 중에는 원형적인 의미들이 있고 이 원형 의미들로부터 체계적인 확장을 거쳐 비원형적인 의미들이 생겨난다는 것이다(졸고, 1986 : 11). 이 장에서는 은유적 투사라는 개념을 통해서 전통적으로 다의어로 다룬 '손'(手)의 의미를 예문을 통해서 파악해 본다.

(20) 손의 의미망

　　ㄱ. 모내기에 손이 모자랐다. (사람)

　　ㄴ. 타이어를 만드는데 그 사람은 손이 서투르다고들 한다. (기술)

　　ㄷ. 영희는 철수와 일체 손을 끊었다. (교제관계)

　　ㄹ. 이 일은 그의 손에 달렸다. (수완)

　　ㅁ. 한마디로 그는 손이 거칠다. (손버릇)

　　ㅂ. 영수와 민규는 이 일에 손을 잡았다. (도움)

　　ㅅ. 그 사람 손좀 봐줘야겠어. (공격)

　　ㅇ. 그 사람은 손이 크다. (마음씨, 아량)

　　ㅈ. 철희는 그 사업에 손을 넘겼다. (시기, 기회)

　　ㅊ. 그 사람의 손이 미치지 않는 곳이 없었어. (소유권력)

　전통적인 해석에 따르면, '손'의 의미망은 동음이의어거나 다의어로 파악된다. 우리가 지니고 있는 '손'의 의미와 밀접하면 다의어로 처리하였으나 그와 거리가 먼 다양한 의미에 초점을 두면 동음이의어로 사전에 처리하였다. 그러나 체험주의의 해석에 따르면, 구체적, 물리적 영역에서 손의 중심 의미는 '사람의 팔목 끝에 달린 부분으로 손등, 손바닥, 손목으로 나누어 그 끝에 다섯 개의 손가락이 있어, 무엇을 만지거나 잡거나 하는 것'이다. 이 기본영역을 원천으로 하여 대상영역에 다양하게 은유적 투사 과정을 거쳐 새로운 의미를 획득한다는 것이다. 따라서 이 '손'의 의미는 다의어로 기술될 수 있으며 하나의 의미망을 형성하는 것이다. 이러한 망을 우리는 '손'에 대한 범주화라고 말할 수 있다. 따라서 의미망의 개념은 앞에서 살핀 범주화, 장이론과 등가의 개념임을 알 수 있다. (20)의 '손'의 의미망을 구조 분석하면 다음과 같이 나타낼 수 있다.

(20)' '손' 의미망 구조 분석

　　ㄱ. 손 + (은유, 대상 도식)

　　ㄴ. 손 + (기능영역)

　　ㄷ. 손 + (관계, 연결 도식)

ㄹ. 손 + (능력, 힘 도식)
ㅁ. 손 + (습관, 주기 도식)
ㅂ. 손 + (관계, 연결 도식)
ㅅ. 손 + (폭력, 힘 도식)
ㅇ. 손 + (능력, 대상 도식)
ㅈ. 손 + (기회, 주기 도식)
ㅊ. 손 + (영역, 힘 도식)

(20)'에 의한 '손' 의미망의 구조 분석에 따르면, 구체적, 물리적 영역의 手를 원천 영역으로 하여 다양한 영역으로 은유적 투사를 거친다. 그리하여 ( )의 α라는 제3의 새로운 의미를 창출할 수 있다. 그러나 은유적 투사는 무작위로 일어나는 것이 아니라 도식이 물리적, 구체적 영역에서 제약을 가함으로써 우리의 이해를 돕는데 중요한 역할을 하고 있다. 이 제약은 우리의 언어권과 문화 안에서의 제약이다. (20ㄱ)은 농촌사회의 맥락에서 '일손'을 의미하며 그것은 일하는 사람이 모자란다는 의미이다. 따라서 일손은 한 개체인 사람을 의미하며, 개체는 우리 인지에서 대상 도식에 근거한다. (20ㄴ)은 손으로 하는 기술을 의미한다. 물론 발을 이용하는 기술, 머리를 쓰는 기술 등 여러 가지의 기술이 있을 것이다. 그러나 인간의 신체적 조건으로 볼 때 손을 이용하는 기술이 일차적이고 이것을 개념화하는 것이 더 효율적임은 말할 것도 없다. (20ㄷ)의 관계는 좀더 깊은 탐구를 요구한다. 인간은 잦은 인간관계가 있는 사람은 손으로 악수를 한다. 물론 그렇지 못할 경우 손을 마주칠 기회는 더더욱 없을 것이다. 이런 신체의 접촉 양상이 관계라는 추상영역으로 확장될 기반은 있어 보인다. 이런 탐구는 이미지 도식에서 연결 도식을 근거로 하고 있을 때 값진 해석처럼 보인다. 다른 예들도 이런 해석을 요구하며 이에는 상당한 사회적, 문화적 맥락이 요구된다. 이런 해석은 문화권에 따른 해석의 가능성이지만 그것이 인간의 신체의 조건을 기반으로 하고 있기 때문에 상대주의로 흐를 염려는 줄어들 것으로 파악된다.

다음은 동사 '안다'라는 단어가 문장 속에서 사용할 수 있는 방식, 또는 그 말이 나타날 수 있는 경우를 문맥을 고려하여 해석해 보자. 그리고 그 경우 동사 '안다'는 의미망을 형성하고 있다.

> (21) ㄱ. 나는 그 여자를 안다.(그 여자에 관해 들은 적이 있다.)
> ㄴ. 나는 그 여자를 안다.(그 여자를 만났거나 본 적이 있다.)
> ㄷ. 나는 그 여자를 안다.(그 여자와 잘 아는 사이이다.)
> ㄹ. 나는 그 여자를 안다.(조심하라, 그 여자는 불쾌한 존재이다.)
> ㅁ. 나는 그 여자를 안다.(그 여자를 추천한다.)
> ㅂ. 나는 그 여자를 안다.(그 여자를 믿을 수 있다.)
> ㅅ. 나는 그 여자를 안다.(그 여자를 믿을 수 없다.)
> ㅇ. 나는 그 여자를 안다.(그 여자는 어떤 일이든 행하기 마련이다.)

(21ㄱ)은 맥락상 여자라는 개체를 안다는 것이므로 대상 도식의 관점에서 문장의미를 이해할 수 있다. (21ㄴ)은 인간의 지각의 층위에서 그 여자를 만났거나 보았다는 의미이다. 어떤 의미에서 이것이 도식의 발생에 있어 일차적인 원형 의미로 상정된다. (21ㄷ)은 연결 도식에서 그 여자와 관계가 있다는 의미이다. 이와 같은 맥락의 해석을 통해 동사 '안다'는 다의어로 파악되며 그것은 의미망을 형성한다. 이처럼 다의어에서도 여러 영역으로 은유적 투사를 거쳐 의미들을 생성하는데 이때도 사회적, 문화적 맥락은 중요하게 나타난다. 위에서 보인 다의어의 실례도 우리가 앞에서 설정한 가설을 증명하는 데 도움을 주고 있다. 그리고 이런 다의어가 어떤 사회나 문화에 고착하게 되었을 때 이것을 우리는 '관용어'라고 부르게 된다. 다음 장에서 관용어에 대해서 살펴본다.

4.3. 관용어

국어에서 관용어(Idioms)는 '한 나라 언어의 특이한 언어 표현으로서 문법이나 기본 어휘로는 파악할 수 없는 독특한 의미를 지닌 어군의 총칭'으로 정의된다. 관용어는 문법이나 기본 어휘로는 파악될 수 없으므로 관용어 범주를 지칭하는 명칭도 '관용어(관습적으로 익숙한 말), 관용구(형태상 두 성분의 결합), 관용 문법, 숙어, 익힘말, 익은말' 등으로 표현되고 있다. 그러나 관용어도 합성어에서 본 것처럼 두 구성 요소의 결합 도식을 거쳐 문화적·추상적 변이에 의해 형성된 의미가 고착된 것으로 파악해 볼 수 있다.

다음 실례들을 살펴보면,

> (22) 관용어의 실례
> ㄱ. 나들이(나다+들다) → 외출
> ㄴ. 맞먹다(맞+먹다) → 힘이 엇비슷하다.
> ㄷ. 수박 겉 핥기 → 사물의 속 내용 가운데 중요하지 않는 것만 다루는 경우를 이르는 말
> ㄹ. 미역국 먹다 → 시험에 떨어지다. 낙방하다.

위의 예문들은 각각 합성어, 파생어, 관용구, 관용문의 형태를 빌린 관용어이다. 이들은 구성 성분의 의미를 떠나 제3의 독특한 의미를 지니지만, 언중에게 고착된 의미를 지닌다는 점에서 관용어이다. 위의 관용어를 구조 분석하면 다음과 같이 나타낼 수 있다.

> (22)' 관용어의 구조 분석
> ㄱ. 나다(밖)+들다(안)+그릇 도식+이동 도식
> ㄴ. 맞+(균형 도식)+먹다+(그릇 도식)+힘 도식
> ㄷ. 겉(그릇 도식)+(중심-주연 도식)
> ㄹ. 미역국(미끄러운 속성)+이동 도식+그릇 도식

위의 (22)'는 관용어의 구조 분석을 보인 것인데, 다의어에서 생성된 것과는 의미의 파생 정도가 심각하다. 이것은 α라는 제3의 새로운 의미가 사회, 문화적으로 파생의 정도가 깊기 때문이다. 파생의 의미가 깊다는 말은 고착

의 정도가 심하다는 말이며 이것은 죽은 은유로 드러난다고 말할 수 있다. 그러나 앞의 우리 가설 (1), (2)를 받아들이게 될 때 그 원인을 이해할 수 있는 기반을 제공해 준다. 관용어에서 '고착의 정도'는 '화석화'라는 말과 등가의 개념으로 쓰이는데 이것이 죽은 은유로 드러나는 것은 관용어의 생성 과정 즉, 발화 → 임시어(관용화) → 준관용어(화석화) → 관용어(관용성 상실) → 사어(사은유)를 보면 알 수 있다.

5. 맺음말

이상 위에서 살핀 바를 요약함으로써 결론으로 삼고자 한다.

(1) 우리의 신체적 요소에 근거한 물리적·구체적인 요소는 이미지 도식을 형성하며 이것은 우리가 지각하고 경험할 수 있는 영역이다. 그리고 이미지 도식은 은유적 투사를 통해 추상적, 문화적 영역으로 확장될 수 있다.

(2) 이미지 도식은 대표적으로 「대상」, 「힘」, 「경로」(이동 도식), 「연결」(결합 도식), 「위-아래」, 「안-밖」(그릇 도식), 「경계」, 「포함」, 「균형」 등의 다양한 도식들을 상정할 수 있다.

(3) 체험주의가 제시하는 이미지 도식의 형성 방식과 이미지 도식의 기능과 역할을 통해 우리의 의미망이 일련의 도식들에 근거를 두고 있을 뿐만 아니라 동시에 사회적, 문화적 맥락에 의해 제약되고 있다는 점을 보여주고자 하였다. 다시 말해서 우리의 일상적인 의미망은 몇몇 기초적 차원의 도식들을 바탕으로 정합성을 갖고 확장되어 간다. 동시에 대부분의 도식들이 기본적인 신체적 활동을 통해 발생한다는 점을 드러냄으로써 우리의 일상적인 의미 체계가 신체적인 요소들에 뿌리를 두고 있다는 점을 지적하였다.

(4) 이미지 도식은 은유적 투사 과정을 거쳐 합성어, 다의어, 관용어의 생

성에 지대한 역할을 담당하며, 각각의 문법 범주는 사회적, 문화적 영향을 상호 수반한다. 합성어는 의미합성의 관점에서, 관용어는 고착된 의미라는 점에서 변별성을 지니며, 다의어는 은유적 투사 과정을 잘 보여준다.

(5) 필자는 도식을 통한 언어 연구는 기존의 개별 문법 범주를 의미 확장을 토대로 통합 모형의 또 다른 의미 분석의 가능성을 부각시켰다고 생각한다.

참고문헌

김광해. 1982. "복합명사의 신생과 어휘화과정에 대하여", 「국어국문학」 88.

김기수. 1996. "친족 관계 은유의 이해와 생성", 「담화와 인지」 3, pp.131-149.

김상환. 1996. 「해체론 시대의 철학」, 문학과 지성사.

김종도. 1995. "인지문법의 개관", 「담화와 인지」 1, pp.79-106.

나익주. 1995. "은유의 신체적 근거", 「담화와 인지」 1, pp.187-214.

노양진. 1995. "체험주의의 철학적 전개", 「범한철학」 10, pp.341-376.

노양진. 1996. "존슨의 상상력 이론", 담화인지언어학회 강독 발표요지.

신현숙. 1986. 「의미분석의 방법과 실제」, 한신문화사.

이기갑. 1995. "한국어의 담화표지 '이제'", 「담화와 인지」 1, pp.261-286.

이기동. 1986. "낱말 의미와 범주화", 「동방학지」 50, pp.289-332.

이기동. 1997. "관용어, 은유 그리고 환유1", 「담화와 인지」 4-1, pp.61-87.

이건환. 1996. "국어 이동동사의 의미분석", 전남대학교 석사학위논문.

이정민. 1987. 「언어이론과 현대과학사상」, 서울대학교 출판부.

이정애. 1996. "{안/밖/겉/속}의 의미연구", 「한국언어문학」 37, pp.153-169.

임지룡. 1996. "은유의 인지언어학적 의미분석", 「국어교육연구」 28.

정옥주. 1984. "한국어 관용어 연구", 고려대학교 석사학위논문.

정원수. 1992. 「국어의 단어 형성론」, 한신문화사.

조의연. 1996. "의미란 무엇인가? : 인지의미론과 해체주의", 「담화와 인지」 2, pp.117
        -128.

천시권 · 김종택 공저. 1971, 1994[11]. 「국어의미론」, 형설출판사.

Bauer, L. 1983. *English word-formation*. Cambridge : Univ. of Cambridge Press.

Dowing, P. 1977. *On the creation and Use of English compound nouns*, Language 53. No4.

G. 레이코프, M. 존슨 지음/노양진, 나익주 옮김. 1995. 「삶으로서의 은유」, 서광사.

Johnson, M. 1987. *The Body in the mind*. Chicago : Univ. of Chicago Press.

(마크 존슨 지음, 이기우 옮김. 1992. 「마음 속의 몸」, 한국문화사.)

Mey, Jacob L. 이성범 옮김. 1996. 「화용론」, 한신문화사.

| 이 논문은 담화와 인지 5-2집(1998, 담화인지언어학회)에 게재된 논문을 재수록한 것입니다.

은유적 합성명사의 결합관계와 인지언어학적 해석

김 진 해

1. 머리말

합성명사에 대한 그간의 연구는 주로 구성요소의 형태·통사론적 특성과
구성요소 간의 서술적 기능 관계를 규명하는 형태론적/조어론적 관점에서
이루어져 왔다. 합성어를 종속(주종/유속/가진)합성어·대등(병렬/병립)합성
어·융합(혼일/녹은)합성어 등으로 구분하고 구성요소들 간의 관계를 살피
는 것이 합성어에 대한 전통적인 접근법이었다(최현배 1937, 이희승 1955,
서정수 1981/1993).[1] 이에 반해 1980년대 이후 개념적 은유이론, 혼성이론,
영상도식이론 등을 중심으로 도입된 인지언어학은 합성명사 자체에 대한
정밀하고 설득력 있는 의미 해석을 제공해 주었다. 특히 은유와 환유가 합
성명사 형성과 해석에 중심적인 기제로 작동한다는 것도 알게 되었다.

이 연구는 '명사+명사($N_1 + N_2$)' 구조를 갖는 은유적 합성명사의 의미를
어떻게 해석할지를 인지언어학적 관점에서 살펴보고, 합성명사가 서술어와
맺는 결합관계의 양상을 고찰하는 것을 목적으로 한다. 특히 합성명사와 서
술어의 결합관계를 살펴보는 것은 합성명사의 구성요소(N_1, N_2) 간의 의미

---

[1] 전통적 분류법의 문제점에 대해서는 서정수(1981/1993 : 262-267)를 참고할 것. 한편 합성
어를 구성요소의 품사별 분포에 따라 등위(等位), 부체(副體), 목술(目述), 보술(補述) 구조 등
으로 구분하기도 했다(이석주 1995, 나은미 2007).

관계 및 의미 해석이 후행 서술어와의 결합관계에 의해 변경 또는 구체화된다는 것을 밝히기 위해서이다. 결론부터 말하자면 은유적 합성명사는 전체로서의 의미단위를 형성하면서도 구성요소의 개별적 기능도 유지하는 이중지시작용(dual reference)을 갖고 있으며, 서술어와의 결합관계를 통해 의미고정 과정을 거친다고 주장하고자 한다.

2. 본론

2.1. 은유적 합성명사와 '이다' 조건 : 내심합성어와 외심합성어

최근 인지언어학적 영향으로 '은유적 합성명사'란 용어가 자주 쓰이고 있다(채현식 2006,[2] 노진서 2010 등). 은유는 하나의 근원영역(source domain)에서 목표영역(target domain)으로의 사상을 통해 개념을 표상하는 방식이다. 따라서 '은유적 합성명사'는 '벼락부자, 이야기꽃, 종이호랑이'에서 보듯이 구성요소 중 하나 이상이 은유적으로 사용된 구성을 말한다.

인지언어학은 합성명사($N_1 + N_2$)가 우측 머리어(N_2)의 하위어의 위상을 가진다는 주장을 정면으로 비판해 왔다. 예를 들어, 합성명사 '김밥'은 그동안 상하위 관계(hypernymy) 또는 분류 관계(taxonomy)에 따라 '밥'의 하위어이다. 그러나 인지언어학적 시각에서 보았을 때 그렇게 단순하게 해석할 수 없다. 전체 합성명사의 의미에서 수식어(N_1)가 담당하는 기능이 적지 않고, 아예 두 구성요소에서 산출되지 않는 의미 속성들(비파생적 속성)[3]도 있기 때문이다. 합성명사 '김밥'도 '김밥은 밥이다'처럼 상하위 관계를 유지하는

---

2) 채현식(2006)에서는 '은유표현 합성명사'로 부르고 있다.
3) 비파생적 속성은 구성요소가 결합했을 때 이전에는 없거나, 구성요소만으로는 예측할 수 없는 의미 속성을 말한다. 비파생적 속성은 혼성이론에서 혼성공간에서 생기는 발현구조와 유사하다.

것처럼 보이지만, 수식어 '김'에서 도출되는 속성이 적지 않다.[4] 더욱이 '김밥'의 의미 해석에는 언어로 기호화되지 않은 비파생적 속성들(당근, 시금치, 단무지, 햄, 참기름, 참깨 등이 함께 들어간다거나, 둥글고 길게 마는 전형적인 모양 등)이 추가된다.[5][6] 이러한 비파생적 속성은 '세상사 지식(문화지식)'에 의존한다. 합성명사의 기초가 되는 인지적 범주가 두 구성요소('김', '밥')뿐만 아니라, 다른 세상사 지식이 압축(compression)되기 때문이다.

이렇게 인지언어학적 관점에서 합성어를 기술하는 것은 전통적인 단어형성 분석이나 상하위 관계에 의한 논리적 견해보다 설명력을 갖는다(Ungerer & Schmid 2006/2010 : 145-146). 기존의 표준 견해는 합성명사의 의미구조를 의미 해석에 핵심적인 기능을 하는 머리어와 이를 상술하는 수식어의 의미 결합으로 보는 것만으로 충분하다고 단정해 왔다. 그러나 표준 견해는 '김밥'과 같은 전형적인 합성명사조차도 수식어의 의미적 기여 및 비파생적 속성의 역할을 무시하거나 축소한다는 점에서 적절한 해석을 제공하지 못한다.

형식의미론이나 몬테규 문법 이론에서는 특정 언어표현의 전체 의미는 구성성분의 의미와 구성성분들이 결합되는 특별한 문법적 방법으로부터 도출된다고 본다. 복합표현은 그것을 구성하는 부분들의 의미 합으로 완전히 기술될 수 있다는 생각이다. 이를 '엄격한' 합성성 원리, 또는 완전한 합성성(full compositionality)이라고 할 수 있다. 반면에 인지언어학에서는 이러한 엄격한 합성성의 원리를 받아들이지 않는다. 합성어의 전체 의미는 구성요

---

4) '김밥'의 색깔, 맛과 관련된 속성은 '김'에서 주로 빌려 온 것이라고 해야 할 것이다.
5) '김'에 '밥'만을 싼 것은 '충무김밥'이라고 달리 명명된다. '충무김밥'은 원형적 '김밥'에서 주변적(유표적)이다. 또한 전형적으로 '김밥'은 김으로 밥을 말아 싸서 만든 둥근 막대 모양이기 때문에 이와 다른 경우에는 '삼각김밥(모양 차이)', '누드김밥'('김'과 '밥'의 위치 바꿈) 등으로 달리 명명된다.
6) 이는 개념과 언어기호 간의 관계에 대해 개념적 구조가 언어적 구조로 곧바로 '부호화된다'거나 반대로 언어적 구조가 개념적 구조로 '해독된다'는 견해가 잘못된 것임을 말해준다. 개념적 통합은 상세하고 정교한데 반해, (언어기호로의) 형식적 통합은 개념적 통합을 구성하도록 만드는 요점만 압축하고 간략화하여 암시한다(Fauconnier & Turner 2002/2009 : 518-519).

소들의 의미에 의해 동기화(motivation)되어 있으며, 여기에 그치지 않고 구성요소의 의미를 합치는 것만으로 이루어지는 것은 아니라고 본다.

'활성지역(active zone)' 현상은 '느슨한' 합성성의 원리, 또는 부분적 합성성(partial compositionality)이 어휘의미를 설명하는 데 더 타당하다는 것을 보여준다. 예컨대, 다음 예문 (1)을 보자.

(1) ㄱ. 자동차가 더럽다.
ㄴ. 자동차가 고장 났다.

(1ㄱ)과 (1ㄴ)의 문장에 쓰인 '자동차'는 일반적으로 서로 다르게 해석된다(즉, 차량 외부 : 내부 기관). 이 문장을 이해하려면 '자동차'가 어떤 뜻인지를 아는 것만으로는 충분하지 않다. 서술어가 그 실체에 '어떻게' 영향을 미치는지를 알아야 한다. 자동차의 서로 다른 부분이 활성화되어야만 각 서술어에 의해 만들어지는 상황을 적절하게 해석할 수 있다(Fauconnier & Turner 2002/2009 : 237-241, Kövecses 2006/2010 : 503-508 참고).

Langacker(1987/1999 : 473)에서도 언급하듯이 언어현상은 완전한 합성성보다는 부분적 합성성을 갖는다. 이를 합성명사에 적용해서 말한다면, 합성명사 'N$_1$+N$_2$' 구성의 의미는 두 구성요소의 의미로부터 완전히 예측 가능한 것이 아니라, 각 구성요소의 특정 국면(facet)과 연결된다. 의미적으로 투명한(transparent) 합성명사라고 하더라도 전체 의미는 구성요소의 의미가 구체화(specialization)된 것이다. 그렇기 때문에 합성명사의 합성성은 (핵과 비핵이라는) 이분법적 문제라기보다는 두 구성요소 간에 맺는 의미적 상호 영향 관계의 문제이며, 이러한 의미적 영향관계는 정도성의 특성을 갖는 것으로 이해하는 것이 옳다.

주지하다시피 합성명사를 포함한 합성어를 정의할 때 제시되는 기준으로 Allen(1978 : 105)의 '이다' 조건(IS A Condition)이 대표적이다.[7] '이다' 조건

---

7) '이다' 조건은 분류관계나 상하위관계와 연결된다는 점에서 '~의 일종' 조건('a kind of'

은 합성성의 원리를 증명하는 조건이기도 하다.

(2) [( )x ( )y]z라는 합성어에서 Z는 Y이다. (Allen 1978 : 105)

지금까지 합성어에 대한 형태론적 접근에서 '이다' 조건을 기준으로 통사·의미론적 머리어(head)의 존재 여부에 따라 내심 합성어(endocentric compound)와 외심 합성어(exocentric compound)로 구분해 왔다.[8] 내심 합성어는 전체 합성어가 오른쪽 구성요소(N₂)의 하위어인 경우를 말하고, 오른쪽 요소가 전체 합성어의 의미부류를 명세하지 못할 때 이를 외심 합성어라고 불러왔다. '이다' 조건은 어휘관계의 측면에서 본다면 '상하위 관계'를 형식화한 것이다.

국내에서 합성명사에 대해 형태론적·어휘론적 차원에서 다루어진 대상은 주로 '이다' 조건을 지키는 내심 합성어 중심이었다. 시정곤(1994 : 53), 최경봉(1998 : 34), 신희삼(2008 : 110) 등에서 외심합성어로 처리되는 융합합성어는 의미적으로 합성성의 원리를 지키지 못하므로 '어휘적 관용어'로 처리하여 합성어의 의미형성 및 해석과 관련된 논의에서 제외되었다. 여기서 '어휘적'이라고 하는 말은 합성명사의 의미를 추출/해석하는 데 그 내부 구성요소를 살펴볼 필요가 없고 구성요소로부터 의미를 예측할 수도 없다는 뜻이다. 따라서 외심합성어는 '합성어의 범주에서 제외된다'(신희삼 2008 : 110).[9]

신희삼(2008)에서는 '이다' 조건을 어기는 합성명사는 합성명사에서 제외한다. 그러면서도 아래와 같은 합성명사는 합성어의 기능과 관련시켜 인접

---

condition)이라고도 할 수 있다.
8) 이는 통사론적 관점에서 어휘부를 고찰한 Williams(1981)의 전통으로 이어진다. Williams (1981)에서는 오른쪽 성분이 형태론적인 복합구성의 머리어 기능을 한다는 '우측-머리어 규칙(Right-Hand Head Rule)'을 제시하는데, 이는 '이다' 조건과 일치하는 견해이다.
9) 같은 이유로 '마소, 논밭'과 같은 병렬합성어도 합성어에서 제외된다. 이들은 합성어보다는 구(이은말)에 가깝다고 보고 있다. 결국 이들 논의는 '이다' 조건을 지키는 관형구성(종속합성어)만을 합성어 범주에 포함시킨다.

성의 원리, 다의어에 의한 형성 원리, 유추, 하위범주화 등으로 나누어 살피고 있다.

(3) 개머리, 산머리, 개구리참외, 까치발 – 인접성

(4) 상다리, 책상다리, 병목 – 다의어

(5) 개구리밥, 노루귀, 쥐꼬리 – 유추

(6) 쌀밥, 고추잠자리, 먹구름 – 하위범주화

'이다' 조건을 기준으로 합성어 포함 여부를 결정한 후에 구성요소 중 하나 이상이 은유적으로 사용된 위의 예들을 합성명사에 포함시켜 그 요소의 기능에 따라 하위분류한다는 것은 논리적 모순이다.

인지언어학적 관점에서 본다면 머리어를 중심으로 한 '내심/외심'의 구분은 불충분하다. 통사 범주적 측면에서 '이다' 조건이 갖는 설명력을 부인할 수 없지만, 의미론적 차원에서는 '이다' 조건만으로 충분하지 않다.[10]

더욱이, 은유적 합성명사 중에는 머리어의 분류학적 종(種; kind)에 포함되는지 의심스러운 사례들이 있다. 예를 들어 '장미꽃, 호박꽃, 할미꽃'은 '꽃'의 일종이라고 할 수 있지만, '플라스틱꽃, 종이꽃' 등은 '꽃이다'라고 할 수 있느냐 하는 문제이다. 이에 대해 Wierzbicka(1996 : 270-274)에서는 'typewriter ribbon'과 같은 예에서 'ribbon'은 'ribbon'의 일종(kind)이 아니라, 'ribbon과 같은(A typewriter ribbon is *like a* ribbon)' 것으로 처리하여 다의화한 것으로 본다.[11] 이는 합성명사에서 '이다' 조건을 엄밀하게 준수하지 않

---

10) 같은 차원에서 인지언어학에서는 의미적 투명성을 바탕으로 전체 의미는 부분 요소들의 의미 합에 의해 산출된다고 보는 프레게(Frege)의 합성성의 원리에 대해서도 동의하지 않는다.

11) Wierzbicka(1996)의 이 언급은 은유의 본질적 성격인 불가능한 문자적 해석을 은유적 해석을 통해 철폐시키고 굴복시킨다는 점에서 '~와 같은'과 같은 직유적 해석은 한계를 가질 수밖에 없다(Ricoeur 2003 : 302).

는 예들이 많다는 것을 말해준다.

　본 연구에서 문제 삼고자 하는 것도 '이다' 조건이 은유적 합성명사에서 정확하게 지켜지지 않는다는 점이다. 은유적 합성명사의 대표적인 예를 들면 아래와 같다.

　　(7) 벼락부자, 배추머리, 올챙이국수

　　(8) 이야기꽃, 바늘귀, 물벼락, 술고래, 입씨름, 눈사람, 책벌레, 귓등

　　(9) 종이호랑이, 병목, 맥주병, 돌부처, 바지저고리, 두꺼비집, 오리발

　위의 예들은 이전의 분류 방식대로 한다면 (7), (8)은 종속합성어이고 (9)는 융합합성어일 것이다. 이중에서 '이다' 조건을 만족하는 것은 (7) 정도이다. '벼락부자는 부자이다(부자의 일종이다)', '올챙이국수는 국수이다(국수의 일종이다)', '배추머리는 머리이다(머리의 일종이다)'[12] 등이 가능하기 때문이다.

　반면에 (8)의 '이야기꽃, 바늘귀, 물벼락' 등은 '이다' 조건을 직접적으로 적용할 수 없다. 이들이 각각 '꽃, 귀, 벼락'의 하위어로 보기가 어렵기 때문이다.[13] '이다' 조건에 따른다고 해도 '이야기꽃'의 '꽃'이 '장미꽃, 할미꽃'의 '꽃'과 동일한 부류라고 할 수는 없다. 그렇다면 우리의 고민은 일반적인 관형구성(종속합성어)과 달리 합성명사의 구성요소가 은유화하여 범주적·존재론적으로 달라졌을 때 이를 어떤 방법으로 해석할 수 있느냐 하는 점이

---

12) '배추머리'에서 수식어 '배추'는 은유이고, '머리'는 '머리카락'의 환유이다.
13) Wierzbicka(1996 : 271)의 논의를 좀 더 소개하면, 그녀는 '이다' 조건을 동일하게 위반하는 'plastic flower'와 'typewriter ribbon' 간에는 중요한 차이가 있다고 주장한다. 플라스틱으로 꽃의 모조품을 '꽃'이라고 부르는 것은 언어-독립적(늑언어 보편적)인 반면, 타자기에 사용되는 잉크 묻은 띠를 '리본'이라고 부르는 것은 언어-특정적이다. 폴란드어에서는 이 단어의 대응어는 'taśma do maszyny'로 직역하면 'typewriter tape'이다. 다시 말해 'typewriter ribbon'은 별도의 표제어로 사전에 등재되어야 하는 반면 'plastic flower'는 그러지 않아도 된다.

다.14)

또한 이른바 '융합합성어'로서 '이다' 조건을 지키지 않는 (9)의 예들은 의미적으로 완벽하게 (8)과 구별되는지 살펴볼 필요가 있다. '이야기꽃'을 진정한 '꽃'이라고 하기 어렵다는 것과 '종이호랑이'가 (예컨대 '종이호랑이 선생님'처럼) 특정 사람을 지칭하는 것이라는 점에서 '호랑이'가 아니라는 것은 전혀 무관한 현상일까 하는 점이다.

요컨대, 인지언어학적 관점에서 보았을 때 '이다' 조건을 중심으로 한 내심합성어와 외심합성어의 구분은 엄밀한 기준이 되지 못한다. 내심합성어와 외심합성어는 차이점보다는 유사점 측면에 초점을 맞춰야 한다(Fabb 1998 : 67-70, Benczes 2006). 합성명사의 구성요소들 간의 의미적 관계는 수식어와 피수식어 간의 관계로 해석할 수 있으며 이는 외심합성어에도 마찬가지로 적용된다. 내심과 외심을 구분하는 '이다' 조건이나 의미 투명성(transparency) 기준은 정도성의 문제가 된다. 본 연구에서도 내심합성어와 외심합성어의 구분은 엄밀하지 않으며 정도의 문제로 본다.

2.2. 은유적 합성명사에 대한 인지언어학적 해석

인지언어학적 관점에서 합성명사에 대한 의미해석은 Ryder(1994), Coulson (2000), Fauconnier & Turner(2002), Benczes(2006) 등에서 시도되었다. 특히 Benczes(2006)에서는 인지언어학의 대표적 설명 기제인 개념적 은유/환유이론과 혼성이론을 통해 합성명사 전체에 대한 총체적 설명이 가능하다는 것

---

14) 이 지점에서 '은유(metaphor)'의 특징이 무엇인지에 대해 재검토할 필요를 느낀다. 우리는 은유가 '의미적으로도 통사적으로도 은유 아닌 언술과 구분되는 뚜렷한 특징을 보여 주지 않으며, 비양립성(incompatibility)만이 유일한 표지'라고 하는 정희경(2000 : 8)의 견해를 수용한다. 은유는 '양립 불능의 각 자질들이 통합체에 계속 남아 새로운 의미적 통일성을 만들어낸다. … 양립 불능의 자질들이 연합함으로써 논리적 범주를 폐지하고 재범주화를 낳는다. 그것은 또한 개인의 상상력, 비전에 의해 세계를 주관적으로 재분배하는 것'이다(정희경 2000 : 42-43).

을 보여주고 있다.

본 연구는 합성명사와 서술어 간의 관계를 주로 살피는 것이 주목적이기 때문에, 은유적 합성명사 자체에 대한 인지언어학적 해석은 예비적 차원에서 살펴보기로 한다. 이를 위해 은유적 합성명사를 인지언어학적으로 설명한 Benczes(2006), 노진서(2010) 등의 관점을 따르도록 한다. Benczes(2006)에서도 내심합성어와 외심합성어의 구분만으로는 합성명사를 적절하게 설명할 수 없다고 지적한다. 은유와 환유가 일상적으로 빈번하게 이루어지는 현상이기 때문에 은유 및 환유 기반의 합성명사는 일상적인 언어 현상으로 다루어져야 한다는 것이다.15) 이를 바탕으로 합성명사를 은유 기반 합성명사(metaphor-based compounds), 환유 기반 합성명사(metonymy-based compounds), 은유/환유 기반 합성명사(metaphor-and methonymy-based compounds)로 분류하고, 은유 또는 환유가 합성명사 내에서 작동하는 방식에 따라 하위분류하고 있다.16)17)

본 연구에서는 다음과 같이 은유적 요소의 위치에 따라 은유적 합성명사의 하위 유형을 네 가지로 구분하되 '은유적 수식어기로 한다.

---

15) 그래서 종속합성어(또는 명사 관형구성)인 'apple tree'(사과나무)와 융합합성어인 'information highway'(정보고속도로) 간의 차이는 의미 투명성(transparency)의 문제가 아니라, 창조성(creativity)의 문제라고 본다(Benczes 2006 : 184). 후자가 전자보다 단어 형성에서 좀 더 창조적인 의미 생산/해석 과정을 밟는다.

16) 은유의 작동방식에 따른 은유적 합성어의 하위유형(Benczes 2006 : 89-140)
   (1) 수식어(on the modifier)
   (2) 윤곽 결정소(on the profile determinant)
   (3) 둘 모두(on both constituents of the compound)
   (4) 전체(on the compound as a whole)
   (5) 구성요소 간의 관계(on the relation between the two constituents of the compound)
   이 중에서 부류 (5)는 구성요소 간의 의미 관계를 다시 살피기 위해 분류한 것으로, 실질적으로는 (1)-(4)까지 네 부류가 있다고 할 수 있다.

17) 노진서(2010)에서는 이러한 분류를 그대로 따르되 수식어와 윤곽 결정소(머리어)의 의미적 발현 양상에 따라 4가지로 하위분류하고 있다 : (1) N_1(은유적 수식어) + N_2(머리어), (2) N_1(수식어) + N_2(은유적 윤곽 결정소). (3) N_1(은유적 수식어) + N_2(은유적 윤곽 결정소) (4) N_1(수식어) + N_2(윤곽 결정소).

(10) 은유적 합성명사의 유형

    ㄱ. 은유적 수식어+머리어

    ㄴ. 수식어+은유적 머리어

    ㄷ. 은유적 수식어+은유적 머리어

    ㄹ. 전체가 은유

이들 각각에 대하여 개념적 은유 또는 혼성이론을 통해 합성명사의 의미를 구체적으로 해석한다. 여기에서는 (10ㄷ) '은유적 수식어+은유적 머리어'의 예를 찾기 어려워[18] 이를 제외한 세 가지 유형의 예를 제시하도록 한다.

(11) ㄱ. 벼락부자, 배추머리

    ㄴ. 이야기꽃, 바늘귀

    ㄷ. 병목(병목 현상), 종이호랑이(종이호랑이 선생님)

(11ㄱ) '벼락부자'는 수식어(N1)가 은유적으로 사용된 예로서, '벼락'은 매우 갑자기 이루어졌다는 뜻의 은유 표현이다. 순식간에 된 부자(졸부)를 매우 짧은 시간에 발생하는 기상현상인 '벼락'으로 대신 나타내기 때문이다. '배추머리'는 두 번째 요소인 '머리'를 첫 번째 구성요소인 '배추'로 은유적으로 해석한 예이다. [그림 1]에서 보듯이 산만하게 볶거나 곱슬곱슬한

---

18) Benczes(2006 : 103-105)에서는 '은유적 수식어+은유적 머리어'의 예로 "논쟁적인/까다로운 논평"을 뜻하는 'flame sandwich(불 샌드위치)'를 제시한다. flame sandwich(불 샌드위치)'는 수식어(N1)도 은유이고 머리어인 윤곽 결정소(N2)도 은유인 예이다. 이 합성명사를 설명하기 위해서는 세 개의 입력공간을 상정해야 한다. <입력공간 1>은 '샌드위치' 영역, <입력공간 2>는 '일련의 논평' 영역, <입력공간 3>은 '논쟁/불' 영역이다. <입력공간 3>은 [논쟁은 불]이라는 개념적 은유에 의해 '논쟁' 영역과 '불' 영역이 통합되어 있어 그 자체로 혼성공간이다. <입력공간 1>의 'sandwich'는 논평의 구조를 제공한다. 즉, 빵 사이에 들어 있는 속처럼 긍정적인 논평 사이에 부정적인 논평이 놓이는 구조라는 것을 알려준다. 이렇게 해서 <입력공간 1>의 '샌드위치' 영역과 <입력공간 2>의 '일련의 논평'이 사상되는데, 양쪽의 빵은 첫 번째와 세 번째의 긍정적인 논평과 연결되고, 가운데 '속'은 '가운데 (부정적인) 논평'으로 사상된다. 그렇지만 중간의 논평이 부정적이라는 사실은 '샌드위치' 영역이 아니라, <입력공간 3>의 개념적 은유 [논쟁은 불]과 사상되며, 이것 때문에 합성명사의 수식어로 'flame'이 출현한 것이다.

머리카락의 모습을 배추 이파리 모양으로 비유했다는 점에서 간단한 이미지 기반 은유(image metaphor)이다.

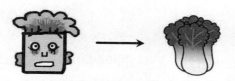

[그림 1] '배추머리'의 이미지 기반 개념화

(11ㄴ) '이야기꽃'은 피수식어(N2)가 은유적인 윤곽 결정소로 사용된 예이다. 이를 혼성이론으로 설명하면 [그림 2]와 같다. <입력공간 1>은 목표 영역으로서 이야기 전개 과정 영역을 나타내고, <입력공간 2>는 근원영역으로서 식물의 성장 과정 영역을 나타낸다. [이야기 전개는 꽃의 개화 과정]라는 개념적 은유를 통해 이야기 전개는 꽃의 영상으로 사상된다. 식물의 성장 과정에서 꽃이 피는 것은 이야기의 본격적인 진행/몰입과 연결된다.

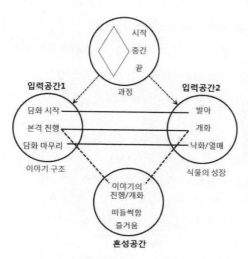

[그림 2] '이야기꽃'의 혼성이론적 분석

합성명사 '바늘귀'도 바늘을 신체로 은유화하여 '실을 꿰는 구멍'의 위치 및 모양과 신체 기관인 '귀' 사이의 형태적·공간적 유사성을 바탕으로 한 은유라고 할 수 있다.19)

(11ㄷ)의 '병목'은 원래 '병목ᐞ현상'에서 온 말이다. '병목ᐞ현상'은 차선 이 줄어들어 발생하는 교통체증 현상이 목표영역이고, 병 윗부분의 잘록한 부분인 '병목'이 근원영역이다. 근원영역에서 목표영역으로의 사상을 통해 병 안의 물이 좁은 통로로 나오는 것처럼 교통체증 현상을 개념화한다.

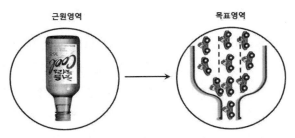

[그림 3] '병목 현상'의 근원영역에서 목표영역으로의 사상

그런데 '병목'만 사용하여 '차선이 줄어들어 발생하는 교통체증 현상'을 나타낼 수 있다. '병목 현상'의 경우에는 근원영역('병목')과 목표영역('현 상')이 모두 표상이 되지만, '병목'의 경우 합성명사에서 윤곽 결정소(머리 어)가 표시되지 않는다(예 (12) 참고).

(12) ㄱ. 서울시는 마포구 성암로의 상습 병목 구간에 대한 도로 확장 공사
      를 2월부터 추진한다고 밝혔다.
    ㄴ. 4대강 사업을 둘러싼 여야의 대치가 291조원 규모의 새해 예산안
      처리의 병목이 되면서...
    ㄷ. 산 정상 부근에 병목이 빚어지긴 했지만 그래도 오를 만했다.

---

19) 바늘을 신체로 은유화한 예로 '바늘귀' 외에도 '바늘허리', '바늘코' 등이 있다.

　머리어가 합성명사에 등장하지 않는다는 의미에서 이런 합성명사를 진정한 외심합성어라고 부를 수 있을 것이다. 표현되지는 않았지만 목표영역의 요소는 전체 합성명사의 의미에 결정적인 영향을 준다.

　마찬가지로 '종이호랑이 선생님'이라고 표현하여 근원영역('종이호랑이')과 목표영역('선생님')을 동시에 표현할 수도 있지만, '종이호랑이'만으로도 '허세만 부리는 사람'의 뜻을 전달할 수 있다. 목표영역이 주도적 의미 기능을 한다는 것은 "조용히 해. 종이호랑이 온다!"에서처럼 '종이호랑이'를 [인간] 속성으로 해석하게 만드는 것이 다름 아닌 목표영역이기 때문이다. 이른바 융합합성어들은 대부분 이렇게 목표영역이 제시되지 않더라도 합성명사의 전체 의미에 결정적인 영향(윤곽 부여)을 미친다고 할 수 있다.

　이상에서 보듯이 인지언어학적 접근법은 은유적 합성명사를 적절하게 설명할 수 있다. 그런데 이것만으로 은유적 합성명사에 대한 설명이 충분한가? 은유적 합성명사는 합성명사 자체의 의미관계만으로 충분히 설명된 것인가?

3. 은유적 합성명사의 결합관계 : 합성명사의 이중 지시작용

　우리는 앞에서 인지언어학적 차원에서 은유적 합성명사를 설명할 수 있으며, 특히 내심 합성어뿐만 아니라 외심 합성어도 인지언어학적 기제 안에서 설명 가능하다는 점을 살펴보았다. 하지만 개념적 은유이론이나 혼성이론을 통해 합성명사의 의미 해석이 가능하다고 하더라도 여전히 남는 문제가 있다. 즉, 합성명사가 내부구조를 분석(분리)할 수 있는지의 여부(분석가능성)는 결합관계를 통해 좀 더 실증되어야 한다. 합성명사 전체의 의미 구현에서 구성요소들 간의 의미적 역할은 합성명사 단위에서 충분히 설명되지 않는다.

　이 연구는 합성명사의 의미가 그것과 결합하는 서술어와의 관계를 통해 발현된다고 가정한다. 앞의 예(1) '자동차가 더럽다/고장 났다.'에서 보았듯이 결합관계에 따라 해당 단어에서 활성화되는 국면(facet)에 차이가 난다. 이를 좀 더 확대하여 합성명사에 적용해 보면, 서술어와의 결합관계를 통해 합성명사에서 활성화되는 구성요소가 달라진다. 이는 합성명사의 인지언어학적 분석이 합성명사 차원에서 완결되거나 언어기호(합성명사)와 문화적 압축(문화적 맥락)으로 설명하는 것만으로 충분하지 않고, 합성명사와 공기하는 서술어 등과의 결합관계를 통해 구체화된다는 것을 말하는 것이다.

먼저 '이야기꽃'을 다시 살펴보자. 앞서 '이야기꽃'을 혼성이론적으로 분석하면서, 이야기의 구조(과정)가 식물의 성장 과정으로 사상된다고 설명했다. 하지만 '이야기꽃'의 의미해석은 그 자체로 개방적이지 않고,[20] '이야기꽃을 피우다'로 제약된다는 점에서 합성명사 외부의 서술어가 합성명사의 해석에 영향을 미친다고 본다.

합성명사 '이야기꽃'은 '이야기'의 이어짐과 풍성함을 '꽃'의 '개화(開花)' 장면으로 은유화한 것이다. '이야기꽃'은 식물 '꽃'의 성장 과정 전체를 표상하지 못한다. '이야기꽃'은 오직 '피기만' 할 뿐, '지거나, 싹트거나, 시들지' 않는다. 그것은 이야기꽃이 핀 상태, 다시 말해 '즐겁고 재미난 이야기를 나누는 상태만이 부각(highlighting)되고 나머지 꽃의 가능한 상태(싹트다, 지다, 시들다 등)는 배제된다.

이와 마찬가지로 '도끼눈'은 '뜨다'와 결합하지 '감다'와 결합하지 않는다. '도끼눈'을 통해 형성되는 '분하거나 미워서 매섭게 쏘아보는 눈'의 의미만 발현되기 때문에, '(도끼)눈을 감음'으로써 형성되는 의미는 없다. 그것은 도끼눈을 뜬 상태, 다시 말해 '분하거나 미워서 매섭게 쏘아보는 눈의 상태'만이 부각되고 나머지 가능한 눈의 상태('감거나 비비거나 깜박이는 상태')는 배제된다.

---

20) 다시 말해, '이야기꽃'이 이야기의 과정과 식물의 성장 과정 간의 연결이라고 한다면, [발아-개화-낙화(열매)]라는 전체 과정과 대응해야 하는데, 실제로는 그렇지 않고 '개화'에만 초점이 맞춰진다.

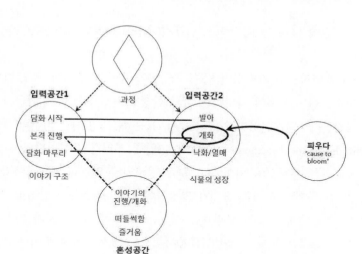

[그림 4] 서술어와의 결합관계로 합성명사 의미의 활성화/현저화

은유적 합성명사는 관련된 사건이나 대상의 특정 국면만을 부각시킨다. 결합관계를 통한 합성명사 의미의 특정화는 합성명사가 발현하는 의미가 특정 의미로 제한된다는 것을 통어적으로 보여주는 것이다.

이에 대해 단일범위 연결망(single-scope network)에 대한 설명(Fauconnier & Turner 2002/2009 : 187-193)[21]으로 '이야기꽃'의 구조를 설명하는 것은 한계가 있다. 즉, '이야기꽃'은 두 입력공간 '이야기'(목표영역)와 '꽃'(근원영역) 간의 대응관계로 구조화하지 못한다. 도리어 '이야기'의 입력공간(목표영역)과 '꽃을 피우다'의 입력공간(근원영역) 간의 대응관계로 보는 것이 더 설득력 있어 보인다. 그렇지 않으면 "'꽃'의 가장 현저한 양상인 개화(開花) 상태가 초점화된 것"이라는 식의 설명을 해야 한다. 하지만 이러한 설명

---

21) 단일범위 연결망은, 두 입력공간 가운데 어느 한 입력공간의 조직 프레임이 비대칭적으로 투사되어 혼성공간을 조직하는 경우를 말한다. 예컨대 두 사업자 간의 경쟁을 두 사람이 권투하는 시나리오로 연결할 때, 두 입력공간(권투-사장) 가운데 특정 입력공간의 프레임(권투)이 다른 입력공간(사업)의 프레임에 비대칭적으로 투사되는 경우이다. '이야기꽃'의 경우, '이야기 구조'라는 입력공간과 '식물의 성장 과정'이라는 입력공간에서 '식물의 성장 과정'의 조직 프레임이 '이야기의 구조'에 일방으로 투사된다고 할 수 있다(Fauconnier & Turner 2002/2009 : 187-193 참고).

도 후행 서술어 '피우다'를 통해서 사후적(ex post facto)으로 실증될 수 있을 뿐이다.

더욱이 개념적으로 지배적인 범주(머리어)가 반드시 합성어의 두 번째 요소에 의해 표현되는 것이 아니라는 점도 합성명사에 대한 다른 접근의 필요성을 제기한다. 인지언어학적 관점에서 모든 합성명사는 의미의 특정화(specialization, paticularization)를 겪는다. 그런데 이러한 합성명사의 의미 특수화 현상은 구성요소의 의미 기능을 고정시키지 않는다. 즉, 합성명사의 구성요소 간의 의미적 역학 관계가 고정적이지 않다. 은유적 합성명사를 서술어와의 결합관계를 통해 살펴보는 이유는, 은유적 합성명사가 어떤 서술어와 결합하느냐를 통해 그 의미가 통사적으로 구현되기 때문이다. 결합관계는 합성명사 구성요소 간의 의미적 역학관계를 우회적으로 확인할 수 있는 통로이다.

비록 소수의 예이지만 몇 가지 예를 통해 합성명사의 이중 지시작용의 징후를 포착해 보고자 한다. 합성명사는 이미 어휘화(lexicalization)되었고, 의미는 단일하며 내부 구성요소의 의미기능은 중요하지 않다고 할 수도 있다. 그러나 예를 들어 은유적 합성명사 '말귀'와 결합하는 서술어의 양상을 보면 이러한 해석이 쉽지 않다는 것을 알 수 있다. 이러한 어려움의 일단은 사전 뜻풀이에서도 발견할 수 있다.

(13) '말귀'의 사전 뜻풀이 (「표준국어대사전」 참고)
   ㄱ. 말이 뜻하는 내용. (예 : 말귀를 못 알아듣다.)
   ㄴ. 남이 하는 말의 뜻을 알아듣는 총기. (예 : 말귀가 밝다/말귀가 어둡다.)[22]

---

22) 한편 익명의 심사자께서 '말귀를 못 알아듣는다'의 '말귀'는 '글귀(-句)'에 대응해서 생긴 말이고, '말귀가 밝다/어둡다'의 '말귀'는 '말을 알아듣는 귀(耳)'라고 보아 본고의 논의가 성립되지 않는다고 했다. 실제로 「표준국어대사전」과 달리, 한글학회 편(1992), 「우리말큰사전」에서는 '말귀'를 다음과 같이 동음이의어로 처리하고 있다.

   말귀¹ : ① 남이 하는 말의 뜻을 알아듣는 총기(예. 말귀가 무디다, 말귀가 밝다, 말귀가 어둡다, 말귀가 터졌다.)

'말귀'라는 합성명사의 의미 중 하나가 '말이 뜻하는 내용'이라고 한다면 이것은 '말귀'의 구성요소의 어떤 의미 관계 때문에 발생하는가? 또한 '남이 하는 말의 뜻을 알아듣는 총기'라는 뜻은 '말귀'의 어떤 의미 관계 때문에 발생하는가? 그냥 전체로서 하나의 의미를 형성한 것이고 그것이 역사적 흐름에 의해 다의화되었다고 보면 설명이 끝난 것인가?

본 연구는 합성명사의 구성요소 간의 내적 의미 관계가 후행 서술어와의 결합관계에 따라 역동적으로 변모한다고 본다. 즉, 합성명사 '말귀'의 결합 관계를 살펴보면 후행 서술어에 따라 구성요소의 의미적 역할이 역동적으로 바뀐다. '말귀를 (못) 알아듣다'의 경우, 두 구성요소 중에서 '말'의 의미 속성이 강하게 활성화된다. 이는 '말을 알아듣다'라는 구성과 조응한다. 반면에 '말귀가 밝다/어둡다'는 '귀'의 의미속성이 활성화된다. 이는 '귀가 밝다/어둡다'라는 구성과 대응한다.

    (14) ㄱ. 말귀를 알아듣다 - 말을 알아듣다
        ㄴ. 말귀가 밝다/어둡다 - 귀가 밝다/어둡다

여기에서 '귀가 밝다/어둡다'에 쓰인 '귀'의 의미가 '청력'을 뜻한다고 하는 설명은 사실 별다른 의미가 없다. 본고는 Sánchez(2006)의 다음 견해에 동의한다. : 즉, 한 단어의 의미를 규정할 때, '연어에 의한 의미'라는 설명이 갖는 모호성 또는 설명의 순환성이 있다. 예컨대 영어의 대표적 연어구성인 'strong case'와 'strong tea'에 쓰인 'strong'의 의미를 비교해 보자. 전자의 '확고하고 강력한'이라는 뜻과 후자의 '카페인이 많은, 진한'이라는 뜻은

말귀² : ① 말이 뜻하는 내용(예. 말귀를 못 알아듣는다). ②= 말귀절(예. 그의 말귀가 떨어지기도 전에 받아 넘긴다. (-句)

어원적/어휘사적 차원에서 이러한 지적은 타당하다. 그런데 단의성(monosemy)과 다의성(polysemy) 간의 전통적 구별을 거부하고(Taylor 1995/1997 : 117-122) 언어를 인지하는 공시적 기제를 중시하는 인지언어학적 시각에서 본다면, 현대 한국어 화자가 '말귀'를 '말귀¹(耳)'과 '말귀²(句)' 식으로 구별되는 두 개의 단어(동음이의어)로 인식하고 있다고 보는 것은 무리라고 본다.

어떻게 획득되는지 분명하지 않다. 'strong tea'에서 'tea' 속에 '카페인'의 의미가 애초에 들어 있는지 분명하지 않으며, 마찬가지로 'strong' 속에 '카페인이 많은, 또는 진한'이라는 의미가 애초에 들어 있는지도 불분명하다. 그래서 Sánchez(2006)는 연어구성에 의한 의미(meaning by collocation)가 아니라 연어구성 자체의 의미(meaning of collocations themselves)가 존재한다고 주장한다(이상 Sánchez 2006 : 145-152 참고). 이것은 구문(통사구조) 자체가 하나의 형식으로 고유한 의미를 갖는다고 보는 구문문법을 연상시킨다.

　마찬가지로 '귀가 밝다/어둡다'에 쓰인 '귀'의 의미에 '청력'이 들어 있는지 분명치 않으며, 그것이 '밝다/어둡다' 때문에 활성화되거나 '새롭게' 획득되는지도 불분명하다. '밝다/어둡다' 속에 '청각 능력'과 관련된 의미속성을 상정하기 어렵기 때문이다. 그래서 전체로서의 '귀가 밝다/어둡다'의 의미가 '청력이 좋다/나쁘다'의 의미를 갖는다고 볼 수 있다. 이 의미는 명사와 형용사라는 문법범주로 분리된 표현이 아니라, (이렇게 쓰는 것이 허용된다면) 하나의 덩어리로 띄어쓰기를 하지 않은 "청력이좋다/청력이나쁘다"의 의미를 갖는다고 볼 수 있다.

　'말귀가 밝다/어둡다'가 '귀가 밝다/어둡다'와 대응한다는 말이 이 구성에서 '귀'의 '의미'만이 '청력'으로 쓰이고 '말'은 별다른 의미적 기능을 하지 못한다는 뜻은 아니다. 연어적 결합방식의 유사성 때문에 합성명사 '말귀'의 의미적 기능 또는 결합적 양상의 현저성 면에서 '귀'가 도드라진다는 뜻이다. 반면에 '말귀를 (못) 알아듣다'의 경우에는 ('귀'가 아닌) '말'이 현저한 기능을 하게 된다. 다시 말해 하나의 의미단위(unit)가 된 합성명사라고 할지라도 그것이 어떤 서술어와 결합하느냐에 따라 내부 구성요소가 수행하는 의미적 역할에 차이를 보인다는 뜻이다.

　이를 혼성이론에 적용하면 혼성공간의 발현구조(emergent structure)는 합성명사나 은유표현 자체에서만 생성되는 것이 아니고, 서술어를 비롯한 결합관계에서도 만들어지거나 최소한 활성화된다고 말할 수 있다(아래 [그림 5] 참고).

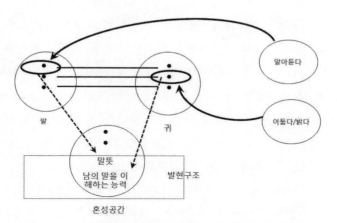

[그림 5] 서술어에 따라 달라지는 혼성공간의 발현구조

이를 통해 알 수 있는 합성명사의 특성은 하나의 단위를 이루는 두 구성
요소가 전체로서의 한 단위를 구성하면서도 구성요소의 의미 기능이 완전
히 소멸되지 않는다는 점이다. 이를 '이중 지시작용(dual reference)'이라고 부
르기로 하자. 말하자면 '이중 지시작용'은 전체로서의 합성명사([N₁N₂])와
상대적 자율성을 갖는 구성요소([[N₁][N₂]])에 대한 동시적 지시를 뜻한다.

이중 지시작용을 대표적으로 보여주는 예로 관용표현을 들 수 있다. 다음
예는 하나의 의미단위를 형성하는 관용표현이 의성·의태어의 수식을 받는
현상을 보여준다(김진해 2010b : 48).

(15) ㄱ. 가슴에 (대)못을 {쾅쾅} 박다
     ㄴ. 간이 {퉁퉁} 붓다
     ㄷ. 고개를 {절레절레/잘래잘래/설레설레/살살} 젓다
     ㄹ. 단물(을|만) {쪽쪽/쏙쏙} 빨아먹다
     ㅁ. 뜸을 {폭/살짝/듬뿍} 들이다
     ㅂ. 바가지를 {박박} 긁다

김진해(2010b)에서는 의성·의태어의 수식 현상 이외에도 부분 수식 현

상(예 : '새끼 작가의 꼬리표를 뗐다'), 수량화 현상(예 : '호박씨를 닷 되는 깠다') 등을 들어 관용표현이 관용적 의미로 사용될 때에도 직설적 의미(축자 의미) 기능을 완전히 상실하지 않는다고 주장했다. 관용적 의미로 사용된 맥락에서도 그것을 담는 매체(vehicle)인 표현 자체(expression itself, signifiant)는 그 기능을 잃지 않고 관용적 의미와 지속적으로 상호작용한다고 본다. 관용표현은 '관용적 의미(목표영역)'와 '축자적 의미(근원영역)'가 이중 지시적으로 공존하는 것이다(김진해 2010b : 60).

대부분의 언어학자들은 두 구성요소가 합성어라는 하나의 '단위(unit)'로 결합하면 그 내부구조와는 다른 단일한 통사·의미 기능을 수행한다고 생각한다. 그렇지만 관용표현에 대한 의성·의태어의 수식 등의 현상이 관용표현이 내부구조를 분리할 수 없는 어휘화된 죽은 은유가 아님을 보여주듯이, (합성명사를 포함한) 어떤 표현이 빈번하게 사용된다고 해서 그 속에 있는 은유가 죽은 은유, 즉 어휘화되어 더 이상 은유가 아니라고 볼 수는 없다. 이는 (죽은) 은유와 관습적 사용(conventional use)을 혼동한 결과이다.

탕바(Tamba)의 이론을 도입한 정희경(2000 : 38-39)의 언급대로, '어떤 은유의미든 언술을 이루는 사항들의 관계를 종합적으로 고찰해야만' 하는데, 이는 은유의미가 '어휘단위들이 정해진 통사범주 안에서 일정한 발화행위 상황과 연결되어 이루어지는 관계적이고 종합적인 의미'이기 때문이다.

그렇다면 관용표현에 대해 기존의 관점인 '직설의미'와 '관용의미'라는 (동음이의적이고 이분법적인) 상호배타적인 대립구도가 아니라, 이중적이고 동시적인 해석, 곧 관용적이면서도 직설적인 독해를 해야만 한다.

이러한 관점은 합성명사에도 그대로 적용될 수 있다. 이를 다른 예에 다시 적용해 보자.

(16) ㄱ. 눈총을 {주다/받다/피하다/맞다/쏘다}
　　　ㄴ. 눈총이 쏠리다
　　　ㄷ. X-의 눈총과 마주치다

「표준국어대사전」에서는 표제어 '눈총'에 대하여 '눈총을 맞다'와 '눈총을 쏘다'만 관용구로 처리하고 나머지 '눈총을 주다/받다' 등은 뜻풀이 '눈에 독기를 띠며 쏘아보는 시선'이 적용된 예로 처리하고 있다. 그것이 어떤 근거에 의해 정해졌는지 분명하지 않다. 다만 뜻풀이에 쓰인 머리어 '시선(視線)'과 결합 가능한지를 기준으로 구분했다고 추리할 수 있을 뿐이다.

(16)에서 '눈총'의 '총'이 기원적으로 '銃'을 의미한다고 가정한다면,[23] '눈총을 맞다/눈총을 쏘다'가 합성명사의 우측 머리어 규칙에 좀 더 가까운 결합이라고 볼 수 있다. 나머지 예들은 '눈총'이 의미적 추상화를 한 단계 더 겪은 결합이라고 볼 수 있다. 흥미롭게도 이들 예들은 머리어인 은유적 윤곽 결정소 '총'이 아닌 수식어 '눈'의 결합관계인 '눈을 주다/눈을 받다/눈이 쏠리다/눈을 피하다/눈과 마주치다'와 체계적으로 대응한다.

또 다른 예로 합성명사 '입맛'을 살펴보자.

(17) ㄱ. [입맛]이 있다/없다
     ㄴ. [입맛]을 자극하다
     ㄷ. [입맛]을 사로잡다
     ㄹ. [입맛]을 다시다

위의 예에서 '입맛'은 후행 서술어에 따라 입(N_1)과 맛(N_2)의 의미적 역관계(力關係)가 달라진다는 것을 알 수 있다. 이러한 현상에 대하여 인지언어학 방식처럼 말한다면 서술어와의 결합관계에 의한 합성명사 구성요소의 활성화(activation), 현저화(salience) 또는 부각(highlighting)이라고 부를 수 있을 것이다.

아래 [그림 6]은 이렇게 합성명사의 구성요소가 후행 서술어와의 결합관계에 따라 다르게 활성화/현저화/부각된다는 것을 도식화한 것이다.

---

23) '눈총'의 '총'을 '銃'이라고 확실히 밝혀 놓은 일반 언어사전 및 어원사전은 없다. 다만, '눈총을 쏘다, 눈총을 맞다' 등의 관용표현이 존재할 뿐만 아니라, 북한어에 '눈총질, 눈총싸움'이라는 단어가 있는 것으로 보아 최소한 현대 한국어 화자들은 공시적으로 '눈총'의 '총'을 '銃'으로 인식하고 있을 개연성이 크다고 본다.

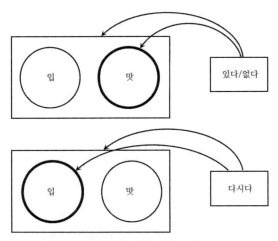

[그림 6] 합성명사 '입맛'과 서술어와의 결합관계에 의한 구성요소의 활성화 차이

　요컨대, 은유적 합성명사의 결합관계를 살펴보면 수식어의 기능이 단지 합성명사 내적 의미구성에만 관여적인 것이 아님을 알 수 있다. 또한 합성명사의 의미가 합성명사의 구성 단계에서 폐쇄적으로 종결되는 것이 아니라, 다른 요소와의 결합관계를 통해 구성요소 간의 의미적 역학관계가 끊임없이 변동한다는 것을 알 수 있다.

4. 결론

　언어 단위(unit)가 물질의 최소 단위인 원자(atom)와 다른 점은 원자가 그것을 쪼갰을 때 최소 단위로서의 기능을 상실하지만, 언어 단위는 그것을 쪼개더라도(즉, 구성요소를 따로따로 검토하더라도) 전체에 대한 기능이나 개별 요소로서의 기능이 이분법적으로 상실되지 않는다는 점이다. 그것은 언어에 대한 인간의 이중적 인식 능력의 결과로 보인다.[24]

인지언어학은 언어 의미와 인지 간의 관련성을 입체적으로 밝힘으로써 여타의 언어이론보다 더 설득력 있는 의미 해석 방법을 제시하고 있다. 하지만 인지언어학은 언어표현을 통해 궁극적으로 '인지체계'를 밝히는 것을 목표로 삼고 있기 때문에 언어표현(시니피앙) 자체의 특성 및 언어표현이 만들어내는 의미작용에 대해서는 소홀히 다루었다. 그렇기 때문에 향후에 해결해야 할 인지언어학의 과제 중 하나는 언어 의미가 통사적 양상과 어떤 관련성을 맺으며 실현되고 있는지에 대해 설명하는 일이라고 할 수 있다.

구문문법적으로 말해 "이 컵은 자연을 생각합니다(This cup thinks the nature)."라는 광고 문구는 'X-가 Y-를 생각하다'라는 구문의 의미적 관철이라고 볼 수 있다. 이렇듯이 은유 해석은 구문과의 관계 속에서 확인된다. '컵'이 '생각하는 존재', 즉 '사람'으로 의인화되는 것은 '컵'의 의미에 내재하는 것이 아니라, 'X-가 Y-를 생각하다'라는 구문(construction)에서 생성된 것이다. 따라서 해당 어휘('컵')만을 두고 '사물의 의인화(personification)'라고 말하는 것은 구문에서 발생한 결과적 해석일 뿐, 현상의 전모를 보여주는 것이 아니다. 'X-가 Y-를 생각하다'라는 구문에 'X' 자리에 어떤 것이 와도 의인화가 된다는 점에서 의인화의 동기 또는 출발은 구문에 있지 해당 명사에 있지 않다.

이와 유사하게 은유적 합성명사의 의미적 역동성은 서술어와의 결합 가능성과 밀접하게 관계를 맺는다. 합성명사의 진정한 의미 해석은 서술어와의 결합관계를 통해 이루어진다. 이를 요약하면 첫째, 합성명사를 혼성이론

---

24) 전체를 부분으로 수렴하는 환원주의에 반대하는 입장으로 홀론 이론을 들 수 있다. 홀론(holon)은 그리스어로 전체라는 뜻의 '홀로스(holos)'와 조각이나 부분을 뜻하는 접미사 '온(-on)'이 합쳐진 말이다. 홀론은 위계구조에 존재하는 구성 요소로서, 각 차원에서 자신의 고유한 권리를 지니는 '아전체(亞全體/sub-whole)'를 이룬다. 이들은 자기규제적인 장치를 갖추고 상당한 정도의 자율성(autonomy) 혹은 자기 통제력을 누리고 있는 안정되고 통합적인 구조로 되어 있으면서도, 더 높은 차원에 종속적인 성격도 아울러 갖는다. 즉, 위계구조에서 상위의 부분으로 종속되어 있으면서도 동시에 준자율적인 전체(quasi-autonomous whole)로서 작용한다(Koestler 1979/1993 : 41). 기존의 언어학에서는 각 언어 단위를 지나치게 자기 완결적이고 자율적인 존재로 간주해 왔으며, 상위 구조에 종속적인 측면에 대한 고찰이 부족했다.

적으로 설명할 때 서술어와 맺는 결합관계를 통해 혼성공간에서 현저화되거나 제한되는 의미속성이 결정된다. 둘째, 어떤 서술어와 결합하느냐에 따라 합성명사의 앞뒤 요소 중에서 활성화되는 요소가 달라진다.

합성명사가 (서술어 등과) 맺는 결합관계는 혼성공간에 대한 통사적 준거 또는 변수(variable)로 작용한다고 볼 수 있다. 은유적 합성명사의 결합관계에 대한 고찰을 통해 우리는 은유적 합성명사가 결합관계에 따라 그 내부 구성요소 간에 상이한 현저성을 보이며, 이는 합성명사 전체 및 내부 구성 요소를 동시에 파악할 수 있는 이중 지시작용(dual reference)을 하고 있음을 확인했다. 서술어와의 결합관계를 통해 합성명사의 내부 구조에 대한 분석 가능성(analyzability)을 통사적으로 보여줄 수 있다고 본다. 서술어에 따라 합성명사의 내부 구조에 대한 분석가능성이 있다는 점은, 합성명사는 지시적 섬을 이루어 더 이상 내부구조를 분석할 수 없다는 기존의 주장에 중요한 반증 자료가 될 수 있을 것이다.

참고문헌

김광해. 1982. 복합명사의 신생과 어휘화과정에 대하여, 「국어국문학」 88, 국어국문
　　　학회, pp.5-29.

김석득. 1992. 「우리말 형태론-말본론-」, 탑출판사.

김진해. 1998. "다의화 유형에 따른 합성어 의미 연구", 「경희어문학」 19, 경희대 국
　　　어국문학과, pp.269-296.

김진해. 2010ㄱ. "개념적 은유와 문법 범주-시간 은유를 중심으로", 「어문론집」 43,
　　　중앙어문학회, pp.149-174.

김진해. 2010ㄴ. "관용표현 연구의 새로운 쟁점", 「한국어학」 49, 한국어학회, pp.37-
　　　64.

김창섭. 1983. "'줄넘기'와 '갈림길'型 합성명사에 대하여", 「국어학」 12, 국어학회,
　　　pp.73-99.

김해연. 2009. "합성명사의 형성과 번역의 언어적 동기", 「담화와인지」 16-1, 담화인
　　　지언어학회, pp.1-23.

나은미. 2007. "합성어 구성 성분의 의미 결합 양상-합성명사를 중심으로", 「한성어
　　　문학」 26, 한성대한성어문학회, pp.19-43.

남영신. 1997. 「훈＋ 국어사전」, 성안당.

노진서. 2010. "영어 은유적 합성명사의 의미 양상에 관한 연구", 「영어영문학연구」
　　　52-1, 한국중앙영어영문학회, pp.171-187.

박영순. 2006. "은유 연구의 성과와 방법론", 「한국어 의미학」 20, 한국어의미학회,
　　　pp.1-28.

서정수. 1981. "합성어에 관한 문제", 「한글」 173 · 174 합본, 한글학회.(이병근 외편
　　　(1993), 「형태」(국어학강좌 3), 257-303, 태학사 재수록)

시정곤. 1994. 「국어의 단어형성 원리」, 국학자료원.

신희삼. 2007. "합성어 기능에 따른 합성명사의 형성 원리", 「한국어 의미학」 22, 한
　　　국어의미학회, pp.141-163.

신희삼. 2008. "N1+N2의 의미구조 연구", 「한국어 의미학」 26, 한국어의미학회,
　　　pp.103-122.

이석주. 1995. "복합어 구성성분의 의미에 관한 연구", 「국어교육」 87 · 88 합본, 한
　　　국국어교육연구회, pp.247-269.

이유미. 2006. "한국어 은유의 근원영역 특징", 「한국어의미학」 20, 한국어의미학회, pp.187-203.

이재인. 1991. "국어 복합명사 구성의 이해", 서울대학교 대학원 국어연구회 편 (1991), 「국어학의 새로운 인식과 전개」, 민음사, pp.612-628.

이재인. 1996. "국어 합성명사 형성에서의 의미론적 제약 현상", 「배달말」 21, 배달 말학회, pp.75-93.

이희숙. 2010. "합성어에 대한 일고", 「언어학연구」 16, 한국중언언어학회, pp.225-243.

이희승. 1955. 「국어학개설」, 민중서관.

정원수. 1990. "복합명사 의미의 몇 문제," 「한국언어문학」 28, 한국언어문학회, pp.519-536.

정희경. 2000. 「은유, 그 형식과 의미작용 : 마르그리트 뒤라스 소설을 중심으로」, 서 울대출판부.

채현식. 2006. "합성명사에서의 의미 전이와 관습화", 「한국언어문학」 58, 한국언어 문학회, pp.5-23.

최경봉. 1998. 「국어 명사의 의미연구」, 태학사.

최상진. 1995. "합성어의 의미적 공기관계에 관한 연구", 「어문연구」 24-4, 한국어문 교육연구회, pp.50-71.

최상진. 1997. "합성어 의미형성의 유기체적 관계론에 대하여", 「한국어의미학」 1, 한국어의미학회, pp.155-170.

최현배. 1937/1978. 「우리말본」, 연희전문학교출판부.

Allen M. R. 1978. *Morphological investigations*, Doctoral dissertation, University of Connecticut.

Benczes R.2006. *Creative Compounding English-The Semantics of Metaphorical and Metonymical Noun-Noun Combinations*, John Benjamins Publishing Company.(김동환 · 이 미영 옮김(2014), 「영어의 창조적 합성어-은유적, 환유적 합성어의 의 미론」, 공감엔피엠.)

Coulson S. 2000. *Semantic Leaps : Frame-shifting and conceptual blending in meaning construction*, Cambridge University Press.

Deignan A. 2005. *Metaphor and Corpus Linguistics*, John Benjamins Publishing Company.

Fabb N. 1998. Compounding, In Spencer A. & Zwicky A. M.(eds.)(1998), *The Handbook of Morphology*, Blackwell, pp.66-84.

Fauconnier F., & Turner M. 2002. *The Way We Think : Conceptual blending and the mind's hidden complexities*, Basic Books.(김동환 · 최영호 옮김(2009), 「우리는 어 떻게 생각하는가 : 개념적 혼성과 상상력의 수수께끼」, 지호.)

Francisco José Ruiz de Mendoza Ibáñez. 2000. The role of mapping and domains in understanding metonymy, *In* Barcelona A.(*ed.*), *Metaphor and Metonymy at the Crossroads—A Cognitive Perspective*, pp.109–132.

Geeraerts D. 2010. *Theories of Lexical Semantics*, Oxford University Press.

Koestler, Arthur. 1979. Janus : A Summing Up, Vintage.(최효선 옮김(1993), 「야누스 : 혁명적 홀론이론」, 범양사.)

Kövecses, Z. 2006. Language, Mind, and Culture : A Practical Introduction, Oxford Unversity Press.(임지룡 · 김동환 옮김(2010), 「언어 · 마음 · 문화의 인지언어학적 탐색」, 역락.)

Langacker R. W. 1987. *Foundations of Cognitive Grammar : Theoretical Prerequisites*, Stanford University Press.(김종도 옮김(1999), 「인지문법의 토대 I : 이론적 선행 조건들」, 박이정.)

Libben G. & Jarema G.(*eds.*). 2006. *The Representation and Processing of Compound Words*, Oxford University Press.

Ricoeur P. 2003. *The Rule of Metaphor*, Routledge Classics.

Ryder M. E. 1994. *Ordered Chaos : The Interpretation of English Noun-Noun Compounds*, University of California Press.

Sánchez M. A. 2006. *From Words to Lexical Units*, Peter Lang.

Taylor J. R. 1995. *Linguistic Categorization*(2nd edition), Oxford University Press.(조명원 · 나익주 옮김(1997), 「인지언어학이란 무엇인가?–언어학과 원형 이론–」, 한국문화사.)

Tamba I. 지음, 정인봉 옮김(2009), 「의미론」, 고려대출판부.

Ungerer F. & Schmid H-J. 2006. *An Introduction to Cognitive Linguistics*(2nd edition), Routledge.(임지룡 · 김동환 옮김(1998/2010), 「인지언어학 개론(개정판)」, 태학사.)

Wierzbicka A. 1996. *Semantics : Primes and Universals*, Oxford University Press.

Williams, E. 1981. *On the Notions 'Lexically Related' and 'Head of a Word'*, The Linguistic Inquiry 12, pp.245–274.

| 이 논문은 국어학 70집(2014, 국어학회)에 게재된 논문을 재수록한 것입니다.

한국어 연결어미 의미 확장에서의 환유와 은유

박 재 연

1. 서론

이 논문은 한국어 연결어미에서 발견되는 의미 확장을 환유적 과정(metonymic process)과 은유적 과정(metaphoric process)으로 나누어 살펴보는 것을 목적으로 한다.

연결어미는 종결어미, 전성어미, 선어말어미 등 다른 어미에 비해서 다의성(polysemy)이 풍부하게 나타난다. 종결어미 중에는 '-습니다, -니, -으마'와 같이 하나의 의미 항목(sense)만을 가지는 것이 많지만 연결어미 중에는 하나의 의미 항목만을 가지는 경우가 오히려 드물다. 가령 '-고'는 '나열, 선행, 방식, 원인' 등의 의미를 가지고 '-어서'는 '선행, 원인, 방식' 등의 의미를 가진다. 연결어미는 다른 어미에 비해 문맥의 영향을 많이 받아서 선행절과 후행절의 내용에 따라 다양한 화용론적 해석이 가능하고, 그로 인해 새로운 의미가 발생할 가능성이 크기 때문일 것이다.

공시적으로 발견되는 언어 형식의 다의성은 통시적 의미 확장의 결과이다. 본고에서는 연결어미의 다의성에서 두 종류의 의미 확장 과정이 관찰된다는 점을 주목한다.

(1) 가. 어제는 학교에 가서 수업을 들었다.
　　나. 출근길에 갑자기 비가 와서 우산을 샀어요.

(1가)의 '-어서'는 '선행' 혹은 '계기(繼起)'의 의미로 기술된다. 이는 선행절 사태가 발생한 이후 후행절 사태가 발생했다는 시간적 관계를 의미한다. (1나)의 예에서도 선행절 사태는 후행절 사태에 선행하지만 이때의 '-어서'는 시간적 선행 외에도 선행절 사태가 후행절 사태의 '원인'임을 더 표시한다. 문맥에서 긴밀하게 연관된 선행 사태는 후행 사태의 원인이라는 함축을 발생시키기 쉬우므로 '선행'의 의미를 기반으로 하여 '원인'의 의미가 확장된 것으로 이해할 수 있다(정수진 2012).[1] 문맥에서 빈번하게 발생하는 함축이 새로운 의미 항목으로 정착하는 현상은 문법화 논의에서 흔히 '함축의 관습화(conventionalization of implicature)' 현상으로 다루어졌다.[2]

그러나 다음의 '-지만'의 다의성은 (1)의 '-어서'의 다의성과는 성격이 다르다.

(2) 가. 영희는 공부는 잘하지만 성격은 그다지 좋지 않다.
　　나. 다 아는 사실이지만 그 사람은 구두쇠야(이은경 1990 : 46).

(2가)는 '-지만'이 '대립' 혹은 '양보'의 의미로 해석되는 예로서 선행절과 후행절이 내용적으로 대립되는 두 사태를 표현한다. 그런데 (2나)의 '-지만'을 '대립'이나 '양보'를 기반으로 이해하기는 쉽지 않다. 선행절과 후행절이 표현하는 사태가 내용적으로는 대립되지 않기 때문이다. 이은경(1990 : 46)에서는 (2나)의 '-지만'이 "후행절에 대한 시간적 배경이나 상황적 배경을

---

1) 시간적 선후 관계를 나타내는 형식이 논리적 인과 관계를 나타내는 형식으로 발전하는 것은 여러 언어에서 일관되게 발견되는 현상이다. 이는 유명한 논리적 오류인 "post hoc ergo propter hoc(after this, therefore because of this)(Hopper & Traugott 1993/2003 : 82)"와 관련이 있다.
2) Heine et al. (1991가, 나)의 '문맥 유도적 재해석(context-induced reinterpretation)', Hopper & Traugott 1993/2003 : 82)의 '대화 추론의 의미화(semanticization of conversational inference)' 등은 모두 함축의 관습화와 기본적으로 같은 개념이다.

설명하거나 제시"하는 '설명'의 의미를 가진다고 보았고 이희자·이종희 (1999 : 388)에서는 "전제적 사실을 나타냄"이라고 풀이하였다. 김영희(200 5 : 45, 각주 4)에서는 이러한 예의 '-지만'이 '제시'의 의미를 가지고 있다고 하였다.

그러나 '설명, 전제, 제시'가 (2가)의 '대립'의 의미와 어떻게 관련되는지는 분명하지 않다. '설명, 전제, 제시'가 선후행절의 관계나 선행절이 후행절에 대해 가지는 역할을 분명히 나타내지 않는 모호한 메타언어이기도 하거니와, (2나)의 '-지만'의 용법은 (1)의 '-어서'의 경우와 같은 문맥적 함축의 관습화로는 설명되지 않기 때문이다. 그러나 (2가, 나)의 '-지만'은 결코 동음이의어가 아니며 한국어 화자라면 두 용법이 밀접하게 관련되어 있다는 직관을 가진다.

본고는 (1)의 '-어서'의 의미 확장은 환유에 의한 것이고 (2)의 '-지만'의 의미 확장은 은유에 의한 것이라고 본다. 어휘 항목의 의미 확장에서 환유와 은유가 주요한 두 가지 인지적 원리라는 점은 일찍부터 널리 받아들여졌는데(Ullmann 1962 : 8장, Kövecses 2002/2010 : 251, Geeraerts 2010 : 203),[3] 연결어미와 같은 문법 형식의 의미 확장에서도 이러한 두 종류의 의미 확장이 발견된다는 것이 본고의 주장이다.

연결어미의 의미 확장에 대한 기존의 연구에서는 개별 연결어미 혹은 일정한 의미 범주의 연결어미에 대한 산발적인 논의가 이루어졌고 의미 확장의 유형을 거시적으로 대조한 논의는 아직 없었다. 본고는 '선행, 목적, 대립, 조건, 원인'의 연결어미들의 의미 확장을 검토하면서 환유적 과정과 은

---

3) 형태통사적 변화와 음운 변화에서의 주요한 두 기제가 재분석(reanalysis)과 유추(analogy)라면, 의미 변화의 주요한 두 기제는 환유와 은유이다(Traugott & Dasher 2002 : 27). '목'이 '목을 가다듬고 노래를 했다.'에서 '목소리'를 의미하는 것은 '목소리'가 '목'에서 나온다는 인접성에 기댄 환유적 확장이고 '그 빵집은 워낙 목이 좋아'에서 '목'이 '자리'나 '길목'을 나타내는 것은 '두 곳을 연결하는 좁은 곳'이라는 유사성이 기댄 은유적 확장이다(임지룡 2009 : 199, 박재연 2013 : 259 참조). 최지훈(1999)에서는 합성 명사의 형성 과정에서 은유와 환유가 작용한다는 사실을 논의하였다. 최전승(2006)에서는 전라 방언의 '도르다/두르다'가 '에워싸다'의 의미에서 '속이다'의 의미로, 나아가 '훔치다'의 의미로 발전하는 의미 확장 과정을 은유 및 환유의 관점에서 고찰하였다.

유적 과정이 개별 연결어미에서 우발적으로 일어나는 현상이 아니라 연결
어미 전반에서 광범위하게 작용하는 근본적인 의미 확장의 원리임을 보이
고자 한다. 이 과정에서 기존의 논의에서 연결어미의 의미를 기술할 적절한
메타언어를 찾기 어려웠던 용법이나 관용적 표현으로 처리했던 예외적인
용법이 사실은 연결어미의 은유적 확장의 결과임을 밝히고자 한다.

2. 연결어미 의미 확장의 두 유형

Lakoff & Johnson(1980)의 연구를 계기로 은유가 일상언어의 개념화에서
중요한 역할을 한다는 점이 일반적으로 받아들여졌다. 개념적 은유 이론의
기본 취지는 은유가 수사적 기교나 문체적 속성에 불과한 것이 아니라 인간
의 사고 자체가 본질적으로 은유적이라는 것이다. 은유 연구의 초기 단계에
서는 환유는 은유의 부수적 과정으로 논의될 뿐이었으나 이후의 연구에서
는 환유 역시 은유와 대등한 중요한 개념화 과정으로 다루어졌고(Gibbs
1994, Kövecses & Radden 1999, Barcelona 2000가, Traugott & Dasher 2002),
은유보다 더 근본적인 것으로 간주되기도 한다(Barcelona 2000나). 환유는 동
일한 영역의 인접한 하위 영역에서 인접성(contiguity)에 근거하여 일어나는
인지적 과정이고 은유는 독립된 두 영역에서 유사성(similarity)에 근거하여
일어나는 인지적 과정으로 구별된다.[4]

---

4) Barcelona(2000가 : 3~4)에서는 환유는 하나의 경험 영역이 이와 동일한 경험 영역에 포함
   된 다른 경험 영역의 관점에서 부분적으로 이해되는 기제이고 은유는 하나의 경험적 영역
   이 다른 경험 영역으로 부분적으로 사상되는 기제라고 정의한다. Kövecses(2002/2010)은 환
   유는 하나의 개념적 실체(매체, vehicle)가 동일한 영역 안에 있는 다른 개념적 실체(목표,
   target)에 정신적 접근을 제공하는 인지적 과정이고(173면), 은유는 하나의 개념 영역을 다
   른 개념 영역의 관점에서 이해하는 것이라고 정의한다(4면).
   그런데 환유적 과정과 은유적 과정이 언제나 잘 구별되는 것은 아니다. 무엇이 동일 영역
   이고 무엇이 다른 영역인지를 구별하는 확실한 기준을 세우기가 어렵기 때문이다. 이와 같
   은 영역 기반 견해(domain-based view)의 문제점을 극복하기 위해 전통적인 '인접성' 개념

서론에서 언급한 바와 같이 어휘 항목의 의미 확장에 있어서 환유와 은유의 인지적 과정이 근본적인 층위에서 작동한다는 사실이 널리 받아들여졌다. 나아가 문법화와 관련하여 문법 형식의 의미 확장에도 환유와 은유가 개입한다는 논의가 있어 왔다(Sweetcher 1990, Heine et al. 1991가 : 2장~3장, 1991나 : 2장, Traugott & König 1991 : 4장, Hopper & Traugott 1993/2003 : 85~93 등). 조은영 · 이한민(2011 : 407)에서는 한국어의 반말체 종결어미 '-게'가 '목적'의 의미에서 '미래 행위'로 전이되는 현상을 환유에 의한 의미 변화라고 기술하였다. 박재연(2013)에서는 '-을게, -겠-, -자, -세, -을까, -으랴' 등 의도 관련 어미들의 의미 확장에서 나타나는 행위주 변동 현상을 기술하면서 이 현상에 작용하는 근본 원리가 환유라고 하였다.5) 한편 임은하(2003)에서는 연결어미 '-으니까'의 의미 확장을 은유의 관점에서 다루었다.

1장에서 연결어미 '-어서'가 '원인'의 의미를 가지는 것은 '선행'의 의미를 기본으로 하여 확장된 결과라고 한 바 있다.

> (3) 가. 학교에 가서 도서관에 자리를 잡았다.
>   나. 아침에 일찍 학교에 가서 도서관에 자리를 잡았다.
>   다. 너무 일찍 학교에 가서 도서관에 자리를 잡지 못했다.

(3가)는 '-어서'가 '선행'의 의미를 가지는 것으로 해석된다. 그런데 (3나)는 단순히 선행절 사태가 후행절 사태에 앞서는 의미로 해석될 수도 있지만 '아침에 일찍 학교에 갔기 때문에 도서관에 자리를 잡았다'는 해석을 가질

을 중심으로 하는 원형 기반 견해(prototype-based view)가 제안되기도 한다(Peirsman & Geeraerts 2006, Geeraerts 2010 : 217~220). 이 문제에 대해서는 좀 더 깊은 논의가 필요하지만 본고는 한국어 연결어미의 의미 확장이 구별되는 두 절차를 거친다는 점을 우선 주목하고자 한다. 환유와 은유에 대한 인지언어학적 관점의 요약은 Barcelona(2000가), Evans & Green(2006 : 9장), Evans(2009 : 14장), Geeraerts(2010 : 5장) 참조.
5) 환유 개념을 언급한 것은 아니지만 정수진(2011, 2012)에서는 의미 연결망 이론에 입각하여 연결어미 '-고'와 '-어서'가 함축의 관습화 과정을 통하여 의미가 확장되는 과정을 다루었다.

수도 있다. 이는 '학교에 늦게 가면 도서관에 자리가 없을 수도 있다'라는, 화자와 청자가 가진 백과사전적 지식과도 관련된다. 화자는 '선행'의 해석 만을 의도했는데도 청자가 '원인'의 의미를 추론할 수도 있다. 이러한 '원 인' 의미가 문맥에서 빈번히 추론되면 (3다)와 같이 '선행'이 아닌 '원인'에 초점이 있는 상황에서도 '-어서'를 사용하게 된다. 즉 이러한 의미 확장은 선후행절 사태들의 관계에서 추론되는 함축적 의미가 관습화하여 개별 의 미로 확립되는 것이다.6)

'-어서'가 가지는 '선행'의 시간적 관계는 '원인'의 용법에서도 대체로 유 지된다. (3다)에서도 '너무 일찍 학교에 간' 사태는 '도서관에 자리를 잡지 못한' 사태보다 앞선다. 즉 문맥에서 추론된 '원인'의 의미 성분이 기존의 '선행'의 의미 성분에 덧붙으면서 '의미 성분 추가' 현상이 일어난 것이다.7) 이러한 의미 확장은 백과사전적 지식에 입각한 함축으로 의미 해석이 풍부 해지는 현상, 즉 Traugott & König(1991 : 207)의 용어를 빌리면 정보성 강화 (strengthening of informativeness)에 바탕을 둔다.8) 이 논의에서는 정보성 강

---

6) Heine et al. (1991가 : 71~72)에서 제시한 '문맥 유도적 재해석'의 단계를 요약하여 제시하 면 다음과 같다.
　가. 1단계 : 어떤 언어 형식이 핵심 의미 A 외에 특정한 문맥에서 새로운 부가적 의미 B를 획득한다. 이는 의미론적 중의성을 발생시킨다. 화자가 A를 의도했는데도 청자는 B로 해석할 수도 있다.
　나. 2단계 : 새로운 의미 B 덕분에 해당 언어 형식이 의미 B에는 부합되나 의미 A에는 부 합되지 않는 새로운 문맥에 쓰이게 된다.
　다. 3단계 : B가 관습화된다. 해당 언어 형식은 다의어가 되고 나아가 동음어가 될 수도 있 다.
7) '의미 성분 추가' 현상은 관습화 과정의 초기에 함축적 의미가 기존의 의미 성분에 덧붙는 현상을 가리킨다. 이는 기본적으로 문법 형식의 의미가 성분 분석(componential analysis)될 수 있다는 박재연(2007)의 주장을 바탕으로 한다. (3나, 다)의 '-어서'는 성분 분석적으로는 [선행]과 [원인]의 의미 성분을 모두 가진다고 할 수 있다. 위의 각주 6)에서 인용한 Heine et al. (1991가)의 1단계를 참조할 것.
8) 문법화는 어휘적인 요소가 문법적인 요소로, 덜 문법적인 요소가 더 문법적인 요소로 발전 하는 과정이므로 거시적인 관점에서 볼 때 문법화하는 요소는 의미의 추상화(abstraction)나 탈색(bleaching)을 겪는다고 할 수 있다. 그러나 미시적인 관점에서 보면 문법화 과정에서 새로운 의미 성분이 추가되는 일도 빈번히 발생한다. Traugott & König (1991), Heine et al. (1991나) 등은 문법화에서의 의미 변화를 탈색으로만 볼 수 없음을 강조하였다.

화에 의해 생겨난 의미 확장은 인접 개념으로의 전이라는 점에서 문법화의 일반적인 원리 중 환유에 의한 것이라고 본다(201면)[9]

즉 '선행'에서 '원인'으로의 의미 확장은 인접한 의미 영역으로 확장되는 환유적 확장으로 간주할 수 있다. 환유의 개념이 사용된 것은 아니었지만 이러한 종류의 의미 확장은 한국어 연결어미의 의미 확장에서 보다 일반적으로 다루어져 왔다. 그러나 연결어미의 의미 확장에는 이와는 전혀 다른 성격의 의미 확장이 존재한다.

Sweetcher (1990)에서는 의미 변화에 있어서 물리적 영역에서 추상적, 정신적 영역으로 전이되는 은유적 과정에 주목하였다. '같다(like)'와 같이 물리적 닮음을 나타내는 단어가 인식론적인 '개연성(probability)'과 관련되는 현상, '듣다'와 같은 지각 동사가 '복종하다'의 의미를 나타내는 보편적인 현상에는 기본적으로 은유가 작용한다고 보았다. 아울러 영어 접속사 'because, so, though' 등의 의미 확장에서도 은유적 과정이 개입한다고 보았다. 즉 영어 접속사의 의미는 '내용 영역(content domain), 인식 영역(epistemic domain), 화행 영역(speech act domain)'에서 은유적으로 확장되는 양상을 보여 준다. '조건'의 'if'의 의미 확장에 대한 고전적인 예들은 다음과 같다.

> (4) 가. If Mary goes, John will go.
> 나. If she's divorced, (then) she's been married.
> 다. If I may say so, that's a crazy idea(이상 Sweetcher 1990 : 114-118).

(4가)는 선행절 사태의 실현이 후행절 사태의 실현에 대한 충분조건이 됨을 의미하는 'if'의 일반적인 용법이다. Sweetcher (1990)에서는 이러한 'if'의 용법을 '내용 영역에서의 조건'이라고 기술한다. 그런데 (4나, 다)에서는 선

---

9) Brinton (1988 : 102)에서는 영어의 'have'가 완료의 조동사로 쓰이는 의미 변화가 탈색이라기보다는 환유에 의한 것이라고 하였다. Traugott & König (1991 : 3장)에서는 함축의 관습화에 의해 의미 확장을 보인 예로 'since(시간→ 원인), while(동시 → 양보), rather(시간→ 선호)'의 예를 다루었으며 이는 인접성에 근거한 환유적 확장의 성격을 가진다고 보았다.

행절 사태와 후행절 사태 사이에 조건 관계가 성립하지 않는다. (4나)는 '그녀가 이혼한 것을 알게 된 것'이 '그녀가 결혼했었다'고 결론 내리게 되는 충분조건임을 의미한다. 이는 '인식 영역에서의 조건'이다. 또한 (4다)는 상대방에게 다음 발화에 대한 허락을 구하는 표현인데 선행절 내용이 후행절 화행을 가능케 하는 조건이라는 뜻이다. 이는 '화행 영역에서의 조건'으로 기술할 수 있다. 이러한 의미 확장은 '명제 내용, 명제 내용에 대한 인식, 명제 내용의 발화'와 같은 서로 다른 영역에서 존재하는 '조건' 의미의 유사성에 기반한 것으로서, 영역을 넘나드는 사상(cross-domain mapping)을 포함한다는 점에서 기본적으로 은유적이다.

이원표(1999), 임은하(2003)에서는 이러한 Sweetcher (1990)의 논의를 적용하여 '-으니까'가 '인식 영역, 화행 영역'에서의 의미 확장을 보인다는 사실을 지적하였다. 또한 Cui (2011 : 28), 박재연(2011 : 190)에서는 '조건'의 '-으면'이 '내용 영역, 인식 영역, 화행 영역에서의 조건'을 모두 나타낼 수 있음을 지적하였다. '-으면'의 예를 보이면 다음과 같다.

> (5) 가. 가을이 오면 단풍이 든다.
> 나. 인사동에 가 보면 골동품이 많다(이기갑 2004 : 561, 각주 19).
> 다. 요약하면 진정한 공부는 끊임없는 질문이다.

(5가)는 선행절 사태가 내용 영역에서 후행절 사태의 조건이 되는 예이다. 그런데 (5나, 다)의 '-으면'은 일반적인 조건의 의미를 준수하지 않는다. 즉 '내가 인사동에 가는' 사태의 진리치는 '골동품이 많은' 사태의 진리치와는 무관하다. 선행절 사태는 후행절 사태를 '인식하는' 조건일 뿐이다. (5다)에서 선행절 사태는 후행절 발화에 대한 조건이다. '(화자가) (진술 내용을) 요약하는' 사태와 후행절 사태 사이에는 조건 관계가 성립하지 않는다. 다만 '요약하는 것'은 후행절 발화에 대한 조건이다.[10]

---

10) '-으면'의 의미 확장이 'if'의 의미 확장에 완전히 대응되는 것은 아니다. 이에 대해서는 4.2.에서 논의한다.

이러한 의미 확장은 위에서 본 '-어서'의 의미 확장 방식과는 근본적인 차이가 있다. '-어서'의 의미 확장에서는 '원인' 용법에서도 '선행'의 의미 성분이 유지되면서 원래 함축이었던 '원인'의 의미 성분이 추가되는 '의미 성분 추가 현상'이 일어나는 것을 보았다. 그러나 (5나, 다)의 선행절과 후행절은 진리치가 무관한 사태이기 때문에 명제 내용 차원에서는 조건 관계가 아예 성립하지 않는다. 기존의 '조건' 의미에 다른 의미 성분이 추가된다고 볼 수 없다.11)

또한 '선행'에서 '원인'으로의 의미 확장은 인접하되 엄연히 구별되는 의미 속성으로 전이되는 의미 확장이다. 그런데 '조건'이라는 의미 속성은 (5나, 다)에서도 그것이 구현되는 영역만 다를 뿐 그대로 유지된다. (5)의 '-으면'의 의미 확장은 위에서 본 '-어서'의 의미 확장과는 근본적으로 성격이 다르다는 것을 알 수 있다.

'선행'의 의미에서 '원인'의 의미가 발달하는 과정은 '목'에 '목에서 나는 소리'의 의미 성분이 추가되면서 '목소리'라는 인접 개념을 뜻할 수 있게 되는 환유적 의미 확장과 근본적으로 유사하다.12) 반면 '내용 영역에서의 조건'에서 '인식 영역에서의 조건, 화행 영역에서의 조건'의 의미가 발달하는 과정은 '목'이 '동물의 신체'와 '길'이라는 서로 다른 영역에서 '좁은 연결 부위'라는 유사성에 입각하여 은유적 확장이 일어나는 것과 궁극적으로는 동일한 인지적 원리에 기반한다. 환유적 의미 확장은 연속적인 의미 확장, '번져 나가는' 의미 확장이고 은유적 의미 확장은 불연속적인 의미 확장, '건너뛰는' 의미 확장이다. '목'은 '동물의 신체'에서도, '길'에서도 '좁은 연결 부위'라는 공통적인 지시대상을 가지는데 이는 '-으면'의 의미 확장에서

11) (5나)와 같은 예는 기존의 논의에서 '-으면'이 '조건'이 아닌 시간적 혹은 공간적 배경을 나타내는 예로 간주되었다(이기갑 2004 : 561, 윤평현 2005 : 125). 이희자·이종희(1999 : 317)에서는 (5다)와 같은 예를 '뒷내용을 설명함을 나타냄'이라고 풀이하였다. 모두 (5나, 다)를 '조건' 의미와 무관한 별도의 의미로 파악하고 있음을 볼 수 있다.
12) 본고의 3.2.에서 살펴볼 '목적' 연결어미의 의미 확장은 의미 성분 추가에 의한 의미 확장이 아니라 의미 성분 삭제에 의한 의미 확장이다. 모두 인접 개념으로의 전이라는 점에서 환유적 성격을 가진다.

'조건'의 의미가 유지되는 것과 동일하다.

본고에서는 환유적 의미 확장의 예로서 '-고서, -자, -어서, -다가' 등 '선행' 연결어미와 '-느라고, -답시고' 등 '목적' 연결어미의 의미 확장을 살펴본다. 은유적 의미 확장의 예로서 '대립'의 '-지만', '조건'의 '-으면', '원인'의 '-으니까, -어서'의 의미 확장을 살펴본다. 이어지는 3장과 4장에서 두 종류의 의미 확장을 차례로 검토하겠다.

3. 연결어미의 환유적 의미 확장

3.1. 선행 연결어미의 의미 확장

이 절에서는 '-고서, -자, -어서, -다가'의 의미 확장 과정을 살펴본다. 이들은 모두 '선행'의 의미를 가지는 연결어미로서 '원인'의 의미로 확장되는 모습을 보여 준다. 이때 '원인'의 해석이 함축에 머무는 경우와 독립적인 의미 항목으로 확립되는 경우를 모두 관찰할 수 있다.

먼저 '-고서'와 '-자'의 예를 보자. '선행'의 의미를 표현하는 '-고서, -자' 등은 모두 '원인'으로도 해석될 수 있다.

(6) 가. 버스가 오고서 사람들은 조용해지기 시작했다.
　　　나. 학원을 그만두고서 성적이 올랐다.

(7) 가. 버스가 도착하자 사람들이 내렸다.
　　　나. 한약을 먹자 병이 나았다.

(6가, 7가)는 '선행'의 의미로 해석되지만 (6나, 7나)는 '원인'으로도 이해될 수 있다.[13] 선후행절 사태의 인과 관계가 추론되는 경우가 많기 때문이

다. 그러나 연결어미에서 생산되는 모든 함축적 의미가 확장된 의미라고는
볼 수 없다. (6나)와 (7나)의 '원인'의 해석은 함축일 가능성이 높다. 문맥에
서 취소될 수 있기 때문이다.

> (8) 가. 학원을 그만두고서 성적이 올랐다. 친구들을 만나지 않았기 때문
>   이다.
>   나. 한약을 먹자 병이 나았다. 독한 양약을 끊었기 때문이었다.

(8가, 나)에서 첫 문장에서 '-고서, -자'는 '원인'으로 해석될 수도 있으나
이 의미는 후행하는 문장에 의해 취소될 수 있다. (8가, 나)에서 '-고서, -자'
는 단순한 '선행' 의미로 해석되는 것이 자연스럽다. 따라서 '-고서, -자'의
경우에는 '원인' 의미가 독립적이라고 하기 어렵다.14) 함축의 관습화에 의
한 의미 확장은 연속적인 환유적 과정이므로 함축에서 독립적인 의미 항목
으로 전이되는 중간 단계가 존재하는 것을 볼 수 있다.
  그러나 '-어서'의 경우에는 '원인' 해석이 관습화되었다고 판단된다.15)

> (9) 가. 친구를 만나서 영화를 보았다.
>   나. 우연히 길에서 친구를 만나서 가까운 카페에 들어갔다.

> (10) 가. 시골이 공기가 좋아서 매일 아침 기분이 상쾌해.
>   나. 내일 손님이 오셔서 지금 음식 준비하고 있어요.

(9가)의 '-어서'는 '선행', (9나)의 '-어서'는 '원인'으로 해석된다. 그런데
위에서 본 '-고서, -자'의 경우와는 달리 '-어서'의 '원인' 의미는 확장된

---

13) 이은경(1990 : 76)에서는 '-고서, -자'를 '계기'에서 '원인'으로 나아간 예로 들었다.
14) 「표준국어대사전」에서는 '-고서'와 '-자'의 '선행' 의미만 기술하고 있다. '원인' 해석은
   함축으로 간주한 결과라고 생각된다.
15) '-어서'는 '선행, 원인' 외에도 '방식'의 의미를 가지기도 하고 세부 용법은 좀 더 복잡하
   다. 그러나 정수진(2012)에서 논의된 바와 같이 크게는 '선행'과 '원인'의 범주에서 다루
   어질 수 있다.

의미 항목으로 이해될 수 있다. 그 근거로 첫째, (10가)의 '-어서'가 가지는 '원인'의 의미는 문맥에서 취소되지 않는다. 가령 "시골이 공기가 좋아서 매일 아침 기분이 상쾌해. 스트레스 안 받으니까."와 같이 다른 원인 표현이 나오더라도 '-어서'의 '원인' 의미가 취소되지는 않는다. 둘째, 시간 관계 연결어미는 동작의 시간적 결합을 나타내기 때문에 선후행절에 모두 동사가 오는 것이 원칙인데(윤평현 2005 : 209),16) '-어서'는 (10가)와 같이 선행절과 후행절에 형용사가 올 수 있다. 셋째, '-어서'는 (10나)에서와 같이 사태의 시간적 선후 관계가 바뀐 경우에도 사용될 수 있다(최상진 · 임채훈 2008 : 147, 황화상 2008 : 69～70, 각주 10)17) 이는 (10나)의 '-어서'에서 '선행'의 의미 성분의 삭제가 일어난 것이라고 볼 수 있는데 의미 변화의 초기에 기존 의미에 새로운 의미 성분이 추가되지만 그 이후에는 본래의 의미 성분의 일부를 버릴 수 있음을 보여 준다.18)

시간적 관계가 정보성 강화에 의해 새로운 의미를 발전시키는 다른 예로 '-다가'의 예를 들 수 있다.

> (11) 가. 영화를 보다가 나왔다.
>
> 　　나. 도서관에 가다가 영희를 만났어요.
>
> 　　다. 수업을 듣다가 하품을 했다.

'-다가'는 본래 '중단(최현배 1937/1961)', '전환(이은경 1990, 윤평현 2005)' 등의 의미로 기술되었다.19) 본고는 '-다가'가 표현하는 의미는 기본

---

16) 다만 '-자'에는 일부 형용사가 결합될 수 있다. "날이 덥자 냉방 기계가 잘 팔리고 있다. 「표준국어대사전」."의 예가 있다. 그러나 이때 '덥자'는 '더워지자'에 가까운 동사적 의미로 해석된다.

17) 이상복(1978 : 62), 임은하(2003 : 104)에서는 '-어서'가 원인으로 사용될 때에도 계기적으로 일어난 사태에만 쓰인다고 보고 (10나)와 같은 문장을 비문으로 보았다. 그러나 필자에게 (10나)는 가능한 문장으로 판단된다. 또한 "지금 음식 준비하고 있어요, 내일 손님이 오셔서요."와 같이 도치된 문장은 완전히 자연스럽다는 점을 중시할 수 있다.

18) 앞의 각주 6)에서 인용한 Heine et al. (1991가)의 2단계를 참조할 것.

19) (11가)는 '완전 중단'의 예로, (11나)는 '불완전 중단'의 예로 다루어졌다. 그러나 (11나)와 같은 불완전 중단은 엄밀히 말해서 '중단'이라고 보기 어렵다. 영희를 만났다고 해서 도

적으로는 '선행'의 시간 관계에 속한다고 본다. 사태의 시폭이 중첩될 수도 있으나 사태의 시작 시점만을 기준으로 보면 선행절이 후행절에 비해 조금 이라도 앞서야 하기 때문이다. 즉 '선행'이 '-다가'의 핵심 의미이며 사태의 시폭이 중첩될 수 있는 것이 특징이라고 본다.[20]

그런데 다음과 같은 예의 '-다가'는 '원인'의 의미를 가지는 것으로 기술 된다.

(12) 가. 이불을 덮지 않고 자다가 감기에 걸렸다.
나. 저녁마다 라면을 먹다가 위장을 다 버렸다.

(13) 가. 안방에서 자다가 감기에 걸렸다.
나. 냉방에서 자다가 감기에 걸렸다.

(12가, 나)에서 '-다가'의 의미 초점은 '선행'의 시간 관계보다는 '원인'의 논리적 관계에 있다. 그러나 여전히 '선행'의 시간 관계도 성립한다. (13가) 는 단순한 '선행'으로 해석되기 쉽고 (13나)는 '원인'으로 해석되기 쉬운데 이는 추운 방에서 자면 감기에 걸리기 쉽다는 백과사전적 지식에 의존한 해 석일 뿐이다(이기갑 2004 : 552~553, 윤평현 2005 : 320 참조). '선행' 사태 가 문맥이나 화·청자의 지식에 의해 '원인'의 함축을 갖게 되는 현상을 잘

서관에 가는 행위가 중단되지 않을 수도 있기 때문이다. 윤평현(2005 : 318)에서는 '-다 가'가 '계기적인 두 사태의 부분적인 중첩'을 나타낸다고 하였으나 (11가)와 같은 '완전 중단'의 경우에는 겹침이 없을 수도 있기 때문에 '중첩'이 핵심적인 의미는 아니다.
20) '-다가'가 중첩된 사태 즉 동시적 사태를 나타낼 수 있음에도 불구하고 선행절이 시간적 으로 선행하는 사태라는 사실은 '동시'를 나타내는 '-으면서'와 비교해 봄으로써 알 수 있다.
(1) 가. 잠을 자면서 꿈을 꾸었다
나. 꿈을 꾸면서 잠을 잤다.
(2) 가. 잠을 자다가 꿈을 꾸었다.
나. *꿈을 꾸다가 잠을 잤다.
'-으면서'는 동시 관계를 나타내기 때문에 (1가)와 (1나)가 초점은 다르지만 같은 사태를 가리킬 수 있다. 그러나 '-다가'가 사용되면 선행절이 반드시 시간적으로 앞서 시작되어 야 하기 때문에 (2가)는 가능하지만 (2나)는 불가능하다.

보여 준다.

그러나 '-다가'의 '원인' 의미가 완전히 관습화되었다고 보기는 어렵다. '-다가'가 진정한 의미에서 '원인'으로 발전했다면 후행문에 형용사가 오는 것도 가능해야 할 것이지만 "제멋대로 살다가 {*가난하다, 가난해졌다}."에서와 같이 후행절에 형용사가 오는 것은 불가능하다.[21]

한편 '-다가'는 다음과 같은 예에서 '조건'의 의미를 가지는 것으로 기술된다(이기갑 2004 : 560, 윤평현 2005 : 322).

> (14) 가. 너 그렇게 이불 안 덮고 자다가(는) 감기 걸린다.
> 나. 이러다가 오래 못 가지.

(14가)는 앞의 (13가)와 달리 후행절이 미래 사태를 가리키는데 '원인'보다는 '조건'의 의미로 해석된다. 물론 이러한 예에서도 '-다가'의 '선행'의 시간 관련을 여전히 유지되며 '조건'의 의미 성분이 추가된 것으로 이해된다.[22] 후행절이 미래나 가정된 사태인 경우 '선행'의 해석보다는 '조건'의 해석이 우세해진다.[23]

'-다가'가 '선행' → '원인', '선행' → '조건'으로 의미를 확장하는 과정은 문맥과 백과사전적 지식이 '원인'이나 '조건'의 해석을 유도하는 과정을 잘

---

21) '선행'의 연결어미는 선행절과 후행절 모두 대부분 시간적 위치를 논할 수 있는 동사만을 취하는 것이 보통이다. 그런데 '-다가'는 선행절에 형용사가 오는 것도 가능하다. "순이는 처음에는 온순하다가 나중에는 사나워졌다(윤평현 2005 : 305)."와 같은 예가 있다. 그러나 요시모토(2012 : 220~221)에서 논의했듯이 이러한 예의 빈도는 극히 낮은 편이며 명령문에 형용사가 올 수 있는 것과 비슷한 현상이다.
22) 이때 '조건'의 의미는 '주제(topic)'를 표시하는 '는'과 관련이 있다. 즉 '-다가는' 전체의 의미가 '조건'으로 쓰이면서 '-다가'만으로도 '조건'의 의미를 표현하게 되었다고 여겨진다. 본래 주제와 조건이 개념적으로 관련되어 있기도 하거니와 '-어서는' 역시 '조건'의 의미를 가질 수 있기 때문이다. "저래서는 안 되는데, 공부만 해서는 큰 사람이 못 돼." 등의 예가 있다(이기갑 2004 : 563, 각주 24). 이때의 '-어서'는 '선행'의 의미이므로 '-다가는'의 '조건' 의미 역시 '선행'의 '-다가'와 '는'이 결합된 의미일 가능성이 높다.
23) 이은경(1990 : 61), 이기갑(2004 : 561-567)에서 지적되었듯이 선행절 사태가 실현된 사실이고 후행절 시제가 과거로 나타나면 '원인'으로 해석되기 쉽고 선행절 사태가 아직 실현된 사실이 아니고 후행절 시제가 현재 시제로 나타나면 '조건'으로 해석되기 쉽다.

보여 준다. '-다가'의 의미 확장 역시 함축적 의미가 기존의 의미 성분에 추가되면서 보다 구체적인 인접 의미로 전이되는 환유적 의미 확장 과정으로 이해할 수 있다.

3.2. 목적 연결어미의 의미 확장

'목적'을 나타내는 연결어미로는 '-으려고, -고자, -느라고, -답시고' 등이 있다. 여기에서는 '-느라고'와 '-답시고'를 중심으로 '목적'의 의미가 '원인'의 의미로 확장되는 변화를 살펴보고자 한다. 3.1.에서 본 '-어서, -다가' 등이 '의미 성분 추가'에 의한 환유적 과정을 보여 주었다면 여기에서 논의할 '-느라고'와 '-답시고'는 '의미 성분 삭제'에 의한 환유적 과정을 보여 준다.24)

현대 한국어의 '-느라고'는 '원인·이유'로 기술되기도 하고 '의도·목적'으로 기술되기도 하는데, '-느라고'가 기원적으로 의도의 '-오-'를 포함하는 형식임을 고려하면25) '원인·이유'보다는 '의도·목적'이 본래적인 의미인 것으로 생각된다.26)

---

24) '의미 성분 삭제'는 전통적인 문법화 논의에서의 탈색 개념을 성분 분석의 관점에서 표현한 것이다. 박재연(2013 : 266, 274)에서는 "기사님, 저 내릴게요."와 같은 예의 '-을게'가 '약속'의 구체적인 의미를 삭감한 채 '청자를 고려한 의도'만을 표현하는 현상을 주목하고 이를 의미 성분 감소에 의한 환유적 과정으로 보았다.

25) '-느라고'는 '-노라 하고'의 축약에서 나온 형태로서 본래 '-오-'를 포함하는 것이다(허웅 1995 : 843, 안주호 2007 : 112). 이금희(2006가 : 75~76)에서는 '-느라고'가 2, 3인칭 주어를 취할 수 있는 점, '의도'가 없는 문장에도 사용될 수 있는 점 등을 근거로 '-느라고'가 기원적으로 '-오-'를 가지고 있다는 주장을 반박하고 '-느라고'의 기본 의미에 '의도'가 포함되지 않는다고 본다. 그러나 이는 '-느라고'의 다의성을 인정하지 않고 하나의 의미로 해석하려고 하는 태도라고 생각된다. '-느라고'의 기원이 인용 구성인 것을 감안하면 2, 3인칭 주어를 취하는 일도 충분히 설명이 가능하며 본래의 '의도' 의미에서 다른 의미로 전이되었을 가능성은 충분하다.

26) '-으려고, -고자' 등을 '의도' 연결어미라고 하는 경우도 많이 있으나 엄밀히 말하면 연결어미 의미 기술의 메타언어로는 '목적'이 더 적합하다. '의도'는 해당 명제에 대한 화자의 태도에 국한된 독립적인 개념이지만 '목적'은 후행절 사태를 염두에 둔 관계적인 의미이

다음은 '목적'의 의미로 해석되는 '-느라고'의 예이다.

> (15) 가. 숙제를 하느라고 백과사전까지 뒤졌다(이숙 1985 : 133).
> 　　나. 학비를 대느라고 시골의 땅은 다 팔았다(안주호 2007 : 101).

(15가, 나)는 선행절이 후행절의 '목적'으로 해석되는 예이다. '숙제를 하는 것'이 '백과사전을 뒤진' 목적이다. 이때 선행절 사태는 물론이고 후행절 사태도 화자가 의도적으로 행한 행위임을 주목할 필요가 있다. 목적(선행절 사태)이 있는 행위(후행절 사태)는 당연히 의도적 행위이기 때문이다. 따라서 목적의 연결어미가 사용되면 보통은 선행절뿐 아니라 후행절에도 의도적인 사태가 온다.[27]

그런데 행위주가 가진 목적은 넓은 의미에서는 어떤 사태의 원인이라고 할 수 있다. "점심을 먹으려고 식당에 갔다."에서 '점심을 먹고자 한' 목적은 '식당에 간' 사태의 원인의 일종이다. (15나)에서 '학비를 댐'은 '시골의 땅을 다 팖'이라는 행위의 목적인데 '시골의 땅을 다 판' 이유는 '학비를 댐'이다. 즉 '목적'의 관계는 의도성 있는 두 사태 사이에서 성립하는 인과 관계로서 '목적'은 '원인'의 하위 개념이라고 할 수 있다.[28]

다음 예에서 볼 수 있듯이 '-느라고'는 '목적'이 아닌 보다 일반적인 '원인'을 나타낼 수도 있다. '목적'과 '원인'의 해석은 후행절의 의도성 여부에

기 때문이다. '의도'를 포함한 표현이 연결어미로 문법화하면 선행절 행위가 후행절 행위에 대한 목적으로 해석되어 '목적'의 연결어미가 된다. 실제로 '목적' 연결어미 '-느라고, -으려고, -고자' 등은 모두 의도를 포함한 인용 구성이 문법화한 것이다. '-느라고'의 '-오-', '-으려고'의 '-으리-', '-고자'에서는 '지-'가 의도와 관련된다.

27) '목적'의 의미를 가지는 '-으려고'가 선행절에 동사를 요구할 뿐 아니라 후행절에도 동사만을 요구한다는 점을 참고할 수 있다["음악을 들으려고 {*조용하다, 인터넷에 접속했다}]."

28) 하위어는 상위어에 비해 더 구체적인 의미를 가지므로 의미 성분의 수가 더 많다(윤평현 2008 : 155). '원인'에 '의도'의 의미 성분이 추가된 것이 '목적'이므로 '목적'은 '원인'의 하위 개념이 된다. '목적'의 절이 '원인'의 절처럼 '왜' 의문문에 대한 대답이 된다는 것도 참고할 수 있다. "식당에 왜 갔니?"에 대한 대답으로 "배가 고파서."도 가능하지만 "점심을 먹으려고."도 가능하다.

의해 결정된다.29)

      (16) 가. 영희는 영어 공부를 하느라고 학원에 등록했다.
         나. 영희는 영어 공부를 하느라고 얼굴이 반쪽이 되었다.

(16가)는 '-느라고'가 '목적'의 의미를 가지는 예이고 (16나)는 '-느라고'가 '원인'의 의미를 가지는 예다. (16가)에서는 후행절 사태가 의도성을 가지기 때문에 선행절의 목적성도 명확하다. 의도적인 사태만이 목적을 가질 수 있기 때문이다. 그러나 (16나)에서는 후행절 사태가 의도성을 가지지 않기 때문에 이제 선행절은 '목적'이 아니라 '원인'의 해석만을 가진다. '원인'의 해석이 관습화되면서 후행절이 비의도적인 사태인 경우로 문맥이 확대된 것이다.30)

'-느라고'는 후행절 사태는 물론 선행절 사태가 의도성을 가지지 않는 경우에도 쓰일 수 있다. 이는 '-느라고'의 '원인' 의미가 완전히 확립되었음을 보여 준다.

      (17) 가. 늦잠을 자느라고 학교에 지각했다.

---

29) 안주호(2007)에서는 '-느라고'의 의미를 '원인·이유', '동반', '의도·목적'의 세 가지로 나누고 이 세부 의미는 선행절 사태와 후행절 사태의 시간적인 관계에 의해 결정된다고 보았다. 즉 선행절 사건시가 후행절 사건시에 앞서는 경우는 '원인·이유', 두 사건시가 같은 경우는 '동반', 후행절 사건시가 앞서는 경우는 '의도·목적'으로 규정된다고 하였다. 그러나 본고는 시간적 선후 관계가 '원인'과 '목적'의 해석을 가르는 기준은 아니라고 본다. 가령 "영희는 오빠의 학비를 대느라고 공장에 다녔다."는 선행절 사태와 후행절 사태가 동시적이지만 '목적'의 의미로 해석된다. "서울에 오르내리느라고 기술 배울 틈이 없었다."는 선행절이 반드시 선시적이라고 하기 어렵지만 '원인'으로 해석된다.

30) 안주호(2007)에서는 "어머니 모시느라고 고생 많았다."와 같은 문장의 '-느라고'는 '동반'의 의미로 기술된다. '-느라고'가 '동반'으로 해석될 경우 후행절이 '야단이다, 죽을 애를 쓴다, 정신이 없다, 물 끓 듯하다' 등으로 나타난다고 하였다(114면). 이들은 모두 후행절이 비의도적 상태인 경우의 해석으로서 본고의 논의에 의하면 '원인'의 예에 포함된다. 안주호(2007)에서는 이때의 '-느라고'가 '-어서'와 교체되지 않는다는 점을 중시하였으나 이는 '-어서'의 '원인'과 '-느라고'의 '원인'이 다른 성격을 가지기 때문이다. 뒤에서 논의하듯이 '-어서'는 시차 있는 인과 관계에 쓰이고 '-느라고'는 시차 없는 인과 관계에 더 잘 어울린다는 점에서 구별된다.

나. 키 크느라고 비쩍 마르는구나.

(17가)에서 선행절과 후행절은 모두 의도적인 행위가 아니다. (17나)는 선행절에 무정물 주어가 쓰였는데 이는 '원인'의 의미가 완전히 확립되었음을 보여 준다. 이는 '-느라고'에 기원적으로 포함된 '의도'의 의미 성분이 완전히 삭제된 예이다.31) '목적' 연결어미가 '원인' 연결어미로 발전하는 과정은 구체적인 의미가 더 일반적인 의미로 발달하는 과정, 즉 보다 좁은 의미 영역을 표현하던 형식이 인접한 보다 넓은 의미 영역을 표현하게 되는 환유에 의한 것이라고 할 수 있다.

'-느라고'의 '원인' 의미는 '목적'에서 발달한 것이어서 '원인'의 의미로 쓰일 때에도 사태가 시간적으로 겹치지 않으면 사용할 수 없다. '목적'과 그에 따른 행동은 시간적으로 동반되는 것이 자연스럽기 때문이다.

(18) A : 더 드세요.
　　　B : 아니요. 너무 많이 {먹어서, *먹느라고} 배가 불러요(이숙 1985 : 141).

(19) 가. 우리 손주 그동안 {*공부해서, 공부하느라고} 고생이 많았지?
　　　나. 어제 하루 종일 {??이사해서, 이사하느라고} 전화를 못 받았어요.

(18)에서 보듯이 시차가 있는 인과 관계에는 '-느라고'는 잘 쓰이지 않고 '-어서'가 쓰인다. 반면 (19가, 나)에서 보듯이 시차가 없는 인과 관계에는

---

31) '-느라고'가 '원인'으로 확장되었다면 선행절에 형용사가 오는 것도 원리적으로는 가능하다. 그럼에도 불구하고 "*예쁘느라고"는 불가능하대[(17나)의 '크느라고'는 '크다'가 동사로 사용된 예이다]. '-느라고'가 기원적으로 '-느-'를 포함한 형식이기 때문에 형용사를 통합하지 않는 강력한 형태론적 제약을 유지하는 것으로 해석할 수 있다.
채숙희(2011)에서는 '-겠다고'가 하나의 연결어미로 문법화하는 과정을 다루었다. 이때 '-겠-'은 '의도'의 의미를 가지는 '-겠-'이므로 형용사가 통합될 수 없어야 하는데 '-겠다고'는 다음 예에서 일부 형용사에 통합될 수 있다. 이 논의를 참고하면 '-느라고'의 '-느-'가 형용사를 거부하는 형태론적 제약이 '-겠-'보다 강력하다는 것을 볼 수 있다.
가. 자기가 편하겠다고 애들 인생을 망치는 것이죠.
나. 저 혼자 재미있겠다고 없는 사람들한테 돈 뿌려가며(이상 채숙희 2011 : 214)

'-느라고'가 좀 더 자연스럽다. 이는 '-어서'의 '원인' 의미는 '선행'에서 확장된 것이고 '-느라고'의 '원인' 의미는 '목적'에서 확장된 것이기 때문이다. '-느라고'가 시차 없는 인과 관계에만 쓰이는 것은 '목적'의 잔존 의미이다.[32)]

그런데 '-느라고'의 '목적'과 '원인' 의미가 언제나 분명하게 구별되지는 않는다.

> (20) 가. 영화를 찍느라고 {카메라를 샀다, 해외에 갔다 왔다, 배우들을 찾아다녔다}.
> 나. 영화를 찍느라고 {살이 빠졌다, 고생을 많이 했다}.

> (21) 영화를 찍느라고 돈을 많이 썼다.

(20가)는 후행절에 의도적 사태가 와서 '-느라고'가 '목적'으로 해석된다. (20나)는 후행절에 비의도적 사태가 와서 '-느라고'가 '원인'으로 해석된다.[33)] 그런데 (21)의 '-느라고'는 '목적'으로 해석될 수도 있고 '원인'으로 해석될 수도 있으며 두 해석이 경계도 불분명하다. '돈을 많이 썼다'를 의도적 사태로 해석하면 '영화를 찍음'은 목적으로 해석된다. 돈을 많이 쓴 줄을 몰랐는데 결과적으로 돈을 많이 쓴 것이 된다면 '영화를 찍어서 돈을 많이 썼다'에 가까운 해석이 나온다. 그러나 이 두 해석이 문맥에 의해 항상 해소되는 것은 아니며 반드시 해소되어야 하는 것도 아니다. 모호한 맥락이 존재하는 환유적 확장의 특징이다.

다음으로 연결어미 '-답시고'에 대해 살펴보자. '-답시고' 역시 '-다 합시고'의 인용 구성에서 온 연결어미로서(이금희 2006나 : 252), '-느라고'와

---

32) 문법화가 진행되는 과정에서 어떤 문법 형식의 의미가 다른 영역으로 변화했다 하더라도 본래 의미의 흔적을 간직하는 의미 잔존(retention of earlier meaning) 현상은 흔히 나타난다(Traugott & König 1991 : 198).
33) (20가)의 '-느라고'는 '-기 위해'와 대치되고 (20나)의 '-느라고'는 '-어서'로 대치되는 것을 참고할 수 있다.

유사한 점이 많다.

> (22) 가. 영화를 찍는답시고 {카메라를 샀다, 해외에 갔다 왔다, 배우들을
> 찾아다녔다}.
> 나. 영화를 찍는답시고 {살이 빠졌다, 고생을 많이 했다}.

> (23) 영화를 찍는답시고 돈을 많이 썼다.

(22가)는 '목적'을 나타내는 전형적인 예로서 선행절과 후행절이 모두 의도적 사태를 표현한다. (22나)는 선행절이 의도적 사태이지만 후행절은 비의도적 사태이다. 후행절에 비의도적 사태가 온다는 것은 이것이 '원인'의 의미로 쓰인다는 증거이다. (23)는 후행절이 의도적 사태일 수도 있고 비의도적 사태일 수도 있어서 '목적'과 '원인'의 해석에서 중의성을 보인다. '돈을 많이 썼다'가 의도적 사태라면 '-답시고'는 '목적'으로 해석된다. "영화를 찍기 위해 돈을 많이 썼다"의 의미이다. 그러나 그것이 의도적 사태가 아니라면 "영화를 찍어서 돈을 많이 썼다."로도 해석 가능하다.

앞에서 '-느라고'가 사용된 경우 선행절에도 비의도적 사태가 올 수 있는 것을 보았다. 그러나 '-답시고'의 경우에는 비의도적인 형용사 사태가 올 수는 있지만 동사 사태가 올 수는 없다는 점이 특징적이다.

> (24) 가. 언니는 얼굴이 예쁘답시고 남자들에게 쌀쌀맞게 군다(『표준국어대
> 사전』).
> 나. *늦잠을 잔답시고 학교에 가지 못했다.

(24가)는 '-답시고'의 선행절에 형용사가 올 수 있음을 보여 준다. 그러나 (24나)와 같이 비의도적인 동사 사태가 오는 것은 불가능하다. '-답시고'의 의미 확장 역시 '-느라고'의 경우와 비슷하게 '의도'의 의미 성분 삭제에 의한 환유적 의미 확장 과정으로 볼 수 있다.[34]

4. 연결어미의 은유적 의미 확장

4.1. 대립 연결어미의 의미 확장[35]

연결어미 '-지만'의 다의성을 은유적 의미 확장의 관점에서 살펴보기로
한다. 다음은 '-지만'이 '대립'을 나타내는 전형적인 예이다.

　(25) 가. 영희는 공부는 잘하지만 성격은 그다지 좋지 않다.
　　　　나. 겨울이 왔지만 날씨가 따뜻하다.

(25가, 나)에서 선행절과 후행절은 내용상 대립된다. 그러나 다음의 예는
선행절과 후행절이 내용상 대립되지 않는다.

　(26) 가. 같이 일해 보진 않았지만 그 사람 괜찮은 사람이야.
　　　　나. 더 다녀 봐야겠지만 사무실이 분위기가 좀 냉랭해.
　　　　다. 제가 음악을 잘 모르지만 첼로 연주가 너무 멋졌어요.

(26)에서 대립되는 것은 선행절 사태와 후행절 사태의 내용이 아니다. 가
령 (26가)에서 '같이 일해 보지 않은' 사태와 '그 사람이 괜찮은 사람인' 사
태는 서로 무관한 사태이다. 이때의 대립은 '같이 일해 보지 않은' 사태와
'그 사람이 괜찮은 사람임을 인식한 것' 사이에서 성립한다. '-지만'이 본래
적인 내용 영역에서의 대립 용법으로 사용되려면 (26가)는 "같이 일해 보진
않았지만 그 사람 괜찮은 사람인 것을 알 수 있었어."와 같이 사용되어야

---

34) Traugott & König(1991 : 209)에서는 의미 변화에서 발생하는 의미 화용적 경향 중의 하나
　로 상황에 대한 주관적 믿음 상태나 태도가 증가하는 방향으로 변화한다는 주관화
　(subjectification) 경향을 들었다. -답시고'에는 사태에 대한 가벼운 경멸의 주관적 태도가
　포함되어 있는데(이금희 2006나 : 252), 이와 같은 맥락에서 설명된다.
35) '-지만'의 의미는 대등적 관계의 '역접'으로 이해되기도 하고 종속적 관계의 '양보'로 이
　해되기도 한다. 본고는 이 문제를 비껴가기 위해 이은경(1990), 윤평현(2005)를 따라 '대
　립'이라는 용어를 사용한다.

할 것이다. (26)과 같은 '-지만'의 용법은 '인식 영역에서의 대립'이라고 할 수 있다.

'-지만'의 이러한 용법에서 후행절은 화자가 인식한 내용을 표현하므로 '추측'의 '-은가 보-', '과거 지각'의 '-더-'와 같이 인식 양태(epistemic modality)와 관련한 요소가 후행절에 올 수 있다.

> (27) 가. 같이 일해 보진 않았지만 그 사람 괜찮은 사람인가 봐.
> 나. 더 다녀 봐야겠지만 사무실이 분위기가 좀 냉랭하더라.

이때 '-은가 보-'나 '-더-'의 의미를 '~이라고 추측하다, ~을 알게 되다'와 같이 수행 가설(performative hypothesis)의 분석 방법으로 풀어 해석하면 '-지만'을 내용 영역에서의 대립으로도 이해할 수 있다.

한편 다음의 '-지만'은 화행 영역에서의 대립을 나타낸다.

> (28) 가. 다 아는 사실이지만 그 사람은 구두쇠야(이은경 1990 : 46).
> 나. 너도 알고 있지만 그가 그렇게 몰염치한 사람은 아니다(김영희 2005 : 45, 각주 4).
> 다. 저희 회사 광고에 한번 나오시면 좋겠어요. 윗사람에게 물어봐야 겠지만요(이희자 · 이종희 1999 : 389).

(28가)에서 '다 아는 사실'은 '그 사람이 구두쇠이다'라는 후행절 명제를 가리킨다. 그런데 그것이 누구나 다 아는 사실이라면 화자가 그 내용을 말하는 것은 그라이스(H. P. Grice)의 양의 격률(Maxim of Quantity)을 위배하는 발화가 된다. 이때 '-지만'을 사용하는 것은 다 아는 사실임에도 불구하고 후행절 발화를 하는 것이 대립되는 것을 표현하기 위한 것이다. (28나) 역시 명제 차원에서 '너도 알고 있다'와 '그가 그렇게 몰염치한 사람은 아니다'가 대립하는 것이 아니라, '네가 이미 알고 있는' 사태와 화자가 후행절에서 진술의 발화를 하는 사태가 대립된다. 즉 선행절 사태는 후행절 화행과 대립

된다. 만약 '-으면'이 내용 영역에서의 대립을 표현한다면 (28가)는 "다 아
는 사실이지만 그 사람은 구두쇠라고 나는 말한다."와 같이 사용되어야 할
것이다.

'-지만'을 포함한 다음의 굳어진 표현들도 화행 영역 확장과 관련된다.[36]

　(29) {미안하지만, 죄송하지만, 실례지만, 번거로우시겠지만} 이것 좀 도와
　　　주세요.

이때의 '-지만'도 화행 영역에서의 대립을 표현한다. 가령 '미안한 사태'
는 후행절 발화를 수행하는 것과 대립된다. 미안함에도 불구하고 후행절의
명령의 화행을 수행한다는 의미이다.

'-지만'의 인식 영역, 화행 영역에서의 의미 확장은 2장에서 본 '선행, 목
적'의 연결어미의 의미 확장, 즉 문맥에서 생산된 함축으로 의미 성분을 추
가하거나 기존의 의미 성분 중 일부를 삭제하면서 인접 의미로 변화하는 과
정과는 완전히 구별된다. 이는 '명제 내용, 명제 내용에 대한 인식, 명제 내
용의 발화'라는 서로 다른 영역에서 존재하는 '대립' 관계의 유사성에 기반
한 은유적 확장이다.[37]

---

36) 이희자・이종희(1999 : 388~389)에서는 이러한 용법을 [미안하다, 실례하다 등의 말에
　　관용적으로 붙여] 부탁하거나 청할 때 겸손하게 양해를 얻음을 나타냄이라고 뜻풀이하
　　였다.
37) Sweetcher (1990 : 76)에서는 이러한 의미 확장을 화용적 중의성(pragmatic ambiguity)으로
　　다루었다. 심사위원 중의 한 분께서는 본고에서 환유적 현상으로 다룬 것은 의미론적인
　　과정이지만 은유적 현상으로 다룬 것은 화용론적인 과정으로서 함께 다룰 수 없다고 하
　　셨다. '선행, 원인, 목적' 등의 의미와 '인식 영역에서의 원인, 화행 영역에서의 대립' 등
　　이 같은 지위를 가질 수 없다는 것이다.
　　그러나 기존의 논의에서 '-으니까'의 '인식 영역에서의 원인' 용법은 '발견' 등의 의미로,
　　'-으면'의 '화행 영역에서의 대립'은 '설명' 등의 독립된 의미 항목을 가지는 것으로 기술
　　되어 왔다. 본고에서는 그 의미 확장 과정을 분명히 보여 주는 메타언어를 사용하였을 뿐
　　이다.
　　모든 의미 확장이 화용론적 해석에서 시작되는 것은 자명하다. 환유적 확장에서도 함축
　　의 관습화가 온전히 진행되지 않은 경우를 보았거니와 어떤 현상이 의미론적인가 화용론
　　적인가는 결국 관습화 정도의 문제에 지나지 않는다. 사실 인지언어학적 관점은 의미론
　　적인 의미와 화용론적인 의미의 경계를 심각하게 취급하지 않는다. 어떤 형식의 의미는

4.2. 조건 연결어미의 의미 확장

2장에서 '-으면'의 의미 확장에 대해 살펴본 바 있다.

(30) 가을이 오면 단풍이 든다.

(31) 가. 휴일에 에버랜드에 가면 전국의 유모차가 총출동해 있어.
    나. 오래 지내 보면 괜찮은 사람이더라.

(32) 가. 거칠게 말하면 한국에서 정규직은 특권화되어 있고 비정규직은 노
    예화되어 있다.
    나. 솔직히 말하면 저도 가끔씩 좋아요.

(30)은 내용 영역에서의 조건을 표현하는 '-으면'의 일반적인 용법이다.
(31가, 나)는 인식 영역에서의 조건을 표현한다. (32가, 나)는 화행 영역에서
의 조건을 표현한다.

(31)과 같은 인식 영역 확장 용법의 경우 선행절에는 화자의 인식 행위가
발생한 계기를 기술하는 내용이 온다. (31가)의 내용을 선후행절 사태 사이
에 조건 관계가 성립하도록 표현하려면, 즉 내용 영역 용법의 '-으면'으로
표현하려면 "휴일에 에버랜드에 가면 전국의 유모차가 총출동해 있는 것을
알 수 있어."라고 해야 한다. 후행절에는 선행절의 조건에서 인식한 내용이
오기 때문에 (31나)에서와 같이 후행절에는 '-더-'와 같은 인식 양태 요소
가 올 수 있다.38) 한편 '-으면'이 화행 영역 확장 용법으로 쓰인 (32나)의 의

근본적으로 문맥의 '안내를 받는다'고 보기 때문이다(Evans & Green 2006/임지룡·김동
환 역 2008 : 236). 필자로서는 "인사동에 가 보면 골동품이 많다."와 같이 선행절과 후행
절이 명제 내용 차원의 조건 관계를 가지지 않는 '-으면'의 용법을 굳이 "겨울이 오면 날
씨가 추워진다."의 '-으면'과 의미론적으로 같으나 화용론적인 해석에서 다르다고 기술
하는 것의 이점을 찾기 어렵다.

38) 이때 '-더-, -겠-' 등을 수행 가설적으로 풀어 해석하면 '내용 영역에서의 조건'으로도
이해될 수 있다.

미를 내용 영역 용법으로 쓰려면 '솔직히 말하면 저도 가끔 존다고 <u>말할 수</u> <u>있어요.</u>'와 같이 쓰여야 할 것이다.

주의할 점은 '–으면'의 인식 영역 확장 용법은 앞에서 본 영어의 'if'의 인식 영역 확장 용법과 완전히 일치하지는 않는다는 것이다. 2장에서 보았듯이 "If she's divorced, (then) she's been married."는 화자가 선행절 사태를 '알게 된' 것이 후행절 사태를 알게 된 조건이라는 의미이다. 그러나 (31)의 '–으면'은 '선행절 행위를 화자가 수행한 것'이 후행절 사태를 알게 된 조건이라는 의미를 표현한다. 즉 위의 영어 문장을 "그녀가 이혼했으면 그녀는 결혼했었다."와 같이 직역하는 것은 매우 어색하다. "그녀가 이혼한 것을 <u>보면</u> 그녀는 결혼했었다."가 좀 더 자연스럽다.

라디오 방송의 다음과 같은 발화도 '–으면'이 은유적으로 확장된 의미를 보여 준다.

> (33) 매일 저녁 여섯 시부터 여덟 시까지 편안하고 친근한 음악들로 함께 하고 있습니다. <u>듣고 싶은 노래 있으시면 인터넷 주</u>숩니다. 더블유더 블유 점 시비에스 점 시오 점 케이알(www.cbs.co.kr) (후략) (CBS FM. '배미향의 저녁스케치' 고정 안내 발화)

밑줄 친 발화의 선행절과 후행절이 통상적인 '–으면'의 조건 관계에 의해 접속되었다고 보기는 힘들다. 선행절과 후행절은 명제 내용의 차원에서 조건 관계를 가지는 것이 아니기 때문이다. 선행절은 후행절 발화의 조건일 뿐이다. '(청취자가) 듣고 싶은 음악이 있는' 사태가 화자가 인터넷 주소를 알려 주는 발화를 하는 조건이 된다는 것을 의미한다.39)

군어진 표현으로서 담화에서 자주 사용되는 '예를 들면', '다시 말하면' 등에서 나타나는 '–으면'도 화행 영역 확장의 용법으로 기술할 수 있다.40)

---

39) 이러한 문장은 어떤 관점에서는 비문에 가깝다. 그러나 필자가 이 방송을 들은 10여 년 동안 이 발화가 별다른 저항 없이 청취자들에게 수용되고 있음을 중시한다.
40) 이러한 예는 이은경(1990)에서는 '조건'과는 별도의 의미 범주 '설명'으로 기술된다.

(34) 가. 예를 들면 현재 전국적으로 전세 물량이 눈에 띄게 감소하고 있다.

　　　 나. 다시 말하면 미디어에서 컨테이너란 어떤 내용물을 담고 있는 상
　　　　　 태를 정의할 뿐이다.

(34가)에서 '예를 드는 것'은 후행절 사태의 사실성에 대한 조건이 아니
다. '(화자가) 예를 드는' 사태와 '현재 전국적으로 전세 물량이 눈에 띄게
감소하는' 사태 사이에는 조건 관계가 전혀 성립하지 않는다. '예를 드는
것'은 후행절 화행(진술)의 조건이다. '예를 드는' 조건에서 후행절 발화가
성립한다는 뜻이다. (34나) 역시 마찬가지이다. '다시 말하는' 사태와 후행절
사태 사이에서 조건 관계가 성립한다는 것이 아니라 '다시 말하는' 조건에
서 후행절 발화가 성립한다는 것이다. '-지만'에서 보이는 은유적 의미 확
장이 '-으면'에서도 거의 동일하게 나타나는 것을 확인할 수 있다.

4.3. 원인 연결어미의 의미 확장

이원표(1999), 임은하(2003)에서는 '-으니까'에서 은유적 확장이 일어난다
는 사실을 논의한 바 있다.[41] '원인' 연결어미에서 나타나는 의미 확장은 앞
에서 본 '대립'이나 '조건'의 연결어미에 비하면 복잡한 문제가 많다. 먼저
'-으니까'의 예를 보자.

(35) 겨울이 {되니까, 되어서} 해가 빨리 진다.

(35)에서 선행절 사태는 후행절 사태에 대한 원인을 나타낸다. 이 경우에
는 '-어서'도 사용될 수 있다. '-으니까'가 '내용 영역에서의 원인'을 나타
내는 일반적인 예이다.

---

41) 임은하(2003)에서는 같은 '원인'의 연결어미 '-길래, -기에, -기로, -다고'에서는 은유적
　 의미 확장이 일어나지 않는다는 점을 지적하였다.

한편 '-으니까'가 사용된 다음 예는 '발견(남기심·루코프 1983)', '설명 (이은경 1990 : 35)', '지각 상황 설정(서정수 1994 : 1198)', '지각(윤평현 2005 : 261)' 등의 용법으로 기술되었다.

> (36) 가. 집에 가니까 어머니께서 갈비찜을 해 놓으셨다.
> 나. 청계천 상가에 가 보니까 별의별 물건들이 다 있었어요(윤평현 2005 : 240).
> 다. 오래 겪어 보니까 그 사람 좋은 사람이더라.

(36가~다)의 예에서 '-으니까'는 선행절 상황에서 후행절 사태를 발견하는 의미를 표현한다. 기존의 논의에서는 이러한 '-으니까'의 용법을 '원인' 용법과 직접 관련이 없는 것으로 다루었으나 이때에도 '원인'의 의미 관계가 성립하는 것을 주목할 필요가 있다. (36가)의 예는 집에 간 것이 어머니가 갈비찜을 하신 것을 알게 된 계기라는 의미이다. 즉 선행절의 화자의 행위는 화자가 후행절 사태를 알게 된 계기, 즉 원인이라고 할 수 있다.[42] 따라서 '-으니까'의 이러한 용법은 '-으니까'가 '인식 영역에서의 원인'의 의미로 확장된 용법이라고 할 수 있다.

Sweetcher (1990)에서는 영어의 'because'가 "He loves her, because he came back."과 같은 문장에서 '인식 영역에서의 원인'을 나타낸다고 보았다. 그런데 '-으면'의 경우와 마찬가지로 '-으니까'도 영어의 'because'에 정확히 대응하는 인식 영역에서의 확장 용법을 가지는 것은 아니다.

> (37) 가. *철수가 다시 돌아왔으니까 철수는 영희를 사랑하는가 보다.
> 나. 철수가 다시 돌아온 것을 보니까 철수는 영희를 사랑하는가 보다.

> (38) 가. ??땅이 젖어 있으니까 간밤에 비가 왔어.[43]

---

42) '계기(契機)'의 사전적 의미는 '어떤 일이 일어나거나 변화하도록 만드는 결정적인 원인이나 기회'이다.

43) 남기심(2001 : 268)에서는 "길이 지니까 비가 온 것이 틀림없다."의 예에서 '-으니까'가

나. 땅이 젖어 있는 걸 보니까 간밤에 비가 왔어.

영어의 'because'가 가지는 인식 영역에서의 확장 용법은 '그가 돌아온 것을 알게 된 것'이 '그녀를 사랑하는 것을 알게 된 것'의 원인이라는 것이다. 그런데 한국어에서는 이를 직역한 (37가)와 같은 표현은 불가능하다. 인식의 계기가 된 행위 자체가 선행절로 오는 (37나)와 같은 문장이 자연스럽다. 즉 '철수가 다시 돌아온 것을 본 것'이 '철수가 영희를 사랑하는 것'을 알게 된 이유라는 것이다. (38)에서도 (38가)보다는 (38나)가 자연스럽다. 따라서 인식 영역 확장 용법에서는 선행절에 1인칭 주어를 취하고 인식의 계기를 나타내는 동사가 많이 쓰인다.[44]

이때 후행절에는 선행절 행위의 결과 새롭게 알게 된 내용이 오므로 인식 양태를 표현하는 '-겠-, -더-, -네' 등이 통합되기도 한다. 이는 '-지만'과 '-으면'의 인식 영역 확장 용법에서도 보았던 현상이다.

> (39) 가. 영희 얼굴을 보니까 그동안 고생이 많았겠더라.
> 나. 선거에서 떨어지고 보니 불쌍한 사람은 본인과 그 가족이더라(윤평현 2005 : 263).
> 다. 집에 가니까 글쎄 엄마가 혼자 김장을 하고 계시네.

(39가)는 "영희 얼굴을 보았기 때문에 그동안 고생이 많았던 것을 새롭게 추측하게 되었다."의 의미이다. 이때 '-겠-, -더-, -네'를 수행 가설의 방법으로 해석하면 내용 영역 원인 용법을 가지는 것으로도 기술할 수 있다.[45]

화자의 추리 판단의 결과를 나타낸다고 보았다. 이러한 직관을 존중한다면 '-으니까'가 'because'와 유사한 방식의 의미 확장을 보인다고 할 수 있다. 그러나 필자에게는 "길이 진 것을 <u>보니까</u> 비가 온 것이 틀림없다."가 훨씬 자연스럽다.

44) '-으니까'가 소위 '발견' 용법에서는 선행절에 형용사가 올 수 없다는 점이 지적되었다(이은경 1990 : 35). 이는 선행절이 인식을 유발하는 행위여야 하기 때문이다. '발견' 용법의 선행절에는 '가다, 오다' 등 이동 동사나 '생각하다' 등의 사유 동사, '물어보다' 등의 발화 동사 등이 자주 쓰이는데 이들은 모두 인식의 계기 혹은 방법과 관련이 있다(박재연 2011 : 192, 각주 32).

45) 관용적 쓰임을 보이는 '알고 보면'과 '알고 보니까'는 모두 '-으면'과 '-으니까'가 인식

한편 임은하(2003)은 다음과 같은 '-으니까'를 화행 영역에서의 의미 확장이 일어난 예라고 하였다.

(40) 가. 열쇠 있는 델 아니까 여기서 좀 기다려 주세요(임은하 2003 : 16).
　　　나. 날씨가 풀렸으니까 집안 청소나 하자.
　　　다. 약속을 했으니까 신발은 사 주마.

(40)의 선행절은 화자가 후행절 화행을 하게 된 원인이다. 임은하(2003)에서는 후행절에 명령문이나 청유문이 오는 예를 '-으니까'의 의미가 화행 영역에서 확장된 예로 들었다. 그런데 '-으니까'의 화행 영역 확장 용법은 후행절의 화행의 유형에 따라 제한적으로만 나타난다.

(41) 가. *내가 용기를 냈으니까 나 너 좋아해.
　　　나. *네가 혼자 못 찾을 것 같으니까 그거 100페이지쯤에 있어.
　　　다. 열쇠 있는 델 아니까 여기서 좀 기다리시는 게 좋겠네요.

(42) 가. *제가 여기 지리를 모르니까 이 근처에 우체국이 있나요?
　　　나. 오늘 나 한가하니까 영화 보러 갈래?

(41가, 나)는 '-으니까'의 후행절이 평서문인 경우이다. '-으니까'의 화행 영역 확장 용법이 성립한다면 (41가)는 "내가 용기를 냈기 때문에 나는 너를 좋아한다고 고백한다."와 같은 의미로 해석되어야 할 것이다. 그러나 (41가, 나)는 모두 성립하지 않는다. 그런데 (41다)는 후행절이 평서문임에도 불구하고 '명령'의 화행을 수행하기 때문에 성립할 수 있다. 한편 (42가)는 후행절에 순수하게 정보를 물어보는 의문문이 온 경우인데 역시 성립하지 않는다. 그러나 (42나)와 같이 청자의 의도를 물어보는 의문문이 오면 성립한다. 즉 후행절에 '명령, 청유, 약속, 청자의 의도에 대한 질문' 등 '의도'를

───────

영역 확장 용법을 보이는 예이다.

포함하는 화행 유형이 오는 경우에 '-으니까'의 화행 영역 확장 용법이 제한적으로 성립한다고 기술할 수 있다.

다음으로 '-어서'의 은유적 의미 확장에 대해서 생각해 본다.[46] 임은하(2003)에서는 '-어서'는 '-으니까'와는 달리 인식 영역, 화행 영역으로의 은유적 확장을 겪지 않는다고 하였다.

> (43) 가. 학교에 {*가서, 가니까} 아이들이 많더라.
> 　　　나. 집에 {*가서, 가니까} 엄마가 갈비찜을 해 놓으셨다.
>
> (44) 가. *열쇠 있는 델 알아서 여기서 좀 기다려 주세요.
> 　　　나. *내가 용기를 내서 나 너 좋아해.
> 　　　다. *네가 혼자 못 찾을 것 같아서 그거 100페이지쯤에 있어.

(43가, 나)에서 알 수 있듯이 '-어서'는 '-으니까'에 대응하는 인식 영역 확장 용법을 가지지 않는다. (44가~다)는 '-어서'가 화행 영역 확장 용법을 가지지 않는다는 사실을 보여 준다.

그러나 '-어서'가 이끄는 절이 후행절 뒤로 도치되거나 '-어서' 뒤에 '요'가 통합되어 선행절과 후행절의 분리성이 커지면 '-어서'도 화행 영역 확장에 해당하는 용법을 가질 수 있다는 점이 주목된다.

> (45) 가. 그거 100페이지쯤에 있어. 네가 혼자 못 찾을 것 {같아서, *같으니까}.
> 　　　나. 빨리 손 씻고 식탁에 앉아라. 오늘은 내가 너희 {*엄마라서, 엄마니까}.
>
> (46) 가. 제가 부산에 {살아 봐서요, *살아 봤으니까요}, 부산은 겨울에 하나도 안 추워요.
> 　　　나. 저, 제가 여기 지리를 {몰라서요……, *모르니까요……}, 혹시 이 근처에 우체국이 있나요?

---

46) '-어서'는 본래 '선행'이 기본 의미이고 '원인'은 거기서 환유적 확장을 겪은 2차적 의미임을 3장에서 본 바 있다.

(45가)는 '-어서'가 통합된 절이 뒤로 도치된 것인데 잘 성립한다. '네가 혼자 못 찾을 것 같다'고 화자가 추측한 것이 '그것이 100페이지쯤에 있다'라는 진술의 발화를 하는 원인인 것으로 해석된다.[47] 그러나 (45나)와 같이 명령문이 사용될 수는 없다. 이는 본래 '-어서'는 후행절에 명령문을 취하지 않기 때문이다. (46가, 나)는 '-어서' 뒤에 '요'가 통합된 것으로서 화행 영역 확장 용법으로 성립 가능하다. 이 경우 '-으니까'는 사용되지 못한다. 앞에서 보았듯이 '-으니까'는 후행절에 '의도'를 포함하는 화행 유형이 사용된 경우에만 화행 영역 확장 용법을 가지기 때문이다. 요컨대 선행절과 후행절의 분리성이 커지면 '-어서'의 화행 영역 확장 용법이 가능해지는 것을 볼 수 있다.[48]

다음과 같은 '-어서'의 용법도 같은 맥락에서 설명된다.

(47) 가. {예를 들어서, 예를 들면, *예를 드니까} 어린이들의 하루 수면 시
　　 간과 놀이 시간에 대해서 조사해 볼 수 있다.
　　 나. {다시 말해서, 다시 말하면, *다시 말하니까} 어떤 사태의 흔적을
　　 보고 그 사태를 추론하는 것이다.
　　 다. 한마디로 {말해서, 말하면, *말하니까}, 철수는 그때 바보 짓을 한
　　 것이었다.
　　 라. 솔직하게 {말해서, 말하면, *말하니까}, 나는 사람을 만나는 일이
　　 꼭 즐겁지는 않다.

(47가~라)의 '-어서'는 기존의 '선행, 원인, 방식' 등 '-어서'의 일반적인 의미로는 설명되기 어렵다.[49] 흥미로운 것은 이러한 '-어서'의 용법이 '-으

---

47) (45가)는 "그거 100페이지쯤에 있어서. 네가 못 찾을 것 같아서 이 말을 했어."에서 '이 말을 했어'가 생략된 것이라고 볼 가능성도 있다. 그러나 (45나)에서 '-어서'가 쓰이지 못하는 것을 고려하면 이러한 가능성은 크지 않다.
48) 영어에서도 마찬가지 현상이 보인다. 'because, since, although'의 인식 영역, 화행 영역 확장 용법에서도 휴지나 반점(,)이 필수적이다. "Anna loves Victor, because he reminds her of her first love."가 인식 영역 확장 용법으로 해석되려면 주절 뒤의 하향 억양과 휴지 혹은 반점이 필요하다(Sweetcher 1990 : 82~83).
49) 이희자·이종희(1999 : 337, 345)에는 '예를 들어, 예를 들어서'의 '-어, -어서'가 모두

면'의 화행 영역에서의 조건 용법과 평행하다는 것이다.[50] (47가)에서 '예를 드는 것'은 후행절 사태의 사실성에 대한 조건이나 원인이 아니라 후행절 화행(진술)의 조건이나 원인이다. 이때 '예를 들면'과 예를 들어(서)'의 기능은 합류된다. '-으니까'는 후행절이 '진술'의 화행 유형을 가질 때 화행 영역 확장 용법을 가지지 못하므로 이 경우 '-으니까'는 사용될 수 없다. '-어서'가 선행절이 후행절 뒤로 도치된 경우에만 화행 영역 확장 용법을 가질 수 있었던 것을 고려하면 '예를 들어서' 역시 후행절과 분리성이 높기 때문에 화행 영역 확장 용법을 보일 수 있는 것으로 생각된다.[51]

5. 결론

지금까지 연결어미의 의미 확장을 두 종류로 나누어 살펴보았다. 논의한 바를 요약하면 다음과 같다.

첫째, '선행'의 의미를 가지는 '-어서, -다가' 등이 '원인' 혹은 '조건'의 의미로 발달하는 의미 확장은 문맥에서 발생한 함축이 의미 성분으로 관습화하는 의미 성분 추가 현상에 의한 것으로서 인접한 의미로의 전이라는 점에서 기본적으로 환유적 성격을 가진다.

둘째, '목적'의 의미를 가지는 '-느라고, -답시고'가 '원인'의 의미로 발달하는 의미 확장은 기존의 의미 성분의 일부가 삭제되는 의미 성분 삭제

'설명의 뜻을 나타냄'으로 풀이되어 있다.

50) '조건'은 흔히 '원인 함축(causal implication)'을 가져서(Saeed 1997/2009 : 93), "영희가 오면 철수는 간다."는 많은 경우 "영희가 와서 철수가 간다."를 함축하는데, 이와 관련 있는 현상으로 생각된다.

51) 이 문제에 대해서는 다른 방식의 설명이 필요할 수도 있다. 이기갑(1998 : 108~109)에 의하면 15세기 한국어의 '-어'는 현대의 '-어'에 비해 쓰임이 훨씬 광범하여 '-고, -으려고, -으면서'로 쓰일 문맥에서도 '-어'가 쓰였다. "이 꽃은 진달래가 아니라 철쭉이다(이기갑 1998 : 118)"와 같은 예에 '-어'의 이전 시기 용법의 잔영이 남아 있다. '예를 들어서'는 '예를 들어'로도 많이 쓰이는데 '-어'의 이전 시기 용법의 잔영일 가능성도 있다.

현상에 의한 것으로서 역시 인접한 의미로 발달하는 환유적 과정이다.

셋째, '대립'의 '-지만', '조건'의 '-으면', '원인'의 '-으니까, -어서' 등은 일반적으로 '내용 영역에서의 대립, 조건, 원인'을 나타내지만 '인식 영역에서의 대립, 조건, 원인'이나 '화행 영역에서의 대립, 조건, 원인'을 나타내기도 한다. 이는 서로 다른 영역을 넘나들면서 발생하는 은유적 과정으로 볼수 있다.

넷째, 기존의 논의에서 그 의미가 선명하게 기술되지 못한 일부 연결어미의 '설명, 전제, 제시' 등의 용법과 해당 연결어미의 기본 의미로 잘 설명되지 않은 일부 용법들은 '명제 내용, 명제 내용에 대한 인식, 명제 내용의 발화' 등 서로 다른 영역을 넘나드는 연결어미의 은유적 확장의 결과로 이해할 수 있다.

지면의 제약으로 더 많은 연결어미를 다루지 못하였으나 다른 연결어미의 의미 확장도 환유와 은유의 관점에서 분류가 가능하다. '동시'의 의미를 가지는 '-으면서'가 "너는 밥을 안 먹었으면서 왜 먹은 척하니?"에서 '대립'의 의미를 가지는 것은 의미 성분 추가에 의한 환유적 확장의 결과이다. 반면 "홍보가 기가 막혀 대답하되, 제가 홍보올시다."에서의 '-되'는 일반적인 '-되'의 '배경' 용법과 잘 연결되지 않는데,[52] '-되'의 '배경' 의미가 화행 영역으로 확장된 결과로 볼 수 있다. '조건'의 '-을진대', '원인'의 '-은즉슨'에서도 각각 '-으면'과 '-으니까'와 유사한 의미 확장이 일어난다.

환유와 은유는 새로운 사물에 대한 명명, 어휘 형식과 문법 형식의 의미 확장, 나아가 간접 화행과 같은 화용론적인 현상 등 어휘적 · 문법적 · 화용적 현상과 통시적 · 공시적 현상에 두루 퍼져 있는 광범위한 인지적 원리이다. 이 논문의 의의는 한국어 연결어미라는 특정한 부류의 의미 확장에서 환유와 은유라는 근본적인 인지적 원리가 작동하는 양상을 구체적으로 보인 데에 있다.

---

52) 윤평현(2005 : 275)에서는 이러한 '-되'의 용법을 '인용'이라는 의미로 기술하는데 '부가'의 일종으로 본다.

참고문헌

김영희. 2005. 「한국어 통사 현상의 의의」, 역락.

남기심. 2001. 「현대국어 통사론」, 태학사.

남기심·루코프 1983. "논리적 형식으로서의 '-니까'와 '-어서' 구문", 고영근·남기심 공편. 1983. 「국어의 통사·의미론」, 탑출판사.

박재연. 2007. "문법 형식의 의미 기술과 통사론·의미론·화용론", 「한국어학」 37, 한국어학회, pp.181-206.

박재연. 2011. "한국어 연결어미 의미 기술의 메타언어 연구 : '양보, 설명, 발견'의 연결어미를 중심으로", 「국어학」 62, 국어학회, pp.167-197.

박재연. 2013. "한국어 의도 관련 어미의 환유적 의미 확장", 「국어학」 68, 국어학회, pp.253-288.

서정수. 1994. 「국어문법」, 뿌리깊은나무.

안주호. 2007. "연결어미 {-느라고}의 형성과정에 대한 연구", 「한국언어문학」 62, 한국언어문학회, pp.97-121.

요시모토 하지메. 2012. "연결어미 '-다가'의 기능과 문법적 제약", 「국어교육」 137, 한국어교육학회, pp.213-235.

윤평현. 2005. 「현대국어 접속어미 연구」, 박이정.

윤평현. 2008. 「국어의미론」, 역락.

이금희. 2006가. "'-느라고, -느라면, -느라니까'의 통사 의미적 특징", 「반교어문연구」 21, 반교어문학회, pp.59-86.

이금희. 2006나. "인용문 형식의 문법화 : 문법화 과정과 문법화 정도에 대하여", 「국어학」 48, 국어학회, pp.233-258.

이기갑. 1998. "'-어/어서'의 공시태에 대한 역사적 설명", 「담화와 인지」 5-2, 담화와인지학회, pp.101-121.

이기갑. 2004. "'-다가'의 의미확대", 「어학연구」 40-3, 서울대학교 언어교육원, pp.543-572.

이상복. 1978. "국어의 연결어미에 대하여 : '-아서'를 중심으로", 「말」 3, 연세대학교 한국어학당, pp.59-80.

이 숙. 1985. "연결어미 '-느라고'의 의미적·통사적 분석", 「말」 10, 연세대학교 한국어학당, pp.125-145.

이원표. 1999. "인과관계 접속표현 : 세 가지 의미 영역과 일관성의 성취", 「언어」 24-1, 한국언어학회, pp.123-158.

이은경. 1990. "국어 접속어미 연구", 「국어연구」 97, 국어연구회.

이희자・이종희. 1999. 「텍스트 분석적 국어 어미의 연구」, 한국문화사.

임은하. 2003. "현대국어의 인과관계 접속어미 연구", 서울여자대학교 박사학위논문.

임지룡. 2009. "다의어의 판정과 의미 확장의 분류 기준", 「한국어 의미학」 28, 한국어 의미학회, pp.193-226.

장광군. 1999. 「한국어 연결어미의 표현론」, 월인.

정수진. 2011. "연결어미 '-고'의 다의적 쓰임에 대한 인지적 해석", 「언어과학연구」 58, pp.211-232.

정수진. 2012. "연결어미 '-어서'의 의미 확장에 대한 인지언어학적 접근", 「국어교육연구」 50, 국어교육학회, pp.405-426.

조은영・이한민. 2011. "반말체 어미 '-게'의 문법화와 의미 변화", 「한국어 의미학」 36, 한국어 의미학회, pp.391-417.

채숙희. 2011. "목적의 '-겠다고'에 대하여", 「정신문화연구」 34-3, 한국학중앙연구원, pp.205-225.

최상진・임채훈. 2008. "인과관계 형성의 인지과정과 연결어미의 상관성 : '-어서', '-니까', '-면' 등을 중심으로", 「국어학」 52, 국어학회, pp.127-152.

최전승. 2006. "국어 지역 방언에서 일어난 의미 변화의 일반적 발달 경향과 환유(metonymy)와의 상관성 : 전라방언에서 '도르다/두르다'형의 의미 전이(欺>盜)의 경우를 중심으로", 「배달말」 39, 배달말학회, pp.167-215.

최지훈. 1999. "은유, 환유에 의한 전의(轉義)합성명사의 연구 : 인지의미론적 접근", 「국제한국어교육학회 9차 학술대회 국제학술발표논문집」, 국제한국어교육학회, pp.181-190.

최현배. 1937/1961. 「우리말본」, 정음문화사.

황화상. 2008. "연결어미 '-어서, -니까'의 의미 기능과 후행절 유형", 「국어학」 51, 국어학회, pp.57-88.

허웅. 1995. 「20세기 우리말의 형태론」, 샘문화사.

Barcelona, A.. 2000가. Introduction : The cognitive theory of metaphor and metonymy, in Barcelona *ed.* pp.1-28.

Barcelona, A.. 2000나. On the plausibility of claiming a metonymic motivation for conceptual metaphor, in Barcelona *ed.* pp.31-58.

Barcelona, A. *ed.*. 2000. *Metaphor and metonymy at the crossroads : A Cognitive perspective*, Mouton de Gruyter.

Brinton, L.. 1988. *The development of English aspectual systems : Aspectualizers and post-verbal particles*, Cambridge University Press.

Cui Chao. 2011. "조건 연결어미의 의미에 대한 연구 : '-으면, -거든, -아야'를 중심으로", 아주대학교 석사학위논문.

Evans, V. & M. Green. 2006. *Cognitive linguistics : An introduction*, Edinburgh University Press(임지룡 · 김동환 역. 2008. 「인지언어학 기초」, 한국문화사).

Evans, V.. 2009. *How words mean : Lexical concepts, cognitive models, and meaning construction*, Oxford University Press.

Geeraerts, D.. 2010. *Theories of lexical semantics*, Oxford University Press.

Gibbs, R. W. Jr.. 1994. *The Poetics of mind : Figurative thought, language, and understanding*, Cambridge University Press.

Heine, B., U. Claudi & F. Hünnemeyer. 1991가. *Grammaticalization : A conceptual framework*. University of Chicago Press.

Heine, B., U. Claudi & F. Hünnemeyer. 1991나. From cognition to grammar : Evidence from African language, in Traugott & Heine eds.. 1991. pp.149-187.

Hopper, P. J. & E. C. Traugott. 1993/2003. *Grammaticalization(2nd edition)*, Cambridge University Press.

Kövecses, Z.. 2002/2010. *Metaphor : A practical introduction(2nd edition)*, Oxford University Press.

Lakoff, G. & M. Johnson. 1980. *Metaphors we live by*, University of Chicago Press.

Panther, K. & G. Radden eds.. 1999. *Metonymy in language and thought*, John Benjamins Publishing Company.

Peirsman, Y. & D. Geeraerts. 2006. Metonymy as a prototypical category, *Cognitive Linguistics 17*, pp.269-316.

Radden, G. & Z. Kövecses. 1999. Toward a theory of metonymy, in Panther, & Radden eds. pp17-59.

Saeed, J. I.. 1997/2009. Semantics(3rd edition), Wiley-Blackwell.

Sweetcher, E.. 1990. *From etymology to pragmatics : Metaphorical and cultural aspects of semantic structure*, Cambridge University Press.

Traugott E. C. & R. B. Dasher. 2002. *Regularity in semantic change*, Cambridge University Press.

Traugott, E. C. & B. Heine eds.. 1991. *Approaches to grammaticalization volume 1 : Focus on theoretical and methodological issues*, John Benjamins Publishing Company.

Traugott, E. C. & E. König. 1991. Semantics-pragmatics of grammaticalization revisited, in Traugott & Heine eds. pp189-218.

Ullmann, S.. 1962. *Semantics : an introduction to the science of meaning*, Basil Blackwell.

| 이 논문은 국어학 70집(2014, 국어학회)에 게재된 논문을 재수록한 것입니다.

담화 은유
—'전봇대'의 은유적 사용을 중심으로

이 동 혁

1. 서론

이 글은 개념적 은유 이론(conceptual metaphor theory)에 대하여 몇 가지 문제를 제기하고, 담화 은유의 성립 가능성을 점검한 뒤, '전봇대'의 예를 통해 담화 은유의 특징을 살펴보는 것이 목적이다.[1] Lakoff & Johnson(1980)이 토대가 된 개념적 은유 이론은 기존의 은유 연구 패러다임을 변화시켜서 은유 연구의 질적이고 양적인 발전을 가져왔다는 긍정적인 평가를 받고 있다. 그런 Lakoff & Johnson(1980)의 Metaphor We Live By이 나온 지 20년이 되었다. 이에 따라 서구에서는 개념적 은유 이론을 반성하고 새로운 은유 방법론을 모색해 보고 있다. 하지만 국어학계에서는 아직까지 개념적 은유 이론에 대한 반성이 드물고, 그나마 반성이 있더라도 그것을 토대로 한 새로운 은유 연구로 이어지지 못하였다.[2]

---

[1] 이 글에서 말하는 개념적 은유 이론은 Lakoff & Johnson(1980)을 중심으로 한 것이다.
[2] 최근에 들어서 개념적 은유 이론을 직접적으로 비판한 것은 아니지만 은유의 화용적 특성에 주목한 연구가 꽤 있다. 백설자(2001)와 신선경(2006) 등이 이에 해당한다. 또한 특정한 작문 영역에서 은유가 어떻게 사용되는지에 관한 연구도 있는데, 박영민(2003)이 이에 해당한다.

개념적 은유 이론에서 주장한 유추의 원리를 우리가 보편적으로 소유하고 있음은 틀림없다. 그러나 그 유추의 원리가 은유적인 표현으로 발현되는 과정에 여러 가지 변이 양상이 포착된다. 이를 토대로 개념적 은유와 관련하여 중요한 두 가지 문제를 제기해 볼 수 있다. 첫째, 과연 개념적 은유는 보편적인 것일까? 둘째, 개념적 은유와 은유 표현은 어떤 관계일까? 이 글에서는 담화 은유를 설정하여 이 두 문제에 대한 해답을 마련할 수 있다고 본다.

이 글에서는 담화 은유의 특성을 보이기 위해 특별히 '전봇대'의 예를 가져왔다. 담화 은유는 언중의 사회적 상호작용을 통하여 하나의 관습으로 굳어진 은유를 말한다. 이런 점에서 담화 은유의 특성을 정밀하게 들여다보기 위해서는 최초의 은유 발생과 그 은유가 언어적 관습으로 굳어지는 과정을 살펴볼 수 있는 예를 대상으로 하는 것이 가장 좋다. 이 점에서 '전봇대'는 연구 대상으로 타당하다고 본다. 원래 '전선이나 통신선을 늘여 매기 위하여 세운 기둥'이라는 사전적 의미를 가진 '전봇대'가 '공공기관의 규제'의 뜻으로 사용되기 시작한 것이 불과 2년 전쯤이다. 현재까지 약 2년 동안 대중매체의 도움으로 '공공기관의 규제'의 '전봇대'는 이제 담화 은유의 지위를 갖게 된 것으로 보인다. 그리고 그 과정에 담화 은유의 전형적인 특성을 고스란히 남겼다.

이 글에서는 다음과 같은 순서로 논의를 진행할 것이다. 2장에서는 Lakoff & Johnson(1980)이 기원이 된 개념적 은유 이론의 문제를 제기할 것이다. 3장에서는 담화 은유의 성립 가능성을 타진하고, 담화 은유의 개념을 규정할 것이다. 4장에서는 담화 은유의 특성을 살펴볼 것이다. 마지막으로 5장에서는 이 글에서 논의된 바를 요약하고 정리할 것이다.

2. 개념적 은유 이론의 문제

2.1. 개념적 은유의 보편성 문제

개념적 은유 이론에서 말하는 은유는 한 개념 영역을 다른 개념 영역에 의해서 인지하는 개념화 장치이다(임지룡 2006 : 33). 여기서 두 개념 영역은 각각 목표 영역(target domain)과 근원 영역(source domain)인데, 두 영역 사이에 사상(mapping)이 일어남으로써 은유가 작동한다.

> (1) 가. 내일은 시간이 비니 연구실에 들러도 돼.
> 나. 축 처져 있지 마. 언젠가는 너도 팀장의 자리에 올라갈 수 있을 거야.
> 다. 정치권, 盧 영결식 앞두고 드디어 '포문 여나' (아시아경제 2009.5.27)

(1가)는 '그릇'이라는 존재물의 개념을 근원 영역으로 삼아 목표 영역에 해당하는 '시간'의 추상물을 개념화한 것이고, (1나)는 '슬픔의 감정'을 '아래'의 방향으로 개념화한 것이다. 그리고 (1다)는 '정치'의 개념을 '전쟁'에다 구조적으로 견주어 본 것이다.

그런데 개념적 은유 이론에서는 이러한 은유적 사고가 우리의 신체적 수준의 경험들에서 비롯되며, 따라서 선개념적이고 비명제적이라고 주장한다(나익주 1995 참조). 예를 들어, (1가)에서는 추상적으로 존재하는 '시간'을 안과 밖의 경계가 있는 공간 대상으로 이해한다. 다시 말해서, 그릇(container) 도식으로 '시간'을 이해한 것이다. 우리는 일상적인 활동을 통해 반복적으로 안-밖 지향성을 경험하게 됨으로써 공간적 구조를 가지므로 그릇 도식은 우리의 일상적인 경험으로부터 직접적으로 발생한 것이고, (1가)는 바로 그 도식에 근거하여 개념화한 예이다.

이처럼 은유적 사고가 우리의 신체적 수준의 경험에서 비롯되고, 그것이 선개념적이고 비명제적이라면 개념적 은유 이론에서 설명한 은유적 사고는 보편적일 수밖에 없다. 그러나 개념적 은유로 언급되는 사고 패턴이 과연 모두 보편적일까 하는 점에 대해서는 여러 예를 통해 의문을 갖게 된다.

> (2) 가. He is known for his many rapid conquests.
> 나. She fought for him, but his mistress won out.

> (3) 가. 그는 애인을 가장 친한 친구에게 빼앗겼다.
> 나. 그는 수많은 경쟁자를 물리치고 그녀의 사랑을 얻었다.

위의 예는 "사랑은 전쟁이다"라는 개념적 은유가 영어와 한국어에서 모두 적용된다.[3]

> (4) 가. 고요한 내 가슴에 사랑을 심어 놓았다.
> 나. 가슴에 싹이 트는 연분홍 사연이 봄맞이 진달래꽃처럼 펴오르네.
> 다. 우정이 변하여 사랑이 움텄네.

한편 위의 예는 "사랑은 식물이다"라는 개념적 은유가 적용된 것인데, "사랑은 식물이다"라는 개념적 은유는 한국어에서는 자연스럽지만, 영어에는 이에 대응하는 마땅한 예를 찾을 수가 없다고 나익주(2008 : 84-85)에서 보고하고 있다. 개념적 은유가 모든 언어에 보편적으로 적용되지 않고 언어마다 다를 수 있다는 예를 보여준 것이다.

또한 한 언어 내에서도 시기별로 개념적 은유가 다르게 적용될 수도 있다. "시간은 자원과 돈이다"라는 개념적 은유는 아래의 예에서 알 수 있듯이 현대 한국어에서 다수 발견된다.[4]

---

3) (2)-(4)의 예는 모두 나익주(2008)에서 가져온 것이다.
4) 아래 (5)의 예는 모두 김진해(2009)에서 가져온 것이다. 그런데 (5)의 예를 영어로 번역하여도 "시간은 자원과 돈이다"라는 개념적 은유가 유지된다. "시간은 자원과 돈이다"라는 개념적 은유는 현재 한국어와 영어에 공통적인 셈이다. 이런 점들을 들어서 김진해(2009)에서는 기존의 개념적 은유에서 제시되는 몇 가지 개념 명제들은 서구적 사유의 반영이자 서구 언어체계의 반영임을 주장하였다.

(5) 가. 나는 시간을 다 써 버렸다.

　　나. 이 기차로 가면 시간이 절약될 것이다.

　　다. 그녀에게 많은 시간을 썼다/투자했다.

그러나 "시간은 자원과 돈이다"라는 개념적 은유는 19세기 초에서 20세기 초까지 나온 고소설 자료에서는 발견되지 않는다(김진해 2009 참조). 이는 개념적 은유가 역사적으로 다르게 적용될 수 있다는 걸 잘 보여준다.

요컨대, 개념적 은유 이론에서는 은유적 사고 과정이 우리의 신체적 활동에 근거하고 있다는 걸 들어서 개념적 은유가 보편적이라는 암시를 하고 있다. 그러나 개념적 은유는 언어별로, 그리고 시대별로 충분히 달라질 수 있다. 따라서 우리가 이 글에서 풀어야 할 문제가 다음과 같이 남겨진다. 첫째, 개념적 은유의 변이는 어떤 성격을 가지고 있는가? 둘째, 그 변이는 무엇에서 비롯된 것인가?

2.2. 개념적 은유와 언어적 은유의 관계 문제

임지룡(2006)에서는 기왕의 개념적 은유 이론이 가진 네 가지 문제점을 들었다. 개념적 은유와 은유 표현의 비중에 관한 문제, 개념적 은유의 유형화에 관한 문제, 개념적 기초와 방법론적 측면의 문제, 개념적 은유의 영역 사상에 나타나는 문제 등을 든 것이다. 이 글에서는 이 중에서 첫 번째 문제에 관심을 가지고 있다. Lakoff & Johnson(1980; 1999)에서는 은유가 본질적으로 개념적인 것이며 은유 표현은 그에 따른 부산물로 간주하였는데, 기왕의 은유 연구가 개념적 은유에 지나친 초점을 둠으로써 은유 표현은 상대적으로 소홀히 취급되었다는 것이 바로 임지룡(2006)에서 말한 첫 번째 문제 제기의 내용이다.

한 개념 영역을 다른 개념 영역에 의해 인지하는 개념화 장치로 개념적 은유를 정의한 데서 개념적 은유 이론이 개념적 수준의 인지 작용 연구에 힘을 쏟을 것이라는 점은 충분히 짐작할 수 있다. 또한 Lakoff(1993 : 244)에서는 은유가 본질상 기본적으로 개념적이지 언어적이지 않다고 강조하였다. 그 때문에 개념적 은유 이론에서는 은유 표현(이하, 언어적 은유)의 실현에 대해 그다지 관심이 없었던 것 같다.5) 아마도 개념적 은유 이론에서 전통적 은유 이론을 언어 중심적이었다고 비판하고 이를 보완하기 위하여 개념적인 부분을 강조하다 보니 언어적 은유에 대한 관심이 소홀해진 것으로 보인다.

만약 언어적 은유가 단순히 개념적 은유의 패턴이 반영된 것이라면, 개념적 은유에 관여하는 의미 영역에 포함된 단어들이 차이가 없이 언어적 은유로 실현되어야 할 것이다. 가령 "매정함(또는 인정이 없음)은 차가운 것이다"라는 개념적 은유가 있다고 치면, 근원 영역의 어휘적 실현이 아래 (6)의 예에서처럼 '차갑다', '차갑게', '차가움' 등으로 비교적 자유로운 것 같다.

> (6) 가. 그 때 영이는 철이에게 무척이나 차가웠다.
> 나. 그 때 영이는 철이에게 무척이나 차갑게 대했다.
> 다. 철이는 영이의 갑작스러운 차가움에 당황했다.

그러나 '걸음'과 '걸음걸이'와 관련된 은유는 그렇지 않다. 『표준국어대사전』에서는 '걸음'에 대해서 '행동이나 활동 또는 결정을 비유적으로 이르는 말'이라고 풀이했고, '걸음걸이'에 대해서는 '일이 되어 나가거나 일을 해 나가는 본새를 비유적으로 이르는 말'이라고 풀이했다. 그리고 그에 따른 예문을 아래 (7)로 들었다.

> (7) 가. 보다 나은 장래를 위하여 새로운 걸음을 내딛도록 합시다.

---

5) 이 글에서는 은유 표현에 대하여 Kövecses(2008)의 용어를 좇아서 '언어적 은유'(linguistic metaphor)라고 부르기로 한다. Svanlund(2007) 등은 은유 표현에 대해서 '어휘적 은유'(lexical metaphor)라고 쓰기도 한다.

나. 그러한 걸음걸이로는 큰일을 하기 어렵다.

'걸음'과 '걸음걸이'는 동사 '걷다'와 형태론적으로 관련이 있다. 만일 언어적 은유가 단순히 개념적 은유의 반영이라면 동사 '걷다'도 언어적 은유로 자연스럽게 실현될 수 있어야 할 것이다. '걸음', '걸음걸이', '걷다'가 모두 동일한 개념 영역에 속하는 단어이기 때문이다. 하지만 아래의 예를 보면 그렇지가 않은 것 같다.

(8) 가. ^{??}보다 나은 장래를 위하여 새롭게 걷도록 합시다.
    나. ^{??}그렇게 걸어서는 큰일을 하기 어렵다.

따라서 언어적 은유는 단순히 개념적 은유가 반영된 부산물이 아님을 알 수 있다. 실제로 우리가 알고 있는(또는 저장해 놓은) 많은 은유들은 은유의 언어적 사용이 반영되어 있는 것이다. 언어적 은유를 누가 어떻게 사용하느냐, 그리고 은유가 언어적으로 어떻게 사용되느냐를 우리가 머릿속에 제도적으로 저장해 놓고 있다는 것이 이 글의 주장이다.

3. 담화 은유의 설정

앞에서 개념적 은유가 보편적이지 않을 수 있다는 사실을 나익주(2008)과 김진해(2009)가 든 예를 통해 살펴보았다. 그래서 특정한 문화에 따라, 그리고 특정한 시기에 따라 은유의 사용 양상이 달라질 수 있음을 알게 되었다. 이 특정한 문화에 기반한 언어 사용자와 특정한 시기에 기반한 언어 사용자 무리를 일종의 담화 공동체(discourse community)라고 본다면, 담화 공동체에 따라 은유의 사용 양상이 다를 수 있다는 얘기가 된다.

담화 공동체를 Flower(1998)에 따라 더 정확하게 정의하면, 특정한 담화의 관습을 사용할 수 있으며, 내용과 언어, 스타일에 대해 특정한 기대를 공유하고 있는 일군의 사람들이 바로 담화 공동체다(원진숙·황정현 옮김 1998 : 306). 이 담화 공동체에서 능동적으로 활동하기 위해서는 담화 공동체에서 준수되어야 할 담화 관습으로서 은유의 사용 양상을 습득해야 하는 것이 한 조건이 될 수 있다.6) 이 말은 곧, 담화 관습으로서의 은유를 지식으로 가지고 있느냐 아니냐에 따라 담화 공동체가 분화될 수 있고, 담화 공동체마다 은유 사용 양상이 다르다는 뜻으로 해석될 수도 있다.

담화 공동체의 정체가 여러 가지가 있겠지만 나익주(2008)에서는 언어별 담화 공동체에 따른 은유 사용의 변이를 보여준 것이고, 김진해(2009)에서는 시기별 담화 공동체에 따른 은유 사용의 변이를 보여준 것이라고 하겠다. 그 밖에 공시적이되 정치적 입장을 달리 하는 담화 공동체별로 은유 사용이 다름을 보여 주는 예도 많다. 가령 '김대중 정부의 대북 정책'에 대하여 이 정책을 찬성하는 담화 공동체에서는 '햇볕 정책'이라는 은유를 주로 사용하지만, 이 정책을 반대하는 담화 공동체에서는 '퍼주기 정책'이라는 은유를 주로 사용한다(신선경 2006 참조).

이상에서 개념적 은유와는 다르지만 담화 공동체 내의 구성원들이 공유하는 은유를 별도로 독립하여 새로운 은유의 범주로 삼아볼 수 있을 것 같다. 이 은유를 '담화 은유'(discourse metaphor)라고 부르고 다음과 같이 정의하도록 한다.7)

    (9) 담화 은유의 정의
      담화 은유는 특정한 담화 공동체에서 담화 관습으로 기능하는 은유적

---

6) 박영민(2003)에서는 과학영역의 작문에서 담화 공동체로서의 예상독자를 가정할 때, 은유의 습득 정도를 중요하게 취급하고 있다. 이를 보아서도 은유의 습득과 사용 정도가 담화 공동체의 특성을 규정하는 담화 관습의 일부로 다루어질 만하다.

7) 아래의 정의에서 은유적 투사는 반복적으로 직접 나타나는 경험의 패턴이 덜 직접적인 경험으로 투사되는 것을 일컫는다(나익주 1995 : 196). 이는 곧 근원 영역의 내용이 목표 영역의 내용에 투사되는 것을 말하는 것이다.

투사(metaphorical projection)이다.

개념적 은유와는 별도로 담화 은유를 설정하는 까닭은, 개념적 은유가 적용되지 않는 은유의 변이가 실례로 있기 때문이기도 하지만 의미 자체가 담화 의존적인 성격을 가지기 때문이기도 하다. 의미는 텍스트 맥락 바깥에서는 결정되지 않은 유보의 상태에 있다. 이렇게 유보의 상태에 있는 의미는 구체적인 맥락(context) 속에서 비로소 결정된다. 이 구체적인 맥락을 단순히 글이나 말이라는 언어 형식의 문맥으로만 고정시키지 않고 언어 사용자의 언어 사용 환경으로도 확대할 수 있다. 그렇다면 김진해(2006 : 80)에서 주장한 대로, 의미는 사회적 통념이고 이 사회적 통념을 통해 고정된다는 것을 수용할 수 있다. 여기서 사회적 통념은 담화 공동체가 공유한 제도(institution)이자 상식(common sense)이니, 의미는 담화 의존적인 성격을 갖게된다.

의미가 구체적 담화 환경에서 결정되는 것처럼 은유적 사상(또는 은유적 투사)도 담화 환경에 의해 결정된다. 불어 Madame이 프랑스에서는 '자신의 거실이나 응접실에 여성이나 남성 혹은 정치가나 부랑자 등 신분을 가리지 않고 초대하여 소설이나 인문학 서적을 읽고 토론하거나, 미술이나 음악 등 문화 공간을 창출하는 주도적 역할을 한 사람이지만, 한국에서는 대부분 유흥업소를 이끌어가는 반문화적인 역할을 하는 사람이다(김진해 2006 : 80). 단어가 어느 담화 환경에서 사용되느냐에 따라 그 의미가 달라질 수 있다는 걸 잘 보여주는 예였다. 은유적 사상이 담화 환경에 따라 달라질 수 있다는 것을 이미 앞의 2장에서 관찰한 바가 있다.

이와 같이 의미와 은유적 사상은 별개의 것이 아니다. 의미가 담화 의존적인 것처럼 은유적 사상도 담화 의존적이다. 이를 수용한다면 담화 은유의 성립 가능성을 충분히 인정할 수 있을 것이다.

4. 담화 은유의 특성

개념적 은유와는 달리 담화적 수준에서 실현되는 담화 은유는 언어적 은
유와 아주 밀접한 관련을 맺는다. 담화 은유는 주어진 어느 특정한 맥락에
서 화자와 청자가 그에 걸맞은 유추적 의미(analogical meaning)를 구성하게
하는 은유적 사상을 가리킨다. 이러한 유추가 특정한 언어 단위에 의해서
이루어지므로 담화 은유는 형태 특정적이라고 할 수 있다(Zinken 2007 :
450). 다시 말해 담화 은유는 언어적 은유의 관습성(conventionality)을 동반하
기 마련이다.

언어적 은유의 관습성은 언어적 은유를 사용하는 양상에서 드러난다. 언
어적 은유의 관습성은 개념적 은유에 의해 전적으로 결정되지 않으며, 개념
적 은유만으로는 언어적 은유를 이해하고 해석하는 데도 충분하지가 않다.
언어적 은유의 의미를 충분히 이해하고 해석하기 위해서는 언어적 은유에
참여하는 어휘항목의 상세한 의미를 알아야 한다. 그런데 이 의미는 머릿속
사전(mental lexicon)에 구문(construction)의 형태나 연어관계의 패턴으로 저장
되어 있다. 또한 이렇게 저장되어 있는 의미는 담화 속에서 반복적으로 사
용되는 연상(association)을 반영하는데, 이 속에서 언어적 은유는 담화 은유
로 관습화하는 것이다(Svanlund 2007 : 79-80 참조). 이 장에서는 '전봇대'의
예를 통해 담화 은유의 특성을 살펴보기로 한다.

4.1. 어휘 특정적이다

언어적 은유가 개념적 은유의 단순한 발현이라고 본다면, 해당 개념에 속
하는 동의어 집합이 모두 은유적으로 실현되어야 하고, 또 실현의 정도도
차이가 없어야 할 것이다. 예를 들어 '전봇대'와 동의어로 '전신주', '전주',

'폴' 등이 집합을 이루므로, '전봇대'와 관련한 은유는 '전봇대'와 동의어를
이루는 집합에도 적용되어야 할 것 같다. 그러나 이는 사실과 다르다.

> (10) 그는 "선거 때 목포 대불공단에 가 봤는데 공단 옆 교량에서 대형트
> 럭이 커브를 트는데 폴(전봇대)이 있어 잘 안 된다. 그 폴을 옮기는 것
> 도 몇 달이 지나도록 안 됐다"며 "도(道)도 권한이 없고 목포시도 안 되
> 고 산자부도 안 되고, 서로 그러다 보니 폴 하나 옮기는 것도 안 된다.
> 아마 지금도 안 됐을 거다"라고 말했다. (국민일보 2008. 1. 18)

'전봇대'가 '공공기관의 규제'의 의미로 사용된 것은 2008년 1월 18일 이
명박 당시 대통령 당선인의 위와 같은 발언에서 비롯되었다. 정작 이명박
당선인은 '폴'로 말하였으나, 이후에는 '전봇대'가 '공공기관의 규제'의 의
미로 사용된 것이 주목된다.

> (11) 가. 이런 법·제도적 규제는 물론, 조직이기주의나 탁상행정에서 비롯
> 된 인적(人的) 규제에 이르기까지 산업 현장에 산재한 '규제 전봇
> 대'들을 모조리 뽑아내야 한다. (문화일보 2008. 1. 21)
> 나. 두영택 상임대표는 "그동안 국가검정을 통해 인정받은 우수 교원
> 들이 교육계에 산재한 '전봇대' 때문에 학원 강사에 밀려왔다"며
> "학교자율화 방안이 정착되면 공교육 교사들이 힘을 발휘할 것"이
> 라고 내다봤다. (국민일보 2008. 4. 17)

(10)의 발언이 있은 후, '전봇대' 말고 '폴', '전신주', '전주' 등이 '공공기
관의 규제'로 사용된 예는 전혀 없다. 비록 최초 발언자가 '폴'을 '공공기관
의 규제'의 상징으로 사용했지만, 매체를 비롯한 담화 공동체에서는 '폴' 대
신 '전봇대'를 담화 은유의 구성요소로 수용하였다. 이는 어휘 특정적인 담
화 은유의 특성을 잘 보여주는 사례이다.

4.2. 연어관계의 양상을 보인다

담화 은유가 형태 특정적이라는 것은 특수한 언어적 구성을 갖춘다는 것이기도 한데, 대표적인 것이 바로 연어관계이다. 여기서 연어관계(collocation)는 빈번하게 공기하는 단어들의 연합을 말한다. 이처럼 언어적 은유의 단어가 연어관계의 양상을 보이는 이유는 그 단어와 연관된 아주 전형적인 백과사전적 지식 때문이다. 다시 말해서, 한 단어가 어느 특정한 상황과 매우 밀접하게 됨으로써 언어적 은유 현상이 발생할 수 있는데, 보통은 이 상황이 그 단어와 공기하는 다른 단어에서 드러나게 마련이다.

'공공기관의 규제'의 의미가 최초로 도출된 (10)의 상황을 보면, '전봇대'는 '옮겨야 할 것'의 상징으로서 언급되었다. 이후의 신문기사에서는 '옮기다' 대신에 '뽑다'를 '전봇대'와 매우 빈번하게 공기시키고 있다.[8] 실제로 (10)의 발언이 있고 나서 세 달 정도의 신문기사를 검색해 보니, '공공기관의 규제'로 사용된 '전봇대'가 모두 290개 추출되었고 이 중에서 116개의 '전봇대'가 '뽑다'와 공기하였다.[9] 아래의 예는 116개의 예 중 일부를 든 것이다.

> (12) 가. 투자 막는 '규제 전봇대' 산업현장서 다 뽑는다. (동아일보 2008. 1.
> 21)
> 나. 이에 대해 박범이 참교육을 위한 전국 학부모회 서울지부장은 "전
> 봇대를 뽑는 게 유행이라지만, 아이들의 건강권과 학습권을 보호

---

8) '뽑다' 이외에 '옮기다', '빼다', '철거하다' 등의 유의어들이 '전봇대'와 공기하는 것이 관찰되나, 이 유의어들은 '뽑다'와 비교하면 '전봇대'와 공기하는 빈도가 아주 미미하다. 이 절에서는 '전봇대를 뽑다'가 연어관계를 이루는 것에 주목하지만, 연어도 어휘 특정적이라는 부수적인 결론을 얻게 된다.

9) '전봇대'의 신문기사 자료는 한국언론진흥재단의 '미디어가온'(http://www.kinds.or.kr)에서 가져온 것이다. 2008년 1월 18일~2008년 4월 18일로 시기를 제한하였고, '경향신문, 한겨레, 한국일보, 동아일보, 문화일보'로 신문을 한정하여 '전봇대'를 검색하였다. 그 결과 총 256건의 기사가 검색되었고, 이 중에서 이 중에서 '공공기관의 규제'로 사용된 '전봇대'가 포함된 기사는 228건이었다. 228건의 기사에서 '전봇대'의 토큰(token) 개수는 290개이었다.

하는 전봇대마저 뽑아버렸다"며 "다른 단체와 힘을 합쳐 본회의
상정을 막아낼 것"이라고 말했다. (한겨레 2008. 3. 13)

그리고 다음 (13) 예를 보면 연어관계를 형성한 '전봇대'와 '뽑다'는 어휘
화 또는 관용어화의 시도를 보이기도 하는 것 같다.10)

> (13) 가. 탁상행정의 표본 내지 상징이 돼버린 대불공단 전봇대가 이명박
>   당선인의 지적이 있고 난 뒤 단 이틀 만에 뽑히면서 '전봇대 뽑기'
>   란 단어는 각종 규제 개혁 내지 타파라는 상징어가 됐다. (충청투
>   데이 2008. 2. 6)
>   나. 부처 차원을 넘어선 범정부적 '전봇대 뽑기'에 시동이 걸렸다. (조
>   선일보 2008. 3. 17)

(13가)에서는 기사문에서 아예 '전봇대 뽑기'를 하나의 단어로 취급한다
고 명시적으로 나타내었다. 비록 (13나)에서는 (13가)에서와는 달리 '전봇대
뽑기'를 하나의 단어로 본다고 명시적으로 표현하지는 않았지만, 작은따옴
표 두르기로 '전봇대 뽑기'의 단어 의식을 암시적으로 드러내고 있다.11)

4.3. 사용역이 고정되어 있다

언어 사용(linguistic usage)이 관습적이라는 것은 그 언어 사용이 사람들
사이의 상호작용을 통해 시작되고, 확산되어 유지되는 것을 뜻한다(Svanlund

---

10) '전봇대를 뽑다'가 비록 관용어화의 시도를 보이는 것 같지만, 이 자체가 관용어라고 단
    정하기는 어렵다. 익히 아는 대로 관용어는 두 개 이상의 단어로 구성되고, 관용어를 구
    성하는 단어를 분리하여 해석할 수 없다는 특징을 지닌다. 그런데 '전봇대'가 비록 '뽑다'
    와 자주 공기하기는 하지만 '뽑다' 이외의 다른 단어와도 공기할 수 있다. 이 점에서 '전
    봇대'는 비록 비유적이기는 하지만 독자적인 의미 해석이 가능하다.
11) 신문기사에서는 독자가 익숙하지 않은 신어 등에 작은따옴표를 두른다. 일종의 단어 의
    식을 작은따옴표로 표현한 셈이다. 신문기사 속 작은따옴표의 기능에 대해서는 이동혁
    (2008)을 참고하기 바란다.

2007 : 51). 이 과정에서 언어적 은유가 특정한 사회의 담화 환경(곧, 사용역)에서만 주로 사용되는 걸 종종 발견하게 된다. 유사한 뜻을 가진 언어적 은유들이 각각 다른 사용역에서 사용되는 것을 통해 언어적 은유의 사용역이 관습적이라는 걸 잘 확인할 수 있다.

신문에 보도된 기사에서 '공공기관의 규제'의 의미로 사용된 언어적 은유는 '전봇대' 말고도 '대못'이 더 있다.12) '전봇대'는 이명박 당시 대통령 당선인의 발언 이후로 계속해서 '이전 정부가 해 놓은 규제'이고, 이 '규제'를 없애는 일을 이명박 새 정부가 해야 하고 할 것임을 줄곧 암시하고 있다.

> (14) 가. 이런 법·제도적 규제는 물론, 조직이기주의나 탁상행정에서 비롯된 인적(人的) 규제에 이르기까지 산업 현장에 산재한 '규제 전봇대'들을 모조리 뽑아내야 한다. (문화일보 2008. 1. 21)
>
> 나. 이경숙 대통령직 인수위원장은 22일 "전봇대 사건은 공직사회 변화의 첫 신호"라며 제2, 제3의 전봇대가 계속 나올 것임을 시사했다. (국민일보 2008. 1. 22)
>
> 다. 이 대통령은 "어려울수록 대처하는 방식도 달라야 하며 과거와 같은 안일한 태도로는 살아남을 수 없다"면서 "눈 앞의 전봇대를 뽑는 것도 시급하지만 우리 의식 속에 박힌 전봇대를 뽑는 것이 더 중요하다. 기업도 이제 공격적 경영을 하고 적극 투자하는 데 주저하지 말아야 한다"고 강조했다. (한국일보 2008. 3. 19)

---

12) '전봇대'와 '대못'이 유사한 의미로 사용되고 있다는 사실을 다음과 같은 예를 통해서 알 수 있다.
  가. 이명박 대통령 당선인은 22일 "저는 앞으로 5년 일하는 동안 (언론이) 두렵다고 해서 절대 대못은 안 박겠다. 대신 전봇대를 뽑겠다"고 말했다. (한겨레 2008. 1. 23)
  나. 이쯤 되면 '나도 한 때는…'이라는 대통령의 발언은 대개 뽑기 힘든 전봇대이자 대못이 되고 만다. (경향신문 2009. 2. 16)
  다. 그리드락이 국내에선 '전봇대' '대못'으로 통한다. 공단 길 한복판의 전봇대를 방치해 온 것은 줄줄이 늘어선 관의 규제와 텃세였다. 3·15 세제개편으로 마침내 뽑힌 양도소득세 중과(重課) 대못도 부동산시장의 그리드락이었다. 강 출입구를 막고 최고 60% 세율의 '통행료'를 내라고 하니 다들 뱃길을 돌리고 결국 파장에 이른 것이다. 이런 전봇대와 대못이 어디 한둘일 것인가. (문화일보 2009. 3. 17)

'공공기관의 규제'의 의미로 사용된 '전봇대'와 유사한 뜻을 갖고 있는
단어가 '대못'이다. 이 '대못'이 '공공기관의 규제'의 의미로 사용된 것은
2007년 6월 8일 당시 노무현 대통령의 다음과 같은 발언에서 비롯되었다.

> (15) 언론권력은 가장 강력한 권력수단을 보유한 집단이다. 독재권력과 유
> 착해 앞잡이 노릇을 해 왔고, 시장이 지배하는 시대에는 시장 또는 시
> 장의 지배자와 결탁하고, 권력에 참여해 부스러기를 얻어먹던 잘못된
> 언론이 많았다. 이제 그 자신이 지배권력이 되려 한다. 언론 사주가
> 금권화돼 있는 사회에서 언론 사주로부터의 자유가 진정한 의미의 언
> 론 자유다. 사주로부터 자유를 얘기해야지 난데없이 참여정부한테 언
> 론 자유, 언론 자유 한다. 지금 내가 보수 언론과 맞서 싸우고 있다.
> 정치하는 사람, 대통령도 언론의 밥인데, 어떻게 감히 이 일을 할 수
> 있겠냐. 충분치 않지만 날 이해하고 지지하는 사람들의 조직이 있기
> 때문에 이 일을 할 수 있는 것이다. 두고 봐라. 다음 정권 넘어가면 기
> 자실 되살아날 것 같아, 내가 확실하게 (기자실에) 대못질해 버리고 넘
> 겨주려 한다. (한겨레 2007. 6. 8)

위의 발언이 있고 나서 각 언론사들이 관련 기사를 쏟아내었는데, 당분간
은 이 '대못'을 '공공기관의 언론사 규제'로 제한하였지만, 곧이어 '대못'을
'노무현 정부가 해 놓은 규제'로 확장하여 사용하기 시작하였고, 이명박 새
정부에 들어서도 '대못'은 노무현 정부의 '규제'로 상징적으로 쓰이고 있다.
아래의 예가 이를 증명하는데, 특히 (16라)를 보면 이명박 당시 대통령 당선
인도 이를 활용한 것 같다.

> (16) 가. 강인덕 전 통일부 장관은 "노무현 정부가 박아놓은 '대못'은 모두
> 뽑아버릴 수 있다"며 '재검토'를 강조했다. (한겨레 2008. 2. 12)
> 나. 노무현 정부는 "일만 잘하면 된다"고 큰소리치면서 '큰 정부'를 강
> 변했지만 해서는 안될 곳에 '대못질'을 하고 뽑아야 할 '전봇대'는
> 뽑지 못한 비만형 무능정부였다. (세계일보 2008. 1. 23)
> 다. 쉽게 뽑아버릴 수 있는 못이라면 노무현 전임 대통령이 못을 박으

며 스스로 '대못질'로 규정하지도 않았을 것이다. 이 정권은 안팎
의 반발과 저항을 넘어, 공약 그대로 대못들을 반드시 뽑아내야
집권의 의미를 제대로 살릴 수 있다. (문화일보 2008. 10. 6)
라. 이명박 대통령 당선인은 22일 "저는 앞으로 5년 일하는 동안 (언
론이) 두렵다고 해서 절대 대못은 안 박겠다. 대신 전봇대를 뽑겠
다"고 말했다. (동아일보 2008. 1. 22)

이와 관련하여 최근에 흥미로운 발언이 활자화되었다. 이명박 대통령과
같은 당 소속인 유승민 의원이 다음과 같은 발언을 한 것이다.

(17) "세종시 수정안은 국민이 부담하는 엄청난 특혜가 수반되어야만 가능
한 것으로서 이명박 정권이 만들어낸 새로운 '세종시 대못'이 될 것이
다. '노무현 대못'은 뽑지도 못한 채, '이명박 대못'이 하나 더 생긴 것
이다." (한겨레 2010. 1. 12)

위 발언에서도 '대못'을 '노무현 정부가 해 놓은 규제'임을 전제하고 있
으며, 부정적인 것으로 인식하고 있음을 "'노무현 대못'은 뽑지도 못한 채'
로 알 수 있다. 이 '대못'을 이제는 '이명박'과 공기함으로써 '대못'의 부정
적 인식을 '이명박'에 대입하려고 하고 있다.
요컨대, 담화 은유의 언어적 은유는 특정한 사용 환경에 제한적으로 사용
된다. 이것을 명확하게 나타내는 것이 바로 동의어의 사용 환경이다. 이미
4.1절의 논의를 통해서 담화 은유가 어휘 특정적이라는 사실을 알았다. 그
절에서는 '전봇대'의 문자적 의미로 동의어를 이루는 단어들이 함께 담화
은유로 활용되지 못하고 있다는 걸 확인하였다. 그런데 '전봇대'의 은유적
의미로 동의어를 이루는 단어들이 담화 은유로 활용될 수도 있다. 바로 '대
못'인데, '전봇대'와 '대못'이 아무런 제한이 없이 교체되어 사용될 수는 없
었다. 왜냐하면 '전봇대'와 '대못'의 사용역이 특정하게 고정되어 있기 때문
이다. 이것이 바로 '전봇대' 담화 은유의 또 다른 특징이다.

4.4. 안정화의 과정을 거친다

담화 은유가 담화 관습으로 기능하는 은유적 투사이지만, 애초부터 담화 관습으로 기능하는 은유인 것은 아니었다. 애초에 어느 누가 특수한 목적으로 사용하였던 은유는 참신한 은유(novel metaphor)의 성질을 가진다. 이 은유는 새롭게 사용되는 것이라서 이 은유를 듣는 청자는 기존에 알고 있던 은유를 들었을 때와는 다르게 그 은유를 해석하기 위해 꽤 공을 들인다. 그 과정에서 청자가 그 은유를 무난하게 학습하여 습득할 수도 있지만, 청자가 어떤 이유에서인지 그 은유를 사용하는 것에 거부를 할 때가 있다. 따라서 담화 은유로 기능하게 된 언어적 은유는 그 은유를 사용하는 사용자와 이를 거부하는 측의 협상의 과정을 거쳐서 담화 관습으로 안정적이게 된 것으로 볼 수 있다.

'전봇대'의 은유적 쓰임새도 역시 이러한 과정을 거쳐서 담화 은유가 된 것이다. 아래의 예는 '전봇대'를 실제로 관리하는 한국전력공사 전력공급팀 과장이 한 일간지에 '툭하면 '전봇대' 행정 비유 유감'으로 독자 투고를 한 것이다. 아래 글의 투고자는 문자 그대로의 '전봇대' 의미로 '전봇대'의 은유적 의미 확산에 저항한 것이다.

> (18) 15일자 B3면 뉴스 블로그 "'전봇대 행정' 주택공사… 개혁이 필요한 이유"를 읽었다. 내용에서 "획일적 편의주의를 상징하는 '전봇대' 행정"이라고 했는데, 전봇대가 일상생활에 불편을 주거나 고압적인 물건으로 비유되어 국민들에게 잘못 인식되는 것이 심히 유감스럽다. 전봇대는 60년대 농어촌 전화사업을 시작으로 농촌 도시 할 것 없이 전력의 혜택을 받지 않는 곳이 없을 정도로 국가기간산업의 동력을 공급하는 중요한 설비이지 결코 일상생활에서 불편을 주거나 통행에 지장을 주는 애물단지가 아니다. 자칫 관련 종사자들의 사기를 떨어뜨릴까 걱정된다. (조선일보 2008. 7. 17)

또한 '전봇대'에 새로운 은유적 의미를 파생시켜서 기존의 '공공기관의 규제'라는 은유적 의미의 확산에 저항하기도 한다.

(19) 가. 손 대표는 이어 "국가 미래를 결정할 중요한 법률을 마치 전봇대 뽑듯 하루 아침에 일방적으로 통과시키겠다는 발상은 또 하나의 오만, 독선을 낳을 수 있다"고 비판했다. (문화일보 2008. 1. 21)
　　나. 하지만 다른 업종의 입주업체들과 전문가들은 대불산단의 조성 배경과 경위를 제대로 파악하지도 않은 채 전봇대 뽑기로 또 하나의 '전시행정'을 벌인 것으로 평가하고 있다. (한겨레 2008. 1. 22)

'전봇대'의 은유적 의미에는 최초 사용자, 은유의 기원이 되는 상황 등이 녹아들어가 있다. '공공기관의 규제'로 사용한 (10)에서는 '전봇대'를 그 의미로 쓴 최초의 사용자가 이명박 대통령 당선인이고, 대불산업단지의 '전봇대'를 특정해서 '공공기관의 규제'를 대입했다는 당시 상황도 잘 알고 있다. 이에 위의 예에서는 '공공기관의 규제'로 '전봇대'의 은유적 의미를 최초로 사용한 이명박 대통령 당선인에 반대하는 쪽에서 나왔다는 공통점을 가지고 있다.[13] (19가)는 야당 대표가 발언한 것 속에, (19나)는 정부 정책에 비판적인 논조를 유지하고 있는 신문의 기사 속에 '전봇대'가 포함되어 있다. 두 예의 '전봇대'는 '공공기관의 규제'라는 뜻을 갖지 않고 다른 은유적인 뜻을 함의하고 있다. 두 예의 '전봇대' 뜻은 모두 (10)의 발언이 있은 당시 상황에서 이명박 대통령 당선인과 다른 일면을 동기로 한 것이다.

---

13) 이를 잘 정리해서 보여주는 기사가 있어서 참고가 된다.
이명박 정부에서 전봇대는 한동안 규제의 상징이자 애물단지로 취급됐다. (중략) 대통령의 마지막 한 마디는 이후 전봇대를 졸속행정의 대명사로 만들었다. 사흘 뒤인 20일 한전이 비가 내리는 궂은 날씨에도 전봇대를 3m 뒤로 물리는 이설작업을 강행한 까닭이다. 높은 분의 '관심사' 앞에선 감전 위험이 높은 우천 시엔 가급적 작업을 하지 않는다는 내부 관례도 무시됐다. (중략) 반면 비판세력은 전봇대를 MB식 생색내기 전시행정의 표본으로 꼽는다. 대불공단에 예정에 없던 중소 조선업체가 입주함으로써 발생한 문제는 전선을 땅밑으로 가설하거나 도로 폭을 10차선으로 넓혀야 해결되고 이를 위해선 수천억 원의 예산이 소요된다. 그러나 관련 부처나 지자체는 현장의 숙원을 외면한 채 임기응변으로 애꿎은 전봇대에만 책임을 뒤집어 씌웠다. (한국일보 2008. 12. 8)

이와 같이 '전봇대'가 '공공기관의 규제'의 은유적 의미로 쓰이는 데 거부하는 예는 담화 은유로 은유적 쓰임이 제도화되는 데 거쳐야 할 과정에서 나온 것이다. 이렇게 은유가 제도화되는 과정에 담화 공동체가 상호작용을 하여 담화 관습으로 수용하게 된다면 비로소 담화 은유의 지위를 획득하게 된다. 대중매체가 발달하기 이전의 시기에는 담화 은유로 제도화되는 데 걸리는 시간이 꽤 길 것이라고 짐작한다. 그러나 대중매체와 인터넷의 발달로 인해 새로운 은유(또는 참신한 은유 또는 개인적 은유)가 담화 은유로 안정되는 기간은 상당히 단축되었다.

5. 결론

지금까지 Lakoff & Johnson(1980)의 개념적 은유 이론이 가진 문제를 제기하고, 담화 은유의 성립 가능성과 담화 은유의 특성을 살펴보았다. 이 장에서는 2장에서 4장까지 논의했던 바를 요약하여 정리할 것이다.

개념적 은유 이론에서 든 개념적 은유는 인간의 신체적 활동에 근거하고 있어서 보편적일 수밖에 없다. 그러나 언어권마다 은유가 달리 나타날 수도 있고, 역사적으로도 은유가 달리 나타날 수 있다. 이는 개념적 은유가 보편적이지 않을 수 있다는 증거다. 한편 개념적 은유 이론에서는 언어적 은유가 개념적 은유의 단순한 반영이라고 주장하였다. 하지만 동일한 개념 영역에 속하는 단어들이 언어적 은유에 참여하는 데 여러 가지 제약이 따르는 걸 보아 언어적 은유가 단순히 개념적 은유가 언어적으로 실현된 것이라고 볼 수는 없다.

개념적 은유와는 다르지만 담화 공동체 내의 구성원들이 공유하는 은유를 별도로 독립하여 새로운 은유의 범주로 삼아볼 수 있을 것 같다. 이를 담화 은유로 설정하고 다음과 같이 정의한다. 담화 은유는 특정한 담화 공동체에서 담화 관습으로 기능하는 은유적 투사이다.

담화 은유는 은유를 사용하는 언중의 끊임없는 사회적 상호작용과 언어 사용에 의해 관습적이게 된 것이다. 따라서 담화 은유의 특성은 언어적 은유 양상에서 주요하게 나타난다. 첫째, 담화 은유는 어휘 특정적이다. 둘째, 담화 은유는 연어관계의 양상을 보인다. 셋째, 담화 은유는 사용역이 고정되어 있다. 넷째, 담화 은유는 안정화의 과정을 거친다. 이런 담화 은유의 특성은 '전봇대'의 용례에서 아주 잘 드러난다.

참고문헌

김진해. 2006. "코퍼스언어학적 관점에서 본 의미의 본질," 「한국어의미학」 21, 한국어의미학회, pp.75-104.

김진해. 2009. "개념적 은유의 상대성 : 19-20세기초 고소설을 중심으로," 「어문연구」 114, 한국어문교육연구회, pp.85-110.

나익주. 1995. "은유의 신체적 근거," 「담화와 인지」 1, 담화인지언어학회, pp.187-214.

나익주. 2008. "사랑의 개념화 : 문화적 변이 가능성 탐구," 담화인지언어학회 제30회 정기 학술대회 발표 자료집, pp.79-88.

박영민. 2003. "과학 영역의 작문에서 예상독자 유형과 은유의 전략," 「국어교육학연구」 16, 국어교육학회, pp.189-224.

백설자. 2001. "은유에 대한 화용론적 접근 : 은유의 기능과 사용 방식," 「독일언어문학」 15, 독일언어문학회, pp.133-156.

신선경. 2006. "설득의 수단으로서의 은유 : 은유의 생성과 수용에 대한 일고찰," 「한국어의미학」 20, 한국어의미학회, pp.139-159.

이동혁. 2008. "신문기사 속 작은따옴표의 기능," 「우리말연구」 23, 우리말학회, pp.139-161.

임지룡. 2006. "개념적 은유에 대하여," 「한국어의미학」 20, 한국어의미학회, pp.29-60.

Flower, L. 1998. Problem-Solving Strategies for Writing in College and Community, T X : Harcourt Brace College Publishers. (원진숙·황정현 옮김(1998), 「글쓰기의 문제 해결 전략」, 동문선.)

Grady, J. 2005. "Primary metaphors as inputs to conceptual integration," *Journal of Pragmatics* 37, pp.1595-1614.

Kövecses, Z. 2008. "Conceptual metaphor theory : Some criticisms and alternative proposals," 「Annual Review of Cognitive Linguistics」 6, pp.168-184.

Lakoff, G. 1993. "The contemporary theory of metaphor," In 「Metaphor and Thought」, A. Ortony (ed.), Cambridge : Cambridge University Press, pp.202-251.

Lakoff, G. and Johnson, M.. 1980. Metaphor We Live By, Chicago and London : University of Chicago Press. (노양진·나익주 옮김. 1995. 「삶으로서의 은유」, 서광사.)

Lakoff, G. and Johnson, M. 1999. Philosophy in the Flesh : The Embodied Mind and its Challenge to Western thought, Chicago : University of Chicago Press. (임지룡·윤희수·노양진·나익주 옮김2002. 「몸의 철학 : 신체화된 마음의 서구 사상에 대한 도전」, 박이정.)

Svanlund, J. 2007. "Metaphor and convention," Cognitive Linguistics 18-1, pp.47-89.

Zinken, J. 2007. "Discourse metaphors : The link between figurative language and habitual analogies," 「Cognitive Linguistics」 18-3, pp.445-466.

Zinken, J, Hellsten, I and Nerlich, B. 2008. "Discourse metaphors," In R. Dirven, R. Frank, T. Ziemke and J. Zlatev (eds.), 「Body, Language, and Mind.」 Vol. 2 : Sociocultural Situatedness, Berlin : Mouton, pp.363-385.

| 이 논문은 한국어의미학 31집(2010, 한국어의미학회)에 게재된 논문을 재수록한 것입니다.

국어 연결어미의 의미 구조에 대한 인지언어학적 탐색

1. 머리말

이 논문은 국어 연결어미가 나타내는 의미 기능 간의 체계적 관련성을 인지언어학적 관점에서 해명하고, 이를 통해 연결어미의 의미 구조를 제시하는 데 주된 목적이 있다.

연결어미는 둘 이상의 관련된 사실이나 사건, 상황 등을 연결하여 하나의 사태로 통합한다. 또한 연결어미는 결합된 사태들이 어떠한 의미적 관계를 맺고 있는지 나타낸다.

    (1) ㄱ. 우유를 먹었다.
        ㄴ. 배탈이 났다.

    (2) ㄱ. 우유를 먹고 배탈이 났다.
        ㄴ. 우유를 먹어서 배탈이 났다.
        ㄷ. 우유를 먹으니까 배탈이 난다.
        ㄹ. 우유를 먹으면 배탈이 난다.

(1ㄱ)과 (1ㄴ)은 개별적으로 일어난 사태이다. 하지만 개념화자가 이 독립된 두 사태 간의 관련성을 인식하고 상호 영향 관계를 따져 이 둘을 연관된 사태로 파악한다면, (1)의 두 사태는 (2)에서처럼 연결어미를 통해 복합적인

하나의 현상으로 표현될 수 있다. 그리고 개념화자가 이들 사태의 상호 관계를 어떻게 해석하느냐에 따라 두 사태의 관계는 다양해지고, 이에 따라 연결어미로 사태들을 잇는 방식도 달라진다. 가령 (2ㄱ)처럼 개념화자가 두 사태를 순차적 사건으로 파악하여 '-고'로써 두 사태를 시간의 흐름에 따라 차례로 연결할 수도 있고, (2ㄴ)처럼 앞선 사태를 뒤 사태의 직접적인 원인으로 보고 '-어서'로써 두 사태를 인과 관계로 이을 수도 있다. 또한 (2ㄷ)처럼 앞선 사태가 이루어진 후 곧이어 어떤 사태가 일어남을 우연한 기회에 알게 되었다면 개념화자는 '-니까'로써 두 사태를 앞선 사태의 결과에 따른 새로운 사실의 발견으로 연결할 수도 있으며, (2ㄹ)처럼 앞선 사태가 발생할 때마다 반드시 뒤의 사태가 이어짐이 관찰된다면 개념화자는 '-면'으로써 두 사태를 습관적으로 반복되는 조건 관계로 이을 수도 있다.

이와 같이 연결어미는 사태들 사이의 의미적 연관성에 대한 개념화자의 해석 방식을 반영하는 언어 형식으로서, 앞뒤 사태를 다양한 논리적 의미 관계로 이어주는 기능을 수행한다.

이러한 연결어미의 의미 기능에 주목하여 수많은 학자들이 개별 연결어미의 본질적인 의미 기능을 밝히기 위해 다양한 설명을 시도해 왔다(최현배(1936), 김흥수(1977, 1978), 이기동(1977, 1979, 1980), 김승곤(1978, 1981), 남기심(1978, 1994), 양동휘(1978), 이상복(1978, 1981), 서정수(1982), 김진수(1987), 이경우(1987), 서태룡(1988), 이은경(1996), 전혜영(1988), 백락천(1999), 윤평현(2005) 황화상(2008), 김준기(2011) 등). 즉 연결어미의 의미에 대한 연구는 그 의미 기능을 규명하는 것이 논의의 주를 이루었다. 이들 연구에서는 대체로 연결어미로 이어진 두 절 사이의 의미 관계를 따져 분류하고, 그에 따라 각 상황에서 쓰인 연결어미가 [나열], [시간], [대립], [인과], [조건], [양보], [배경]1) 등의 의미를 나타냄을 기술하고 있다. 논의의 과정

---

1) 본 논문에서 사용하는 약호는 다음과 같다.
　•[ ] : 연결어미의 의미 기능 (예) [나열], [계기]
　•' ' : 연결어미, 사태 관계의 개념 (예) '-고', '나열'

에서는 주로 각 의미와 관련하여 연결어미의 앞뒤 절에 특징적으로 나타나는 통사적·의미적·화용적 제약을 밝힘으로써, 연결어미가 특정 의미 기능을 수행함을 증명하였다. 경우에 따라서는 비슷한 의미 기능을 수행하는 연결어미들의 통사 및 화용상의 특징을 의미와 관련지어 그 차이를 비교 분석함으로써, 특정 연결어미의 두드러진 의미 기능을 제시하기도 하였다.

한편, 의미 분석의 초점을 연결어미의 의미 구조를 제시하는 데 둔 연구도 몇몇 찾아볼 수 있다. 먼저 장경희(1995)와 박용한(2000)은 연결어미로 표현되는 사건들의 관련성에 주목하였는데, 이들 연구에서는 의미의 유표성에 의해 사건 관계의 의미가 분화된다고 보고 연결어미를 통해 기술된 여러 의미 사이의 관련성을 체계화함으로써 그 구조를 계층적으로 제시하였다. 다음으로 정수진(2011, 2012)은 '-고' 및 '-어서'의 다의적 쓰임에 나타나는 동기화에 주목하여, 이들 연결어미의 의미가 확장되는 방식을 의미망 구조로 제시함으로써 연결어미가 나타내는 의미들이 체계적인 관계를 형성하고 있음을 규명하였다. 끝으로 김광해(1987)는 '[선택]과 [양보]'를, 박승윤(2007)은 '[조건]과 [양보]'를, 신지연(2004)은 '[대립]과 [양보]'를, 구현정(1998)은 '[조건]과 [인과], [가정], [반사실성], [양보]'를 중심으로 이들 의미 기능 간의 관계를 따져 봄으로써 의미 기능의 범주화를 시도하였다.

이처럼 연결어미의 의미 기능 및 의미 구조에 대한 연구는 그간 축적된 성과를 토대로 발전적 논의가 계속 이루어지고 있다. 그러나 여전히 한 연결어미가 왜 다양한 상황에서 쓰이면서 여러 의미 기능을 구현하는지, 동일한 사태 관계가 왜 여러 연결어미로 표현되는지 등 연결어미의 의미 구조에 대한 인지적 동기에 대해서는 체계적 설명이 이루어지지 않고 있다. 이에 본 논문에서는 연결어미가 나타내는 의미 간의 상관관계를 개념화자가 사태 관계를 해석하는 방식에 근거하여 구조화함으로써 연결어미의 의미 구조에 대한 설명력을 높이고자 한다. 이를 위하여 2장에서는 연결어미의 다의적 쓰임에 대한 설명력을 갖추기 위해 의미 변화에 중요한 인지적 동기로 작용하는 화용적 강화(pragmatic strengthening)에 대해 간략히 살펴볼 것이다. 3장에서는 우리가 사태들 간의 의미적 관련성을 파악하고 그 관계를 개념화[2]하는 과정을 살펴 '사태 관계의 개념 구조'를 밝히고, 이를 토대로 4장에서는 연결어미의 의미 구조를 제시할 것이다.

2. 이론적 바탕

인지언어학은 일반적인 인지 능력 및 인지 과정에 근거하여 언어의 이해와 사용에 존재하는 동기(motivation)를 설명함으로써 언어 현상에 대한 높은 설명력을 지닌다. 그 중 화용적 강화는 '특정 상황에서 사용된 언어 표현에 대한 발화 참여자의 (화용적) 추론이 그 표현의 의미로 관습화된다'는 가설에 기초하여 의미 변화의 동기를 해명하는데, 이는 의미가 변화되는 과정을 단계적으로 설명할 수 있다는 점에서 주목할 만하다.

타일러와 에반스(Tyler & Evans 2004)에 따르면 경험에서 도출되는 추론과 추론에 의해 발생되는 함축이 특정한 문맥에서 계속 사용되면, 이러한 함축이 해당 어휘적 형태에 관습적 해석을 제공함으로써 함축은 새로운 개별 의미로 관습화된다.

영어의 접속사 since를 예로 들어 보자. 주지하다시피 접속사 since는 'I have known her <u>since</u> she was a child.'에서처럼 원래 두 사건의 시간적 순서([time after])를 나타낸다. 그런데 일반적으로 우리는 시간적으로 연결된 두 사건을 인과적으로 연결되었다고 추론하는 경향이 있다는 점으로 미루어 보면, since가 갖는 시간적 연결의 의미가 이유([reason])의 의미를 나타내는 상황에도 충분히 사용될 수 있다. 따라서 '*<u>Since</u>* he started his job, his family have had a comfortable life.'에서처럼 since는 '그가 일을 시작한 이후'와 '그

---

2) 개념화(conceptualization)는 개념화자가 지각된 사태를 어떻게 해석(construal)하는가와 관련하여 그 의미를 구성해 가는 과정을 말한다.

가 일을 시작했기 때문에' 등 [시간적 순서]와 [이유]의 두 의미로 모두 해석될 수 있다. 이처럼 화용적 추론에 의해 맥락적 해석이 가능해지면서 since의 의미는 차츰 변화된다. 나아가 "이러한 추론이 완전히 관습화되어 since의 의미로 편입되면 '*Since* he is a father now, he probably decided to buckle down.'에서처럼 [이유]의 의미로만 사용될 수 있다"(이성하 1998 : 254). 요컨대, 의미가 변화되는 과정은 다음과 같이 단계화할 수 있다.

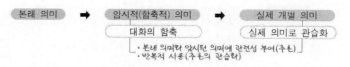

[그림 1] '화용적 강화'에 의한 의미 변화의 과정

먼저, 하나의 언어 형태는 본래의 의미를 가지고 있다가(예 : *since*[time after]) 본래의 의미에서 추론되는 다른 암시적 의미를 나타내기도 한다(예 : *since*[time after···➙reason]). 이 단계에서 우리는 추론에 의해 발생되는 함축적 의미가 언어 형태의 고유 의미와 관련 있는 것으로 파악하게 되고, 이러한 상황이 반복적으로 나타나면 언어 형태의 함축적 의미는 또 다른 개별 의미로 관습화되어 의미 자체가 언어 형태에 첨가됨으로써(예 : since[reason]), 언어 형태의 의미 변화가 일어나는 것이다.

이상에서 살펴보았듯이, '화용적 강화'는 언어 형태의 의미가 변화하는 데 작용하는 인지적 기제를 통해 의미 변화 과정은 물론 변화의 동기까지 체계적이면서도 타당하게 설명할 수 있는 힘이 있다. 따라서 이를 통해 사태 관계의 개념 및 연결어미의 의미가 확장되는 과정과 그 이면에 존재하는 변화의 인지적 동기를 규명해 보고자 한다.[3]

---

3) 정수진(2011 : 214-215)에서 재인용하였다.

3. 사태 관계의 개념 구조

"언어의 구조가 상황을 개념화하는 특정한 방법과 관련이 있다."(임지룡 2008 : 8)고 주장하는 인지언어학의 관점4)에서 보면, 연결어미의 의미 구조는 사태 관계에 대한 개념화자들의 해석 방식을 반영하고 제시한다. 아래의 그림을 보자.

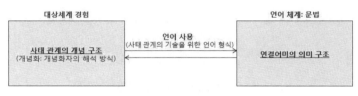

[그림 2] 개념화와 문법 의미의 관계

[그림 1]에서 보듯이, '문법'은 '언어 사용'의 추상화를 통해 언어 지식으로 체계화된다. 그리고 '언어 사용'은 개념화자의 '개념 구조'에서 비롯된다5). 다시 말해 '언어 사용' 및 '언어 체계'는 대상세계에 대한 개념화자의 해석 방식을 직접적으로 반영한다.

이러한 관점에서 보면, 대상 세계에 존재하는 개별 사태들 및 그 관계는 개념화자의 경험을 토대로 목록화되고, 하나의 개념(사태 관계의 개념 구조)으로 저장된다. 이 개념은 개념화자가 경험하는 새로운 사태들의 관계를 이해할 수 있는 인지 구조로서 기능하게 된다. 나아가 사태의 관계를 기술하는 언어 형식의 의미가 사용되고 해석되는 과정에서도 중요한 인지 기제로서 작용한다. 즉 경험을 통해 형성된 사태 관계의 개념 구조가 연결어미의

---

4) 인지언어학은 언어 표현의 구조와 의미가 우리 인간의 신체적 경험 및 개념적 지식에 의해 동기화되어 있음을 강조한다. 이를 통해 언어의 구조와 의미가 왜 그러한 모습을 띠고 있는지에 대한 설명을 시도함으로써, 우리는 언어가 형성되고 사용되는 문제의 본질에 좀 더 구체적으로 접근할 수 있게 되었다.
5) 또한 개념화자의 개념 구조는 언어 체계의 영향을 받아 그 본질과 구성이 달라질 수도 있다.

의미 구조에 반영된다. 그러므로 개념화자의 해석 방식이 반영된, 대상 세계에 존재하는 사태들의 관계를 중심으로 연결어미의 의미 기능을 설명한다면 이들 사이의 연관성에 대한 체계적 설명이 가능할 것이다.

그렇다면 우리는 우리가 경험하는 독립된 사태들을 어떻게 관계 짓고 개념화할까? 우선 둘 이상의 사태가 연결될 때에는 시간이 필수적으로 관여한다. 즉 시간적으로 인접해 있는 둘 이상의 사태가 서로 맞물려 영향 관계에 있을 때는 물론이고, 개념화자가 자신의 인지적 경험을 토대로 사태들 사이에 관련성을 부여하여 서로 연관된 사태로 파악하는 경우에도 개념화자의 시점(時點) 속에서 사태 간의 관련성이 형성되므로, 사태 관계는 모두 사태들의 시간적 관계에 따라 구조화된다.

(3) 시간 구조에 따른 사태 관계

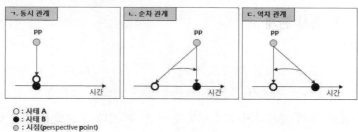

O : 사태 A
● : 사태 B
◎ : 시점(perspective point)

우리가 경험하는 상관적 사태는 (3)6)에서처럼 동시에 이루어지거나 시간적 간격을 두고 연속해서 이루어질 수 있다. 이때 '동시'는 김흥수(1978 : 92-94)에서 지적되었듯이, 물리적인 시간선상에서 인식될 수 있는 '경험적

---

6) 이 그림은 탈미(Talmy 2000 : 72-76)의 '관점 방향'을 원용한 것이다. '사태 A'와 '사태 B' 가 '시간축'에 배열된 모습은 사태의 발생 시간을 나타낸다. 그리고 '시점'은 사태 관계를 해석하는 개념화자의 관점을 나타내는데, 두 사태 중 어떤 사태에 초점을 두고 사태 관계를 파악하느냐와 관련된다. 한국어의 경우, 동시적 사태는 '비가 오고 바람이 분다.'에서처럼 두 사태에 모두 사태 해석의 초점이 놓이고, 순차적 사태는 '밥을 먹고 설거지를 했다.'에서처럼 나중에 일어난 사태에, 역차적 사태는 '밥을 먹으려고 설거지를 했다.'에서처럼 먼저 일어난 사태에 초점이 놓인다. 이런 까닭에 관점의 방향이 순차적 사태는 '→'으로, 역차적 사태는 '←'으로 표시된다.

동시'와 다루고 있는 명제나 사물 자체의 성질에 의해 인식될 수 있는 '논리적 동시'를 모두 아울러 이르는 개념이다. 다시 말해 사태가 이루어지거나 관찰되는 시점과 (이들 사태와 관련된) 개념화자의 신체적 혹은 심리적 경험이 발생하는 시점이 일치하는 경우를 우리는 상관적 사태의 '동시' 관계라 말할 수 있다. 한편 사태들이 시간적 간격을 두고 연속될 경우에는 개념화자의 관점 방향(direction of viewing)에 따라 상관적 사태의 '순차' 관계와 '역차' 관계로 사태 관계가 파악될 수 있다. '순차' 관계는 개념화자가 뒤에 발생한 사태를 중심에 두고 시간의 흐름에 따라 사태 관계를 해석하는 경우, '역차' 관계는 개념화자가 앞에 발생한 사태를 중심에 두고 시간의 흐름을 거슬러 사태 관계를 해석하는 경우를 말한다.

3.1. 동시 관계

동시 관계 사태는 대체로 행위나 상태 등의 기준에서 동일한 범주에 묶일 수 있다는 점에서 동등한 관계에 있는 사태들이다. 동시 관계 사태들은 대체로 함께 발생하거나('동반'), 관련된 두 사태 중에서 하나가 선택됨으로써 어느 하나는 제외된다('배타').

(4) 동반 → 대조
ㄱ. 철수는 영화를 보며 눈물을 흘렸다.
ㄴ. 볼에 닿는 바람이 시원하면서 부드럽다.
ㄷ. 영희는 나를 알면서 모르는 척했다.
ㄹ. 지금 서울에는 눈이 오지만, 대구에는 비가 온다.

(5) 배타
ㄱ. 아침에는 보통 우유를 마시거나 사과를 먹는다.
ㄴ. 집에서 만들어 오든지 식당에서 사 오든지 할게.

(4ㄱ)은 '영화를 보는' 행위와 '눈물을 흘리는' 행위가 함께 이루어지는 사태 관계를, (4ㄴ)은 바람의 '시원한' 감촉과 '부드러운' 감촉이 같이 느껴지는 사태 관계를 나타낸다. 그런데 이렇게 동반되는 사태들 중에는 (4ㄷ)의 '알고 있는' 상태와 '모르는 척 하는' 행위처럼 서로 반대되는 특성을 보이는 것도 있고, (4ㄹ)의 '눈이 오는' 상태와 '비가 오는' 상태처럼 차이가 나는 것도 있다. 이와 같이 대조적 특성을 띠며 동반되는 사태들은 인지적으로 현저하기 때문에 개념화자는 이러한 차이점에 주목하여 이들 사태를 사태 관계의 한 범주로 범주화한다('대조'). 한편 상관적 사태가 동시 관계를 이룰 때, (5ㄱ)의 '우유 마시기'와 '사과 먹기', (5ㄴ)의 '만들어 오기'와 '사오기'에서처럼 관련된 두 행위 중에서 하나가 선택되면 어느 하나는 제외되기도 한다. 이상의 내용을 정리하면 다음과 같다.

(6) 동시 관계의 개념 구조

동시 사태 { 동반 사태 ──개념 확장──▶ 대조 사태
            배타 사태

3.2. 순차 관계

시간의 흐름에 따라 사태가 순차적으로 이루어질 때, '철수는 꽃을 사서 영희에게 주었다.'처럼 두 사태가 어느 정도 시간적 간격을 두고 연속해서 일어날 수도 있고('계기'), '철수는 꽃을 사자마자 영희에게 주었다.'처럼 두 사태가 즉각적으로 잇따라 일어날 수도 있다('연발').

(7) 계기 → 지속 → 방법/수단, 배경, 이유/원인
    ㄱ. 그는 옷을 벗어서 아내에게 주었다.
    ㄴ. 철수는 돈을 챙기고 집을 나섰다.

　　ㄷ. 영희는 장학금을 받아서 부모님께 효도하려고 한다.
　　ㄹ. 집에 가는데 비가 내리기 시작했다.
　　ㅁ. 눈이 많이 오니까 내일 출발하는 게 낫겠다.

　먼저 (7ㄱ)에서처럼 두 사태가 계기적 관계를 보이는 경우, 대체로 앞선 사태의 행위 혹은 그 결과가 뒤이어 발생하는 사태까지 그대로 '지속'되는 경향을 보인다. 예를 들어 (7ㄴ)에서 앞선 행위 '돈을 챙긴' 상태가 뒤이어 '집을 나서는' 상황에까지 지속됨을 볼 수 있다. 그리고 이런 지속의 특성을 띠는 사태는 뒤이은 사태의 발생을 가능하게 하는 '수단/방법'으로 작용하기도 하고(7ㄷ), 뒤이은 사태의 이해를 돕기 위한 '배경'으로 작용하기도 하며(7ㄹ), 뒤이어 발생하는 사태의 '이유/원인'이 되기도 한다(7ㅁ). 이처럼 상관적 사태의 '수단/방법 관계', '배경 관계', '이유/원인 관계'는 '지속 관계'에서 추론된다. 즉 개념화자가 유사한 상황에서 이러한 추론을 반복하면서 이들 사태가 특정한 사태 관계로 관습화되어 사태 관계의 한 범주로 범주화된다.

　다음으로 '연발 관계'의 사태들은 잇따라 발생한 앞뒤 사태의 구체적 내용 관계에 따라 (8ㄱ)의 '배경', (9ㄱ)의 '전환', (10ㄱ)의 '발견'의 사태 관계로 파악된다.

　　(8) 배경 → 이유/원인, 양보
　　ㄱ. 내가 집을 나서는데 초인종이 울리더라.
　　ㄴ. 길이 많이 막혀서 지하철을 탔어.
　　ㄷ. 바람이 불어도 날은 계속 더워요.

　(8ㄱ)에서 앞선 사태는 뒤에 일어난 사태를 설명하기 위한 '배경'으로 작용한다. 이런 배경의 특성을 띠는 사태는 뒤이은 사태를 제안하기 위한 '이유/원인'으로 작용하기도 하고(8ㄴ), 배경의 특성을 띠는 사태가 제공하는 기대 혹은 원칙과 다른 방향에서 후속 사태가 일어났음을 나타내기도 한다

(8ㄷ). 이처럼 상관적 사태의 '이유/원인 관계', '양보 관계'는 '배경 관계'에서도 추론될 수 있다. 즉 개념화자가 유사한 상황에서 이러한 추론을 반복하면서 이들 사태가 특정한 사태 관계로 관습화되어 사태 관계의 한 범주로 범주화된다.

(9) 전환 → 이유/원인 → 조건
ㄱ. 철수는 혼자 호탕하게 웃다가 방으로 들어갔다.
ㄴ. 쉬지 않고 일만 해서 병을 얻었다.
ㄷ. 너, 돈을 그렇게 정신없이 쓰면 곧 파산하게 될 거야.

(9ㄱ)에서 앞선 사태는 완료되지 않은 멈춤 상태에서 뒤이은 사태로 '전환'된다. 이런 전환의 특성을 띠는 사태는 뒤이은 사태가 일어나는 '이유/원인'으로 작용하기도 하고(9ㄴ), 뒤이어 발생하는 사태의 '(가정적) 조건'이 되기도 한다(9ㄷ). 이처럼 상관적 사태의 '이유/원인 관계', '조건 관계'는 '전환 관계'에서도 추론될 수 있다. 즉 개념화자가 유사한 상황에서 이러한 추론을 반복하면서 이들 사태가 특정한 사태 관계로 관습화되어 사태 관계의 한 범주로 범주화된다.

(10) 발견 → 이유/원인 → 조건, 양보
ㄱ. 바람이 부니까 방 안이 시원해졌어.
ㄴ. 바람이 불어서 방 안이 시원해졌어.
ㄷ. 바람이 불면 방 안이 시원해져.
ㄹ. 바람이 불어도 방 안이 시원해지지 않네.

(10ㄱ)에서처럼 우리는 앞선 사태가 이루어진 후 이를 바탕으로 곧이어 다른 사태가 발생함을 새롭게 '발견'[7]하는 경험을 한다. 이러한 우연적 발

---

7) 여기에서 말하는 '발견(discovery)'은 남기심(1994)의 용어이다. 남기심(1994 : 128-130)은 '서울에 가니까 자동차가 많았다.'에서 '-니까'가 '경험' 또는 '발견'의 의미를 나타낸다고 보았다. 그리고 그 이유를 두 사태 관계가 '서울에 가 본 결과, 자동차가 많은 것을 알게 됨'으로 해석되기 때문이라고 설명하였다. 본 논문에서는 이를 사태 관계에 적용하여, 앞

견이 반복적으로 발생하게 되면 (10ㄴ)에서처럼 앞선 사태를 뒤이어 발생하는 사태의 '이유/원인'으로 간주하기도 한다. 나아가 앞선 사태가 나타날 때마다 반드시 후속 사태가 발생함이 관찰되었다면, 이 두 사태의 관계는 더욱 강화되어 (10ㄷ)에서처럼 앞선 사태를 뒤이어 발생하는 사태의 '조건'으로 삼을 수도 있다. 그런데 이러한 조건의 관계가 어그러지면, 즉 유사한 상황에서 앞선 사태가 일어났지만 기대 혹은 원칙과 다른 방향에서 후속 사태가 발생하였다면(아예 사태가 발생하지 않을 수도 있다), (10ㄹ)에서처럼 두 사태는 조건이 부정된 '양보'의 관계로 파악된다. 이처럼 상관적 사태의 '이유/원인 관계', '조건 관계', '양보 관계'는 '발견 관계'에서도 추론될 수 있다. 즉 개념화자가 유사한 상황에서 이러한 추론을 반복하면서 이들 사태가 특정한 사태 관계로 관습화되어 사태 관계의 한 범주로 범주화된다.

(11) 순차 관계의 개념 구조

순차 사태
- 계기 사태 ──개념 확장──▶ 지속 사태   방법, 배경, 이유/원인 사태
- 연발 사태
  - 배경 사태 ──개념 확장──▶ 이유/원인, 양보 사태
  - 전환 사태 ──개념 확장──▶ 이유/원인 사태   조건 사태
  - 발견 사태 ──개념 확장──▶ 이유/원인 사태   조건 사태

3.3. 역차 관계

우리가 경험하는 사태들이 행위에 국한될 때, 상관적 사태는 시간선 위에서 이루어지는 과정 행위와 시간의 끝점에서 달성되는 목적/결과 행위로 구성된다([그림 3-ㄱ]).

───────────

의 사태를 바탕으로 하여 개념화자가 뒤의 사태를 '새롭게 알게 되었다'는 점을 용어 '발견'으로써 부각하고자 한다.

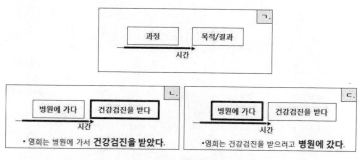

[그림 3] 순차 관계와 역차 관계의 해석 방식

이 때 개념화자가 자신의 시점(perspective)을 행위의 목적/결과에 두고 사태 관계를 해석한다면, 이들 사태는 [그림 3]의 ㄴ처럼 '병원에 가는' 과정을 거쳐 '건강검진을 받는' 목적/결과에 이르는 시간의 흐름에 따라 파악된다. 이에 반해 개념화자가 자신의 시점을 과정에 두고 사태 관계를 해석한다면, 이들 사태는 [그림 3]의 ㄷ처럼 '건강검진을 받는' 목적/결과에 이르기 위해 먼저 '병원에 가는' 과정을 거쳐야 하는 시간의 역순으로 파악된다.

이상에서 우리는 우리가 경험하는 독립된 사태들 간의 의미적 관련성을 파악하고 그 관계를 개념화하는 과정을 살펴보았는데, 이는 아래의 [그림 4]처럼 구조화하여 나타낼 수 있다. 요컨대 우리는 이처럼 경험을 통해 형성된 사태 관계의 개념 구조를 토대로, 새로운 사태들의 관계를 해석하고 이들의 관계를 기술하기 위해 적절한 연결어미를 사용하여 사태 관계를 표현하는 것이다.

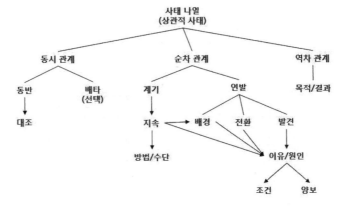

[그림 4] 시간 구조에 따른 사태 관계의 개념 구조

4. 연결어미의 의미 구조

앞에서 우리는 사태들의 관계가 개념화자의 해석 방식에 따라 '나열', '동반, 대조', '배타', '계기', '연발', '배경', '전환', '발견', '이유/원인', '조건', '양보' 등의 관계로 파악됨을 확인하였다. 이러한 상관적 사태의 특정한 관계 의미는 연결어미를 통해 표상되는데, 이들 의미는 각각 연결어미 '-고', '-면서', '-지만', '-거나', '-어서', '-자마자', '-는데', '-다가', '-니까', '-면', '-어도', '-려고' 등으로 구체화된다.

[표 1] 사태 관계를 기술하는 연결어미의 종류

시간 구조	상관적 사태의 연결	사태 관계	대표 연결 어미
동시성	기술이 나쁘고 태도가 불성실해서 일어나는 간접적인 파괴도 있다.	나열	-고
	가슴이 조이고 그가 이기기를 기다렸다.	동반	-면서
	지금 대구에는 비가 내리고 서울에는 눈이 내린다.	대조	-지만
	부두는 오르고 내리는 승객들로 붐비고 있다.	배타	-거나
순차성	성희는 돈을 챙기고 (그 돈을 가지고) 집을 나섰다.	계기-지속	-어서
	철수는 문이 열리고 (바로) 버스에서 내렸다.	연발	-자마자
	패션 상품은 수시로 변하고 고객의 욕구를 만족시켜야 하는 문제점을 지니고 있다.	배경	-는데
	영희는 밥을 먹는 것을 잠시 멈추고 전화를 받았다.	전환	-다가
	색채에 대한 인식이 높아지고 (그에 따라) 의복에 대한 관심이 달라지게 되었다.	발견-이유	-니까
	26쪽까지 설명하고 수업을 마칠게요.	조건	-면
	그렇게 자고도 계속 피곤하다.	양보	-어도
역차성	선생님은 재미있는 예를 들어 설명했다. 학생들이 수업에 집중할 수 있게 하기 위해서다.	목적	-려고

그런데 사태 관계를 기술하기 위해 사용되는 연결어미의 양상은 꽤 복잡하다. 한 연결어미가 여러 사태 관계를 나타내기도 하고, 동일한 사태 관계가 다양한 연결어미로 표현되기도 하기 때문이다.

(12) ㄱ. 올 겨울은 내내 창가에 앉아서 산을 바라보며 지냈다.
　　 ㄴ. 성호는 밝은 목소리를 가장해서 형기에게 말했다.
　　 ㄷ. 집으로 돌아갈 때는 그동안 정이 들어서 서운해 한다.
　　 ㄹ. 애는요, 친구를 찾아서 시골서 왔다는데요.
　　 ㅁ. 옆자리의 젊은 아낙네들의 싱싱한 모습과 견주어서 외롭고 쓸쓸해 보였다.

예문 (12)는 연결어미 '-어서'를 통해 다양한 사태 관계가 표현됨을 보여 준다. (12ㄱ)에서는 '앉는' 행위가 끝난 후에 뒤이어 '바라보는' 행위가 이루어지는데, 이때 앞서 일어난 '앉은' 행위가 뒤이은 행위까지 지속된다. 즉 '창가에 앉는' 행위가 끝나고 그 상태가 유지되면서 '산을 바라보는' 행위가 이루어지는 것이다([지속]). (12ㄴ) 역시 목소리를 '가장하는' 행위가 완료되고 그 상태가 지속되면서 형기에게 '말하는' 행위가 이루어지고 있는데, 한 단계 더 나아가 생각해보면 '목소리 가장'은 '말함'의 [수단/방법]을 나타내기도 한다. 또한 (12ㄷ)에서는 앞서 '정이 든' 행위가 뒤이어 이루어지는 '서운해 하는' [이유]가 되며, (12ㄹ)에서는 친구를 '찾는' 행위가 시골에서 '온' 행위의 [목적]이 되기도 한다. 그리고 (12ㅁ)에서는 앞서 일어난 '견준' 행위가 뒤이어 외롭고 쓸쓸해 보인다고 '판단'하는 행위의 [배경]이 된다. 이처럼 연결어미 '-어서'는 시간적 간격을 두고 이루어지는 [계기]적 사태들을 연결하는 데 사용되는데, 연결되는 사태들의 관계적 특성에 따라 [지속], [수단/방법], [원인/이유], [목적], [배경] 등의 의미를 표현할 때 사용된다.

이러한 연결어미의 다의적 쓰임은 (연결어미로 표현되는) 사태 관계들 사이에서 관찰되는 의미적 연관성과 관련이 있다. 즉 앞 장의 '사태 관계의 개념 구조'에서 확인하였듯이 계기적으로 일어나는 사태들과 관련된 경험은 '지속'과 '수단/방법'으로 개념이 확장된다('계기'→'지속'→'수단/방법'). 또한 '두 사건이 시간적으로 연결될 때 앞선 사태는 대체로 뒤이은 사태 이해의 논리적 배경이 된다'는 우리의 일반적인 추론을 통해 뒤이은 사태가 이루어지는 동안 지속되는 앞선 사태는 '배경'이나 '이유'와 논리적으로 관련을 맺게 된다.

한편 아래의 예문 (13)에서 보듯이, 여러 다른 연결어미를 통해 '이유-결과'의 사태 관계가 표현된다.

> (13) ㄱ. 영희는 그 기사를 읽었다. + 영희는 생각이 달라졌다.
>   ㄴ. 영희는 그 기사를 읽{고, 어서, 으니까, 다가} 생각이 달라졌다.

(13)에서처럼 사태가 일어난 시간적 순서에 따라 '기사를 읽'은 사태와 '생각이 달라진' 사태가 연결될 때 '-고'를 비롯하여 '-어서', '-(으)니까', '-다가' 등의 연결어미로 두 사태가 이어질 수 있다. 이때 연결어미를 통해 두 사태의 관계는 '글을 읽는' 사태가 '생각이 달라진' 사태보다 앞선 사태로 파악될 뿐만 아니라, 뒤의 '생각이 달라진' 사태의 이유로도 이해가 된다[8]. 이는 '시간적으로 연결된 두 사건을 인과적으로 연결되었다'고 추론하는 우리의 일반적인 인지 작용과 관련이 있는데, 앞서 이루어진 행위의 상태가 뒤이은 행위까지 지속되면서, 혹은 앞서 일어난 사태를 통해 뒤이은 사태를 새롭게 인식하면서, 혹은 뒤의 사태가 앞선 사태를 상황적 배경으로 하여 이루어지면서 이들 관계가 '이유-결과'로 해석될 수 있는 것이다.

지금까지 개념화자의 해석 방식이 반영된, 대상 세계에 존재하는 사태들의 관계를 중심으로 연결어미의 사용 양상을 살펴보았는데, 이는 [그림 5]처럼 구조화하여 나타낼 수 있다.

---

8) 물론 각 연결어미를 통해 표현되는 구체적 의미에는 차이가 있다. 연결어미 '-고'는 '읽고 나서 생각이 달라짐'의 계기적 사태 관계를 나타내고 있는데, 영희의 생각이 달라진 이유 혹은 근거를 앞선 사태인 '읽은' 행위에서 찾을 수 있다는 점에서 [이유]의 의미를 추론할 수 있다. 그리고 연결어미 '-다가'는 '읽는 도중에 생각이 달라짐'의 전환적 사태 관계를 나타내고 있는데, 이 역시 '-고'처럼 영희의 생각이 달라진 이유 혹은 근거를 앞선 사태인 '읽는' 행위에서 찾을 수 있다는 점에서 [이유]의 의미를 추론할 수 있다. 한편, '-어서'는 '읽었기 때문에 생각이 달라짐'처럼 영희의 생각이 달라진 직접적인 [이유]의 의미를, 연결어미 '-니까'는 '읽고 나서 비로소 생각이 달라짐'처럼 발견에서 확장된 [이유]의 의미를 구현하고 있다. 이처럼 이들 연결어미를 통해서 '이유'의 사태 관계를 표현하고 있지만, 그 맥락에서 구체적으로 해석되는 의미가 차이 나는 것은 각 연결어미가 구현하는 기본 사태 관계가 '-고/-어서 : [계기]', '-니까 : [발견]', '-다가 : [전환]'처럼 각각 다르기 때문인 것으로 파악된다.

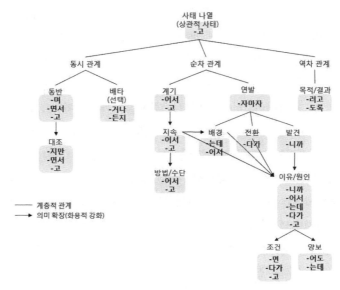

[그림 5] 사태 관계에 따른 연결어미의 의미 구조

　위의 그림에서 알 수 있듯이, 사태 관계를 나타내기 위해 사용되는 연결어미의 의미에는 우리가 경험을 통해 형성된 사태 관계의 개념 구조가 반영되어 있다. 다시 말해 연결어미의 의미에는 개념화자에 의해 파악된 사태 간의 의미적 연관성이 반영되어 있고, 개념화자의 추론에 의해 확장된 사태 관계의 개념 구조가 반영되어 있다. 예컨대 연결어미 '-고', '-면서', '-어서', '-니까' 등의 의미에는 [나열], [동반], [계기], [발견] 등 사태 관계를 파악하는 개념화자의 해석 방식이 반영되어 있다. 그리고 '계기→지속→방법/수단, 이유/원인'과 같이 개념화자의 추론으로 확장된 사태 관계의 개념 구조를 토대로 연결어미 '-고'나 '-어서'의 의미는 확장된다. 이러한 까닭에 한 연결어미가 여러 사태 관계를 나타낼 수도 있고, 동일한 사태 관계가 여러 연결어미로 표현될 수도 있는 것이다.

5. 맺음말

본 논문은 개념화자가 사태 관계를 해석하는 방식에 근거하여 연결어미가 나타내는 의미 간의 상관관계를 구조화함으로써 연결어미의 의미 구조에 대한 설명력을 높이고자 하였다. 이제까지 논의한 내용을 간추려 본 논문을 마무리하기로 한다.

첫째, 사태 관계는 상관적 사태로 파악되는 사태들 간의 시간적 관계에 따라 '동시 관계', '순차 관계', '역차 관계'로 구조화된다. 또한 사태 관계는 개념화자의 해석 방식에 따라 '나열', '동반', 대조', '배타', '계기', '연발', '배경', '전환', '발견', '이유/원인', '조건', '양보' 등의 관계로 다양하고 구체적으로 파악된다.

둘째, 사태 관계는 특정 맥락에서 함축 의미가 추론되기도 하는데, 이러한 추론이 화용적으로 강화되면서 '동반→ 대조', '계기 → 지속 → 수단/방법', '전환→ 이유/원인→ 조건', '발견→ 이유/원인→ 조건, 양보' 등과 같이 사태 관계의 개념이 확장된다. 이러한 사태 관계의 개념 구조는 새로운 사태 관계를 이해할 수 있는 인지 구조로 기능하며, 나아가 이들 사태 관계를 기술하는 연결어미의 의미가 사용되고 해석되는 과정에서도 중요한 인지 기제로 작용한다.

셋째, 연결어미는 상관적 사태의 특정한 관계 의미를 표상하는데, 연결어미의 의미에는 경험을 통해 형성된 사태 관계의 개념 구조가 반영된다. 이처럼 개념화자의 해석 방식이 반영된, 대상 세계에 존재하는 사태 관계에 따라 연결어미의 의미 구조를 제시함으로써 우리는 한 연결어미가 여러 사태 관계를 나타내거나, 동일한 사태 관계가 여러 연결어미로 표현되는 현상을 설명할 수 있게 되었다.

참고문헌

구현정. 1998. "조건의 의미에 관한 인지적 접근-인접 범주와의 관련성을 중심으로", 「어문학연구」 7, 상명대학교 어문학연구소, pp.91-122.

국립국어연구원. 1999. 「표준국어대사전」, 두산동아.

고려대학교 민족문화연구원. 2009. 「한국어대사전」, 고려대학교 민족문화연구원.

김광해. 1987. "선택과 양보(Ⅰ)", 「국어학」 16, 국어학회, pp.597-620.

김승곤. 1978. "연결형 어미 {-니까}, {-아서}, {-므로}, {-매}의 말쓰임에 대하여", 「인문과학논총」 11, 건국대학교 인문과학연구소, pp.35-51.

김승곤. 1981. "한국어 연결형 어미의 의미 분석 연구Ⅰ", 「한글」 173·174, 한글학회, pp.35-64.

김준기. 2011. "연결어미 '-아서'의 의미 고찰", 「어문학」 112, 한국어문학회, pp.1-23.

김진수. 1987. 「국어 접속조사와 어미 연구」, 탑출판사.

김흥수. 1977. "계기의 '-고'에 대하여", 「국어학」 16, 국어학회, pp.113-136.

김흥수. 1978. "동시구문의 양상", 「국어학」 7, 국어학회, pp.91-116.

남기심. 1978. "국어 연결어미의 화용론적 기능", 「연세논총」 15, 연세대학교 대학원, pp.1-21.

남기심. 1994. 「국어 연결어미의 쓰임」, 서광학술자료사.

박승윤. 2007. "양보와 조건", 「담화와 인지」 14-1, 담화·인지언어학회, pp.63-83.

박용한. 2000. "국어 접속어미 '-고'의 의미 구조", 「연세어문학」 32, 연세대학교 국어국문학과, pp.27-44.

백락천. 1999. "문법화와 통합형 접속어미", 「동국어문학」 10·11, 동국대학교 국어교육과, pp.259-282.

서태룡. 1988. "국어 활용어미의 형태와 의미", 서울대학교 대학원 박사학위논문.

서정수. 1982. "연결어미 {-고}와 {-어(서)}", 「언어와 언어학」 8, 한국외국어대학교, pp.53-74.

신지연. 2004. "대립과 양보 접속어미의 범주화", 「어문학」 84, 한국어문학회, pp.75-98.

양동휘. 1978. "Pragmantax of Conjunction in Korean", 「국어학」 6, 국어학회, pp.133-144.

윤평현. 2005. 「현대국어 접속어미 연구」, 박이정.

이경우. 1987. "접속어미 '-아서'와 '-니까'의 연구", 「국어교육」 30, 한국어교육학회, pp.24-40.

이기동. 1977. "대조·양보의 접속어미의 의미연구(Ⅰ)", 「어학연구」 13-2, 서울대학교 어학연구소, pp.129-137.

이기동. 1979. "연결어미 '-는데'의 화용상의 기능", 「인문과학」 40·41, 연세대학교 인문과학연구소, pp.117-142.

이기동. 1980. "Toward an Alternative Analysis of the Connective ko in Korean", 「인문과학」 44, 연세대학교 인문과학연구소, pp.147-167.

이상복. 1978. "국어의 연결어미에 대하여-'-아서'를 중심으로-", 「외국어로서의 한국어교육」 3, 연세대학교 한국어학당, pp.59-79.

이상복. 1981. "연결어미 '-아서, -니까, -느라고, -므로'에 대하여", 「배달말」 5-1, 배달말학회, pp.55-80.

이성하. 1998. 「문법화의 이해」, 한국문화사.

이은경. 1996. "국어의 연결어미 연구", 서울대학교 대학원 박사학위논문.

임지룡. 2008. 「의미의 인지언어학적 탐색」, 한국문화사.

장경희. 1995. "국어 접속 어미의 의미 구조", 「한글」 227, 한글학회, pp.151-174.

전혜영. 1988. "현대 한국어 접속어미의 화용론적 연구", 이화여자대학교 대학원 박사학위논문.

정수진. 2011. "연결어미 '-고'의 다의적 쓰임에 대한 인지적 해석", 「언어과학연구」 58, 언어과학회, pp.211-232.

정수진. 2012. "연결어미 '-어서'의 의미 확장에 대한 인지언어학적 접근", 「국어교육연구」 50, 국어교육학회, pp.405-428.

최현배. 1936. 「우리말본」, 정음사.

황화상. 2008. "연결어미 '-어서, -니까'의 의미 기능과 후행절", 「국어학」 51, 국어학회, pp.57-89.

Talmy, L. 2000. *Toward a cognitive semantics* volume Ⅰ. Cambridge, Mass. : MIT Press.

Tyler, A. & Evans, V. 2004. *The Semantics of English Preposition*s, Cambridge University Press. 「영어 전치사의 의미론」. 김동환·김주식 옮김(2004). 박이정.

| 이 논문은 한글 302집(2013, 한글학회)에 게재된 논문을 재수록한 것입니다.

텍스트 결속 기제로 작용하는
국어 명사의 특징에 대한 연구

신 명 선

1. 서론

본고는 논항을 갖는 국어 명사가 텍스트의 결속 기제(cohesive device)로 사용될 수 있음을 밝히고 그 결속 양상과 특징을 기술하는 데 목적을 둔다. 본고에서는 문자 언어 텍스트, 그 중에서도 특히 소논문을 주 연구 자료로 삼았다.

그 동안 결속성(cohesion)[1])에 관한 연구는 주로 통사적 연결 장치를 중심으로 이루어져 왔다. 대명사나 접속 부사 등이 대표적인 결속 기제로 사용됨에 주목했기 때문이다. 어휘를 중심으로 한 결속성에 관한 연구도 이루어져 왔으나 주로 의미 관계에 초점을 두어 이루어졌다. 명시적인 의미를 갖고 있는 내용어로서의 명사가 텍스트의 결속 기제로 작용할 수 있음에 주목한 국내 연구는 아직까지 없는 듯하다. 결속성에 관한 그간의 연구 결과에

---

1) 아직까지도 결속성(cohesion)의 개념은 일정 부분 명확하지 않다. 텍스트 표층의 통사적 연결 관계와 텍스트 이면의 의미적 연결 관계를 분리하여 전자는 cohesion(결속성, 응집성 등으로 번역), 후자는 coherence(결속 구조, 응결성, 일관성, 통일성 등으로 번역)로 부르기도 하고, cohesion과 coherence가 서로 분리될 수 없는 개념임에 주목하여 둘을 하나로 묶어 cohesion으로 부르기도 한다. 최근에는 후자로 논의가 집중되는 경향이 있다. 본고에서도 그 타당성을 인정하여 후자의 입장에서 cohesion을 결속성으로 번역하기로 한다.

대해서는 2장에서 간단히 살펴보도록 한다.

국어 명사의 논항 구조에 관한 그 동안의 연구는 주로 명사구 차원에서 이루어졌고, '논항'이라는 개념이 근본적으로 의미적이기는 하지만 분석의 방향은 여전히 통사적인 측면을 향해 왔다고 판단된다.[2] 최경봉(1997ㄱ, 1997ㄴ) 등에서 명사의 의미 구조를 Q-구조를 중심으로 설명하여 명사의 의미 구조와 통사적 제약의 양상을 의미론적으로 풀어냈으나, 분석의 층위는 여전히 문장 이하이다. 본고에서는 국어 명사의 논항 구조에 관한 기존 연구 성과를 바탕으로 국어 명사가 텍스트의 결속 기제로 작용할 수 있음을 의미론적으로 밝혀보고자 한다.

따라서 본고에서는 논항 구조를 갖는 명사가 텍스트의 결속 기제로 사용될 수 있음을 명확히 하고 그 양상과 특징을 밝히는 데 주목하되, 특히 문자 언어 텍스트를 중심으로 논의하고자 한다.[3] 그리고 논항을 갖는 명사의 특성에 대한 그간의 연구가 주로 통사론적 측면에서 이루어졌다면, 본고는 의미론적 관점에서, 더 정확하게는 텍스트언어학적 관점에서 이에 접근하고자 한다. 따라서 명사의 논항에 대한 논의 과정에서도 논항의 구조적 표지인 '의'나 '적', '-에 대한' 등과 같은 통사적 표지보다는 의미적 정보에 주목할 것이다.

---

2) 관련 연구로는 이선웅(2004), 김인균(2003), 김선효(2002), 김병일(2000), 최경봉(1995, 1997ㄱ, 1997ㄴ, 1998), 김용하(1990) 등을 들 수 있다.
3) 본고에서 분석 자료로 삼은 것들은 모두 소논문이다. 논의 내용상, 소논문의 필자는 중요하지 않으므로 인용한 책과 쪽수만을 밝히기로 한다. 인용 표지가 없는 것은 필자가 임의로 제시한 예이다.

2. 텍스트의 결속 기제와 명사

2.1. 텍스트의 결속 기제

그간 텍스트의 결속 기제(cohesive device)에 대해서는 다양한 논의가 이루어졌으나 대체로 대용, 생략, 지시, 접속, 어휘 등이 주 논의 대상이었다.[4]

(1) ① 철수는 부산에 갔다. 영희도 <u>그렇다</u>.
　　② 철수는 부산에 갔다. 영희도.
　　③ 철수는 부산에 갔다. <u>그</u>는 부산이 고향이다.
　　④ 철수는 부산에 갔다. <u>그래서</u> 지금 서울에 없다.

위의 (1)에서 '그렇다'는 '부산에 갔다'를 받고 있는 것으로 대용의 예이다. ②는 '영희도 부산에 갔다'에서 '부산에 갔다'가 생략된 것으로 생략의 예이며 ③은 '그'가 '철수'를 가리킨다는 점에서 지시의 예이다. ④는 '그래서'가 두 문장을 이어주고 있는 것으로 접속의 예이다. ①-④는 각각 대용, 생략, 지시, 접속을 통해 서로 다른 두 문장을 하나의 완결된 텍스트로 결속시키고 있는 예이다.

어휘적 결속 기제로는 그간 단순 반복, 유의어, 상위어, 하위어, 반의어 등이 주로 논의되어 왔다.

(2) ① <u>철수</u>는 학교에 갔다. <u>철수</u>는 오늘 수업이 있다.
　　② 한 <u>우체부</u>가 왔다. 그 <u>집배원</u>은 벌써 두 번이나 왔다 갔다.
　　③ <u>망치</u> 좀 가져 오너라. 그 <u>공구</u>가 가장 유용하다.

---

4) 이것은 Halliday & Hasan(1976)에서 제시된 것이다. 그 외에도 Gutwinski(1976)는 결속을 '문법적 결속'과 '어휘적 결속'으로 나눈 뒤 문법적 결속 장치로 '대명사, 한정사, 대치어, 부사, 연결어' 등을 들었으며, Cha(1985)에서는 '어휘문법적 결속과 의미론적 결속, 기호맥락적 결속'을 들었으며, Beaugrande & Dressler(1981)에서는 '반복, 병행, 환언, 대용, 생략, 시제/상, 접속' 등을 들었다.

④ 질문이 있으면 하세요. <u>대답</u>해 드릴게요.
⑤ 산 속에 작은 <u>집</u>이 있다. <u>창문</u>은 오직 하나밖에 없었다.

(2) ①은 '철수'를 단순 반복함으로써, ②는 '우체부'와 '집배원'의 유의 관계를 통해, ③은 '망치'와 '공구'의 상하위어 관계를 통해, ④는 '질문'과 '대답'의 반의 관계를 통해 ⑤는 '집'과 '창문'의 부분-전체 관계를 통해 결속성을 확보하고 있는 예이다. 이처럼 '어휘'는 두 문장을 하나의 텍스트로 만드는 결속 기제로 유용하게 사용될 수 있다.

한편 두 단어 사이에 어떤 의미 관계가 성립하지 않음에도 그 단어들이 텍스트의 결속성을 확보해 주는 예가 있다.

(3) ① 내일은 할아버지 <u>제삿날</u>이다. 작년에 썼던 <u>놋그릇</u>을 찾아야겠다.
② 철수는 오늘 아침에 <u>늦잠</u>을 잤다. 좁은 <u>방</u>에는 옷가지들이 널려 있었다.

위 (3)의 ①에서 '제삿날'과 '놋그릇'의 경우 둘 사이에 어떤 의미 관계가 성립하지 않는다. 또 두 문장 사이에 여타 다른 결속 기제를 찾을 수 없음에도 두 문장의 결속력은 분명히 존재하는데, 이처럼 어떤 문화적 특징에 근거해 문장들의 결속력이 확보되는 경우도 존재한다.[5] ②의 경우도 마찬가지이다. 이 예는 특수한 문화적 특징과는 관계없지만, 인류 공통의 보편적 특성에 근거해 독자들은 '늦잠'과 '방'을 중심으로 두 문장을 결속성 있게 인지할 것이다. 이러한 예는 결국 결속의 문제가 텍스트 표층에 드러나는 어휘나 문법적 표지들보다도 독자의 배경 지식(schema)에 상당 부분 의존함을 보여 준다. 위의 (3)이 한국인들에게는 매우 결속성이 높은 텍스트로 인지되는 반면 한국의 문화적 특성을 모르는 외국인들에게는 그렇지 않을

---

5) 한국텍스트언어학회(2004)에서는 결속의 문제를 '재수용'을 중심으로 정리하고 있는데, 이 중 문화적 근거에 의한 접촉성 대체의 예로 '제삿날'과 '놋그릇'을 들었다. 상세한 논의는 상기 논저 참고.

수도 있다. 서로 다른 두 문장 사이의 결속성은 궁극적으로 독자가 두 문장 사이의 의미적 연결 고리를 찾을 수 있느냐 여부에 의해 결정될 수 있다.

2.2. 명사를 이용한 결속

이선웅(2004)은 명사도 동사처럼 통사·의미적으로 논항을 취한다는 사실을 명사구를 중심으로 밝히고 국어 명사가 갖는 논항 구조를 상세하게 분석한 바 있다.6) 여기서 명사란 논항 구조를 갖는 명사로서, 술어 명사와 일부 비술어 명사에 한정된다. 예를 들면 다음과 같다.

- 술어 명사 : 강화(强化), 개발, 개선, 건설, 계획, 관리, 극복, 설명, 시작, 실시, 실천, 실험, 연구, 준비, 지도, 처리, 지배, 경험, 생활, 공개, 경영, 검사, 개선, 실천, 실험, 실시, 지도, 결론, 감독, 준비, 차이, 약속, 경쟁, 제안, 요청, 요구, 질문 등
- 비술어 명사 : 개념, 계기, 과제, 본질, 결론, 주제, 수단, 주제, 사항, 지식, 견해, 경향, 상대, 역할, 의지, 한계(限界), 전제(前提), 시각(視覺), 종류, 함의(含意), 특성 등

다만 명사는 동사처럼 필수적으로 논항을 취하지 않고 논항 출현이 수의적이다.

(4) ① 철수의 비판
    ② 철수의 영희 비판
    ③ 철수의 영희에 대한 결점 비판

---

6) 일찍이 최경봉(1997ㄱ, 1997ㄴ)은 어휘부에 명사와 관련된 부류 정보뿐만 아니라 속성 정보가 모두 포함되어 있다는 전제하에 Q-구조를 제안한 바 있다. 특히 최경봉(1995)은 국어 명사 관형 구성의 의미 결합 관계도 명사가 갖고 있는 의미 정보에 근거하여 해석할 수 있음을 증명한 바 있다.

예컨대 술어 명사 '비판'은 의미상 '누가 누구에 대해 무엇을' 비판했는지를 요구한다. 이 때문에 'X의 Y에 대한 Z N(X : 행위주역, Y : 대상역, Z : 내용역, N : 명사)'처럼 실현될 수 있다. 그런데 위의 예처럼 대상역 '영희'나 내용역 '결점'은 생략될 수도 있다. 따라서 이선웅(2004)에서는 명사의 논항이 대부분 반논항[7])의 성격을 띤다고 보았다.

그런데 만일 명사의 논항이 실현되는 방식을 '의미'의 문제만을 중심으로 살펴보면, 명사의 논항은 구 이상의 차원에서도 여러 가지 방식으로 실현될 수 있다. 다음 (5)의 ①과 ②가 한 문장 내의 양상이라면, ③과 ④는 문장 간에 드러나는 양상이다.

(5) ① 철수의 <u>연구</u>는 공공 기관 서비스에 대한 것이다.

② 이 연구는[8]) (중략) 공무원 임용 국어 시험이 공무원의 직업 문식성을 타당하게 평가하고 있는지 문항 <u>분석</u>을 통해 점검하는 것이 목적이다.(국어교육학연구 31, 2008 : 169)

③ 같은 일당에게 당하는 사회주의자를 덜렁쇠 혹은 맹상군이라고 비유하면서 사회주의자들을 비판하는 조덕기는 김병화도 비판한다. <u>그의 비판</u>은 사회주의자인 김병화의 역경에 대한 동정의 차원을 넘어서 사회주의 운동이 거의 불가능하지 않느냐는 의사 표명이다.(새국어교육 75, 2007 : 516)

④ 실증적 연구의 성격에 맞게 실제 관찰 자료를 중심으로 논의해야 할 것이다. 그러나 한 개인 연구자의 관찰과 자료 수집만으로는 여러 가지 면에서 <u>한계</u>가 있을 수밖에 없다. 이를 보완하기 위하여 실제 말하기·듣기 수업 장면을 다루고 있는 선행 연구들을 포함하기로 한다.(새국어교육 75, 2007 : 195)(밑줄 필자)

위 (5)의 ①의 경우 명사 '연구'의 논항이 '누가'(행위주역)와 '무엇을'(내

---

7) 이선웅(2004)에서는 개념상 필요한데 통사적 출현은 수의적인 경우를 가리켜 '반논항'으로 규정하였다.

8) '이 연구는'의 의미를 '본 연구자는'으로 해석하여 '이 연구는'이 결국은 학술텍스트의 필자를 가리킨다고 볼 수 있다. 그러나 여기서는 일단 그러한 문제는 차치하도록 한다. 또한 각 명사들이 은유적으로 사용되는 양상도 본 연구에서는 다루지 않는다.

용역)이라고 볼 때에 '누가'는 관형어로, '무엇을'은 서술부로 실현되었다. ②의 경우 학술텍스트의 서론 중 연구의 목적을 밝히는 부분에서 뽑은 것이다. '분석'의 논항 중 '누가'에 해당하는 행위주역이 생략되었다. 이는 그 행위주가 통상 해당 학술텍스트를 작성한 필자임이 분명하기 때문이다(추론 가능성이 높음). ③의 경우, '누가'(행위주역)는 관형어로, '누구에 대하여'(대상역)는 앞 문장의 목적어로(김병화도), '무엇을'(내용역)은 술어부(사회주의자인 ~ 의사 표명이다)로 실현되었다. 한편 ④의 경우 '한계'의 논항은 실현되지 않았다. 문맥상 '한계'의 구체적 내용은 '일 개인 연구자의 한정된 시각에 의한 관찰이 갖는 편협성, 자료가 양적으로 적음 등'을 가리킨다. 이것을 '한계'의 논항으로 볼 경우 '한계'의 논항은 문맥상 함축된 것으로 볼 수 있다.

명사의 논항은 구, 문장 내, 문장 간, 단락 이상의 여러 층위에서 의미적으로 실현될 수 있고 경우에 따라 생략될 수도 있다. 따라서 명사의 논항 실현 층위는 잠정적으로 다음과 같이 정리할 수 있다.

[표 1] 명사의 논항 실현 층위

방식＼층위	구	문장 내	문장 간	단락 이상
생략				
실현			A	

위 표에서 명사의 논항이 '구'나 '문장 내'에서 실현될 경우 해당 명사가 문장 간 결속에 기여하는 바는 없다. 이 경우에는 '결속'의 문제보다 통사적 기능이나 형태의 문제가 더 중요할 것이다. 그러나 명사의 논항이 문장 간, 혹은 단락 이상의 차원으로 실현될 경우 이는 텍스트 결속의 문제와 관련을 맺게 된다. 그런데 명사의 논항은 근본적으로 수의성을 그 특징으로 갖기 때문에 생략이 될 수도 있다. 그럴 경우에는 대부분 문맥이나 화용적

상황을 바탕으로 해당 논항이 무엇인지를 추론할 수 있는 경우가 많을 것이다.

본고에서 초점을 두고자 하는 것은 위 표의 'A'에 해당하는 부분이다. A는 하나의 명사가 갖는 논항을 중심으로 문장 간의 연결 관계를 파악할 수 있게 하는 예들로서 텍스트에서 명백하게 실현된 것들인데, 이 때 해당 명사는 명백한 결속 기제로 파악될 수 있다. 또한 모든 논항 중 일부가 생략되었다고 하더라도 생략된 논항 복원이 쉽게 가능한 경우도 다루도록 한다. 예컨대 위 (5)의 ②의 경우, 생략된 행위주역의 복원이 쉽게 가능하다. 반면 ④의 경우에는 독자의 배경 지식이나 능력 등에 따라 그 개념의 범위가 달라질 수 있다. 요컨대 본고에서 주로 논의하고자 하는 것은 특히 위 (5)의 ③과 같은 예이다. 물론 위 표의 빗금 친 부분들도 명사가 텍스트 결속 기제로 사용됨을 보여 줄 것이라 예상된다. 그렇지만 여기서는 논항을 갖는 명사가 텍스트 결속 기제로 사용될 수 있다는 점만을 보여 주는 데 초점을 두기로 하고 위 (5)의 ③과 같은 예를 중심으로 논의하도록 한다.

3. 명사의 텍스트 결속 방식

그렇다면 위 (5)의 ③에서 '비판'의 사용 양상을 좀 더 상세하게 검토해 보자. 위의 예의 '그의 비판'을 이선웅(2004)의 논의를 중심으로 설명하면 명사의 논항은 대부분 반논항의 성격을 가지므로 의미상 필요한 논항들 즉 '누구에 대해', '무엇을'은 생략되었다고 볼 수 있다. 국어 명사의 논항 구조가 갖는 중요한 특징은 의미상 필수적인 요소가 통사적으로는 수의적으로 실현되기 때문이다.

그런데 이는 문장 차원의 해석이다. 논의의 범위를 텍스트 차원으로 확대시켜 '그의 비판'을 해석하면 다소 다른 설명이 가능하다. 일단 위 텍스트는 크게 두 개의 문장으로 이루어져 있는데 두 문장의 결속성은 '그'라는 대명사를 통해 확보된다. '그'는 앞 문장의 '조덕기'를 가리킨다.

그런데 위의 두 문장의 결속성은 비단 '그'라는 인칭 대명사를 사용한 지시 표현에 의해서만 드러나는 것이 아니라 '비판'이라는 명사에 의해서도 확보되고 있다고 판단된다. '비판'은 술어 명사로서 의미상 '누가/ 누구에 대해/ 무엇을'이라는 세 개의 논항을 요구한다. 그런데 위의 예에서 '비판'이라는 명사의 논항은 '그'('누가'에 해당하는 행위주역, 위 텍스트에서는 '조덕기')만 실현되었다. 달리 표현하면 위에서 '비판'의 또 다른 논항들 '누구에 대해', '무엇을'은 '생략'되었다. 그런데 국어 술어 명사의 논항 역시 의미상으로는 반드시 필수적으로 요구되는 정보이므로, 독자들은 '그의 비판'이라는 표현을 읽을 때에 '누구에 대해', '무엇을' 비판했는지를 되묻게 된다. 그리고 그러한 정보를 텍스트에서 찾게 된다. 이는 능동적인 독자의 적극적 읽기 행위에서는 필연적인 이해 처리 과정이다(기술한 것처럼 궁극적으로 '결속성'은 독자의 배경 지식에 크게 의존하는 것으로서, 텍스트의 결속성 확보 여부는 사실상 독자의 인지적 처리 방식에 의해 결정되는 측면이 있다). 위 텍스트에서 '비판'의 대상역은 앞 문장에 제시된 '김병화'이며 내용역은 '그의 비판은' 이하에 제시된 '사회주의자인 김병화의 역경에 대한 동정의 차원을 넘어서 사회주의 운동이 거의 불가능하지 않느냐는 의사 표명이다.'에 있다. 요컨대 '비판'이 요구하는 또다른 논항들은 '비판'의 관형어로서는 실현되지 않았지만, 기실 또 다른 형식으로 실현되고 있으며 그것이 결국은 두 문장의 결속성을 강화시키는 기제로서 작용하고 있다.

위의 예의 경우 다음과 같은 방식으로, '비판'을 중심으로 한 결속 양상을 설명할 수 있다.

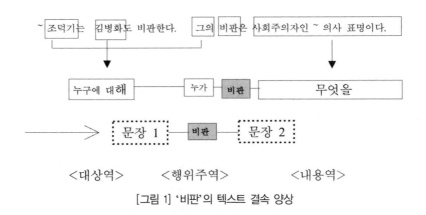

[그림 1] '비판'의 텍스트 결속 양상

국어의 술어 명사가 동사처럼 논항 구조를 갖고 있음에도 그 동안 동사의 논항 구조에 비해 활발하게 논의되지 못한 이유는 명사의 논항 구조가 갖는 수의성 때문이었다. 그런데 텍스트언어학적 차원에서 이 문제에 접근해 보면, 그와 같은 논항의 '생략'은 궁극적으로 텍스트의 결속성을 확보하는 강력한 기제로서 작용할 수 있다. 주지하다시피 '생략'은 중요한 결속 기제 중의 하나이다. 즉 한 문장에서 통사적인 수의성 때문에 생략된 성분이 다른 문장에서 실현됨으로써 서로 다른 두 문장이 의미론적으로 관련성을 갖게 되며 그것은 결국 텍스트의 결속성 확보의 자원이 되는 것이다.9)

9) Francis(1985)는 논술 담화(argument discourse)에 대한 분석을 통해 다음과 같은 단어들이 '후방지시명사'로 사용되고 있다고 논한 바 있다(Carter, 1998 : 112-115에서 재인). consideration(고려), examination(실례), reference(참조), criticism(비평), hypothesis(가설), report (보고), judgement(판단), theory(이론), reasoning(근거), evidence(증거), conclusion(결론), assumption (가정), diagnosis(진단), argument(논증) 후방지시명사는 텍스트 조직 신호로서 담화의 선행 부분을 표기하고 진행 중인 논지와 통합하고 관계화하는 역할을 수행한다. 그녀는 후방지시명사의 요건으로 두 가지를 들었는데 첫째는 대용형으로서 기능해야 한다는 점이다. 선행하는 담화의 부분을 상위담화적으로 지시하여 후방지시적으로 결속성이 있도록 해야 한다. 둘째는 전향적(face forwards)인 성격을 지녀야 한다. 즉 절이나 문의 새로운 명제 내용 표현의 준거가 되는 기지 정보(given information)로서 제시되어야 한다. 후방지시명사의 구체적 예를 고찰하기 위해 Francis(1985)를 직접 찾아보려 했으나 이 논문을 구하기는 어려웠다. 따라서 구체적인 텍스트 사례를 제시하기는 어렵다. 그러나 이 논의를 통해 영어에서도 어떤 특정한 명사들이 텍스트의 결속 기제로 사용되고 있고 그에 관

술어 명사가 텍스트의 결속성 확보에 기여하는 방식은 기존에 결속 기제로 논의되어 온 대용, 생략, 지시, 접속과는 다르다. 앞의 예1)에서 '그렇다'나, '영희도' 이하의 생략, '그'라는 인칭 대명사, '그래서'라는 접속 부사 등은 모두 텍스트 표층에 드러난 통사적 분석에 초점을 둘 때에 결속 기제 작동 여부에 대한 설명이 가능하다(물론 의미론적 설명이 일정 부분 첨가되어야 하지만 통사적 분석에 치중하게 된다). 그런데 술어 명사가 결속성 확보에 기여한다고 할 때에 그 결속 기제 작동 여부는 사실상 해당 술어 명사의 개념 구조에 의존하게 된다. 예컨대 '비판'이라는 단어의 개념이 갖는 구조적 성격(누가 누구에 대해 무엇을 비판했다) 때문에 문장들의 결속성이 확보된다. 전자가 통사적 결속 기제의 성격이 강하다면 후자는 의미적 결속 기제로서의 성격이 강하다. 결국 술어 명사가 텍스트 결속 기제로 작용할 때에 그 결속 기제에 대한 분석은 해당 술어 명사의 개념 구조에 대한 분석에 의해 가능하고 그 개념 구조는 결국 텍스트의 구조에도 영향을 미칠 수 있다.

그런데 술어 명사가 결속성 확보의 자원으로 사용될 때에는, 해당 술어 명사의 개념 구조상 필요한 논항을 텍스트 내의 특정 부분에서 찾아 그 부분을 해당 논항으로 판단하는 인지적 처리 과정이 발생한다. 이를 고려하면, 술어 명사가 결속성을 확보하는 방식을 다음과 같이, 거칠지만 간단하게, 정리해 볼 수 있다.

한 논의가 있음을 확인할 수 있었다.

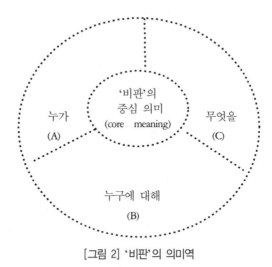

[그림 2] '비판'의 의미역

• 1단계 : 생략(의미상 반드시 필요한 논항 구조의 생략 발견) →
• 2단계 : 유사(類似) 지시(생략된 논항을 텍스트에서 찾아 그 부분을 해당
논항으로 간주하기)

위의 2단계에서 제시한 '지시'의 양상은 앞의 예1)에서 살펴본 결속성 확
보 방식과 다르다.(1)의 '그'와 같은 인칭 대명사가 보이는 '지시'란 언어 기
호가 언어 외적 현실의 대상체를 가리키거나 연관 지어 주는 것이다. 지시
란 어떤 특정 상황에서 언어적 표현과 대상 사이에 성립되거나 설정되는 관
계로서, 언어적 표현 그 자체가 지시하는 것이 아니라 화자가 특정 상황에
서 해당 언어적 표현의 도움을 받아 어떤 대상을 지시하며 청자가 대응적으
로 이해하는 과정 속에서 결정된다. 대명사는 기본적으로 모호성(vagueness)
을 갖는다. 사실상 해당 표현 자체만으로는 지시 대상을 규정할 수 없다. 구
체적인 상황 맥락 안에서 비로소 명확한 지시체를 갖게 된다. 즉 지시는 지
시 표현(referring expression)을 통해 지시체(referent)를 가리키는 것으로 한정
성(definiteness)[10]을 갖는다. 정도성의 문제로 따진다면, 대명사는 통사적 성

10) 지시 표현이 성립하기 위해서는 지시되는 대상이 확인 가능해야 한다. 이는 지시가 성립

격이 강한 문법적 어휘로서, 의미적 성격은 일반 명사에 비해 약하다.

그에 비해 술어 명사들은 각각 명확한 의미를 갖고 있다. 이처럼 명확한 의미를 갖는 단어들이 텍스트에서 결속성 확보의 기제로 사용되는 경우는 앞의 (2)에서 본 것처럼 대략 각 단어들이 일정한 의미 관계(유의 관계, 반의 관계, 상하위 관계 등)를 맺고 있을 때이다.

그러나 위의 '비판'이 결속 기제로 사용되는 방식은 물론 (2)와는 다르다. 위의 예에서 '비판'의 내용역인 '무엇을' 비판하는가에 해당하는 내용은 두 번째 문장의 서술부(사회주의자인 ~ 의사 표명이다)에 있는데, '비판'이라는 단어 자체가 '사회주의자인 ~ 의사표명이다'를 그대로 지시하는 것은 아니다. '비판'이라는 단어가 갖고 있는 핵심 의미(core meaning)가 '비평하고 판단함, 혹은 따짐'이라고 할 때 이 자체는 어떤 내용을 지시하지 않는다. 그런데 이 단어의 개념망을 위의 그림과 같이 상정한다면11) 이 단어의 개념 구조 안에는 결국 논항을 요구하는 '빈자리'가 존재하는데 그 빈자리를 특정한 담론으로 채워야 하며 이 때 일종의 '지시' 현상이 일어난다.

이렇게 보면, '비판'이라는 단어는 늘 '누가, 누구에 대해, 무엇을'이라는 빈자리를 개념 구조상 갖고 있으며 중요한 것은 그것이 구체적인 상황 맥락에서 채워져야만 사실상 완벽한 개념망을 이루게 된다는 점이다. 예컨대 인칭 대명사 '그'라는 단어가 정확하게 무엇을 가리키는지는 구체적인 맥락 속에서만 결정된다. 마찬가지로 '비판'이라는 단어의 빈자리(누가/누구에 대해/무엇을)도 구체적인 맥락에서만 명확해진다. '비판'이라는 단어를 사용하거나 이해할 때 '누가?'라는 기본적 질문이 부과되는데 그 '누가'를 상황 맥락에서 채워서(찾아) 무엇이라고 대답하는 과정을 생각해 보자. 이때 '누가'

하기 위한 필수 조건이다.

11) 이는 논항의 성격과 구조가 어휘부의 어휘 항목에 내재되어 있다고 볼 때에 가능한 그림이다. 이런 관점은 최경봉(1995, 1997ㄱ, 1997ㄴ) 등 여러 논의에서 전제된 바 있다. 특히 최근 인지의미론의 '원형 이론'에 의하면 단어는 중심 의미와 주변 의미의 이중적 의미 구조를 갖고 있으며 사회적 의미, 심리적 의미 등과 같은 주변적 의미들은 각 단어의 주변 의미 쪽에 놓여 있다. 위 그림은 논항들이 중심 의미와 바로 인접하여 주변 의미 부분에 위치할 것이라는 가정 하에 그려졌다.

라는 일종의 '지시 표현'과 상황 맥락에서 결정되는 무엇에 해당하는 '지시체'를 상정해 볼 수 있다. 여기서 '누가'는 필자나 독자의 머릿속에 주어져 있는 추상적인 형식이고 그 내용은 구체적인 상황 맥락 속에서 형성되어 결정되는 의미적 실체이다. 물론 엄밀한 의미에서 이러한 과정은 '지시'와 다르다. 그러나 '지시'와 관련하여 설명하는 것은 구체적인 맥락에서만 그 실체가 분명해진다는 점에서 '지시'와 유사한 속성이 있기 때문이다.

비술어 명사가 텍스트 결속 기제로 사용되는 예를 하나만 들어 본다. 다음은 '한계'가 텍스트 결속 기제로 사용되고 있다고 판단되는 예이다.

> (6) '언어 이해' 문항이 아무리 좋은 문항으로 짜여져 있다고 하더라도 본질이 선다형 문항이라는 점은 바뀌지 않는다. 이러한 태생적 <u>한계</u>를 극복하기 위해서 '논술'과 같은 서답형 문항이 요청된다.(국어교육학연구 31, 2008 : 13)(밑줄 필자)

위의 예문에서 논항을 갖는 비술어 명사는 '문항, 본질, 한계'로 볼 수 있다. 이 중 '문항'과 '본질'은 텍스트 결속 기제로 사용되고 있다고 보기 어렵다. '문항'은 'X N'의 형태로서 논항을 취했지만, 논항이 해당 문장 내에 제시됨으로써 문장 간의 연결 기능을 확보하고 있지 못하다. '본질'의 경우 위 문장에서는 논항이 실현되지 않았으며 의미상 생략된 논항은 '문항의' 정도로 해석된다.

'한계'의 경우 텍스트 결속 기제로 사용되고 있다고 판단된다. 일단 위 예문에서 두 문장의 결속성은 '이러한'이 앞 문장의 내용을 대용하는 데에서 드러난다. 그런데 '이러한'은 '한계'를 수식하고 있고 그것은 의미상 '태생적'과 상통한다. 통사적으로만 보면 '한계'는 'X N'의 형태로서 '태생적'을 논항으로 취하였는데, 의미상 '이러한'은 '태생적'과 상통한다. 따라서 위 예문에서 '이러한'이 두 문장을 통사적으로 결속시켜 준다면 '한계'는 의미상으로 결속시켜 주고 있다고 볼 수 있다. 즉 '한계'의 논항이 앞 문장에 주어져 있으므로, '한계'라는 단어에 의해 텍스트 이면의 의미적 정보들이 서로 관련을 맺게 된다.

비술어 명사가 텍스트의 결속 기제로 사용되는 양상 자체가 술어 명사와 크게 다르다고 보기 어렵다. 앞의 '비판'이나 위의 '한계'나 모두 각 명사가 갖고 있는 논항의 빈자리를 해당 명사가 소속되어 있는 문장이 아닌 다른 문장에 제시함으로써 문장 간 결속이 발생하였기 때문이다.12)

특정한 맥락에 따라 술어 명사의 논항들은 감추어지거나 혹은 비의도적이지만 드러나지 않을 수도 있다. 구체적인 맥락을 분석하더라도 논항을 찾을 수 없는 경우가 존재할 수도 있다. 그런데 소논문과 같은 장르에서는 그러한 빈자리(술어 명사가 요구하는 논항)가 채워질 것으로 기대되며 통상 채워져 있을 가능성이 높다. 이는 학문적 엄밀함을(논리적, 체계적 성격을 강조하는) 추구하는 소논문의 특성 때문이다. 따라서 술어 명사가 텍스트의 결속성 확보에 기여하는 정도는 장르의 특성에 따라 다소 달라질 수도 있다.

---

12) 명사의 결속 기제에 대한 본 연구 결과를 Winter(1977)의 연구와 비교해 볼 수 있다. 본 연구와 그의 연구는 다르지만, 하나의 명백한 어휘적 의미를 갖고 있는 단어가 실제 글에서 단순히 어휘적 의미로만 사용되지 않고 내용의 연결 기능을 수행할 수 있다는 점을 지적한 점은 공통된다.
Winter(1977)는 어휘에 관한 그의 획기적인 논문에서 개방 항목과 폐쇄 항목 간의 구별을 없애고 어휘 및 문법적인 단어를 주요 3개 어군으로 분류하였다(Carter, 1998 재인). 이 중 세 번째 어휘군이 특징적이다.
예) I choose wood rather than aluminium or steel for the structure.
위의 예에서 'choose'는 예상 기능(anticipatory function)을 수행하고 있다. 이 단어는 독자가 다음 부분에 무엇이 올지를 예상케 함으로써 독자를 전향적으로 생각하게 한다. 이 단어는 고유한 의미를 갖고 있지만 의미상 관계 형성 기능을 수행하고 있다는 점에서, 한 맥락에서는 '개방' 내지는 '내용어'이지만 다른 상황 맥락에서는 '의미적' 및 '문법적'인 기능을 동시에 수행할 수 있는 폐쇄 체계이다.
일련의 단어들은 내용어이면서도 구체적인 텍스트에서 문간 관계 형성 기능을 수행하면서 문법화, 기능화될 수 있다. '선택하다'는 명백한 내용어이지만 어떤 문맥에서는 이 단어가 갖고 있는 명시적인 의미보다 추후 전개될 내용에 대한 예상과 각 내용들의 연결 및 관계화 기능이 더욱 강조될 수도 있다.

4. 명사의 텍스트 결속 방식의 특징

지금까지 논항을 갖는 명사가 텍스트 결속 기제로 사용된 예를 중심으로 그 결속 기제 방식과 양상을 기술하였다. 이 장에서는 그러한 결속 방식이 갖는 특징을 두 가지로 나누어 기술하고자 한다. 크게 보면 '구조'와 '기능'의 문제인데, 하나는 '논항과 텍스트 구조'와의 관련성이고, 또 하나는 '텍스트 결속과 상위담화적 기능'에 관한 것이다.

4.1. 논항과 텍스트 구조

논항을 갖는 명사들이 텍스트 결속에 기여하는 과정에서, 다음의 두 사례처럼 명사의 논항이 텍스트 구조에 영향을 미치는 경우도 존재할 수 있다.

　　(7) ① 이 과정에서 다음 문제를 약간은 고려하고자 한다. 시험에 대한 고
　　　　찰이 대개 내적 정합성의 차원에서 연구되는 경우가 많으므로(내
　　　　재적 연구), 이 자리에서는 이러한 시각의 한계에 유념하여 메타인
　　　　지적 차원이나 이론적 차원을 조금은 고려할 것이다(시험의 사회
　　　　학적 측면). 다시 말하면 시험 현상의 포괄적 의미를 드러내기 위
　　　　해서는 시험의 의미론적 차원만으로는 부족하고 시험이 작용하는
　　　　다양한 사회적 맥락(시험의 화용론적 차원)까지 고려하는 것이 필
　　　　요한 것으로 볼 수 있겠다.(국어교육학연구 31, 2008 : 7)
　　　② 글쓰기 교육 분야에서 연구할 과제 역시 아주 많다. 예를 들어 글
　　　　쓰기의 기본적 이론, 교수 방법, 평가 방법, 첨삭과 교정 방법, 튜
　　　　터 제도, 글쓰기 센터 등이 바로 그것이다.(새국어교육 75, 2007 : 6)
　　　　(밑줄 필자)

위의 두 예는 각각 하나의 문단이다. ①에서 '문제'는 논항을 갖는 비술어명사로 볼 수 있는데, 의미적으로 볼 때에 '문제'의 논항은 '다음'으로 실

현되었다. 위 예에서 '다음'은 두 번째 문장 이하의 전체 내용을 가리키는 것으로서 문장 간 결속에 기여하고 있다. 그런데 위 문단의 핵심 문장은 첫 문장이며 핵심어는 역시 '문제'로서, 두 번째 문장 이하는 모두 첫 번째 문장의 상세화에 해당한다. 따라서 위 문단은 '주지+상세화'의 구조로 이루어져 있다고 볼 수 있다. 이렇게 볼 때에 이와 같은 텍스트 구조 형성에 '문제'가 핵심적인 역할을 하고 있음을 알 수 있다.[13]

위의 두 번째 예 역시 마찬가지이다. 두 번째 이하의 문장 내용은 의미상 첫 번째 문장의 '과제'에 해당한다. 첫 번째 문장과 두 번째 문장은 '주지+상세화'의 관계이며 두 문장의 의미적 연결 고리는 역시 '과제'이다. 두 번째 이하의 문장 내용은 '과제'의 논항을 구체화시킨 것이라고 볼 수 있다.

텍스트 구조란 사실상 의미들의 연결 관계를 가리키며 궁극적으로 그것은 텍스트의 주제로 수렴된다. 잘 알려진 것처럼 van Dijk(1980)에게 있어서 거시구조란 곧 주제이다. 엄밀하게 말하면, 텍스트 구조에 대한 분석은 두 가지 차원에 대한 논의를 포함하는데, 하나는 텍스트에 제시된 의미들의 덩어리화 작업이고 또 하나는 그 의미들의 순서화(구조화) 작업이다. 주제는 이러한 작업의 결과이다. 예컨대 '문장1+문장2+문장3+문장4+문장5'로 이루어진 문단이 있을 때 '문장1, 2, 3'과 '문장 4, 5'로 나눈 뒤 두 덩어리를 '주지+상세화'로 묶고 이를 다시 엮어 주지 내용을 구체화하면 소주제가 발견된다.

(7)의 ①의 경우 의미들의 순서화 작업에 결정적인 영향을 미친 것은 사실상 '문제'라기보다 '다음'이다. 요컨대 ①이 '상세화+주지'가 아니라 '주지+상세화'의 형태를 띠게 만든 결정적 요인은 '다음'이라는 단어의 의미 때문이다. 그런데 의미상으로 '다음'은 '문제'의 논항이다(통사론적으로도

---

13) 위 문단을 크게 둘로 나눌 경우, 첫 번째 문장과 두 번째 이하의 나머지 문장들로 나뉘는 것에는 이견이 없을 것이다. 그러나 위 문단의 주제는 첫 번째 문장과 나머지 문장들의 내용을 종합해야 더 명확해 진다. 즉 문단의 주제는 '이 과정에서(내용상 '문항 분석 과정에서') 시험의 사회학적 측면을 고려하겠다.' 정도가 될 것이다. 그러나 일단 위 문단에서 핵심 문장을 찾아야 한다면 첫 번째 문장이 적당할 것이다.

'다음'은 '문제'에 부가되는 수식어로서 '문제'가 핵이다). 그리고 전술한 바 텍스트의 구조란 의미들의 연결 관계를 가리키는 개념으로서 구조 결정의 핵심적 요인은 '의미론적'으로 결정되며 '다음' 그 자체의 의미('어떤 차례 의 바로 뒤'라는 의미)가 이 문단의 주제와 어떤 관련을 맺지 않음은 명확하 다. 즉 ①에서 텍스트 구조 결정의 형식적 요인은 '다음'일 수 있지만 내용 적 요인은 '문제'임을 알 수 있다. 바꿔 말하면 텍스트 구조를 결정하는 의 미적 요인은 '문제'라는 단어로서, 적어도 ①의 텍스트 구조를 '상세화+주 지'이건 '주지+상세화'이건 두 개의 의미 덩어리 즉 '상세화'와 '주지'로 구 분하게 만드는 주 요인은 '문장 간 결속 기제로 작용하고 있는' '논항을 갖 는 명사', '문제'이다.

(7)의 ②에는 ①의 '다음'과 같은 요소가 없다. 이 예에서도 '과제' 그 자 체가 의미들의 순서를 결정짓는 데에 어떤 기여를 하고 있다고 말하기는 어렵다. 그러나 ①의 예처럼 이 문단을 '주지'와 '상세화'의 두 덩어리로 구 분하게 만드는 데 '과제'의 의미와 그 논항이 영향을 미치고 있다고 볼 수 있다.

논항을 갖는 명사가 텍스트 결속 기제로 작용하여 문장 간 결속을 만들 며 그 결과 의미들을 일정한 덩어리로 묶을 수 있게 하는데(문장 간 결속을 통한 덩어리화 작업이 일어나게 하는데 그러한 과정은 결국 텍스트 구조를 형성하는 한 과정에 해당한다. 글을 쓴다는 것은 궁극적으로 어떤 의미를 생성해 내는 작업인데, 이 때 의미는 문장 간의 결속을 통해 덩어리화되어 지며 이 때 결속 기제로 작용하는 명사도 그 작업에 일정 부분 영향을 미칠 수 있는 것이다. (7)의 ①과 ②를 '어떤 문제'와 '어떤 과제'에 대한 논의라 고 정리할 수 있다면, 이 때 '문제'와 '과제'는 각 문단의 핵심어이며 그 핵 심어에 대한 부가 설명이 '어떤'에 담겨 있다고 볼 수 있다. 그런데 그와 같 은 '수식어+피수식어'의 통사적 구성에서 '수식어'에 해당하는 요소는 각각 '문제'와 '과제'의 논항에 견줄 수 있으며 그것은 곧 피수식어(결국은 주지 내용)에 대한 '상세화'가 될 수 있다.

논항을 갖는 명사들이 텍스트에서 결속 기제로 사용될 경우, 이들 명사들이 텍스트 구조에 일정 부분 영향을 미칠 수 있다. 그러나 하나의 텍스트에는 수많은 명사들이 복잡하게 얽힌 실타래처럼 사용될 것이므로 그 양상도 복잡다단할 수밖에 없다. 그 구체적인 양상에 대한 분석과 유형 분류는 추후의 과제로 미루며 여기서는 명사의 논항이 텍스트 결속 기제로 사용될 경우 텍스트의 구조에 일정 부분 영향을 미칠 수 있음을 밝히는 것으로 족하기로 한다.14)

4.2. 텍스트 결속과 상위담화적 기능

명사가 결속 기제로 사용될 때에는 논항의 빈자리를 텍스트에 제시된 특정 내용으로 채우는 과정이 발생한다. 앞에서 이를 '2단계 : 유사 지시'로 기술한 바 있다. 그런데 논항의 빈자리가 하나의 단어가 아닌 문장 이상의 내용들로 채워지는 경우가 꽤 존재한다. 앞의 예 6)에서 '한계'의 논항에 해당하는 실제적인 내용은 앞 문장의 내용이었다. 중요한 것은 '언어 이해 문항이 선다형 문항으로 되어 있다' 자체는 하나의 사실일 뿐이라는 점이다. 이를 '한계'로 규정 지은 것은 필자의 시각에 의한 것으로 해당 사실은 '특징'이나 '장점' 등으로 명명될 수도 있다.

(7)의 ①에서도 '문제'의 논항은 두 번째 이하의 문장들이다. 그런데 두 번째 문장 이하의 주요 내용 '시험의 포괄적 의미를 드러내기 위해서는 내적 정합성 측면뿐만 아니라 사회적 맥락도 고려해야 한다'는 엄밀하게 말해 '문제'가 아닐 수도 있다. 요컨대 위 예에서 첫 번째 문장은 의미상 '시험의 사회적 맥락도 고려하겠다'는 필자의 '연구 방향'이나 '관점', '시각' 등이

---

14) 사실상 이는 매우 중요한 텍스트언어학적 과제가 될 것이라고 생각한다. 예컨대 하나의 텍스트의 의미적 구조를 그 텍스트에 사용된 단어들의 의미적 연결망으로만 설명하는 것도 가능할 것이다. 그러나 그 양상을 체계화하기가 쉽지 않다는 문제가 있다.

될 수도 있다.

마찬가지로 (7)의 ②에서도 '과제'의 논항은 두 번째 문장에 예로 제시된 것들이다. 그런데 그러한 예들을 '과제'로 규정지은 것은 필자의 시각에 의한 것으로 그것들은 '과제'가 아니라 '연구 방향'이나 '연구 현황' 등도 될 수 있다.

이는 앞서 살핀 것처럼 대명사가 어떤 대상을 대신 받는 것과는 다르다. 예컨대 지시 대명사 '이것'이 화자의 앞에 있는 책을 가리키기 위해 사용되었을 때 '이것'은 '책'을 가리킬 뿐 '이것' 자체가 '책'에 어떤 의미를 부여하거나 '책'의 의미를 변형시키지는 않는다. 비유적으로 표현하자면, '이것'은 '책'이라는 구체적인 지시물을 가리키고 무대의 뒤로 사라지는 것이다. 그러나 논항의 빈자리를 어떤 의미 덩어리로 채우는 경우는 다르다. 명사는 해당 명사의 의미를 그대로 유지하고 있는 상태에서 해당 명사가 취하는 논항의 빈자리를 일정한 의미 덩어리들로 채우는 것이기 때문이다. 예컨대 위의 (6)과 (7)에서 '한계', '문제', '과제'의 논항 자리를 채운 의미 덩어리들은 각 명사('한계', '문제', '과제')에 의해 규정되거나 걸러지면서 각 명사를 구체화시키는 역할을 하게 된다. 물론 각 의미 덩어리들은 문장 이상의 결합에 의해 생성된 것들로서 본질적으로 '한계'이거나 '문제'이거나 '과제'인 것은 아니다.

이를 다음과 같이 도식화해 볼 수 있다.

> A+B인데 B가 a의 논항이라면,
> 의미적으로는 a'=B이므로 a(+a') = B이다.
> (단 A, B=문장 / A=a+b, B=c+d / a, b, c, d : 단어 / a'=a의 논항)

두 개의 문장 A, B가 있는데, A에 논항을 갖는 a라는 명사가 있다. 그런데 a의 논항은 의미상 B문장이다. 그렇다면 결과적으로 a=B이거나 혹은 a+a'=B이다. 즉, 논항을 갖는 명사가 문장 간 결속 기제로 사용될 경우 해당 명사는 다른 어떤 의미 덩어리를 자신의 의미 범주로 끌어들이면서 그것들을 해당 명사가 갖고 있는 의미 범주 내에 있는 의미로 규정지어 버리는 현상이 일어난다. 이 때문에 a'=B에서 한 단계 더 나아가 a=B가 성립할 수 있다. 이것은 위의 (6)에서 '한계가 뭔데?'라고 물었을 때 '언어 이해 문항이 선다형 문항으로 되어 있다는 것'이라는 대답이 가능한 이유에 대한 설명이기도 하다.

이처럼 논항을 갖는 명사가 텍스트 결속 기제로 사용될 경우에는, 해당 단어의 논항들이 특정한 의미 덩어리들을 지칭할 뿐만 아니라 그 의미 덩어리들을 해당 명사의 의미 범주로 이해하게 만드는 현상이 발생할 수 있다. 어떤 담화(여기서는 일정한 의미 덩어리를 지칭)[15]를 가리킬 뿐만 아니라 이를 또 다른 차원에서 새롭게 규정짓는다는 측면에서 상위담화적[16]이다.

요컨대 '상위담화적'이라는 용어는 다음과 같은 두 가지 조건을 갖추는 경우에 한정하여 사용한 것이다. 첫째, 명사의 논항이 특정한 의미 덩어리(담화)를 가리키고 있다(1단계). 이는 결속 기제로 사용된 명사의 의미적 빈자리(논항)를 어떤 의미 덩어리가 채우고 있음을 말한다. 둘째, 그 채워진 의미 덩어리(담화)를 결속 기제로 작용하고 있는 명사의 의미로 새롭게 재규정하고(걸러내고) 있다(2단계). '상위'라는 용어를 사용한 것은 특히 2단계 과정 때문이다.

이는 다음과 같은 두 가지 경우와 구별해야 한다. 첫째, 결속 기제로 작용하지 않은 '논항을 갖는 명사'가 사용된 경우에는 상위담화적이라고 보기

---

15) 하나의 담화는 의미 덩어리들을 중심으로 구조적으로 세분하는 것이 가능하다. 이 때 각각의 의미 덩어리도 결국은 하나의 담화로 볼 수 있을 것이다. 이렇게 보면 하나의 담화는 여러 개의 소단위 담화들의 묶음으로 이루어진 것이 된다.

16) '담화'와 '텍스트'의 개념이 여전히 통일되어 있지 않다. 구어에 초점을 두어 '담화'를, 문어에 초점을 두어 '텍스트'를 사용하기도 하지만 '구어 텍스트, 문어 텍스트', 혹은 '구어 담화, 문어 담화'처럼 각 용어가 구어와 문어를 동시에 지칭하는 용어로 사용되기도 한다. 여기서는 담화와 텍스트를 유사 개념으로 처리하였다. 다만 여기서 상위담화라는 표현을 사용한 것은 이 용어를 Francis(1985)의 '상위담화적(metadiscoursively)'이라는 표현에서 착안했기 때문이며 'meta-'라는 접두사는 종종 'discourse'에 붙어 'metadiscourse'의 형태로 사용되기 때문이다.

어렵다. 결속 기제로 작용하지 않을 경우 해당 명사의 의미적 빈자리(논항)를 다른 의미 덩어리로 채우는 1단계 과정이 일어났는지 말할 수 없다. 따라서 2단계 역시 확인할 수 없다. 둘째, '이는 ~'처럼 '논항을 갖는 명사'가 사용되지 않고 단지 지시어만 사용되었을 경우에도 상위담화적이라고 보기 어렵다. 이 경우 '이'가 어떤 의미 덩어리(담화)를 가리킬 수 있으나 2단계 과정이 일어나지 않는다.[17]

논항을 갖는 명사가 문장과 문장을 결속성 있게 만드는 과정에서 어떤 의미를 새롭게 규정짓는 혹은 확장 및 심화하는 상위담화적 기능을 발현할 수도 있음은 흥미로운 일이다. 예컨대 위 예 6)에서 '문제'는 문장들을 서로 결속시킬 뿐만 아니라 어떤 사실을 '문제'로 규정지으면서, 필자가 말하는 '문제'가 무엇인지를 의미상 구체화(결국은 의미의 규정이나 확장 및 심화)시키고 있다. 텍스트를 생성하는 과정이 결국은 의미를 생성하는 과정이라고 보면 문장들의 결합은 의미의 결합이다. 의미들의 결합 과정에서 의미가 새롭게 규정되거나 확장 및 심화되는 것은 어떤 측면에서 당연하다.

이와 같은 명사의 상위담화적 기능을 '쓰기'의 필자와 관련시켜 좀더 구체적으로 논의해 볼 수 있다. 상위담화적 기능은 근본적으로 어떤 의미 덩어리들을 특정한 의미 범주로 규정짓는 작업에 의해 발현되는데, 그것은 바꿔 말하면 해당 의미들을 특정한 시각으로 보려는 필자의 태도 표명에 해당한다. 위의 예 6)의 '한계', 예 7)의 '문제'와 '과제'는 모두 필자가 해당 사태를 '한계'나 '문제', '과제'로 인식하겠다는 뜻의 표명이다. 이 예들이 모두 소논문에서 뽑은 것임을 고려한다면, 이 단어들은 일정한 의미 덩어리들을 특정한 방향으로 규정짓는 필자의 연구자적 시각을 드러내는 표현이라고 볼 수 있다. 요컨대 쓰기 필자의 태도적 표지(attitudinal marker)가 될 수 있다.

---

17) 논항을 갖는 명사가 구체적인 소통 상황에서 사용되지 않은 경우에는 당연히 상위담화적 기능 여부를 논할 수 없다. 따라서 논항을 갖는 명사라 할지라도 그 명사 자체로서는 상위담화적 기능을 갖고 있지 않다.

또한 이 단어들은 필자의 발화수반행위도 될 수 있다. 예를 들어 예 6)의 '한계'를 생각해 보자. 이 예에서 제시한 '한계'의 경우 논의의 대상과 관련된 어떤 의미 덩어리들을 연구자가 어떤 방식으로 규정짓는 과정에서 등장했다고 지적했다. '한계'가 가리키는 바는 사실상 논의 대상의 장점, 특징, 성격 등일 수도 있는데 해당 담론을 '한계'라는 표현으로 지시한 것은 연구자의 '규정 행위'에 의한 것이다. 이는 일종의 간접 화행이다. 학술텍스트가 갖는 장르적 특성에 대한 이해, 연구자의 연구 수행 행위와 관련하여 사회적으로 요구되는 기본 사항들의 준수, 해당 학술텍스트의 내용을 성실하게 이해하고자 노력하는 독자 등이 적정 조건(felicity)[18]이 되어 이 화행이 수행된 것으로 볼 수 있다. 즉 해당 소논문의 필자는 '언어 이해 문항이 선다형 문항으로 되어 있다'는 '사실'을 '한계'로 규정짓는 것이 학계의 일반 담론에서 논리적으로 인정될 수 있다는 믿음에 근거하여 발화수반행위(illocutional act)를 수행하였고(언어 이해 문항이 선다형 문항으로 되어 있다는 사실을 한계로 규정지었고), 그러한 학술 행위는, 소논문이 근본적으로 논증텍스트임을 염두에 둘 때에, 독자를 설득시키는 행위로 인식되었다고 볼 수 있다.

5. 남은 문제

지금까지 본고에서는 논항 구조를 갖는 국어 명사가 텍스트의 결속 기제로 사용될 수 있다는 점을 밝히고 그 특징을 간략하게 제시하였다. 본고는 논항 구조를 갖는 명사가 '어떻게' 텍스트의 결속 기제가 되는지, 그 양상을 상세하게 밝히는 데 주로 초점을 두었다. 따라서 그와 같은 결속 기제의 유

---

18) Searle(1969)은 화행의 적정 조건으로 '명제 내용 조건', '예비 조건', '성실성 조건', '필수 조건' 등을 들었다. 본고의 초점이 아니므로 이에 대해서는 상세하게 논하지 않기로 한다.

형화나 기능 등에 대해서는 깊이 있게 논하지 못했다. 특히 본고에서는 문장 간 결속에만 초점을 두었는데 단락 간 결속 양상을 보이는 사례 등에 대한 발굴과 분석 연구도 필요할 것이다.

국어 명사가 텍스트 결속 기제로 사용되는 경우를 유형화하는 것은 매우 지난한 작업이 될 것이라 예상된다. 하나의 문장 내에서도 여러 개의 술어 명사가 사용될 수 있다. 뿐만 아니라 하나의 텍스트에는 또 다른 종류의 단어들과 접속 기제가 존재한다. 이들의 연결망을 정리하는 것은 어쩌면 불가능할지도 모른다.

술어 명사에 기능동사 '하다'가 결합한 동사에 대한 분석도 필요하다. 예컨대 '비판하다', '평가하다' 등과 같은 동사가 텍스트 결속 기제로서 작용할 수 있는지, 어떤 양상을 보이는지를 분석할 필요가 있을 것이다. 이러한 분석 과정에서 해당 텍스트의 장르적 특성에 대한 고려도 필요할 것이다. 다음과 같은 예를 보자.

> (8) 아래에서 그간 실시된 언어논리영역의 시험을 <u>개괄하고</u> 성과를 <u>평가</u>
> <u>한</u> 뒤 그 한계를 짧게 <u>언급하고자</u> 한다.(국어교육학연구 31, 2008 :
> 111)(밑줄 필자)

위의 예는 소논문의 서론에서 연구의 목적을 밝히고 있는 부분이다. 이 부분이 텍스트 전체에서 차지하는 위치를 고려할 때(즉 텍스트의 구조를 고려할 때), 이 예문에서 '개괄하다', '평가하다', '언급하다' 등은 결국 해당 소논문의 필자가 본론에서 수행할 연구 행위를 압축적으로 제시한 것이 된다. 어떤 측면에서 '개괄하다', '평가하다', '언급하다'는 본론의 주요 내용을 받고 있는 것으로 볼 수 있다. 이렇게 볼 경우 이 단어들이 텍스트의 결속성에 일정 부분 영향을 미치고 있다는 판단도 가능하다. 이 단어들의 사용 양상과 텍스트의 결속성이 어떤 관련성을 맺고 있는지를 해당 텍스트의 구조를 바탕으로 정밀하게 분석해 볼 필요가 있을 것이다.

참고문헌

김병일. 2000. "국어 명사구의 내적 구조 연구", 부산대학교 박사학위논문.

김선효. 2002. "현대 국어의 관형어 연구", 서울대학교 박사학위논문.

김용하. 1990. "국어 명사구의 구조 연구", 계명대학교 석사학위논문.

김인균. 2003. "관형 명사구의 구조와 의미 관계", 「국어학」 41. 국어학회.

박영환. 2007. "한국어 지시어 교육 연구." 「언어 연구」 23-3, 한국현대언어학회.

송경숙. 2003. 「담화 화용론」. 한국문화사.

신명선. 2004. "국어 사고도구어 교육 연구", 서울대학교 박사학위논문.

신명선. 2006. "국어 학술텍스트에 드러난 헤지 표현에 대한 연구", 「배달말」 38, 배달말학회.

양명희. 1996. "현대 국어 대용어에 대한 연구", 서울대학교 박사학위논문.

이선웅. 2004. "국어 명사의 논항 구조 연구", 서울대학교 박사학위논문.

임동훈. 1991. "현대 국어 형식 명사 연구", 서울대학교 석사학위논문.

장경희. 2004. "국어 지시 표현의 유형과 성능", 「한국어 의미학」 15, 한국어 의미학회.

정희자. 1999. 「담화와 문법」. 한신문화사.

최경봉. 1995. "국어 명사 관형 구성의 의미 결합 관계에 대한 고찰", 「국어학」 26, 국어학회.

최경봉. 1997ㄱ. "명사의 의미 구조 기술과 의미 해석", 「국어국문학」 118, 국어국문학회.

최경봉. 1997ㄴ. "명사의 의미 해석 제약에 대한 고찰", 「우리어문연구」 10-1, 우리어문학회.

최경봉. 1998. 「국어 명사의 의미 구조」, 태학사.

한국텍스트언어학회. 2004. 「텍스트언어학의 이해」, 박이정.

홍재성. 1996. "기능 동사 구문 연구의 한 시각 : 어휘적 접근", 「인문논총」 41, 서울대 인문학연구소.

황경수. 2007. "의존 명사의 인접형식과 통합성", 「새국어교육」 76, 한국국어교육학회.

Carter, R. 1998. 「*Vocabulary : Applied Linguistic Perspectives*」, New York : Routledge. 원명옥 역(1998), 「어휘론의 이론과 응용」, 한국문화사.

Corson, D. J. 1997. "The Learning & Use Of Academic English Words.", 「*Language Learning*」 47.

Francis, G. 1985. "Anaphoric Nouns.", 「*Discourse Analysis Monographs*」 11, English Language Research, Univ. of Birmingham.

Hyland, K. 1994. "Hedging in Academic Writing and EAP Textbooks." 「*English For Specific Purposes*」13(3).

Meyer, P. G. 1990. 「*Non-Technical Vocabulary In Technical Language*」, Aila Congress In Thessalonika.

Swales, J. 1990. 「*Genres Analysis*」, Cambridge Univ. Press.

van Dijk, T. 1980. 「*Textwissenschaft, München*」. 정시호(1995), 텍스트학, 민음사.

Winter, E. 1977. "A clause-relational approach to English texts : A study of some predictive lexical items in written discourse.", 「*Instructional Science*」 vol. 6., pp.1-92.

| 이 논문은 한국어학 42집(2009, 한국어학회)에 게재된 논문을 재수록한 것입니다.

소설 텍스트의 장 분할에 대한 텍스트언어학적 연구

장 경 현

1. 서론

텍스트 장르(text genre)는 '사회에서 반복적으로, 그리고 규칙적으로 나타나는 메시지 유형(Ferguson, 1994)'이라고 정의된다. 따라서 텍스트 장르별로 언어 형식, 전략, 구조, 문체 등이 일정하게 유형화된다. 소설 텍스트의 언어도 이러한 유형화가 가능하다. 대표적인 서사 중심 텍스트 장르인 소설은 사건의 발전적 배열에 의해 구성된 텍스트로, 서사의 전개와 텍스트 구조가 긴밀하게 맞물려 있다. 그리고 서사의 전개 방식 자체가 텍스트 생산자의 의도를 효과적으로 수행하기 위한 전략이다. 그러므로 소설 텍스트에 대해 기술하기 위해서는 거시구조와 미시구조를 같은 맥락에 놓고 그 상호작용을 살펴야 한다. 지금까지 소설 텍스트에 대한 연구 성과는 다수 있었지만 대부분 문장 단위를 대상으로 한 것이었다. 즉 응집성(coherence)과 응결성(cohesion)을 주된 관심사로 두고 이 두 가지를 이룰 수 있는 지시, 대용, 접속, 생략 표현 등을 분석한 연구가 중심이 되었다. 물론 이들 연구도 소설의 거시구조와 응집·응결 장치를 연계하여 다루어 소기의 성과를 이루었다. 그러나 소설 텍스트의 구성 단위를 거시구조와 미시구조의 중간 단계에서 더 분석할 필요가 있다. 개별 텍스트에 따라 매우 복잡한 구조를 보이기도 하고 단순한 구조를 보이기도 하지만, 소설은 대부분 다수의 장과 절로 구성되어 있다.[1] 장과 절에 의한 분할은 단순히 장면의 전환 기능만을 담당하는 것이 아니다. 현대의 복잡한 소설 서사는 시간과 서술자를 자유롭게 바꾸며 사건을 새로운 관점에서 해체했다가 재구성한다. 이러한 해체와 재구성의 기본 단위가 바로 장/절인 것이다. 즉 장/절 자체가 극적 긴장감을 유발하는 담화·텍스트 전략으로서 기능한다.

따라서 본 연구는 텍스트 단위 분석의 일환으로 소설 텍스트[2]에서 나타나는 장/절의 기능과 양상을 고찰해 보고자 한다. 여기서는 거시구조보다는 하위의 범주로서 장/절의 분할 양상과 그 경계에서 나타나는 현상과 기능을 살펴볼 것이다. 먼저 소설의 장 개념이 다른 텍스트 장르의 장과 어떻게 다른 지를 알아본 다음, 소설 장 분할의 유형과 기능을 살펴보고 장 경계에서 나타나는 전략이 대개 정보성과 관련 있음을 확인한다. 마지막으로 응결/응집장치로서 장 제목의 기능에 대해 간단하게 논하려 한다.

---

1) 이때 '소설'은 장편소설을 가리킨다. 단편소설은 장과 절로 분할된 경우와 그렇지 않은 경우가 자유로이 나타나기 때문에 명확하게 기술하기가 어렵다. 게다가 무라카미 하루키의 <개똥벌레>라는 단편이 추후 장편 <노르웨이의 숲>의 한 장으로 삽입되었듯, 단편소설이 나중에 장편소설의 한 장으로 재구성되는 일도 종종 있으므로 단편소설까지 논의대상에 포함시키면 변수가 지나치게 많아진다. 이런 현상은 학술논문에서도 종종 볼 수 있는데, 학술지에 발표한 논문을 편집하여 학술서적의 한 장으로 삽입하는 것이 그 예이다. 이는 소설과는 또 다른 양상을 보이므로 따로 분석할 필요가 있다.

2) 본 연구는 양적 연구가 아니며 본격적인 자료 분석보다는 시론에 가까운 것이어서 몇 가지 소설 텍스트만을 분석 대상으로 삼았다. 우리나라 고유의 서사를 잘 살렸다고 생각되는 홍명희의 <임꺽정>과 대표적인 현대 작가 황순원의 <나무들 비탈에 서다>, 한무숙의 <빛의 계단>은 국내 작품이자 일반 문학의 예로 뽑았고, 일본과 미국 등의 추리소설 번역본을 장르소설 텍스트 자료로 사용했다. 본 연구에서는 국내 소설과 번역 소설을 군이 구별하지 않았는데, 적어도 외형적으로는 둘 사이에 차이점이 거의 드러나지 않기 때문이다. 우리나라에서 근대 개념의 소설은 결국 번역 소설을 모방하면서 태어난 셈이므로 국내 소설의 특성은 해외 소설과 크게 다르지 않다. 장 분할의 양상은 대부분의 소설 텍스트에서 매우 유사하게 나타나므로 현 시점의 연구에서는 자료를 무작위로 선택해도 전혀 차이가 없다.

2. 소설의 하위 텍스트로서의 장 개념과 특성

2.1. 소설의 장 개념

먼저 '장(chapter)'[3]이라는 개념을 어떻게 볼 것인가 하는 관점부터 확실히 할 필요가 있다. 고영근(2011)에서는 텍스트의 단위에 대해, '문장-텍스트-단락-문단'으로 층위를 나누는 명제적 견해의 구분법을 제시했다. 이는 응집성과 응결성을 기준으로 하여 최소 단위(이 경우는 문장)부터 조직의 단계를 구성한 것이다. 이는 독립된 한 편의 글을 최대 텍스트로 설정했을 때 적절한 방법이다.

그런데 '책' 또는 '소설'이라는 큰 텍스트의 구조를 분석할 때는 거시구조를 고려하지 않으면 안 된다. 거시구조라고 하면 van Dijk(1978)가 제시한 거시구조(Makrostruktur)를 들 수 있는데, van Dijk는 주제, 즉 텍스트 생산자의 의도를 최대한 반영하는 상위 구조를 지시하는 개념으로 사용했다. 그러므로 응집 장치에 따라 묶인 문장들은 자동적으로 거시구조 아래에 들어가게 되고 이러한 거시구조는 계층 구조를 이루며 초구조 아래 통합된다. 그렇다면 소설의 장은 거시구조의 일부로 간주할 수 있다.

이성만(2002)에서는 Gülich 외(1979)의 부분 텍스트(Teiltext) 개념을 들어, 복수의 부분 텍스트들은 보조적인 기능만을 담당하며 이들이 서로 의존하여 생산자의 의도를 실현시키는데 이때 언어 외적 맥락에서 최상위의 의사소통기능을 담당하는 단위를 글로벌 텍스트(global text)라고 한다고 하였다. 이성만(2002 : 128)의 각주 8)에서도, 글로벌 텍스트는 일반적으로 하나의 핵심 텍스트만을 가지나 연재소설이나 <해리 포터>와 같은 시리즈 소설의 경우 예외적으로 글로벌 텍스트에 다수의 핵심 텍스트가 있다고 하였다. 이

---

3) 장과 절은 계층 구조를 이루기 때문에 상세하게 분석하면 약간의 차이가 있을 수 있다. 그러나 본 연구에서는 소설 텍스트의 분할 단위라는 한정된 측면만을 논하므로 장과 절을 구분하지 않고 '장'으로 표시하려 한다.

진술이 소설의 장을 정확히 지시하는 것은 아니나[4] 충분히 확대 해석할 수 있다. 이러한 관점의[5] 기본적인 개념을 빌려 소설 텍스트의 장 개념을 설명할 수도 있으나, 부분 텍스트는 계층적 구조를 이루는 반면 소설 텍스트의 장은 선형(linear) 구조로 연결되므로 일치하는 것은 아니다. 텍스트 장르마다 그 구조가 다르다는 설명을 할 수 있으나, 이성만(2002)에서 사용설명서 텍스트를 예로 들어 서문, 색인 등의 부분 텍스트와 구별하여 중요한 설명 내용이 있는 부분을 '핵심 텍스트'라고 지칭한 것을 고려한다면 소설의 장은 역시 서문, 작가의 말, 역자의 말, 해설 등과 구별되는 핵심 텍스트에 해당하는 것이다. 따라서 소설의 장은 핵심 텍스트의 분할 또는 배열 단위로 보는 편이 타당할 것이다.

여기서 한 가지 생각해야 할 점은, 장이 담당하는 기능이 '분할'이냐 '배열'이냐 하는 것이다. 이 문제에 대해 판단을 내리기는 쉽지 않다. 왜냐하면 글로벌 텍스트의 측면에서 본다면 장은 이미 결정된 잠재적인 텍스트를 분할한 단위라 할 수 있는 반면, 부분 텍스트들을 최대의 효과를 얻을 수 있게 서사의 부분들을 선택하여 잘라 내고 결합하는 세부적인 전략이라고 본다면 장은 텍스트의 하위 서사의 순서를 결정하는 배열 단위라고 할 수 있기 때문이다.[6] 즉, 소설의 장은 분할과 배열의 기능을 모두 갖고 있다고 잠정적으로 단언할 수 있다. 다만, 기존의 논의가 문장의 결속에 중점을 두어 왔던 것은 텍스트를 최소 단위들이 결합하고 배열되며 점점 더 큰 상위의

---

4) 이 진술은 연재소설의 각 회, 시리즈 소설의 각 권이 그 자체로 완결되기 때문에 이것들을 하나의 핵심 텍스트로 간주한 것이다. 엄밀히 말하면 연재소설은 단행본으로 매체 변환이 이루어졌을 때 몇 개의 회가 하나의 단위로 묶이거나 한 회가 한 장을 이루기 때문에 각 권이 완전한 서사 구성체가 되는 시리즈 소설과는 근본 특성이 다르다고 보아야 한다.
5) '분절(articulation)'이라고 할 수도 있으나 여기서는 계층적인 개념보다는 선조적인 개념에 초점을 맞추고 있으므로 '분할(division)'이라는 용어를 사용한다.
6) '서사'와 '텍스트'를 명료하게 구분하여 정의하는 것은 까다로운 일이다. van Dijk(1978) 등 기존의 텍스트 연구에서는 서사를 논증과 구별되는 텍스트 유형으로 보거나 담화와 동일시하는 관점 등을 보이는데 여기서는 논의의 편의상 '서사'는 사건이 전개되는 추상적인 심층 구조, '텍스트'는 서사 구조에 따라 문장들을 결속하여 조직된 구체적인 표층 구조로 구분하여 사용할 것이다.

구조를 형성하는 과정으로 보는 관점이라 할 수 있다면, 장을 텍스트 전략으로 간주하는 관점에서는 이와 차별화하기 위하여 분할의 기능에 관점을 맞출 필요가 있다. 이렇게 본다면 장을 최상위의 거시구조에서 이미 구성된 서사를 세부적인 전략에 따라 분할하여 재구성하는 단위로 해석할 수 있다. 다시 말하면 장은 소극적인 하부 구조가 아니라 적극적이고 역동적인 전략 단위인 것이다.

2.2. 소설 장의 특성

소설 텍스트의 내적 구조는 기능적·계층적으로 배열된 것이 아니다. 기본적으로 시간 순서에 따른 사건의 전개가 바탕이 된다. 그러면서 작품에 따라 서술자의 교체, 사건시의 교체, 장소의 교체 등이 세부적인 내적 구조를 결정한다.[7] 논문, 교양서나 전문서의 경우 장은 뚜렷한 주제 단위로서 기능한다. 각 장은 각각 완결된 후 다음 장으로 전환된다. 그리고 장의 배열은 논리적 순서에 따르며 하위 절과 항의 조직 또한 동일한 원리로 구성된다. 아울러 소제목과 개요 번호가 첨부되어 형식상으로도 그 체계가 명시적이다. 따라서 장과 장 사이에 응집성을 높이는 장치가 따로 필요하지 않다. 개요 번호와 소제목이 응집성을 유지하는 것이다.

그러나 소설의 경우 하나의 서사가 동적으로 진행되며, 각 장은 표면적으로는 분절되지만 동일한 서사 구조의 직선 위에 배열된다. 시간 순서는 뒤바뀔 수 있으나 이를 위해서는 특수한 전략적 장치가 요구된다. 그러므로 장 경계에 다양한 전략이 사용된다. 응결성을 높이기 위한 것뿐 아니라 응결성을 낮추어 텍스트를 분할하기 위한 전략도 쓰인다.

---

7) 특히 추리소설은 각 장마다 서술자(narrator)가 바뀌거나 과거-현재가 교차되는 등의 특수한 서사 전략을 취하므로 다양한 기법이 사용된다. 서사 구조 자체가 독자를 속이기 위한 트릭이 되기 때문에 독자에게 더 적극적인 해독을 요구한다.

장/절은 근본적으로 텍스트의 분할 기능을 담당한다. 그러므로 장/절 경계에서 하나의 서사가 완료되고 다음 장/절에서 새로운 서사가 시작하는 것이 원칙이라고 할 수 있다. 그러나 학술 텍스트나 실용문 텍스트와 달리 소설 텍스트는 텍스트 전체의 주제 외에도 텍스트 전체의 서사를 갖고 있으므로 각각의 장/절은 하나의 서사로 연결되는 하위 텍스트라고 할 수 있다. 그렇기 때문에 완전한 단절이 일어나기보다는 일시적인 단절이 일어난다. 장/절 경계에서 서사가 중단되고 다음 장/절이나 그 이후의 장/절에서 지속된다. 그러므로 장/절 경계에는 표면에 드러나지 않는 응결 기제가 있다고 볼 수 있다. 이것이 명시적으로 나타나는 것은 장 제목이 있는 경우이다.[8] 그리고 이러한 경계에서는 보통 정보의 전이나 확대/축소가 일어난다. 우선 다음 장에서는 이러한 장 분할이 소설에서 어떤 식으로 이루어지며 또 그 기능은 무엇인지 유형별로 살펴보겠다.

3. 장 분할의 유형과 기능

많은 하위 텍스트들이 모여 하나의 일관된 서사 구조를 형성한다는 소설 텍스트의 본질적인 면을 고려할 때, 소설은 다른 텍스트들에 비해 상당한 크기를 갖고 있으면서도 그 응결성과 응집성이 매우 높다는 특징이 있다. 이러한 긴 이야기를 진행하면서 독자의 흥미와 긴장감을 유지하는 일 자체가 고도의 전략을 요구하는 것이다.

소설, 특히 대중소설은 독자의 호기심을 자극하고 긴장감을 유지해야 한다. 따라서 작가는 소설의 장 경계에서 효과적으로 독자의 관심을 유지할

---

8) 장 제목에 대해서는 본 연구의 끝 부분에 간단히 제시할 것이다. 소설의 장 제목은 수의적으로 나타나며, 작가가 아닌 편집자가 제목을 달거나 번역자가 제목을 새로 만드는 경우도 있기 때문에 필수적인 장치로 다루기가 어렵다.

수 있는 전략을 적절하게 구사한다. 장 경계에서 하나의 하위 텍스트가 마무리되고 그 다음 하위 텍스트로 넘어가기 때문에 자칫하면 서사의 흐름이 끊기고 긴장감이 사라질 위험이 있다. 그러므로 대중소설에서는 의도적으로 가장 극적인 효과를 줄 수 있는 장치를 이 부분에 안배한다.9) 이러한 전략은 소설뿐 아니라 여러 서사 텍스트에서 볼 수 있다.10)

장편소설은 대개 복수의 장으로 나뉜다. 텍스트의 크기로 볼 때 중간에 전환 및 휴지의 지점이 필요한 것은 당연하다. 그런데 하나의 통일된 서사를 분할하는 기준은 전적으로 작가의 의도에 달린 것이다. 소설이 아닌 학술 텍스트나 보고서 등의 경우 장/절 분할은 철저하게 주제의 계층 구조에 따른다. 그러나 소설은 하나의 이야기를 전달하는 텍스트이므로 이러한 계층 구조가 명확하지 않다. 그러므로 장 분할 자체가 작가의 의도를 반영한다. 실제로 소설의 장 분할 사례를 보면 작가에 따라 매우 짧은 단위로 분할하는 경우도 보이고 큰 단위로 분할하는 경우도 보인다. 이는 장 분할이 단순히 텍스트구조에만 해당하는 것이 아니라 화자(작가)가 청자(독자)에게 텍스트 수용 태도를 요구하는 기능을 갖는다고 볼 수 있는 것이다. 그러므로 소설에서의 장 분할은 담화/텍스트 전략의 관점에서 보아야 한다. 소설의 장 분할은 크게 두 가지로 나눌 수 있다.

---

9) 이것은 대중소설의 대부분이 원래 신문 연재물로 출발했다는 데 기인하는 것으로 보인다. 신문 연재물은 하루의 분량이 제한되어 있으므로 호흡이 끊어지고 산만해지기 쉽다. 독자가 다음 회를 궁금해 하고 기대하도록 만들기 위해 각 회마다 마지막 부분은 긴장감을 유발하는 장치를 갖게 된 것이다.

10) 최근 관심이 높은 서바이벌 오디션 형식의 프로그램들은 단순히 경쟁 과정만을 보여주던 기존의 프로그램과 달리 스토리텔링을 도입하고 있는데 이때 극적 긴장감을 높이는 장치들이 사용된다. 매우 짧은 컷 분할을 하는 적극적인 편집 기법과 시간적 순서를 바꾸는 기법이 그 예로, 나중에는 이러한 영상물의 스토리텔링 전략에 대한 연구가 필요할 것이다. 케이블 TV의 오디션 프로그램인 <슈퍼스타 K>는 참가자의 탈락 여부가 결정되기 직전 광고를 내보내거나 아예 프로그램을 끝내고 다음 회로 넘기는 방식으로 긴장감을 고조시켰다. 이것은 드라마에서 새로운 갈등이나 갈등의 절정을 마지막 장면에 배치해 시청자의 호기심을 자극하던 기법을 도입한 것이다.

3.1. 사건 지속 유형

선행 장의 사건이 후행 장으로 이어지는 유형으로, 문장 단위와 비슷하게 응결 장치가 적극적으로 사용된다. 대체로 인물, 시간, 장소가 동일하다.

> (1) ㄱ. 4장
> 이십 분 후에 다시 한 번 전화를 해보았지만 결과는 역시 마찬가 지였다. 나는 버스를 타고 기숙사로 돌아갔다. 입구의 우편함에는 내 앞으로 온 속달 봉투가 들어 있었다. 나오코로부터의 편지였 다.
> 5장
> "편지 고마웠어요." 하고 나오코는 서두를 꺼내고 있었다. 편지는 나오코의 본가로부터 '이곳'으로 곧바로 회송되어 왔다. (무라카미 하루키, <노르웨이의 숲> 4장 종결-5장 도입)
> ㄴ. 5장
> 그날 밤중에 이교리가 주인집을 떠나는데 이웃 사람이 혹시 알까 꺼리어서 주인과 단 두 사람이 어두운 속에 가만가만히 바다로 나왔다.
> 6장
> 침침한 밤중에 거제 해변에서 배 한 척이 떠나갔다. 도망하는 이 교리와 도망시키는 집주인이 그 배에 탄 것이다. 때마침 불어오는 남풍에 그 배는 돛을 높이 달고 동방을 향하여 살같이 달아나니 희미한 별빛 아래에 갈라지는 흰 물결이 띠와 같이 보이었다. (홍 명희, <임꺽정> 5절 종결-6절 도입)

(1ㄱ)은 서술자가 가깝게 지내던 여성과 연락이 되지 않다가 숙소로 돌아 와서 오랫동안 기다리던 편지를 발견하는 장면이다. 엄밀히 말하자면 새로 운 사건이 선행 장의 종결부에 일부 제시된 다음 경계가 만들어진 것이다. 앞서 새 정보는 초점으로서 문장의 후반에 제시되는 것이 일반적임을 보았 는데, 여기서는 새 정보를 의도적으로 장의 종결부 마지막 문장에 부여함으

로써 극적인 긴장감을 높이려는 전략이라고 할 수 있다. 반면 (1ㄴ)은 인물
들의 행동이 순차적으로 이어짐으로 해서 사건의 연속성을 강화한 예이다.
이때 어휘 외에도 시간과 장소를 공유하여 이야기의 동질성을 확보한다. 이
경우에도 후행 장의 도입 문장에서 행동주를 '배 한 척'으로 바꾸어 시점의
전환을 꾀함과 동시에 인물들이 탈출하는 행위를 배경화하고 있다.

> (2) 4절
> "누이를 갖다가 또 빼앗기라고" 분기가 남은 어조로 말을 한다 그리
> 하니까 주팔이는 "너는 잠자코 있거라!" 돌이를 제지하고 형수의 기색
> 을 보며
> "이 담날 다시 이야기합시다."
> 뒤를 두고 말을 그치었다.
> 5절
> 며칠 뒤에 주팔이가 조용히 형과 형수를 대하여 사윗감으로 김서방보
> 다 더 나은 사람을 고를 수 없을 것이니 불계하고 혼인하라고 권하였
> 다. 주삼의 안해는 사람이 거세기는 하나 지각이 많은 시동생의 말을
> 남편의 말보다도 더 중하게 여기는 터이라 그 권을 받아
> "아재 말대로 그년의 혼인을 정합시다."
> 말하게까지 되었는데 주삼이는 그 아우의 권유요, 그 안해의 말이지
> 만 선뜻 허락하기를 주저하였다. (홍명희, <임꺽정>, 3장 4절 종결-5
> 절 도입)

인물과 장소가 동일하고 시간만 며칠 경과된 경우이다. 선행 장의 종결부
는 이야기 속 대화의 종결과 일치하여 뚜렷한 경계를 만든다.
이렇게 선행 장의 사건이 후행 장으로 이어지는 유형은 극적 효과를 강
조하고 동일 사건 내 새로운 정보의 위치를 텍스트의 앞부분으로 이동하려
는 전략이 바탕이 된 것이다. 영어 문장의 우향 전위(right-dislocation)를 이
에 견주어 생각할 수 있는데, 이는 영어 문장에서 주제를 대명사로 표시하
고 상응하는 명사구를 문말에 두는 현상이다. 'They really were Enormous,

those pipes.'가 그 예로, 문말의 명사구는 선행 담화에서 주어진 정보로, 주제로서 기능하므로 우향전위는 신정보를 나타낼 수 없다(권희상, 2009 : 405). 새로운 사건을 장으로 분할하는 것은 결국 장의 가장 뒤쪽에 새 정보를 배치하여 새로움을 강조하고 후행 장에서는 그것을 이미 알고 있는 정보로 첫 머리에 제시하여 서사를 조절하려는 행위라고 할 수 있다.[11]

3.2. 사전 단절 유형

선행 장의 사건이 완결되고 후행 장에서 새로운 사건이 제시되는 유형이다. 이때 후행 장의 도입부에 시간/장소 표현이 제시되는 것이 일반적이나, 아무 예비 정보 표지 없이 대화나 사건으로 시작하는 경우도 있다. 한편으로는 하위 서사가 아예 교체되는 경우도 있다.

> (3) ㄱ. 이튿날 아침에 이교리가 집에 나와서 아침상을 대하였을 때, 자기를 거제로 정배하되 배도 압송하라는 왕의 명령이 내린 것을 알고 아침을 변변히 먹지도 못하고 얼마 아니 있다가 금부도사의 재촉하는 대로 총총히 귀양길을 떠나 문 밖으로 나가게 되었다.
> 2장 왕의 무도
> 이교리가 거제도로 귀양 간 뒤의 일이다. 왕은 자기의 어머니 윤씨가 궁중에서 쫓겨나고 마침내 사약까지 받게 된 것은 엄귀인, 정 귀인이 성종께 참소한 탓이라고 하여, 어느날 내전에 들어가서 두 귀인을 불러다가 뜰 아래에 세우고 철여의를 쥐고내려서 대번에 머리를 쳐서 바수고 (후략) (홍명희, <임꺽정>, 1장 종결-2장 도입)
> ㄴ. "땀은 리얼하지. 그래두 그 위에 서서 다니는 인간에겐 꿈이란게

---

11) 주어진 정보를 제공하는 요소는 신정보를 제공하는 요소들보다 정보량이 적으며 신정보를 나타내는 요소들 중에서도 정보량이 많은 것일수록 문말에 나타나는 경향이 있다고 한다(권희상, 2009 : 403). 문장의 정보구조에 대한 기술이나 이를 텍스트 단위로 확대적용할 수 있다.

있어야 하지 않을까"

"흥, 뭣 땜에? 이제 저녁 때 나올 반찬이 뻔한데두 혹시나 별것이
나오지 않을까 하는 기델 갖기 위해서? 그렇잖음 다음 외출날엔
무슨 더 유쾌한 일이 있어 주길 바라는 의미에서? 좀 그꿈이란 소
린 집어쳐."

6.

생흙 냄새가 코에 싸아했다.

"냄새 고약한데."

동호가 콧살을 찡그리며 방안을 둘러보았다. 흙이 채 마르기 전에
도배를 한 듯, 벽에 바른 신문지가 여기저기 들떠 우그러져 있었
다. 화천서 추파령으로 통하는 큰 한길 가까이 꽤 규모가 크게 겹
으로 방을 들인 이 술집은 이렇게 급작스레 꾸민 조그만큼씩한
방이 예닐곱은 있어 보였다. (황순원, <나무들 비탈에 서다>, 5장
종결-6장 도입)

(3ㄱ)은 선행 장 후반에서 이 교리가 왕과 충돌하는 장면이 나온 다음 이
교리가 귀양 가는 모습이 나오고 후행 장에서 시간이 지난 후 같은 왕이 살
인을 저지르는 장면이 나온다. 거의 동일한 배경에서 사건과 그 주체가 달
라졌다. 후행 장의 첫 문장이 선행 장과의 교점 역할을 하여 응결성을 높이
고 있다. (3ㄴ)은 인물은 동일하나 시간과 장소가 바뀌면서 새로운 사건이
제시된다. 이 경우는 시공간의 비약이 갑작스럽게 일어나고 후행 장의 도입
부에 아무런 응결 장치도 배치되지 않았다. 이때는 장 번호가 응결 장치로
서의 기능을 담당한다.

한편, 소설의 서사 구조가 점점 복잡해지면서 복수의 서사가 비선형적으
로 배열되는 텍스트가 많다.12) 특히 추리소설은 서술 트릭을 사용하는 경우
가 많아져 각 장마다 과거-현재가 교차되거나 동일 사건을 서술자를 달리
하여 서술하거나 아예 독립된 별개의 서사를 병치하는 등의 전략을 보인다.

12) 특히 일본 추리소설에 많이 나타나는 구성인데 일반 소설에서도 밀란 쿤데라, 레이먼드
카버, 무라카미 하루키 등이 사용하였다.

> (4) 그날 밤 나는 또 다시 불빛이 약한 어두침침한 방에 있는 일을 꿈꾸
> 었다. 로즈메리가 오고 나서 날이 샐 때까지 나는 물방울이 똑똑떨어
> 지는 듯한 공포에 싸인 악몽에 시달리면서 무엇인가가 나타나기를 꼼
> 짝 않고 기다리고 있었다.
> 8장
> 시체는 운반되어 사라졌다. 그곳을 비추고 있던 불빛을 거두어들이고
> 고면은 돌아갈 채비를 하고 있었다. 잰슨과 배로즈는 아직은 그를 붙
> 잡을 수밖에 없었다.
> 고면은 검시관용 차 뒤에서 침착함을 잃고 안절부절못하고 있었다.
> 그는 빨리 감식실로 되돌아가서 검시해부를 시작하고 싶어했다. (빌
> 밸린저, <사라진 시간>, 7장 종결-8장 도입)

(4)는 추리소설로, 두 개의 독립된 서사가 존재하고 이 두 개가 각 장마다
번갈아 제시된다. 홀수 장에서는 1인칭 서술자가 과거의 시점에서 사건을
서술하고 짝수 장에서는 전지적 서술자가 현재의 시점에서 사건을 서술한
다. 이러한 시간 관계는 교묘하게 숨겨져 있다가 마지막에서 두 서사가 하
나로 통합되면서 드러난다. 이 소설에서 짝수 장에 나오는 시체는 홀수 장
의 서술자인데, 목을 잘린 살해 방법이 두 서사에서 동일하게 제시되어 강
한 응결성을 확보하고 있다. 그 결과 독자는 시간과 인물에 대한 의혹과 혼
란을 느낀다. 이런 전략을 사용하는 소설은, 표면 구조에서는 별개의 서사
가 독립적으로 진행되는 것처럼 보이나 이면 구조에서는 두 서사가 '과거-
현재' 또는 '가상-현실' 등의 관계를 맺고 있다.[13] 그러므로 장 경계에서는
특별히 연결 지점이 발견되지 않고, 정보성이 현저히 낮다. 그러나 이러한
전략에서 가장 중요한 것은, 두 서사를 통합해 주는 응결 장치가 충분히 나
타나야 한다는 사실이다. 이들 응결 장치는 텍스트 속에 은폐되어 있다가

---

13) '이면 구조'와 '표면 구조'는 장경현(2009/2010)에서 추리소설 텍스트의 숨은 서사 구조를
기술하기 위해 사용한 용어이다. 추리소설 텍스트는 사건 추적자의 시점에서 서술하는 사
건의 발생과 추적이라는 명시적인 서사 속에 범인의 시점에서 서술할 수 있는 숨은 서사
가 내포되어 있다. 전자를 표면 구조, 후자를 이면 구조라 한다. 이 두 서사가 결합하여
완전한 전체 서사를 구성한다.

마지막에 최상위 서사가 드러나면서 독자에 의해 발견된다.

4. 장 도입부과 종결부의 정보

소설의 장 경계를 설명하기 위해서는 우선 어떻게 앞 장의 텍스트가 완료가 되고 다음 장의 도입부에서 어떻게 새로운 텍스트가 시작하는지를 알아보아야 한다. 장 경계에서는 고영근(1999)의 응결 장치가 절대적으로 사용되지는 않는다. 기존의 응결 장치 대부분이 문장과 문장 사이에 나타나는 것들이므로 단절이 일어나는 장 경계에는 적용되기 어렵다.[14) 또한 장 경계는 일반적인 단일 텍스트의 시작과 끝과 성격이 다르다.[15) 여기서는 장 경계의 전후에 나타나는 특징을 정보성 개념을 중심으로 기술하고자 한다.

4.1. 장 도입부

Beaugrande & Dressler(1981)에서 제시한 텍스트의 일곱 가지 조건 중 정보성(informativity)은 그 정도를 조정함에 따라 독자의 흥미와 기대감을 높이는

---

14) 고성환(2003 : 71)에서는 대용어가 텍스트 경계를 뛰어넘어 응결 장치로 사용될 수 있으나 장이 달라질 때는 '*2장에서 언급한 국어의 이러한 특질들은'과 같은 대용 표현이 어색해지므로 대용어의 범위에 한계가 있다고 하였다.

15) 임규홍(2001 : 129)은 설화 담화의 시작과 끝에 나타나는 담화 전략을 분석하였는데, '그런데'와 같은 '이/그/저'의 지시 표현이 담화자의 위치 전환을 표시하는 담화 표지라고 하였다. 임규홍(2001)에서는 설화 담화의 시작하기와 끝내기를 다음과 같이 정리했다.
  1. 설화 담화의 시작하기 표현과 기능
  (1) 담화 표지-시간 벌기, (2) 시작 말하기-주의 집중, (3) 질문하기-호기심 유발, (4) 정보 얻음 말하기-객관성 유지
  2. 설화 담화의 시작하기 표현과 기능
  (1) 선행 정보 지시하기-선행 이야기 묶음, (2) 정보 얻음 표현하기-담화 내용의 객관화, (3) 논평하기-담화 주체자 기능, (4) 말끝냄 말하기-담화 상황에서 벗어남

데 기여한다. 텍스트는 충분한 정보를 담고 있어야 한다. 그러나 정보성을
낮추어 충분한 정보를 제시하지 않으면 독자는 후속 텍스트에서 좀더 많은
정보를 기대하게 되어 그 결과 흥미를 잃지 않고 텍스트 전체를 읽게 된다.
이러한 정보성의 특성은 텍스트 생산 과정에서 생산자의 의도를 효과적으
로 반영하고 전략을 세울 수 있는 기반이 된다.

　정보성을 전략으로 활용할 수 있는 가능성에 대한 논의는 주로 텍스트의
시작 부분에 국한되었다. 예를 들어 챈들러의 <안녕 내 사랑>의 첫 문장은
매우 정보성이 낮다.

> (5) 센트럴 로(路)에 위치한 그곳은 흑인과 백인이 뒤섞여 사는 동네로 아
> 　　직은 흑인들이 전부 점령한 것은 아니었다. 나는 의자가 달랑 세 개밖
> 　　에 없는 이발소에서 막 나오던 참이었다. 그 이발소는 다른 탐정 사무
> 　　소에서, 디미트리오스 알레이디스라는 이름의 보조 이발사가 일하고
> 　　있을지도 모른다고 알려준 곳이었다. 아주 사소한 사건이었다. 그 이
> 　　발사의 아내는 남편을 집에 돌아오게 해준다면 얼마간의 돈을 내놓을
> 　　용의는 있다고 한 것이었다.
> 　　하지만 나는 이발사를 찾지 못했다. 알레이디스 부인도 돈을 내지 않
> 　　은 것은 마찬가지였다.
> 　　삼월의 막바지에 이른 따뜻한 날이었다. 나는 이발소 밖에 서서 이층
> 　　에 튀어나온 네온사인을 올려다보았다. (레이먼드 챈들러, <안녕 내
> 　　사랑> 1장 도입)

　(5)의 첫 문장은 장소에 대한 소개이나 동네의 이름도 나오지 않고 '아직
은……것은 아니었다'라는 부정문으로 연결되어 온전한 정보를 전달하지
않는다. 더욱이 첫 단락에 들어 있는 사건 자체가 전체 텍스트에서 단순한
배경으로 작용할 뿐으로, 그 사건은 두 번 다시 언급되지 않는다. 이와 같이
의도적으로 낮춘 정보성은 독자의 호기심을 자극하기 위한 수단으로, 서사
의 점진적인 전개를 도와준다.[16]

---

16) 새 정보는 이미 아는 정보보다 더 충분히 기술될 필요가 있으므로 대개 길고 무거운 구조

장/절의 도입부도 대체로 배경(setting)이 되는 문장들로 구성된다.

> (6) 이교리의 거처하는 방은 단간이라도 간살이 넉넉하여 과히 좁지 아니
> 하고 뒷들창과 앞되창을 함께 열어놓으면 바람이 잘 통하여 과히 덥
> 지 아니하였다. 그날 밤에 삭불이는 되창문 밖 봉당 위에 앉아서 방안
> 에 앉은 이교리를 들여다보며 봄 이후 서울 이야기를 입담 좋게 늘어
> 놓는데, 그중에도 더욱이 한번 귀양 갔던 사람이 도로 잡혀와서 맞아
> 죽는 이야기를 아무쪼록 자세히 하고… (<임꺽정> 3장 2절 도입)

이 부분은 귀양살이를 하는 이 교리에게 젖어미의 아들인 삭불이가 그를
구하기 위해 서울에서 찾아온 다음 장면이다. 극적인 사건이 발생한 시점에
서 절이 바뀌면서 이 교리가 거처하는 방에 대한 묘사가 나온다. 이것은 배
경일 뿐으로 정보성이 매우 낮다.

그러나 장 도입부는 텍스트의 시작 문장과 다른 관점에서 분석되어야 한
다. 완전한 시작이 아니라 선행 장과의 관계에 의해 규정되는 것이기 때문
이다.

> (7) 8분서는 맨해튼 3번로와 4번로 사이의 마사 거리에 있다. 회색의 석조
> 5층으로 세워진 빌딩이었다. 돌계단을 다섯 단 오르면 무거운 목제 조
> 각을 단 쌍바라지 문에 이른다. 문의 윗부분은 정교한 은세공으로 되
> 어 있다. (빌 밸린저, <사라진 시간> 2장 도입)

(7)은 보편적인 텍스트의 도입부와 동일해 보인다. 새 정보를 제공하지만
장소에 대한 설명이므로 거시구조에서는 곧 배경이 된다.

대화가 도입부로 사용되기도 한다.[17] 도입부의 대화는 정보성이 낮아 배

로 온다는 점도 청자의 정보 처리에 부담을 준다고 한다. 화자와 청자 모두에게 유리한
만큼 의사소통을 효과적으로 하기 위해 양자는 문장 구성이 구정보-신정보 순으로 이루
어져야 한다는 데 동의한다. 이러한 암묵적 약속을 '구-신 계약(given-new contract)'이라
고 하며 이에 따라 화자는 구정보를 신정보보다 먼저 제시하고 청자도 화자가 이미 아는
정보부터 제시하리라고 기대한다(진실로, 2007 : 195). 이것은 일반적인 담화에 나타나는
현상으로, 소설 텍스트의 일반적인 구조에도 적용될 수 있을 것이다.

경으로 기능한다.

> (8) "가와미나미 군 어떻게 생각하나"
> 시시야 카도미는 테이블 위에서 검은 색종이를 부지런히 접으면서 말
> 했다. 가와미나미는 <수기>를 다 읽고 난 다음, 필터가 찌그러지도록
> 한참 동안 입에 물고 있던 담배에 불을 붙였다. (아야츠지 유키토,
> <흑묘관의 살인> 4장 도입)

한편, 장 도입부에 문장의 응결 장치와 유사한 응결 장치가 나타날 수
있다.

> (9) 60.
> "동생 랜덤일 거야." 나는 알면서 그렇게 말했다. "랜덤은 내 비호하
> 에 있어."
> 그녀의 눈이 커졌고, 곧 미소를 떠올렸다. 마치 내가 한 어떤 현명한
> 행위에 감탄하기라도 한듯이. 물론 나는 그런 일을 하지는 않았지만,
> 그녀가 그렇게 생각해 주니 고마웠다.
> 그러는 편이 더 안심이 되었기 때문이다.
> 61
> 줄잡아 한 삼 분 정도는 안심하고 있었던 것 같다.
> 나는 카멜라보다 앞질러 가서 현관문을 활짝 열어 젖혔다.
> 그는 비틀거리며 안으로 들어왔고, 그 즉시 문을 닫고 자물쇠를 잠갔
> 다. (로저 젤라즈니, <앰버 연대기> 60장 도입-61장 종결)

문장과 문장이 연결되어 응집성을 가지기 위해 어휘 반복이 나타나는 현
상이 장 경계에서도 동일하게 나타난다. 선행 장 종결부의 '안심'이 후행 장
도입부에 그대로 반복되고 있다. 그런데 후행하는 '안심'은 선행하는 '안심'

---

17) 김홍수(1999)에서는 소설 속 대화의 기능에 대해 논하면서 인물과 장면의 도입, 장면 전
환, 일반적 정황의 구체화와 예시, 주요 사건의 초점화·전경화, 응집을 들었다. 이 논문
에서는 소설의 도입부에 나타나는 대화가 주의 환기, 정황 설정, 주제나 갈등 암시, 문제
제기 등의 담화·텍스트 기능을 가진다고 하였다.

과 다른 의미를 표현한다. 선행하는 '안심'은 갈등이 약화됨을 표시하지만 후행하는 '안심'은 갈등이 새로이 고조됨을 표시한다. 두 번째 문장이 제시하는 새로운 정보를 반복되는 '안심'에서 예고하고 있다. 다음 예에서는 정보의 변환이 나타난다.

> (10) "맘대루들 해. 자, 그럼 윤구, 이 친구의 생환을 축하하는 동시에 김
> 하사의 혼백, 그리구 저번 마지막 전투에 전사한 친구들의 명복을 비
> 는 의미에서....."
> 현태가 둘러앉은 동료들의 밥통 뚜껑에다 새로 술을 나눠 따랐다.
> 4.
> 살아남은 사람이 죽은 동료에 대해 어두운 그늘을 나타내고 그 밑에
> 번지는 자기네들의 삶에 대한 희열을 삼가 숨긴다는 것은 하나의 인
> 정에서 오는 예의였다. 그러나 그것은 어디까지나 살아남은 사람들이
> 지어 낸 예의니만큼 언제고 산 사람들에 의해 깨어질 수 있는 성질의
> 것이었다. (황순원, <나무들, 비탈에 서다> 3장 종결-4장 도입)

  (10)에서는 장 종결부의 초점이 된 이야기를 후행 장의 도입부에서 일반화하여 주제로서 서술하고 있다. 곧 바로 다음 문장에 새 정보가 와서 반전이 일어날 수 있음을 예고한다.

4.2. 장 종결부

  장 종결부는 단순히 텍스트를 분할할 뿐 아니라 일시적으로 종결하는 기능도 한다. 장 경계에서 종결이 나타나는 경우는 표면적으로 서사의 흐름을 끊어 버림으로써 독자의 예측을 빗나가게 하고 새로운 서사를 제공하는 것처럼 보이게 하나, 글로벌 텍스트의 층위에서 본다면 이때의 종결은 일시적일 뿐이고 서사의 연속성은 계속 이어지는 것이다. 이것은 거시적인 정보

구조를 의도적으로 조정하여 '이미 아는 정보-새 정보'의 구조로 서사를 재배열하는 전략으로 해석할 수도 있다.[18)

장 종결부의 맨 마지막에 새 정보를 배치한 예를 보자.

> (1)' '이십 분 후에 다시 한 번 전화를 해보았지만 결과는 역시 마찬가지였다. 나는 버스를 타고 기숙사로 돌아갔다. 입구의 우편함에는 내 앞으로 온 속달 봉투가 들어 있었다. 나오코로부터의 편지였다. (무라카미 하루키, <노르웨이의 숲> 4장 종결)

새로운 사건이 제시되지만 그 시작 단계에서 바로 종결하여 정보성을 낮추고 있다. 새 정보를 마지막에 두는 동시에 정보성을 낮추어 독자가 이어지는 장을 기대하게 만드는 전략이다. 또한 서술자가 오랫동안 기다리던 사건이 드디어 발생하는 것이므로 이 새 정보가 마지막에 오는 것이 더 강한 효과를 발휘한다. '반전'을 특수한 효과로 사용하는 최근 서사에서 자주 사용되는 전략이다.

> (11) "아모우 본인에 대해서요"
> "그렇소. 전화상으로 한 이야기오만, 어쩐지 빈정거리는 투로 이런 말을 했었지. 당신 친구인 아모우 박사는...... 그 사람은 도지슨이라든가 뭐라고." (아야츠지 유키토, <흑묘관의 살인> 4장 2절 종결)

(11)은 대화문으로 종결되는데, 대화 자체는 완료된 것이 아니다. 두 번째 발화가 새로운 정보를 제시하고 있지만 이에 대한 응답이 생략되어 있다. 이 새 정보에 대한 해석이나 논평이 없기 때문에 독자는 자신의 보편 지식을 활성화하여 이 정보의 의미를 능동적으로 해석해야 한다. '도지슨'은

---

18) 권희상(2009 : 409)에 따르면 영어 도치문의 사용 목적은 정보량이 적은 구정보를 문두에 두고 정보량이 많은 신정보를 문말에 둠으로써 이해 책략(comprehension strategy)의 일환으로 청자에게 인지・심리적 부담을 적게 주어 발화에 대한 이해와 기억을 더 용이하게 하기 위한 것이라고 한다. 텍스트에서도 이와 같은 해석을 할 수 있다.

<이상한 나라의 앨리스>의 저자인 루이스 캐럴의 본명 찰스 도지슨을 지시한다. 일반적으로 그와 관련된 지식으로는 [수학자/작가/소아성애자]가 있다. 독자는 이 지식에서부터 여기에 제시된 정보를 해석해야 한다. 이 작품의 후반에서 아모우 박사가 소아성애자였다는 사실이 제시된다. 따라서 이것은 이 지식을 공유하는 독자에게는 매우 중요한 정보가 되나 그렇지 못한 독자에게는 무의미한 정보가 될 수 있다. 지식이 없더라도 대화의 갑작스러운 단절이라는 유표적인 대화 상황 자체가 여기에 제시된 것이 중요한 정보라는 표지 역할을 하게 된다.

종결부에서 정보성을 낮추는 경우도 있다.

> (12) ㄱ. 그리고 옛날 같으면 언젠가는 시간이 자기를 그 높이에까지 올려
> 다 주었으련만, 눈을 들어보니 인습보다도 더 높은 새 시대의 준
> 령이 가로막고 있는 것이다.
> 과도기라고 하기엔 너무 어휘가 순순하다.
> 평생 해가 들어 본 일이 없는 골짜기의 세대―거기서 자기가 살아
> 왔고 또 살고 있는 것이다.
> 서병규 씨는 반쯤밖에 타지 않은 담배를 빼어 창 너머로 힘껏 던
> 졌다. (한무숙, <빛의 계단> 3장 종결)
> ㄴ. 나는 그런 어둠 속으로 몇 번이고 손을 뻗어 보았다. 손끝에는 아
> 무것도 닿지 않았다. 그 자그마한 불빛은 언제나 내 손가락 끝의
> 조금 앞에 있었다. (무라카미 하루키, <노르웨이의 숲> 3장 종결)

(12ㄱ)은 앞 문장과 연결되지 않는 짧은 문장 하나로 종결된다. 이 문장 앞의 문장들은 응집성과 응결성이 뚜렷하여 명확하게 하나의 단위로 묶일 수 있으나 이 문장은 독립된 문장으로, 그 묶음들과 단절된다. 이 문장은 앞 문장들의 연쇄에서 나타내고 있는 주제의 종결을 표시한다. 이때 장 종결부는 서사의 일시적인 완결을 나타낸다. (12ㄴ)도 마찬가지인데, 이 장은 <개똥벌레>라는 제목으로 발표한 단편과 동일한 것이다. 따라서 장 종결부가 단편의 최종 종결부와 똑같이 완결을 표시한다. 이 경우 전체 텍스트에서도

'단절'이 더욱 강한 부분이 된다. 여기서 서술자는 이전 사건 관련 인물과의 관계가 중단되고 새로운 사건을 맞이한다.

5. 장 제목/분할 표지의 기능

소설에 따라 장은 번호로만 표시되기도 하고 제목이 붙기도 한다. 번호로만 표시된 장은 그 길이나 분할 위치가 자유로운 편이다. 반면 제목으로 표시된 장은 최소한의 분량을 지키며 그 제목에 의해 독자의 해석 자체가 영향을 받는다.[19] 따라서 장 제목 자체가 특수한 기능을 갖는다고 볼 수 있다. 다음은 모리무라 세이이치의 <인간의 증명> 속 장 제목 목록이다.

> (13) ㄱ. 인간의 증명
> 제1장 이방인의 죽음
> 제2장 원한의 낙인
> 제3장 수수께끼의 키워드
> (중략)
> 제16장 용서받지 못할 동기
> 제17장 떨어진 눈(目)
> 제18장 인간의 증명

이처럼 각 장마다 붙은 제목은 해당 장의 최상위 구조를 표시하며 독자의 해석을 일정한 방향으로 유도하는 역할을 한다. 또한 마지막 장 제목이 소설 제목과 동일한 경우도 종종 있는데 이는 마지막 장이 최상위 구조와 직결되어 소설 전체의 주제를 담고 있음을 강조하는 것이다.

---

19) 장 제목은 설명/논증 텍스트에서 더 생산적으로 활용되는데 이 경우 소설 텍스트와 같은 전략은 나타나지 않는다. 이러한 텍스트 장르에 따른 장 제목의 역할 변화는 추후 다른 연구에서 자세히 논의하고자 한다.

　장 제목에 대화의 일부를 담고 있는 경우도 있다. 다음은 하퍼 리의 장편 소설 <앵무새 죽이기>의 장 제목에서 발췌한 예이다.

　　(14) 5장 그 집은 그저 슬픈 집일 뿐이야
　　　　 12장 나도 검기 때문이지
　　　　 17장 당신은 왼손잡이군요, 이웰 선생

　이는 중심이 되는 사건이나 주제를 부각시키는 대화의 일부를 제목으로 제시한 것이다. 이것은 van Dijk(1978)의 거시구조를 명시적으로 나타냄과 동시에 신문·잡지 기사 제목에서 볼 수 있는 감성에 호소하는 기능을 갖는 다.[20]

　또한, 서구 소설에서는 장 제목 아래에 인용문을 제시하는 경우가 종종 있다. 해당 장의 내용과 가지는 연관성은 불분명할 때가 많다.[21]

　　(15) 1. 복도에서 들려오는 목소리
　　　　　　그러나 보라, 그의 얼굴은 시커멓고 잔뜩 충혈되어 있으며, 안구
　　　　　　는 살아있을 때보다 한층 튀어나와 있도다. 목 졸려 죽은 이처럼
　　　　　　창백하게 응시하면서... (셰익스피어, <헨리 왕> 6막, 2부)
　　　　　3장 어둠 속의 용의자들
　　　　　　파우스투스는 악마에게 자기 자신을 팔았네.
　　　　　　자신의 손목을 잘라 피로 글을 쓰며
　　　　　　악의 왕자에게 자신의 영혼을 저당잡혀.
　　　　　　연로한 파우스투스 박사,
　　　　　　무뢰한 파우스투스 박사ㅡ
　　　　　　선(善)으로부터 고개를 돌렸구나 ㅡ조지 스틸 세이머 : 파우스투스
　　　　　　(클레이튼 로슨, <모자에서 튀어나온 죽음> 장 제목과 인용문)

---

20) 신문 기사의 감성 호소 기능에 대해서는 박금자(1999) 참조
21) 작가의 의도와 상관없이 출판사에서 장 제목을 붙이거나 장 도입부에 해당 장의 주요 장
　　면을 발췌하여 제시하는 경우도 종종 볼 수 있다.

또 거의 언급이 되지 않으나 주목할 만한 것으로, 장/절 단위라고 하기는 어렵지만 가시적인 분할 표지로 사용되는 '*'이 있다. 이것은 통상적으로 '*' 하나 또는 '* * *' 등으로 표시되는데,22) 장과 같이 본격적인 장면 전환이나 하위 텍스트 경계를 표시하는 것은 아니나 하위 텍스트를 분할하면서 정보성을 낮추거나 높이는 등의 기능을 한다.

> (16) 9월의 두 번째 주에, 나는 대학 교육이라는 것은 전혀 무의미하다는 결론에 도달했다. 그리고 나는 대학 생활을 지루함을 견뎌 내는 훈련 기간으로서 받아들이기로 했다. 지금 이 시점에서 대학을 그만둔다고 한들 사회에 나가 무슨 특별히 하고 싶은 일이 있는 것도 아니다. 나는 매일 학교에 가 강의에 들어가서 필기를 하고, 빈 시간에는 도서관에서 책을 읽거나 자료 조사를 하거나 했다.
>
> *
>
> 9월의 두 번째 주가 되어도 돌격대는 돌아오지 않았다. 그것은 희한한 일이라고 하기보다는 하늘이 놀라고 땅이 요동칠 사건이었다. 그가 다니는 대학은 벌써 수업이 시작되었고, 돌격대가 수업에 땡땡이를 친다는 따위의 일은 있을 수 없는 일이기 때문이다. (무라카미 하루키, <노르웨이의 숲> 4장)

(16)에서 경계 표지의 선후행 단락 모두 첫 문장에 '9월의 두 번째 주'라는 공통된 시간 표시가 나온다. 시간과 장소는 동일하나 각각 다른 사건이 제시되어 대비 효과가 나타난다. 선행 단락은 화자가 주체가 된 사건이고 후행단락은 '돌격대'라는 인물이 주체가 된 사건이다. 또한 선행 단락은 화자가대학 생활을 받아들여 이전의 무절제한 생활에서 벗어나 규칙적으로 살아가는 모습을 그리고 있으나 후행 단락은 반대로 매우 규칙적으로 생활하던 '돌격대'가 일탈 행위를 하는 모습을 그리고 있다. 이러한 서사의 대비효과와전환을 위해 경계 표지를 사용하고 있다.

---

22) 이 경계 표지로는 출판사에서 선택한 특수한 문양이 사용되기도 하고 아무 기호 없이 빈 줄만 사용되기도 한다. 실제로 (16)에 제시된 예도 원문에는 침엽수 그림이 표지로 사용되었는데 여기에 제시하기 위해 편의상 '*'로 바꾼 것이다.

6. 결론

텍스트 단위에 대한 기존의 논의에서는 문장과 문장의 결속, 텍스트의 주제에 따라 묶이는 서사의 단위 등이 주로 다루어졌다. 본 연구는 상위의 구조에서 소설 텍스트의 장이 텍스트 거시 구조의 단위가 되며 아울러 서사 전략으로 기능한다는 사실을 밝혔다. 소설 텍스트는 사건을 배열하는 방식에 따라 텍스트가 구조화되는 고유의 특성이 있다. 장·절은 단순히 텍스트의 분절 단위로서만 아니라 적극적인 응결 장치, 그리고 텍스트 생산자의 의도를 실현하기 위한 전략으로서 중요한 기능을 가진다. 장 분할에는 사건이 지속되거나 단절되는 두 가지 유형이 있으며, 장 도입부와 종결부는 정보성을 낮추거나 높이고 문장과 마찬가지로 일정한 정보 구조를 가지면서 독자의 흥미를 유지하고 하위 서사를 접속하거나 제시하는 효과적인 전략을 수행한다. 또한 장 제목과 장 표지가 명시적으로 나타나는 경우, 이들은 문장 단위의 응결 장치가 나타날 수 없는 분할 경계에서 응결 장치로서 거시 구조에 기여한다.

시간과 지면의 한계로 개략적인 내용만을 다루었는데 더 세부적인 장치와 전략을 유형화하여 분석할 필요가 있다. 또한 앞으로의 연구에서는 소설 텍스트뿐 아니라 학술논문/보고서/교재 등의 설명·논증 텍스트를 분석할 때에도 장 분할을 중요한 텍스트 구성 요소로서 고찰해야 할 것이다.

참고문헌

강범모. 1999. 「한국어의 텍스트 장르와 언어 특성」, 고려대학교 출판부.

고성환. 2002. "응결장치와 텍스트 경계", 「문법과 텍스트」, 서울대학교 출판부, pp.633-652.

고성환. 2003. "응결 장치의 계층성과 텍스트 경계", 「시학과 언어」 5, pp.61-86.

고영근. 1999. 「텍스트이론-언어문학통합론의 이론과 실제」, 아르케.

고영근. 2011. 「텍스트 과학」, 집문당.

권희상. 2009. "정보 구조에 대한 화용론적 접근", 「언어연구」 25-3, pp.399-419.

김흥수. 1996. "소설에서 관계절의 텍스트 기능", 「어문학논총」 15, pp.91-119.

김흥수. 1999. "소설에서 대화의 분포와 그 담화·텍스트 기능", 「어문학논총」 18, pp.81-106.

박금자. 1999. "일간신문 제목에 나타나는 응집성, 패러디, 생략 현상", 「텍스트언어학」 7, pp.29-56.

양태영. 2010. "설명 텍스트의 표지와 텍스트 구조 분석", 「한국어의미학」 31, pp.109-142.

이성만. 2002. "텍스트 개념 정립의 토대를 찾아서-텍스트의 구성과 경계를 중심으로", 「독일어문학」 17, pp.123-140.

임규홍. 2001. "설화 담화의 '시작하기'와 '끝맺기'에 대한 담화 분석", 「화법연구」 3, pp.121-145.

장경현. 2009. "퍼즐 미스터리 소설의 텍스트 구조", 「텍스트언어학」 26, pp.279-305.

장경현. 2010. "하드보일드 탐정소설의 텍스트 구조", 「텍스트언어학」 28, pp.173-198.

진실로. 2007. "관계절 구문의 정보구조와 정보흐름 재현 전략", 「번역학연구」 8-2, pp.193-216.

한국텍스트언어학회. 2004. 「텍스트언어학의 이해」, 박이정.

De Beaugrande, R.·W. Dressler. 1981. Introduction to Textlinguistics, Tücingen : Niemeyer.(김태옥·이현호 역. 1991. 「텍스트 언어학 입문」, 양영각).

Ferguson, Charles A.. 1994. "Dialect, register, and genre : working assunptions about conventionalization", in D. Biber and E. Finegan(eds.), Sociolinguistic Perspectives on Register, N.Y., Oxford University Press.

Gülich, E./K. Heger/W. Raible. 1979. Linguistische Textanalyse, Überlegungen zurGliederung von Texten 2, Aufle, Hamburg : Buske.

van Dijk, Teun A. 1978. Textwissenschaft Eine interdiszipilinare Einführung(정시호 역.
    2001. 「텍스트학」, 아르케.)

Werlich, E.. 1975. Typologie der Texte, Heidelberg : Quelle & Meyer.

| 이 논문은 텍스트언어학 35집(2013, 텍스트언어학회)에 게재된 논문을 재수록한 것입니다.

말뭉치에 기반한 공간 명사의 의미 변화 연구

김 한 샘

1. 머리말

'문법화(grammaticalization)'는 일반적으로 어휘적 의미를 가지고 있던 단어들이 차츰 그 의미를 잃어 문법적인 기능을 하는 단어로 변화하는 현상을 말한다. 한국어 명사 중 '밖'이 문법화 과정을 겪은 대표적인 어휘이다. '밖'은 독립적 명사에서 의존적 용법을 넘어 문법적 기능을 하는 '밖에'라는 조사로 변했으며 최종적으로 '-ㄹ밖에'라는 어미도 생겨났다.

문법화 연구의 전제 중 하나는 문법화의 현상이 범언어적이라는 것이다. 범언어적인 문법화 현상은 이미 많은 연구를 통해서 입증되었다. Heine et al(1991)에서는 구체적인 영역에서 추상적인 영역으로의 이동이 문법화의 기본 원리임을 지적하고 아래와 같은 의미 영역의 이동이 많은 언어에서 공통적으로 일어나고 있음을 밝혔다.

> 사람 > 물체 > 행위 > 공간 > 시간 > 질

이 연구에서는 Heine et al(1991)에서 지적한 범언어적인 의미 변화 방향이 한국어에도 적용이 되는지를 확인해 보고자 한다. 이 글에서는 관계 속에서 상대적으로 파악이 되는 공간 명사인 '앞, 뒤, 가운데, 위, 아래, 안, 밖'을 대상으로 논의를 진행한다. 대상 명사는 최경봉(1998)의 명사 분류에서 '양식-관계-차원-공간'의 의미를 가지는 명사를 뽑아 '방위'에 대한 명사와 복합어를 제외하여 선정했다. 이 명사의 목록은 Heine(1997)의 지시적 공간 명사(spatial noun in deictic orientation)의 부류와도 일치한다.

이성하(1998)에서 지적한 바와 같이 여러 언어에서 관계 공간 명사가 시간이나 심리를 나타내는 방향으로 변화하는 양상을 포착할 수 있으며 한국어에서도 관계 공간 명사가 여러 가지 의미 영역으로 의미의 전이를 일으킨 예를 관찰할 수 있다. 그런데 한국어에서 '밖'을 제외한 관계 공간 명사들의 의미 변화 양상을 살펴보면 완전한 문법 범주의 변화를 찾아볼 수 없다. 단지 의존적 용법과 조사 결합형의 고정성을 획득한 정도만 확인할 수 있을 뿐이다. 따라서 관계 공간 명사 부류 전체가 문법화를 겪었다고 보기는 힘들다. '문법화'의 개념은 명확하게 범주의 변화가 포착된 '밖'의 변화에만 적용이 가능하다. 이 글에서는 문법화 초기 단계와 유사한 양상을 보이는 관계 공간 명사들의 의미 변화에 대해 논의한다. 구현정·이성하(2001)에서 지적한 바와 같이 언어 변화의 양상을 관찰하는 데에 있어 동일한 내용을 여러 시기의 글로 표기해 놓은 역사 자료 말뭉치가 결정적인 역할을 한다. 이 연구에서는 동일한 내용을 여러 시기의 글로 표기한 대표적인 문헌인 <노걸대> 언해류 문헌[1]을 주요 자료로 활용하고 현재의 용법을 확인하기 위해 현대 한국어 말뭉치[2] 자료를 분석했다.

---

[1] 총 6개의 판본 중에서 세기별로 세 개의 판본을 골라 분석했다. 16세기 자료로는 '飜譯老乞大(~1517)'를, 17세기 자료로는 '老乞大諺解(1670)'를, 18세기 자료로는 '重刊老乞大諺解(1795)'를 활용했다. 이 글에서 '飜譯老乞大'는 '번역'으로, '老乞大諺解'는 '언해'로, '重刊老乞大諺解'는 '중간'으로 나타내기로 한다.

[2] 연세대 언어정보연구원에서 구축한 '연세 말뭉치 1~9'와 '한국어 교육용 말뭉치'의 분석 결과를 활용했다. 연세 말뭉치의 자세한 구성 및 특징은 서상규·한영균(1999)를, 한국어 교육용 말뭉치의 구성 및 목적은 서상규(2000)을 참조.

2. 개별 공간 명사의 의미 변화 분석

2.1. '앞'의 의미 변화

아래 (1)의 예와 같이 '앞'은 기본적으로 공간의 의미로 사용되었다. 그런데 (2), (3)을 보면 공간의 의미로 쓰이던 '앞'이 시간의 의미로도 쓰이고 있음을 알 수 있다. 그런데 (2)와 (3)을 비교해 보면 (2)에서는 '앞'이 과거로, (3)에서는 '앞'이 미래로 해석된다. Lakoff & Johnson(1980)에 의하면 공간을 나타내는 '앞'이 미래를 나타내는 것은 시간이라는 공간을 인간이 여행하는 자아 이동 모형(ego-moving model)에 의한 것이고 '앞'이 과거를 나타내는 것은 인간이 정지해 있고 시간이 인간을 향해 다가오는 시간 이동 모형(time-moving model)에 의한 것이다. 한국어에서는 공간 명사인 '앞'이 과거와 미래의 두 가지 의미를 모두 가지므로 Lakoff & Johnson(1980)의 자아 이동 모형과 시간 이동 모형이 모두 적용된다고 볼 수 있다.

(1) ㄱ. 아춤 ·밥·을 :몯 머·거 잇·고 앒·픠·는 ·또 :아·ㅁ·란 :뎜·도 :업·슬·
　　　시(번역-상 39)
　　ㄴ. 아춤 밥을 못 먹엇고 알픠 또 아므란 店도 업스매(언해-상 36)
　　ㄷ. 早飯을 먹지 못 ㅎ엿고 앒희 또 店이 업스매(중간-상 36)

(2) ㄱ. 앒·픠·는 그저 흙 텨 밍·ᄀ 드:리러니(번역-상 38)
　　ㄴ. 알픠는 그저 흙 텨 밍근 드리러니(언해-상 35)

(3) ㄱ. ·우·리 알·프·로 :하·뎜·에 ·가·든 ·밥 ·사 먹고(번역-상 59)
　　ㄴ. 우리 앒흐로 夏店의 가든 밥 사 먹고(언해-상 53)
　　ㄷ. 우리 앒흐로 夏店에 가 밥 사 먹고(중간-상 54)

(4)를 보면 환유와 은유에 의해서 공간의 의미가 시간의 의미로 전이되는

과정을 알 수 있다. (4)의 예는 '내가 들으니 앞에 길이 험하다고 한다'로 해석되는데 여기서 '앞에'는 공간적으로 전면에 놓인 길이라고 해석할 수도 있고 시간적으로 미래에 갈 길이라고 해석할 수도 있다. 이런 과정을 Heine et al.(1991)의 환유-은유 모형을 활용해 나타내면 그림1[3]과 같이 나타낼 수 있다. (1)과 같이 공간을 가리키는 '앞'은 [그림 1]에서 점선으로 그려진 왼쪽 상자에 해당하는 공간 영역에 위치하고 (2~3)의 예에 나오는 '앞'이 오른쪽 상자의 시간 영역에 위치한다면 (4)의 '앞'은 의미 영역이 이동하면서 중복 현상을 일으키는 ab의 구역에 해당한다.

(4) ㄱ. ·내 드·로·니 앒·픠 :길 어·렵·다 ·ᄒᆞᆫ·다(번역-상 26)
ㄴ. 내 드르니 앒픠 길히 머흐다 ᄒᆞ더라(언해-상 24)
ㄷ. 내 드르니 앒히 길히 머흐러 사오나온(중간-상 24)

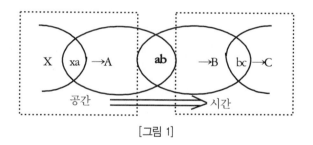

[그림 1]

'앞'은 역사 자료에서 볼 수 있는 공간과 시간의 의미에서 전이를 거듭하여 현대 국어에서는 조건이나 원인, 소유의 의미로도 쓰이게 되었다.

(5) ㄱ. 아들이 듣는 앞에서는 그런 탄식조차도 하지 않았다.
ㄱ'. *앞에서는 그런 탄식조차도 하지 않았다.

(6) ㄱ. 때때로 정치적인 현실 앞에 우리의 자유 정신은 좌절을 느끼게 된다.
ㄱ'. *때때로 앞에 우리의 자유 정신은 좌절을 느끼게 된다.

---

3) 그림에서 →는 문맥적 재해석을, ⇒는 은유적 전이를 의미한다.

(7) ㄱ. 우리의 많은 애국 지사들이 일본 경찰과 헌병의 총칼 앞에 쓰러져 갔다.
   ㄱ'. *우리의 많은 애국 지사들이 앞에 쓰러져 갔다.

(8) ㄱ. 우리는 한 사람 앞에 만 원씩 나누어 가졌다.
   ㄱ'. *우리는 앞에 만 원씩 나누어 가졌다.
   ㄴ. 한 사람 앞에 두 번씩 기회가 있다.
   ㄴ'. *앞에 두 번씩 기회가 있다.
   ㄷ. 네 앞으로 온 편지가 있어.
   ㄷ. *앞으로 온 편지가 있어.

(5), (6)의 '앞'은 조건이나 상황을, (7)은 원인을 의미한다. (6ㄱ)에서 '앞'은 조건으로도 해석되지만 '때문'으로 교체해도 뜻이 통한다. 반면 (7ㄱ)에서 '앞'은 조건으로 해석하는 데에 무리가 있다. 이는 '앞'의 의미가 조건에서 원인으로 전이되었음을 시사한다.

(8)에서 '앞'은 무엇을 가지게 되는 수혜자 혹은 우편물의 수신자와 함께 쓰여 소유의 의미를 나타낸다. 결과적으로 '만 원, 기회, 편지'를 가지게 되는 것이다.

예 (5)~(7)에서 주목할 점은 상황이나 조건의 의미일 때 '앞'이 조사 '에'하고 주로 어울려 쓰인다는 것이다. 또 (5)~(7)의 ㄱ'에서 볼 수 있는 것처럼 명사구가 없이는 쓰일 수 없다. '앞'이라는 명사와 조사의 결합형이 문법적인 기능을 획득해 가는 양상을 볼 수 있다. 다음 [그림 2]는 '앞'의 의미 변화 양상을 나타낸 것이다.

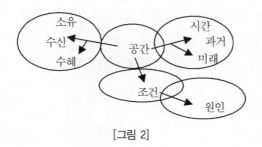

[그림 2]

2.2. '뒤'의 의미 변화

(9) ㄱ. :뒤·혜 방·이 좁·고(번역-상 52)
　　ㄴ. 뎌 집 :뒤·히 ·곧 우·므리·라(번역-상 31)

(10) ㄱ.뒤헤 방이 좁고(언해-상 47)
　　ㄴ. 뎌 집 뒤히 곳 우믈이라(언해-28)

(11) ㄱ. 뒤헤 집이 좁고(중간-상 47)
　　ㄴ. 져 집 뒤히 곳 이 우믈이라(중간-28)

(12) ㄱ. 뒤에서부터 답안지를 걷어 오세요.
　　ㄴ. 그녀가 지나가자 그는 잠시 나무 뒤로 숨어 버렸다.

　위의 (9)~(12)는 모두 명사 '뒤'가 공간의 의미로 쓰인 예이다. 현대에 이르도록 '뒤'가 꾸준히 공간의 의미를 나타냄을 볼 수 있다. ㄱ은 '뒤'가 단독으로 쓰인 반면 ㄴ은 어떤 대상과의 관계에 의한 상대적인 공간 개념을 나타내므로 대상을 가리키는 명사와 함께 쓰였다. 공간의 의미로만 쓰이던 '뒤'는 의미의 전이를 일으켜 시간의 의미를 나타내게 된다. (13)의 예에서 '뒤'는 공간으로만이 아니라 시간으로도 해석될 수 있다. 그리고 (14)와 같이 현대에 와서는 시간으로만 해석되는 '뒤'의 쓰임도 볼 수 있다. 흥미로운 점은 '앞'과 마찬가지로 '뒤'도 과거와 미래의 두 가지로 해석될 수 있다는 것이다. (14ㄱ)의 '뒤'는 미래를, (14ㄴ)의 '뒤'는 과거를 나타낸다. 서상규(2000)에 의하면 현대 국어 말뭉치에서 '뒤'의 의미 빈도를 조사한 결과 시간의 의미를 가지는 것이 49%로 가장 많은 분포를 차지한다. 이렇게 공간에서 공간·시간, 다시 시간으로 의미가 전이하는 양상은 앞의 [그림 1]로 설명할 수 있다.

(13) ㄱ. :둘·흐·란 ·ᄒ·여 :뒤·혜 즘승 모·라 오·게 ᄒ·고(번역-상 66)

　　ㄴ. 둘흐로 ᄒ여 뒤헤 즘싱 모라 오게 ᄒ고(언해-상 59)

　　ㄷ. 둘로 ᄒ여 뒤히셔 모라 오게 ᄒ고(중간-상 60)

(14) ㄱ. 그들은 할 수 없이 일을 뒤로 미루어야 했다.

　　ㄴ. 30년만 뒤로 돌아가도 컴퓨터 없이 일을 할 수 있는 시대였다.

은유에 기댄 '뒤'의 의미 변화는 여기에서 그치지 않고 계속 진행되었다. 일단 시간상 미래의 의미로 전이가 된 후에는 (14ㄴ)과 같이 명사구와만 같이 쓰이는 것이 아니라 (15ㄱ)처럼 절을 이끄는 역할도 하게 되었다. 뿐만 아니라 (15ㄴ)과 같이 차례나 순서를 나타내게 되었고, 더 나아가 (15ㄷ), (15ㄹ)과 같이 사건의 끝 혹은 사건의 결과까지 의미하게 되었다.

(15) ㄱ. 잠시 침묵이 흐른 뒤, 왕자가 입을 열었다.

　　ㄴ. 그는 박정숙의 뒤를 이을 훌륭한 선수다.

　　ㄷ. 그는 김 일병에게 뒤를 부탁했다.

　　ㄹ. 피차간에 뒤가 깨끗하도록 해야지.

위에서 지적한 의미 변화의 경향은 Traugott & König(1991)에서 지적한 '주관화'의 개념으로 설명할 수 있다. 주관화란 명제, 외연 위주의 의미에 화자가 자신의 관점을 투사함으로써 주관적인 의미로 변화해 가는 과정이다. Traugott & König(1991)에서는 다음과 같은 의미-화용적 경향을 제시하고 이런 경향에 의해 실제적 상황에서 담화적 상황으로의 전이가 일어난다고 했다.

- 의미-화용적 경향 Ⅰ : 외적, 기술된 상황에 기초한 의미가 내적, 평가/인식/인지에 기초한 의미로 변화.
- 의미-화용적 경향 Ⅱ : 외적 또는 내적인 기술된 상황에 기초한 의미가 텍스트에 기초한 의미로 변화.
- 의미-화용적 경향 Ⅲ : 상황에 대한 화자의 주관적 신념/태도의 의미가 더 강한 주관적 신념/태도의 의미로 변화.

  '뒤'의 의미가 물리적 개념인 공간에서 덜 물리적인 시간으로 전이하는 것은 의미-화용적 경향 Ⅰ로 설명할 수 있다. '뒤'가 (16ㄴ)과 같이 명사구와만 같이 쓰이는 것이 아니라 (17)의 ㄱ처럼 절을 이끌게 된 것은 단순히 미래를 나타내다가 명제 연결의 역할까지 하게 되었으므로 의미-화용적 경향 Ⅱ에 해당한다. 시간의 개념이 순서나 결과로 번진 것은 의미-화용적 경향 Ⅲ에 의한 것이라고 볼 수 있다.

  한편 공간의 의미는 다른 방향으로는 심리적 공간으로 확대되어 (16)과 같이 '겉으로 드러나지 않은 부분'의 의미로도 쓰인다. 이런 경우에 주로 공간을 나타내는 조사인 '에서'와 함께 쓰이는데, 이는 (16ㄱ)에서의 '뒤'의 의미가 '공간'의 의미에서 비롯되었다는 증거가 될 수 있다. 그런데 비슷한 의미이지만 (16ㄴ)에는 부정적인 화자의 관점이 드러나 있다. '겉으로 드러나지 않음'이 '어두움'을 뜻하게 되고 다시 '부정'의 의미로 전이된 것이다.

    (16) ㄱ. 뒤에서 도와주는 학생들이 한둘이 아니라더군.
         ㄴ. 누군가 김의원의 뒤에서 조종하고 있는 것 같다.

  지금까지 '뒤'의 의미 변화 양상을 살펴 보았다. 의미적으로 대를 이루는 '앞'에 비해 의미 전이의 속도가 비교적 느리다는 것을 볼 수 있다. '앞'은 16세기에 이미 '시간'의 의미를 나타내고 있으며 현대 국어에 들어서 의존적인 용법이 발달한 반면 '뒤'는 현대 국어에 이르러서야 '시간'의 의미로 쓰이기 시작했으며 의존적인 쓰임이 비중이 낮다. '뒤'의 의미 변화 양상을 간단한 모형으로 나타낸 것이 [그림 3]이다.

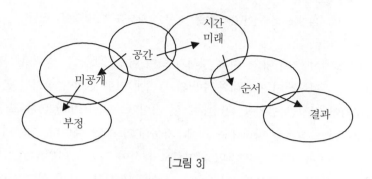

[그림 3]

2.3. '가운데'의 의미 변화

(17) ㄱ. :세 가·롯 길·헤 가·온·뎌 ·돈·닐 거시·라(번역-하 42)

ㄴ. 세 오리 길헤 가온대로 돈닐 거시라(언해-하 38)

ㄷ. 세 오리 길히 잇거든 가온더로 돈니고(중간-하 40)

'가운데'는 <노걸대> 말뭉치에서 (17)과 같이 공간의 의미로 쓰인 예만 발견되었으나 현대 국어에서는 의미가 전이된 양상을 쉽게 관찰할 수 있다.

(18) ㄱ. 제주도의 많은 민요들 가운데에는 시집살이에 관한 것도 있다.

ㄴ. 여기 모인 열 사람 가운데 아홉 사람은 차를 가지고 있다.

(19) ㄱ. 없는 살림 가운데서도 어머니들은 생일날을 기억하고 정성껏 수
수팥떡을 준비했다.

ㄴ. 대통령과 부통령이 동참한 가운데 문제를 토의했습니다.

ㄷ. 저녁식사는 조용한 가운데에 이루어졌다.

(20) ㄱ. 차이코프스키의 비창이 흐르는 가운데 그는 생각에 잠겼다.

ㄴ. 피아노 소리가 울려 퍼지는 가운데 신랑, 신부는 팔짱을 끼고 걸
어나왔다.

ㄷ. *피아노 연주 가운데 신랑, 신부는 팔짱을 끼고 걸어나왔다.

위의 (18)에서 '가운데'는 여러 개체가 모여 이루는 일정한 범위를 나타낸다. 물리적 공간에서의 가운데와 주변의 경계에 대한 인식이 심리적 공간으로 확대되어 일정한 범위를 나타내게 된 것이다. 한편 (19), (20)은 모두 사건이 일어나는 상황을 나타내는 데에 '가운데'가 쓰인 예이다. 그런데 (20)의 경우는 '~ㄹ 때'라는 시간의 의미로도 해석이 가능한 반면 (19)는 시간의 의미로 해석하기 힘들다. 이를 통해 상황에서 시간으로의 의미 전이 양상을 파악할 수 있다.

(18)~(20)의 예는 모두 '가운데'가 의존적으로 쓰인 예이지만 함께 쓰이는 요소의 범주는 다르다. (18)의 경우 명사 상당어구만 올 수 있고, (19)는 명사 상당어구 혹은 관형절과 함께 쓰인다. 그런데 (20)은 ㄷ처럼 명사와 함께는 쓰일 수 없고 반드시 관형절을 취한다. 이때 관형절을 이끄는 '가운데'는 종속적 연결어미와 같은 역할을 한다.

'가운데'의 의미 변화 양상을 간단히 나타내면 [그림 4]와 같다.

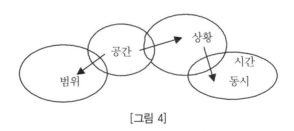

[그림 4]

2.4. '위'의 의미 변화

(21) ㄱ. 스승·이 우·희 ·쳐 ·두·ᄂ니·라(번역-상 3)

    ㄴ. 당시·론 五百 里 우·호·로 잇ᄂ·니(번역-상 10)

(22) ㄱ. 우희 스승이 우희 도셔 두ᄂᆞ니라(언해-상 3)
ㄴ. 당시롱 五百 里 우흐로 잇ᄂᆞ니(언해-상 9)

(23) ㄱ. 우희 스승이 슈례 두고(중간-상 3)
ㄴ. 咳 五百里 남즉이 잇ᄂᆞ니 (중간-상 10)

'위'의 새로운 의미 생성과 기존 의미 소멸의 양상을 위의 (21)~(23)의 역사 자료를 통해 파악할 수 있다. (21)~(23)의 ㄱ에서 볼 수 있는 것처럼 '위'는 주로 공간의 의미로 쓰였다. 그런데 16~17세기에 걸쳐 (21), (22)의 ㄴ처럼 '위'가 양을 나타내는 경우가 발견된다. 그런데 (23ㄴ)을 보면 같은 뜻을 나타내는 문장에서 '위'라는 명사를 사용하지 않았음을 볼 수 있다. (21), (22)의 ㄴ에서처럼 '~ 이상'이라는 양적 의미를 나타내는 용법은 사라지고 현대 국어에서 '위'가 양(量)을 나타낼 경우에는 아래 (24)의 예처럼 나이가 많고 적음을 나타낸다.

(24) ㄱ. 형은 동생보다 한 살 위인 20세였다.
ㄴ. 바로 위의 언니가 미혼이기 때문에 집안의 결혼 독촉은 별로 없었다.

(25) ㄱ. 진정한 의미의 고독은 위에서 말한 생리적인 것도 아니며 정신적인 것만도 아니다.
ㄴ. 심청 무굿은 춘향 무굿보다는 훨씬 위로 거슬러 올라가서 고려 시대에 비롯되었다.

(26) ㄱ. 당신, 위에서부터 내려온 지시를 모두 알고 왔군.
ㄴ. 그들은 나보다 학문도 위고 공부도 많이 한 사람들이다.

(21), (22)의 ㄴ과 같이 양을 나타내던 '위'의 의미는 무엇을 많이 가지고 있으면 우월하다는 '은유'의 기제에 의해 질(質) 즉 상위의 의미를 나타내게 된다. 양(量)은 객관적으로 측정할 수 있지만 질(質)은 사람에 따라 다르게

판단할 수 있다는 점에서 주관적인 관점이 적용되었다고 볼 수 있다. (26)의 예가 질(質)을 나타내는 '위'의 쓰임을 보여준다.

(27) ㄱ. 공주 봉황산 위에는 수원지가 있습니다.
ㄴ. 그는 술에 취해서 그대로 침대 위에 쓰러졌다.
ㄷ. 머리 위로 기러기들이 날아갔다.

'위'가 공간의 의미를 나타낼 경우는 (27)의 ㄱ~ㄷ과 같은 세 가지의 유형이 있다. ㄱ은 사물의 윗부분을, ㄴ은 평평한 사물의 표면과 접촉된 공간, ㄷ은 사물과 분리된 공중을 의미한다. ㄴ과 ㄷ에서의 '위'의 공간적 의미가 각각 의미 전이를 거쳐 (28)의 ㄱ, ㄴ과 같은 용법으로 변화한 것으로 보인다.

(28) ㄱ. 인간의 품성은 선천적인 기초 위에 후천적 요소의 영향에 의하여 형성되는 것이다.
ㄴ. 며느리 된 도리만 다하면 되었지, 그 위에 또 무엇을 더해야 한단 말인가?

(28ㄱ)은 접촉된 공간의 의미가 은유의 기제에 의해 어떤 일에 반드시 필요한 기반이나 조건이라는 의미로 변화한 예이고 ㄴ은 분리된 공간의 의미가 기존의 대상 이외의 것이라는 의미로 옮겨간 예이다. 32의 예들은 모두 명사 상당어구와 함께 쓰이지 않으면 비문이 되는 의존성을 가지며 결합하는 조사도 '에'로 한정되어 있다. '[[NP 위]에]'의 구조에서 '[NP [위에]]'의 구조로 변화하는 과정으로 보이는데 이런 변화가 더 진행되어 '밖에'와 같이 조사로 문법화할 것인지의 여부는 더 지켜보아야 할 것이다. 다음은 '위'의 의미 변화 양상을 그림으로 나타낸 것이다.

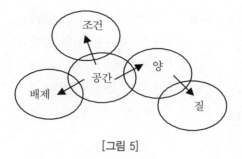

[그림 5]

2.5. '아래'의 의미 변화

(29) ㄱ. 그저 ·이 :가·개 아·래 안·자:셔 ·밥 먹·게 ᄒ·져(번역-상 40)

ㄴ. 아라 웃 고·리 :다 :업·다(번역-하 8)

ㄷ. ·곧 ·이 아·랫 :사·ᄅ·미 노·연 셤기·ᄂ : 道理어니ᄯᄂᆞ(번역-하 44)

(30) ㄱ. 그저 이 가개 아래 안자셔 밥 먹게 ᄒ쟈(언해-상 36)

ㄴ. 아래 웃 골이 다 업스니(언해-하 7)

ㄷ. 곳 이 아랫 사ᄅᆞᆷ의 官長 모시ᄂ 道理어니ᄯ녀(언해-하 4)

(31) ㄱ. 곳 이 가개 아러셔 안자 밥을 먹게 ᄒ라(중간-상 36)

ㄴ. 우 아러 골이 다 업스니(중간-하 8)

ㄷ. 맛치 아랫 사ᄅᆞᆷ의 官長을 뫼시ᄂ 道理니라(중간-하 43)

(32) ㄱ. 윗사람이 아래 직원을 감싸 줄 때 회사 분위기도 살아나고 일의
능률도 오른다.

ㄴ. 이것보다 좀더 아래인 물건을 보여 주세요.

(29)~(31)의 ㄱ, ㄴ과 같이 공간의 의미로 쓰이던 '아래'는 (29)~(31)의
ㄷ처럼 '지위가 낮음'을 의미하게 되었다. (32)는 현대 국어에서도 같은 의
미로 쓰임을 보이는 예이다.

'아래'는 의미적으로 대응되는 '위'와 전이의 방향을 공유한다. 우선 (33 ㄱ)에서 볼 수 있듯이 '시간적 순서'를 가리키는 용법이 있다. 이 때의 '아래'의 의미는 역시 명제가 실현되는 텍스트나 발화의 내용에 의존적이다. (33ㄴ)에서 '아래'는 발화 독립적으로 쓰여서 객관적인 시간의 선후 관계를 표현한다. 또 (34)에서의 '아래'는 (24)의 '위'처럼 나이를 상대적으로 말할 때 쓰인다.

(33) ㄱ. 그 원인은 일반적으로 아래의 두 가지로 생각할 수 있다.
ㄴ. 아래로 내려오면서 집안의 가업을 이어받겠다는 자손이 점점 줄었다.

(34) 그는 나보다 두세 살 아래였다.

(35) ㄱ. 세상엔 자선 사업이란 미명 아래 불우한 인생들을 도구처럼 이용하는 가짜들이 득실거린다.
ㄴ. 우리는 과학의 발전이라는 이름 아래 자연의 고마움을 배신하기 일쑤이다.

'아래'의 용법 중에 가장 의미 변화가 많이 진행된 것은 '조건, 환경'을 나타내는 (35)와 같은 쓰임이다. 반드시 명사 상당어구와 함께 쓰이며 대부분의 경우에 조사를 동반하지 않고 단독형으로 쓰인다. 물리적인 공간이 심리적인 공간으로 이동하면서 어떤 대상이나 사건의 영향력 아래에 있다는 의미가 조건이나 환경의 의미로 변화하였다.

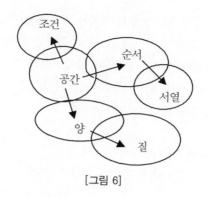

[그림 6]

　[그림 6]은 '아래'의 의미 변화 양상을 그림으로 나타낸 것인데 '위'의 [그림 5]와 매우 유사한 경향을 보인다.

2.6. '안'의 의미 변화

　(36) ㄱ. ·내 遼陽 ·잣 안·해·셔 :사노·라(번역-상 8)
　　　ㄴ. 내 遼陽 잣 안해셔 사노라(언해-상 7)
　　　ㄷ. 내 遼陽ㅅ 城 안히 이셔 사노라(중간-상 7)

　'안'은 (36)에서와 같은 공간의 의미를 꾸준히 유지하면서 의미의 분화를 거듭해 왔다. '안'은 어떤 경계의 안쪽을 의미하므로 이런 물리적 공간의 의미가 심리적 공간으로 확대되면 '폐쇄성'을 획득하게 된다. (37ㄱ)에서 '안'은 집에서 가장 폐쇄적인 공간인 '안방'을 의미하며 (37ㄴ)에서의 '안'은 바깥에서 공개적으로 활동하는 남편에 대응되는 의미로 '아내'를 뜻한다. (37)의 ㄱ, ㄴ 모두 공간적 의미의 영향으로 주로 조사 '에서'와 함께 어울려 쓰인다.

　(37) ㄱ. 안에서 어머니의 부르는 소리가 들렸다.

ㄴ. 살림은 안에서 알아서 하니 저는 잘 모릅니다.

한편 물리적인 공간에서 어떤 경계의 안쪽이라는 '안'의 의미는 '추상화'의 원리에 의해 '어떤 범위 내'라는 의미를 가지게 되고 나아가 시간의 범위를 나타내게 되었다. (38)이 그 예이다.

(38) ㄱ. 만 원 안에서 마음껏 시켜 먹어.
ㄴ. 이제 걸어가도 한 시간 안에 고향에 도착할 수 있다.

'안'의 의미 변화 양상을 모형으로 나타내면 [그림 7]과 같다.

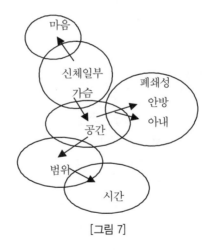

[그림 7]

2.7. '밖'의 의미 변화

'밖'은 문법화가 명확하게 진행된 공간 명사이다. 물리적 공간의 의미에서 종결어미와 같은 용법까지 다양한 '밖'의 문법화 현상을 논의해 보기로 한다.

(39) ·내 너 보·내·라 밧·끠 :가마(번역-하 7)

(40) ㄱ. 내 너 보내라 밧끠 가마(언해-하 6)

　　ㄴ. 물 썻 마몰라 혜여 덜온 밧끠 쏘 혀긔온 니쳔을 어들러라(언해-상
　　　12)

(41) ㄱ. 내 너롤 보내라 밧긔 공간 가쟈(중간-하 7)

　　ㄴ. 즈름 갑 셰 갑 삭 갑 더론 밧긔 쏘 피히 혀긔온 利錢을 어들러라
　　　(중간-상 12)

(39), (40ㄱ), (41ㄱ)에서와 같이 물리적 공간의 의미로 쓰이던 '밖'이 은유
의 기제를 통해 심리적 공간인 범위를 나타내게 된 예를 (40ㄴ), (41ㄴ)에서
볼 수 있다. (42)와 (43)의 예는 각각 현대 국어에서 '밖'이 물리적 공간과 심
리적 공간을 나타내는 쓰임을 보인다. 심리적 공간으로 의미가 전이되면서
구체적인 지시 대상이 없기 때문에 내부와 외부를 가르는 기준이 될 대상을
반드시 밝혀야 할 필요가 생겼다. 자립 명사였던 '밖'이 의미 변화와 함께
의존적 성격을 띠는 것은 자연스러운 변화라 하겠다. 그런데 같이 심리적
공간을 나타내기는 하지만 (40ㄴ), (41ㄴ)과 (43)은 성격이 다르다. (40ㄴ),
(41ㄴ)에서 '밖'은 관형절을 취하고 있으나 현대 국어에서는 같은 의미일 때
주로 명사구를 취한다. 또 현대 국어에서는 과거에 가능했던 (44)와 같은 문
장은 어색하다.

(42) ㄱ. 창문 밖이 희미하게 밝아 오고 있었다.

　　ㄴ. 콩팥에서는 몸 속의 찌꺼기를 걸러 몸밖으로 내보낸다.

　　ㄷ. 밖이 아무리 추운 날씨라고 해도 아랫목만 따스하면 그만이다.

(43) ㄱ. 전혀 예상 밖의 일이라 제가 좀 당황했나 봐요.

　　ㄴ. 민경이는 관심밖의 사안에 대해서는 전혀 신경을 안 쓴다.

(44) ㄱ. '세금과 일삯을 제외한 밖에 큰 이문을 남길 수 있다.

    ㄴ. [?]세금과 일삯 밖에 큰 이문을 남길 수 있다.

현대 국어에서 '밖'은 조사 결합이 '에'로 고정되면서 [[N 밖]에]에서 [N [밖에]]로의 재분석을 거쳐 '한정'의 의미를 나타내는 보조사로 자리를 잡게 된다. (45)가 그 예이다. 이 과정에 대해서는 박승윤(1997), 안주호(1997) 등에서 자세히 설명하고 있다. 화자가 심리적 공간 내부에 있는 개체를 제외한 나머지의 존재를 부정함으로써 의미상 부정적 서술을 요구하게 되고 이는 통사적으로 부정극어 현상을 초래했다는 것이다. 박승윤(1997)에서는 "밖(complement) + 에(head)" > 복합후치사(밖에) > 한정 조사(밖에)의 변화 과정을 상정하고 있다.

    (45) ㄱ. 한 달 쓸 여비밖에 없어요.
        ㄴ. 나중에 남는 건 자식 밖에 없어.

그런데 박승윤(1997)에서는 '밖에'가 한정 조사로 쓰여도 선행 명사에 붙여 쓸 수 없다고 하였으나 연세한국어사전(1998)에서는 다음과 같이 '밖에'를 기술하고 선행 명사에 붙여 쓰인 예만을 들어 놓았다.

밖에 <조사>
[체언이나 부사, 용언의 활용형 '-아서, -기' 따위에 붙여] '~ 이외에, ~ 말고는'의 뜻을 나타냄. [부정의 내용을 가진 문장에 쓰이어] 말하는 이가 이것에 대해 만족스럽게 생각하지 않음을 나타냄.
¶ 그 상황에서는 그렇게밖에 할 수 없었어./다 먹어 치우고 조금밖에 없어요. /그래 봐야 혼나기밖에 더 하겠냐?

'밖에'의 띄어쓰기에 대해 위와 같이 엇갈리는 논의가 있으므로 실제 언어 자료에서 '밖에'의 표기 분포를 살펴보기로 한다. 연세대학교 언어정보연구원에서 구축한 1990년대 이후 소설 말뭉치 1,000만 어절을 대상으로 하

여 '밖에'의 표기 분포를 조사해 보았다. '밖에'를 중심어로 하여 말뭉치를 검색하고 결과물을 범주와 표기에 따라 분석했다.

[표 1] '밖에'의 기능과 표기

표기 범주	선행 명사와 붙여 씀	선행 명사와 띄어 씀	합계
한정 조사	5243	453	5,650
명사 + 조사	572	894	1,513
합계	5,816	1,347	7,163

[표 1]을 보면 '밖에'가 한정 조사의 기능을 할 때 93%가 선행명사에 붙어서 쓰이는 것을 알 수 있다. 한정 조사로서의 '밖에'는 선행 명사와 붙여 쓰는 것이 지배적이라는 것을 알 수 있다. 그런데 현대 국어에 있어서 선행 명사와 붙여 쓰는지의 여부는 그 의미나 기능과 절대적인 관계에 있지 않다. 다시 말해, 선행 명사와 띄어 쓰더라도 한정 조사의 기능을 하는 경우가 있다는 것이다. [표 1]에 드러나는 결과는 인지·의미적 변화가 형태·통사적 변화에 선행한다는 Heine(1993)의 의견을 뒷받침한다. '밖에'의 한정 조사로서의 의미와 기능은 완전히 정착이 되었지만 형태·통사적인 변화는 인식 변화보다 속도가 느리다는 것이다. [표 1]을 보면 '밖에'의 쓰임 전체 중에 79%가 한정 조사로서 쓰인다. 이는 Heine(1994)의 문법화 원리 중 한 단어가 문법화 과정을 통해 문법소가 되면 내용어로서의 원래 쓰임보다 텍스트적 빈도가 높다는 '문법소의 고빈도' 경향성이 타당함을 지지하는 근거이다.

말뭉치를 분석한 결과로 '밖에'에는 '는', '도', '만' 등의 다른 보조사들과 자주 함께 쓰이는 것으로 드러났는데, '밖에'가 '한정'의 의미를 획득한 경우에는 '도', '만'과는 함께 쓰이지 않았다. '도'는 '밖에'의 '한정'의 의미와 대립되며, '만'은 '밖에'의 '한정'의 의미와 중복이 되기 때문에 이런 의미의 대립과 중복을 피하기 위한 것으로 해석할 수 있다.

'밖에'의 용법 중에는 아래 (46)과 같은 것도 있다.

> (46) ㄱ. 잘못했으니 비싼 값을 치러야 할밖에요.
> ㄴ. 우리 어머니시니 우리집에서 모실 밖에.
> ㄷ. 아는 게 없으니 아무짝에도 쓸모가 없을 수밖에요.
> ㄹ. 돈이 첫째 조건이 될 수 밖에 없었다.

(46)에서 '밖에'는 '다른 방법이 없음'의 의미를 나타낸다. 이 중 (46ㄱ)에 쓰인 '밖에'는 관형사형 어미 '-ㄹ'과 융합되어 '-ㄹ밖에'라는 종결어미를 형성했다. 그러나 ㄴ에서 ㄹ을 보면 알 수 있듯이 표기와 동반하는 어휘가 다양하므로 아직 문법화가 진행 중임을 알 수 있다. (46ㄱ)처럼 '-ㄹ밖에'의 뒤에 해체의 용언 종결 어미에 붙어 쓰이는 보조사 '-요'가 올 수 있다는 사실도 '-ㄹ밖에'라는 종결어미가 정착되었다는 근거로 들 수 있다. 비슷한 경로로 종결어미화한 것으로 '터'를 어원어로 갖는 '-ㄹ테니까', '-ㄹ테야', '-ㄹ텐데'와 '것'을 어원어로 갖는 '-ㄹ걸', '-ㄹ게' 등이 있다.

'밖'의 문법화를 도식으로 나타내면 다음과 같다. 원 안은 문법적 범주의 변화이다.

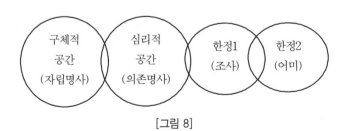

[그림 8]

3. 공간 명사의 의미 변화에 대한 통합적 고찰

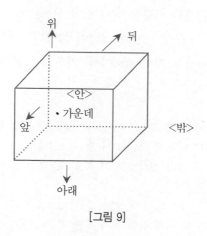

[그림 9]

2에서 살펴 본 관계 공간 명사들을 함께 나타내면 [그림 9]와 같다. 이 관계 공간 명사들은 구체적인 공간의 의미에서 추상적인 의미로 의미 변화를 일으켰다. 그런데 똑같이 구체적 공간의 의미에서 출발하여 추상적인 의미를 얻게 된 '지경, 동안' 등의 의존 명사와는 달리 기존의 구체적 공간의 의미가 소실되지 않고 여전히 넓은 분포를 차지하고 있다.

[그림 2~8]에서 알 수 있듯이 같은 의미 영역을 구성하는 관계 공간 명사들은 큰 흐름을 공유하면서 의미 변화의 과정을 거치고 있다. 2에서 논의한 한국어의 관계 공간 명사의 의미 영역 전이 양상을 정리하면 다음과 같다.

구체적 공간 > 심리적 공간[범위, 양] > 조건, 상황 > 원인 > 시간 > 질

위에서 정리한 의미 영역의 종류와 이동 방향은 머리말에서 언급한 바

있는 Heine(1991)과 맥을 같이 한다. 그런데 의미 영역 간의 이동은 분절적
이지 않고 연속적이므로 중간 단계에서 영역간의 중복(overlap) 현상이 나타
날 수 있다. 앞서 언급했던 예들을 다시 한번 살펴보기로 한다. 아래의 (4)과
(13)은 '앞'과 '뒤'의 공간과 시간의 개념이 중복되는 예이고, (6)은 조건과
원인의 의미가 중복됨을 보이며, (20)에서 '가운데'는 상황과 시간의 의미가
겹침을 나타낸다.

    (4) ㄱ. ·내 드·로·니 앏·픽 :길 어·렵·다 ·ᄒᆞᄂᆞ·다(번역-상 26)
        ㄴ. 내 드르니 앏픠 길히 머흐다 ᄒᆞ더라(언해-상 24)
        ㄷ. 내 드르니 앏히 길히 머흐러 사오나온(중간-상 24)

    (13) ㄱ. :둘·ᄒᆞ·란 ·ᄒᆞ·여 :뒤·혜 즘숭 모·라 오·게 ᄒᆞ·고(번역-)
        ㄴ. 둘ᄒᆞ로 ᄒᆞ여 뒤헤 즘싱 모라 오게 ᄒᆞ고(언해-)
        ㄷ. 둘로 ᄒᆞ여 뒤히셔 모라 오게 ᄒᆞ고(중간-)

    (6) ㄱ. 때때로 정치적인 현실 앞에 우리의 자유 정신은 좌절을 느끼게 된다.

    (20) ㄱ. 차이코프스키의 비창이 흐르는 가운데 그는 생각에 잠겼다.
        ㄴ. 피아노 소리가 울려퍼지는 가운데 신랑, 신부는 팔짱을 끼고 걸어
          나왔다.

    위에서 살펴본 의미 변화 과정에서의 '중복' 현상은 '환유' 및 '문맥적 재
해석의 기제'에 의한 것이며 '영역'의 이동은 '은유'의 기제에 의한 것이다.
    한국어 관계 공간 명사들의 의미 변화는 범언어적으로 나타나는 의미 영
역 전이의 양상과 일치한다. 개별 명사들의 의미가 구체적인 공간에서 추상
적인 시간이나 조건 등의 의미로 변화하면서 서로 달랐던 의미가 동일한 방
향으로 수렴되는 경향을 보인다. (47)~(50)의 예들은 각각 다른 공간의 의
미를 나타내던 명사들이 의미 변화 과정을 거쳐서 같은 의미를 나타내게 된
것들이다. (47)은 과거를, (48)은 미래를 의미하며, (49)는 조건이나 상황을

나타내고, (50)은 '이외'의 뜻을 가진다.

(47) ㄱ. 앞에서 사람은 정직해야 한다는 교훈을 얻을 수 있었다.
　　 ㄴ. 뒤를 돌아보면 참 후회되는 일이 많다.
　　 ㄷ. 위로 올라가면 우리 집안에도 높은 벼슬을 하신 분이 있었대.

(48) ㄱ. 한치 앞도 못 내다보는 혼란한 시국이다.
　　 ㄴ. 어쩔 수 없이 일을 뒤로 미뤄야겠구나.
　　 ㄷ. 아래로 내려오면서 집안의 가업을 이어받겠다는 자손이 점점 줄
　　　　었다.

(49) ㄱ. 정치적인 현실 앞에 우리의 자유 정신은 무너지고 있었다.
　　 ㄴ. 자유 수호라는 명목 아래 전쟁을 일으키는 것이 과연 정당한가?
　　 ㄷ. 그의 철학은 수학적인 논리의 바탕 위에 세워졌다.
　　 ㄹ. 사람들에 휩쓸려 정신이 없는 가운데 그는 딸의 손을 놓쳐 버렸다.

(50) ㄱ. 아버지로서 이 위에 더 해 줄 수 있는 것이 없어 미안하구나.
　　 ㄴ. 이 밖에 내가 또 도와 줄 일은 없니?

　한편 한국어 관계 공간 명사의 범주 변화 양상은 다음과 같이 표현할 수
있다.

> 자립 명사 > 의존 명사 > 조사 > 어미

　'밖'은 위의 모든 과정을 거쳐 어미로서의 용법까지 범주가 변화하여 문
법화가 진행되었다고 볼 수 있으나 나머지 공간 명사들은 의미 변화에 범주
의 명확한 이동을 포착할 수 없으므로 아직 문법화가 진행되었다고 보기는
힘들다. 다만 자립 명사로 쓰일 때에 ① [['명사' '공간 명사'] '조사']의 구
조를 가지던 공간 명사들이 의존성과 조사 결합의 제한성을 획득하여 의존

명사와 같이 쓰이면서 ② ['명사' ['공간 명사' '조사']]의 구조로 변화해 가는 경향은 뚜렷이 나타난다. '밖'과 같은 경우에는 조사로서의 쓰임까지 ②의 구조를 유지하다가 용언에 붙어 어미로 기능하게 되면서 [['용언 어간' '관형형 어미'] '공간 명사' '조사']에서 [['용언 어간' ['관형형 어미' '공간 명사' '조사']의 구조로 변화를 겪게 된다. 이러한 재분석은 언어 사용자들의 인지 방식의 변화로부터 유도되는 것으로 언어 형태의 구조적인 경계가 재설정되는 문법화의 중요한 기제이다.

4. 맺음말

지금까지 한국어의 관계 공간 명사들의 의미 변화에 대해 논의했다. 그 결과 한국어의 관계 공간 명사들은 범언어적인 경향에 따라 의미가 변화되어 왔고 또 현재에도 의미 변화의 과정에 놓여 있다는 것을 밝혀내었다.

이들은 구체적인 공간의 의미에서 추상적인 의미로의 전이 현상을 공통적으로 보였으며 적게는 의존 명사 범주까지 많게는 어미 범주까지 범주의 확장 전이가 이루어졌다. 한국어의 관계 공간 명사는 개별 명사에 따라 정도의 차이가 있지만 의미의 측면에서는 '구체적 공간>심리적 공간[범위, 양]>조건, 상황>원인>시간>질'의 변화를 보였다. 또 범주 이동의 측면에서 '밖'을 제외하고는 명확히 문법화가 진행된 어휘를 발견할 수 없었으나 의존적 용법과 조사 결합형의 고정성이 포착되었다.

말뭉치에서 발견된 두 가지의 의미로 해석이 가능한 예들은 의미 변화가 어떤 사건에 의해 갑자기 이루어지는 것이 아니라 점진적이고 연속적인 방식으로 이루어진다는 것을 보여 주었다. 이 연구에서 대상으로 삼은 관계 공간 명사들은 의미가 교체되어 변화하는 것이 아니라 기존의 의미를 지속적으로 유지하면서 의미의 영역을 확장해 가는 경향을 뚜렷하게 보였다.

　남은 과제는 이 연구에서 다루지 못했던 19세기의 개화기 자료를 추가로 분석하여 현대 국어로 넘어오는 과정에서의 의미 변화 양상을 세밀하게 밝혀내는 것이다. [그림 9]에서 표현한 존재론적 체계를 가지는 '전, 후, 상, 중, 하, 내, 외' 등의 한자어 관계 공간 명사들의 의미 변화를 분석하여 이 연구의 결과와 비교하는 것도 후행 과제라 하겠다.

참고문헌

구현정·이성하. 2001. "조건 표지에서 문장종결 표지로의 문법화", 「담화와 인지」 8-1.

국립국어연구원. 1999. 「표준국어대사전」, 두산 동아.

국어사자료연구회. 1995. 「譯註 飜譯老乞大」, 태학사.

김영황. 1994. 「중세어 사전」, 한국문화사.

김현정. 1997. "국어 명사의 문법화 과정 연구", 건국대학교 석사학위논문.

남광우. 1989. 「고어사전」, 일조각.

서상규 외. 2000. "기초 어휘 의미 빈도 사전 개발" 보고서, 문화관광부.

서상규. 1997. 「老乞大諺解 語彙索引」, 박이정.

서상규. 1997. 「飜譯老乞大 語彙索引」, 박이정.

서상규. 1997. 「重刊老乞大諺解 語彙索引」, 박이정.

서상규·한영균. 1999. 「국어정보학 입문」, 태학사.

안주호. 1997. 「한국어 명사의 문법화 현상 연구」, 한국문화사.

연세대 언어정보개발연구원. 1998. 「연세한국어사전」, 두산 동아.

유창돈. 1979. 「이조어사전」, 연세대출판부.

이상춘. 1949. 「조선옛말사전」, 을유문화사.

이성하. 1999. 「문법화의 이해」, 한국문화사.

정희준. 1949. 「조선고어사전」, 동방문화사.

최경봉. 1998. 「국어 명사의 의미 연구」, 태학사.

Bybee, John L., William Pagliuca, & Revere D. Perkins. 1994. *The Evolution of Grammar : Tense, Aspect, and Modality in the Languages of the World,* The University of Chicago Press

Cruse, D. A. 2000. *Meaning in Language,* Oxford University Press

Heine, Bernd. 1997. *Cognitive Foundations of Grammar,* Oxford University Press

Heine, Bernd, Ulrike Claudi, & Friederike Hünnemeyer. 1991. *Grammaticalization : A Conceptual Framework,* The University of Chicago Press

Hopper, Paul J., & Traugott, Elizabeth Closs. 2003. *Grammaticalization,* Cambridge University Press

Lakoff, George, & Mark Johnson. 1980. *Metaphors We Live By*, The University of Chicago
　　　Press

Traugott, Elizabeth Closs, & Ekkehard König. 1991. *The semantics-pragmatics of
　　　Grammaticalization revisited*, Traugott & Heine vol. 1

❙ 이 논문은 반교어문연구 21집(2006, 반교어문학회)에 게재된 논문을 재수록한 것입니다.

TV 광고 언어의 통합적 해석

채 완

1. 서론

광고 언어에 대해 국어 규범의 파괴나 외래어 남용이라는 꺼림칙한 시선을 거두고 중립적인 연구 자료로 다루기 시작한 것은 1990년대에 이르러서였다.[1] 이 무렵부터 광고 언어의 일반적 특성과 수사법, 표현 기법 등을 다룬 연구들이 발표되어 왔다. 그러나 광고 언어만의 독자성을 고려하지 않고 일반 언어 자료와 같은 방식으로 접근한 연구가 대부분으로서, 광고를 구성하는 언어 외적 요소들과 카피 언어의 상호 작용에 대해서는 충분히 논의되지 못한 것이 사실이다.

오늘날 광고의 주축을 담당하고 있는 TV 광고는 영상, 모델의 이미지와 캐릭터, 배경 음악과 같은 구성요소들이 카피 언어와 서로 보완하고 충돌하면서 메시지를 완성하고 강화한다. TV 광고에서는 여러 요소들이 메시지의 구성에 참여하기 때문에 언어뿐 아니라 그 언어가 사용되는 상황과 배경을 통합하여 메시지를 해석하는 것이 필수적이다.

TV 광고는 15초에서 30초 사이에 의도한 메시지의 송출과 해석이 전광

---

[1] 광고 언어에 대한 전반적 연구는 장경희(1992), 이현우(1998), 박영준·김정우(2004), 오창우(2006), 채완(2010) 등 참조.

석화처럼 이루어진다. 시청자, 곧 광고 수용자는 짧은 장면 속에 관련 정보와 배경지식을 입력하고 전제와 함축과 논리를 찾아내어 모든 상황을 종합하여 광고의 의미와 의도를 읽어낸다. 발신자의 입장에서는 '의미된 것' 속에 '의도'를 담기 위해 다양한 기법을 동원하며, 수신자의 입장에서는 '의미된 것' 속에 숨은 광고주의 '의도'를 해석하기 위해 지식과 논리를 총동원한다. 언어를 가능한 한 압축해서 작은 외연 속에 큰 내포를 담는 것이 광고 언어인 것이다.

본고는 TV 광고의 언어 요소에 초점을 맞추어 그 통합적 해석을 시도한다. 기존의 광고 관련 논문들은 대체로 전체적인 조망에 치우쳐 광고의 종류나 광고 상품과 관련된 통계, 또는 수사법 전반에 대한 논의에 그쳐 특정한 광고 한 편을 독립된 연구 대상으로서 세밀하게 분석한 연구가 드물다. 본고는 시점을 다소 달리 하여, 광고 한 편 한 편에 대한 세밀한 관찰과 분석의 축적이 한국 광고의 역사적 발전에 대한 연구나 광고 이론 전체에 기여하는 출발점이 될 수도 있다는 관점에서 논의를 전개하였다.

본고에서 다루는 자료들은 광고 포털인 'TVCF'[2]와 'Adwaple'[3]에 2010년 1월부터 2010년 7월 사이에 등록된 광고들이다. 같은 컨셉트의 광고가 멀티스폿(multi-spot)으로 여러 편 제작된 경우에는 광고의 제목이나 모델 이름으로 구별하였다.

2. 어휘·통사적 해석

짧은 언어 형식에 많은 내용을 담기 위해 가장 기본적으로 생각할 수 있는 기법은 중의적 표현이다. 이 기법은 하나의 언어 형식에 복수의 의미를

---

2) http://www.tvcf.co.kr/MovieK/List.asp
3) http://www.ad.co.kr/index.waple

대응시키는 면에서는 동음이의법(단어)이나 중의법(문장)이라고 할 수 있으나, 기존 어휘목록에 있는 의미가 아니라 자유롭게 해석된, 혹은 창조된 의미를 부여한다는 점에서 차이가 있다. 즉 '차'라는 단어를 적절한 문맥에서 '茶'와 '車'로 해석하는 것이 일반적인 동음이의법이라면,[4] 여기서 살펴볼 광고에서는 어휘사전에 없는 새로운 의미가 등장한다. 새롭게 해석된 의미는 언어 사회에서 통용되는 고정된 의미가 아니고, 해당 문맥 상황에서 창조된 의미다.

이러한 광고를 접한 시청자는 처음에는 자신의 어휘목록이나 문법지식에 따라 카피를 해석했다가, 곧 그것이 아니라 새로운 어휘 혹은 통사구조라는 것을 깨닫게 된다. 이때 기존의 사전적 의미는 새로 해석된 의미에 의해 치환되는 것이 아니라 새로운 의미와 중첩되어 광고 전체의 의미를 중의적으로 구성한다.

2.1. 단어 의미의 재해석

일상적 단어에 새로운 의미를 부여함으로써 낯섦에 의한 주의 집중 효과와 유머 효과를 동시에 충족시키는 기법이다. 은유의 경우가 그러하듯이 새롭게 부여된 의미가 사전적 의미와 거리가 멀고 예측하기 어려울수록 충격(impact)이 커져서 효과적이다. 그러나 새로운 의미는 나름대로 근거가 분명해서 공감을 얻을 수 있어야 한다. 전혀 예측하지 못했지만 듣고 보니 그럴듯한, 기발한 의미를 찾아내는 것이 관건이다.

---

4) 신한금융그룹(유재석, 강호동 편) 광고에서, 동음이의어인 (ㄱ)의 '車'와 (ㄴ)의 '茶'가 두 사람의 대화에서 서로 혼선을 일으키는 것이 일반적 동음이의어 활용 광고의 예다.
남1 : 제가 가족이 늘어서 좀 큰 걸 사려는데.
남2 : 음… 남향으로 사.
남1 : 그게 아니고 (ㄱ)차를…
남2 : 저, 요 (ㄴ)차 한잔 내와라.
남1 : 아니! (ㄱ)차 좀 싸게 사고 싶다구요.

    (1) OK SK('남편' 편)
        NA[5] : 시댁에 가면 어머니 편, 모임에선 친구 편, 야단칠 땐 애들 편
                늘 (ㄱ)<u>남의 편</u>[6]만 들어서 (ㄴ)<u>남편</u>이라 부르나 봅니다.
        NA : 하지만 마음만은 늘 (ㄷ)<u>내편</u>인 사람
        자막 : 당신이 행복입니다 OK! SK!

    (1)은 '남편'(=남성 배우자)이라는 단어를 '남의 편'이라는 의미로 재해석하였다. '남편'(男便)은 그 의미가 자명하기 때문에 다른 뜻이 있다는 생각을 해 본 사람이 거의 없을 것인데, 이 광고에서는 '남(他人)의 편'이라는 전혀 생각지 못한 의미를 찾아내었다. 광고에 제시된 상황들은 어떤 아내든 한번쯤은 겪었을 만한 장면들이어서 시청자들은 '아하! 그래서 '남편'이구나.' 하고 공감하게 된다. 여기까지는 '남편=남의 편'이라는 등식이 성립한다.
    그러나 남편의 마음만은 영원한 '내편'이라는 반전이 이어진다. 겉으로 보면 '남편'은 (ㄱ)이지만 '남편'의 마음속을 들여다보면 (ㄷ)이라는 것이다. 이처럼 사전 속에 고정된 의미가 새롭게 부여된 의미에 의해 대치(代置)되는 것이 아니라 상호작용하면서 의미 해석을 완성하는 것이 광고 언어의 묘미라 하겠다.
    광고에서 남편은 광고주(SK), 아내는 소비자를 은유하며, 무심한 듯하지만 마음만은 언제나 '내편'인 '남편'처럼 SK도 언제나 소비자 편이라는 메시지를 전달한다. 그리하여 [당신(=남편)=행복=OK=SK]라는 등식으로 광고 메시지가 마무리된다.

    (2) 청정원 마시는 홍초('직장인' 편)
        NA : 광속 승진 3대 요소 - 친화력, 순발력, 그리고 (ㄱ)<u>초능력</u>
        NA : 식초의 힘 (ㄴ)<u>초능력</u>

---

5) NA : 내레이션.
6) 이하 밑줄은 필자가 표시함.

(3) 청정원 마시는 홍초('학생' 편)

    NA : 공부의 신 3대 요소 – 암기력, 시력, 그리고 (ㄱ)<u>초능력</u>

    NA : 식초의 힘 (ㄴ)<u>초능력</u>

  (2), (3)에서는 '초능력'이 새로운 의미로 해석되었다. (2), (3)의 (ㄱ)은 상황이 주어지기 전에는 일차적으로 '超能力'이라는 사전적 의미로 이해된다. 그러나 '식초의 힘'이라는 내레이션이 이어지면서 동음이의인 '醋能力', 즉 '食醋의 能力'이라는 새로운 의미를 획득하게 되어, '醋(의)能力'이 직장인과 학생의 피로를 풀어 주어 '超能力'을 갖도록 만들어 준다는 핵심 메시지를 완성한다. 이때 '超能力'과 '醋能力'의 의미가 하나의 문맥 안에서 겹쳐지면서 '식초의 능력 → 醋能力 → 超能力'으로 의미가 확장된다.

  한편 '친화력, 순발력, 암기력, 시력, 초능력'이 각운으로 리듬감을 더해 주어 기억을 돕는 점은 (2), (3)을 더욱 광고 카피답게 만들어 주는 요소다.

2.2. 통사 구조의 재설정

  하나의 언어 형식에 대해 통상적인 구조 해석과 다른 통사 구조를 설정함으로써 새로운 의미를 이끌어 내기도 한다. 중의법을 활용한 점에서는 2.1.의 예들과 같지만 중의적 해석 사이에 통사 구조가 일치하지 않는다는 점에서 따로 다루었다. 이때도 새롭게 부여된 의미가 자연스럽고 주어진 상황에 들어맞아야 공감을 얻을 수 있다.

  (4) ABC MART(유재석 편)

    남1 : 유재석 씨, 왜 박수 치는 거예요?

    남2 : 대한민국 (ㄱ)<u>신</u> 나라고.

    NA : (ㄴ)<u>신</u> 나는 (ㄷ)<u>신</u>발쇼핑 ABC MART

    남2 : (ㄹ)<u>신</u> 나라, 신 나라.

(4)에서 (ㄱ)은 동사구 '신(이) 나다'의 활용형이다. (ㄹ)은 두 가지로 해석되어 하나는 '신 나다'의 명령형이고, 또 하나는 신발 파는 곳, 즉 '신(발의) 나라'다. 동사구 '신 나라'가 명사구 '신(발의) 나라'로 재해석된 것이다. (ㄴ), (ㄷ)은 이와 같은 중의적 해석을 뒷받침하기 위한 것이다.

'신나라(=신발의 나라)'라는 명사는 기존의 국어 어휘목록에 없는 새로운 단어다. 하나의 장면에 두 가지 의미가 중첩되면서 '신나라에서 신을 사면 신 날 것'이라는 메시지가 완성된다. 덧붙여 '신 나라, 신 나는, 신발'의 '신'이 두운으로 반복되면서 리듬감을 주어 '신 나는' 느낌이 강화된다.

(5) 포스트 콘푸라이트 애플 올리고('사과' 편)
    남 : 아침에 (ㄱ)<u>사과</u> 먹어주는 이 센스!
    여아 : 어! 내 미술 준비물. (ㄴ)<u>사과해 사과!</u>
    NA : (ㄱ)(ㄴ)<u>사과</u>가 필요한 아침 콘푸라이트 애플 (ㄷ)<u>올리고</u>

(5)에서 '사과'는 (ㄱ)에서는 명사 '沙果'이고 (ㄴ)에서는 '사과(謝過)하다'의 어근으로 사용되었다. 내레이션은 아빠가 사과를 먹어버렸으므로 미술 준비물로 쓸 새로운 '사과'와, 딸에게 미안하다는 '사과'가 다 필요한 아침이라는 의미다.

'사과'(沙果)와 '사과'(謝過)는 모두 사전에 등록되어 있으므로 재해석된 의미는 아니지만, 적절한 상황에 의해 전혀 관계없는 두 의미가 하나의 맥락 속에서 연관성을 갖게 되었다. '사과가 필요한'이란 짧은 말 속에 '沙果와 謝過가 필요한'이라는 의미가 응축되어 표현된 것이 이 카피의 핵심이다. 사과를 과일 형태로 먹어서 딸의 준비물을 망치지 말고, 사과가 포함되어 있는 광고 상품을 먹으라는, 그러면 謝過가 필요 없게 된다는 것이다. 의미가 다른 '사과'를 반복함으로써 광고를 흘려듣더라도 '사과'라는 말은 귀에 걸리도록 하였다.

(ㄷ)도 중의적이다. 하나는 명사 '올리고(당)'이고, 또 하나는 동사 '올리

다'의 활용형이다. '올리고'는 해당 상품에 설탕 대신 '올리고당'이 포함되어 있으며 그것이 상품의 품질을 '올리고' 있다는 메시지를 담고 있다. 여기서 소비자가 올리고당이 왜 좋으냐는 의문을 품을 가능성은 적다. 소비자는 그것이 품질을 '내리고' 있다면 굳이 광고를 통해 밝히지는 않을 것이라는 전제를 가지고 광고를 해석하기 때문이다.

3. 화용론적 해석

3.1. 광고의 대화 격률

일상 대화와 마찬가지로 광고에서도 화자(광고주)와 청자(소비자) 사이에 '대화 격률'[7]이 있어야 의사소통을 할 수 있다. 그러나 광고의 송수신에 적용되는 대화 격률은 일상어와 다소 차이가 있다. 화자 청자가 서로 말을 주고받는 일상 대화와 달리 광고의 메시지는 일방통행이기 때문이다. 광고 메시지는 매우 짧고 함축과 은유와 비약으로 가득 차 있지만, 시청자는 질문할 수가 없으므로 메시지의 빈칸을 시청자 자신의 논리와 지식으로 메워 넣는다.

본고에서는 광고 전략적 관점에서 광고주와 소비자 사이의 대화 격률은 다음 [표 1]과 같이 수립하였다. 비교를 위해 일상어의 대화 격률과 함께 보인다.[8]

---

7) Grice(1975)의 네 가지 대화 격률(maxim of conversation), 즉 양(Quantity)의 격률, 질(Quality)의 격률, 연관성(Relation)의 격률, 태도(Manner)의 격률. 이에 대한 자세한 설명은 심재기 외 (1984 : 178), 윤평현(2008 : 393) 참조.

8) 광고의 전략에 대해서는 채완(2010) 제1부 참조. '광고의 대화 격률'은 본고에서 처음으로 제시하는 것이다.

[표 1] 광고의 대화 격률

	일상어의 대화 격률	광고의 대화 격률
양의 격률	1. 대화의 목적에서 현재 필요한 만큼의 정보를 제공하라. 2. 필요 이상의 정보를 제공하지 말라.	1. (일상 대화와 같음) 2. 자사 제품뿐 아니라 경쟁사 제품도 똑같은 장점을 가지고 있다는 정보는 제공하지 말라.
질의 격률	1. 거짓이라고 믿는 것은 말하지 말라. 2. 적절한 증거가 없는 것은 말하지 말라.	1. (일상 대화와 같음) 2. 적절한 증거를 제시할 수 없을 때는 수용자가 이성적으로 따지지 않도록 감성적으로 접근하라.
관계의 격률	관련성이 있게 하라.	관련성이 없는 이미지나 사실이라도 연관시켜 주장하라. 관련성은 수용자가 추론을 통해 채워 넣는다.
태도의 격률	명료하고 정확하게 하라.	모호하게 하라. 수용자 스스로 모호함을 제거하게 함으로써 광고주의 주장을 수용자 자신의 생각으로 여기게 하라.

　양의 격률은 소비자(청자)가 아니라 광고주(화자)에게 필요한 만큼의 정보를 제공함을 의미한다. 예를 들어 선점 전략(Preemptive Strategy)은 자사 제품뿐 아니라 타사 제품도 이미 가지고 있는 장점을 제일 먼저 주장함으로써 마치 타사 제품에는 그러한 장점이 없는 것처럼 소비자를 오도하는 전략을 가리키는데, 타사 제품에도 같은 특성이 있다든지, 또는 자사 제품만 그렇게 만드는 것이 아니라는 정보를 제공하지 않음으로써 시청자 스스로 그릇된 추론을 하게 만드는 것이다. 예컨대 '콩 100%로 만든 식용유'라는 광고를 접한 소비자는 그것을 해당 제품만의 특장점으로 받아들인다. 그러나 광고가 거짓말을 한 것은 아니다. 광고하는 상품이 콩 100%로 만들어지는 것은 사실이며, 그것을 해당 상품만의 장점이라고 착각한 것은 소비자이기 때문이다.

　질의 격률에도 광고만의 특수성이 있다. 15초라는 짧은 시간에 주장에 대한 적절한 증거를 제시하기는 어렵고, 때로는 애당초 적절한 증거 자체를 제시할 수 없을 수도 있다. 그러한 경우 소비자가 광고주의 주장에 대한 근거를 따지려는 생각을 차단하기 위해 감성에 호소하는 광고를 만든다. '건강에 가장 좋고 맛이 제일 좋은 치킨' 같이 그 근거를 제시하기가 어려운 상품 광고에서 소비자의 눈길을 돌리기 위해 인기 연예인을 모델로 기용하는 것이 하나의 예가 될 것이다.

관계의 격률은 광고의 해석이 은유나 함축에 대한 추리 과정을 포함함을 의미한다. 소비자는 광고가 제시하는 언어적, 비언어적 정보들이 메시지와 관련성이 있다는 전제를 가지고 광고를 읽는다. 예컨대 김연아 선수가 광고하는 상품이 김연아와 아무 관련이 없는데도 불구하고 그 상품이 김연아만큼 훌륭하다는 암시를 수용한다. 무의식 속에서 김연아와 상품을 관련지었기 때문이다. 관련성을 설정할 뿐 아니라 긍정적인 관련성으로 해석한 것이다.

태도의 격률은 일상어의 경우와 반대로 적용되는 경우가 많다. 모호하고 부정확할수록 소비자가 해석할 몫이 커지기 때문이다. 형태주의 심리학(Gestalt psychology)의 관점에서 해석해 본다면 '전체는 그 부분들의 합과는 다르다.'(Goldstein 1996 : 188)고 말할 수 있다. 소비자는 광고의 표면에 드러난 정보만을 받아들이는 것이 아니라 주어진 정보의 조각들을 재구성한다. 광고의 언어와 영상 위에 일종의 '착각적 윤곽'을 덧붙여 메시지를 완성해 내는 것이다. [그림 1]에 물리적으로 실재하지 않는 윤곽을 덧붙여 정육면체가 여덟 개의 원반 위에 떠 있는 것으로 보는 것은 소비자의 눈이다.

[그림 1] 착각적 윤곽[9]

광고는 광고만의 대화 격률이 있기 때문에 수용자를 오도할 가능성이 있다. 광고 수용자는 일상 대화의 청자에 비해 '질의 격률'에 대한 믿음이 적을 것으로 생각하기 쉬우나 의외로 그 차이는 미미한 듯하다. 소비자는 광고의 주장을 100% 믿지는 않는다고 스스로 생각하면서도 구매 현장에서는 잘 만들어진 광고나 빅 모델이 던지는 지령에 따라 상품을 선택하며, 그러한 사실은 나날이 커지는 광고 시장이 방증해 주고 있다.

3.2. 함축

함축(implicature)이란 문장에 명시적으로 드러나지 않으면서 전달되는 의미를 가리키는 개념으로서, 특정한 단어에 늘 수반되는 상례적 함축(conventional implicature)과, 맥락에 의해 추론되는 대화상의 함축(conversational implicature)으로 나뉜다(심재기 외 1984 : 177). 광고는 짧은 시간에 많은 메시지를 전달하기 위해 함축적 표현을 즐겨 사용한다.

> (6) 투싼ix('왜 전화 안 받아?' 편)
> 자막 : (ㄱ)"왜 전화 안 받아?"10)
> (ㄴ)"누구랑 있었어?"
> (ㄷ)……
> (ㄹ)연락 안 되면 나 못 자는 거 알잖아.
> (ㅁ)기회는 많다. [#11) 요가를 하는 젊은 여성들]
> Time to Change
> NA : Sexy Utility Vehicle Tucsan ix

---

9) Bradley & Petry(1977), "Organizational Determinants of Subjective Contour : The Subjective Necker Cube", *American Journal of Psychology* 90. Goldstein(1996 : 189)에서 재인용함.
10) 문장부호까지 광고 화면 그대로 인용함.
11) '[#]'는 화면에 제시된 영상이나 장면을 표시함.

이 광고는 표면적으로 보면 애인으로 설정된 여자와 남자의 밀고 당기기이다. 대사가 모두 자막으로 처리된 것은 여자와 남자의 속마음을 표현하기 위한 기법이다.

(ㄱ)과 (ㄴ)은 여자의 말이다. 따옴표가 각각 붙은 것은 (ㄱ)과 (ㄴ)이 시간차를 두고 말해진 것을 의미하는데, 왜 전화를 안 받느냐는 내용으로 보아 문자 메시지임을 알 수 있다. (ㄱ), (ㄴ)으로 미루어보아 어젯밤 이후 남자와 연락이 닿지 않고 있으며, (ㄷ)으로 보아 남자는 전화뿐 아니라 문자 메시지에도 응답이 없음이 드러난다. 그것은 무엇을 의미할까?

(6)에서 남자와 여자의 관계를 함축하는 핵심 부분은 양의 격률을 어긴 (ㄷ)의 '침묵'이다. 무언가를 말함으로써 의도를 나타내는 것 못지않게 아무 것도 말하지 않음으로써 많은 의미와 의도를 담을 수 있음을 (ㄷ)은 보여 주고 있다. 남자는 대답을 할 수 있음에도 대답하지 않음으로써 자신의 거부 의사를 함축적으로 전달한 것이다.

여자가 원하는 대답이 무엇인지를 알면서도 대답하지 않는 남자의 의도를 해석하기 위해서는 추론이 필요하다. 남자는 여자가 듣기를 꺼리는 대답을 해야 하기 때문에 침묵하고 있다. 그리고 남자는 침묵의 의미를 여자가 어떻게 해석하든 그대로 둘 용의가 있다. 불가피한 사정이 있었으면 사실대로 말하면 되는데도 그러지 않았으며, 거짓말로 둘러대어 여자가 상처 받지 않도록 할 수도 있지만 그러지 않고 침묵함으로써 여자가 자신의 의도를 알아채기를 바라고 있다.

여자도 남자의 의도에 대한 자신의 판단을 명시적으로 드러내지 않는다. (ㄹ)에 따옴표가 없는 것은 그것이 문자 메시지나 전화를 통해 남자에게 전달된 말이 아니고 여자의 혼잣말 혹은 생각임을 나타낸다. 즉 남자가 자기를 거부한다는 마지막 판단은 짐짓 보류한 채, 자신의 문제인 (ㄹ)로 떠넘기고 있다. 마지막 파국을 막기 위한 퇴로를 남겨 둔 것이다. 혹시 나중에라도 남자가 이러저러한 변명을 했을 때 그 변명을 합리화하기 위한 여지는 남겨 두어야 하기 때문이다.

한편 영상은 여러 여자들이 몸매를 가꾸기 위해 요가를 하고 있는 장면을 보여 준다. 이 여자들은 지금의 '여자'를 대신할 수 있는 후보들로서, 남자가 지금 타고 있는 자동차(='여자')를 대신할 '새로운 자동차'를 은유한다. (ㅁ)은 남자가 지금의 자동차를 버리고 'Tucsan ix'로 바꾸게 될 것을 암시한다.

이 광고는 'SUV=Sports Utility Vehicle'을 'Sexy Utility Vehicle'로 한 단어를 바꿈으로써 '자동차=여자'라는 은유를 절묘하게 표현하고 있다. 남자가 그동안 타 왔던 자동차에 대해 가질 수 있는 일말의 미련을 이별을 앞둔 여자의 안타까운 마음으로 전환시켜 마치 자동차가 주인에게 버리지 말라고 호소하는 것처럼 재치 있게 나타냈고, 그럼에도 남자는 한 마디 말도 없이 여자를 떠난다는, 즉 자동차를 바꿀 것이라는 이야기를 짧은 장면 속에 응축시켜 표현하였다.

3.3. 모순

(7) 신한생명(천정명 편)
　　여(NA) : 천정명의 부드러움에
　　　　　힘 [# 헤라클레스]
　　　　　지혜를 더하면 [# 제갈공명]
　　남1(NA) : 세상에 없던 이상형
　　여(NA) : 보험에 신한 네트워크에 힘을 더하면
　　남1(NA) : 세상에 없던 (ㄴ)보험
　　남2 : (ㄱ)보험보다 큰 (ㄴ)보험

(7)은 (ㄱ)이 무엇을 지시하느냐에 따라 중의적으로 해석된다.

첫째, (ㄴ)과 동일 대상을 지시하는 경우 핵심 메시지인 '보험보다 큰 보험'은 모순율(矛盾律)에 의해 오류다. 모순율이란 어떤 명제와 그것의 부정이 동시에 참이 될 수 없다는 원리다. '갑은 갑인 동시에 갑이 아닐 수 없다.'는 원리로, 동일률(同一律)의 이면을 이른다. 어떤 사물이나 개념이 자기 자신보다 크다면 이미 그것은 자기 자신이 아니므로 '보험보다 큰 보험'은 모순이다.[12]

광고를 접한 시청자는 논리적으로 설명할 수 없을지라도 직관적으로 '보험보다 큰 보험'이 모순이라는 것을 안다. 그러면 오류인 것을 알면서도 왜 이런 광고를 낼까? 광고가 당연한 내용으로만 이루어질 경우 시청자는 귀를 기울이지 않고 그대로 흘려보낼 가능성이 크지만, 뭔가 이상하거나 거슬리는 내용은 시청자의 의식에 갈고리처럼 걸린다. '보험보다 큰 보험이 뭐야?' 하고 화면을 응시하거나 머리를 갸웃했다면 광고의 1차적 기능인 '주의 끌기'(attention)에 성공한 셈이다. 주의 끌기 단계를 놓쳐버리면 아예 메시지 자체가 전달될 수 없으므로 광고 제작자는 어떤 수단을 써서라도 주의를 끌기 위해 노력을 기울인다.

둘째, (ㄱ)과 (ㄴ)을 동일지시적이 아닌 것으로 해석할 수 있다. (ㄱ)과 (ㄴ) 앞에 다음과 같이 생략된 구문이 있는 것으로 상정하면 이 카피는 생략법을 사용한 비교 광고가 된다.

> 남1' : 세상에 없던 (새로운) 보험
> 남2' : (종래의 어떤) 보험보다 큰 (새로운) 보험

이 광고의 의도는 시청자가 위의 두 가지를 다 수용하여 중의적 의미로 받아들이기를 바라는 것이다. 시청자가 첫 번째 의미로 해석하여 '뭐지?' 하고 관심을 가진 후에, '아하!' 하고 두 번째 의미로 해석하게 되면 메시지 전달은 성공이다. 대화 격률에 의해 청자는 화자의 말이 이치에 어긋난다고 생각되더라도 뭔가 의미 있는 말을 하고 있을 것으로 받아들여, 그것을 던져버리지 않고 화자의 의도를 추론해 내기 때문이다.

---

12) 필연적 진리를 연역해 내는 사고의 법칙에 대해서는 Hospers(1988 : 237) 참조.

천정명과 헤라클레스와 제갈공명을 묶은 '이상형'은 보험 상품을 은유한 것이다. 이들이 시간과 공간상으로 너무 멀리 떨어져 있어 하나로 묶기 어렵듯이, 종래의 보험들에서는 하나로 묶기 어려웠던 장점들을 자사의 상품은 하나로 묶었다는 것이 광고의 핵심 메시지다.

3.4. 전제

화용론에서의 전제(presupposition)는 삼단논법에서의 전제(premise)와는 구별되는 개념으로서, 명제의 사실성이 처음부터 인정되어 참·거짓이 직접적인 논란의 대상이 되지 않는다. 문장에서 참·거짓을 문제 삼을 수 있는 부분은 주장(assertion)이다(심재기 외 1984 : 169). 광고에서도 다음과 같이 전제를 안고 가는 문장이 자주 사용된다.

> (8) 드빈치 치즈('무색소' 편)
> 여 : 치즈요? (ㄱ)노란 게 색소인지는 모르고 먹었어요.
>   (ㄴ)근데 가족이 생기니까 따져보게 되더라구요. 색소가 든 건 아닌지, 좋은 원료인지.
> NA : (ㄷ)무색소라야 7성급. 드빈치
> 여 : 치즈를 알면 드빈치

(ㄱ)은 짧은 문장이지만 다음과 같이 목적어절 안의 주어절이 다시 관형절을 안고 있는 구조다. 'Ø'는 탈락된 주어를 나타낸다. 각각의 내포문이 전제를 담고 있으며, 서술어인 '모르고'도 전제를 수반하는 동사로서 '노란 게 색소인지는'에 사실성을 부여한다. 모문 서술어 '모르고'를 부정해도('알고') 전제는 부정되지 않으며 여전히 치즈는 노랗고 그 노란색은 색소다. 즉 반론의 여지가 차단된다.

[Ø [[[Ø 노란] 게] 색소인지는] 모르고]
　전제 1 : '노란 게' → (시판되는) 치즈는 노랗다.
　전제 2 : '색소인지는' → 치즈의 노란 색은 색소다.

　이어지는 (ㄴ)에서, '따진다'는 것은 뭔가 문제가 있다는 뜻이므로 시청자
는 '색소는 나쁘다'는 판단에 도달하고, 광고주의 주장인 (ㄷ)으로 광고는
마무리된다. 광고가 던지는 전제들로부터 시청자가 스스로 추론하고 판단하
게 함으로써 시청자의 참여를 유도하고, 마지막에 광고주의 주장을 드러내
는 표현 기법인 것이다.

　(9) 닥터유 99바
　　NA : (ㄱ-1)왜 예뻐지려면 굶어야 할까?
　　　　(ㄱ-2)왜 과자가 여자의 적일까?
　　자막 : (ㄴ)닥터유, 과자로 영양을 설계하다.

　(9)에서는 부사 '왜'가 전제를 이끈다. '전제 1'과 '전제 3'을 관련성 있는
것으로 묶기 위해서는 '숨은 전제 2'가 있어야 하나 그 정도의 공백은 시청
자들이 채워 넣을 것으로 간주하고 논리를 전개한다.

　전제 1 : 예뻐지려면 굶어야 한다.
　(숨은) 전제 2 : 과자는 맛이 있기 때문에 안 먹을 수 없다.
　전제 3 : 과자는 여자의 적이다.

　이와 같은 전제들을 토대로 (9)가 주장하는 바는 (ㄴ)과 같다. 시청자들은
주장 1을 통해 숨은 주장 2, 3을 추론해 낸다.

　주장 1 : 닥터유는 과자로 영양을 설계하였다(=칼로리가 낮다).
　(숨은) 주장 2 : 굶지 않아도(=닥터유를 먹어도) 예뻐질 수 있다.
　(숨은) 주장 3 : 닥터유는 여자의 적이 아니다.

이 광고의 핵심 주장이자 결론은 '숨은 주장 2, 3'이다. 핵심 주장을 명료하게 카피 표면에 드러내는 대신 결론에 이르기 위한 발판인 '주장 1'만을 제시함으로써 시청자들로 하여금 스스로 모호함을 제거하도록 유도한다. 시청자는 '주장 1'을 토대로 '숨은 주장'들을 추론해 내어 '착각적 윤곽'([그림 1] 참조)을 덧붙임으로써 (ㄱ)의 전제를 정반대로 뒤집게 된다.

(ㄴ)을 내레이션이 아닌 자막으로 보여준 것은 시청자가 스스로 생각하게 만드는 장치다. 시청자는 소리를 듣는 대신 자막을 읽음으로써 자막의 내용을 내면화하여 자신의 생각으로 전환하며, 그러한 단계를 거쳐 '숨은 주장'을 추론해 낸다. 광고의 핵심 주장을 겉으로 드러내는 대신 시청자 스스로 추리해 내도록 함으로써 그것을 광고주의 생각이 아니라 시청자 자신의 생각처럼 만들어 버리는 기법이다.

3.5. 오류

(10) 현대자동차(김연아 편)
    여 : <u>최고</u>가 된다는 건 스스로 기대되는 것이다.
         누군가의 꿈이 되는 것이다.
         <u>미래</u>가 되는 것이다. [# 김연아의 스케이팅 장면]
    NA : (ㄱ)<u>최고는 우리 안에 있습니다.</u>

'최고는 우리 안에 있습니다.' 캠페인은 김연아를 모델로 2009년부터 계속되었는데 김연아가 동계 올림픽에서 명실상부하게 '최고'가 된 2010년에 광고의 효과가 극대화되었다. (10)은 '김연아＝최고＝꿈＝미래'라는 은유적 확장을 담고 있다. 이 광고의 핵심 메시지는 (ㄱ)이다. (ㄱ)은 시청자를 다음과 같은 추론적 해석으로 이끈다.

        김연아 = 최고
             최고 = 우리 안에 있다
                    우리 안에 있다 = 현대자동차
    ─────────────────────────────────────
      따라서, 김연아 = 최고 = 우리 안에 있다 = 현대자동차

  그러나 이 광고에 의해 유도된 결론은 논리의 비약이요 오류다. '김연아'
는 '최고'이고 '우리 안에 있'으나, 현대자동차는 '우리 안에 있'을 뿐 '최고'
라는 증거는 드러나 있지 않다. 이 광고는 주장에 대한 실증적 근거를 제시
하는 대신 최고의 자리에 오른 김연아에 대한 온 국민의 사랑에 소구하는
감성적 접근을 하고 있다. 앞서 [표 1]에서 보았듯이 광고의 대화 격률은 일
상어와는 차이가 있기 때문이다.
  논리적으로 따지면 '김연아'와 '현대자동차'가 '우리 안에 있다'라는 속성
을 공유하고 있다고 해서 '김연아'의 또 하나의 속성인 '최고'까지도 자동적
으로 공유하게 되는 것은 아니다. 이를 벤 다이어그램(Venn diagram)으로 나
타내면 [그림 2]와 같다. 그림에서 x는 A의 원소이므로 B의 원소이기도 하
나, y는 B의 원소이지만 B의 부분집합인 A의 원소일 수도 있고 집합 A의 B
에 관한 여집합의 원소일 수도 있다. 즉 '현대자동차'는 '최고'일 수도 있고
아닐 수도 있다. 논리적으로 옳지 않음에도 불구하고 수용자는 '김연아'와
'현대자동차'와 '최고'가 하나의 맥락에 제시되어 있다는 점에서 그 관련성
을 추론하여 '현대자동차=최고'라는 광고주의 암시에 이끌려 간다.

[그림 2] 김연아와 현대자동차의 관계

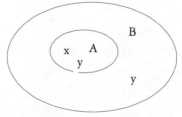

집합 B : 우리, 집합 A : 최고, 원소 x : 김연아, 원소 y : 현대자동차

이를 심리학적으로 해석하면 후광 효과(halo effect)에 해당된다. 후광 효과란 어떤 사물이나 사람의 부분적인 속성에서 받은 인상이 전체적인 평가에까지 일반화되어 적용되는 것을 가리킨다. 김연아가 피겨스케이팅에서 거둔 업적을 김연아의 모든 속성이나 행위에까지 적용하여 그가 광고(추천)하는 상품까지도 김연아의 스케이팅만큼 훌륭하리라고 암묵적으로 받아들이는 것이다. 광고 수용자는 상품의 속성과는 전혀 관계없는 톱스타의 이미지를 같은 인식 공간에 있는 상품에 대해서도 적용하여 상품의 품질을 유추하기 때문에, 역으로 모델이 어떤 이유로 이미지가 추락하면 상품의 이미지도 따라서 추락할 수 있다.

(11) 동원참치('참치가 육지에 살았다면?' 편)
  자막 : 놀라운 참치의 비밀
  NA : 참치가 육지에 살았다면?
    치타보다 빠르고 마라토너보다 오래 달리지 않았을까?
    (ㄱ)놀라운 참치의 스테미너
  남 : 스테미너?
    (ㄴ)아빠도 요즘 참치 먹었다. [# 아이를 등에 태우고 팔 굽혀펴기
      를 한다.]
  NA : 바다에서 온 건강

이 광고의 핵심 메시지는 참치가 스테미너가 좋으므로 그것을 먹은 사람도 스테미너가 좋아진다는 것이다. (11)의 주장을 논리적으로 구성해 보면 다음과 같다.

  전제 1 : 참치는 스테미너가 좋다.
  (숨은) 전제 2 : 스테미너가 좋은 음식을 먹으면 스테미너가 좋아진다.
  주장 1 : 참치를 먹으면 스테미너가 좋아진다.
  주장 2 : 참치는 건강식품이다.

참치가 힘이 좋다는 것은 물리적 속성이기 때문에 보여 줄 수 있으나, 먹은 음식 재료의 힘이 먹은 사람에게 그대로 전이된다는 것은 추상적, 심리적인 속성으로서 보여주기가 어렵다. 그리하여 실증적 근거를 제시하는 대신 가정적인 아빠의 영상을 보여줌으로써 감성적으로 접근하고 있다([표 1]의 '질의 격률' 참조).

이 광고는 전제부터가 오류일 가능성이 크다. '숨은 전제 2'는 사실이 아니거나, 또는 사실인지 아닌지 분명하지 않은 '가정'(假定)에 불과하다. 따라서 '숨은 전제 2'에 의해 도출된 '주장 1, 2'의 사실성도 보장받을 수 없다. 만일 이 텍스트가 광고가 아니었다면 명백한 오류이고, 광고의 관점에서 보아도 그릇된 추론을 이끄는 오도 광고라 할 수 있다. 그럼에도 불구하고 메시지 전달이 가능한 것은 시청자 스스로 관련성을 찾고 논리적 빈칸을 착각적 윤곽으로 채워 넣기 때문이다([그림 1] 참조).

4. 공감각적 해석

4.1. 시각화

TV 광고에서 언어와 영상은 상호 의존적이며 보완적이다. 영상은 시청자의 주목과 흥미를 이끌어 내고 상품의 내용을 보여 줌으로써 구매 욕구를 자극한다. 최근 광고를 보면 영상과 카피의 의미를 일치시키지 않고 다의, 혹은 동음이의 관계가 되도록 구성하는 것이 추세다. 영상과 언어가 일치하리라는 예상을 뒤엎음으로써 눈길을 끄는 것이다. 카피 언어의 본래 의미와 시각화된 영상 의미 사이의 관계에 상투성이 적고 의외성이 클수록 새롭게 설정된 관련성은 놀라움과 웃음을 준다. 그것은 기발하고 독창적인 은유의 발견과도 같다.

(12) KT Olleh('일요일' 편)

　　남아 : 누나! 왜 아빠는 일요일에 집에서 잠만 자?

　　여아 : 아빠들은 다 그래.

　　여 : '다 그래'를 뒤집어라. [# 얼룩말이 몸을 뒤집는다.]

〈컷 1. KT Olleh - '일요일' 편〉[13]

(13) KT olleh('세뱃돈' 편)

　　함께 : 새해 복 많이 받으세요.

　　여 : 저금! [# 엄마가 아이의 세뱃돈을 빼앗는다.]

　　남아 : 세뱃돈은 왜 엄마가 가져?

　　여 : 세뱃돈은 다 그래.

　　NA : '다 그래'를 뒤집어라. [# 장기판을 뒤집는다.]

　　남아 : 여기요. [# 남아가 저금통에 돈을 넣는다.]

　　KT는 "'다 그래'를 뒤집어라' 시리즈 광고들을 통해 고정관념이나 잘못된 관습을 뒤집자는 캠페인을 하면서 사물이나 동물이 뒤집어지는 영상을 연속적으로 보여주고 있다. (12)에서는 얼룩말이 몸을 뒤집는 영상을, (13)에서는 장기판을 뒤집는 영상을 보여줌으로써 카피 언어의 추상적 의미를 시각적으로 구체화하고 있다.[14] 이들 광고에서 얼룩말과 장기판은 '고정관념'을

---

13) 인용되는 컷들은 필자가 광고 영상에서 캡처한 것임.

14) KT는 2009년부터 '표범 편, 한석봉 편, 태견로봇 편, 유부남 편' 등 독특한 유머로 가득 찬 'olleh' 시리즈를 내보내 왔다.

은유한 것이다. 은유란 추상적이고 모호한 대상을 구체적이고 친근한 대상으로 바꾸어 표현하는 기법이다. (12), (13)을 은유적으로 해석하면 '고정관념은 얼룩말이다', '고정관념은 장기판이다', '따라서 뒤집을 수 있다'는 것이다. 그것이 무엇이 되었든 '뒤집어라', '바꿔라' 하는 메시지는 광고를 통해 분명하게 각인된다.[15] 광고 전체를 주의 깊게 보고 있지 않는 시청자에게도 얼룩말이 몸을 뒤집거나 장기판이 뒤집어지는 비일상적이고 파격적인 영상은 바로 눈에 들어오기 때문이다.

KT의 '뒤집어라' 정신은 광고 전체를 관통하고 있다. 'olleh' 자체가 'hello'를 뒤집은 조어다. 이 광고를 통해 소비자들이 종래 써 오던 브랜드를 버리고 KT를 선택하게 된다면 광고의 목적은 달성된 것이다.

(14) 삼성생명('안녕하세요' 1편)
　　CM Song : 안녕하시계 [# 시계]
　　　　　　안녕하랴 [# 말 타고 '이랴!' 하는 남자]
　　　　　　안녕하마 [# 하마]
　　　　　　안녕하쥬 [# 동물원; zoo]
　　　　　　안녕한감 [# 감(과일)]
　　　　　　안녕하구려 [# 방귀 뀌는 남자; 방귀 냄새]
　　　　　　안녕한걸 [# 아가씨들; girl]
　　　　　　안녕하면 [# 국수; 麵]
　　　　　　안녕하오 [# 중국인 인사 '好(하오)']
　　　　　　안녕하레도 [# 음계 레도]
　　　　　　모두모두 오래오래
　　　　　　안녕하세요

---

15) KT는 2010년 4월에 QOOK이라는 브랜드를 내놓으면서 화제를 모았다. '쿡'으로 읽히는 상표명이 티저 광고를 통해 소개되면서 궁금증을 불러일으켰는데, '쿡'은 이용자들이 각종 통신 서비스를 입맛대로 요리(cook)할 수 있다는 의미와, 버튼을 '쿡' 눌러 접속하는 소리 혹은 모양을 중의적으로 표현한다.
　　http://www.ad.co.kr/journal/news/show.do?ukey=80529 참조.

〈컷 2. 삼성생명 – '안녕하세요' 1편〉

(14)는 카피 언어와 애니메이션을 동음이의적으로 대응시켜 CM송으로 만든 유쾌한 광고다. '안녕하세요' 광고는 단어 하나를 변형시키는 것만으로도 얼마든지 인상적인 카피를 만들어낼 수 있다는 것을 보여준다.

카피의 내용은 '안녕하세요'의 어말 부분을 여러 가지로 변형시켜 나열한 것이다. 어말 형태의 변형만이라면 새로울 것이 없지만 개념적 의미가 없는 어미를 구체적 개념어에 대응시켜 시각적 이미지로 표현한 것이 이 광고를 특별하게 만들어 주었다. 본래 어미는 실질적 개념이 없으므로 시각적 이미지도 없다. 그런데 (14)에서 어말 부분을 구체적인 사물, 상태, 행위와 대응시켜 의외의 이미지를 찾아냈고, 이미지와 결합된 메시지는 더 잘 기억되고 환기되는 효과를 얻게 되었다. '시계, 감' 같은 단순한 이미지에서 그치지 않고, '안녕하구려'는 방귀 냄새, '안녕하랴'는 '이랴' 하며 말을 타는 사람의 모습, '안녕하오'는 '(니) 하오' 하며 인사하는 중국인의 모습과 대응시켰고, '안녕한걸'은 'girl'로 표현하여 대응어의 범주에 한계를 두지 않았다. 의미로는 '안녕하세요'의 동의 반복인데도 각각의 이미지로 인해 모두가 다른 메시지인 것처럼 느껴지고, 각 이미지의 기발함이 다음 장면은 무엇일까 하는 기대감과 함께 유쾌한 웃음을 준다.

'안녕하세요'는 주로 의문문으로 사용되는 형태로서 명령문이 될 수 없는 형용사지만 '모두모두 오래오래 안녕하세요.'는 명령문이다. 생명보험 회사는 고객이 모두모두 오래오래 안녕해야 수익이 난다. 생각해 보면 참 단순한 메시지인데도 재치 있는 표현으로 인해 생생한 전달력을 갖게 되었다.

(15) QOOK&SHOW('무료무선 인터넷' 편)
　　　NA : 무료 무선 인터넷 집에서만 된다구요?
　　　여 : 쿡앤쇼는 핸드폰으로 카페, 학교, 극장 다 되죠.
　　　NA : 무료 무선 인터넷이요?
　　　여 : 그럼요, 여기저기 다 된다구요.

〈컷 3. QOOK&SHOW - '무료무선 인터넷' 편〉

　이 광고는 추상적 개념을 짧은 시간에 전달하는 데 영상이 말보다 효과적임을 잘 보여 주고 있다. 어디서나 가능한 무료 무선 인터넷의 특성을 마술에 비유하여 마술사의 재빠른 손놀림으로 형상화하였다. 그런데 컵들을 이리저리 움직이고 있는 마술사는 팔이 없이 손만 있다. '팔 없는 손'은 '선 없는 인터넷'을 은유적으로 시각화한 것이며, 그 손으로 컵들을 이리저리 빠른 속도로 옮기는 행동은 빠르게 정보를 전달해 주는 '초고속 인터넷'을 시각화한 것이다.

(16) SK 텔레콤 알파라이징('흙과 씨앗' 편)

　　남 : 알파라이징은 무엇일까요? 힌트입니다.

　　　흙과 씨앗이 알파라이징하면? [# 꽃]

　　　나무와 실이 알파라이징하면? [# 바이올린]

　　　종이와 지식이 알파라이징하면? [# 책]

　　　개구리와 공주의 키스가 알파라이징하면? [# 왕자]

　　NA : 서로 다른 세상이 만나 +α 되는 세상을 만든다.

　(16)은 말로 묻고 영상으로 대답하는 형식으로 질문법을 구성하였다. 우선 '알파라이징(alpharising)'이라는 말 자체가 사전에 없는 신조어이므로 아무도 질문의 답을 알 수 없다. 그 답은 화면을 주시해야 알 수 있으므로 시청자는 궁금증으로 광고를 주시하게 된다. 시청자들이 '뭐지?' 하며 화면을 보고 나서 '아하!' 하고 수긍할 순간 내레이션이 '알파라이징'의 의미에 덧붙여진 '플러스 알파'라는 가치를 설명한다.16)

　질문에 대한 답으로 제시된 '꽃, 바이올린, 책, 왕자'는 각각 '자연(환경), 예술, 지식, 꿈(동화의 세계)'을 은유하여, 자연을 사랑하고 내면적 가치를 추구하며 여유로운 삶을 즐기고자 하는 웰빙 트렌드를 표현한다.17) SK 텔레콤과 소비자가 '알파라이징' 하면 그와 같은 가치를 창조할 수 있다는 것이 이 광고의 메시지다.

(17) 청정원('정원이의 Nude' 편)

　　자막 : 2010 정원이는 Nude

　　NA(여) : 먹는 것만큼은 안심할 수 있게 정원이가 다 보여 드릴게요.

---

16) '알파라이징'이라는 단어는 해당 광고 이외의 문맥에서도 사용되기 시작하여 광고의 성공을 방증하고 있다.

　　"한 광고에서 쓰인 알파라이징(alpharising)이라는 단어가 화제다. 알파라이징은 알파(alpha)와 라이징(rising)이 합쳐진 신조어로 서로 다른 것이 만나서 더 높은 효과를 낸다는 의미다." 출처 : [기사] '알파라이징' 운동복 궁금하지? http://www.ad.co.kr/journal/news/show.do?ukey=96615

17) 광고에 나타난 웰빙에 대해서는 김인영·허경호(2005) 참조.

〈컷 4. 청정원 – '정원이의 Nude' 편〉

(17)에서는 '청정원'이라는 상표명을 '정원이'라는 이름의 여성으로 의인화하고 그 여성을 다시 쌀알로 은유하였다. 가공 식품과 조미료, 건강식품을 생산하는 회사라는 다소 막연한 이미지를 '요리하는 여성'으로 구체화한 것이다. 일반적으로 살림에 익숙해 보이는 주부 분위기의 여성이 모델이 되어 왔던 식품 광고의 관행을 깨고 젊은 남성 모델(이승기)을 내세워 변화를 주었고, 모델이 젊은 남성이므로 '정원 씨'도 '어머니'나 '아내'가 아니라 '여자 친구'다.

'정원 씨'를 형상화한 쌀알이 껍질을 벗는 것은 '가식이나 꾸밈을 배제한다.', '제품의 재료를 솔직히 다 보여 준다.'는 의미다. 거리낌 없이 '옷을 벗는' 쌀알의 이미지를 통해 당당히 공개할 수 있는 좋은 재료만을 사용하겠다는 결의를 시각적으로 나타낸 것이다. 'Nude'라는 자극적인 단어로 시선을 끌고, 그 'Nude'가 사람이 아니라 쌀알의 누드라는 반전으로 웃음을 준다. 이 광고는 '숨김없이 솔직하다.'라는 다소 상투적일 수 있는 개념을 예상하지 못한 영상으로 표현함으로써 색다르게 전달하고 있다.

(18) IBK기업은행
　　여 : 행복한 세상을 열어가는 I
　　남 : 창조의 I [# Iphone]
　　남 : 혁신의 I [# Innovation]
　　남 : 사랑의 I [# I Love You]
　　남 : 열정의 I [# Idol]

　　남 : 희망의 I [# 귀엽고 통통한 '아이'가 행복하게 웃는 얼굴]
　　여 : 그리고 행복한 금융의 I
　　여 : IBK

　　(18)은 IBK의 첫 글자인 'I'를 반복함으로써 기업명을 부각시키는 광고다. 'I'로 시작하는 말과 영상을 나열하며 기업이 추구하는 이상을 제시하는데, 끝에 가서는 'I'를 우리말 동음어인 '아이'로 대응시키면서 통통하고 사랑스러운 아이의 웃는 얼굴을 화면 가득 실어 보낸다. 평균보다 통통한 아이의 이미지는 은행이 돈을 '불리는' 곳이라는 개념을 표현한다. TV 시청자들은 퍼레이드처럼 지나가는 광고를 주의 깊게 보지 않기 때문에 화면을 일일이 기억하지는 않지만, 마지막에 제시된 통통하고 복스러운 '아이'의 활짝 웃는 귀여운 모습은 잔상이 되어 이 광고의 이미지로 기억된다. 행복하게 웃는 아이의 모습은 '행복한 금융의 I, IBK'로 이어지며 '아이(I)'라는 동음의 반복과 함께 시청자의 기억 속에 IBK의 이미지로 각인된다.

　　이처럼 최근의 광고에서는 국어와 외국어, 또는 언어와 영상 간의 동음이의 관계를 효과적으로 활용하는 것이 추세다. 추상적 개념은 잔상을 남기기 힘들지만 구체적인 이미지, 특히 누구나 호감을 가질 수 있는 이미지는 쉽게 기억되고 환기되기 때문이다.

4.2. 청각화

　　(19) SK텔레콤 생각대로 T('1초 단위 요금' 편)
　　　　남1 : 에이구, 신입사원 홍안표 씨, 우리나라 이동통신사들이 1초 단위로 요금을 못 매기는 경제학적 이유는 뭐라고 생각하십니까?
　　　　남2 : <u>T는 해요.</u>
　　　　자막 : 한 마디로 1초 단위 요금
　　　　NA : 한마디로 1초 단위 요금
　　　　남1 : 진짜?

(20) SK 텔레콤 생각대로 T('한 마디로' - 신민아 편)
    자막 : 신민아 씨, 좋아하는 남자가 생기면 뭐라고 부르시겠어요?
    여 : 어이!
    NA : 한 마디로
    자막 : 한 마디로 말하자 우린 T니까

(19), (20)은 상품의 특장점을 '말의 길이'로 은유한 독특한 기법의 광고다. 청각적으로 표현한다고 하면 '특정한 소리'를 활용하는 것을 생각하기 쉬우나 여기서는 '말의 길이'가 핵심이다. '장황하고 긴 질문'과 '핵심을 짚는 짧은 대답'의 대비가 광고의 메시지를 촌철살인으로 표현한다. '긴 질문'은 다른 이동통신사에서 채택하고 있는 요금 단위 시간을 은유하고, '짧은 대답'은 SK텔레콤의 '1초 단위' 요금제를 은유한다. 음상이 아니라 '말의 길이'로 짧음을 표현한 기법이 신선하다. 경쟁 회사의 이런저런 특성을 은유하는 긴 질문은 번번이 '생각대로 T'를 대변하는 짧은 대답에 말문이 막힌다. '1초 단위' 요금이라는 한 마디가 다른 어떤 것보다 경쟁력이 있는 특장점이므로 'T는 해요.' 한 마디면 충분한 것이다. '한 마디로' 시리즈는 여러 편으로 제작되어 긴 질문과 짧은 대답의 다양한 장면을 유머러스하게 보여주었다. (20)은 여성미 넘치는 모델이 좋아하는 남자를 마치 남자처럼 '어이!' 하고 부른다는 반전을 보여준다. 여기서도 핵심은 '짧은 대답'이다.

(21) 롯데캐피탈('부장님이 딩동댕이다' 편)
    남1 : 어휴 이걸 보고서라고⋯. (ㄱ)녀 어휴, 이 정도는 눈 감고도 썼어!
    남2 : (ㄴ)밤 새도 이렇게 못 쓰셨잖아요. 너나 잘 하세요[18]
    NA : 나에겐 부장님이 (ㄷ)딩동댕이다.

---

18) '너나 잘 하세요'는 영화 '친절한 금자 씨'에 나오는 대사를 인용한 카피다. 위선적인 목사에게 통쾌한 한 마디를 날렸던 영화의 상황과 겹쳐져, 자신도 잘하지 못하면서 부하 직원을 비난하는 '남1'의 이중성을 폭로하여 웃음을 주고 있다. 이 광고는 많은 사람이 기억하는 명장면이나 대사를 적절히 인용함으로써 복잡한 상황을 간결하게 표현한 패러디 광고이기도 한다.

(21)에서 '딩동댕'은 퀴즈에서 정답을 맞히거나 노래자랑 따위에서 합격
했음을 알리는 실로폰 소리를 의성어로 표현한 것으로, '부장님이 정답이
다.'라는 의미를 간결하고도 유머러스하게 표현하고 있다. '남1'(선배 사원)
은 주인공을 난처하게 만드는 '상황'을, '남2'(부장님)는 어려운 상황을 단번
에 해결해 주는 '롯데캐피탈'을 은유한다. 그리하여 '롯데캐피탈이 딩동댕
(=정답)이다.'라는 결론으로 이끌어가는 광고다. '딩동댕 → 정답 → 부장님
(구원자) → 롯데캐피탈'로 이어지는 단계적 추론에 의해 롯데캐피탈은 어려
운 상황을 해결해 주는 구원자로 귀결된다.

(ㄴ)에서는 경어법 등급의 불일치가 핵심이다. '남2'가 '남1'의 상사이고
(ㄱ)으로 미루어보아 부하 직원에게 하대를 하는 분위기의 직장이므로 '남2'
역시 '남1'에게 하대를 할 것으로 기대되나, '남2'는 호칭어 '너'와 호응하지
도 않는 '쓰셨잖아요, 하세요'를 굳이 썼다. 이때의 경어는 거리감을 두려는
의도를 나타낸다. 부하를 꾸중하는 장면에 상사가 나타나서 그 부하를 감싸
는 것만 해도 당황스러운데, 그 상사가 평소와 달리 경어를 쓴다면 얼마나
몸 둘 바를 모를 일인가.

5. 결론

본고에서는 TV 광고를 구성하는 여러 요소들과 카피 언어의 상호 작용에
대하여 통합적인 해석을 시도하였다. 광고 전체를 큰 틀로써 조망하기보다
는 개별 광고들에 대한 세밀한 논의를 통해 광고 연구에 기여하고자 하는
의도에서 출발하였다. 논의된 내용은 다음과 같이 요약된다.

광고는 짧은 언어 속에 많은 내용을 담기 위해 중의적 표현을 즐겨 쓴다.
일상적인 단어를 기존의 어휘목록에 없는 새로운 의미로 재해석한다든지,
일차적인 해석과 다른 통사 구조를 부여하여 새로운 의미를 이끌어 낸다.

본고에서는 광고 언어의 특성에 맞는 '광고의 대화 격률'을 제시하였다. 광고 언어에는 일상 대화와는 다른 격률이 적용되며, 일상 언어와는 다른 방식으로 표현되고 해석된다. 언어 외적 요소 속에 함축을 숨기기도 하고, 화용론적 전제라든지 일상어에서는 허용되지 않는 모순어법 등을 통해 짧은 표현 속에 많은 의미를 담는다. 논리적인 비약이나 오류도 광고 언어에서는 폭넓게 허용된다. 상품에 대한 실증적, 이성적 정보 못지않게 감성적인 이미지 형성이 소비 태도를 결정할 수 있기 때문에 모델의 후광 효과와 같은 비이성적 요소도 중요한 구성 요소가 된다.

TV 광고에서는 언어 못지않게 영상의 역할이 크다. 언어와 시각 영상은 서로 다의, 혹은 동음이의 관계로 대응되면서 의외성과 기발함으로 주목을 끌고 이미지와 개념을 구체적으로 각인시킨다. 청각적으로 특정한 소리를 활용하는 데서 그치지 않고 '말의 길이'로 '짧은 시간'을 은유하는 것과 같은 새로운 기법도 시도되었다.

참고문헌

김완석. 1992. "광고 언어의 심리학-광고의 언어적 주장을 통한 소비자 오도 효과에 관해-", 「새국어생활」 2-2, 국립국어연구원, pp.35-49.

김인영 · 허경호. 2005. "웰빙 광고 담화에 나타난 설득적 특성", 「스피치와 커뮤니케이션」 4, 스피치와 커뮤니케이션학회, pp.33-56.

박영준 · 김정우. 2004. "광고 언어와 수사법-메시지 강조 기법을 중심으로-", 「어문논집」 49, 민족어문학회, pp.85-142.

심재기 · 이기용 · 이정민. 1984. 「의미론서설」, 집문당.

오창우. 2006. "상품 관여도 수준에 따른 광고텍스트의 구조적 특징 차이", 「언론과학연구」 6-4, 한국지역언론학회, pp.285-331.

윤평현. 2008. 「국어의미론」, 역락.

이현우. 1998. 「광고와 언어」, 커뮤니케이션북스.

임지원. 2005. "광고어의 함축과 그 추론 과정," 「어문연구」 49, 어문연구학회, pp.177-209.

장경희. 1992. "광고 언어의 유형과 특성," 「새국어생활」 2-2, 국립국어연구원, pp.65-80.

채완. 2010. 「광고와 상표명의 언어 연구」, 지식과교양.

Bradley & Petry. 1977. *Organizational Determinants of Subjective Contour : The Subjective Necker Cube. American Journal of Psychology* 90, pp.253-262.

Goldstein. E. B.. 1996. *Sensation & Perception 4th ed..* Thompson Brooks/Cole Publication. 「감각과 지각」. 정찬섭 외 옮김. 1999. 시그마프레스. 1999.

Grice, H. P.. 1975. "Logic and Conversation," ed. by Peter Cole & Jerry l. Morgan, *Syntax and Semantics : Speech Acts vol. 3*, 22-40, Academic Press.

Hospers, J.. 1988. *An Introduction to Philosophical Analysis, Prentice Hall.* 「철학적 분석 입문」, 이재훈 곽강제 옮김. 1997. 담론사.

애드와플 http://www.ad.co.kr/index.waple

오리콤 http://www.oricom.com/

TVCF http://www.tvcf.co.kr

| 이 논문은 한국어의미학 36집(2011, 한국어의미학회)에 게재된 논문을 재수록한 것입니다.

웃음의 의미론적 분석

윤 석 민

1. 시작하며

웃음은 인간의 고유한 특성이다. 동물에게도 웃는 소리와 동작이 있으나 인간의 경우처럼 다양하고 복잡한 양상을 드러내는 경우는 드물다. 인간의 웃음은 본능적인 감정 상태를 알리기도 하지만 그밖에도 다양한 사회, 문화적인 정보들을 전달하는 경우가 많기 때문이다. 그런데 이렇게 다양한 정보를 담고 있는 인간의 웃음은 언어를 통하여 표현될 때 비로소 공통된 인지 작용의 하나로 정착한다. 웃음 표현이 개인적인 차이를 중화시켜 그것에 어떤 정보가 담겨 있는지가 공통적으로 이해될 때 둘 사이의 의사소통이 가능해지기 때문이다. 달리 말하면 인간이 웃음을 나타내는 데 사용하는 언어 표현에는 그 공동체 안에서 구성원으로 살아가는 사람들이 웃음을 통해 공유하고 있는 다양한 특성들을 반영하고 있다고 말할 수 있다.

이 글에서는 한국어의 웃음과 관련된 상징어를 대상으로 그 의미 특성을 분석하려고 한다. 특히, 웃음 상징어를 분석하는데 필요한 의미 특성이 어떻게 한국인의 사회, 문화적인 특성과 관련되는지에 관심을 집중할 것이다. 필자는 졸고(2002)에서 한국어의 웃음 상징어들에 관여하는 여러 의미 특성들을 분석한 바 있는데 이곳에서는 거기서 논의된 의미 특성들을 바탕으로 그것이 한국인의 어떠한 특성을 반영하고 있는지를 살피려는 것이다.

한국어에는 웃음 상징어가 매우 많다. 이는 한국인이 그만큼 다양한 정보를 웃음에 담아 표현한다는 것을 의미한다. 그리고 이러한 다양성의 반영은 현재에도 매우 세밀하고 국지적으로 이루어져서 언어 사용자들에게 공통적으로 인지되지 못하는 경우도 있다. 그리하여 일상생활에서는 이미 사용되고 있더라도 아직 사전에 등재되지 못한, 임시어적인 성격의 것도 많고[1] 사전에 등재되었더라도 특정 사전에만 있고 다른 사전에는 등재되지 못한 경우도 많다.[2] 현재 우리가 이용할 수 있는 사전 가운데 웃음 상징어의 목록이 가장 충실하게 등재되어 있는 것은 국립국어연구원이[3] 편찬한 <표준국어대사전>(1999)이다. 여기에는 기존의 남한 사전에 실린 목록이 거의 수용되어 있을 뿐 아니라 북한 사전에 등재되어 있는 것들도 실려 있다. 그런데 북한어에는 우리와 다른 어문 규범을 적용함으로써 생긴 표기의 차이 때문에 서로 별도의 표제어로 등재된 경우도 많아[4] 이를 그대로 우리의 분석 대상으로 삼기에는 어려움이 많다. 따라서 이들을 제외하고 남한에서 사용하고 있는 것으로서 <표준국어대사전>에 등재된 웃음 상징어만을 대상으로 삼기로 한다. 이것만 해도 그 숫자가 202개에 이르는데[5] 이를 제시하면 아래와 같다.[6]

---

1) 특히 가상 공간에서 젊은이들을 중심으로 새로운 웃음 상징어들을 만들어 사용하는 경우를 쉽게 볼 수 있다. 예를 들어, "ㅋㅋ, 키키, 아햏햏, 우와하. 푸하" 등이 그러하다.

2) 금성판 <국어대사전>(1991)에는 "까르륵, 너털, 딱따그르르, 방시레, 뱅글, 벌씬, 상글, 새물" 등이 등재되지 않았고 한글학회 <우리말큰사전>(1992)에는 "까르륵, 너털, 딱따그르르, 뱅글, 벌큼벌큼, 비식, 빨씬 ; 생끗" 등이 등재되어 있지 않다.

3) 국립국어연구원은 2004년 11월 직제 개편으로 명칭이 국립국어원으로 바뀌었다.

4) 예를 들어 "발쪽"은 남한어에 "발쭉"은 북한어에 있는데 이들은 어문 규범의 차이에서 비롯된 표기의 차이이며 "깨득"과 "깨드득"은 모두 북한어인데 <표준국어대사전>에서는 이를 남한어의 규범에 따라 준말-본말의 관계로 보나 실제 북한의 사회과학출판사에서 펴낸 <조선말대사전>(1992)에는 이들이 별도의 웃음 상징어로 풀이되어 있다. 이러한 차이는 북한어의 풀이를 남한어의 경우와 동일하게 취급할 수 없음을 말하는 것이다.

5) 북한어를 포함하면 웃음 상징어의 목록은 총 261개가 된다.

6) 이 목록에는 이른바 첩어형 웃음 상징어는 제외하였다. 예를 들어 '까르르까르르'는 등재되어 있으나 그것은 '까르르'와 같은 의미를 지니며 단지 반복된 것으로 보아 숫자에 계산하지 않았다. 따라서 이들을 고려하면 한국어의 웃음 상징어 목록은 더욱 늘어날 것이다.

(1) 한국어의 웃음 상징어 목록(총202개)

까르르, 까르륵, 깔깔, 깰깰, 껄껄, 낄낄(6)

너털(1)[7]

딱다그르르(1)

발씬, 발쪽, 방그레, 방글, 방긋, 방끗, 방시레, 방실, 방싯, 배시시, 배식배식, 뱅그레, 뱅그레, 뱅글, 뱅긋, 뱅끗, 뱅시레, 뱅실, 뱅싯, 버룩버룩, 벌씬, 벌큼벌큼, 벙그레, 벙글, 벙긋, 벙끗, 벙시레, 벙실, 벙싯, 봉실, 봉싯, 비시시, 비식, 빙그레, 빙글, 빙긋, 빙끗, 빙시레, 빙실, 빙싯, 빨쪽, 빵그레, 빵글, 빵긋, 빵끗, 빵시레, 빵실, 빵싯, 뺑그레, 뺑글, 뺑긋, 뺑끗, 뺑시레, 뺑실, 뺑싯, 뻘쭉, 뻥그레, 뻥글, 뻥긋, 뻥끗, 뻥시레, 뻥실, 뻥싯, 삥그레, 삥글, 삥긋, 삥끗, 삥시레, 삥실, 삥싯(70)

상그레, 상글, 상글방글, 상긋, 상긋방긋, 상끗, 상끗방끗, 새물, 새새, 새실, 샐샐, 생그레, 생글, 생글방글, 생긋, 생긋방긋, 생긋뱅긋, 성글, 성글벙글, 성긋, 성긋벙긋, 시물새물, 시실, 실실, 싱그레, 싱글, 싱글벙글, 싱글빙글, 싱긋, 싱긋벙긋, 싱긋빙긋, 싱끗, 싱끗벙끗, 싱끗빙끗, 쌍그레, 쌍글, 쌍글빵글, 쌍긋, 쌍긋빵긋, 쌍끗, 쌍끗빵끗, 쌔물, 쌕, 쌩그레, 쌩글, 쌩글빵글, 쌩글뺑글, 쌩긋, 쌩긋빵긋, 쌩긋뺑긋, 쌩끗, 쌩끗빵끗, 쌩끗뺑끗, 썽그레, 썽글, 썽글뻥글, 썽긋, 썽긋뻥긋, 썽끗, 썽끗뻥끗, 씨물새물, 씩, 씽그레, 씽글, 씽글뻥글, 씽글삥글, 씽긋, 씽긋뻥긋, 씽끗뻥끗(69)

아하하, 앙글, 앙글방글, 앙실방실, 애해해, 어허허, 엉글, 엉글벙글, 에헤헤, 오호호, 와그르르, 와하하, 왁자그르, 왁자그르르, 왁작, 으하하, 으허허, 으흐흐, 이히히(18)

재그르르(1)

캐드득, 캐득, 캐들, 캘캘, 키드득, 키득, 키들, 킥, 킬킬(9)

그러나 여기서는 이들이 별도의 상징어는 아닌 것으로 보아 목록에서 제외하였다. 이들은 오히려 합성어 형성 가능성과 관련하여 논의될 대상이다. 다만 비록 첩어형 상징어라도 만약 그 어근형이 등재되어 있지 않으면 당연히 별도의 웃음 상징어로 보았다. 예를 들어 '깔깔'은 첩어형이지만 그 어근형인 '깔'이 없으므로 그 자체가 별도의 웃음 상징어로 처리되어야 할 것이다.

7) "너털"은 <표준국어대사전>에 단지 "'너털거리다'의 어근"으로만 기술되어 웃음 상징어로서의 용법은 없다. 오히려 "너털너털"이 웃음 상징어로 등재되어 있다. 그러나 합성어 '너털거리다'나 '너털대다'가 존재하므로 어근이 분석될 수 있는 것으로 보아 이를 대상으로 삼는다.

피, 피식, 픽(3)

하하, 해, 해들해들, 해발쪽, 해, 해죽, 허허, 헤, 헤실헤실, 헤헤, 호호,
활짝, 후후, 흐흐, 흥, 희희, 히, 히득히득, 히들히들, 히물히물, 히죽,
히죽해죽, 히쭉, 히쭉벌쭉, 히히(24)

2. 한국어 웃음 상징어의 의미 특성

위 (1)에 제시된 목록은 한국인이 웃음을 얼마나 다양한 방식으로 표현하
고 있는지를 단적으로 보여준다. 그토록 많은 수의 웃음 상징어가 존재한다
는 것은 그만큼 다양한 의미 특성을 반영한 결과일 것이기 때문이다. 그렇
다면 이 각각의 표현이 나타내는 의미 특성은 무엇일까? 그 특성은 실제 각
각의 웃음 상징어에 어떻게 반영되어 나타날까? 여기서는 이 문제에 대하여
논의하고자 한다. 이를 제대로 논의하려면 무엇보다 한국어 웃음 상징어 전
체에 관여하는 분화의 기준을 알아볼 필요가 있다. 이에 대하여는 이미 졸
고(2002)에서 자세하게 논의되었으므로 그 가운데서 본고의 논의와 관련되
는 것만을 가져와 제시하면 다음과 같다.8)

(2) 한국어 웃음 상징어의 의미 자질
    1) 주신성(主身性)/주구성(主口性)/주안성(主眼性)/주성성(主聲性)
    2) 일회성(一回性)/연속성(連續性), 지속성(持續性)/단속성(斷續性)
    3) 여성성(女性性), 아동성(兒童性), 집단성(集團性)
    4) 긍정성(肯定性)/부정성(否定性)

이제 이것을 중심으로 한국인이 웃음 상징어의 사용을 통하여 드러내고
자 하는 바가 무엇인지를 좀더 구체적으로 살펴보자.

---

8) 한국어의 웃음 상징어를 분류하는 의미 자질에는 이 밖에도 선명성(鮮明性), 대소성(大小性),
완급성(緩急性), 의성성(擬聲性) 등이 있다. 이에 대하여는 졸고(2002) 참조.

2.1. 어디를 보는가?

: 주신성(主身性)/주구성(主口性)/주안성(主眼性)/주성성(主聲性)

웃음은 양방적인 행위이다. 인간의 어떤 동작이나 행위가 웃음으로 인식되는 순간 웃는 동작의 주체는 상대방에 의해 인식 대상이 되는 것이며 동시에 웃음은 둘 사이에 어떤 공통된 정보를 교류하게 된다. 이것은 비록 웃는 동작의 주체와 인식의 주체가 동일해도 마찬가지이다. 어떤 이가 자신의 동작에 대하여 그것을 특정한 웃음으로 인식하였다면 그는 바로 그 순간 그 동작에 관여된 정보들을 인식하게 되었을 것이기 때문이다. 이처럼 웃음은 관련 동작이나 소리에 대한 인식 행위를 전제로 이해된다. 그런데 한국인들은 웃음과 관련하여 인식할 때 그 웃음을 신체의 특정 부위와 관련시켜 이해하는 경향이 있다.

첫째, 한국인들은 웃음을 인식할 때 '입'(口)에 관심을 집중시키는 경우가 있다. 웃음을 인식할 때 귀로는 소리를 듣지만 눈으로는 상대방의 모습을 관찰하게 되는데 이때 일차적인 관심을 입에 두는 경우가 있는 것이다. 웃음 상징어의 표현도 언어 표현인 것을 생각하면 일단 말이 이루어지는 신체 부위인 입에 관심을 두는 것은 당연한 것처럼 보인다. 한국어에서 이러한 관심을 반영하고 있는 웃음 상징어는 이른바 'ㅂ 계열'9)의 웃음 상징어이다. 다음의 뜻풀이들을 보자.10)(밑줄 필자. 이하 동.)

> (3) a. 방그레 튄 입만 예쁘게 조금 벌리고 소리 없이 보드랍게 웃는 모양.
> b. 배시시 튄 입을 조금 벌리고 소리 없이 가볍게 웃는 모양.
> c. 봉실 튄 소리 없이 조금 입을 벌리고 예쁘장하게 한 번 웃는 모양.
> d. 뺑싯 튄 입을 슬며시 벌릴 듯하면서 소리 없이 거볍고 온화하게 한

---

9) 'ㅂ 계열'은 'ㅂ'으로 시작하거나 'ㅃ', 'ㅍ'으로 시작하는 웃음 상징어를 모두 지칭한다. 조음 위치로 보면 이들은 모두 양순음(bilabial)에 해당하는 것으로 이곳의 '주구성'이란 바로 이 조음 위치에 주목한다는 것을 의미한다.

10) 이 글에 인용된 뜻풀이는 별도로 지정하지 않는 한 <표준국어대사전>의 뜻풀이이다.

번 웃는 모양.

　　e. 피식 🈚 입술을 힘없이 터뜨리며 싱겁게 한 번 웃을 때 나는 소리.
　　　 또는 그 모양.

위의 뜻풀이에는 모두 '입' 또는 '입술'이 보인다. 이는 한국인이 이 웃음 상징어를 통해 자신의 주된 관심이 얼굴, 그 중에서도 '입'에 집중하고 있음을 말한다. 이들은 모두 양순음(bilabial)인데 양순음은 입에서 조음되는 소리로서 사람의 관심을 입에 집중시키는 특성이 있다. 이러한 특성을 고려하여 '입'에 주된 관심을 보이는 의미 특성을 주구성(主口性)이라고 하여 보자.

둘째, '눈'(眼)에 관심을 집중하는 경우도 있다. 언어 사용자가 웃음을 이해할 때 관심을 두는 또 다른 부위는 '눈'이다. '입'이 벌어지는 것만큼은 아니더라도 웃는 동작은 입과 함께 눈 특히 눈초리[11]의 변화를 동반하기 때문이다. 이럴 경우 한국어의 웃음 상징어는 치조음(alveolar) 'ㅅ' 또는 'ㅆ'으로 시작되는 특성을 보인다.[12] 왜 하필이면 'ㅅ' 계열로 시작되는지에 대한 이유는 분명하지 않으나 적어도 한국어 화자들에게 'ㅅ' 계열로 시작되는 웃음 상징어는 '눈'이 변화하는 동작을 수반하는 것으로 이해된다. 다음의 뜻풀이가 그것을 뒷받침한다.

　　(4) a. 생글 🈚 눈과 입을 살며시 움직이며 소리 없이 정답게 웃는 모양.
　　　 b. 싱긋 🈚 눈과 입을 슬며시 움직이며 소리 없이 가볍게 웃는 모양.
　　　 c. 쌩 🈚 소리 없이 눈으로 얼른 한 번 웃는 모양.
　　　 d. 싱그레 🈚 눈과 입을 슬며시 움직이며 소리 없이 부드럽게 웃는 모양.

---

11) 흔히 '눈꼬리'라고 쓰는데 이는 '눈초리'의 잘못이다.
12) 'ㅅ' 계열의 웃음 상징어는 두음이 'ㅅ' 또는 'ㅆ'으로 시작되는데 앞의 'ㅂ'계열이 평음, 경음 외에 유기음으로 시작되는 웃음 상징어가 있다는 것과 대비된다. 이는 본질적으로 국어의 'ㅅ' 계열이 경음을 갖지 않는 것에서 비롯되는 것이라고 할 수도 있지만 'ㅅ' 계열이 의태어만 있고 의성어가 없는 점과도 관련되는 것 같다. 동작이나 소리 하나만이 관여하는 분류보다 이 둘이 모두 관여되는 웃음 상징어들은 좀더 다양한 분류가 필요할 것이라고 생각되기 때문이다. 아래 의성어만 있는 'ㄱ' 계열과 'ㅎ' 계열이 경음이나 유기음만 이용하는 것도 바로 그런 이유일 것이다.

위 예의 뜻풀이에는 모두 '눈'이 관련되어 있다.[13] 이는 이 웃음 상징어가 한국인에게 눈과 관련되어 있음을 의미한다. '눈'과 함께 '입'이 풀이에 관여하고 있는데 이는 '입'이 웃음과 관련하여 가장 일차적인 관심 대상일 것이라는 앞에서의 주장을 더욱 뒷받침하는 것이라고 생각된다. 이처럼 '눈'에 관심을 보이는 웃음 상징어의 특성을 '주안성(主眼性)'이라고 부르자.

셋째, '눈'이나 '입'이 아닌 몸 그 자체의 움직임에 주목하는 경우가 있다. 이는 웃음의 강도가 더욱 커서 그것에 대한 인지 과정으로 얼굴의 특정 부위를 주목하기도 전에 먼저 또 다른 신체의 일부분 — 이때는 주로 동작이 커서 주목하기 쉬운 신체 부위 또는 그 동작인 경우가 많다 — 을 주목하게 되는 경우이다. 이러한 경우를 나타내는 한국어의 웃음 상징어는 대부분 'ㄱ' 계열로 시작한다. 'ㄱ' 계열이란 연구개음(velar)인 'ㄲ'이나 'ㅋ'으로 시작되는 웃음 상징어를 말하는데 이들이 사용되는 예들은 대부분 웃음에 동반되는 동작이 크고 강한 경우가 대부분이다.[14] 다음의 예를 보자.

(5) a. 재미있어 죽겠는지 박 선생은 손바닥으로 입을 가리고 깔깔 웃었다.
      <윤흥길, 묵시의 바다>
   b. 얼굴을 가리고 낄낄 웃다.<표준국어대사전>
   c. 참으려 해도 터지는 웃음 때문에 세 아낙네는 마구 키들거리며 서
      로 옆구리를 쿡쿡 찌르고 야단이다.<김춘복, 쌈짓골>
   d. 아랫방 쪽은 잠잠해져 있었고 윗방 쪽에선 계집애들이 서로 간지럼
      태우는 것처럼 킬킬대는 소리가 났다.<박완서, 오만과 몽상>

위 예들의 밑줄친 부분들은 웃음 상징어 또는 그 합성어가 나타내는 웃

---

13) 'ㅅ' 계열 웃음 상징어 가운데는 '눈'과 관련 없는 뜻풀이를 가지는 것도 있다. '새물, 새
   새, 새실, 샐샐, 시물새물, 시실, 실실, 쌔물, 씨물쌔물, 씩'이 그것이다. 이 가운데 '새물,
   시물새물, 쌔물, 씨물쌔물'은 '입술'과 관련되어 풀이되어 있으나 나머지는 특정 신체 부
   위와 관련된 풀이가 보이지 않는다. 이들은 '눈'에 주목하는 정도가 미약하여 대표적인
   관심의 대상인 '입'과 관련되어 풀이되거나(전자) 아예 다른 의미 특성을 부각시킨 것으로
   생각된다.(후자)
14) 정작 'ㄱ'으로 시작되는 웃음 상징어가 없는 것은 이 계열이 상대적으로 큰 동작과 소리
   로 유표성이 큰 웃음을 드러내는 경향 때문이라고 생각된다.

음소리에 동반되는 동작인데 모두 웃음의 강도가 세다는 사실을 알려주는 기능을 하고 있다. 우리가 이 계열의 웃음 상징어와 함께 '배꼽을 쥐고' 또는 '어깨를 들썩이며' 등의 동작 표현들을 자주 사용하는 것을 생각하면 이 계열의 특성을 쉽게 이해할 수 있다. 얼굴의 특정 부위보다는 신체의 동작에 주목하는 이러한 특성을 '주신성(主身性)'이라고 불러 보자.

넷째, 얼굴이나 신체의 동작과 무관한 경우도 있다. 이는 웃음에 동반되는 특정 동작이 없다는 것을 의미하는 것이 아니라 언어 사용자가 그러한 동작보다는 웃음소리 그 자체에 관심을 집중하고 있는 경우를 말한다. 이 경우에 한국어 화자들은 'ㅎ' 계열의 웃음 상징어를 선택한다. 'ㅎ' 계열 웃음 상징어에는 'ㅎ'으로 시작하는 '하하, 헤헤, 호호, 히히' 등뿐만 아니라 '으하하, 에헤헤, 오호호, 이히히'처럼 모음으로 시작되는 경우도 포함된다. 후자의 경우 시작 모음이 뒤에 이어지는 음절의 모음과 동일한데 이는 'ㅎ'으로 시작되는 것과 비교하여 볼 때 웃음소리가 점점 명확해진다는 특성을 부가할 뿐 웃음소리 그 자체에 주목한다는 점에서는 전자와 차이가 없다. 특정 동작이 아니라 웃음소리 그 자체에 주목한다는 점에서 이 계열은 가장 무표적인 웃음 상징어라고 말할 수 있다.[15] 이러한 의미 특성을 '주성성(主聲性)'이라고 부를 수 있다.

한편, 'ㅎ' 계열의 의태어도 비슷하게 설명할 수 있다. '히죽, 헤죽, 해발쪽, 헤실헤실' 등의 의태어들은 각각 특정 신체 부위의 동작에 주목하기보다는 이것이 웃는 동작이라는 사실에 주목하는 것이다. 그리하여 이들은 어두의 'ㅎ'을 제외한 나머지 부분의 특성이 웃는 동작으로 나타나고 있음을 드러내주고 있을 뿐이다. 예를 들어 '히죽'은 'ㅎ'을 제외한 '이죽'의 동작이 웃음과 관련하여 실현되고 있음을 알려 준다. 나머지 경우도 마찬가지이다. '해발쪽'과 '헤실헤실'은 각각 '발쪽'과 '실실'이 웃는 동작임을 드러내 주는

---

15) 이러한 특성 때문에 이러한 웃음 상징어는 동작과 관련 없이 특정 부류의 대표적인 웃음 소리로 생각되는 특성이 있다. 예를 들어 '하하'는 남성의 대표적인 웃음, '호호'는 여성의 대표적인 웃음 등이 그것이다.

것으로 생각된다.[16] 그렇다면 이러한 의미 특성을 '주성성(主聲性)'에 비추어 '주태성(主態性)'이라고 부를 수 있다.

지금까지 살펴본 한국어 웃음 상징어의 의미 특성은 모두 시작되는 소리, 즉 어두음(語頭音)과 관련되는 것이었다. 그렇다면 이제 한국인은 웃음소리나 동작이 어떤 신체적 부위와 관련되는지를 반영하기 위하여 특정 계열로 시작하는 소리를 선택한다고 말할 수 있을 것이다. 즉 웃음의 가장 일반적인 동작 부위인 '입'을 주목하도록 하기 위해서는 'ㅂ' 계열, '입'과 함께 '눈'의 동작에 주목하도록 하기 위해서는 'ㅅ' 계열, '입'이나 '눈'보다는 더 큰 신체적인 동작이 수반됨을 드러내기 위해서는 'ㄱ' 계열로 시작되는 웃음 상징어를 사용하며 특정의 움직임이 아니라 소리 그 자체나 웃는 동작임을 드러내기 위해서는 'ㅎ' 계열로 시작하는 웃음 상징어를 사용한다고 말할 수 있다.

2.2. 얼마나 긴가?
: 일회성(一回性)/연속성(連續性), 지속성(持續性)/단속성(斷續性)

한국어의 웃음 상징어가 담고 있는 정보에는 웃음의 길이와 관련된 것도 있다. 웃음이 인간의 내면에 들어있는 기쁨의 감정을 외적으로 드러내는 것이라면 그 기쁨의 크기에 비례하여 웃음도 길어질 것이 예상된다. 이와 같은 특성은 한국어의 웃음 상징어에서 특히 어말음(語末音)의 특성에 반영되어 나타난다. 한국어의 웃음 상징어를 어말음을 기준으로 분류해 보면 다음과 같다.

---

16) 'ㅎ' 계열 가운데 "활짝 웃는 얼굴" 등에 보이는 '활짝'은 비교의 대상을 찾기 어렵다. 그러나 이것은 모음을 부가하여 만든 다른 의태어와는 달리 '활짝 핀 꽃, 활짝 개인 하늘, 활짝 열린 문' 등에서 사용되던 것이 웃음에까지 확장된 것으로 생각된다. 따라서 웃는 동작을 모방한 웃음 상징어가 아니라는 점에서 비교의 대상을 찾을 수 없는 것이 당연하다고 하겠다.

(6) 어말음에 따른 웃음 상징어의 분류
   a. 모음 계열 : 까르르, 배시시, 빙그레, 하하, 히히 등
   b. '르' 계열 : 깔깔, 껄껄, 낄낄, 방글, 싱글, 키들 등
   c. 폐쇄음(ㄱ,ㅅ) 계열 : 까르륵, 방긋, 키득, 피식, 히죽 등

위와 같은 분류는 한국어의 음성 상징어가 특정 계열의 음운으로 끝나고 있음을 의미한다. 이는 마치 시작할 때의 음운이 제한적이었던 앞(2.1)의 경우와 같다. 그렇다면 특정 계열의 소리로 시작됨으로써 어떤 것에 주목하는지를 나타냈듯이 어떤 소리로 끝나느냐 하는 것도 무엇인가 한국인의 인식 정보를 반영하고 있을 것이다. 그것은 웃음의 길이와 관련된 것으로 생각되는데 모음 계열의 경우 웃음이 일정 기간 동안 끝나지 않고 지속적으로 이루어지는 것을 나타내는 반면 폐쇄음인 'ㄱ'이나 'ㅅ'[17]으로 끝나는 경우는 웃음소리나 동작이 일회적으로 완결되는 특성을 보인다. 이러한 특성을 각각 일회성(一回性)과 연속성(連續性)이라고 불러 보자. 그런데 이러한 특성은, 모음이 어떤 장애도 받지 않고 낼 수 있는 소리인데 반하여 'ㄱ'과 'ㅅ'은 특정 조음 위치에서 장애를 받아 숨이 폐쇄되는 소리라는 음운론적 특성과 일치하는 것으로 보인다. 그래서 (6a)에 속하는 웃음 상징어는 '연이어' 또는 '계속하여'와 같은 뜻풀이를 가지고 있으며 (6c)에 속하는 웃음 상징어는 '한 번' 또는 '끊기어 나는' 등의 뜻풀이를 가지는 것이 보통이다. 이에 비하여 (6b)의 경우는 어말이 '르'로 끝나 모음보다는 그 지속성이 떨어지지만 여전히 웃음소리나 동작은 이어지는 특성을 보인다. 웃음소리나 동작을 완결시키려 하지만 제어하지 못하고 소리가 새어나오거나 동작이 이어지는 것을 의미한다. 이는 한국어의 유음 '르'이 내쉬는 숨을 완전히 막지 못하고 혀 양쪽으로 흘려보내는 음운론적 특성을 가지는 것과 일치하는 것이다. 그러나 어말의 '르'은 모음으로 끝나는 것에 비하면 그 제어 정도는 더 높다고 할 수 있다. 그리하여 비록 폐쇄음의 경우보다는 약하지만 웃음소리나

---

17) 'ㅅ'은 원래 마찰음이지만 이곳의 경우 음절말에서의 실현이므로 실제로는 [ㄷ]으로 발음된다. 음절말 위치에서 대표음화하기 때문이다. 결국 폐쇄음으로 발음되는 것이다.

동작을 제어하기도 한다. 이 계열에 속한 웃음 상징어의 아래 뜻풀이를 참
조하여 보자.

(7) a. 깔깔 閉 되바라진 목소리로 못 참을 듯이 웃는 소리.
b. 껄껄 閉 매우 시원스럽고 우렁찬 목소리로 못 참을 듯이 웃는 소리.
c. 방글 閉 입을 조금 벌리고 소리 없이 귀엽고 보드랍게 한 번 웃는
모양.
d. 싱글 閉 눈과 입을 슬며시 움직이며 소리 없이 정답게 웃는 모양.
e. 키들키들 閉 웃음을 걷잡지 못하여 입속으로 자꾸 웃는 소리. 또는
그 모양.

(7a, b, e)의 경우는 의성어의 경우인데 밑줄친 부분은 이들이 웃음을 제
어하고자 했지만 결국 새어나오는 웃음소리라는 사실을 보여준다. 그러나
의태어인 (7c, d)의 뜻풀이는 이 웃음 상징어들이 동작이 완결되기는 하지만
동작의 경계가 불분명한 경우에 사용되는 것임을 보여 준다. '한 번'이 동작
의 완결을 나타내는 반면 '보드랍게' 또는 '정답게'라는 기술은 이 동작의
경계가 모호하다는 것을 나타내는 것이다.18)

한편, 웃음소리나 동작의 일회성 및 연속성 문제와 관련하여 한 가지 더
고려할 것은 웃음 상징어의 합성어 형성 가능성이다. 아래는 웃음 상징어를
합성어 형성 가능성에 따라 분류한 것이다.

(8) 합성어 형성 가능성에 따른 웃음 상징어의 분류
a. 합성어 형성 불가능 계열 : 배시시, 빙그레, 씩, 와자그르르, 피 등
b. 동음 반복형 합성어 형성 계열 : 깔깔, 까르르, 방글, 방긋, 실실, 킥,
하하, 히히 등
c. 유음 반복형 합성어 형성 계열 : 시물새물, 싱글벙글, 앙실방실, 히
죽비죽 등
d. '-거리다, -대다' 결합 계열 : 깔깔, 방글, 실실, 키들, 킥킥, 피식, 하

18) 'ㄹ' 계열이 동작의 완결을 나타내는 특성을 가지고 있음은 이들의 반복 합성어를 보면
더욱 분명해진다. 이에 대하여는 아래 (8b)의 설명 참조.

하 등

e. '-이다' 결합 계열 : 씨죽, 방긋, 생긋, 해발쪽, 히죽 등

(8a)의 웃음 상징어는 합성어 특히 반복 합성어의 형성이 불가능한 웃음 상징어이다. 이러한 사실은 이들이 일회적인 동작으로 끝나는 특성을 가지고 있음을 의미한다. 다만 그 일회적 동작이 얼마나 지속적이냐 하는 문제는 다를 수 있다. (8b)는 웃음소리나 동작이 연속적으로 이루어지고 있음을 의미한다. 다만 앞에서도 지적했듯이 어말음이 어떠한지에 따라 같은 소리나 동작이 끊임이 없이 지속되느냐 아니면 끊고 이어지는 동작이 계속되느냐가 달라질 수 있다. 예를 들어 '까르르까르르, 하하' 따위는 모음으로 끝나는 음절이 반복됨으로써 결과적으로 같은 소리가 지속되는 것으로 이해되지만 '방글방글, 킥킥' 따위는 소리나 동작의 끊어짐과 다시 이어짐의 경계가 분명하게 인식되면서 계속됨을 나타낸다. 둘 다 연속적이라고 할 수 있으나 전자의 경우는 비교적 같은 소리나 동작이 지속적인데 비하여 후자의 경우는 멈춤과 이어짐이 있는 것이다. 전자와 같은 의미 특성을 지속성(持續性)이라고 한다면 후자의 경우는 단속성(斷續性)이라고 할 수 있다. 단속성이 더욱 잘 드러나는 경우는 (8c)의 경우이다. 동음이 아니라 비슷한 음이 반복하여 유음 반복 합성어를 형성하는 웃음 상징어는 의태어뿐인데[19] 비슷하긴 하지만 동작이 조금씩 다른 경우를 나타내고 있다. 그럴 때 우리는 동작의 경계를 인식하고 다시 이어지는 것을 알게 되는 것이다. 또 한 가지 주목할 것은 (8e)의 경우이다. 대부분의 웃음 상징어는 연속적인 의미 특성을 드러내기 위하여 (8d)의 경우처럼 '-거리다'나 '-대다'와 같은 접사와 결합되는 것이 보통이다. 그러나 이와 같은 연속적인 의미 특성에 반하는, 즉 일회성이 강조되는 경우에 사용되는 웃음 상징어는 주로 (8e)처럼 접사 '-이다'와 결합된다. 그리하여 '씨죽이다, 방긋이다, 히죽이다' 등은 일회

---

19) '아하하, 에헤헤, 오호호, 이히히' 등은 유음의 반복이 아니라 소리가 점점 명확해진다는 것을 나타내므로 여기에 들지 않는 것으로 보아야 한다.

적인 동작을 나타낼 때 사용된다.

지금까지 우리는 한국어의 웃음 상징어에는 웃음의 길이와 관련된 정보가 반영되어 있으며 그것은 주로 어말음의 특성과 합성어의 형성 가능성에 의해 확인될 수 있다는 사실을 살펴보았다. 그리하여 어말음이 모음으로 끝나면 연속적인 의미 특성이, 'ㄱ'이나 'ㅅ'과 같은 폐쇄음으로 끝나면 일회적인 의미 특성이, 그리고 'ㄹ'로 끝나면 일회적이되 웃음의 끝 경계가 명확하지 않는 의미 특성이 각각 드러난다는 것을 알게 되었다. 또한 반복 합성어가 불가능한 경우에는 주로 일회적인 의미 특성을 드러내며 반복 합성어가 가능하면 연속적인 의미 특성이 드러남을 알았다. 연속적이라 하더라도 동음 반복의 경우에는 지속적인 의미 특성을 반영하지만 유음이 반복되면 단속성이 강화된다는 것도 알게 되었다.

웃음 상징어가 어떤 음으로 시작되고 어떤 음으로 끝나는가 그리고 합성어를 어떻게 형성하는가 하는 것이 우연하게 이루어진 언어 작용이 아니라 그 안에 한국인이 웃음에 관한 제반 정보를 반영하고 있다는 사실을 알게 되었다. 음운론적/형태론적 특성이 언어 사용의 측면에서 많은 정보를 담고 있음을 알게 된 것이다.[20]

2.3. 누가 웃나? : 여성성(女性性), 아동성(兒童性), 집단성(集團性)

대부분의 웃음 상징어는 웃음소리나 동작 그 자체의 특성을 반영하는 것이 일반적이어서 그것을 생산하는 사람의 특성을 반영하지는 않는다. 그런데 한국어의 웃음 상징어 가운데 어떤 것은 그 웃음을 생산한 주체의 어떤

---

20) 이곳에서 살핀 웃음 상징어의 음운론적 속성 이외에도 어두음의 경우 평음/경음/격음에 따른 특성이나 개구도에 따른 특성이 더 논의될 수가 있고 어휘의 음절수에 따른 특성을 더 살필 수가 있다. 이에 대하여는 졸고(2002 : 40-43) 참조.

의미 특성을 나타내는 경우가 있다. 다음의 경우가 그런 경우이다.

> (9) 생산 주체의 특성을 반영하는 웃음 상징어
> a. 성별 : 가. 여성 계열 : 까르르, 방그레, 배시시, 호호 등
>   나. 남성 계열 : 껄껄, 킬킬, 하하, 허허, 흐흐, 히죽 등
> b. 연령 : 까르르, 방글, 방실, 배시시, 앙글방글, 앙실방실 등
> c. 집단 : 까르르, 딱따그르르, 와그르르, 와자그르르, 왁작, 재그르르 등

(9a)의 경우는 웃는 주체의 성별에 대한 정보가 웃음에 반영된 것이다. 대부분의 웃음 상징어가 성별을 특징적인 의미 특성으로 반영하지 않지만 특정 맥락에서 (가)의 것은 여성의 웃음을 나타낼 뿐이다.21) 이들의 뜻풀이에는 대개 '주로 여자의 웃음 소리' 정도의 기술이 포함되어 있다. 이에 반해 (나)의 경우는 성별을 문제 삼을 때 남성적인 웃음으로 분류되는 것들이다.22) 이를 각각 여성성(女性性)과 남성성(男性性)이라고 부를 수 있을 것이다.

(9b)의 경우는 웃는 주체의 연령에 대한 정보를 반영하고 있는 웃음 상징어이다. 웃음이 특정 연령에 해당하는 것은 아니지만 여기에 포함된 웃음 상징어는 주로 성인이 아닌 어린 아이들의 웃음이라는 특성을 담고 있는 것으로 보인다.23) 이들의 뜻풀이에는 대개 '어린아이' 또는 '아이' 정도의 기술이 보이는 것이 이를 뒷받침한다.24) 이런 특성을 아동성(兒童性)이라고 하

---

21) 물론 이때의 여성, 남성은 생물학적인 분류 차원에서의 여자, 남자와 다르다. 비록 여자이지만 남자처럼 웃을 수 있고 남자지만 여자처럼 웃을 수 있다. 여성성 또는 남성성이란 이처럼 지향적인 특성일 뿐 생물학적 분류는 아니다. 또 아이들의 경우 여성성과 남성성은 무표적인 자질일 수 있다. 즉 어린 아이가 '하하' 또는 '호호'라고 웃는 것은 아무래도 이상하다.
22) 남성적인 웃음은 특히 여성적인 웃음과 대비될 때 그 특성이 잘 드러난다. 그러나 일반적으로는 성별을 떠나 다른 정보를 나타내는 경우가 많다. 예를 들어 '하하'는 '호호'와 대비될 때 남성성이 드러나지만 일반적으로 쓰이면 단지 남녀를 불문하고 '웃음의 대표형' 정도의 뜻을 갖는 것으로 생각된다.
23) 비록 사전에 등재되지는 않았으나 어린아이처럼 노인의 경우도 성인의 웃음과는 다른 정보를 드러내는 것처럼 보인다. 예를 들어 '헐헐'은 이가 나빠 웃음이 저절로 새어나오는 경우로 노인의 특징을 잘 드러낸다.

여 보자.

(9c)의 경우는 웃는 주체가 개인이 아니라 여러 사람이 한꺼번에 웃는 경우에 선택될 수 있는 한국어 웃음 상징어이다. 여기에 제시된 웃음 상징어의 뜻풀이에 '여럿이 (한데)' 또는 '여러 사람이 (한꺼번에)' 등이 포함되어 있음이 이를 말한다. 이러한 의미 특성을 집단성(集團性)이라고 할 수 있을 것이다. 그런데 이 웃음 상징어는 모두 의성어만 있고 의태어는 없다. 동작을 모방하는 의태어의 경우 여러 사람의 제 각기 다른 동작을 하나의 말로 모방하기는 쉽지 않기 때문으로 생각된다. 그러나 조금씩 다른 여러 사람의 동작을 반복형 합성어로는 나타낼 수 있다. "아이들이 방글방글 웃고 있다"나 "싱글벙글 웃고 있는 모습들" 정도의 표현이 가능한 것이 이를 뒷받침한다.[25]

여성성(女性性)과 아동성(兒童性) 그리고 집단성(集團性)은 발화 현장에서 사용되는 웃음 상징어의 동작 주체가 어떤 기본적인 의미 특성을 지니고 있는가에 대한 것이다. 그러나 이런 기본 특성은 절대적인 것이 아니어서 얼마든지 다른 주체들이 사용할 수 있다. 그렇지만 그 경우에는 기본적인 특성을 벗어나는 비정상적인 것으로 인식되어 웃음이 가지는 긍정성을 해치게 된다.(이에 대하여는 아래의 2.4 참조.)

2.4. 정말 웃나? : 긍정성(肯定性)/부정성(否定性)

웃음은 일반적으로 '기쁨이나 즐거움이라는 내적 감정의 변화가 그러한

---

24) 사실 '배시시'의 뜻풀이에는 '어린아이'나 '아이'가 없다. 그러나 적어도 이 표현은 정상적인 성인의 웃음을 나타내지는 않는 것 같다. 오히려 그보다는 어린아이나 젊은 여자의 특성을 드러내는 것 같다. "젖먹이가 배시시 웃는다", "소녀는 부끄러운 듯 배시시 미소 지으며 고개를 돌렸다"<표준국어대사전> 예문.

25) 물론 이 경우 반복 합성어가 아닌 원래의 단일어형은 상대적으로 웃음 주체가 개인이라는 사실을 말해 준다.

상태와 어울리게 외적으로 나타나는 생리적인 변화'[26]라고 할 수 있다. 그리고 웃는 행위는 그 사람이나 상대방에게 비슷한 느낌을 줄 것이다. 이것이 웃음이 가지는 보편적인 가치이다. 이를 웃음의 긍정성(肯定性)이라고 불러 보자. 그런데 한국인의 웃음에는 반드시 이와 같이 즐겁고 유쾌한 웃음만 존재하는 것은 아닌 것 같다. 때로는 웃음을 가장한 비웃음이나 비난, 무시 등의 느낌을 위해 웃음 상징어가 사용된다. 이러한 웃음 상징어의 의미 특성을 부정성(否定性)이라고 할 수 있을 것인데 다음과 같은 것이 그 예이다.

> (10) 부정적 웃음 상징어
>   a. 비식, 새실새실, 실실, 앙글방글, 으흐흐, 이히히, 피, 피식, 픽, 헤실
>   헤실, 헤죽헤죽, 헤헤, 후후, 흥[27], 히득히득, 히들히들 등
>   b. 낄낄, 키들키들, 킥킥, 킬킬, 흐흐, 히죽히죽, 히히 등

위 (10)은 특정 맥락에서 부정적인 느낌을 주는 웃음 상징어이다. (10a)는 <표준국어대사전>의 뜻풀이에 부정적인 감정을 담고 있는 웃음 상징어이다. 물론 이 가운데는 다른 맥락에서는 전혀 부정적 느낌을 주지 않는 경우도 있다. 예를 들어 '앙글방글'의 경우는 다음의 예 (11)에서 보듯이 긍정적인 의미의 특성과 부정적인 의미 특성을 모두 가지고 있다.

> (11) 앙글방글 图 ① 어린아이가 소리 없이 탐스럽고 귀엽게 웃는 모양.
>   ② 자꾸 꾸며서 웃는 모양.
>   (예) 그 여자는 앙글방글 웃으면서 마음에도 없는 칭
>   찬을 늘어놓았다.

여기서 ①의 경우는 긍정적인 경우이다. 그러나 ②는 '어린이가 아닌 사

---

26) 배해수(1981) 참조.
27) 이것은 코를 통하여 이루어지는 소리라는 점에서 입에서 이루어지는 다른 음성 상징어에
    비해 비정상적인 코웃음으로 치부된다.

람이' 가장하여 어린이처럼 웃는 경우로서 비정상적인 웃음이라는 의미가 강하다.(예문의 밑줄친 부분 참조) 따라서 이 웃음 상징어의 의미를 제대로 이해하려면 그 표현이 주체가 어린아이인지 아닌지를 먼저 파악하는 것이 중요하다.

(10b)의 경우는 <표준국어대사전>에서 긍정적인 뜻풀이만 베풀어져 있는 것들인데 특정 맥락에서 얼마든지 부정적인 의미 특성을 가지는 것이라고 생각된다. 다음을 보자.

> (12) a. 가. 낄낄 ㈜ 웃음을 억지로 참으면서 입속으로 웃는 소리. 또는 그 모양
> (예) 얼굴을 가리고 낄낄 웃다.
> 나. 낄낄거리다 ㈜ 웃음을 억지로 참으면서 입속으로 웃는 소리를 자꾸 낸다.
> (예) 음충맞게 낄낄거리다/능글맞게 낄낄거리다
> b. 가. 히히 ㈜① 마음에 흐뭇하여 멋없이 싱겁게 자꾸 웃는 소리. 또는 그 모양.
> ② 마음에 흐뭇하거나 멋쩍어 장난스럽게 자꾸 웃는 소리. 또는 그 모양.
> 나. 히히 ㈜① 입을 모양 없이 벌리며 싱겁게 자꾸 웃는 소리. 또는 그 모양.
> ② 매우 교활한 표정으로 자꾸 웃는 소리. 또는 그 모양.

'낄낄'의 경우 (12a)의 (가)와 (나)에 제시된 각 표제어의 예문을 보면 '낄낄'과 '낄낄거리다' 모두가 무엇인가 타의에 의해 강제로 억제된 상황에서 남에게 드러내기 웃음을 웃는 비정상적인 느낌을 준다. '얼굴을 가리고'나 '음충맞게, 능글맞게' 같은 표현이 그러한 부정성을 증명하고 있다. '히히'의 경우에 (13b)의 (가)는 <표준국어대사전>의 뜻풀이인데 여기에는 전혀 부정적인 의미 특성이 없다. 이점은 금성판 <국어대사전>이나 한글학회의 <우리말큰사전>의 경우도 마찬가지이다. 그러나 '히히'는 실제 사용 맥락

에서 긍정적인 뜻보다는 부정적으로 사용되는 경우가 훨씬 많다. 이 점에서 (13b)의 (나)에 보이는 북한 사전 <조선말대사전>의 뜻풀이는 매우 시사적이다. '입을 모양 없이 벌리며 싱겁게'나 '매우 교활한 표정으로' 등의 기술은 이것이 비정상적인 웃음으로 부정적 의미 특성을 가지고 있음을 지적하는 것이다. 실제 맥락에서는 이것이 더 적절한 뜻풀이라고 생각된다. 더욱이 아래에서 보이듯이 '히'에 대한 <표준국어대사전>이 긍정적 뜻풀이와 함께 부정적 뜻풀이를 가지고 있는 것은(③의 경우) 이의 동음 반복 합성어인 '히히'도 부정적 의미 특성을 가질 수 있음을 뒷받침하는 것이라고 하겠다.

(14) 히 🈁 ① 마음에 흐뭇하여 멋없이 싱겁게 웃는 소리. 또는 그 모양.
② 마음에 흐뭇하거나 멋쩍어 장난스럽게 웃는 소리. 또는 그 모양.
③ 비웃는 태도로 은근히 웃는 소리. 또는 그 모양.

웃음의 부정적 의미 특성은 웃음이 가지는 원래의 보편적인 기능에서 벗어나는 것이지만 이율배반적인 언어 환경에 어울리는 의미 기능이라고 생각된다. 상징어가 실제의 소리나 동작을 흉내 내는 언어 표현임을 생각하면 이러한 웃음 상징어의 의미 특성은 실제 언어생활에 '웃음으로 비웃음 또는 비난, 무시, 걱정 따위의 부정적인 의미를 전달하는 경우'가 존재한다는 것을 의미한다. 특히, 이러한 웃음 상징어의 부정성은 언어와 지시 대상의 관계에 따라 달라진다는 점에서 앞 절 2.3.에서 논한 여성성, 아동성, 집단성과 함께 의미, 화용적인 언어 특성을 반영하는 것이라고 하겠다.

3. 맺으며

지금까지 우리는 한국어의 웃음 상징어에 반영된 의미 특성을 바탕으로 한국인이 웃음을 통해 주고 받으려는 정보들이 어떤 것인지를 추적하여 보았다. 그 결과 우리는 다음과 같은 사실들을 얻을 수 있었다.

첫째, 한국인은 웃음을 통하여 특별히 관심의 대상이 되는 것이 무엇인지를 드러내고 있다. 웃음이 입에 관련되는 것이면 'ㅂ'계열, 입과 함께 눈에 관련되는 것이면 'ㅅ'계열, 특정 신체의 동작에 관련되는 것이면 'ㄱ' 계열, 웃음소리나 웃는 동작임을 나타내는 것이면 'ㅎ' 계열로 시작하는 웃음 상징어를 사용하여 그러한 사실을 드러낸다. 이러한 특성은 웃음을 통하여 우리의 시선을 특정 부분으로 유도한다는 점에서 웃음의 시각화(視覺化) 특성이라고 할 수 있다.

둘째, 한국인은 웃음이 얼마나 길게 유지되며 어떻게 유지되는지를 통해 웃음을 통해 드러내려는 기쁨과 즐거움의 크기를 표현한다. 이러한 정보는 웃음 상징어의 어말음과 합성어의 형성 방식에 반영되어 나타나는데 어말음이 모음일 때는 연속적이면서 지속적이지만 반복 합성어나 '-거리다, -대다' 접사의 결합에 의한 합성어 형성이 가능하면 연속적이라도 단속적이다. 반면 어말음이 장애성이 강한 폐쇄음이거나 '-이다' 접사와 결합이 가능한 웃음 상징어는 웃음이 일회적인 행위임을 드러낸다. 이러한 특성은 웃음을 통하여 우리가 그것을 어떻게 듣고 이해하는지와 관련된다는 점에서 웃음의 청각화(聽覺化) 특성이라고 할 수 있다.

셋째, 한국인은 웃음을 통하여 그 행위를 하는 동작의 주체와 관련된 정보를 드러내기도 한다. 한국어의 웃음 상징어에는 이를 반영한 것들이 존재하는 바, 웃음의 주체가 여성임을 나타내기 위하여 '까르르, 방그레, 배시시, 호호' 등을, 아이임을 나타내기 위해서 '까르르, 방글, 방실, 배시시, 앙글방글, 앙실방실' 등을, 개인이 아니라 여러 사람의 행위임을 나타내기 위해서

'까르르, 딱따그르르, 와그르르, 왁자그르르, 왁작, 재그르르' 등을 사용한다. 이러한 특성은 웃음을 통하여 웃는 주체에 대한 인식을 유도한다는 점에서 웃음의 인식적(認識化) 특성이라고 할 수 있다.

넷째, 한국인은 웃음을 통하여 내면의 기쁨과 즐거움뿐만 아니라 비웃음과 비난, 무시 따위의 부정적인 감정을 드러내기도 한다. 여기에 사용되는 웃음 상징어 가운데는 '낄낄, 실실, 흐흐, 히득히득, 히죽히죽 등'처럼 부정적인 의미 특성이 고정되어 이해되는 경우도 있지만 '앙글방글, 히, 헤헤, 히히'처럼 일반적인 용법에서 벗어나 사용된 맥락 정보를 통해 부정적인 의미 특성을 드러내는 경우들도 있다. 이러한 특성은 웃음을 통하여 그것이 사용되는 상황 맥락에 대한 이해를 유도한다는 점에서 웃음의 맥락화(脈絡化) 특성이라고 할 수 있다.

이런 고찰을 통하여 우리는 한국인의 웃음소리나 동작에는 한국인의 다양한 사회, 문화적인 생활 정보가 반영되어 있다는 사실을 확인할 수 있었는데 이는 한국어와 한국인 사이의 불가분한 관계를 뒷받침하는 또 하나의 증거라고 할 것이다.

참고문헌

(사전류)
국립국어연구원 편. 1999. 「표준 국어 대사전」, 두산동아.
김민수·고영근·임홍빈·이승재 편. 1991. 「금성판 국어 대사전」, 금성출판사.
한글학회. 1992. 「우리말큰사전」, 어문각.
사회과학원 언어학 연구소 1992. 「조선말대사전」, 사회과학출판사.

김광해. 1991. "어휘 연구의 방향", 「국어학의 새로운 인식과 전개」, 민음사.
김홍범. 1995. "한국어의 상징어 연구", 연세대학교 대학원 박사학위논문.
디르크 휜들링그. 1985. 「한국어 의성·의태어 연구」, 탑출판사.
박동근. 2000. "'웃음 표현 흉내말'의 의미 기술", 「한글」 247, 한글학회.
배해수. 1981. "현대국어의 웃음동사에 대하여", 「한글」 172, 한글학회.
서울대학교 대학원 국어연구회 편. 1991. "국어학의 새로운 인식과 전개", 「김완진
          선생 회갑 기념논총」, 민음사.
심재기. 1990. "국어 어휘의 특성에 대하여", 「국어생활」 22, 국립국어연구원.
심재기·채완 공편. 2002. 「언어와 의미」, 한국방송통신대학교출판부.
윤석민. 2002. "의미현상과 비의미론적 정보-웃음 상징어의 의미 기술을 중심으로",
          「텍스트언어학」 12.
조남호. 1988. "국어 사전에서의 의성 의태어 처리", 「새국어 생활」 3-2, 국립국어연
          구원.
조재수. 1984. 「국어 사전 편찬론」, 과학사.
채완. 1993. "의성어 의태어의 통사와 의미", 「새국어생활」 3-2, 국립국어연구원.
최창렬·심재기·성광수. 1993. 「국어의미론」, 개문사.
최호철. 1984. 현대국어의 상징어에 대한 연구, 고려대학교 대학원 석사학위논문.
허 발. 1979. 「낱말밭의 이론」, 고려대학교 출판부.
현대 언어학 연구회 역. 1984. 「언어, 의미와 상황 맥락」(존 라이언스 지음), 한신문
          화사.

| 이 논문은 국어문학 40집(2005, 국어문학회)에 게재된 논문을 재수록한 것입니다.

15세기 수량사구에 대한 통사-의미론적 고찰

강 보 유

1. 서론

언어에서 수량화의 개념은 수와 대상 그리고 수량단위의 상호 결합으로 이루어진 수량사구로 표시된다. 수량사구는 구조적으로 수사(Quantifier : 약칭 Q)와 단위명사(Classifier : 약칭Cl) 그리고 명사(Noun : 약칭N)로 구성되는데, 경우에 따라 Cl가 없이 Q와 N만으로 구성되기도 한다. 15세기나 오늘날이나 구조적으로 가능한 수량사구의 통사구조는 아래 네 가지 유형으로 나누어 볼 수 있다.

    A형 수량사구 : Q + N
    B형 수량사구 : (Q +Cl) + N
    C형 수량사구 : N + Q
    D형 수량사구 : N + (Q + Cl)

A형과 B형은 관형구조에서 전형적인 종속관계(매김관계)로서 수사가 명사 앞에 놓이는 구조이고 D형과 C형은 동격관계(딸림관계)로서 수사가 명사 뒤에 놓이는 구조이다. 한정어로 쓰이던 수사가 중심어의 뒤에 놓이는 C형과 D형이 있음으로 하여 수량사구가 관형적 결합이면서도 또 기타의 관

형적 결합과 구별되는 독특한 특징을 가지게 된다.

본고는 15세기 문헌자료인 「석보상절」, 「월인석보」, 「월인천강지곡」을 중심으로 명사의 의미자질에 따른 15세기 수량사구의 통사-의미구조에 대해 살펴보기로 한다.

2. 본론

수량사구의 네 가지 통사구조에는 모든 명사가 선택될 수 있는 것은 아니다. 수사와 결합되는 명사의 의미자질에 따라 단위명사의 삽입 여부가 결정되면서 수량사구는 서로 다른 구조유형으로 나타난다. 명사는 [±가산성], [±구체성], [±가동성], [±유정성], [±인간성] 등 의미자질에 따라 구체명사와 추상명사, 유정명사와 무정명사 그리고 인간명사와 동물명사로 구분된다. 본고에서는 인간명사, 동물명사, 무정명사, 추상명사 등이 수사와 단위명사와 결합되어 형성된 15세기 수량사구를 현대어와의 비교 속에서 살펴보기로 한다. 그와 더불어 수량사구의 출현빈도와 수량사구 구성요소의 긴밀도에 대해서도 살펴보고자 한다.

2.1. 수사와 인간명사의 수량사구

먼저 현대어에서 범례를 보이면 다음과 같다.

A형 구조 : 열 사람이 모였다.
B형 구조 : ?십(열) 명 사람이 모였다.
C형 구조 : 사람 열이 모였다.
D형 구조 : 사람 십(열) 명이 모였다.

보다시피 현대어에서는 B형 구조가 좀 어색한 느낌은 있으나 이 네 가지 유형의 결합관계가 모두 가능함을 알 수 있다.

먼저 A형 구조로부터 보기로 한다.

15세기에는 인간명사가 A형 구조에서 제약 없이 가장 잘 씌었다.

(1) ㄱ. 혼 각시 아츠미 粉 브르노라 호야 거우를 보거늘 (석보24 : 20)
    ㄴ. 두 사르미 어우러 精舍 지스란디 (석보6 : 40)
    ㄷ. 온 사룸 드리샤 기르말 밧기시니(送率百人 解鞍而息) (용가58)
    ㄹ. 千子는 즈믄 아드리니 호나히 어디러 즈믄 사르물 당호릴썬 千子ㅣ라 호느니라 (월석1 : 28)
    ㅁ. 여듦 王子를 두겨샤디 (석보13 : 29)
    ㅂ. 네 부텨 供養올 니어 호슥ᄫᅳ니 (월곡65)

(2) ㄱ. 그 五百 사르미 弟子ㅣ 두외아지이다 호야 (월석1 : 9)
    ㄴ. 五百 부텨를 지서 와 마즈샤 五百 化佛이 혼쁴 소눌 심기시고 (월석8 : 53)
    ㄷ. 八萬 부톄 안자 제여곰 뵈시니 (월곡65)
    ㄹ. 七千 婇女ㅣ 다 깃거호더라 (석보24 : 21)

현대어에서는 고유어 수사와 인간명사가 직접 결합되는 것이 원칙이지만 한자어 수사가 인간명사와 결합될 때에는 반드시 단위명사가 삽입되어야 한다는 규칙의 제약을 받는다. 15세기에는 고유어 수사든 한자어 수사든 인간명사와 결합될 때 단위명사를 매개로 하지 않고 자유롭게 결합되었다. 15세기에는 또 고유어수사 ≪온≫과 ≪즈믄≫이 한자어 수사 ≪백(百)≫과 ≪천(千)≫과 쌍을 이루고 있었다.

다음 순서수사와 인간명사의 결합도 자유로웠다.

(3) ㄱ. 그 각시룰 둘찻 夫人 사무니 (석보24 : 21)
    ㄴ. 아흔네찻 王이 大善生이시고 (월석2 : 4)
    ㄷ. 쉰찻 사르미 法華經 혼 偈 듣고 (석보19 : 5)

ㄹ. 우리 스스이 네찻 부톄시니라 (월석1 : 51)

B형 구조를 15세기 문헌에서 찾아볼 수 없었다. 현대어에서도 인간명사가 B형 구조에서 활발히 쓰이는 편이 아니라고 할 때 수사와 인간명사의 결합으로 된 B형 구조는 시초부터 선택제약을 받은 구조였음을 알 수 있다. C형 구조는 15세기에도 비교적 자유롭게 쓰인 구조였다.

(4) ㄱ. 도죽 五百이 그윗 거슬 일버서 (월석1 : 6)
　　ㄴ. 六師ᄂ 外道이 스승 여스시라 (석보6 : 26)
　　ㄷ. 놀난 羅刹 둘히 모몰 수머 (석보23 : 47-48)
　　ㄹ. 나랏 사롬 十八億이 다 모드니 (석보6 : 27-28)
　　ㅁ. 舍利弗 目犍蓮의 물 五百올 濟渡ᄒ시며 (석보6 : 18)
　　ㅂ. 夫人냇 아돌 네히 照目과 聰目과 調伏象과 尼樓왜 다 어디더니 (월석2 : 4-5)

이상 명사들은 모두 ≪도죽, 스승, 羅刹, 사롬, 물(무리), 아돌≫로서 [十有情性], [十人間性], [十可算性]의 의미자질을 가진 단어들이다.
다음 D형 구조를 살펴보자.

(5) ㄱ. 道士 六百스믈여듧 사롬도 出家ᄒ며 大闕ㅅ 각시내 二百셜흔 사르미 出家ᄒ니 (월석2 : 76)
　　ㄴ. 三兄弟의 물 一千 사르몰 濟渡ᄒ시며 (석보6 : 18)
　　ㄷ. 臣下ᄅ며 百姓돌 一千나문 사르미 出家ᄒ고 (월석2 : 76)
　　ㄹ. 憍陳如돌 다ᄉᆞᆺ 사르몰 濟渡ᄒ시며 (석보6 : 18)
　　ㅁ. 부톄…굴근 比丘즁 一千二百쉰 사롬과 ᄒᆞᆫ디 잇더시니 (월석7 : 61)
　　ㅂ. 제 물 八千 사롬 더블오 大衆 모둔디 가 (석보11 : 14)
　　ㅅ. 道士 六百아흔 사르미 …等 五百아홉 卷을 자바 (월석2 : 72-73)

예문 (5)에서 ≪사롬≫은 단위명사적으로 쓰이어 선행한 N이 [十人間性]의 자질을 갖고 있는데 대한 재귀적인 기능을 놓고 있다. 선행명사에서 벌써 사람임을 가리키고 있는데 재차 그것을 중복한다는 것은 현대 언어의식으로 볼 때는 잉여적인 용법에 지나지 않는 것 같지만 인지언어학적 시각에서 볼 때는 기억의 수요에 따른 필수적인 용법으로 표현의 초기단계에서는 꼭 필요했을지도 모른다. 또한 당시 漢語의 영향을 받았을지도 모른다.

예문 (5)와 비슷한 양상을 보이고 있는 上古漢語의 예를 보이면 다음 예문 (6)[1]과 같다.

(6) 人万三千八十一人……牛三百五十五牛, 羊卄八羊…… (≪小盂鼎≫銘文)

예문 (6)에서 보다시피 수사 뒤에 중복되어 쓰인 완전명사가 단위명사의 기능을 하고 있었다. 그런데 예문 (6)에서는 수사를 사이에 두고 동일 명사의 중복[2]으로 나타지만 예문 (5)에서는 후행 명사가 "사롬"으로 제한되면서 오늘날과 좀 더 가까운 모습을 보이고 있었다.

2.2. 수사와 동물명사의 수량사구

먼저 현대어에서 그 범례를 보이면 다음과 같다.

A형 구조 : ?세 소가 팔렸다.
B형 구조 : 세 마리 소가 팔렸다.
C형 구조 : 소 셋이 팔렸다.
D형 구조 : 소 세 마리 팔렸다.

---

1) 游順釗(1988 : 362)에서 재인용함.
2) 수량사구에서 동일 명사의 중복현상을 그 외에도 갑골문(甲骨文), 금문(金文)에서 많이 찾아 볼 수 있는데, ≪人十有六人≫, ≪玉十玉≫, ≪田十田≫에서 보다시피 단위명사는 기원적으로 N1+Q+N2형 구조에서 중복되어 쓰인 완전명사 N2로부터 전의되어 왔음을 알 수 있다. 王力(1980 : 236)와 孫錫信(1992 : 278,291)을 참조하기 바란다.

    人　　　十有六　　　人　　(사람 16 사람→사람 16명)
    N1　　　Q　　　N2→CI

여기서 N(소)은 [+具體性], [+可算性], [+有情性], [-人間性]의 의미자질을 갖고 있는 명사인데, A형 구조에서 잘 쓰이지 않는다. 기타 구조는 모두 가능한 문장으로 될 수 있다. 현대어에서 동물명사가 가장 잘 쓰이는 수량사구로는 D형과 B형이라 할 수 있겠다.

먼저 A형 구조로부터 본다면 현대어에서는 비문이지만 15세기에는 A형 구조가 가장 자연스러운 구조로 쓰이고 있었다.

> (7) ㄱ. 勞度差ㅣ 쏘 훈 龍을 지스니... 쏘 훈 쇼롤 지서내니 (석보6 : 32)
> ㄴ. 舍利弗이 훈 金翅鳥롤 지서내니... 훈 獅子ㅣ롤 지서내니 (석보6 : 32)
> ㄷ. 馬廐엣 八萬四千 무리 삿기롤 나흐니 (월석2 : 46)
> ㄹ. 히미 常例ㅅ 一百 象두고 더 세며 (월석1 : 28)
> ㅁ. 열여슷 혀근 龍이 소내 뫼콰 돌콰 잡고 (월석7 : 38)
> ㅂ. 여슷 놀이 디며 다숫 가마괴 디고 (용가86)

현대어에서는 비문이 되는 A형 구조가 15세기에는 자연스럽게 쓰였다는 것은 15세기에는 수사와 동물명사(유정명사)가 단위명사의 매개가 없이 직접 결합되는 것이 일반적이었음을 말해준다.

B형 구조는 그렇게 활발히 쓰인 편이 아니었었다.

> (8) ㄱ. 사롬브려 八千里 象올 틔와 (월석7 : 52)
> ㄴ. 두가짓 衆生이 잇느니 (월석8 : 29)
> ㄷ. 세가짓 즁싱이 므를 걷나디 톳기와 물와논 기픠롤 모롤씨...象온
> 믌 미트로 거러 갈씨 (월석2 : 19)

예문 (8)을 혹자는 B형 구조라고 할는지 모르나 생각의 여유를 둘 필요가 있다. 예문 (8ㄱ)에 대한 협주문 ≪八千里象온 흐른 八千里옴 녀는 象이라≫에서 보다시피 코끼리(象)의 수량단위와는 관계없이 그 코끼리가 하루 달리는 거리를 나타내는 것으로서 오늘의 ≪천리마(千里馬)≫와 같은 구조이다. 그리고 예문 (8ㄴ, ㄷ)에서의 단위명사 ≪가지≫는 ≪즁싱≫의 마리 수를

나타내는 것이 아니라 ≪중싱≫의 종류를 나타낸다.

C형 구조를 보면 15세기에 수적인 통계는 많지 않지만 그래도 자유롭게 쓰일 수 있는 구조였다.

> (9) ㄱ. 雪山ㅅ 白象 열회 히미 훈 香象만 몯ᄒ니라 (월석2 : 38)
> ㄴ. 雜숨 튼 즁싱 마순 아호볼 노ᄒ면 (석보9 : 32)
> ㄷ. 조촌 귓것 二萬 ᄃ리고 몬져 ᄆ술홀 다 도라 (석보24 : 21)

D형 구조는 현대어에서 아주 자연스러운 구조로 되고 있지만 15세기에는 잘 쓰이지 않아 찾아보기 어려웠다.[3]

2.3. 수사와 무정명사의 수량사구

현대 언어의식으로 볼 때 하나의 수사가 어떤 대상의 구체적인 수량을 나타낼 때 그 수량의 범위를 확정해주는 단위명사의 삽입이 필수적인 것으로 되고 있다. 그러므로 단위명사의 삽입여부에 의해 통사구조의 적격성(適格性)이 판단되기도 한다.

현대어에서 무정명사의 의미자질에 따른 수량사구의 구조유형은 다음과 같다.

> A형 구조 : [?]세 꽃을 샀다.
> B형 구조 : 세 송이 꽃을 샀다.

---

3) ㄱ. 王이며 天龍八部ㅣ 과ᄒ야 (월석1 : 14)
  ㄴ. 天龍八部ㅣ 空中에셔 풍류ᄒ며 (월석2 : 41)
  ㄷ. 八部는 여듧 주비니 (월석1 : 14)
  불법을 수호하는 신장(神將)으로서의 天龍八部란 天, 龍, 夜叉, 乾闥婆, 阿修羅, 迦樓羅, 緊那羅, 摩睺羅伽의 이 여덟 신을 말하는데 이 신격화한 사물을 무엇으로 볼 것인가도 문제로 되고 있지만 하나의 명사화된 것을 수량사구라고 보기 어려운 점도 있기에 본고의 논의에서는 제외하였음을 특별히 밝혀둔다.

C형 구조 : ˀ꽃 셋을 샀다.

D형 구조 : 꽃 세 송이를 샀다.

A형 구조와 C형 구조는 단위명사의 부재로 하여 적격성이 결여되지만 단위명사를 삽입시킨 B형과 C형 구조는 정상문이 된다. 현대어에서는 이런 단위명사의 삽입여부가 통사구조의 적격성을 결정해준다. [−有情性]을 띤 무정명사는 [+可算性]을 띄었다 할지라도 유정명사보다도 다각적이고 수량적으로 무한량(無限量)에 이를 수 있기에 단위명사가 없으면 그 대상의 구체적인 수량범위 확정을 하기 어렵다. 이것이 오늘날의 언어인지구조이다. 그러나 15세기에는 이 네 가지 구조적 유형이 편중의 차이는 있었으나 모두 자연스럽게 받아들여지는 구조였다.

먼저 A형 구조로부터 살펴보자.

(10) ㄱ. 훈 머리예 네 ᄂ치오 여듦 누니오 여듦 볼히러니 (석보24 : 21)

　　ㄴ. 열 머리 龍올 내니 (월곡161)

　　ㄷ. 太子ㅅ 손 자ᄇ샤 두 눖믈 디샤 (월곡45)

　　ㄹ. 다숫 곳 두 고지 空中에 머믈어늘 (월곡7)

　　ㅁ. 阿難이 내ᄃ라 훈 수프레 가 안자 이셔 (석보24 : 2)

　　ㅂ. 두 져지 소사나아 如來ㅅ 이베 가 들어늘 (석보11 : 2)

　　ㅅ. 훈 밥 조훈 고ᄌ로 僻支佛 供養ᄒ샨 다ᄉ로 (석보11 : 42)

이상의 예문들은 단위명사의 부재로 말미암아 현대 언어의식으로는 받아들이기 어려운 문장들이다. 그러나 15세기에는 양적으로 훨씬 많이 쓰인 구조로 되고 있지만 아래의 예문에서 보다시피 원전(原典)에 대한 직역(直譯)으로 인한 번역 양식이 많이 작용했음을 알 수 있다.

(11) 여숫 길헤 횟도녀 잢간도 머므디 몯ᄒ며 여듦 受苦애 봇겨 能히 벗디

　　몯ᄒᆯ씨 (월석서4)

　　원문 : 輪廻六道而不暫停焦煎八苦而不能脫

(12) 흐ᄅ 호 열콰 호 밀홀 머거도 (능엄9 : 106)

　　　원문 : 日餐一麻一麥

다음 B형 구조도 많이 쓰이고 있었다.

(13) ㄱ. 호 낫 고즈로 그륜 像을 供養ᄒ습거나 (석보13 : 53)

　　　ㄴ. 호 낫 도니 도로 王의 오나ᄂᆞᆯ (석보24 : 40)

　　　ㄷ. 네손디 五百 銀도ᄂᆞ로 다슷 즐깃 蓮花ᄅᆞᆯ 사아 (석보6 : 8)

　　　ㄹ. 十萬 兩ㅅ 金으로 모든 즁님냇긔 布施ᄒ시고 (석보24 : 46)

　　　ㅁ. 四億萬 兩ㅅ 보비로 五部衆을 布施ᄒ고 (석보24 : 48)

　　　ㅂ. 세 가짓 오손 세 가짓 袈裟ㅣ니 (월석7 : 31)

　　　ㅅ. 王이 金 銀 瑠璃 玻瓈로 네 가짓 도ᄀᆞᆯ 밍ᄀᆞ라 (석보24 : 42)

　　　ㅇ. 六鹿온 여슷 가짓 드트리니 여슷 가짓 불휘예서 니러 나아 (석보
　　　　　13 : 38)

예문 (13 ㄷ-ㅇ)에서는 단위명사 뒤에 속격 ≪-ㅅ≫이 결합되어 다시 후행명사와 결합하여 수량사구를 이루었는데 이때의 속격 ≪-ㅅ≫은 수식적인 기능과 함께 수량에 대한 화용론적인 강조적 기능을 나타낸다고 할 수 있겠다.

C형 구조도 15세기에는 현대와는 달리 아주 자연스럽게 씌었다.

(14) ㄱ. 如來ㅅ 像 닐구블 밍ᄀᆞᆸ고 (석보9 : 32)

　　　ㄴ. 龍올 지스니 머리 열히러니 (석보6 : 32)

　　　ㄷ. 부텻 옷 입시우렛 터리 ᄒ나히 나마 잇거시ᄂᆞᆯ (석보23 : 56)

　　　ㄹ. 니 마ᅀᆞ니 ᄀᆞ죽고 조코 칙칙ᄒ시며 (월석2 : 41)

　　　ㅁ. 西方애 ᄒ인 므지게 열둘히 南北으로 ᄀᆞᄅ ᄢᅦ여 잇더니 (석보23 : 22)

　　　ㅂ. 金罐子 둘흘 받ᄌᆞᄫᅡ 찻믈 길이ᅀᆞᆸ더시니 (월석8 : 97)

　　　ㅅ. 樓閣 千萬이 百寶ㅣ 모다 이렛고 (월석8 : 7)

아래 예문 (15)에서 보는 바와 같이 D형 구조도 현대와 다름없이 비교적

자유롭게 씌었음을 알 수 있다.

(15) ㄱ. 王이 다몬 돈 흔 나트로 供養호대 (석보24 : 39)

　　ㄴ. 銀돈 흔 낟곰 받즈ᄫᅵ니라 (월석1 : 9)

　　ㄷ. 부텻 엄니 흔 雙올 도족ᄒᆞᆼᄫᅡ 가니라 (석보23 : 48)

　　ㄹ. 곳 닐굽 줄기롤 가져 겨샤디 (월석41 : 9)

　　ㅁ. 딥동 세 무슬 어더 씌로 어울워 미야 (월석8 : 99)

　　ㅂ. 金 四千 斤올 내야 (월석8 : 95)

　　ㅅ. 내 모맷 비든 金 二千 斤이오 (월석8 : 95)

2.4. 수사와 추상명사의 수량사구

추상명사란 추상적인 개념을 나타내는 명사로서 그 의미자질로는 [-可算性], [-具體性], [-可動性], [-有情性]이다. 현대어에서는 추상명사의 이러한 의미 속성으로 하여 추상명사가 수사와 결합하여 수량사구를 이룰 때에는 단위명사 삽입규칙을 지키는 것이 기본이다. 15세기에는 도리어 단위명사가 없이 직접 결합되는 것이 더 일반적이었다.

먼저 현대어에서 수량사구의 보기를 들면 다음과 같다.

　A형 구조 : ?두 꿈을 꾸었다.　　?한 말도 못했다.

　B형 구조 : 두 가지 꿈을 꾸었다.　한마디 말도 못했다.

　C형 구조 : ?꿈 둘을 꾸었다.　　?말 하나를 못했다.

　D형 구조 : 꿈 두 가지를 꾸었다.　말 한마디도 못했다.

현대어에서는 단위명사가 삽입되지 않은 A형과 C형이 적격성이 적다. 적격성이 적다함은 그 결합이 전혀 불가능하여 비문이 된다는 말이 아니라 선택제약이 많음을 말한다. 현대어에서 무정명사나 추상명사는 A형 구조와 C형 구조에서 제한된 수사(특히 적은 양의 수량을 나타내는 수사)와만 결합

되고 있다. ≪두 도시 사이≫, ≪두 나라 사이≫, ≪두 말 없이≫, ≪한 말
씀 올리겠습니다.≫, ≪강 하나 사이 두다≫에서와 같이 제한된 범위 내에
서 씌었을 뿐이다. 추상개념은 15세기나 지금이나 마찬가지로 셀 수 없는
것이지만 추상개념에 대한 수량화할 필요성과 표현의 정확성을 기하기 위
해서는 단위명사로 그 범위를 보다 구체화하는 것이 일반적이다. 그러나 15
세기에는 그러한 의식적인 표현이 나타나지 않고 있었다.

먼저 A형 구조부터 보기로 한다.

(16) ㄱ. 훈 소릴 내샤 한 소릴 對答ᄒ시며 (월석2 : 58)
　　 ㄴ. 이 두 音聲이 十方諸佛 世界예 다 니르며 (석보19 : 39)
　　 ㄷ. 大愛道ㅣ 드르시고 훈 말도 몯ᄒ야 잇더시니 (석보6 : 7)
　　 ㄹ. 國王ᄋᆫ 오쇼셔 龍王ᄋᆫ 겨쇼셔 이 두 말ᄋᆯ 어늘 從ᄒ시려뇨 (월곡
　　　　197, 월석7 : 26)
　　 ㅁ. 그 니피 즈믄 비치오 (월석8 : 12)
　　 ㅂ. 터럭 구무마다 一千 光明을 펴시고 (석보23 : 29)

(17) ㄱ. 六入이 두 ᄠᅳ디 잇ᄂ니 (월석2 : 21之2)
　　 ㄴ. 므르디 아니 호미 세 ᄠᅳ디 잇ᄂ니 (월석7 : 69)
　　 ㄷ. 다ᄉᆞᆺ ᄠᅳ디 이실ᄊᆡ (월석8 : 25)
　　 ㄹ. 훈 法으로 두 ᄠᅳ데 ᄂᆞ호아 잇ᄂ니 (월석8 : 30)
　　 ㅁ. 다ᄉᆞᆺ ᄭᅮᆷ을 因ᄒ야 授記 볼ᄀ실ᄊᆡ (월곡8)
　　 ㅂ. 훈 念도 相 업수미 空이니(월석7 : 69)

(18) ㄱ. 훈 일도 몰라셔 날 여희여 가ᄂ니 (석보11 : 29)
　　 ㄴ. 두 生死ᄂ 分段生死와 變易生死ㅣ니 (월석7 : 70)
　　 ㄷ. 緣覺ᄋᆫ 열둘 因緣을 보아 道理ᄅᆞᆯ 알씨니 (월석2 : 20)
　　 ㄹ. 弟子ᄃᆞᆯ홀 열두 頭陀行ᄋᆞᆯ 히더니 (월석7 : 31)
　　 ㅁ. 열두 힝뎌근 阿蘭若애 이숌과 … ᄒ뇸괘라 (월석7 : 31)

예문 (16)에서는 수사가 청각과 시각을 나타내는 명사들과, 예문 (17)에서

는 수사가 심리적 현상을 나타내는 명사들과, 예문 (18)은 수사가 사건과 행동을 나타내는 명사들과 단위명사의 매개가 없이 직접 수량사구를 이루었다. 현대 언어의식으로는 받아들이기 어려운 통사구조들이지만 전반 수량사구에서 빈도로 보아 비교적 많이 나타나는 구조였다.

B형 구조는 15세기에 단위명사 ≪가지≫를 매개로 하여 자유롭게 씌었다.

(19) ㄱ. 두 가짓 말 아니 ᄒᆞ며 (월석1 : 25)
ㄴ. 여듧 가짓 소리ᄂᆞᆫ ᄒᆞ나핸 ᄀᆞ장 됴ᄒᆞ신 소리오 (석보24 : 19)

(20) ㄱ. 내 어저ᄢᅴ 다ᄉᆞᆺ 가짓 ᄭᅮ믈 ᄭᅮ우니 (월석1 : 17)
ㄴ. 그낤 바미 다ᄉᆞᆺ 가짓 머즌 ᄭᅮ믈 ᄭᅮ시니 (석보23 : 26)
ㄷ. 다ᄉᆞᆺ 가짓 ᄠᅳ디 이실ᄊᆡ (월석8 : 25)
ㄹ. 여슷 가짓 ᄠᅳ디 잇ᄂᆞ니 (월석7 : 49)
ㅁ. 세 가짓 ᄆᆞᅀᆞᆷ 發ᄒᆞ면 (월석8 : 46)
ㅂ. 여슷 가짓 念을 修行ᄒᆞ야 (월석8 : 47)

(21) ㄱ. 네 가짓 受苦ᄂᆞᆫ 生과 老와 病과 死왜라 (석보6 : 4)
ㄴ. 네 가짓 受苦ᄅᆞᆯ 위ᄒᆞ야 ᄒᆞ노라 (석보3 : 35)
ㄷ. 千億 가짓 이리 하니 (석보13 : 18)
ㄹ. 여듧 가짓 일로 도봐 일울ᄊᆡ (석보9 : 18)

그 외에도 ≪ᄒᆞᆫ 가짓 字號(석보13 : 29)≫, ≪세 가짓 供養(월곡87)≫, ≪네 가짓 願(석보3 : 21)≫ 등등을 더 들 수 있는데, 여기서 속격형이 꼭 개입되었음을 알 수 있다. 그리고 ≪ᄭᅮᆷ, ᄠᅳᆮ, ᄆᆞᅀᆞᆷ, 念, 受苦, 말, 소리, 일, 光明≫ 등 추상명사들이 A형 구조와 B형 구조를 모두 받아들였다는 것이 흥미롭다.

(22) ㄱ. 네 아ᄃᆞ리 나히 열아홉만 ᄒᆞ면 내 지븨 아니 이싏 相이로다 (월석 8 : 97)
ㄴ. 나히 닐굽 여듧만 ᄒᆞ면 내 지븨 아니 이실 아히라 (월석8 : 98)

15세기에는 수사와 추상명사의 결합구조에서 수사의 후치구조인 C형 구조와 D형 구조를 찾아보기 어려웠다.

2.5. 수량사구의 출현 빈도

「석보상절」의 제6, 9, 11, 13, 19, 23, 24장과 「월인석보」의 제1, 2, 7, 8장 그리고 「월인천강지곡(상)」(제1-194장)에 대한 통계자료를 근거로 이상에서 살펴본 15세기 수량사구의 구조적 유형의 출현 빈도를 도표로 보이면 다음과 같다.

구조유형 명사자질	Q+N	(Q+Cl)+N	N+Q	N+(Q+Cl)
인간명사	323		14	9
동물명사	33	10	4	
무정명사	241	45	9	7
추상명사	247	60	2	

이상의 출현 빈도로 볼 때, 수량사구의 어순배열은 A형 구조로부터 C형 구조에로 전이되었고, 그 다음 단계에서 단위명사의 발달과 함께 B형 구조로부터 D형 구조에로의 이동과정을 거쳐 오늘에 이르렀다고 볼 수 있다.

훈민정음 창제 이전의 문헌으로서 향가를 보아도 26수 가운데서 수량사구가 6개 발견되는데 그것마저 모두 A형 구조임을 알 수 있다.

(23) 兩手集刀花乎白良…

　　…… ……

　　四十八大願成遣賜去 (향가 ≪願往生歌≫)

물론 이상의 출현 빈도가 결정적인 증거로는 부족할지 모르지만 A형 구조가 기원적인 형태라는 결론을 뒷받침하기에는 족하다. 이로부터 가장 원초적인 수량사구는 A형이라고 할 수 있다.

2.6. 수량사구의 긴밀도

형태-구조적으로 수량사구를 볼 때, 수사와 단위명사 사이에서는 속격형이 개입된 것을 찾아보기 어려웠는데, 이는 단위명사의 불온정성으로 인한 수사와 단위명사 사이의 긴밀관계를 보여준다. 수사(혹은 단위명사)와 명사의 사이에서는 속격형이 자유롭게 삽입되었는데, 이는 수사(혹은 단위명사)와 명사 사이는 상대적인 독립관계를 유지하고 있기 때문인 것으로 볼 수 있다.

> (24) ㄱ. ᄒᆞ나히 ᄆᆞᅀᆞᆷ 수비 고티려니와 (월석1 : 51)
> ㄴ. 둘희 힘을 ᄒᆞᆫ ᄢᅥ 이기시니 (월곡39)
> ㄷ. 세희 愛 서르 브ᅀᆞᄆᆞᆯ 닐오디 흘료미오 (능엄4 : 27)
> ㄹ. 열희 ᄆᆞᅀᆞᄆᆞᆯ 하ᄂᆞ리 달애시니 (용가18)
> ㅁ. 城 우희 닐흔 살 쏘샤 닐흐늬 ᄂᆞ치 맛거늘 (용가40)

> (25) ㄱ. 一 乘의 微妙ᄒᆞᆫ ᄠᅳ들 펴 ᄀᆞ장 ᄒᆞ며 (월석서 21)
> ㄴ. 德이 萬 乘의 法 ᄃᆞ외요미 法이오 (월석8 : 25)
> ㄷ. 네 가짓 受苦ᄂᆞᆫ 生과 老와 病과 死왜라 (석보6 : 4)
> ㄹ. 온 가짓 즁ᄉᆡ이 머리옛 骨髓 ᄲᅧ디며 (월석2 : 38)
> ㅁ. 하ᄂᆞ리 英靈ᄒᆞᆫ 예 잣 모ᄆᆞᆯ 내시어(六尺軀) (금삼4 : 13)

예문 (24)은 수사가 직접 속격형을 취하고 명사를 수식한 것인데 수사가 직접 그 수에 해당한 대상(사람)임을 나타낸다. 예문 (25)은 수사가 단위명사와 결합한 뒤에 속격형을 취하고 명사를 수식한 것인데, 예문 (25ㄱ)의 ≪一

乘의 微妙혼 뜯≫은 한문의 ≪一乘之妙旨≫에 대한 뜻 옮김이기도 하겠지만 ≪微妙혼 뜯≫과 같은 명사구를 수식할 때에는 속격형 개입이 필수적이었을지도 모른다.

3. 결론

15세기 수량사구는 수사가 전치한 A형과 B형 구조에서는 비교적 자유로운 선택을 보였지만 수사가 후치한 C형과 D형 구조에서는 명사의 의미자질에 따른 선택 제약이 많았다. A형 구조에서는 명사의 의미자질에 관계없이 자유로운 선택을 보였지만 B형 구조에서는 인간명사의 선택을 제약했고 C형 구조에서는 추상명사의 선택을 제약했다. D형 구조에서는 동물명사와 추상명사 선택을 제약했다. 무정명사는 편중의 차이는 있지만 네 가지 유형 구조에서 모두 자연스럽게 받아들이는 모습을 보였다.

15세기 수량사구는 출현 빈도로 볼 때, A형 구조가 가장 높고 D형 구조가 가장 낮았다. 이로부터 가장 원초적인 수량사구는 A형 구조임을 알 수 있다. 그리고 단위명사 삽입이 수의적이고 규칙적이지 않아 오늘날과 많이 다른 양상을 보이고 있었다.

수량사구 구성요소들의 긴밀도로 볼 때, 수사와 단위명사 사이의 긴밀도가 수사와 명사 사이의 긴밀도보다 더 높았다.

인지언어학적 입장에서 볼 때, 단위명사의 삽입이 수사의 전치구조에서는 필요하겠지만 수사의 후치구조에서는 필요치 않을 수도 있음을 예고하고 있다. 수량사구에 대한 인지언어학적인 접근은 언어발달사 연구에 좋은 계기를 마련해 줄 것으로 기대하면서 그에 대한 고찰은 후일로 미룬다.

참고문헌

강보유. 2000. 「15세기 한국어 관형구조 연구」, 태학사.

고영근. 1987. 「표준중세국어문법론」, 탑출판사.

김민수. 1971. 「국어문법론」, 일조각.

김봉모. 1992. 「국어 매김말의 문법」, 태학사.

김영배. 1982. 「석보상절 제23.24 주해」, 일조각.

김영희. 1984, 「한국어 셈숱화 구문의 통사론」, 탑출판사

김종택. 1983. "석보상절의 표현구조", 「배달말」, 배달말학회 8.

김하수. 1976. "한국어 수량사 내포구문의 통사론적 연구", 연세대학교 석사학위논문.

남기심・고영근. 1987. 「표준 국어문법론」, 탑출판사.

남광우. 1980. 「보정 고어사전」, 일조각.

백춘범. 1992. 「조선어 단어결합과 단어어울림 연구」, 평양. 사회과학출판사.

안병희・이광호. 1990. 「중세국어문법론」, 학연사.

유창돈. 1994. 「이조어사전」(제10판, 연세대학교 출판부).

이기문. 1972. 「국어사개설」, 개정판 탑출판사.

이숭녕. 1981. 「중세국어문법」(증보개정판, 을유문화사)

이익섭. 1973. "국어수량사구의 통사기능에 대하여", 「어학연구」 9-1.

이필영. 1994. "속격 및 수량사구 구성의 격 중출에 대하여", 「남천박갑수선생화갑기
    념논문집 국어학연구」, 태학사.

정순기. 1988. 「조선어의 보조적 단어에 대한 연구」, 평양. 사회과학출판사.

채 완. 1982. "국어 수량사구의 통시적고찰-어순변화의 일례로서-", 「진단학보」
    pp.53-54.

채 완. 1983. "국어 수사 및 수량사구의 유형적 고찰", 「어학연구」 19-1.

최윤갑. 1987. 「중세조선어문법」, 연변대학출판사.

최현배. 1955. 「우리말본」, 정음사.

허 웅. 1975. 「우리 옛말본 : 15세기 국어 형태론」, 샘문화사.

屈承熹. 2005. 「漢語認知功能語法」, 黑龍江人民出版社.

鄧思穎. 2003. "數量詞主語的指稱和情態", 「語法研究和探索.十二.」, 商務印書館.

石毓智. 2004. 「漢語研究的類型學視野」, 江西敎育出版社.

邵敬敏. 1993. "量詞的語義分析及與名詞的双向選擇", 「中國語文」第3期.

孫錫信. 1992. 「漢語歷史語法要略」, 復旦大學出版社.

王 力. 1980. 「漢語史稿」.中冊., 中華書局.

劉寧生. 1995. "漢語偏正結構的認知基礎及其在語序類型學上的意義", 「中國語文」第2期.

劉 順. 2003. 「現代漢語名詞的多視角研究」, 學林出版社.

游順釗. 1988. "從認知的角度探討上古漢語名量詞的起源", 「中國語文」第5期.

陸儉明. 1988. "現代漢語中數量詞的作用", 「語法研究和探索」.四., 北京大學出版社.

李英哲. 2005. "漢語語序和數量在空間同事物中的分配", 徐杰主編「漢語研究的類型學視角」, 北京語言大學出版社.

李宇明. 2000. 「漢語量範疇研究」, 華中師範大學出版社.

林杏光. 1994. "論詞語搭配及其研究", 「語言教學与研究」第4期.

何 杰. 2001. 「現代漢語量詞研究」, 民族出版社.

| 이 논문은 동방학술논단 2집(2009, 한국학술정보)에 게재된 논문을 재수록한 것입니다.

전남 신안 지역어의 어휘적 특징

이 기 갑

1. 머리말

신안군은 전남의 서남부 해안에 자리 잡아 1,000여 개의 섬으로 이루어진 군이다. 우리나라에서 오직 섬만으로 이루어진 유일한 군이라 하겠다. 따라서 신안군의 언어 상황은 전라남도 서남부 지역의 일반적 특징을 공유하면서도, 한편으로는 섬 지역만의 독특한 언어적 양상을 보이는 것이 특징이다.

음운적으로는 단모음에서 /ㅔ/와 /ㅐ/가 중화되고, ㅅ 규칙활용을 보이거나 ㄹ 불규칙활용을 보이는 것 등은 전남방언의 일반적 특징에 해당한다. 그러나 모음과 모음 사이 또는 모음과 /ㅣ/ 모음 사이에서 자음이 탈락하는 현상 등은 신안 지역에서 특징적으로 나타나는 음운 현상이다.

문법적 특징은 전남방언의 일반적 특징과 거의 같은 양상을 보이나, 삼인칭 대명사 '그삼네'나 연결어미로서 '-드이'나 '-드이말로' 등이 쓰여 다른 지역과의 차이를 보인다.

신안의 언어적 특징을 가장 잘 보여 주는 것은 어휘 분야이다. 특히 친족어에서 전남의 육지 지역과는 다른 독특한 면을 보이며, 물고기의 이름, 물고기의 어미와 새끼를 구별하여 달리 부르는 것, 바닷가 지형의 여러 가지 명칭 등은 섬 지역만의 고유한 면을 보여 주는 예이다.

이 글에서는 신안 지역에서 사용되는 어휘 가운데 일부를 골라 그 특징을 기술하고자 한다. 이 글에서 논의될 어휘는 친족어, 택호, 물고기의 크기에 따른 이름, 바닷가 지형 등이며, 여기에 덧붙여 이 지역에서 사용되는 흥미로운 낱말들 몇 개를 용례와 함께 제시한다.

2. 친족어

(1) 아버지, 어머니, 할아버지, 할머니

아버지는 '아부지', 어머니는 '엄메', 할아버지는 '하납씨', 할머니는 '함쎄' 또는 '함씨'라 한다. 할아버지의 개신형으로 '하나부지', 할머니의 개신형으로 '할무니', '할마니' 등이 쓰이기도 한다. 한편 할아버지의 존대형으로 '조부씨'가 쓰인다. 고모나 이모는 중앙어와 같으며, 고모부는 '작숙', 이모부는 '이숙'이라 한다.

'엄메'에 대해 '*아베'와 같은 형이 기대되나, 이런 형은 사용되지 않는다. 이런 것은 어머니에 비해 아버지의 친밀도가 떨어지기 때문으로 보인다. 한편 신의에서는 '하납씨'의 /ㅂ/이 탈락되어 '하나씨'로 쓰이지는 않는다. 후술하는 바와 같이 '아잡씨'는 신의에서 '아자씨'나 '아저씨'처럼 /ㅂ/이 탈락되어 쓰이는 것과는 대조적이다. 결국 신의에서는 /ㅂ/ 탈락이 '아잡씨'에서만 일어나고 '하납씨'에서는 일어나지 않은 셈이다. 신안의 암태, 지도, 흑산도와 전남의 육지 일부에서는 '하나씨'처럼 /ㅂ/ 탈락이 일어난 형태가 쓰이기도 한다. 할머니에 대한 '함씨'는 기원적으로 '한+엄+씨'와 같은 형태소 결합에서 생긴 것이다. 전남의 육지에서도 '함씨' 형이 쓰이나, 이 경우는 매우 비하적인 말맛이 있는 점이 다르다. '함씨'는 신안의 하의, 장산, 암태, 흑산도, 그리고 완도의 평일도에서도 확인된 어형이다.

(2) 누나와 매형

누나는 '누님' 또는 줄여서 '님:'이라 한다. '누나'라는 말도 쓰이지 않는
바는 아니나 이는 육지에서 들어온 개신형이다. 한편 '님:'의 존대형은 '매
씨'이다. '매씨'의 '매'는 한자어 妹이며 여기에 존대의 접미사 '-씨'가 붙은
것으로서, 전남의 육지에서도 부분적으로 쓰이며, 신안이나 완도 일부에서
도 확인되는 형이다. 진도 조도에서는 '님:매'가 사용되었으나, 신안에서는
이런 말은 사용되지 않는다. 누나의 남편은 '매양'이라 한다. 이 '매양'은
'매형(妹兄)'에서 변이된 것으로서 전남의 육지에서도 사용되는 어형이다.

(3) 오빠와 올케

오빠는 '오람' 또는 '오랍씨'을 사용한다. '오람'은 '올+압'에서 변이된
것이며, '오람'에 비해 '오랍씨'는 존대형이다.[1] '오빠'는 육지에서 들어온
개신형으로서 최근에 쓰이기 시작한 말이다. 오빠의 부인은 '오라부댁'이라
하며, 호칭은 '성님'이다. 손위 올케가 둘 이상 있을 때에는 '큰 성님', '작은
성님' 등으로 부르기도 한다. '오라부댁'은 전남의 육지 지역에서 일반적으
로 사용되는 어형으로서 신안 지역어가 이 어형을 사용하는 것은 흥미롭다.
여자들의 택호를 나타낼 때, 서남해 섬지역은 육지의 '댁' 대신 '네'를 사용
하는 것이 일반적이다. 올케의 지칭어는 택호는 아니지만 택호처럼 섬 지역
에서는 '댁'을 기피하는 경향이 있는데,[2] 신안의 대부분의 섬 지역, 예를 들

---

1) '오람'은 신안의 장산, 하의, 흑산도 그리고 완도의 보길도와 소안도에서 확인되고, 이의 존
   대형 '오랍씨'는 신안과 완도의 대부분 지역에서 쓰이고 있다.
2) '오라부댁' 또는 '오라부덕'은 완도의 대부분 지역에서도 쓰이는데, 완도의 약산도, 소안도,
   평일도, 청산도 등에서는 '오라부덕' 외에 '오라부성'이 함께 쓰이고 있다. 이 '오라부성'은
   '댁'을 기피하기 위한 대안으로 선택된 어형으로 보이는데, 신안 지역에서는 일반적으로
   쓰이지 않는 형이다.

어 장산, 하의, 암태, 지도, 흑산도 등지에서는 '오라부덕'이나 '오라부댁'이 쓰이고 있어 육지와 차이를 보이지 않는다.

남동생은 '동숭'이라 하며 그 부인은 '동숭에댁' 또는 '동숭에'라고 한다. 장산도에서는 '동상에댁'이라 하기도 한다. '동상에댁'은 전남의 육지에서 확인되는 어형이다.[3] 중앙어 '동생'을 육지에서 '동상'이라 부르는 일이 일반적이다. '학생'을 '학상', '고생'을 '고상'처럼 '생'을 '상'으로 발음하는 것이 전남 육지 지역의 일반적인 음운 현상인데, 장산도는 이러한 육지의 음운 변이 양상을 따른 것으로 보인다. 반면 신의나 하의는 '동숭'이라 발음함으로써 육지와는 다른 섬 지역의 특징적인 변이를 보여 준다.[4]

(4) 언니와 형부

언니는 '성'이라 부르는 것이 일반적이었으며, 언니의 남편은 '아잠'이라 하였다. 이 '아잠'은 하의에서도 사용되었던 형이다. 개신형으로 '성부'가 쓰이기도 하지만, 이는 육지형이 그대로 유입된 것이다. '아잠'은 '앚-압'에서 기원한 것으로 보이는데. 이 '아잠'은 '오람' 등에 동화되어 '아잠'으로 바뀌게 된 것으로 보인다.

(5) 아들과 며느리, 딸과 사위

아들을 부를 때는 '손자 이름 + 납씨야'라고 하며, 며느리는 '친정 이름 + 아그야/엄메야'라 한다. 여기서 '납씨'는 '-네압씨'의 준말이므로, 예를

---

3) 완도의 일부 지역(약산도, 소안도 등)에서는 '동숭에처'와 같은 형이 확인된다.
4) 신안의 대부분의 지역에서는 '동상'이 쓰이며, 완도의 대부분의 지역은 '동상'과 '동숭'이 혼용되고 있다.

들어 아이의 이름이 '학순'인 경우 '학순 납씨야'라 부르는데, 이것은 '학순 네 압씨야'가 줄어든 말이다.[5] 또한 며느리의 친정이 '상태'인 경우, '상태 아그야', '상태 엄매야'라 한다. 그리고 시집간 딸을 부를 때는 '아기 이름 + 에미야', 사위를 부를 때는 '아기 이름 + 납씨야'라고 한다. 자은면에서 이웃 섬인 암태도로 시집간 딸은 '암태다그야'라고 부른다. 이 말은 지명인 '암태'와 '아그' 사이에 사이시옷이 개재된 '암탯아그'의 음성 실현형이다.

전남의 육지에서 사위를 부를 때에 사용되는 '-서방'은 신안 지역어에서 쓰이지 않는다. 또한 전남의 육지에서는 시집간 딸을 부를 때, 시댁의 성을 따서 '김실이', '이실이'라 부르기도 하지만, 신안에서는 역시 이런 호칭법 은 없다. '-실이'의 '실'은 한자어 室에서 온 것이며, 중앙어에서는 '-실이' 대신 순수 우리말인 '-집이'를 쓰기도 한다. 그러나 '-집이'는 현재 거의 사 용되지 않는 접미사이다.

(6) 시아주버니와 시아주머니

시아주버니의 지칭과 호칭으로서 '아저씨' 또는 '시숙'이 쓰인다.[6] 제보 자들은 '아저씨'가 구형이고 '시숙'은 신형으로 이해하고 있다. 만약 '아저 씨'가 구형이라면 옛날에는 시아주버니와 시동생이 모두 '아저씨'라는 단일 한 형태로 불린 셈이다.

신안의 여러 섬에서는 '시숙'이라는 말은 남편의 형님을 가리키는 것 외

---

5) 완도의 노화도나 고금도에서는 결혼한 아들을 부를 때, 아이 이름에 '-남', 며느리는 '-넘' 을 붙여 말한다. 예를 들어 아이 이름이 '복남'이라면 '복남이남', '복남이넘'이라 부르는 것이다. 이 '-남'과 '-넘'은 물론 '-네암'과 '-네엄'의 결합체로서 여기에 포함된 '암'과 '엄'은 각각 '아버지'와 '어머니'를 가리키는 말이다. 일반적으로 아버지는 '압'으로 나타나 지만, 여기서는 어머니의 '엄'에 유추되어 '압'에서 '암'으로 바뀐 것이다.

6) 완도의 대부분의 지역에서 시아주버니는 '시숙', 시동생은 '씨아제'라는 지칭어를 사용하 며, 부를 때에는 '시숙님'과 '아제'를 각각 사용한다. 보길도, 노화도, 고금도 등에서는 호 칭으로서 '아잡씨'가 쓰여 신안의 장산, 하의, 흑산도 그리고 진도의 조도와 같은 양상을 보인다.

에, 남편보다 나이가 많은 동네의 남자 어른들에게도 사용할 수 있다. 원래는 친족 관계에만 썼던 이 말을 친족이 아닌 사람에게까지 넓혀 사용한 것이다. 섬처럼 좁은 지역 안에서 폐쇄적으로 사는 사람들에게는 같은 동네에서 오래 살아온 사람들은 친족이 아니더라도 친족과 같은 유대 관계를 갖는다고 할 수 있는데, 이러한 집단의 성격이 친족명을 확대 사용하게 만든 이유로 보인다. 육지에서 '아제'의 경우 원래 당숙을 가리켰던 이 말을 동네 남자 어른을 가리키거나 부르는 말로 사용하는 것도 이러한 친족어 확대의 한 예가 될 것이다. 그러나 육지에서는 '시숙'을 결코 친척이 아닌 관계에 사용하지는 않으므로 이 점에서 신안의 '시숙'에 대한 사용은 특별하다고 할 수 있다.

여자들의 호칭뿐만 아니라 남자들의 호칭 가운데 친족이 아닌 관계에까지 친족어를 넓혀 사용할 뿐만 아니라, 애초 가까운 친족 관계를 나타내던 말이 먼 친족 관계에까지 확대되어 사용되는 말도 있다. '오춘'이란 말을 오춘 이상의 관계에까지 사용하는 것이 그런 예일 것이다. 즉 7촌, 9촌뿐만 아니라 아주 먼 친족의 당숙을 가리켜 '오춘 당숙'이라 할 수 있다는 것이다. 항렬을 엄격히 따져 부르지 않고 가까운 관계의 친족어를 사용함으로써 가깝게 느끼게 하려는 의도가 포함되어 있는 것이다. '오춘'의 이러한 확대 사용법은 신안의 여러 섬 지역에서 모두 확인되는 것들이다.

결국 '친족어 → 비친족 관계'와 '가까운 친족어 → 먼 친족 관계'에 적용하는 것은 모두 친족어를 엄격히 따지지 않고 현실적인 인간관계의 가까움 또는 가깝게 느끼기 위해 확대 사용한 결과인데, 이러한 친족어의 확대 사용이 좁은 지역의 섬 지방에서 흔히 일어나는 것은 결코 우연한 일이라 할 수는 없을 것이다.[7]

숙모는 작은어머니를 가리키는 말로서 신안에서 사용하는 말이다. 특히

---

7) 진도에서도 작은아버지나 큰아버지를 부를 때에는 흔히 '아버지'라고 한다는 지적을 진도 지산면의 제보자에게서 확인한 바 있다. 마찬가지로 작은어머니나 큰어머니를 그냥 '어머니'라 호칭하는 것이다. 이것 역시 좀 더 가깝게 부르기 위함이다.

가까운 당숙모를 가리켜 '숙모'라 하며, 숙항 항렬의 육촌이나 칠촌처럼 먼 관계에게는 '아짐/아짐씨'라는 말을 쓴다. 따라서 '숙모'와 '아짐'은 가까움의 정도에 따라 달리 쓰이는 셈이다.

한편 '숙모'와 '아짐'이 동네의 여자 어른을 가리킬 수도 있다. 이때에 '숙모'는 '아짐'에 비해 높이는 말맛이 있는 점이 다르다. 제보자에 따라서 일가 간에는 '숙모', 타성바지에게는 '아짐'이라고 한다고 하였다.

(7) 시동생과 동서

신안의 여러 섬 지역에서 시동생을 가리킬 때 '씨아제'라 하며, 부를 때는 '아저씨' 또는 '아자씨'라 한다. 그래서 "느그 씨아제 어딨냐?"라고 지칭하거나, "아저씨 이리 오씨요."처럼 호칭으로 쓰이는 것이다. 하의에서는 시동생의 지칭을 '씨아제' 또는 '씨아제비', 호칭을 '아잡씨' 또는 '아자씨'라 한다.[8]

호칭 '아저씨'는 '아잡씨'로부터 변화한 것이다. 즉 '아잡씨 > 아자씨 > 아저씨'와 같은 변화를 겪었을 것으로 추정된다. 동일한 변화가 육지의 방언형에서도 확인된다. 예를 들어 '하나씨'와 명령의 어미 '-으씨요' 등이 이런 경우이다('하납씨 > 하나씨', '-읍씨요 > -으씨요' 등). '하나씨'와 '-으씨요'는 육지에서 널리 일어난 변화이다. 그렇다면 '아잡씨 > 아자씨'에서 보이는 /ㅂ/ 탈락은 섬보다는 육지에서 활발히 일어난 음변화임을 알 수 있는데, 이런 변화가 신안의 여러 지역에서 일어났던 것이다.

지칭은 하의가 '씨아제비'와 '씨아제'를 혼용하고 다른 섬에서는 '씨아제'를 사용한다. '앚-아비'는 '아자비 > 아재비 > 아제비 > 아제이 > 아제'처

---

8) 완도에서 시동생의 호칭은 '아제'인데, 이 점에서 '아저씨'나 '아잡씨'를 쓰는 신안과는 차이를 보인다. 전남의 육지에서도 '아제'형임을 감안하면, 완도는 신안에 비해 육지와 비슷하나, 신안은 차이가 있음을 알 수 있다.

럼 모음 사이의 /ㅂ/ 탈락을 거쳐 '아제'로 발달한다. 비슷한 변화가 '할아버지'의 방언형 '하네'에서도 찾아진다('하나비 > 하내비 > 하네비 > 하네')[9].

(8) 시누이

시누이의 경우 손위와 손아래에 따라 다르다. 손위 시누이의 경우 '씨누'라 하고, 호칭은 '성님'이라 한다. 반면 손아래 시누이의 경우 지칭은 '씨동숭'이며, 호칭은 '동숭'이다. 육지에서는 결혼하지 않는 시누이를 '애기씨'라 하지만 신안에서는 이런 지칭이나 호칭은 사용하지 않는다. '씨동숭'은 그 음만을 따져 중앙어로 바꾼다면 '시동생'이 될 텐데, 신안의 '씨동숭'과 중앙어 '시동생'은 전혀 다른 의미로 쓰인다. '씨동숭'이 손아래 시누이를 가리킨다면, 중앙어 '시동생'은 남편의 남자 동생을 가리키기 때문이다. 앞에서도 언급한 바와 같이 신안에서 시동생은 '씨아제'이므로, '씨동숭'이 시누이를 가리킬 수 있는 것이다.

시누이의 남편은 '씨누 남편' 또는 '아저씨'라 하며, 시동생 남편 역시 '아저씨'라 한다.

(9) 처형과 처남

처형과 처남은 표준어와 마찬가지로 '처형', '처남'을 쓴다. 처남의 부인은 '처나무댁'이라 하며, '*처아짐씨'라는 말은 사용하지 않는다. '처나무댁'은 전남의 육지에서도 사용되는 어형이다.

---

9) '하납씨'형이 서남해 섬 지역에서 사용되는 반면, '하네'형은 전남의 육지 지역에서 쓰이는데, 이러한 지리적 분포 상황은 '아잡씨'와 '아제'의 분포 상황과 같다. 다시 말하면, '아잡씨'는 서남해 섬 지역의 전형적인 방언형이라면, '아제'는 전남의 육지의 전형적인 형태라 할 수 있다. '하네'는 완도의 약산도에서도 확인된다.

(10) 외삼촌

외삼촌은 지칭과 호칭 모두 '외삼춘'이라 하며, '*외아자씨/*외아제'라고 는 하지 않는다.

(11) '아제'와 '아저씨'

신안에서는 '아제'라는 말을 사용한다. 예를 들어 신의와 하의에서 이 말을 여자들이 사용할 때는, 자신의 남편보다 손아래 남자에게 주로 쓰는데, 아이의 이름과 결합하여 '아무개네 아제'라고 한다. 이와 대립적으로 자신의 남편보다 손위의 남자에게는 신의의 경우 '아저씨' 또는 '아자씨', 하의에서는 '아잡씨'라는 말을 사용한다.

'아제'를 남자들이 사용할 경우, 하의도의 오림리 정복기 할아버지에 따르면, 남자의 경우 같은 씨족으로서 항렬은 화자보다 높으나 나이가 어린 사람을 지칭하거나 호칭할 때 '아제'라는 말을 쓴다고 한다. 반면 신의에서는 나이는 어리지만 항렬이 높으면 '숙'이라 하며 '아제'라고는 할 수 없다고 한다. 남자들이 동네의 손아랫사람을 가리킬 때에도 '아이의 이름 + 아제'라고 부르지 않고, '아무개 납씨'라 한다고 하여 하의와 차이를 보여 준다.

한편 신의 하태에서는 숙항 정도의 친척 또는 동네 어른에게 '아제' 또는 '아저씨'라는 말을 쓸 수 있다고 하여, 전남의 육지 지역과 유사한 용법을 보여 주었다. '아제' 대신 '오춘'이라는 말을 사용할 수 있는데, '오춘'이나 이의 높임말 '오춘님'은 '아제'나 '아저씨'에 비해 상대적으로 존대하는 느낌이 있다고 한다.

자은에서 '아제'는 남자와 여자 모두 사용하는데, 남자들이 사용하는 '아제'는 아버지 또래의 남자 어른이나 숙항 항렬의 친척 남자 어른들을 가리키거나 부를 때 쓴다. 반면 여자들은 '아제'라는 말로 시아버지 또래의 동네 어른을 가리키는 데 사용한다.

3. 택호

우리의 전통 문화에서는 결혼한 성인의 이름은 함부로 부르지 않는 것이 예의였다. 그래서 발달한 것이 택호(宅號)이다. 이것은 남자의 경우 처가 동네의 이름 그리고 여자는 친정 동네의 이름을 따서 간접적으로 그 사람을 부르는 방식인데, '수원'에서 시집온 여자를 '수원댁'이라 부르는 것이 그 예이다. 이처럼 친정 지명을 이용하는 것은, 일반적으로 같은 동네에 사는 여자들의 친정 지명이 다르므로 이들을 구별하기가 용이하기 때문이었다.

전남 지역도 이러한 택호를 이용하여 성인의 남녀를 부르는데, 남자는 '양반', 여자는 '떡'이라는 말을 덧붙인다. 그래서 만약 그 여자가 담양에서 시집온 사람이라면 '담양떡'이 될 것이고, 그 남편은 '담양양반'이라 불린다. 접미사 '-떡'은 宅을 뜻하는 말 '덕'에 사이시옷이 결합한 말이니, '담양떡'은 '담양의 댁'이라는 뜻일 것이다.

그런데 전남의 서남해 섬 지역은 아이의 이름과 여자의 친정 지명을 모두 이용하는 독특한 방식을 사용한다. 우선 섬 지역에서는 아기를 낳을 경우, 정식 이름을 짓기 전에 이른바 속명으로 부르는 전통이 있다. 그런데 이 속명은 아기의 성별과 아기를 낳은 어머니의 친정 이름을 결합하여 만든다. 아기가 아들이면 진도, 신안 등지의 섬에서는 접미사 '-수'를 결합시키며, 딸인 경우에는 진도의 경우 '-단', 신안의 경우 '-ㅅ니'를 붙인다. 그래서 '하태'에서 시집온 여자가 낳은 아들은 '하태수'라 불리게 되며, 딸은 '하태단'(진도), '하탯니'(신안)처럼 불리는 것이다. '-니'의 경우는 사이시옷이 개재되어 '-ㅅ니'라고 해야 한다. 장산도에서는 아이의 외가 지명과 함께 다른 속성을 붙여 이름을 짓기도 한다. 예를 들어 8월에 낳았다고 하여 '팔월

니'라 하기도 하고, 시몰이나 자라도에서 낳은 아이는 '시몰니'나 '자라돗
니'라 하기도 한다. 한편 자은도에서는 첫애의 성별에 따른 접미사의 구별
사용은 없다. 즉 '-수'와 '-단' 또는 '-수'와 '-니' 등의 대립은 없었다. 다
만 아이를 낳기 전의 부인들을 부르는 방식은 부인의 친정 지명에 '-수네'
를 결합시키는 것이어서, 만약 대율에서 시집온 여자라면 '대율수네'라고
불렀다고 한다. 이처럼 자은면에서는 '-수네'가 더 이상 분석되지 않고 마
치 하나의 택호 접미사처럼 기능하게 되었다는 것이다. 이것은 애초 조도
등지에서 수립된 아이의 성별에 따른 구별 방식이 지리적으로 점차 멀어지
면서, 자은면에 이르러서는 그 구별이 사라지고 오직 기본형인 '-수네'가
쓰일 뿐인 것이다. 이러한 현상은 비금면에서도 확인되었다.

　이렇게 첫 아이의 속명이 정해지면, 그 어머니의 택호는 여기에 접미사
'-네'를 결합하여 정해진다. 아이가 아들이면, '하태수네'가 될 것이고, 딸이
면 '하태단네' 또는 '하탯니네'가 될 것이다. 그래서 '모롱지수네', '기동수
네', '상탯니네' 등과 같은 택호가 흔히 쓰이고 있다.

　그런데 같은 마을에서 시집온 경우는 어떠한가? 예를 들어 하의도 대리
에서 대리로 시집온 여자를 '대리수네'라고 부를 것인가? 이런 경우 하의나
장산에서는 '본토수네'라 하고, 신의에서는 '한몰수네'라 부르며, 자은도, 비
금도에서는 '본촌수네'라 부른다. 본토와 본촌은 모두 한자어 本土와 本村일
것이며, '한몰'은 '한 마을'의 방언형으로서 같은 마을에서 시집온 여자라는
뜻이다.10)

　이제 갓 시집와서 아직 아이가 없는 여자의 택호는 어떠할까? 이런 경우
는 남자 아이를 가리키는 접미사 '-수'가 무표적으로 붙는다. 그래서 '모롱
지'에서 시집온 여자는 아이를 낳기 전에는 '모롱지수네'라 불리는 것이 일
반적이었다.

---

10) 전남 광양에서는 '제동때기'라 하는데 이것은 재귀대명사 '제'에 한자어 洞이 결합한 것
　　이다.

4. 물고기의 크기에 따른 구분

(1) 숭어

   a. 참숭에/개숭에(씨렝이) : 참숭어와 개숭어를 구별한다. 개숭어는 '씨렝이'라고도 부른다. 개숭어는 머리가 크고, 색깔이 검으며, 제사상에 놓지 않는다. 접두사 '참'과 '개'는 우리말에서 흔히 좋은 것과 그렇지 않은 것을 구별할 때 붙인다. 예를 들어 '참꽃'과 '개꽃'이 그것이다.

   b. 숭어는 크기에 따라 이름이 다양하다.
     쌀모치(15센티 정도) - 보릿모(20센티 정도) - 모치(25-30센티 정도) - 외손재비(숭에 동생) - 누렁모 - 무걸모 - 숭에

일반적으로 숭어는 크기에 따라 새끼와 다 큰 것 등의 두 종류를 구별하여 이름을 달리 부른다. 진도의 조도에서는 새끼를 '모치' 또는 '모뎅이'라 하고, 다 큰 것을 '숭에'라 한다(왕한석 2010 : 68). 신안의 하의에서도 '모치'와 '숭에'의 두 가지를 구별하였다. 신의의 경우, 어장 일을 하지 않는 상태에서는 하의와 마찬가지로 '모치'와 '숭에'의 두 가지만을 구별하였으나, 하태에서는 위에서 보는 바와 같이 7가지를 구별하였다.[11] 위의 7가지의 이름 가운데 '외손재비'와 '숭에'를 제외하고는 모두 '모'라는 형태소가 포함되어 있으므로 이 '모'가 다 자라지 않은 숭어를 가리키는 말로 보인다.

한편 자은에서는 아래와 같이 다섯 가지의 이름을 구별하였다.

   곡싸리-몬치-거머리/뎅가리-동에-숭에

다른 물고기와 달리 숭어에서는 왜 이와 같이 크기에 따른 다양한 이름이

---

11) 하태의 제보자는 목포에서 '모치' 대신 '모당구'라는 말을 사용하기도 한다고 하였다.

발달했을까? 아마도 숭어가 가장 흔하게 잡히고, 가장 많이 잡히는 물고기이며, 섬 지역 사람들이 가장 쉽게 먹을 수 있는 물고기이기 때문일 것이다.

(2) 농어

　　껄떡/깔치막 – 보껄떡 – 농에

　농어는 크기에 따라 '껄떡', '보껄떡', '농에'의 세 가지가 구별된다. 진도 조도에서는 '깔따구'와 '농어', 신안의 여러 섬에서는 '껄떡'과 '농어'의 두 가지가 구별되었었다. 조도의 '깔따구'와 신안의 '껄떡'은 같은 어원에서 출발한 것이며, 조도 어형의 '깔따구'는 '껄떡'과 달리 모음이 양성모음이며, 접미사 '-아구'가 결합한 점에 차이가 있다.

　신안 신의도에서 흥미로운 것은 크기에 따른 세 가지의 구별과 함께 '껄떡'을 '깔치막'이라고도 한다는 사실이다. '껄떡'이라는 명칭이 신안을 비롯한 섬 지역의 공통된 것인데, 여기에 덧붙여 '깔치막'이라는 이름이 발달한 데에는 나름대로의 사연이 있다.

　신의에 집단적으로 살고 있는 '전'씨의 5대 조부 가운데 이가 두 줄로 난 분이 계셨다. 그런데 신안 안좌면에도 마찬가지로 이가 두 줄로 난 사람이 있었는데, 그 사람은 이 5대조보다 나이가 많았다. 이가 두 줄로 난 것은 농어의 이빨의 모습과 같기 때문에 사람들은 이런 식으로 이가 돋아난 사람을 '농어'로 부르게 된다. 그런데 안좌와 신의의 두 사람 가운데 나이가 많은 사람을 '농어', 적은 사람은 '껄떡'이라고 부르게 되니, 이 5대조의 별명이 '전껄떡'이 되게 되었다. '전껄떡'이라는 별명의 어감이 좋지 않아서, '껄떡' 대신 새로운 이름 '깔치막'이라는 이름을 만들게 되었다. 이후에 '깔치막'은 '전깔치막'이라는 별명뿐 아니라 농어의 새끼를 가리키는 새로운 이름으로 쓰이게 되었다고 한다.

(3) 민어

통치/민어새끼 - 민어

민어 새끼에 대해 신안에서는 '통치'라는 명칭을 쓴다. 이 명칭은 신안과 함께 진도 조도에서도 함께 쓰이는 명칭이다. 진도 조도에서는 '민어'보다 큰 것을 '민둥이'라 하였으나, 자은에서는 통치보다 더 작은 것을 '민둥이' 라 하였다.

(4) 갈치

풀갈치 - 갈치

갈치 가운데 작은 것은 풀갈치, 큰 것은 갈치라 한다. 진도 조도에서는 '풀갈치'에 대해 '풀치'라는 말을 사용한다.

(5) 멸치

a. 멜 - 통멜

멸치에 대한 신안의 명칭은 '멜'이다. 이 '멜'은 기본적인 멸치를 가리키 며, 이보다 크기가 큰 멸치는 '통멜'이라 부른다. '통'은 둥글고 긴 동강으로 서 속이 빈 물건을 가리키는 말인데, 여기서는 나뉘지 않은 전체를 가리키 는 뜻으로 쓰였다. 기본적인 것이 무표이고, 이보다 작은 것에 지소접사 등 일정한 표지를 붙이는 것이 일반적이다. 예를 들어 '숭에'는 무표형으로서

제일 큰 것을 가리키고, 이보다 작은 여러 종류에 각각 다른 이름이나 접미
사들이 결합되어 있음은 앞에서 본 바와 같다. 민어의 경우도 큰 것을 '민
어', 작은 것을 '통치'라 하여, 별도의 이름이 쓰인다. 이런 점에 비추어 보
면 '멜'과 '통멜'의 대립에서 무표형인 '멜'이 작은 것을 가리키는 것은 매
우 이례적이라 할 수 있는데, 이것은 멸치가 본질적으로 크기가 작은 물고
기이기 때문으로 보인다. 또 하나의 흥미로운 점은 민어의 새끼인 '통치'와
큰 멸치인 '통멜'의 '통'의 지시 의미가 각각 다르다는 것이다. '통치'의 '통'
은 작은 것을 가리킨다면, '통멜'의 '통'은 큰 것을 가리키기 때문이다.

    b. 멜(생것. 굵은 것, 작은 것.) - 멜치/이르꼬(마른 것)

  신안의 멸치와 관련된 또 다른 대립은 '멜'과 '멜치'이다. '멜'이 생 멸치
를 가리킨다면 마른 것은 '멜치' 또는 일본말 '이르꼬'라고 한다. 아마도 '멜
치'는 중앙어에서 유입된 것으로 보이며, 육지에서 멸치는 대체로 마른 것
으로만 인식하기 때문에 이 어형을 유입한 신안에서도 마른 멸치를 가리켜
'멜치'라 부르는 것으로 이해된다. '멜치' 이전에는 일본말 '이르꼬'가 쓰였
을 것으로 추정된다.

(6) 낙지

    갈낙지(작은 낙지) - 낙지

  낙지 새끼를 가리키는 말로서 단순히 '작은 낙지'라고도 하고, 때로는 '갈
낙지'라고도 한다. 무안 등지에서 '세발낙지'라고 말하는 것이 바로 '갈낙
지'이다.

5. 바닷가 지형

섬 지형의 특성상 육지에서 바다로 향하는 지리적 환경에 대한 다양한
어휘가 발달한 것은 자연스러운 일이다. 이러한 바닷가 지형에 대해 신안
지역에서 사용되는 어휘로는 다음과 같은 것들이 있다.

(1) 갱번 : '갱번'은 '바다' 또는 '바다와 개펄을 포함한 지역'을 가리킨다.
그래서 '갱번에 간다'라고 하면, 바다에 가서 고기를 잡거나 굴을 따
는 일 등을 하는 것을 가리킨다.

(2) 짝지 : '짝지'는 바닷가의 자갈 있는 곳을 말한다. 짝지는 바닷물이 빠
져도 자갈이 드러나는 곳, 신의 지역 말로는 '짜갈짜갈한' 곳을 말한
다. '짜갈짜갈하다'의 어근 '짜갈'은 '짝'과 접미사 '-알'로 분석되는바,
이 '짝'은 '자갈'에 포함된 '작'과 같은 어원일 가능성이 크다.

(3) 모래장불 : '모래장불'은 모래가 넓게 있는 곳을 가리킨다. 해수욕장의
모래사장처럼 그렇게 모래가 넓게 퍼져 있는 곳을 가리키는데,

(4) 뻘땅, 뻘바닥 : 개펄을 '뻘'이라 하고 개펄로 이루어진 곳을 '뻘땅' 또
는 '뻘바닥'이라 한다. '뻘바닥'의 '바닥'은 '바다'의 뜻이니, 개펄로 이
루어진 바다라는 뜻일 것이다.

(5) 뻘각단 : 개펄이 시작되는 지점 즉 개펄과 모래 땅 또는 짝지와의 경
계 지역을 가리킨다.

(6) 물각단 : 물각단은 바닷물이 빠져 나갈 때의 끝 지점을 가리킨다.

(7) 바당/바닥 : '바다'를 신안에서는 '바닥' 또는 '바당'이라 한다. 그래서
개펄로 이루어진 바다는 '뻘바닥', 자갈이 있는 바다는 '자갈바닥', 모
래가 있는 바다는 '모래바닥'이라 한다.

(8) 덴둥/덴두막 : 개펄 중에 땅이 단단하고 물이 빠지면 좀 높게 솟아 있
는 곳을 '덴둥'이라 하며, 장산에서는 '덴두막'이라 한다. 아마도 형용
사 '되다'를 포함한 '된둥'에서 온 것으로 보인다.

(9) 진참 : 개펄 가운데 물이 질퍽한 곳은 '진참'이라 부른다. 이 '진참'은
'덴둥'과 대조되는 지형이며, 이런 지형에는 다양한 게가 살 수 있다.
아마도 형용사 '질다'를 포함한 말로 보인다.

(10) 개옹 : 갯고랑. 개펄 안에도 내처럼 물이 흐르는 곳이 있는데 이런 곳

을 '개옹'이라 한다. 이 '개옹'은 바닷물이 빠져 나가더라도 물이 흐르
는 곳이기도 하다.

6. 어휘의 실제 쓰임

* 서니 : 셋이
(예) 그레야꼬 거그서 서니 아퍼갖고 함뻔에 하고 그러드이 {그래가지고
　　거기서 셋이 아파가지고 한 번에 하고 그러더니}

* 닿다/닳다 : 닿다
(예) 구시이 못 닿고 닳고 하겠소이~? {귀신이 못 닿고 닿고 하겠소?}

* 별별곳 : 별의별 곳
(예) 벨 반디다 다 차러 놓고 셈에다도 차러 놓고 {별의별 곳에다 다 차려
　　놓고 샘에다가도 차려 놓고}

* 펭으 : 내나. 결국. 어차피
(예) 근디 굿 헤서도 팔자가 펭으 그 팔자드만. {그런데 굿 해서도 팔자가
　　내나 그 팔자더구면.}

* 이러트먼 : 이를테면
(예) 시상에 베암이 이마나 진 놈이 쩌 거 성주 밑에 이러트믄 밥 차러 논
　　데 {세상에 뱀이 이만큼이나 긴 것이 저 그 성주 밑에 이를테면 밥 차
　　려 놓는 데}

* 딸딸 : 둘둘
(예) 거가서 딸딸 몰아갖고 요로꾸 몰아갖고 고게는 가운데다 땅 네놓고
　　이롱고 앙겄드락 하요, 낮에 봉께. (웃음) {거기서 둘둘 말아가지고 이
　　렇게 말아가지고 고개는 가운데다 딱 내어 놓고 이렇게 앉았더라고

하오. 낮에 보니까.}

* 꾸석데기 : 구석
(예) 예. 그 밥 차라논 디 쩌짝 꾸석떼기다 젤로 그 욱에 쩌 욱에 거그다가
    차라 놉디다. {예. 그 밥 차려 놓는 데 저쪽 구석에다 제일 그 위에 저
    위에 거기다가 차려 놓습디다.}

* 한번에는 : 한번은
(예) 그랬다가는 한번에는 인자 사람이 읎어. {그랬다가 한 번은 이제 사람
    이 없어.}

* 떽에 : 때에
(예) 우리 아부지가 다섯 살이나 묵었을 떽에 어메가 죽었답다. 어메 죽어
    부릉께 {우리 아버지가 다섯 살이나 먹었을 때에 어머니가 죽었답디
    다. 어머니 죽어 버리니까.}

* 야차막하다/너푸다 : 야트막하다/높다
(예) 그 인자 설에 멋얼 고로고로 헤갖고꼬 상에다 담어서 마당에다 야차
    막하게 나도. 너푸면 못 단다고 {그 이제 설에 뭘 고루고루 해가지고
    상에다 담어서 마당에다 야트막하게 놔 둬. 높으면 못 닿는다고.}

* 웜메웜메 : 아이고 아이고
(예) 그레가꼬 아들 둘이 죽어 불었넌디 그 웜메웜메 그릏게도 날마당 날
    마당 울고, 날마당. {그래가지고 아들 둘이 죽어 버렸는데 그 아이고
    아이고 그렇게도 날마다 날마다 울고 날마다.}

* 당아 : 아직
(예) 그럼서로 인자 그놈을 하고 있능께 아이 그놈얼 불도 당아 덜 뗐는디
    에야가 거그 그서기 막 드롬서 나 붔어. {그러면서 이제 그것을 하고
    있으니까 아니 그것을 불도 아직 덜 뗐는데 아기가 거기 거시기 막
    들어오면서 낳아 버렸어.} @2 아

* 널다 : 열다
(예) 거그 가서 말혰등가 우리 시염 저 시야제가, 세차 시야제가 으 절 거
    가세하고 실하고 헤서 요 문 카만이 널고 이릏게 딜에나 주드라고.
    {거기 가서 말했던지 우리 저 시동생이 셋째 시동생이 저 그 가위하
    고 실하고 해서 이 문 가만히 열고 이렇게 들여놔 주더라고.}

* 쩍서 : 저기서
(예) 그래서 이 쩍서 사갖고 왔다 네가 그렜제. {그래서 이 저기서 사가지
    고 왔다 내가 그랬지.}

* 데고데고 : 대충. 함부로
(예) 그럴 떼는 기양 데고데고 혰어. {그럴 때는 그냥 대충대충 했어.}

* 소랍다 : 수월하다
(예) 그레야꼬 나코 나코 항께 소랍기는 합디다. {그래가지고 낳고 낳고 하
    니까 수월하기는 합디다.}

* 여러니 : 여럿이
(예) 여러니 죽었었라우. {여럿이 죽었었어요.}

* 뽀짝 : 바싹
(예) 우리 집 뽀짝 욱에가. {우리집 바짝 위가.}

* 드글드글 : 득시글득시글
(예) 야 초분도 드글드글헤라우. {이 초분도 득시글득시글해요.}

* 멜 : 이유
(예) 그렜는디 인자는 죽을 멜이 없어라. {그랬는데 이제는 죽을 이유가 없
    어요.}

* 찌드란하다 : 기다랗다
(예) 그레야꼬 잘 상게 열을 겁나게 그 영감 맞체서 인저 헤가꼬 거 칠이

랑 치레서 누금 저 그 영감 방에다가 찌드란하게 그놈 깔아났드라고. 어 무삽데. 크네기 떼, 에기들이라. {그래가지고 잘 사니까 관을 굉장히 그 영감 맞춰서 이제 해가지고 그 칠이랑 칠해서 누구 저 그 영감 방에다가 기다랗게 그것 깔아 났더라고. 어 무섭데. 처녀 때. 아이들이라.}

* 빈골로 : 빈손으로
(예) 그럼 다 빈골로 못 나와라우. {그럼 다 빈손으로 못 나와요.}

* 정기 : 부엌
(예) 마당 보꼬, 정기 보꼬, {마당 밟고 부엌 밟고}

* 짬/짠 : 좀
(예) 헸는디 시누데가 하다 많있싱게 엣날에 복조리 멘든 사람이나 우리집 아 알아갖고 짬 베여가문 쓰겄다 그른 생각으 듭디다. {헸는데 해장죽이 하도 많이 있으니까 옛날에 복조리 만든 사람이나 우리집 아 알아가지고 좀 베어 가면 좋겠다 그런 생각이 듭디다.}
(예) 아야, 문주야. 아부지가 소 갖고 나가 불었어. 허. 가 바야 짠 니가. {아야, 문주야. 아버지가 소 가지고 나가 버렸어. 허. 가 봐 좀 네가.}

* 옇다 : 넣다
(예) 아이, 여러 가지 여갖고도 하고 기냥도 하고 거 셍펜 멘들게. {아이, 여러 가지 넣어가지고도 하고 그냥도 하고 거 송편 만들게.}

* 찍다 : 찧다
(예) 삼잎삭 뜯어다가 그놈하고 찍어서 만들아노먼 더 맛있다고 멘들았어라우. {삼잎 뜯어다가 그것하고 찧어서 만들어 놓으면 더 맛있다고 만들었어요}

* 자리 : 곡(曲)
(예) 잘 헤. 잘 한 사람 따로 있어라우. 난 한 자리도 못헤라우. {잘 해. 잘 하는 사람 따로 있어요. 난 한 곡도 못 해요.}

* 나코 : 나중에
(예) 나코 가도 나는 죽을 떼까지 뎅길 사람잉께. {그런데 당신이나 가. 난
    안 갈 테니까. 나중에 가도 나는 죽을 때까지 다닐 사람이니까.}

* 궂지다 : 궂다
(예) 응. 영감이 그레도 더 낫어. 아무리 궂져도 {응. 영감이 그래도 더 나
    아. 아무리 궂어도.}

* 어짠 : 어떤
(예) 그라면 어짠 사람들은 또 하다하다 업어다만 주락옹께 기벌이라도 지
    고 와 기발. {그러면 어떤 사람들은 또 하도 하도 업어다만 달라고 하
    니까 '기발'이라도('기발'은 지게의 일종) 지고 와 기발.}

* 벨척시롭다 : 별나다
(예) 벨척시뢰. {별나.}

* 핑기다 : 뿌리다
(예) 이를 떄 핑게. {이럴 때 뿌려.}

* 수데로 : 그 수 전부
(예) 그레야꼬 와서 수데로 인자 막 끄집어 네렜제. 인자 그 불질러 붓어갖
    고 얼릉 탁 인자 꺼야근디 끄도 못하고, {그래가지고 와서 모두 이제
    막 끌어 내렸지. 이제 그 불 질러 부어가지고 얼른 탁 이제 꺼야 하는
    데 끄지도 못하고}

* 끄집다 : 끌다
(예) 그레야꼬 마당에가 짐 멋이 한나 차 불었어 지비. 막 끄집어 네레갖고
    다 타져갖고. {그래가지고 마당에 짚 뭐가 가득 차 버렸어 짚이. 막
    끌어 내려가지고 다 타가지고.}

* 찌클다 : 끼었다
(예) 그레야꼬 여 그떄 겟물 질러다가 찌클었다 하데. 무 딴 뭇헌 읎잉께.

{그래가지고 이 그때 갯물 길어다가 끼었었다고 하데. 뭐 다른 물은 없으니까.} @2 에헤

* 어너이 : 예상보다 훨씬
(예) 야 어너이 따숩제. {예. 훨씬 따뜻하지.}

* 암제라도 : 아무 때라도
(예) 암제라도 {아무 때라도}

* 삘레 : 호드기
(예) 그게 지금 삘레 분다고 옛날에는. 보릿데 보릿데 삘레 분다고. {그게 지금 호드기 분다고 옛날에는. 보릿대 보릿대 호드기 분다고.}

* 눌루베이 : 노르스름하게
(예) 꼭 서리라면 또 놈우 보리도 눌루베이 익으면 {꼭 서리라면 또 남의 보리도 노르스름하게 익으면}

* 걸맊 : 대문밖 길
(예) 여까지 물이 들그등이라우. 우리 우리 걸맊에까지. {여기가지 물이 들거든요. 우리 우리 대문께까지.}

* 이상 : 꽤
(예) 이상 넘어다 보드락혜야 도께비가. {제법 넘겨다 보더래 도깨비가.}
(예) 이르게 꼴랑지 달려 갖고 요마나 진 놈이 이상 너푸게 날라가데. {이렇게 꼬리 달려가지고 이만큼 긴 것이 꽤 높게 날아가데.}

* 사방데 : 사방
(예) 사방데가 초분이 드글드글했어도 옰어. {사방이 초분이 드글드글했어도 없어.}

참고문헌

김웅배. 1983. "암태도의 방언 어휘", 「도서문화」 1, 목포대 도서문화연구소, pp.149-175.

김웅배. 1985. "하의 장산도의 방언 어휘 자료", 「도서문화」 3, 목포대 도서문화연구소, pp.317-358.

김웅배. 1986. "안좌도 방언의 어휘 자료", 「도서문화」 4, 목포대 도서문화연구소, pp.253-274.

김웅배. 1987. "지도 방언의 어휘 자료", 「도서문화」 5, 목포대 도서문화연구소, pp.361-382.

김웅배. 1988. "흑산도 방언의 어휘 자료", 「도서문화」 6, 목포대 도서문화연구소, pp.315-340.

김웅배. 2000. "압해도 방언의 어휘 자료", 「도서문화」 18, 목포대 도서문화연구소, pp.317-392.

박경래·이기갑·강영봉. 2013. "새로 발굴한 어휘(11)", 「방언학」 17, 한국방언학회, pp.309-338.

왕한석. 2010. 「한국의 언어민속지. 전라남북도 편」, 서울대학교 출판부, p.382.

이기갑. 1990. "전남 신안 지역의 언어지리적 성격", 「도서문화」 7, 목포대 도서문화연구소, pp.127-135.

이기갑. 2010. 「2010년도 전남 지역어 조사 보고서(어휘·음운·문법)」, 국립국어원, pp.194.

이기갑. 2011. "방언문화", 「도서문화유적 지표조사 및 자원화 연구 9. 하의면 편」, 도서문화연구원, 신안군, pp.225-246.

이기갑. 2012. "방언문화", 「도서문화유적 지표조사 및 자원화 연구 10. 신의면 편」, 도서문화연구원, 신안군, pp.249-274.

이기갑. 2013a. "방언문화", 「도서문화유적 지표조사 및 자원화 연구 11. 암태면 편」, 도서문화연구원, 신안군, pp.205-224.

이기갑. 2013b. 「전라도의 말과 문화」, 도서출판 지식과 교양, p.305.

이기갑. 2014a. 「도서문화유적 지표조사 및 자원화 연구 12. 자은면 편」, 도서문화연구원, 신안군, pp.201-223.

이기갑. 2014b. 「도서문화유적 지표조사 및 자원화 연구 13. 장산면 편」, 도서문화연구원, 신안군, pp.279-303.

이기갑·고광모·기세관·정제문·송하진. 1998. 「전남방언사전」, 태학사, p.673.

| 이 논문은 신안군지(2014, 신안군)에 게재된 논문을 재수록한 것입니다.

중국 조선어의 한어기원 한자어 의미 연구

남 명 옥

1. 서론

본 연구는 현대 한어[1]에서 기원된 한자어를 연구 대상으로(이하 '한어기원 한자어'로 약함) 한어기원 한자어의 정의와 수용 양상, 그리고 한어기원 한자어의 의미 특성을 살피는 데에 목적을 둔다.

한어기원 한자어[2]는 기존의 한자어가 아닌 현대 한어에서 새로 수용한 한자어로서 중국 조선어[3] 어휘 발전의 필연적 산물이라고 할 수 있다. 언어

---

1) 현대 한어는 북경 어음을 표준음으로 하고 북방 방언의 어휘를 기초로 하며 모범적인 현대 백화문 저작을 문법 규범으로 한 보통화(普通話)를 가리킨다. 일반적으로 신문화운동이 시작된 '5.4운동'을 그 시점으로 보며 성조, 권설음, 兒化音이 있고 간체자와 병음을 사용하는 특징이 있다.
2) 한자어는 '기본적으로 우리말 가운데 한자로 적을 수 있는 낱말'(심재기, 1987)을 가리킨다. 기원적으로 보았을 때 국어의 한자어는 중국 한자어, 일본 한자어, 한국 한자어 세 가지로 나눌 수 있다. 본 연구에서 말하는 '한어기원 한자어'는 기존에 사용되던 '중국 한자어'가 아닌, 현대 한어를 통하여 조선어가 새롭게 수용한 한자어를 가리키며 이미 사전에 수록되어 중국에서는 표준으로 사용되고 있는 한자어를 가리킨다.
3) '중국 조선어'는 '19세기 말의 근세 조선어(한국어)를 기초로 형성된 것으로 중국에 사는 약 180만 명의 조선족들이 현재 사용하고 있는 말'로 정의할 수 있다. (김동소 외, 1994 : 111). 최희수(1989)에서는 중국 조선어의 특징을 다음과 같이 설명하였다. '① 중국 조선어는 현대 조선어(한국어)를 기초로 하여 형성된 것이 아니라 근세 조선어(구체적으로는 1869년 대량 이주 이후)를 기초하여 형성된 것이다. ② 중국 내에서 조선어 방언섬이 형성되고 발전되었다. ③ 남·북한어의 영향보다도 한어의 절대적인 영향을 받았다.

유형으로 보면 조선어와 한어는 현저한 차이가 있다. 중국 조선어는 중국내 기타 소수 민족과는 달리 한자를 유대로 한어기원 한자어를 수용하기에 민족어의 특성을 나타내고 있다. 또한 어휘적 측면에서도 남북한과 다소 다른 양상을 보이면서 발전하였는데, 이런 지역적 특성은 바로 중국이라는 특정된 언어 환경 속에서 이중 언어생활을 하면서 한어기원 한자어를 대량 수용한 것과 직접적인 관계가 있다.

지금까지 한어기원 한자어에 대한 연구는 새 어휘의 체계 속에서 혹은 한어와의 비교 속에서 부분적으로 진행되었을 뿐, 한어기원 한자어에 대한 정의나 시대별에 따른 수용 양상, 의미 특성 등에 대한 구체적인 연구는 거의 없었다. 또한 한어기원 한자어의 용어에 대해서도 아직 통일된 견해가 없는 상황이다.[4] 심희섭(1986, 1990), 최윤갑(1990, 1991), 김동소(1994), 이득춘(1994)에서는 중국 조선어에서 새로 생겨난 어휘를 다루면서 한자어를 부분적으로 언급하였고, 태평무(2002), 염광호(2005)에서는 기존에 사용하던 한자어의 구조적 특징을 한어와의 비교 속에서 고찰하였다. 김기종(1990, 2000, 2002, 2003)은 한어 차용 과정에서 나타나는 비규범적인 오류 현상을 분석하고 한어로부터 새 단어를 받아들이는 원칙과 방법에 대해서 제시하였다. 이득춘(2004)는 중국의 한어에서 온 단어 그룹을 '漢語起源詞'-'漢源詞'라고 설정하고 '漢源詞'와 한자어의 차이점에 대하여 논의하였고, 김홍련(2006)에서는 '한어기원 한자어'라는 용어를 제시하고 한어기원 한자어가 만들어진 전래 및 발전 방향에 대해 논의하였다. 이상의 연구들을 종합하면 한어기원 한자어에 대한 구체적인 연구가 아직 이루어지지 않았음을 알 수 있다. 따라서 본 연구는 향후 한어기원 한자어의 체계적인 연구에 필요한

---

4) 현대 한어에서 기원된 한자어는 아직까지 통일된 용어가 없으며 여러 가지 용어가 사용되고 있다. 예를 들면 '한원사', '한어기원 한자어', '한어식 한자어', '중국식 한자어' 등이다. 이 용어들을 볼 때 서로 다른 특징이 있으며 기존의 한자어와 새로 만들어진 한자어를 구분하려는 의도가 보인다. 하지만 '한원사', '한어식 한자어', '중국식 한자어'는 현대 한어에서 수용한 한자어라는 것을 분명히 설명하지 못했다는 점과 추상적이고 포괄적이라는 한계가 있다. '한어기원 한자어'는 연구자들의 이런 의도에 가장 접근한 용어라 할 수 있다. 따라서 본 연구에서는 '한어기원 한자어'라는 용어를 사용하기로 한다.

기초적 관찰로서 의의를 가지리라 본다.

본 연구에서 제시된 한어기원 한자어는 <조선말 소사전>(2005)과 <최신 우리말 사전>(2009)에 수록된 한자어에서 선정한 것이다. 현재 보편적으로 사용되고 있으나 사전에 등재되지 않은 한어기원 한자어는 본 연구에서 제외하기로 한다.

2. 한어기원 한자어의 정의 및 수용 양상

2.1. 한어기원 한자어의 정의

한어기원 한자어는 기존의 한자어가 아닌, 조선어가 한어에서 새로 수용한 한자어이다. 한어기원 한자어는 조선족들이 19세기말 중국으로 이주를 시작하여서부터 지금까지 현대 한어에서 수용된 한자어를 지칭한다.

2.1.1. 한어기원 한자어는 현대 한어에서 기원된 것이다.

시대의 변화에 따라 언어가 변화하듯이, 한어도 많은 변화를 가져왔다. 주지하다시피 기존의 중국 한자어는 19세기 말 이전의 중국 문헌이나 불교경서 그리고 백화문을 통하여 유입된 것이다.[5] 그 시기 한자어의 수용은 크게 두 가지로 나눌 수 있는데, 하나는 문헌을 통한 문자로부터의 수용이고 다른 하나는 언어 접촉을 통한 말로부터의 수용이다. 하지만 2천여 년이나 되는 긴 세월 속에서 한어는 큰 변화를 가져왔고 한자도 많이 달라졌다. 중

---

5) '앞선 時期에서는 漢字의 原産地인 中國으로부터 韓中文化交涉以來 19세기 末까지 거의 이천년에 가까운 기간에 걸쳐 文獻을 통한 古典漢字語와 佛教漢字語 그리고 近代에 와서 文物交易과 더불어 白話漢字語를 集中的으로 받아들였다'(심재기, 1989 : 29).

국으로 이주한 조선족들이 사용하는 한어는 고대 중국문어나 근대 한어가 아닌 현대 한어이다. 특히 이중 언어생활을 하는 과정에서 조선족은 시대의 변화에 따라 한어로부터 수많은 한자어를 수용하였다.[6] 이와 같은 점을 고려해 볼 때, 한어기원 한자어는 현대 한어에서 기원된 것으로 볼 수 있다.

2.1.2. 한어기원 한자어는 한자음으로 읽을 수 있다.

송기중(1992 : 4)에 의하면 한자어가 되기 위한 필수조건은 언중이 인식하는 개별 음절이 어떤 특정 한자의 국어 독음(한자음)과 일치해야 한다는 것이다. 따라서 어떤 특정 한자의 국어 독음과 일치시킬 수 없는 어휘는 비한자어가 된다. 마찬가지로 조선어 어휘 체계에 들어온 한어 차용어 중에서 국어 한자음으로 읽을 수 있는 어휘는 한자어에 속하지만 그렇지 못할 경우에는 비한자어에 속한다.

> (1) ㄱ. 성본(成本), 공령(工齡), 출원(出院), 한류(韓流), 잡기단(雜技團),
> ㄴ. 다부살(大布衫兒-dàbùshānr), 칭커(請客-qǐngkè), 왠쇼(元宵-yuánxiāo),
> 궈즈(果子-guǒzi), 콰이발(快板-kuàibǎn)
> ㄷ. 양걸(穰歌-yānggē), 쏸채(酸菜-suāncài), 톤장(團長-tuánzhǎng)

조선어 어휘 구성에 들어온 한어 차용어는 음독과 음차, 반음독반음차 세 가지 유형으로 나누어 볼 수 있다. 일반적으로 문어에서는 음독하는 방법을 사용하고 구어에서는 음차 혹은 반음독반음차하는 방법을 사용한다. (1)은 한어를 한국 한자음으로 음독한 것이기에 한자어에 속하지만 (2), (3)은 음차 혹은 음독과 음차를 결합 한 것이기에 한자어라 할 수 없다.

---

6) 조선족의 이중 언어생활은 광복 전과 광복 후로 나눌 수 있다. 광복 전 만주국에서의 실질 상의 제1언어는 일본어였으므로 그때는 일한 이중 언어가 위주였고 한중 이중 언어는 부 차적이었다. 광복 후에 와서 한중 이중 언어가 위주로 되었다(이득춘, 1994 : 59).

2.1.3. 한어기원 한자어는 조선어 어휘체계에 들어온 어휘이다.

한어기원 한자어는 조선어 어휘체계에 들어온 것으로서 이미 보편적으로 사용하고 있는 한자어이다. 한어에서 차용했으나 조선어에 수용되지 못한 어휘, 혹은 임시로 사용되었으나 조선말 어휘 속에 자리 잡지 못한 것은 한자어라고 할 수 없다. 예를 들어 '생각, 느낌 따위를 나타내거나 전달하는 데에 쓰는 음성, 문자 따위의 수단'을 가리키는 '어언-語言'이란 단어가 잠시 사용되었다 하더라도 한자어로 자리 잡을 수 없다. 왜냐 하면 '語言'을 가리키는 말로 '언어(言語)'라는 한자어가 이미 보편적으로 쓰이고 있기 때문이다. 즉 동의적 관계에 있는 단어지만 언중들이 기존의 한자어를 선택했을 경우, 새로운 한자어는 존재의 가치를 잃게 된다.

이와 같은 특성에 근거하여 한어기원 한자어를 '현대 한어에서 기원된, 한자로 적고 한자음으로 읽을 수 있으며 조선어 어휘체계 속에 들어온 한자어'라고 정의할 수 있다.

2.2. 한어기원 한자어의 수용 양상

한어기원 한자어는 기존의 한자어가 아닌, 현대 한어에서 새로 수용한 한자어이다. 현대 한어는 중국의 공통어이며 중국 조선족의 제2의 필수 언어이다. 중국에서 일어나는 모든 사건과 새 정보는 한어를 통하여 알려지며 새로운 현상과 사물은 먼저 한어로 명명되어 전파된다. 새로운 개념을 표현하는 어휘가 기존의 조선어 어휘 체계에 없을 경우, 대부분 한어에서 받아들이게 되는데 이는 한어기원 한자어를 수용하는 가장 중요한 원인이다.[7]

---

7) 정원수(1992 : 93)에서는 이것을 '의미공백 가설'이라 해석하고 있다. 즉 어떤 어휘 항목으로 묘사할 수 없는 잘 형성된 개념이 존재할 때 거기에는 의미적 공백이 생기는데, 이 의미 공백은 새로운 신어를 창조한다. 이런 원리는 모든 언어의 단어형성에 요구되는 기본적 원리이지만 한자어 단어형성에 매우 활발히 적용된다. 그것은 뜻글자로서의 한자의 수효가

특히 이중 언어생활을 하는 과정에서 조선족은 시대적 변화에 따라 한어로부터 수많은 한자어를 수용하였는데, 이를 시대별로 제시하면 다음과 같다.8)

2.2.1. '5.4운동'~건국 이전

5.4운동을 계기로 한어기원 한자어가 수용되기 시작되었다고 볼 수 있다. 이 시기 한어는 '백화문운동'9)과 '대중어운동'10)을 거쳐 어휘 면에서 새로운 모습으로 바뀌었다(김홍련, 2006 : 147). '5.4운동'을 시점으로 과학 기술, 문화 예술, 사회생활에 관계되는 어휘가 증가되었고 개화기 사상을 나타내는 새로운 어휘가 급증했다. 뒤이어 항일 전쟁과 해방 전쟁을 겪으면서 조선어는 혁명 또는 전쟁을 반영하는 새로운 한자어를 많이 수용하게 되었다.

[표 1] '5.4운동'~건국 이전에 수용된 한자어

연번	한어기원 한자어	한자	해석
1	공회	工會	노동조합
2	당교	党校	공산당 학교
3	정협	政協	정치협상회의 준말
4	홍군	紅軍	건국 전 인민해방군
5	련장	連長	군대 간부의 한 종류
6	중산복	中山服	중국 복장의 한 종류

매우 많기 때문에 적절한 개념에 부합하는 한자의 합성이 고유어보다 더 쉽게 이루어지기 때문이다.

8) 한어기원 한자어의 시대별 구분은 현대 한어에 근거한 것이다. 여기서 제시한 한어기원 한자어는 『漢語新詞語詞典』(2000)을 참고로 하여 추출한 것이며 조선어 사전에 등재되어 있는 한자어들이다.

9) 1919년 5.4운동을 전후하여 북경에서 시작되어 전국으로 확대된 획기적인 문체 개혁 운동을 말한다. 이것은 서면 언어를 문언으로 쓰지 말고, 백화 즉 구어체로 바꾸어 쓰도록 제창한 것이다.

10) 백화문을 대중 언어와 더욱 가깝게 사용할 것을 제창한 문체 개혁 운동을 말한다. 1934년 상해에서 시작되었다.

7	삼민주의	三民主義	신해혁명시기 손중산의 주장
8	북벌전쟁	北伐戰爭	1926년의 국. 공 연합혁명
9	신해혁명	辛亥革命	1911년에 청나라를 무너뜨리고 중화민국을 세운 혁명
10	반무장조직	半武裝組織	무장조직의 한 종류
11	적극분자	積極分子	어떤 일에 적극적으로 나서는 사람
12	민주당파	民主黨派	중국공산당을 제외한 기타 정당
13	신민주주의	新民主主義	1940년에 마오쩌둥(毛澤東)이 주창한 중국 혁명의 지도 이념
14	혁명근거지	革命根據地	공산당이 무장 투쟁을 하던 지역
15	모택동사상	毛澤東思想	모택동의 사상 체계

2.2.2. 건국 후~개혁개방 이전

이 시기는 중국이 사회주의라는 새로운 국가를 건립하고 정치, 경제, 문화 등 모든 면에서 새로운 발전을 꾀하는 단계였다. 하지만 경제 건설보다는 정치 운동에 치중하면서 초기부터 혼란을 겪게 된다. 이러한 원인으로 이 시기에 수용된 한자어의 특징을 보면 대부분 정치적 색채가 농후하다. 예를 들면 '홍위병(紅衛兵)', '집체호(集體戶)', '호조조(互助組)[11]' 등이다. 경제면에서는 구소련의 경제 체제를 도입하여 모든 재산을 '전민소유(全民所有)'와 '집체소유(集體所有)' 두 가지로 나누어 국가에서 통제하였으며 특별한 경우를 제외하고는 개인 재산을 엄격히 통제하였다. 따라서 정량 배급제도가 장시간 실행되었고 '량표(糧票)', '공소사(供銷社)', '합작사(合作社)' 등이 새롭게 나타났다. 하지만 이 모든 것은 개혁개방 후 잘못된 정책을 바로

---

11) 이런 단어들은 문화대혁명 시기에 사용된 단어들로서 현재는 사용되지 않지만 한어에서는 여전히 신조어로 간주한다. 역사적인 각도에서 보면 문화대혁명 시기의 신조어는 당시에만 유행하고 현재에는 쓰이지 않는 어휘가 대부분이기에 현대 신조어에서 제외되어야 하지만, 이 시기에 생성된 어휘는 10여 년 동안 전국적으로 사용되었고 국가의 정치와 인민의 생활에 큰 영향을 주었으며 오늘에 이르기까지 많은 문학 작품에서 사용되기 때문에 보존하고 참고할 가치가 있다.

잡는 과정에서 모두 소멸되었고 그에 대응하는 한자어도 더는 사용하지 않게 되었다.

[표 2] 건국 후~개혁개방 이전에 수용된 한자어

연번	한어기원한자어	한자	해석
1	량표	糧票	식량 배급표
2	당안	檔案	보관 서류
3	병퇴	病退	병으로 인하여 정년 전에 퇴직하는 것
4	호조조	戶助組	상호 지원 조직
5	공안국	公安局	경찰국
6	집체호	集體戶	농촌에 정착한 청년 조직
7	문시부	門市部	매장
8	문공단	文工團	문화선전공작단의 준말
9	세무국	稅務局	세금 징수기관
10	홍위병	紅衛兵	문화대혁명의 추진력이 된 학생 조직
11	동령영	東領營	겨울에 조직하는 야외 훈련
12	3호학생	3好學生	덕육, 지육, 체육 방면에서 우수한 학생
13	계획생육	計劃生育	계획적으로 생육하는 정책
14	전민소유	全民所有	국가소유
15	전국인민 대표대회	全國人民代表大會	중국의 최고 국가기관

2.2.3. 개혁개방 이후~현재

1978년부터 중국은 개혁개방을 맞으면서 새로운 변화를 겪게 된다. 이 시기 이데올로기보다는 실질적 실용주의 노선의 추구로 정치 중심에서 경제 중심으로 전환하게 된다. 사회주의를 대표하던 인민공사(人民公社)가 해체되고 경제특별구(經濟特別區)가 설치되면서 폐쇄적인 사회에서 개방적인 사회로 전환한다. 또한 시장경제(市場經濟)제도를 도입하여 자유 경쟁을 격려하고 민주화를 추진하였다. 거대한 사회 변화는 경제 성장을 촉진했을 뿐만

아니라 새로운 제도, 문물을 도입하였고 사람들의 사유 방식에도 큰 변화가
일어나게 하였다. 이 시기는 현대 한어가 새로운 어휘를 대폭적으로 수용한
시기라 할 수 있는데 특히 경제, 문화, 첨단 산업 등에서 새로운 어휘가 많
이 나타났으며 이를 적극 수용한 조선어에도 새로운 한자어가 대량적으로
나타났다. 개혁개방 후에 나타난 한자어를 표로 보면 다음과 같다.

[표 3] 개혁개방 이후에 수용된 한자어

연번	한어기원 한자어	한자	해석
1	백령	白領	화이트칼라 계층
2	한류	韓流	1990년대 말부터 중국과 동남아시아 등지에서 일기 시작한 한국 대중문화의 열풍
3	후선인	候選人	후보자
4	개발구	開發區	경제적으로 많은 우대와 혜택을 받는 지역
5	보호산	保護傘	개인 혹은 집단의 부당한 이익을 보호하는 권력층
6	농민공	農民工	도시에서 일을 하는 농민 출신의 사회 계층
7	렴정건설	廉政建設	청렴한 정치를 펼치는 것
8	개혁개방	改革開放	중국 국내 체제의 개혁 및 대외 개방 정책
9	희망공정	希望工程	빈곤한 지역에 새 학교를 설립하는 공익사업
10	사영기업	私營企業	민간 기업, 개인 기업
11	일국량제	一國兩制	한 나라 두 가지 제도
12	방문학자	訪問學者	일정한 기간을 두고 타 대학에서 학술 연구를 하는 대학교 교수
13	초급시장	超級市場	대형 할인점
14	인재시장	人才市場	인력시장
15	초생유격대	超生遊擊隊	계획 생육 정책을 위반하면서 아이를 낳는 사람들을 이르는 말

3. 한어기원 한자어의 의미적 특성

한어기원 한자어를 수용하는 과정에서 기존 한자어와의 충돌이 불가피하게 되었고, 이런 과정에서 한자어의 의미도 큰 변화를 가져오게 되었다.

3.1. 동의어의 충돌

동의어 충돌은 의미 변화 과정에서 생기는 현상이다. 한어기원 한자어의 수용으로 말미암아 조선어에서 동의어가 다양하게 사용되고 있다. 동일한 대상을 지시하는 동의어들 사이에서는 피치 못할 충돌이 일어나는데, 이들 사이의 경쟁을 적자생존에 비유하기도 한다(윤평현. 2008). 한어기원 한자어에서 동의어가 충돌하여 나타나는 결과를 다음과 같은 세 가지 유형으로 분류할 수 있다.

3.1.1. 동의어의 공존

동의 충돌의 결과 동의어가 공존하는 경우로서 내면적으로 동의어 간의 경쟁이 계속되고 있다.

한어기원 한자어	기존 한자어	한어기원 한자어	기존 한자어
농력(農曆)	음력(陰曆)	가강(加强)	강화(强化)
출원(出院)	퇴원(退院)	표달(表達)	표현(表現)
안장(安裝)	가설(架設)	우전국(郵電局)	우체국(郵遞局)
성본(成本)	원가(原價)	자호감(自豪感)	자부심(自負心)
대방(對方)	상대(相對)	운동원(運動員)	운동선수(運動選手)

위의 예문에서 나오는 어휘들은 조선어에서 두루 사용되고 있는 한자어들이다. 실제 언어생활에서는 기존 한자어보다 한어기원 한자어가 더 보편적으로 사용된다. 이는 한어기원 한자어가 의사소통에 있어서 기존의 한자어보다 더 편리하기 때문이다. 특히 한어와 조선어 이중 언어생활에 적응된 조선족 2, 3세들은 한어에서 수용한 한자어를 더 선호하는 경향이 있다.12)

3.1.2. 기존 한자어의 소멸

동의어 충돌의 결과 기존의 한자어 대신 한어기원 한자어만 사용하는 경우이다.

한어기원 한자어	기존 한자어
서의(西醫)	양의(洋醫)
서약(西藥)	양약(洋藥)
수구(收購)	수매(收買)
인소(因素)	요소(要素)
계도(季度)	분기(分期)
공안국(公安局)	경찰서(警察署)

동의어 충돌의 특징에서 보면 일반적으로 문화적으로 상위에 있는 말이 살아남는다. 힘이 다른 두 문화권의 어휘가 동의어로서 충돌할 때 강한 힘을 가진 문화권의 단어가 유리한 처지에 있게 된다. 때문에 같은 한자어라도 문화적으로 상위에 있는 한어기원 한자어가 살아남게 된다.

---

12) 예를 들면 대부분 조선족들은 '퇴원' 대신 '출원'을, '상대' 대신 '대방'을, '원가' 대신 '성본'을 사용한다. 이는 같은 의미를 나타내는 단어가 한어에서 '出院', '對方', '成本'으로 되어 있어 이해하기도 쉽고 기억하기도 편리하기 때문이다.

3.1.3. 의미 영역의 변화

동의 충돌의 결과 의미 영역이 바뀌는 경우로서 일반적으로 한쪽 단어의 의미가 확대, 축소되거나 다른 의미로 교체된다.

(2) ㄱ. 가장(家長) : '한 가정을 이끌어 나가는 사람'이라는 원래의 뜻에 '학부모'라는 뜻이 첨가되었다.

ㄴ. 각전(角錢) : '일 전이나 십 전 따위의 잔돈을 이르던 말'이라는 원래의 뜻에 '거스름돈'이라는 뜻이 첨가 되었다.

ㄷ. 경리(經理) : '일을 경영하고 관리하다'는 원래의 뜻에 '기업의 책임자'라는 뜻이 첨가되었다.

ㄹ. 공인(工人) : '고제에서 악생과 악공을 이르는 말'이었는데 지금에 와서는 '노동자'를 뜻하는 의미로 바뀌었다.

ㅁ. 서기(書記) : '문서나 기록 따위를 맡아보는 사람'이라는 뜻이었는데 지금에 와서는 '당이나 단조직의 주요 책임자'라는 의미로 바뀌었다.

ㅂ. 소품(小品) : '소도구'라는 뜻에서 '현실생활의 한 토막을 그린 규모가 작은 문학예술작품'이라는 뜻으로 바뀌었다.

ㅅ. 하해(下海) : '바다에 나가다'라는 원래의 뜻에 '공무원, 지식인 등이 사회에 진출하다'는 새로운 뜻이 첨가되었다.

ㅇ. 방조(幫助) : '형법에서 남의 범죄 수행에 편의를 주는 모든 행위. 정범의 범죄 행위에 대한 조언, 격려, 범행 도구의 대여, 범행 장소 및 범행 자금의 제공'이라는 뜻에서 '도와주다'라는 뜻으로 바뀌었다.

위에서 나오는 예들은 한어의 영향으로 의미 영역이 바뀐 것이다. 한어에서 변화된 의미를 그대로 수용하면서 기존 한자어의 의미도 바뀌게 된 것이다.

3.2. 의미의 변화

다민족국가에서 두 민족의 장기적인 접촉은 언어뿐만 아니라 어휘 의미에도 영향을 주고 있다. 특히 개혁 개방 후 한어의 영향으로 인하여 일부 한자어들은 새로운 의미가 생겨나게 되었고 또 일부 한자어는 최초의 의미를 잃고 새로운 의미를 가지게 되었다.

3.2.1. 의미 변화의 유형

3.2.1.1. 의미의 확대

한어의 영향에 의하여 한자어의 의미가 한층 더 풍부해진 것을 말하는데 예를 들면 다음과 같다.

(3) ㄱ. 가장(家長)
　　　본 뜻 : 한 가정을 이끌어 나가는 사람을 가리킨다.
　　　새 뜻 : 원래의 뜻에 학부모라는 뜻이 첨가되었다.
　　ㄴ. 경리(經理)
　　　본 뜻 : 일을 경영하고 관리하는 것을 말한다.
　　　새 뜻 : 원래의 뜻에 '기업의 책임자'라는 뜻이 첨가되었다.
　　ㄷ. 동지(同志)
　　　본 뜻 : 목적이나 뜻이 서로 같은 사람을 가리킨다.
　　　새 뜻 : 원래의 뜻에 '동성애자'라는 뜻이 첨가되었다.
　　ㄹ. 충전(充電)
　　　본 뜻 : 축전지나 축전기에 전기 에너지를 축적하는 일을 가리킨다.
　　　새 뜻 : 원래의 뜻에 학습을 통하여 지식을 쌓는다는 뜻이 첨가되었다.
　　ㅁ. 하해(下海)
　　　본 뜻 : 바다에 나가는 것을 가리킨다.
　　　새 뜻 : 원래의 뜻에 공무원, 지식인 등이 사회에 진출한다는 뜻이 첨가되었다.

3.2.1.2. 의미의 축소

기존의 의미보다 지시하는 범위가 좁아진 것을 말하는데 다음과 같은 예들을 볼 수 있다.

    (4) ㄱ. 당원(黨員)
         본 뜻 : 정당의 성원을 가리킨다.
         새 뜻 : 중국공산당 성원을 가리킨다.
      ㄴ. 교제(交際)
         본 뜻 : 서로 사귀어 지내는 것을 말한다.
         새 뜻 : 남을 이용하거나 또는 남의 덕을 보려는 목적으로 가까이 접근하는 것을 말한다.
      ㄷ. 강사(講師)
         본 뜻 : 학교, 학원 따위에서 위촉을 받아 강의를 하는 사람이나 모임에서 강의를 맡은 사람, 혹은 『불교』 강당에서 경론을 강의하는 승려를 가리키는 말이다.
         새 뜻 : 고등학교에서 부교수 다음의 직무 또는 그 직무를 맡은 사람을 가리킨다.

3.2.1.3. 의미의 전이

한어의 영향에 의하여 본래의 의미를 잃고 다른 의미로 바뀐 한자어를 말한다.

    (5) ㄱ. 도사(導師)
         본 뜻 : 불교용어
         새 뜻 : 대학교 지도교수를 가리킨다.
      ㄴ. 공인(工人)
         본 뜻 : 고제에서 악생과 악공을 이르는 말이다.
         새 뜻 : 노동자를 가리킨다.
      ㄷ. 서기(書記)
         본 뜻 : 문서나 기록 따위를 맡아보는 사람을 가리킨다.

새 뜻 : 공산당, 공청단(共靑團) 조직의 주요 책임자를 가리킨다.

ㄹ. 작업(作業)

본 뜻 : 일정한 목적과 계획 아래 하는 일을 말한다.

새 뜻 : 학생들에게 내주는 숙제를 가리킨다.

3.2.1.4. 의미의 하락

완곡어로 쓰이던 단어가 완곡 표현의 기능을 상실하거나, 혹은 특수 사회에서 쓰이던 단어가 일반화 되면서 의미의 하락이 일어난다.

(6) ㄱ. 변상(變相)

본 뜻 : 변화한 모습이나 형상, 또는 경전의 내용이나 교리, 부처의 생애 따위를 형상화한 그림을 가리킨다.

새 뜻 : 내용과 본질 면에서 같으나 형식이 다르게 변한 것을 말한다.

ㄴ. 역류(逆流)

본 뜻 : 물이 거슬러 흐름, 또는 그렇게 흐르는 물을 가리킨다.

새 뜻 : 반동적인 사상 조류를 가리킨다.

이와 같이 한어에서 수용한 한자어는 한어의 의미 변화에 따라 변화되고 있으며 기존의 한자어에도 영향을 주고 있다. 이는 이중 언어를 사용하는 과정에서 나타난 필연적 결과라고 할 수 있다.

3.2.2. 의미 변화의 원인

한어의 영향은 조선어 의미 변화의 주된 원인이라고 할 수 있다.[13] 한어

---

13) 최윤갑 외(1992)에서는 '조선어 단어의 의미는 주로 외부적 영향인 한어의 영향을 받아 변화, 발전하였으며 따라서 정도 부동하게 남북조선과 다른 의미 구조와 의미 체계를 가지게 되었다'고 논하고 있다. 심희섭(1988)에서도 '중국에서 생긴 조선어 새 단어의 특징 중에서 한어 차용어가 절대 다수를 차지하며, 그 한어 차용어가 조선어 새 단어의 주요 원천으로 되고 있으며 한자어가 절대 다수를 차지하고 있다'고 논하고 있다.

기원 한자어가 의미 변화를 가져오게 된 데에는 언어적 원인, 역사적 원인, 사회적 원인 등이 중요한 원인으로 되고 있으나, 이러한 원인 외에도 외국어의 영향이나 새로운 명칭의 필요성 등에 의한 의미 변화도 무시할 수 없다.

3.2.2.1. 언어적 원인

언어적 원인은 음운이나 단어의 형태 또는 문장의 구조와 같은 언어의 내적 요소가 의미변화의 원인이 되는 것을 말한다(윤평현, 2008). 두 단어 또는 그 이상의 단어가 자주 인접하여 사용하다 보면 그 중의 어느 하나만으로도 전체의 뜻을 가지게 되는 경우가 생긴다. 이때 전체의 뜻을 대표하는 단어에는 의미 변화가 일어나게 된다. '중국공산당당원', '청년적극분자' 등과 같이 나란히 사용된 단어 가운데 한 단어를 생략해도 남은 단어에 생략된 단어의 의미가 전이된다. 하여 '당원' '적극분자' 등은 원래 갖고 있는 의미 외에 위의 복합어와 숙어의 의미를 대신하는 의미가 더 생기게 되었다.

3.2.2.2. 역사적 원인

언어는 그것이 표현하는 대상(지시물)에 비해 보수성이 강하다. 표현하는 대상이 역사의 흐름, 즉 시간의 흐름에 따라 시시각각으로 변하는 데에 비해, 언어의 변화는 그 속도가 훨씬 느리다. 그리하여 과거에 표현했던 대상과는 달라진 대상을 표현하게 되어 의미의 변화를 가져오게 된다. 이때 그 언어 표기에는 변화가 없고, 단지 표현 대상만 변화된 것이므로 언어 체계에 미치는 영향은 거의 없다.

> ㄱ. 지시물의 실제 변화 : 지시물의 실제 변화란 기술이나 제도, 관습 등이 달라짐에 따라 지시물이 실제로 바뀌어 그 의미가 변한 경우를 말한다. 서기(書記)는 원래 '문서나 기록 따위를 맡아보는 사람'을 뜻하였으

나 지금은 '공산당, 공청단 조직의 주요 책임자'를 가리킨다. '량표'는 중국에서 해방 이후부터 80년대 이전 까지 사용하던 '식량 배급표'였으나, 오늘날에 와서는 사용되지 않는다. 즉 '정량배급'이라는 제도가 없어지면서 단어도 소실되었다. 단어 '공인(工人)'이 담고 있는 "고제 (古制)'에서 '악생'과 '악공'을 통틀어 이르는 말"의 뜻은 이 제도의 소멸과 함께 사라져 버렸고, 단어 '가명(假名)'이 나타내는 "불교에서 실속이 없는 헛된 이름"이라는 뜻도 불교 의식의 소멸과 함께 쓰이지 않게 되었다. 기존 한자어에 담겨져 있는 내용이 중국 조선족의 생활이나 사회의식에서 사라져 버렸기 때문이다. 이러한 예로는 '홍위병, 홍군, 호조조, 공소사, 집체호' 등이 있다.

ㄴ. 지시물에 대한 태도의 변화 : 사람에 따라 동일 지시물에 대한 감정, 기분, 의욕, 의지, 태도 등이 모두 다르다. 이는 그 사람의 경험, 학식, 습관, 시대정신 등 많은 요건에 의해서 결정된다. '지주분자'는 원래의 뜻과는 달리, 현재 중국 조선어에서는 '不勞所得하는 기생충적인 삶을 사는 계층'으로 인식이 되어 있으며 적대적인 감정이 내포되어 있다. '지주분자'에 대한 사람의 태도가 바뀌면서 의미의 변화가 생긴 것이다. '동지'라는 단어도 원래 '목적이나 뜻이 같음, 또는 그런 사람'을 가리키는 단어였으나 지금은 '동성애자'라는 의미가 추가되었다.

3.2.2.3. 사회적 원인

언어를 사회 현상이라고 볼 때, 사회의 변화에 따라 언어의 형태나 의미가 변할 수 있다. 또한 사회를 구성하고 있는 계층이나 조직에 따라서 사용하는 말의 의미가 달라질 수 있다. 이와 같이 언어는 사회적 환경 속에서 변화를 가져올 수 있는데, 이러한 의미의 변화를 사회적 원인이라고 한다. '독초'와 같은 단어는 일반적인 용어이지만 중국에서는 '인민과 사회주의 사업에 해로운 언론이나 작품'을 상징하는 특수 용어로 쓰이고 있다.

3.2.2.4. 외국어의 영향

기존의 단어가 외국어의 의미를 차용함으로써 본래의 의미에 변화가 생기는 경우가 있는데 이것을 외국어의 영향이라고 한다. 한어기원 한자어의 의미 변화에 있어서 한어의 영향은 절대적이라 할 수 있다.[14] 조선어가 중국의 한 소수민족 언어로 자리 잡게 되고 또 중국의 공통어인 한어와 공존하게 되면서부터 현대 한어에 기원을 두고 있는 한자어들이 한어와 재회의 기회를 갖게 되었으며, 그 중 일부 한자어들은 대응 한어의 의미 변화와 함께 의미가 변화하는 간섭을 받게 되었다. 예를 들면 '가장(家長)'이라는 단어는 원래 '한 가정을 이끌어 나가는 사람'을 뜻하였으나 한어의 영향으로 인하여 원래의 뜻에 '학부모'라는 뜻이 추가되었다. '연출'이라는 단어도 원래는 '배우를 움직여 각본을 무대에 표현하는 일'의 뜻이었으나 한어 '演出'의 의미 중의 하나인 '공연, 출연'의 의미가 차용되면서 의미가 확대되었다. 한어에서 '애인(愛人)'의 의미는 '사랑하는 이성'이었으나 현재에 이르러서는 '부부의 상호 간 호칭'으로 쓰이고 있다. 중국 조선어에서도 이와 같은 의미의 변화를 받아 들여 남편이나 아내 상호 간에 '애인'이라 호칭하고 있다. 이러한 예로는 '모자-정치적인 억울한 누명', '수분(水分)-보탠 것, 거짓된 것, 과장된 것', '의견(意見)-불만, 같지 않은 생각', '검토-자기의 잘못을 검사하고 반성하다' 등이 있다.

3.2.2.5. 새로운 명칭의 필요성

한어는 중국의 공통어이며 중국 조선족의 제2의 필수언어이다. 중국에서 일어나는 모든 사건과 새 정보는 한어를 통하여 알려지며 새로운 현상과 사물은 먼저 한어로 명명되어 전파된다. 새로운 개념을 표현하는 어휘가 기존의 조선어 어휘 체계에 없을 경우, 또는 새로운 개념이 아니더라도 그것을 새롭게 표현해야 할 경우 한어에서 새 어휘를 수용하게 된다. 새로운 명칭의 명명 방법에는 주로 새로운 단어의 창조(노인절, 독보조, 전화회의, 교사절, 개발구, 농민공, 인민대표, 희망공정, 일국양제), 기존 단어의 의미 확장(단위, 충전, 하해) 등이 있다.

---

14) 중국 조선어의 고유어와 한자어 중에서 고유어는 어휘 수 증가에 있어서나 의미 변화에 있어서나, 모두 한자어에 비해 비교도 되지 않을 정도로 적다(최윤갑 : 1990, 1991).

4. 결론

　지금까지 현대 한어에서 기원된 한자어를 연구 대상으로 한어기원 한자어의 정의와 수용 양상을 제시하고, 한어기원 한자어의 의미적 특성에 대해서 살펴보았다. 논의된 내용을 요약하면 다음과 같다.

　첫째, 한어기원 한자어는 '현대 한어에서 기원된, 한자로 적고 한자음으로 읽을 수 있으며 조선어 어휘체계 속에 들어온 한자어'라고 정의할 수 있다.

　둘째, 한어기원 한자어의 수용은 중국 사회의 변혁과 관련된다. 본 연구에서는 먼저 한어기원 한자어의 수용을 5.4운동시기부터 건국 이전, 건국 이후부터 개혁개방 이전, 개혁개방 이후의 세 단계로 나누어 고찰하였다.

　셋째, 한어기원 한자어는 동일 의미를 가진 기존 한자어와 충돌을 하면서 동의어가 공존하거나, 기존의 한자어 대신 한어기원 한자어만 사용하거나 또는 기존 한자어의 의미 영역이 바뀌는 결과를 가져오게 되었다.

　넷째, 한어의 영향으로 인하여 기존의 한자어에 의미 변화가 생겨나게 되는데 먼저 의미 변화의 유형을 살펴보고 그 원인을 언어적 원인, 역사적 원인, 사회적 원인, 외국어의 영향, 새 로운 명칭의 필요성 등 다섯 가지로 분류하여 고찰하였다.

　끝으로 본 연구는 기존 한자어가 아닌 중국 조선어에서 새로 수용한 한자어를 연구 대상으로, 기존의 논의와는 달리 한어기원 한자어의 정의, 수용 양상 나아가 그의 의미 특성을 위주로 한어기원 한자어에 대한 기초적인 논의를 시도했다는 점에서 의의가 있다. 본고에서 본격적으로 다루지 못한 문제들, 특히 한어기원 한자어의 의미적 변별성, 유의 경쟁, 의미 영역 분할 등에 대한 좀 더 깊이 있는 연구는 필자가 앞으로 계속 진행해야 할 과제로 남긴다.

참고문헌

강신항. 1991. 「현대국어 어휘 사용의 양상」, 태학사.

강춘화. 2000. "한어와 신조어", 「인문과학연구」 5, 덕성여자대학교 인문과학연구소, pp.124-147.

고영근 외. 2008. 「우리말 문법론」, 집문당.

김광수. 2009. 「해방 전 중국에서 조선어의 변화 발전 연구」, 역락.

김기종. 1990. "해방이후 한어의 영향 하에 조선어단어의 뜻 변화와 비규범적 뜻 사용", 「중국조선어문」 49, 길림성민족사무위원회, pp.4-9.

김기종. 2000. "개혁개방 후 중국조선어에서의 새말산생과 조선어규범화작업(1)", 「중국조선어문」 109, 길림성민족사무위원회, pp.4-9.

김동소 외. 1994. "중국 조선족 언어 연구", 「한국전통문화연구」 9, 대구가톨릭대학교 인문과학연구소, pp.155-404.

김정은. 1993. "한자어 접사에 대한 연구", 「어문논총」 3-1, 숙명여자대학교 국어국문학과, pp.33-52.

김정은. 1997. "한자어의 단어형성법 연구", 「국어교육」 95, 한국국어교육연구회, pp.259-279.

김홍련. 2006. "중국 조선어에서의 한어기원 한자어 수용의 전래와 발전 방향", 「한민족문화연구」 19, 한민족문화학회, pp.145-162.

노명희. 2005. 「현대국어 한자어 연구」, 태학사.

문금현. 1999. "현대국어 신어의 유형 분류 및 생성 원리", 「국어학」 33, 국어학회, pp.295-325.

박연화. 1997. "中國 朝鮮語 意味 變化의 原因 硏究 : 中國語 影響을 中心으로", 서울시립대학교 석사학위논문.

박영섭. 1995. 「國語漢字語彙論」, 박이정.

송 민. 1999. "신생 한자어의 성립배경", 「새국어생활」 9-2, 국립국어연구원, pp.155-160.

심재기. 1982. 「國語語彙論」, 집문당.

심재기. 1989. "漢字語 受容에 關한 通時的 硏究", 「국어학」 18, 국어학회, pp.89-109.

심희섭. 1986. "새 중국에서 생긴 조선어 새 단어에 대하여", 「중국조선어문특간」, 길림성민족사무위원회, pp.59-67.

염광호. 2005. "중국에서 한자어 교육에 대하여-한중 한자어의 특징을 비교하면서", 「학회발표집」 22, 한말연구학회, pp.105-113.

윤평현. 2008. 「국어의미론」, 역락.

이득춘. 1994. "中國의 韓中 二重言語 사용에서 제기되는 몇 가지 문제", 「이중언어학」 11, 이중언어학회, pp.59-70.

이득춘. 2004. "조선어 어휘의 2원체계와 漢源詞", 「退溪學과 韓國文化」 35, 경북대학교 퇴계학연구소, pp.291-302.

이득춘. 2006. 「조선어언어력사연구」, 역락.

이억철. 1989. "한어로부터 새 단어를 받아들이는 원칙과 방법에 대하여", 「중국조선어문」 41, 길림성민족사무위원회, pp.40-45.

이준석. 2000. "국어 속의 한자어", 「국어문화학교」 5, 국립국어연구원, pp.23-39.

전학석. 2000. 「중국조선족언어문자 교육사용 상황연구」, 연변대학출판사.

정원수. 1988. "한자어 단어형성의 특성", 「어문연구」 18, 어문연구학회, pp.69-82.

최윤갑. 1990. "중국에서의 조선어의 변화", 「이중언어학」 7, 이중언어학회, pp.1-9.

최윤갑. 1991. "中國 朝鮮語에서의 漢語 借用語 問題", 「새국어생활」 1-4, 국립국어연구원, pp.13-21.

최윤경. 2009. 「중국 개혁개방과 신조어」, 제이앤씨.

胡裕樹 著. 허성도 역. 1991. 「현대 한어개론」, 교보문고.

사전류

국립국어연구원. 1999. 「표준국어대사전」, 동아출판사.

단국대학교 동양학연구소. 1993-1996. 「한국한자어사전」, 단국대학교출판사.

북한사회과학원 언어학연구소. 1992. 「조선말대사전」, 동광출판사.

연변사회과학원 언어연구소. 2005. 「조선말소사전」, 흑룡강조선민족출판사.

염광호·위청. 2006. 「한중한자어비교사전」, 역락.

류은종·문창덕, 2009. 「최신 우리말 사전」, 연변교육출판사.

中國社會科學院 語言研究所. 2005. 「現代漢語詞典」, 商務印書館.

李振杰·凌志韞, 2000. 「漢語新詞語詞典」, 新詞典出版社.

| 이 논문은 한국어의미학 35집(2011, 한국어의미학회)에 게재된 논문을 재수록한 것입니다.

의미 교육과 국어교과서
—2011년 개정교육과정에 따른 중학교 국어교과서를 대상으로

최 경 봉

1. 머리말

문법 교육과 관련한 7차 교육 과정의 논리는 두 가지로 요약할 수 있다. 첫째는 문법 지식이 탐구의 대상이 될 수 있기 때문에 문법 교육은 탐구력과 논리력을 키우는 데 기여할 수 있다는 것이다. 이는 기존 문법 교과서의 체제를 수용하되 탐구학습법을 도입하는 것으로 나타났다. 둘째는 문법 교육이 국어사용능력 향상에 실질적으로 도움이 될 수 있다는 것이다. 이는 문법의 설명 단위를 실질적인 의사소통 단위인 담화로 확대하면서 문법을 말하기, 듣기, 쓰기, 읽기 등의 기능 영역과 통합하여 교육하는 움직임으로 나타났다.

그러나 7차 교육과정 이후 문법을 포함한 국어 지식 영역의 교육이 실질적으로 축소되면서 탐구학습은 교육현장에서의 실천력을 확보하지 못한 것으로 평가받고 있으며[1], 문법을 기능 영역에 통합하는 교육 내용 역시 문법 교육의 독자성을 위협할 뿐만 아니라 국어사용능력 신장이라는 기능성도

---

[1] 이문규(2012)에서는 선행 조사결과를 바탕으로 교육 내용의 양이나 교수·학습의 여건상 문법 교육의 현장은 탐구학습을 실천할 여건을 갖추고 있다고 보기 어렵다고 판단하였다.

제대로 살리지 못한 것으로 평가받고 있다.[2] 그렇다면 '교육 현장의 점검'과 '탐구학습 및 통합적 문법 교육의 방법론에 대한 비판적 검토'를 통해 문법 교육의 상황을 진단하고 그 방향을 새롭게 모색할 필요가 있을 것이다.

이러한 문제의식에 따라 본고에서는 특히 '문법 교육의 방법론'을 비판적으로 검토할 것인데,[3] 본고의 특성상 의미 교육의 방법론을 통해 문법 교육의 방법론을 점검하면서 문법 교육의 방향을 모색할 것이다.[4] 이때 논점을 분명히 하기 위해서는 일차적으로 통합적 문법 교육의 논리와 방법론을 반영하여 편찬된 교과서에서의 문법 기술 내용을 검토해 보면서 문제점을 도출하는 것이 순서일 것이다.

이에 본고에서는 2011년 개정교육과정에 따라 편찬된 중학교 국어교과서[5]를 대상으로 문법 기술 내용(의미 관련 기술)을 살펴보면서 논의를 전개하고자 한다. 이때 논의의 초점은 2011년 개정교육과정의 성취기준이 교과서에 어떻게 구현되어 있는지 살펴보면서 교과서 기술상의 문제와 더불어 성취기준의 문제를 지적하는 데 있다. 논의의 진행 순서에 따라 논의 방향을 제시하면 다음과 같다.

2장에서는 문법 교육의 단위 문제가 학교문법의 성격 논의와 관련된다는 점을 강조하면서, 현행 문법 교육에서 부각된 담화 단위가 문법 교육의 성격 규정에 어떤 영향을 미치는지를 살펴보고자 한다.[6] 그리고 이를 바탕으

---

2) 신명선(2006)에서는 통합적 문법 교육에 관한 담론을 분석하면서 통합적 문법 교육이 사실상 문법 교육의 실제를 근본적으로 성찰하는 담론이라고 보기 어렵다는 점을 지적하였다. 이는 통합적 문법 교육의 담론이 '처방적 관점'에 경도된 것을 비판한 것이라 할 수 있다.

3) '교육 현장의 점검'과 관련한 논의는 본고의 논의 대상에서 제외하였다. 이에 대해서는 교육 현장에서 활동하는 연구자들을 중심으로 심도 있는 논의가 나오기를 기대한다.

4) 의미 교육 방법론을 중심으로 논의를 전개하는 것은 일차적으로 본고가 '문법 교육과 교과서'라는 기획 주제의 하위 주제로 '의미 교육과 교과서' 문제를 다뤄야 하기 때문이다. 그러나 이와 별도로 현재 중학교 문법 교육의 정체성 문제가 의미 교육의 위상 문제와 긴밀히 연결되어 있다는 점도 이러한 논의 방법을 취하게 된 중요한 이유가 되었다.

5) 2011년 개정교육과정에 따라 편찬된 교과서는 아직 시중에 나오지 않았다. 본고에서는 각 출판사에서 교재 선정을 위한 검토용으로 학교 현장에 배포한 교과서 중 상대적으로 시장점유율이 높은 출판사(비상, 천재, 미래엔, 신사고, 교학사)의 교과서를 선별하여 검토하였다.

6) 의미 교육 문제를 논의하고 있는 이 논문에서 문법 단위 문제를 심도 있게 논의하는 것은 의미와 관련한 내용이 '단어(어휘), 문장, 담화'의 단위에 분산 기술되기 때문이다. 이런 이

로 의미 교육의 위상 문제를 논의할 것이다. 3장에서는 각 문법 단위별 의미 관련 기술의 문제를 검토할 것이다. 논의는 어휘, 문장, 담화의 순으로 진행될 것이다. 4장은 3장에서의 논의 내용을 토대로 하는데, 여기에서는 문법 교육의 효용성을 제고하기 위한 방안의 하나로 문법 교육의 위계를 재편하는 문제를 검토해 보고자 한다.

2. 문법 교육의 목표와 의미 교육의 위상 문제

이 장에서는 문법 교육의 단위 문제를 학교문법의 목표 및 성격과 관련지어보면서, 현행 문법 교육이 담화 중심으로 진행되는 것의 의의를 살펴보고자 한다. 그리고 담화 중심의 문법에서 의미 교육의 위상이 어떻게 설정될 수 있는지를 논의하고자 한다.

2.1. 문법 교육 단위와 문법 교육의 목표

문법 교육의 단위 문제는 학교문법의 목표 및 성격과 관련되어 논의되곤 했다. 국어교육에서 문법 교육의 단위 문제가 부각된 것은 품사 중심의 문법 교육을 탈피하려는 문제의식이 표출되면서부터이다.[7] 이러한 문제의식의 발단은 1960년에 김민수, 남광우, 유창돈, 허웅 등 4인이 저술한 문법 교과서(「새 고교 문법」)의 내용 체계에 잘 나타나 있는데, 이 문법 교과서는

유로 문법 단위 문제는 의미 교육의 위상 문제와 긴밀히 연관된다.

[7] 품사론 중심의 학교문법을 비판하면서 문장 중심의 문법을 통해 실용성을 강화해야 한다는 주장(권주예, 1978)은 학교문법이 품사 분류의 체계화 자체에 경도되었음을 지적하는 것이다. 품사 분류의 체계화 자체가 문법 교육의 주 내용이 된 것은 품사의 분류 기준에 대한 이론적 논란이 학교문법에 수용되면서 비롯되었다.

문장 중심의 내용 체계를 갖추고 있다는 점에서 이전 교과서와 차별적이다.

> (1) 「새 고교 문법」(1960)의 내용 체계
> 1. 언어와 문자
> 2. 문장의 기본형과 성분
> 3. 토와 어미 활용
> 4. 성분의 배열
> 5. 구문의 도해
> 6. 품사의 개념
> 7. 바른 문장

「새 고교 문법」에서는 언어와 문자에 대한 개설적 논의[8]를 한 후에 문장의 기본형과 성분에 대해 설명하고 있다. 특히 품사의 개념에 대한 설명을 구문의 도해 뒤에 배치함으로써 문장 구조에 대한 이해가 전제되지 않은 품사 학습이 무의미함을 나타내고 있다. 이러한 내용 체계를 갖추게 되면 학습자는 문장의 기본 구조를 인식한 상태에서 출발하여 문장 구성 요소의 기능을 분석하고, 그 기능을 표시하는 조사와 어미의 용법을 이해한다. 그리고 이를 바탕으로 기본문에서 복합문으로 문장이 확대되는 과정을 이해한다.

이처럼 학습자가 문장을 중심으로 하여 문법 지식을 체계적으로 익힐 수 있도록 유도하는 내용 체계는 실용문법을 교육하는 것이 문법교육의 목표가 되어야 함을 웅변하는 것이기도 하다.[9] 따라서 문법 교육 단위를 설정하거나 그 위상을 정립하는 문제는 곧 문법 교육의 목표와 방법을 결정하는 것과 밀접하게 관련된다고 할 수 있다.

그렇다면 현행 문법 교육의 목표와 방법을 결정하는 데 영향을 준 문법 교육 단위의 변화는 언제 나타났는가? 6차 교육과정에서 '의미' 및 '담화'

---

8) 음운에 대한 내용은 여기에 포함되어 있다.
9) "문법교과서란 것이 어느 개인의 학설이나 주장을 내세우기보다는, 학생들의 국어생활기능을 골고루 바르게 연마・수련시키는 소재가 되는 것이 앞서야 한다는 신념을 굳게 가지기 때문에 …"(「새 고교 문법」의 머리말 中)

단위를, 7차 교육과정에서 '어휘' 단위를 새롭게 설정한 것은 문법 교육의 목표가 달라졌음을 보여준다. 새로 추가된 문법 교육 단위의 성격을 통해 볼 때, 현행 문법 교육은 '문장의 구성 방식'에 대한 설명에서 '언어의 사용 방식'에 대한 포괄적 설명으로 확장되었다고 할 수 있다. 특히 최근 들어 문법과 기능 영역을 통합하여 교육하고자 하는 경향이 보편화되고, 문법 내부 영역 간의 통합 즉 음운, 단어(어휘), 문장, 담화를 통합적으로 교육하는 것의 필요성이 강력히 제기되는 것을 보면, 담화 단위를 중심으로 한 문법 교육은 현행 문법 교육의 가장 중요한 특성이라고 할 수 있다.10)

본고에서 검토하고자 하는 2011년 개정교육과정에도 이러한 문제의식이 분명하게 드러나 있다. 2011년 개정교육과정에는 각 문법 단위의 성취기준에 표현 의도 및 효과의 이해, 상황에 맞는 표현 방법의 이해 등이 포함되어 있다. 그렇다면 현행 문법 교육의 목표와 방법은 담화 단위 중심의 통합적 문법 교육으로 재편되었다고 볼 수 있다. 그런데 이러한 경향의 의의를 논하기 전에 담화 단위 중심의 통합 교육이 강조되면서 문법과 기능 영역 간의 경계 문제, 단어와 문장 단위 교육의 정체성 문제 등이 제기되었다는 사실을 상기할 필요가 있다.

김광해(1995)에서는 미시언어학과 거시언어학을 구분하면서 문법 영역이 담당해야 할 부분은 미시언어학에서 다루는 내용으로 국한할 필요가 있음을 밝혔다. 그리고 텍스트 언어학이나 담화 이론 등과 같은 거시언어학적 성과를 적용할 수 있는 부분은 말하기, 듣기, 쓰기, 읽기 등과 같은 기능 영역임을 밝혔다. 고영근(2004)는 문법 교육의 독자성을 강조한 논의인데, 여기에서는 문법이 기능 습득에 기여해야 한다는 관점을 수용한다 하더라도 문법이 설명해야 할 언어 단위는 문장 이하로 그리고 설명 내용은 규칙화된 문법 지식으로 제한할 필요가 있음을 강조했다. 이들 논의는 담화 중심의 문법 교육이 문법 과목의 위상에 미칠 영향을 우려하며 학교 문법의 정체성

---

10) 음운, 단어, 문장, 담화를 통합적으로 교육하는 것은 결국 담화를 의식하며 각 문법 단위의 교육 방향을 사고한다는 것을 뜻한다.

을 강조했다는 점에서 공통적이다.

그런데 주세형(2004)에서 볼 수 있듯이 "사용역에 따라 선택될 가능성이 있는 언어 형식을 목록화하고, 이에 대한 문법지식을 문장 차원의 문법 지식과 동일하게 다룸으로써 언어활동 과정에서 사용할 수 있는 문법 지식을 익힐 수 있다"고 한 견해는 문법 영역을 확대 강화하는 제안으로 읽힐 수 있다. 그리고 이러한 견해는 2011년 개정교육과정의 성취 기준과 일맥상통하는 면이 있다.

특히 2011년 개정교육과정을 보면, 미시적 언어단위에 대한 탐구와 거시적 언어단위에 대한 탐구를 병행하고 있음을 알 수 있다. 즉 단어, 문장 등과 관련한 기술을 하면서 더불어 맥락에서의 표현효과를 강조하고 있다. 이는 문장 이하 단위에 대한 문법기술 또한 담화적 맥락을 염두에 두고 이루어져야 함을 강조한 것이라고 할 수 있다. 그렇다면 현재의 문법 교육은 김광해(1995)와 고영근(2004)에서의 우려를 어느 정도 해소하면서 영역을 확장한 것이라고 볼 수 있다.

그러나 문법 교육의 변화 방향을 원칙상 긍정적으로 본다 하더라도 그것의 실행 과정에서 나타날 수 있는 두 측면의 문제는 예의주시할 필요가 있다. 첫째, 성취기준에 나타난 바와 같이 문법 교육의 영역이 확장되었을 때 교과서의 내용이 이러한 성취기준을 효과적으로 구현할 수 있는가? 둘째, 교과서의 내용이 교육현장에서 이러한 성취기준을 달성할 수 있는 활동을 효율적으로 할 수 있는 기반이 될 수 있는가? 이와 관련한 구체적인 논의는 3장에서 진행할 것이다.

2.2. 의미 교육의 위상 문제

현재 문법 교육의 단위는 음운, 단어, 문장, 담화를 외현적 단위로 보고, '의미'는 이러한 외현적 표현 단위에 내재된 것으로 보고 있다. 그러나 음운과 관련한 내용이 의미와 직접적인 관계를 맺지 않는다는 점을 고려할 때, 의미는 '단어(어휘), 문장, 담화'에 내재된 것이라 말할 수 있다. 이렇게 볼 때, 의미와 관련한 내용은 이론상으로 '단어(어휘), 문장, 담화'의 단위에 분산 기술된다고 말할 수 있을 것이다. 그렇다면 학교문법이 담화 단위를 중심에 놓고 기술된다고 할 때, 의미 교육의 위상은 어떻게 설정할 수 있을까?

그간 교과서에서 의미 관련 내용을 단어(어휘), 문장, 담화 등의 단위에 분산하여 기술했다고 하지만, 교과서를 보면 의미 교육이라는 큰 틀을 염두에 두고 기술 내용이 결정되었다고 말하기는 어렵다.[11] 대체로 의미 교육이라고 하면 단어(어휘)의 의미나 문장의 중의성 정도를 파악하는 것으로 인식되었기 때문에, 교육 내용이 확장성을 갖추기 어려웠다.

그러나 단어의 의미만 하더라도 그것이 문장과 담화를 구성하고 그것에 귀속되는 점을 보면, 의미 교육이 상황맥락과 사회문화적 맥락을 의식하며 이루어지는 것은 당연하다고 할 수 있다. 따라서 담화 중심의 문법으로 문법 교육의 목표가 전환되는 시점에서 의미 교육은 문법 교육을 내실화하는 데에서 중요한 역할을 하게 될 것이다. 이와 관련하여 의미의 효용을 네 가지로 정리하고 있는 임지룡(2006)의 논의는 의미 교육의 방향을 모색하는 데에서 시사하는 바가 크다.

> (2) 임지룡(2006)에서 제시하는 의미의 효용
> ① 언어의 의미는 그 형식 속에 담겨 있는 내용이므로 의미의 이해는 언어의 본질을 이해하는 데 기본이 된다.
> ② 언어의 의미는 '듣기, 말하기, 읽기, 쓰기'와 같은 일상 언어뿐만 아니라 '시, 소설, 희곡, 수필, 평론'과 같은 예술 언어를 표현하고 이해하는 데 기본이 된다.
> ③ 언어의 의미는 그 사용 주체인 인간 및 인간을 둘러싸고 있는 문화적 배경과 연관되어 있으므로 인간 및 문화를 이해하는 데 기초가 된다.

---

11) 이 문제에 대해서는 임지룡(2006), 이동혁(2009) 등에서 지적한 바 있다.

④ 언어의 의미는 언어정책, 사전편찬, 언어공학을 이해하는 데 기본
이 된다.

위에 제시한 '의미의 효용'을 문법 교육에서 구현하기 위해서는 의미 교
육이 '의미의 분석과 이해의 기본 원리를 교육'하고, '담화 내에서의 표현
의도 및 표현 효과를 높이고 이해하는 방법을 교육'하는 방향으로 진행되어
야 할 것이다. 2011년 개정교육과정의 성취기준은 대체적으로 이러한 방향
을 따르고 있는데, 이는 문법 단위의 이해를 표현 의도 및 효과와 관련지어
야 함을 분명히 한 데에서 확인할 수 있다. 이를 통해 보면, 2011년 개정교
육과정에서 의미 교육은 전체적인 문법 교육에서 중심적인 위치에 있음을
알 수 있다.

이처럼 문법 교육이 독자성을 유지하면서 담화 중심의 통합적 문법 교육
을 지향한다면, 의미 교육의 비중이 커질 뿐만 아니라 그 내용도 보다 정교
해질 필요가 있을 것이다. 그렇다면 2011년 개정교육과정에 따른 교과서는
이러한 지향에 부합하는 내용과 체계를 갖추고 있는가? 본고에서는 '담화'
를 전제한 문법 교육을 염두에 두면서, 교과서에서 기술하고 있는 의미 관
련 내용들이 이러한 교육에 효율적으로 기능할 수 있는지를 평가해 보고자
한다.

3. 각 문법 단위별 의미 관련 기술의 문제

이 장에서는 2011년 개정교육과정의 성취기준과 2011년 개정교육과정에
따른 중학교 국어교과서를 대상으로, 어휘, 문장, 담화 단위 기술에서의 의
미 관련 내용을 검토하면서, 교과서 기술 내용의 의의와 문제점을 지적하고
자 한다.

3.1. 어휘 단위

고등학교 문법교과서의 단원 구분을 기준으로 한다면, 7차 교육과정에서는 '말소리, 단어, 어휘, 문장, 의미, 이야기' 등과 같은 문법 교육 단위를 설정하고 있다. 그간 이러한 단원 구분에 대해 여러 문제제기가 있었는데, 문제제기의 핵심은 어휘와 단어 간 또는 어휘와 의미 간의 내용 구분이 명확하지 않다는 것이었다.[12]

어휘와 단어 간 구분의 문제를 지적한 최근 논의로는 이관규(2011)가 있다. 이관규(2011)에서는 '단어론'이라는 단위 명칭을 제안하면서 문법 교육에서 단어 단원과 어휘 단원을 분리할 필요가 없다고 봤다. 단어 단원이 형태론 내용을 다루고 어휘 단원은 어휘론 내용을 다루지만, 결국 단어 단원과 어휘 단원은 동일한 단어에 대해서 한 쪽은 형성 중 과정에 초점을 맞추고 다른 한 쪽은 형성 후 결과에 초점을 맞춘다는 사실에 주목한 것이다.

어휘와 의미 간 구분의 문제는 어휘 체계와 의미 관계의 관련성을 의식하지 않을 수 없다는 데에서 비롯된다.[13] 이는 2011년 개정교육과정에서 어휘 유형과 의미 관계를 한 데 묶어 성취 기준을 제시하는 데 영향을 미친 것으로 보인다. 어휘 유형과 의미 관계를 묶어 교육 방안을 강구하는 관점은 어휘와 의미 단원을 독립하여 다루는 7차 교육과정과 다르고, 단어 단위의 범위를 확장하면서 어휘를 단어론에 포함시킨 이관규(2011)과도 차이가 난다. 어휘 유형과 의미 관계가 상호 관련되는 성격을 지니고 있음을 분명히 하고 있기 때문이다.

그런데 의미론적 관점에서 보면 어휘의 체계, 어휘의 양상, 의미 관계 등의 개념은 외현적 단위인 단어의 존재 양상을 나타내기 위한 개념이라 할 수 있다. 따라서 '외현적 단위인 단어의 형성에 대한 교육'과 '단어가 언어

---

12) 이에 대해서는 최경봉(2006)의 논의를 참조할 수 있다.
13) 어휘체계의 분류 기준으로는 어종, 품사, 의미를 들 수 있다. 교육과정에서는 어종과 품사에 따른 분류만을 어휘체계에서 다루는데 이는 의미 관계와의 중첩을 피하기 위해서이다.

세계에 존재하는 양상에 대한 교육'을 구분하는 것이나[14], 어휘의 체계 및
양상과 의미 관계를 연계하여 교육하는 것[15]은 나름대로 의미론적 근거가
있다. 그렇다면 이러한 관점이 실용적인 국어교육에서 어떤 의미를 띠고 있
는지 알아볼 필요가 있다. 2011년 개정교육과정 성취기준의 해설 내용을 통
해 이러한 구분 방식의 교육적 의의를 알아보자.

(3) 2011년 개정교육과정의 어휘 관련 성취기준과 해설

> **문법(8) 어휘의 유형과 의미 관계를 이해하고 활용한다.**
>
> 국어 어휘를 유형화하고 단어들이 맺는 관계를 이해하는 것은 단어의 세계에
> 대한 국어 의식을 고양시킬 뿐만 아니라 실제 의사소통 상황에서 단어를 효과
> 적으로 사용할 수 있도록 함으로써 의사소통 능력 신장에 기여할 수 있다. 국
> 어의 어휘를 다양한 기준에 따라 여러 가지 방식으로 나눠 보게 하고 단어들이
> 맺는 다양한 관계를 이해시킨다. 그리고 구체적인 의사소통 상황에서 어휘들이
> 어떻게 사용되고 있는지 각 어휘의 특성과 관련지어 분석해 보게 하고, 마찬가
> 지로 의미 관계를 맺고 있는 단어들이 실제 의사소통 상황에서 사용되는 양상
> 을 분석해 보게 한다. 이러한 활동들이 궁극적으로는 올바르고 효과적으로 어
> 휘를 사용하고자 하는 노력으로 이어질 수 있도록 지도한다.

　위의 성취기준에서 '어휘의 유형'과 '의미 관계'에 대한 교육 목표가 "실
제 의사소통 상황에서 단어를 효과적으로 사용할 수 있도록 함으로써 의사
소통 능력 신장에 기여할 수 있다."라는 지점에서 일치한다는 것은 이들을
묶어 사고하는 것의 교육적 의의를 잘 보여준다. 그렇다면 교과서의 기술
내용은 이러한 목표를 실현할 수 있을 만한 질적·양적 수준을 담보하고 있
는가.
　위의 성취 기준을 적극적으로 해석하면, 교과서에서 어휘 유형과 의미 관
계를 다루는 단원은 어휘의 양상과 의미 관계 그리고 개별 단어의 의미 확
장(다의어)과 동음이의 관계 등을 종합적으로 다루어야 하고, 더 나아가서는

---

14) 이는 7차 교육과정의 단원 구분을 인정하는 것으로 이관규(2011)과 다른 관점이다.
15) 이는 7차 교육과정의 단원 구분과 다른 관점으로 2011년 개정교육과정의 특징이다.

그러한 어휘들의 화용적 사용 양상에 대해서도 다룰 필요가 있다. 실제 2011년 개정교육과정에 따라 편찬된 교과서에서의 학습 활동도 주로 각 유형의 어휘들이 상황에 따라 어떻게 선택될 수 있는지, 그리고 의미 관계에 대한 지식이 상황에 따른 어휘 선택에 어떤 영향을 미치는지를 파악하는 활동으로 이루어져 있다.

그런데 여기에서의 문제는 어휘 유형과 의미 관계에 대한 내용의 방대함에 비춰볼 때, 교과서의 한 단원에 이를 모두 구현하는 것은 무리가 따를 수밖에 없다는 점이다. 한 단원에서 구현해야 할 성취기준이 과도하다면, 이 단원은 어휘 분야의 탐구 범위를 제시하고 그 성격을 개괄적으로 설명하는 방식으로 기술될 수밖에 없다. 이러한 성취기준이 교과서 기술에 충실히 수용되기 어렵다는 것은 2007년 개정교육과정에서 제시된 어휘 관련 성취기준16)이 관용 표현 및 어휘 유형에 국한되어 있었다는 데에서도 짐작할 수 있을 것이다.

따라서 성취기준이 관용 표현과 어휘 유형에 대한 이해(2007년)에서 어휘 유형과 의미 관계 전반을 다루는 것(2011년)으로 변화되었다면, 교과서의 기술 내용과 방법은 달라지는 게 당연할 것이다. 특히 2011년 개정교육과정에서 어휘의 유형과 의미 관계의 관련성을 고려하여 성취 기준을 정하였다면, 성취기준에 포함될 가능성이 있는 사항들을 어떻게 선별하여 기술할 것인지에 대한 고민이 이루어질 필요가 있었다.

성취기준대로 어휘 유형과 의미 관계를 종합적으로 보여주면서 상황에 따른 어휘 선택의 양상을 보여주는 데 중점을 둔다면 교과서에서는 어휘 유형과 의미 관계가 최대한 다양하게 제시되어야 했다. 그러나 이렇게 다양한 항목을 다룬다면 교육 현장에서 이를 모두 수용하는 게 어렵다는 우려가 제기될 수밖에 없다. 2011년 개정교육과정에 맞춰 편찬된 각 교과서의 학습

---

16) 【7-문법-(2)】 관용 표현(속담, 명언, 관용어)의 개념과 효과를 이해한다.
　　 【8-문법-(2)】 여러 종류의 어휘(전문어, 유행어, 은어)를 비교하고 그 사용 양상을 설명한다.

항목을 비교해 보면 이상과 현실 사이에 놓인 편찬자들의 당혹감을 읽을 수 있다.

[표 1] 교과서의 어휘 관련 기술 내용

	어휘의 유형	의미 관계
이관규 외 (비상)	고유어, 한자어, 외래어, 금기어, 은어, 유행어, 전문어, 관용어,	유의, 반의, 상하
남미영 외 (교학사)	고유어, 한자어, 외래어, 금기어, 완곡어, 은어, 비속어, 유행어, 전문어, 신어	유의, 반의, 상하
윤여탁 외 (미래엔)	고유어, 한자어, 외래어, 은어, 유행어, 전문어, 신어(새말)	동음이의, 유의, 반의, 상하
박영목 외 (천재)	유행어, 전문어, 은어	유의, 반의, 상하
민현식 외 (신사고)	고유어, 한자어, 외래어, 금기어, 완곡어, 속어, 은어, 관용어	유의, 반의, 상하, 다의, 동음이의

위의 표를 보면, '어휘 유형'과 '의미 관계'를 통해 다루는 항목이 교과서마다 차이가 있음을 알 수 있다. 어휘 유형의 경우 박영목 외(천재)에서 세 가지 유형만을 다루고 있는 반면, 남미영 외(교학사)에서는 열 가지 유형을 다루고 있다. 또한 이관규 외(비상)와 민현식 외(신사고)에서는 특별하게 '관용어'를 어휘 유형에 포함하고 있다.[17]

그러나 2011년 개정교육과정의 성취기준이 담화 상황에 따라 어휘를 선택적으로 사용하는 양상을 보여주는 것을 강조하는 것이라 할 때, 다양한 어휘 유형이 최대한 제시될 필요가 있었다. 이런 점에서 '관용어'를 포함한 것은 어휘의 화용적 사용 양상을 일관성 있게 설명하는 데 도움을 줄 수 있다. 그렇다면 성취기준에서는 이러한 점이 좀 더 분명히 제시될 필요가 있었으며, 교과서 편찬자들은 성취기준의 강조점을 살릴 수 있는 기술 방식을

---

17) 초등 교육과정에 '고유어, 한자어, 외래어'와 '관용 표현'이 포함된다는 사실을 감안한다면, 성취기준을 어떻게 해석하느냐에 따라 학습 항목이 달라질 수 있다.

고안했어야 했다.

성취기준의 불명확성은 어휘의 의미 관계 부분에도 나타난다. 의미 관계에서는 대체로 '유의, 반의, 상하' 관계가 다루어지지만, 교과서에 따라 동음이의와 다의 관계를 의미 관계에 포함하여 설명하기도 한다. 이러한 차이는 교과서 편찬자의 관점에서 비롯된 것으로 보인다. 김광해(1993)에서는 의미 관계가 어휘소 간의 관계임을 강조하며 다의 관계를 의미 관계에 포함할 수 없음을 주장한 바 있고, 이를 계기로 의미론 분야에서 의미 관계의 범위 문제가 심각하게 논의되기도 했다. 그렇다면 교육과정의 성취기준을 통해 의미 관계의 범위를 분명하게 제시할 필요가 있었다.

특히 '다의 현상'은 의미론에서 비중이 큰 주제이고 의미의 본질을 이해하는 데 중요한 것이다. 특히 성취기준이 문법 항목을 종합적으로 다루는 데 초점을 두고 있는 만큼, '다의 현상'을 파악하는 활동을 성취기준에 분명하게 제시할 필요가 있었다. 그럼에도 불구하고 성취기준의 모호함으로 인해 이 항목이 교과서 편찬자의 관점에 따라 실제 교과서 편찬 시 극단적으로 취급되었다는 것은 문제이다.[18]

그런데 성취기준이 구체화되더라도 성취기준에서 요구하는 기술 항목이 많은 만큼 교과서에서 '기술 항목의 독자성'과 '기술 항목 간 관련성'을 보이는 학습활동을 구현하기 어렵다는 구조적인 문제는 그대로 남는다. 따라서 교과서의 기술 방식을 항목 별로 개념과 특성을 설명하는 것에서 벗어나[19] 어휘의 다양한 유형과 관계의 정보를 '담화 상황에서 단어의 효과적 사용'이라는 목표에 어떻게 활용할 수 있는지를 모색하는 활동으로 재편할 필요가 있다.

---

18) 특히 윤여탁 외(미래엔)에서는 동음이의를 의미 관계로 내세우면서 '다의' 현상을 설명하고 있는데, 이는 다의 관계를 어떻게 처리해야 하는지와 관련한 혼란을 잘 보여준다. 이를 검인정 교과서의 특성상 자연스러운 현상이라 할 수도 있지만 문법 관련 성취기준이 세세하게 제시되는 상황에서 이러한 공백은 혼란으로 이어질 수밖에 없다.

19) 성취기준 배분표에 의하면, 어휘 유형 및 의미 관계의 개념과 특성은 초등 과정에서 상당 부분 학습할 수 있을 것이다.

가령 다의적 단어의 의미항목마다 그것의 반의어와 유의어 등을 찾아보고, 어휘 유형을 유의들 간의 차이를 파악하는 활동과 연결지어본다면, 관계어들의 선택에 따른 문체적 효과를 점검하는 활동이 다채로워질 수 있었을 것이다. 그런데 이러한 활동이 교과서에 구현되기 어려웠던 구조적 이유는 어휘 유형 및 의미 관계의 개념 파악에 비중을 둔 현재의 교과서 기술 방식에서 찾을 수 있을 것이다.

3.2. 문장 단위 설정의 문제

문장 중심의 문법 기술은 실용문법을 구축하고 이를 교육하는 것의 중요성이 강조되면서 시작되었지만, 기능교육이 강조되면서 실용문법의 교육적 효과에 대한 회의가 일었다. 김광해(1996)에서는 문법 지식의 교육이 국어를 정확하게 사용하는 데 실질적으로 도움이 된다는 명확한 증거가 없는 상태에서 이를 문법 교육의 목표로 설정한다는 것의 문제점을 지적하면서, 문화적인 측면에서 우리 국어를 바라보는 국어지식을 다루는 것이 문법 교육의 중심이 되어야 한다고 보았다. 이러한 관점은 문법 교과서에서 '통사론' 위주의 문법을 축소하는 것으로 나타났다. 이런 점에서 김광해(1996)은 기능 영역과의 통합이 강조되는 상황에서 문법의 정체성을 확보하기 위한 논리를 구축한 것으로 평가할 수 있다.

그러나 문장 구조에 대한 탐구는 문법의 핵심이기 때문에 교육에서 차지하는 비중이 줄어들었음에도 이와 관련한 성취기준은 대체로 유지되었다. 2011년 개정교육과정의 문장 관련 성취기준을 보자.

(4) 2011년 개정교육과정의 문장 관련 성취기준과 해설

> **문법(7) 문장의 구조를 탐구하고 자신의 생각을 다양한 구조의 문장으로 표현할 수 있다.**
>
> 문장 구조에 대한 이해는 자신의 생각을 효과적으로 표현하도록 돕는다. 5-6학년군에서 배운 기본 문장 성분의 이해를 부속 성분에까지 확대하고 문장의 확대를 다루도록 한다. 평서문, 의문문, 명령문, 청유문, 감탄문과 같은 종결 방식의 표현 효과를 탐구하고, 국어의 문장은 둘 이상의 문장이 연결되거나 하나의 문장이 다른 문장 안에 안기는 방식으로 확대됨을 이해한다. 다양한 연결 어미와 전성 어미의 기능과 함께 이러한 문장 확대의 방식을 탐구하여 체계적으로 이해하면 자신의 생각과 표현 의도가 제대로 반영된 문장을 구성할 수 있다. <u>다양한 구조의 문장들을 표현 의도와 연관 지어 분석하고</u>, 중의문처럼 의미가 명확하지 않은 문장을 찾아 그 이유를 탐구하는 활동을 함으로써 정확하고 효과적이며 자연스러운 문장을 구성하는 능력을 기르도록 지도한다.
>
> **문법-(9) 문법적 기능을 담당하는 요소들의 특징을 이해하고 담화 상황에 맞게 사용할 수 있다.**
>
> 문법적 의미를 실현하는 데 사용되는 다양한 문법 요소들을 탐구하는 활동을 통해 국어의 문법적 특징을 이해하고 <u>상황에 맞는 정확한 문장 표현 능력</u>을 기를 수 있다. 높임, 시간, 피동·사동, 부정 표현 등 국어의 주요 문법 요소들의 형태와 의미 기능을 실제 담화 상황 속의 다양한 문장 자료를 통해 탐구한다. 이러한 탐구의 결과가 정확하고 효과적인 문장을 구성하는 능력과 습관을 기르는 쪽으로 이어지도록 지도한다.
>
>   * 밑줄은 필자의 것

2011년 개정교육과정의 성취기준은 문장과 문법 요소에 대한 종합적 이해를 목표로 작성된 것이라 할 수 있다. 이러한 점은 2007년 교육과정의 성취기준에 나오지 않은 '높임, 시간, 부정' 등의 문법 요소와 '문장 종결 방식'에 대한 것이 제시된 데에서 확인할 수 있다. 특히 밑줄 친 "다양한 구조의 문장들을 표현 의도와 연관 지어 분석하고"나 "상황에 맞는 정확한 문장 표현 능력"을 보면, 담화 중심의 문법 교육이 강조되면서 문장 및 문법요소의 맥락 의미에 대한 교육과 국어사용능력 신장을 위한 성취기준이 강조되

고 있음을 알 수 있다.

이처럼 성취기준이 광범위한 영역에 걸쳐 제시된 것은 중학교 과정의 문법 교육이 '표현 의도' 및 '담화 상황'에 대한 이해를 바탕으로 문장의 구성과 문법 요소의 특성을 이해하는 데 목표를 두고 있기 때문일 것이다. 그렇다면 교과서의 기술 방식은 '사·피동, 중의적 표현, 문장의 짜임새'로 범위가 한정되었던 2007년의 기술 방식과 달라질 필요가 있을 것이다.

'사·피동'을 예로 들면, 사·피동에 대한 형태·통사론적 지식보다는 상황 맥락에 따른 쓰임 등에 대한 이해를 중심으로 사·피동 표현의 의미적 특징을 기술할 필요가 있다는 것이다. 이렇게 할 때에만 광범위하게 제시된 성취기준을 달성할 수 있을 것이다. 그렇다면 2011년 개정교육과정에 따라 편찬된 교과서의 기술 내용에서 표현의 의미적 특징과 관련한 내용의 비중은 어떠한가?

[표 2] 교과서의 문장 관련 기술 내용

	문장 구조 (문장구조와 표현 의도의 연관성)	문장 유형 (표현 의도 및 효과)	문법 요소 (상황에 맞는 표현)
이관규 외 (비상)	○	◑	●
남미영 외 (교학사)	◑	◑	◑
윤여탁 외 (미래엔)	◑	●	◑
박영목 외 (천재)	○	◑	◑
민현식 외 (신사고)	◑	◑	◑

○ : 아주 미흡, ◑ : 미흡, ● : 적정

'표현 의도와 문장 구조의 연관성'에 대한 활동으로는 단문과 복문의 표현상 차이를 파악하는 활동이나 문장의 중의성을 분석하는 활동 등을 들 수 있는데, 위의 표에 드러나듯이 문장 구조에 대한 기술에서는 이러한 활동이 소극적으로 이루어지고 있다. 이 부분은 대체로 문장 성분과 문장 확대에 대한 통사론적 지식을 중심으로 기술되었기 때문이다. 반면, 문장 유형과 문법 요소에 대한 기술에서는 모든 교과서가 표현 의도 및 효과와 관련한 기술을 시도하였음을 알 수 있다. 이는 문장 구조와 문장 유형의 성취기준을 함께 제시한 데 일차적인 원인이 있는 것으로 보인다. 표현 의도 및 효과와 관련지어 설명하기 용이한 문장 유형 부분에 이와 관련한 설명을 집중한 것이다.

그런데 문장 유형에 대한 기술에서도 문장 유형을 표현 의도 및 효과와 관련지어 익히는 활동은 주변적인 경우가 많다. 대부분의 교과서에서 표현 의도와 문장 유형의 연관성을 파악하는 활동이 심화 학습 단계에서 이루어지거나 부분적으로만 다루어졌다. 이는 문장 유형에 대한 기술이 통사론적 차원에서 이루어져야 한다고 생각하는 경향이 강함을 말해 준다. 다만, 윤여탁 외(미래엔)에서는 문장 유형에 대한 문법적 설명을 최소화하면서, 표현 의도 및 효과와 관련지어 문장 유형을 파악하는 활동을 중심에 놓았는데, 2011년 개정교육과정에 나타난 문법 교육의 지향에 따른다면 이러한 태도를 문장 구조에 대한 설명으로 확장할 필요가 있을 것이다.

문법 요소에 대한 기술에서는 '상황에 맞는 정확한 문장 표현 능력을 기른다'는 성취기준을 구현하기 위해 다양한 활동을 제시하고 있다. 그런데 다루는 문법 요소가 '사·피동, 부정, 시제, 높임' 등임에도 불구하고, 대체로 '사·피동, 높임'에 국한하여 '상황에 맞는 문장 표현 능력을 기르기 위한' 활동을 제시하고 있다. 이 또한 모든 문법 요소에 대한 통사론적 설명과 더불어 의미·화용론적 설명을 진행하는 데 부담이 따르기 때문인 것으로 보인다. 다만, 이관규 외(비상)에서는 성취기준에 제시된 모든 문법 요소(사·피동, 시제, 부정, 높임)를 대상으로, 이들 요소가 상황에 따라 표현 효과가 달라짐을 구체적 활동을 통해 보여주고 있다.

이상과 같이 교과서의 기술 내용을 검토한 결과, 문장 구조, 문장 유형,

문법 요소 등과 관련한 항목은 통사론적 설명과 의미·화용론적 설명을 병행해야 하는 부담으로 의미·화용론과 관련한 성취기준을 제대로 구현하지 못했다는 문제가 있음을 알 수 있었다. 부분적으로나마 의미·화용론과 관련한 성취기준을 충실히 구현한 교과서의 내용을 참조한다면, 담화 중심의 문법 교육에 적합한 교과서의 기술 방향을 찾을 수 있을 것이다.[20]

그런데 교과서의 기술 내용이 충실해지기 위해서는 구조적인 측면에서 문제에 접근할 필요가 있다. 본고에서는 이 문제가 문법 교육과정의 위계성에 대한 논의가 진지하게 이루어지지 않은 데에서 비롯된 것으로 판단한다. 그렇다면 문법 교육과정의 위계화는 어떤 방향으로 진행되어야 할까? 이 문제에 대해서는 4장에서 구체적으로 논의할 것이다.

3.3. 담화 단위

문법 교육의 단위로 '담화'를 설정하는 것은 문장 이하 단위를 대상으로 한 전통적인 문법 교육과 차원을 달리하는 것이다. 즉 담화의 구성은 언어 현상의 규칙화와 체계화라는 차원에서 설명할 수 있는 것이 아니라, 상대를 설득하거나 이해하기 위한 전략의 차원에서 설명할 수 있다. 따라서 문법은 가능한 문장의 구성 원리를 규칙화한 것으로서 의미가 있고, 담화이론은 구성 가능한 문장들을 상황에 따라 선택하고 엮어내는 전략을 밝힌 것으로서 의미가 있다고 해야 할 것이다.[21] 김광해(1995)와 고영근(2004)에서와 같이 문법이 설명해야 할 언어 단위를 문장 이하로 제한해야 한다고 한 주장에는 두 접근법의 차이에 대한 인식이 깔려있다.

---

20) 의미·화용론과 관련한 성취기준을 일관되게 충족시킨 교과서는 없다. 다만 교과서마다 특정 단원에서 이러한 성취기준을 달성한 경우가 있는데, 이를 통해 해결 방안을 모색할 수 있다는 뜻이다.
21) 담화 이론이나 화용론에서는 의사소통 과정에 나타난 대화 참여자의 배경 지식, 태도, 전략 등이 논의 대상이 된다.

그러나 앞서 밝혔듯이 담화 중심의 문법 교육은 현행 문법 교육의 목표가 되었고, 이러한 상황에서 문법 교육의 정상화를 위한 다양한 모색이 이루어지고 있다. 2011년 개정교육과정은 이러한 모색의 중간 결과라 할 것이다. 2011년 개정교육과정에서 강조하는 바는 음운, 단어, 어휘, 문장 단위의 구성에 대한 탐구가 이들 단위가 맥락에 따라 사용되는 양상을 파악하는 활동과 함께 이루어지도록 한 것이다. 담화 중심의 문법을 지향하되, 이를 문장 이하 단위의 구성 원리를 탐구하는 문제와 통합하여 교육하는 입장을 견지하고 있는 것이다.

따라서 단어(어휘)와 문장 단위가 담화상황에서 어떻게 쓰이는지를 설명하는 것과 담화 단위의 구성에 대해 이론적으로 설명하는 것이 어떤 차이를 보여야 하는지를 진지하게 고민할 필요가 있다. 이는 문장 이하 단위에 대한 설명의 독자성뿐만 아니라 담화 관련 단원의 독자성을 확보하는 문제와 관련된다. 2011년 개정교육과정에서 담화 단위에 대한 성취기준을 보면서 이에 대한 문제를 검토해 보자.

(5) 2011년 개정교육과정의 담화 관련 성취기준과 해설

> **문법─(10) 담화의 개념과 특성을 이해하고 담화 상황에 적합한 국어 생활을 한다.**
>
> 담화 자체에 대한 이해는 자신의 국어 생활을 반성적으로 돌아볼 수 있게 하여 올바르고 효과적인 의사소통 능력을 기르는 데 기여한다. 이를 위해 먼저 담화의 기본 개념을 맥락(상황 맥락과 사회·문화적 맥락)과 관련지어 이해시킨다. 사회·문화적 맥락과 관련하여 지역, 세대, 성별, 다문화 등에 따른 언어 변이 현상을 다룬다. 언어의 구체적인 의미는 실제 의사소통의 상황 속에서 결정된다는 점을 알고 언어 표현을 화자·청자의 의도나 처지, 맥락 등과 관련지어 분석하고 평가하는 활동을 하게 한다. 이와 같은 활동을 통해 학생들이 자신의 의사소통 능력을 실질적으로 신장시키고 자신의 국어 생활을 돌아볼 수 있도록 지도한다.

위의 해설 중 "언어의 구체적인 의미는 실제 의사소통의 상황 속에서 결

정된다는 점을 알고 언어 표현을 화자·청자의 의도나 처지, 맥락 등과 관련지어 분석하고 평가하는 활동을 하게 한다."는 부분은 의사소통 과정이 담화 구성의 차원에서 이루어진다는 점을 강조한 것이다. 그러나 이러한 활동은 다른 문법 단위에 대한 활동에서도 지속적으로 강조한 바이다. 더 나아가 "사회·문화적 맥락과 관련하여 지역, 세대, 성별, 다문화 등에 따른 언어 변이 현상을 다룬다."라는 내용은 언어 변이에 대한 탐구를 요구하는 데, 이는 어휘나 문장 단위와 관련한 활동에서 다루어질 수 있다.

한 예로 "구체적인 의사소통 상황에서 어휘들이 어떻게 사용되고 있는지 각 어휘의 특성과 관련지어 분석해 보게 하고, 마찬가지로 의미 관계를 맺고 있는 단어들이 실제 의사소통 상황에서 사용되는 양상을 분석해 보게 한다. 이러한 활동들이 궁극적으로는 올바르고 효과적으로 어휘를 사용하고자 하는 노력으로 이어질 수 있도록 지도한다."[22]에는 담화 관련 성취기준에서 보이는 문제의식이 그대로 드러나 있다고 볼 수 있다. 문장에서 표현의도와 효과 그리고 상황에 맞는 표현 등을 강조한 것도 같은 맥락이다.

그렇다면 담화 관련 성취기준의 독자성을 확보할 수 있는 탐구활동이 모색되어야 하겠지만, 교과서의 기술은 상당 부분 에피소드 중심의 지문을 통해 의도, 맥락 등을 파악하는 일의 중요성을 강조하는 데 집중하고 있다. 여기에서 조금 발전한 활동이 상황맥락에 따라 적절한 표현 방식을 구상하는 활동이다. 담화 관련 단원이 말하기, 듣기, 쓰기, 읽기 등의 활동에 실질적으로 도움이 되는 내용으로 구성되지 못한 것이다.

이처럼 담화 관련 단원이 독자성을 확보하지 못한 이유 중 하나는 담화 관련 성취기준이 '담화'라는 단위를 언어학적으로 살펴야 하는 이유를 강조하는 것으로부터 시작한다는 데 있다. 언어를 담화 차원에서 이해해야 한다는 것은 화용론의 출발점이 된 명제이지만, 이 명제를 강조하는 것이 국어 교육에서 어떤 의미를 띠고 있는지에 대해서는 깊은 고민이 이루어지지 않은 것이다. 즉 담화의 개념과 특성에 대한 인식은 언어 분석의 관점과 대상

---

22) 2011년 개정교육과정의 어휘 관련 성취기준인 문법(8)의 해설 내용 중 일부.

을 새롭게 했다는 점에서 의미가 있다고 볼 수 있지만, 그러한 전환 과정에 대해 문제의식이 없는 학생들에게 담화의 개념과 특성을 원론적으로 설명하고 그것의 중요성을 강조하는 것은 교육적으로 무의미할 수 있다는 뜻이다.

그렇다면 담화 관련 단원을 독립적으로 구성함으로써 얻을 수 있는 것이 무엇인지를 분명히 하는 논의가 필요할 것이다. 특히 현재 문법 교육이 담화 차원에서 문법 단위를 탐구하는 경향을 띤다는 점에서 이러한 고민은 좀 더 치열할 필요가 있다. 즉 단어와 문장을 담화 맥락에 따라 선택하는 문제는 단어나 문장 단위에 대한 활동에서 다룰 수 있다는 점을 생각해야 한다는 말이다.

이런 점에서 박영목 외(천재)에서 담화 개념을 설명한 부분은 시사하는 바가 크다. 박영목 외(천재)에서는 담화의 구성 요건을 설명하면서 "통일성, 응집성"이라는 개념을 제시하고 있다. 화용론의 맥락 개념을 상식적인 차원에서 설명[23]하는 것보다 담화 및 텍스트 구성의 원리를 설명한 것은 담화 관련 단원의 독자성을 강화하는 데 기여할 수 있다. 담화의 구성 요건에 대한 설명은 자연스럽게 문법적 결속장치(grammatical binder) 즉 '이, 그, 저, 이것, 그것, 저것' 등과 같은 지시 표현이나 '그리고, 그러나, 그래서' 등과 같은 접속 표현 등의 사용법과 표현 효과 등에 대한 교육으로 연결되기 때문이다.

박영목 외(천재)의 기술 내용을 토대로 하여 담화 단원의 독립성을 모색해본다면, 담화 단원은 "상황맥락에 따라 언어 표현을 어떻게 할 것인지"와 "응집성과 통일성을 갖춘 표현을 하기 위해 어떻게 해야 하는지" 등의 활동을 중심으로 구성될 필요가 있다. 이렇게 되면 '언어 변이'에 대한 것, 즉 세대, 성, 문화 등 사회문화적 요인에 따라 언어 표현과 이해가 달라지는 것에 대한 설명은 어휘나 문장의 사용 양상을 다루는 단원에 배치되어야 할 것이다. 가령 사회문화적 요인에 따른 어휘적 변이형이 어휘 유형에 배치된다면, 어휘 유형에는 '여성어, 남성어, 노인어, 청소년어' 등이 포함되면서 어휘

---

23) "언어의 구체적인 의미는 실제 의사소통의 상황 속에서 결정된다"와 같은 설명.

유형이 더 증가할 것이다. 그러나 현재 어휘 유형에 대한 기술이 어휘 선택의 상황의존성을 보여주는 데 중점을 둔다면 어휘 유형이 다양화되는 것이 반드시 학습 부담으로 이어진다고 볼 수는 없다.

그렇다면 담화 단위의 문법적 의의를 어느 단계에서 어떻게 설명하고, 담화 단위와 글의 구성 원리를 연관 짓는 것은 어느 단계에서 어떻게 설명할 것인지 고민할 필요가 있을 것이다. 이는 문법 교육에서 담화 단위라는 거시적 문법단위의 위상을 분명히 하는 문제이면서 동시에 문법 교육의 위계화와 관련되는 문제이다.

4. 문법 교육의 위계와 의미 교육의 위상

3장에서는 현재의 문법 교육이 담화 중심 문법을 지향하고 있음을 보이면서, 문법 관련 기술 내용이 의미·화용론과 관련한 성취기준을 달성하기 위한 활동을 중심으로 재편될 필요가 있음을 강조하였다. 이 장에서는 3장에서의 논의 내용을 토대로 문법 교육과정의 위계화 문제를 제기하면서 의미 교육의 위상 문제를 논의하고자 한다.

4.1. 문법 교육에서 위계성 문제

문법 교육의 위계화 문제는 문법 교육의 차원에서 제기할 수도 있지만, 말하기, 쓰기, 읽기, 듣기 등과 같은 기능 영역과의 통합교육이라는 차원에서도 제기할 수 있을 것이다. 그러나 통합교육이 강조되는 현실에서는 기능 교육과 문법 교육의 효율성을 동시에 제고할 수 있는 방안을 모색하는 것이 합리적일 것이다.

예를 들어, 문장의 구조에 대한 것을 쓰기 영역과 통합하여 교육한다면 어떻게 할 것인가? 사실 중학교 이상의 단계에서 쓰기 교육을 할 때, 문장 구조에 대한 지식을 쓰기와 직접적으로 연결하여 교육하는 것은 자연스럽지 않다. 이런 상황에서 문법이 기능 영역과 통합하는 것은 문법 영역을 확장하는 것이기도 하지만, 역으로 문법 영역의 존재의미를 약화시키는 결과를 초래할 수도 있다. 문법 교육 무용론은 이런 맥락에서 힘을 얻어왔다고 할 수 있다.

통합적 문법 교육을 고려하지 않더라도 중학교 단계에서 문장구조에 대한 학습은 학습동기를 부여하기 어렵다. 학습동기와 통합의 문제를 고려하여 문장의 맥락 의미나 문장의 중의성 문제 등을 문장의 해석 문제와 관련 지어 교육할 수도 있지만, 현재의 성취기준에 따라 문장구조를 탐구하고 문장의 의미·화용론적 문제를 파악하는 것은 학습자의 학습 부담을 가중시킬 수밖에 없다. 또한 문장구조에 대한 이해와 문장의 의미·화용론적 이해 문제를 한 단원 내에서 함께 다루다보면 문법 교육의 초점이 분산되는 경향이 발생할 수 있다.

따라서 문장의 구조와 관련된 문법 지식이 쓰기나 읽기 등과 직접적으로 결합하여 통합의 효과를 발휘하기 위해서는 글쓰기의 기본적인 형식을 익히는 단계에서 이러한 교육이 이루어지는 위계를 고안할 필요가 있을 것이다. 적절한 단계에서 교육이 이루어진다면, 언어의 보편적이고 개별적인 특성을 파악하는 목표와 국어사용능력 신장이라는 목표를 모두 달성하면서, 다음 단계에서 의미 및 화용적 특징과 관련한 심화된 내용을 다룰 수 있을 것이다. 이와 관련하여 참고할 만한 논의는 민현식(2010)이다.

민현식(2010)의 논의는 문법과 독서의 통합교육을 모색하는 과정에서 나온 것인데, 문법의 영역을 독서의 이해를 도울 수 있는 체제로 재편하는 방법을 제시한 것이다. 이 논의에서는 "음운, 형태소, 단어와 같은 하위 단위에 대한 문법 교육은 주로 중학교 단계에서 이루어지도록 하고 고교 선택과목 시간에는 상급 단위인 담화 단위 중심의 분석에 중점을 두어 텍스트 언어학의 성과들을 적극 도입하여 가르쳐야 한다는 점에서 독서와 문법은 매우 밀접하다."라는 의견이 제시되었다. 이는 각 문법 교육 단위의 특성에 따라 문법 교육과정을 위계화해야 한다는 주장으로 이해할 수 있다. 특히 담화 단위는 규칙에 의해 형성되는 것이 아니라 전략에 의해 형성되는 것이기 때문에 이를 일반적인 문법 단위와 차원을 달리해 교육 단계를 사고한 것은 주목할 필요가 있다.

그런데 민현식(2010)에서는 문법 교육 단위의 특성을 형식 중심으로만 보았고, 의미 단위와 형식 단위의 구분에 대해서는 특별히 언급하지 않았다. 그러나 형식 단위와 의미 단위가 일대일로 대응하는 것이 아니라면, 의미 단위에 대한 독립적인 교육 목표가 설정될 필요가 있을 것이다.

따라서 언어 단위의 의미 및 존재 양상을 설명하고 이를 기능 영역과 통합하여 교육하는 것은 문장 구조 등 형식 단위에 대한 교육보다 높은 단계에서 중점적으로 이루어지는 위계를 가정할 수 있다. 어휘의 유형이나 의미 관계와 같은 어휘의 존재 양상에 대한 교육은 언어의 문화적 특성과 더불어 언어의 특징적 양상에 대한 이해를 높여주기 때문에 궁극적으로는 언어의 기능적 능력을 향상시키는 데 기여할 수 있기 때문이다. 또한 각 문법 단위의 표현 의도 및 효과와 관련한 내용은 담화의 문법과 관련되는 내용이면서 동시에 의미의 문법과 관련되는 내용이라고 할 수 있다. 이러한 점을 고려한다면 문법 교육에서 다루어야 할 문법 단위는 다음과 같이 유형화할 수 있다.

[표 3] 문법의 유형

형성의 문법	음운, 단어, 문장 등의 구성 법칙
의미의 문법	어휘 유형, 의미 관계, 문장 의미
담화의 문법	각 문법 단위의 표현 의도 및 효과
	담화의 구성

이처럼 '형성의 문법'과 '의미의 문법'과 '담화의 문법'이 서로 다른 차원에서 의의를 지니고 있다면 이들의 독자성을 유지하면서 통합의 방안을 고민하여야 할 것이다. 이에 대한 해결은 단어 및 문장의 구성 방식에 대한 규칙과 어휘 및 문장 의미에 대한 지식 그리고 각 언어 형식의 맥락적 의미와 구성에 대한 전략 등이 어느 단계에서 통합적 의의를 지니고 교육될 필요가 있는지를 밝히는 것에서 시작되어야 한다.

4.2. 의미 교육을 위한 문법 교육과정의 위계화

문법 교육과정의 위계화 문제는 탐구적 문법 교육을 강화하고 국어사용능력을 신장하는 목표를 충족할 수 있는 선에서 고민해야 한다. 따라서 이는 통합 교육을 제대로 실현하기 위한 전제 조건이라고 할 수 있다. 그러나 아직까지 고민의 수준은 높지 않다.[24] 본고는 이러한 고민의 수준을 높이기 위한 노력의 일환인데, 이 절에서는 의미 교육의 정상화라는 차원에서 문법 교육의 위계화 논의를 구체화해 보고자 한다.

형성의 관점에서 볼 때 문법은 기본적인 언어구성 규칙을 보여주는 분야이다. 따라서 문법이 음운으로부터 시작하여 문장에 이르는 과정을 형성의 차원에서 설명하고 이를 교육하는 것이 기초 문법 교육이 되어야 한다. 가령 품사에 대한 교육은 언어의 기본적인 교육 사항인데도, 이들이 문장 형성에 어떻게 기여하는지에 대한 내용은 초등 교육과정의 성취 기준에 분명하게 반영되지 않았다. 이 때문에 초등과정에서는 기본적인 문법 지식을 형성하기는 어렵고,[25] 품사를 본격적으로 다루는 중등과정의 설명은 지나치게

---

24) 영역 간 통합을 목표로 만들어진 <독서와 문법>의 성취기준은 민현식(2010)에서 보여준 문제의식을 제대로 구현하지 못하고 있다. 국어 구조의 이해와 관련된 부분에서 문법의 모든 단위 즉 '음운, 단어, 문장, 담화'에 대한 설명을 하는 데 중점을 둠으로써 통합을 통하여 더 높은 성취기준을 제시하지 못하고 있기 때문이다. 이런 점에서 문법의 위계화 논의는 문법 교육의 정체성을 확보하기 위해서라도 심도 있게 진행될 필요가 있다.

탐구적이 된다.[26]

반면 의미의 문법 즉 어휘의 유형 및 의미 관계에 대한 지식은 읽기, 말하기, 쓰기, 듣기 등의 교육 단계가 높아지면서 점점 심화되어야 하는 지식이다. 이러한 점을 전제하여 전체적인 교육 내용이 위계화되지 않는다면 의미에 대한 교육을 비롯한 모든 문법 단위 교육이 심화될 수 없을 것이다.

그런데 위계성을 분명히 하기 위해서는 통합의 성격을 분명히 하고, 통합을 위해 문법을 다른 영역과 관련지어 학습한다면 학년급별로 통합의 성격과 내용을 구분해 줄 필요가 있을 것이다. 그러나 현재 우리의 성취기준표로 보면 1-9학년까지 성취기준이 반복되는 것도 있는데, 반복의 효과가 충분히 고려되었다고 보기는 어렵다. 초등학교에서 '기본문장성분'을 배우고 중학교에서는 '부속성분'에 대해 공부하는 식의 배열 방식은 문법 교육의 위계 의식이 부족함을 잘 보여준다.[27] 이러한 문제는 어휘 유형 및 의미 관계 관련 영역의 성취기준에서도 확인할 수 있다.

---

25) 주세형(2011)에서는 초등학생은 형태, 의미, 기능에 따라 분석하는 작업을 하는 것 자체가 불가능하다는 사실을 들어 품사에 대한 지식은 중학교에서 제시하는 것이 옳다고 했지만, 초등학교와 중학교 저학년 영어교육에서 이미 품사와 문형 등에 대한 교육이 수준 높게 이루어진다는 점을 고려한다면 이의 타당성은 검토해 볼 필요가 있을 것이다. 또한 이관규(2009)에서 보고한 미국의 초등학교 교과서(Frank Schaffer Publications, 2007)의 경우 6학년 교과서가 품사/문장, 대문자, 구두법, 문장부호 등으로 구성되어 있다는 사실도 참조할 필요가 있을 것이다.

26) 중학교 문법에서 품사에 대한 설명은 분류 기준에 대한 이해를 중심으로 되어 있다. 중학교 문법에서의 품사 설명이 국어학개론의 수준에 육박한다는 것은 분명 문제이다.

27) 민현식(2011)에서는 주요 성분만 초등학교에서 가르치고 부차 성분은 중학교에 와서 가르치도록 하였는데 이의 타당성 검토가 이루어진 바 없다는 점을 지적하고 있다.

[표 4] 어휘 관련 영역의 학년별 성취기준

학년	성취기준
2	(3)낱말과 낱말의 의미 관계를 알고 활용한다.
3	(3)국어의 낱말 확장 방법을 알고 다양한 어휘를 익힌다.
4	(4)낱말들을 분류해 보고 국어사전에서 낱말을 찾아본다.
5	(2)낱말이 상황에 따라 다양하게 해석됨을 이해하고 효과적으로 표현할 수 있다.
6	(3)고유어, 한자어, 외래어의 개념과 특성을 알고 국어 어휘의 특징을 이해한다.
6	(6)관용 표현의 특징을 알고 담화 상황에 맞게 사용한다.
8	(8)어휘의 유형과 의미 관계를 이해하고 활용한다.
〈국어1〉	(11)어휘의 체계와 양상을 이해하고 그것을 상황에 맞게 활용한다.
〈독서와 문법〉	(10)단어의 의미 관계와 의미 변화의 양상을 탐구하고 이해한다.

위를 보면 1~6학년까지의 의미(어휘) 관련 성취기준이 8학년에서 "어휘의 유형과 의미 관계를 이해하고 활용한다."라는 성취기준으로 모아지는 것을 볼 수 있다. 그러나 교과서의 편찬 과정을 고려해보면, 이러한 흐름이 교육 내용의 확장과 심화로 이어질 수 있는지에 대해서는 회의적일 수밖에 없다. 특히 8학년의 성취기준은 1~6학년까지의 성취기준을 종합한 성격을 띤다. 이는 초등학교 단계에서 개별적으로 다루어진 내용들이 중학교 단계에서 체계화되는 것으로 볼 수도 있지만, 3장에서 지적했듯이 각 단원의 성취기준이 광범위하고 종합적이라는 점에서 문법 교육의 초점이 단계별로 달라지지 않는 한 내용이 심화되기는 어려울 수밖에 없다.

그렇다면 중학 과정의 교육 내용이 초등 과정의 교육 내용에서 어떻게 확장되고 심화되어야 하는지를 고민할 필요가 있을 것이다. 가령 상황에 따른 어휘의 쓰임에 초점을 두거나, 의미적 호응관계를 지키는 것과 같이 정확한 글쓰기와 관련된 내용에 초점을 두거나, 의미적 결합관계나 의미장에 대한 분석적 고찰을 통해 한국어의 특징 혹은 언어와 문화의 관계에 대한 이해를 높이는 데 초점을 두는 등의 방안이 모색될 필요가 있다. 그런데 이러한 심화와 확장이 가능하기 위해서는 언어 구조에 대한 기본적 교육이 저

학년 급에서 이루진다는 전제가 충족되어야 한다. 따라서 문법 교육 전반에 대한 위계화가 본격적으로 고민될 필요가 있다. 통합적 문법 교육을 염두에 둔다면, 초등학교부터 중학교 저학년 단계까지는 기초적인 글쓰기와 통합될 수 있는 형성의 문법을 중심으로 성취기준이 제시될 필요가 있을 것이다. 이렇게 되면 중학교 2학년 이상의 과정에서는 상황과 맥락에 따른 어휘의 선택이나 의미적인 문제에 대한 정교한 교육이 중점적으로 이루어질 수 있을 것이다.

그런데 이러한 위계화가 가능하기 위해서는 초등학교 문법 교육의 목표와 방법을 확정하는 일이 우선되어야 한다. 즉 초등학교 국어교육에서 문법 교육의 위상과 역할이 분명해지면, 문법 교육을 위한 성취기준이 어떻게 배분되어야 하는지가 분명해질 것이고, 초등학교 문법 교육이 어느 영역에 초점을 두느냐에 따라 의미 교육의 위상도 분명해질 수 있을 것이다.

초등학교 단계에서 기초적 문법지식과 기능 영역을 연계하여 교육하는 데 중점을 둔다면, 그리고 2011년 개정교육과정에 나타난 중학교 문법 교육의 위계를 최대한 존중한다면, 문법 교육의 대체적인 위계는 [표 5]와 같이 설정할 수 있을 것이다. 물론 의미와 담화에 대한 교육도 초등학교 단계부터 고등학교 단계까지 순차적으로 이루어질 필요는 있지만, 문법 교육의 중심을 어디에 놓아야 하는지를 분명히 할 필요는 있을 것이다.

[표 5] 학년급별 문법 교육의 중심

학년급	문법 교육의 중심
1-7학년	'형성의 문법' 중심
8-9학년	'의미의 문법' 중심
10학년 이상	'담화의 문법' 중심

이러한 위계를 전제한다면 각 학년급별로 어휘, 문장 등의 문법단위를 다루더라도 활동의 초점이 달라질 수 있을 것이다. 3장에서 논의한 바와 같이

중학교에서는 각 문법 단위의 구조와 형식을 이해하는 활동보다는 각 문법 단위의 상황적 쓰임과 표현 효과 등을 이해하는 활동을 위주로 할 수 있을 것이다. 이는 담화 중심의 문법 교육이라는 취지도 살리고 문법 교육의 정체성도 확보할 수 있는 현실적인 방안이 될 것이다.

5. 결론

본고에서는 2011년 개정교육과정에 따라 편찬된 중학교 국어교과서를 대상으로 의미 관련 기술 내용을 검토해 보았다. 아직 학교 현장에서 교육되지 않은 교과서를 대상으로 그 문제점을 지적한다는 것이 성급할 수도 있지만, 이 논의가 학교 현장에서의 문법 교육을 내실화하고, 문법 교육과정의 위계화 논의를 내실화하는 데 기여할 수 있기를 바란다. 지금까지 논의한 내용을 정리하면 다음과 같다.

2장에서는 문법 교육 단위 문제가 학교문법의 성격 논의와 관련된다는 점을 강조하면서, 6차 교육과정부터 부각된 담화 단위가 학교문법의 성격을 담화 중심의 문법으로 바꾸었고 이에 따라 의미 교육의 위상이 높아졌음을 설명하였다.

3장에서는 담화 중심으로 문법 교육을 진행한다는 관점에서 각 문법 단위(어휘, 문장, 담화)별 의미 관련 기술의 문제를 검토하였다. 현재 중학교 교육과정의 문법 관련 성취기준이 종합적이고 광범위하다면 중학교 문법 교육은 형식과 개념에 대한 설명보다 상황에 따른 표현과 그 효과를 이해하기 위한 활동을 중심으로 진행될 필요가 있음을 강조했다. 어휘 단위에서는 기술 항목을 최대화하되, 항목 별로 개념과 특성을 설명하는 것에서 벗어나 어휘의 다양한 유형과 관계 정보를 '담화 상황에서 단어의 효과적 사용'이라는 목표에 어떻게 활용할 수 있는지를 모색하는 활동을 확대할 것을 제안했다. 문장 단위에서는 문장에 대한 통사론적 설명에 치중함으로써 표현 의도 및 효과, 상황에 맞는 표현법 등과 관련한 내용이 축소되었음을 지적하였다. 담화 단위에서는 국어교육적 관점에서 담화 단위에 대한 기술 내용을 고민해야 함을 지적하였다. 담화의 개념과 특성에 대한 원론적인 설명보다는 "상황맥락에 따라 언어 표현을 어떻게 할 것인지"와 "응집성과 통일성을 갖춘 표현을 하기 위해 어떻게 해야 하는지" 등의 활동을 중심으로 구성될 필요가 있음을 제안하였다.

4장에서는 문법 교육의 독자성과 효용성을 제고하기 위한 방안으로 교육 내용을 학년급별로 위계화하는 문제를 제기했다. 여기에서는 문장의 형성과 관련한 내용은 주로 초등 단계에, 의미 및 표현과 관련한 내용은 주로 중등 단계에 배치할 필요가 있음을 제안하였다.

참고문헌

고영근. 2004. "국어문법 교육의 방향 탐색-현행 고등학교 <문법>을 검토하며-", 「우리말연구」 15, 우리말학회, pp.23-51.

권주예. 1978. "학교문법의 제문제점 소고-고등학교 문법교과서를 중심으로-", 「선청어문」 9, pp.81-109.

김광해. 1993. 「국어어휘론」, 집문당.

김광해. 1995. "언어 지식 영역의 교수 학습 방법", 「국어교육연구」 2, 국어교육학회, pp.209-254.

김광해. 1996. "국어지식 교육의 위상", 「국어교육연구」 3, 국어교육학회, pp.21-45.

김창원. 2012. "국어과 교육과정의 생태학(2) : 2011년 교육과정 개정에서의 쟁점과 그 해소", 「국어교육학연구」 43, 국어교육학회, pp.155-190.

민현식. 2010. "통합적 문법 교육의 의의와 방향", 「문법교육」 12, 한국문법교육학회, pp.1-37.

민현식 외. 2011. 「2011 국어과 교육과정 개정을 위한 시안 개발 연구」, 교육과학기술부.

민현식. 2012. "문법 교육의 정신", 「한국문법교육학회 제16차 전국학술대회 발표집」, pp.181-196.

박영순. 2008. 「한국어 담화·텍스트론」, 한국문화사.

신명선. 2006. "통합적 문법 교육에 관한 담론 분석", 「한국어학」 31, 한국어학회, pp.245-278.

이관규. 2009. "통합적 문법 교육의 의의와 방법", 「문법교육」 11, 한국문법교육학회, pp.259-282.

이관규. 2011. "문법 교육과 어휘 교육" 「국어교육학연구」 40, 국어교육학회, pp.127-158.

이동혁. 2009. "의미교육 개선을 위한 인지언어학의 함의", 「우리말글」 46, 우리말글학회, pp.43-66.

이문규. 2012. "2011년 개정 국어과 교육과정과 문법 교육", 「국어교육연구」 50, 국어교육학회, pp.295-324.

임지룡. 2006. "의미교육의 학습 내용에 대하여", 「한국어학」 33, 한국어학회, pp.87-116.

임지룡. 2010. "국어 어휘교육의 과제와 방향", 「한국어 의미학」 33, 한국어의미학회, pp.259-296.

전은주. 2012. "2011 개정 국어과 교육과정의 특징과 발전적 전개 방향", 「국어교육」 137, 한국어교육학회, pp.25-54.

주세형. 2004. "학교 문법 다시 쓰기-언어 단위 문제를 중심으로-", 「국어교육학연구」 20, 국어교육학회, pp.461-498.

주세형. 2011. "국어과 문법 평가 이론의 발전 방향", 「국어교육」 135, 한국어교육학회, pp.39-66.

최경봉. 2006. "문법 교과서의 내용 체계상 문제점과 개선 방향", 「국어국문학」 142, 국어국문학회, pp.431-463.

최경봉. 2010. "계열적 의미관계의 특성과 연구 목표-유의 및 반의관계를 중심으로-", 「한국어학」 49, 한국어학회, pp.65-91.

최미숙 외. 2012. 「국어 교육의 이해」, 사회평론.

| 이 논문은 한국어학 57집(2012, 한국어학회)에 게재된 논문을 재수록한 것입니다.

대학 글쓰기 수업개발 방안
─전문대학 학생들의 글쓰기에 나타난 문법적 오류 유형을 중심으로

정 주 리

1. 서론

본 연구는 전문대학 학생들의 글쓰기에서 나타나는 문제점과 오류 유형을 분석하여 글쓰기 수업의 적절한 목표와 방법을 제안하는 데 목적을 두고 있다.

최근에 전문대학에는 직업기초 교육이 강조되고 있다. 직업기초교육은 국가에서 정한 NCS(국가직무능력표준(National Competency Standards)[1])의 10가지 직업기초능력 향상을 목표로 하는 교육을 말한다.

전문대학에 직업기초능력에 대한 교육 요구가 높아진 데는 그동안 대학 교육이 산업현장에서 필요한 역량과 수요 유형을 충족시키지 못했기 때문이다. 대학 교육을 받아도 기업은 신입사원에 대한 재교육을 실시하여 업무 역량을 향상시켜야 하므로 그에 따른 비용과 시간, 노력을 들이게 된다. 이는 인력을 채용하는 기업 쪽에서는 늘 불만사항이 되어왔다.[2] 이를 해결하기 위하여 직업인으로서 갖추어야 할 공통적인 직무능력을 규정하기에 이

---

[1] 국가직무능력표준에 대한 내용은 www.ncs.go.kr에 자세히 소개되어 있다.
[2] 양영근·정원희(2013), NCS 직업기초능력에 기반한 교양교과목 개편 방향 연구, 교양교육 연구(8-4), p.49.

르렀다.

[표 1] NCS 직업기초능력 주요 항목

1. 의사소통능력	2. 수리능력	3. 문제해결능력	4. 자기개발능력	5. 자원관리능력
문서이해 능력 문서작성능력 경청능력 문서표현능력 기초외국어능력	기초연산능력 기초통계능력 도표분석능력 도표작성능력	사고력 문제처리능력	자아인식능력 자기개발능력 경력개발능력	시간자원관리능력 예산자원관리능력 물적자원관리능력 인자자원관리능력
6. 대인관계능력	7. 정보능력	8. 기술능력	9. 조직이해능력	10. 직업윤리능력
팀워크능력 리더십능력 갈등관리능력 협상능력 고객서비스능력	컴퓨터활용 능력 정보처리능력	기술이해능력 기술선택능력 기술적응능력	국제감각능력 조직체제이해능력 경영이해능력 업무이해능력	근로윤리 공동체윤리

위와 같은 NCS의 직업기초능력에 대해 산업체의 중요도와 만족도에 대한 조사결과3)를 보면 의사소통능력은 신입사원의 10가지 직업기초능력 중에서 매우 중요한 능력이면서면서 실제적인 만족도는 낮은 것으로 나타났다(양영근 · 정원희, 2014 : 55).

대학의 교육과정 중에서 의사소통능력 교육과 가장 밀접한 과목은 국어과 영역이다. 지금까지 대학 국어는 각 대학에서 공통필수교양과목으로 지정되어 교육되어왔으나 산업체의 요구를 반영한 교육성과를 내지 못하였다는 데 대해서는 대학의 의사소통 관련 과목담당자들이 그 문제점을 정확히 인지할 필요가 있다.

따라서 본 논문에서는 이러한 문제점을 개선하기 위하여, 먼저 전문대학의 글쓰기 관련 수업 실태를 파악하고 다음은 학습자의 정확한 국어 능력을 측정하여 이를 바탕으로 한 수업목표와 내용을 설정하고자 한다.

---

3) 전문대학과 그 졸업생들이 취업하고 있는 관련 산업체를 대상으로 조사한 자료임.

2. 전문대학의 국어과 관련과목 개설 현황

최근에는 대학마다 대학 글쓰기 관련과목을 기초 과정과 심화과정으로 나누어 진행하거나 일반 글쓰기 과정에서 전공 계열별 글쓰기로 특수화 하는 과정으로 운영하고 있다, 이는 앞서 논의한 것처럼 기업이나 사회에서 대학 졸업자들에게 전공직무 수행에 필요한 기능적 글쓰기를 요구하고 있는 데 대해 대학이 그 요구를 교육과정에 반영한 결과이다. 현장에서는 프로젝트 보고서나 제품개발 기획안, 회의록 작성, 결과보고서 작성 등 실용적 문서 능력이 빈번하게 필요하다. 따라서 대학 졸업 후 직장에서의 업무역량을 높이려면 학습자의 표현 능력과 글쓰기 능력을 강화하는 것이 전문 전공지식 습득 이상으로 중요하다는 생각이 널리 공유되고 있다. 이렇듯 대학 글쓰기 과목은 사회적인 변화에 민감하다고 볼 수 있는데 4년제 대학과 전문대학의 그에 대한 민감도는 다르게 나타는 것으로 보인다.4) 다음은 대학별 글쓰기 관련 과목 개설 현황이다.

[표 2] 대학별 글쓰기 교과목 개설 현황5)

대학명	과목명		학점 및 시수	구분
고려대	사고와 표현 I		2학점3시간	필수
	사고와 표현 II			필수
서울대	대학국어		3학점4시간	필수
	계열별	인문학글쓰기	3학점3시간	필수
		사회과학글쓰기		
		과학과 기술글쓰기		
서강대	읽기와 쓰기(공통)		2학점 2시간	필수
	계열별	인문계열 글쓰기		

---

4) 2000년도 이후에 대학 글쓰기 전담인력을 채용하는 대학이 늘고 있고, 이를 유기적으로 운영하는 전담센터도 늘어나고 있다. 주로 4년제 대학을 중심으로 <소통센터>나, <글쓰기 센터>, <커뮤니케이션 센터>라는 이름으로 운영되고 있다.
5) 위의 과목 개설현황은 각 대학의 홈페이지를 참고로 한 것임.

대학명	과목명		학점 및 시수	구분
		경영/경제 계열 글쓰기		
		이공계열 글쓰기		
성균관대	글쓰기의 기초와 실제		2학점 3시간	(필수 택2)
	학술적 글쓰기			
	스피치와 토론			
	과학기술문서작성 및 발표			
숙명여대	글쓰기와 읽기		2학점 2시간	필수
	발표와 토론			
	언어와 논리			선택
	자료해석			
연세대	글쓰기		3학점 4시간	계열별, 수준별
	실용글쓰기		3학점 3시간	선택
영남대	이공계열 맞춤형 글쓰기와 읽기		2학점 3시간	계열별(필수)
	의사소통기술			
한성대	3학점 3시간		2학점 2시간	계열별(필수)
	사고와 표현 II			
홍익대	대학국어글쓰기		3학점 4시간	계열별(필수)
	의사소통		2학점 2시간	
두원공대	말과 글		2학점 2시간	선택
동서울대	언어와 표현		2학점 2시간	선택
동의과학대	대학 글쓰기로 볼만한 과목 없음		·	·
명지전문대	대학 글쓰기로 볼만한 과목 없음		·	·
서일대	기획보고서 작성법		2학점 2시간	선택
신구대	독서와 문학 감상		2학점 2시간	선택
영남이공대	대학 글쓰기로 볼만한 과목 없음		·	·
영진대학	대학 글쓰기로 볼만한 과목 없음		·	·
인덕대	커뮤니케이션 기술		2학점 2시간	선택

각 대학에서 운영하고 있는 글쓰기 교과의 체계는 대학별로 약간씩 차이가 있지만 4년제 대학의 경우, 공통적으로 1학년 때는 일반글쓰기나 기초글쓰기를 진행하고 2학년이나 3학년 때는 계열별 글쓰기나 심화 글쓰기를 진

행하고 있다. 전문대학의 경우, 4년제 대학보다 수업 연한이 짧기 때문에 교양 과정을 충분히 설정하기가 어렵다. 대표적으로 전문대학의 글쓰기 교육은 4년제 대학의 글쓰기 교육에 비하여 과목구성도 평면적이고 해당 시수도 많이 부족하다. 전문대학의 경우 대학 글쓰기와 관련된 교육과정은 2학점 2시간이 전부이다. 그것조차도 개설하지 않은 대학도 있다.

전문대학 학생들의 경우, 선행 국어 학습 경험과 글쓰기 숙달을 위한 개인적 체험 과정이 4년제 학생들보다 평균적으로 적다는 점6)을 고려하면 전문대학의 현행 대학 글쓰기 교육체제는 학생들의 작문능력의 미숙함을 그대로 고착시키는 문제를 안고 있다. 앞서 논의하였지만 대학 글쓰기는 기존의 교양적 글쓰기에서 현재는 사회의 요구를 받아들여 직무 능력과 연계된 실용적 글쓰기로의 목표 전환이 이루어지고 있는 추세이다. 이러한 사회적 요구는 비단 4년제 대학 졸업자들의 경우에만 요구되는 능력이 아니라 전문대 졸업생의 경우에도 동일하게 요구된다. 이러한 사회적인 맥락을 고려한다면 현행 전문대학의 글쓰기 교과의 운영 실태는 개선되어야 할 점이 많다.

3. 대학별 신입생의 동일 글쓰기 과제 비교 분석

현재 국내 전문대학은 대학별로 약간의 차이는 있지만 대개 2학년 과정 중에 대학 글쓰기와 관련된 과목은 1개 과목, 2학점(2시간)으로 운영되고 있다. 일반적으로 대학 글쓰기 운영 체제는 해당 교과목의 교육 목표를 정하는 데 중요한 환경요인이 된다. 글쓰기 교과를 심화과정으로 연계하거나 계

6) 4년제 대학 입학생들 중에는 목적지향적 글쓰기훈련이긴 해도 논술전형을 준비하는 과정 중에 비판적 사고를 바탕으로 한 논리적 글쓰기의 체험과정을 겪은 학생들이 많다. 그런데 전문대학 중에는 논술전형을 시행하는 대학이 하나도 없다. 이러한 대학입시제도의 차별성도 대학 신입생들의 글쓰기 능력을 차등화 하는 데 영향을 미친다고 할 수 있다.

열별 글쓰기를 진행하기 위해서는 최소한 2학기에 걸쳐 2개 과목으로 구성하는 방식이 적절하다. 그러나 현실적으로 현행 전문대학 체제에서는 교양학점을 증가시키기가 어렵고 글쓰기를 담당하고 있는 전문 인력도 충분히 확보되어 있지 못한 상황이므로 이상적인 목표를 설정하기보다는 현실적인 여건을 충분히 반영할 수 있는 구체적인 목표를 설정하는 것이 더 중요하다.

앞서 살펴보았지만 교과목 목표는 가장 이상적인 목표를 설정하기보다는 교육 운영 시스템과 현실적인 사회적 요구, 무엇보다도 학습자의 수준에 맞추어 맞춤형 목표를 설계하는 것이 필요하다. 이를 위하여 학습자의 수준에 대한 정확한 진단이 선행되어야 할 것이다.[7]

이 장에서는 실제 학생들의 글쓰기 결과물을 대상으로 전문대학 학생들의 대학 글쓰기 능력을 분석하여 문제점을 도출하고 이를 보강할 수 있는 구체적인 목표를 설정하고자 한다. 이를 위해 4년제 대학교인 K대학교와 2년제인 D대학 학생들에게 동일한 제목의 글쓰기 과제를 부과하고 그 결과물을 비교하여 전문대학 학생들의 글쓰기 능력을 진단할 수 있는 유의미한 요소들을 찾아내기로 한다.

학생들에게 부과된 주제는 '내가 되고 싶은 사람'이라는 에세이 형식의 자유 형식 글쓰기로서 분량은 A4용지 1장 이상으로 지정해 주었다.[8] 두 대학 학생들 모두 신입생들로서 해당과제는 자신의 꿈과 미래 계획에 대해 자유형식으로 진술하는 자아성찰 글쓰기였다. 제출된 45명의 학생 과제 중에서 대학별로 20명씩 무작위로 선정하여 그에 대한 비교분석 작업을 수행하였다.[9]

---

7) 보편적 관점에서 볼 때, 글쓰기 교육 과정은 수업 목표의 설정, 수업 과정의 수립, 그리고 평가로 구분된다. 가장 이상적인 경우라면 목표가 교과 과정에 반영되고, 평가는 교과 과정이 반영된 지식이나 능력의 달성도를 점검하는 방식이어야 한다. 그러나 실제 교육 현장에서는 교육 목표가 교육 과정 속에 충분히 반영되어 실행되는 경우가 매우 드물다. 교육 과정이 교육 목표를 충분히 수용하기 위해서는 교육 목표의 구체적인 목표 진술이 이루어지고 단계별 목표 전략이 세분화되어야 한다.(최병선, 2009 : 398)

8) 해당 과제는 대학 신입생들이 학기 초기에 수행되는 과제로서 자기설계와 더불어 대학생활의 목표를 설정하는 의미의 성찰글쓰기에 해당한다.

9) 익명의 논문 심사자는 분석대상이 된 두 대학 학생들의 글이 과연 4년제와 2년제 대학을

3.1. 글쓰기 결과물의 계량 분석

일반적으로 보면 K대학교(4년제) 학생과 D대학(2년제) 학생들 간의 글쓰기 능력에는 분명히 차이가 있을 것으로 예측할 수 있다.[10] 그러나 그 차이가 어떠한 양상으로 나타나는지에 대한 실증적인 데이터는 아직 없었다. 대학 간의 학생들의 글쓰기 능력 차이에 대한 구체화된 평가지표를 추출할 수 있다면 이를 바탕으로 국어 작문 교과 내용을 설계하거나 수업 방식을 적용하는 데 가이드라인을 잡을 수 있을 것으로 기대된다.

논문의 목표 집단은 D대학(2년제) 학생들인데, 여기에 K대학교 학생들을 비교 대상으로 활용한 것은 여러 가지 객관적인 평가결과를 확보하기 위해서이다. 일차적으로는 두 대학 학생들의 글쓰기과제에 대한 단락 수와 t-unit 수에 대한 통계 분석, 문장의 문법적 오류 분석을 통해 해당 학생의 문장 능숙도를 분석하고, 2차적으로는 고빈도 어휘유형, 사건구조, 언급된 인물들을 중심으로 대상 학생들의 정서적인 면에 대한 분석을 시도하고자 한다. 우선 이 논문에서는 문장 능숙도 분석을 진행하고 이를 바탕으로 한 학습자 맞춤형 글쓰기 수업에 대해 제안해볼 것이다.

다음 표는 앞서 살펴본 글쓰기 능력의 구성 요인을 토대로 평가의 기준을 설정하고 그 기준에 따라 실제 학생들의 글쓰기 과제를 분석한 결과이다.

대표할 수 있는지에 대해 의문을 제기하였다. 매우 타당한 질문이지만 본고의 목적은 수능 등급이 평균 4등급 이상 차이가 있는 두 대학의 신입생을 대상으로 동일 교수자가 동일과제를 부과하였을 때, 두 집단 간에는 어떤 작문능력의 차이가 나타나는지를 좀 더 구체적으로 살펴보고자 한 것이었다.

10) 두 대학 입학생의 평균 수능등급은 약 4등급 정도의 차이가 나는 것으로 보인다.

[표 3] 대학별 글쓰기 과제 계량 분석

K대학교

번호	낱말수	단락수	t-unit	글자수
1	323	4	25	1329
2	365	3	21	1226
3	402	8	38	1648
4	353	5	25	1379
5	434	4	28	1818
6	461	4	36	1801
7	516	6	29	1989
8	485	4	37	1960
9	544	19	40	2004
10	523	12	49	2028
11	261	8	22	1034
12	381	6	35	1486
13	527	6	36	2083
14	667	6	46	2667
15	459	8	40	1864
16	442	8	39	1858
17	505	5	42	1903
18	472	3	39	1886
19	320	4	20	1297
20	455	10	43	1821
평균	444.8	6.7	34.5	1754

D대학

번호	낱말수	단락수	t-unit	글자수
1	128	1	7	495
2	106	3	8	440
3	182	8	17	827
4	128	13	11	549
5	86	6	6	347
6	78	7	11	407
7	80	13	12	414
6	291	13	20	1166
8	109	4	8	439
9	97	7	7	383
10	141	9	9	546
11	156	9	12	712
12	72	9	8	324
13	130	5	13	478
14	132	5	6	525
15	140	6	9	629
16	125	7	10	497
17	181	13	13	744
18	144	10	9	564
19	305	23	48	1786
20	252	5	18	1026
평균	153.1	8.8	13.1	664.9

위의 계량지수는 두 대학 학생들의 글을 가장 기초적으로 분석해볼 수 있는 자료를 만들기 위해 글의 전체 분량과 사용된 문단 수, 의미문장 수 (t-unit),11) 낱말 수의 문서 정보를 계량화한 것이다. 결과적으로 보면 과제

---

11) t-unit은 문장의 성숙도를 측정하기 위해 Kellogg.W.Hunt(1965)가 고안한 개념으로서 하나의 주어와 서술어를 가진 의미구성단위이다. 통상적으로 종속절을 포함한다, 종속절이 아닌 대등절의 경우는 각각이 하나의 문장이 된다.(정희모·김성희, 2008 : 396)

에 대한 두 대학 학생들의 해석이 다르고 성취도의 수준도 매우 다르다는 것을 알 수 있다.[12) 여기서는 글의 구조와 문장 구조를 중심으로 도출되는 결론을 살펴보도록 한다.[13)

우선 단락구성 면에서 보면 K대학교 학생들의 글에는 평균적으로 6.7개의 단락이 구성되어 있고 D대학 학생들의 글에는 약 8.8개의 단락이 들어 있다. 그런데 한 단락에 포함된 t-unit 수를 계산해보면, K대학 학생의 글에는 한 단락에 평균 5.1개의 의미문장이 구성되어 있고, D대학 학생의 글에는 평균 1.4개가 포함되어 있다.

일반적으로 한 개의 단락은 화제를 담은 중심문장과 이를 뒷받침하는 보충문장들이 구성되면서 중심문장을 중심으로 대등하게 연결되거나 종속적으로 연결된다는 것이 단락구성의 법칙이다. 그런데 D대학의 학생들이 한 단락에 구성한 의미문장 수가 K대학 학생들의 글과 비교해서 5배나 차이가 나는 것으로 나타났다. 두 대학 학생들 간에는 단락의 개념에 대한 지식과 활용 면에서 상당한 차이가 나는 것으로 보인다.

3.2. 규범 어법의 수칙과 문장 능숙도의 상관성

글쓰기는 글의 소재나 제재와 같은 내용과 실제 문장을 구성하는 문장 규칙과 같은 형식이 결합하여 이루어진다. 그런데 대개는 글을 쓸 때에 내용적 측면에 더 관심을 기울이게 된다. 하지만 내용적인 중요성으로 인하여 상대적으로 문장의 규칙, 그중에서도 맞춤법이나 띄어쓰기 등에서 소홀하다

---

12) 두 대학 학생들에게 동일한 제목으로 과제를 부과하고 과제 제출 시기와 분량에 대해 동일 교수가 안내하였으므로 환경적 조건은 거의 유사하다고 할 수 있다.
13) 글쓰기 교과의 방향을 설정하기 위한 목적 이외에도 학생들의 심리적·정서적 측면의 진단을 위해서도 해당 글이 다각도로 분석될 수 있을 것이다. 글 속의 주요 키워드, 고빈도 어휘의 종류, 내용의 핵심 구조, 꿈의 종류 등에 대한 분석도 기초자료로 활용될 수 있을 것이다.

면 좋은 글이라 할 수 없다. 특히 언어 규범성은 글에 대한 인상과 필자의 성실도에 대한 판단에 영향을 줌으로써 전체적으로는 글의 신뢰도에 영향을 미친다.

다음은 두 대학 학생들의 글쓰기 과제에 나타난 문법적 오류 사례들이다.

<K대학교 학생 글 자료>
① 이제 <u>갖</u> 고등학교를 졸업하고 대학에 입학했기에 → 갓

<D대학 학생 글 자료>
① 제가 끈기가 부족하고 포기가 <u>빠른편이여서</u> 유아교육과에 들어가지 못하고 이 과에 온이유가 되기도 합니다. → 빠른 편이어서
② 감독님과 코치님의 권유로 운동을 <u>2년반동안 시작하게 됐습니다.</u> → 시작하게 됐습니다.
③ 내가 <u>돼고싶은 사람은</u> 직업적으로 보다는 의미적으로 돼고싶은사람이 있다. → 되고 싶은 사람은
④ 하지만 빈민촌 사람들은 라면으로 끼니를 <u>때운다고 합니다.</u> → 떼운다고 합니다.
⑤ 주변 사람들이 물어보면 그냥 대충 <u>얼버부리기 일수였습니다.</u> →얼버무리기 일쑤였습니다.
⑥ CEO가 되기 위해서는 의사 결정자 역할을 하기 때문에 <u>리더쉽도</u> 있어야 하고 → 리더십도
⑦ 이상 저의 내가 되고싶은 사람에 대한 짤막한 <u>글이였습니다.</u> → 글이었습니다.

위의 예들은 맞춤법 규정을 어긴 예들이다. 그런데 실제로 학생들의 어법 규정 오류에서 가장 흔하게 나타나는 유형은 띄어쓰기 규칙을 지키지 않는 예들이었다.

<D대학 학생 글 자료>

① 대학을 오게되었다

② 이렇게 쓰지않아도될 내 예전모습까지 끄집어내는이유는 내가 되고싶
   은사람 즉, 어떤 위인이나 존경하는사람이 아닌 내자신의 마인드자체
   가 바뀌는걸 원하기 때문이다.

③ 시간이 지나면 알아서 졸업장따겠지. 자격증따겠지, 취직되겠지 이런마
   음가짐으로 그동안 살아왔었던게 조금씩 후회가된다.

④ 내가 중3기말을 끝내고 고등학교의 갈림길에서 살짝 고민을 했었었다

⑤ 그이유는 프로게이머라는 직업을 택해보고싶기도 했기 때문이다.

⑥ 통틀어 e-스포츠라는 이름을 달고있으며 규모도 엄청나기에 한창 게임
   을 좋아했었고 나름 인정도 받았었던터라 해보면 어떨까.. 라는 생각을
   했었다..

⑦ 하지만 여기서 나의 우유부단함은 드러났고 어영부영 세월은 지나 위
   에처럼 인문계에 진학하게된다

⑧ 난 지금 프로게이머가 안된사실에대해 후회하진않는다

⑨ 그런 우유부단함이 지금까지도 이어져있었다는게 지금에와서야 후회하
   는점이다.

⑩ 또한 프로게이머라는 직업을 가진 사람들은 자퇴를하고 그길을 매진했
   을정도로 열정과 그길만 바라보고 간다는 점, 지금나에게 필요한게 아
   닐까싶다.

⑪ 나는 그저 큰것을 원하지 않는다.

⑫ 물론 어디어디 기업에 들어가고 어느 이름있는 곳에 취직했으며 연봉
   은 얼마받고 장래의 뭐가되겠습니다라기보다 더 필요한것이 아닐까 생
   각이든다.

일반적으로 대학생들이 글쓰기라는 과목을 접하면서 겪는 어려움 중에는
내용에 대한 고민이 많지만 단어의 선택이나 맞춤법, 띄어쓰기, 개요작성
등과 같은 글의 형식적인 면에 대해서도 고민을 많이 하는 것으로 나타났다
(박종호 · 김보은, 2013 : 96).

더욱이 선행시기에 글쓰기 과정을 충분히 경험하지 않은 학생들의 경우
에는 맞춤법이나 띄어쓰기와 같은 어문규칙을 잘 알지 못할 뿐만 아니라 규

칙 준수에 대한 민감도도 낮은 것으로 보인다. 이번 조사에서 나타난 문제점 중 가장 심각한 것은 학생들이 띄어쓰기가 가장 이루어지지 않고 있다는 점이었다. 띄어쓰기 오용 사례는 그 빈도가 매우 높아서 여기서는 그 사례를 일일이 제시하지 않겠다. 다만 띄어쓰기의 오류를 유형별로 나누어보는 것은 효율적인 교정 학습을 위해 필요하다. 오류 유형은 다음과 같다.

① 수식어와 의존 명사를 띄어 쓰지 않은 경우(예 : 한적이있다.)
② 복합어를 띄어 쓰지 않는 경우(예 : 달고있으며)
③ 수사와 단위 명사를 띄어 쓰지 않는 경우(예 : 두가지 중에 한가지 직업을)
④ 수식어와 명사를 띄어 쓰지 않는 경우(예 : 되고싶은사람)

3.3. 문법적 오류 유형과 문장 능숙도의 상관성

학생 글쓰기에 나타난 문장의 비문법성은 대개 주어와 서술어의 호응을 지키지 못한 경우, 적절한 조사를 사용하지 못한 경우, 문장의 필요한 성분을 빠뜨린 경우, 문장 접속의 생략 성분과 필수 성분을 혼동한 경우, 정확한 단어를 사용하지 못한 경우, 외국어투의 사용으로 문장의 의미가 정확하지 않은 경우 등으로 나타난다. 문장은 생각을 나타내는 최소의 언어단위이므로 문장의 비문법성은 글의 논리적 흐름을 방해하는 결과를 만든다.

문장 능숙도와 문법적 지식은 직접적인 관련을 맺는다. 문법 지식은 문장 성분 간의 결합을 통해 문장의 의미 완결을 이루는 바탕이 된다. 글의 완성도가 높은 학생의 경우 문장의 비문법성에 대한 민감도가 높은 반면에 글의 완성도가 낮은 학생의 경우에는 문장의 문법적 지식이 부족할 뿐만 아니라 문법성에 대한 민감도도 낮다. 학생간의 글쓰기 능력을 평가하는 기준으로 문법성을 고려할 때는 비문법적 사례의 빈도만이 아니라 문법적 오류의 유형이 무엇인지를 파악하는 것이 더 중요하다.

다음은 두 대학 학생들의 글쓰기 과제에 나타난 비문법적인거나 문장의 의미가 정확하지 않은 경우의 예들을 제시한 자료이다

<K대학교 학생 글의 비문법적인 문장 사례>
① 나는 경영학도로서 당연히 성공한 경영자 또는 <u>의사결정자가 되고 싶다는 소망을</u> 가지고 있다.
② 마지막 내용이 내가 가장 되고 싶어 하는 사람이다. 짧게 요약하자면 비판적, 객관적으로 생각하는 사람. 최근 내가 느끼는 것들 중 하나는 사람들이 너무 감정에 휘둘린다는 것이다.
③ 그걸 가장 크게 <u>느끼는 때는 요즘이다.</u>
④ 슬로우 푸드를 선호하고 일정한 활 순환 주기를 가지며 꾸준한 운동으로 이루고자 하는 일을 건강 문제로 망치는 경우가 없도록 노력하고 <u>있다.</u>
⑤ 첫째, 인성이다. 그러나 <u>내가 생각하는 인성은 인자함을 뜻하는 게 아니다.</u>
⑥ 세 번째 처음의 목적을 잊지 않는 사람이 되겠다는 것은 그렇지 않은 사람을 내가 정말 싫어하기 때문이다.
⑦ TV프로그램이나 잡지 인터뷰에서 배우들은 <u>배우의 이점이 다양한 역할을 해 볼 수 있는 것이라고 한다.</u>
⑧ 인생을 여러 번 살아보지 않는 한은 몇몇 직업밖에 참여 해 볼 수 없다. <u>역할을 통해서 특정 직업이 된 듯한 기분을 느끼는 것은 얼마나 매력적일까?</u>
⑨ 이제 갓 고등학교를 졸업하고 대학에 입학했기에 <u>지금 내가 쓰는 되고 싶은 사람은 상당히 추상적이고 덜 체계적이다.</u>
⑩ 자신에 대한 이러한 자신감은 조영래가 어떤 어려운 사건이라도 서민들을 위하여 발벗고 나설 수 있게 <u>도와주는 역할을</u> 하였다.
⑪ 돈을 많이 벌고 나서 기부 재단을 세우거나, 죽기 전에 기부를 하는 사람은 많다. 그러나 얼마 벌지 않으면서 기부를 하는 사람은 적다. 박현주는 <u>그런 사람 중에</u> 하나였다.
⑫ 내가 되고 싶은 사람은 내 친구이다.
⑬ 이러한 일을 겪으면서 <u>느끼는 것이,</u> 정말 자기 자신의 마음을 이겨내지 못하면 사회에서 어떤 것도 잘해내지 <u>못한다는 것이다.</u>

⑭ 불교에서 스님들이 왜 무념무상의 경지에 이르기 위해서 수 십년 동안 도를 닦는지, 요즘에 <u>마음으로 느낀다.</u>

K대학 학생들의 글에서 나타나는 비문법적인 오류의 유형을 분석하면 다음과 같다.

3.3.1. 문맥에 맞는 정확한 단어를 사용하지 않아서 문장의 의미가 모호해진 경우

① <u>의사결정자</u> : 자신의 의사를 결정한다는 뜻으로 문장에서 중요한 의사결정권을 가진 지도자라는 의미를 말하고자 하는 것과는 거리가 있다. 중요한 의사결정을 내릴만한 사람, 조직의 의사결정권자라고 풀어써야 하는 게 더 적절하다.

⑤의 '<u>인성은 인자함을 말하는 게 아니다</u>'의 표현에서 인성이라는 단어의 의미를 자의적으로 해석하고 다시 그 의미를 확대해 나가는 것은 적절하지 않다, '인성'은 인간이 갖추어야 할 품성이라는 의미를 가진 단어로써 학생이 제한한 의미보다 훨씬 그 범위가 넓다.

⑩의 '<u>도와주는</u>'은 적절한 표현이 아니다. 문장에서 자신의 자신감이 역경을 헤쳐 나가는 원동력 내지는 밑바탕이라고 표현하는 게 문맥적으로 더 적절하다.

⑭의 '요즘에 <u>마음으로 느낀다</u>'에서 '느낀다'는 것은 심리적인 행위이기 때문에 '마음으로 느낀다'는 표현은 중복표현이다. '요즘 많이 느낀다' 또는 '요즘 절실하게 느낀다'로 쓰는 게 좋겠다.

3.3.2. 문장 성분들의 관계를 적절하게 연결하지 못하여 생긴 오류의 경우

②의 '<u>마지막 내용이 내가 가장 되고 싶어 하는 사람이다.</u>'는 주어절의 '~내용이'라는 명사가 서술절의 '~사람이다'와 호응하게 되어 전체적으로로 매우 어색하다. 이 문장은 '내가 가장 되고 싶은 사람은 이제 서술하려고 하는 마지막 내용에 담겨 있다'고 하는 게 더 자연스러운 의미가 된다.

④의 '슬로우 푸드를 선호하고 일정한 생활 순환 주기를 가지며 꾸준한 운동으로 이루고자 하는 일을 건강 문제로 망치는 경우가 없도록 노력하고 있다.' 이 문장은 한 문장 안에 여러 개의 절이 복합되어 있는데, 단어의 의미도 정확하지 않고 문장연결 간에는 적절한 접속 장치가 없어서 전체적인 문장 의미가 모호해졌다. 이 문장은 '슬로우 푸드로 식생활을 개선하고 규칙적인 생활과 운동을 통해 건강을 잘 유지하여 자신이 이루고자 하는 일을 잘 해나갈 수 있도록 노력하고 있다'고 쓰는 것이 좋겠다.

⑦의 '배우들은 배우의 이점'이라는 문장에서 두 번째 명사인 배우들은 자신들의 이점'이라고 표현하는 게 더 자연스럽다.

⑧의 '인생을 여러 번 살아보지 않는 한은 몇몇 직업밖에 참여 해 볼 수 없다. 역할을 통해서 특정 직업이 된 듯한 기분을 느끼는 것은 얼마나 매력적일까?'에서는 모두 문장의 주어가 없다. 첫 번째 문장에서는 '사람들은 대부분'이라는 주어를 삽입해야 하고, 두 번째 문장에서는 '그러나 배우들은'이라는 주어를 삽입해야 한다.

⑪의 '박현주는 그런 사람 중에 하나였다.'에서는 '그런~'이 나타내는 지시어가 분명하지 않고, '사람 중에'라는 표현의 조사도 잘못이다. 이 문장은 '박현주는 바로 모범적인 기부를 실천한 대표적인 사람 중의 하나이다'로 고쳐 쓸 수 있다.

3.3.3. 번역식 문장 표현이나 외국어의 어투를 사용하여 문장이 자연스럽지 않은 경우

③의 '그걸 가장 크게 느끼는 때는 요즘이다.' 이 문장은 전형적인 영어식 표현이다. 우리말답게 쓰면 '나는 요즘 그러한 사실은 가장 절실하게 느끼고 있다.'로 바꾸어 쓸 수 있다.

⑫의 '내가 되고 싶은 사람은 내 친구이다.' 이 문장도 상당히 어색하다. 영어식 표현인데다가 서술절의 의미도 매우 모호하다. 친구 중의 한사람을 롤 모델로 하고 있다는 표현인지, 좋은 친구가 되고 싶다는 뜻인지를 알 수가 없다. 문장의 구조도 자연스럽지 않다. 2형식 문장보다는 동사를 살려 써야 문장이 활발해진다. '나는 내 친구들에게 좋은 벗이 되고 싶다.'가 더 자연스럽다.

⑥의 '세 번째 처음의 목적을 잊지 않는 사람이 되겠다는 것은 그렇지 않은 사람을 내가 정말 싫어하기 때문이다.' 이 문장은 한국어 문장으로 보기가 어려울 만큼 문장 구조가 매우 어색하다. 주어절이 매우 긴데다가 서술절의 '- 때문이다.'로 끝나는 표현도 자연스러운 연결로 보이지 않는다. 이 문장이 단번에 해석이 안 되는 것은 문장의 구조도 자연스럽지 않은데다가 문장 안에 두 논리가 동시에 포함되어 있기 때문이다. 이를 고쳐 써 보면 '세 번째로 나의 이상적인 인간상은 처음의 목적을 잊지 않고 살아가는 사람이라고 할 수 있다. 나는 시간이 지나면서 목적을 잊어버리는 사람을 정말 싫어한다'로 풀어줄 수 있다.

<D대학 학생 글의 비문법적인 문장 사례>
① 어렸을 적 처음으로 경찰이 되고 싶었던 꿈 하지만 시간이 지나며 저는 많은 꿈을 생각하고 바꾸어만 갔습니다.
② 자기가 조금 편하자고 남을 불편하게 되면 아무리 착한사람이라도 속으론 눈살을 찌부릴게 틀림없으니까요.
③ 하지만 주변에 보면 많은 사람들의 이기적인 행동으로 불편을 겪는 모습이 있습니다.
④ 그런 사람들은 보면 겉으론 가만히 있어도 속으론 욕을하기 때문에 만약 제가 이기적이게 행동한다면 다른사람 또한 저처럼 생각한다고 생각하기 때문에 맘이 편하지 않죠
⑤ 전 사실 남들이 들으면 웃을수도 있겠지만, 2가지에 꿈이있었습니다.
⑥ 사람들은 막연하게 너의 꿈이 혹은, 되고 싶은 것이 무엇이냐고 물어보시는분들이 많다.
⑦ 물론 지금도 암암리에 연구에 연구를 거듭하겠지만 나도 동참하고 싶다.
⑧ 내 주변 친구들은 3년동안 문과를 배워 놓고 컴퓨터 쪽으로 가서 후회하지 않냐고 나에게 물어볼 때 나는 지금이 좋다고 생각합니다.
⑨ 나는 지금까지 PD되고 싶어서 생각을 몇 번이고 다시 생각하고 한 것은 이번이 처음인 것 같다
⑩ 나는 저렇게까지 될 수 있을까? 아니. 저 밑이라도 좋다. 저런 부류에서

밑이라도 좋으니 저런 좋은 일을 했으면 좋겠다.
⑪ 내가 가장 가고 싶은 컴퓨터 계열은 취득할 자격증이 많다.
⑫ 단지 지금의 저의 계획은 이렇게 새롭게 도전하는 분야에서 제 자신의
능력을 남들에게 보여주고 인정받으며 정말 필요한 사람이 되고 싶습
니다.
⑬ 아는바와 같이 한국의 경권은 바닥인 것은 다 아는 현실이다.
⑭ 할수있는게 많지만 모든지 일단 도전해보고 실패를 해도 행복한법이다.

D대학 학생들의 문장의 오류 유형은 K대학교 학생들의 오류 유형과는
사뭇 달랐다.[14] K대학교 학생들의 문장 오류에서 빈도가 가장 높았던 것은
단어 사용의 오류였다, 그리고 두 번째로 문법적 오류, 세 번째로 번역식 문
체 사용에서 오는 오류였다. D대학 학생들의 글쓰기 자료에서 분석된 오류
는 크게 주어와 서술어의 불일치, 서법이나 태의 중복과 같은 문법 오류와,
한 문장에서 의미의 논리관계가 맞지 않는 논리 오류로 구분된다.

(1) 문법적 결합이 어색한 경우

③ 하지만 주변에 보면 많은 사람들의 이기적인 행동으로 불편을 겪는 모
습이 있습니다.

위 문장은 뒷문장의 주어가 생략되어 있고 문장의 앞 뒤 연결도 의미적
으로 잘 호응되지 못한다. 이 문장을 고쳐 써 보면, '우리 주변을 보면 이기
적인 행동을 하는 사람들이 많고 그들로 인해 무고한 시민들이 불편을 겪는
일이 많습니다.'로 쓸 수 있다.

---

14) 두 집단 간의 문장오류 유형에 대한 비교를 위하여 글쓰기 과제를 무작위적으로 선택하
여 각 오류 유형을 도출하였다, 비교의 객관성을 유지하기 위하여 오류 개수를 동일하게
하였다. 추출된 자료에서 집단 간의 오류 유형의 차이가 나타나는지를 살펴보는 데 목적
을 두고 있다. 이 논의가 더 객관성을 확보하기 위해서는 추출된 오류 자료가 양적으로
더 수집되고 분석되어야 하고, 각 유형 설정의 타당성에 대해서도 좀 더 신중하게 검토되
어야 한다. 여기서는 두 집단 간의 오류 유형의 차이가 난다는 사실을 주장할 수 있을 만
한 최소의 자료를 제시하고 있음을 밝혀둔다.

⑥ 사람들은 막연하게 너의 꿈이 혹은, 되고 싶은 것이 무엇이냐고 <u>물어보
시는분들이 많다.</u>

위 문장은 주어와 서술어가 호응하지 못하고 간접화법과 직접화법이 섞
여 있어서 표현이 혼란스럽다. 화법의 시점을 통일하고 주어와 서술어 관계
를 잘 맞추어 정돈해서 다시 써보면 '어른들은 막연하게 나의 꿈이 무어냐
고, 혹은 커서 무엇이 되고 싶은지를 물어보시는 경우가 많다'와 같이 된다.

⑫ 단지 지금의 저의 계획은 이렇게 새롭게 도전하는 분야에서 제 자신의
능력을 남들에게 보여주고 인정받으며 정말 필요한 <u>사람이 되고 싶습
니다.</u>

위 문장은 전형적으로 주어와 서술어의 불일치로 일어나는 비문법적인
문장이다. 주어절의 '계획은~'을 받는 서술어가 '되고 싶습니다'로 호응하
고 있어서 논리적인 연결이 이루어지지 않았다. 또 뒷 문장에 필요한 문장
성분도 빠져 있다. 주술관계를 맞추고 뒷 문장의 '필요한' 앞에 '조직에'를
첨가하여 문장을 고쳐 써 보면 '단지 지금 저의 꿈은 이렇게 새롭게 도전하
는 분야에서 저의 능력을 남에게 보여주고 또 인정받으며 그 조직에 꼭 필
요한 사람이 되려는 것입니다.'와 같이 된다.

⑬ <u>아는바와 같이</u> 한국의 경권은 바닥인 것은 <u>다 아는 현실이다.</u>

위 문장은 중복표현이 나타나서 문장이 어색해진 경우이다. 이런 중복 표
현의 오류는 글쓰기 서툰 학습자에게 자주 나타나는 유형이다. 이 문장을
고쳐 써 보면 '한국의 경찰 권위는 바닥인 것은 이제 누구나 다 아는 현실
이다'로 할 수 있다.

(2) 앞 뒤 성분 간의 의미논리 혼란

① 어렸을 적 처음으로 경찰이 되고 싶었던 꿈 하지만 시간이 지나며 저
는 <u>많은 꿈을 생각하고 바뀌어만 갔습니다.</u>

위 문장은 두 문장이 접속된 복합문인데 앞 문장의 연결 부분에 서술어
가 생략되어 불완전한 문장이 되었고, 뒷 문장의 서술어는 문법적으로 맞지
않다. 이 문장을 고치면 '어렸을 적에 저는 경찰이 되고 싶었지만 자라면서
제 꿈은 여러 번 바뀌어만 갔습니다.'로 해야 한다.

② 자기가 조금 편하자고 남을 <u>불편하게 되면</u> 아무리 착한사람이라도 속
으론 눈살을 찌푸릴게 틀림없으니까요.

위 문장은 목적어와 서술어의 태가 맞지 않아서 어색하게 된 문장이다.
이를 고쳐써보면 '남을 불편하게 하면~'이라고 해야 한다.

④ <u>그런 사람들은 보면 겉으론 가만히 있어도 속으론 욕을하기 때문에 만
약 제가 이기적이게 행동한다면 다른사람 또한 저처럼 생각한다고 생
각하기 때문에 맘이 편하지 않죠.</u>

위 문장은 여러 개의 절이 동시에 들어가 있는 복잡한 문장 구조를 가지
고 있다. 문장이 복잡하게 되면 글쓰기 능력이 미숙한 경우에는 필요한 문
장성분을 빠뜨리는 오류를 저지르기 쉽다. 이 문장에서도 그러한 오류가 발
견된다. 문장 처음의 주어를 삽입하고 문장을 두 개로 나누어 쓰는 게 좋겠
다. '저는 그런 사람들을 보면 내색하지는 않아도 속으로는 욕을 합니다. 그
런데 만약 제가 그 사람들처럼 이기적인 행동을 한다면 다른 사람들도 속으
로 욕을 할 게 뻔한 일이 아닙니까. 그건 맘 불편한 일이죠.'로 고쳐 쓸 수
있다.

⑧ 내 주변 친구들은 3년동안 문과를 배워 놓고 컴퓨터 쪽으로 가서 후회 하지 않냐고 <u>나에게 물어볼 때 나는 지금이 좋다고 생각합니다.</u>

위 문장은 논리적 의미가 잘 연결되지 않아서 어색하게 된 문장이다. 그리고 과도하게 주어 표현이 나타나서 오히려 어색해진 경우이기도 하다. '내 주변 친구들은'이라는 표현은 굳이 '내'라는 단어를 쓰지 않아도 될 것이다. '물어오면'이라는 서술어에 호응할 수 있는 말은 대개 '대답하다', '말하다'인데 '생각하다'라는 표현으로 문장을 연결한 것은 자연스럽지 않다. 이 문장은 '주변 친구들이 저더러 3년 동안 문과 공부를 하고 컴퓨터전공쪽으로 진학해서 후회는 하지 않는냐고 물었지만 저는 후회하지 않고 지금이 좋다고 말하였습니다.'로 고쳐 쓰는 게 의미적으로 자연스럽다.

⑨ 나는 지금까지 PD가 되고 싶어서 생각을 몇 번이고 다시 생각하고 <u>한 것은 이번이 처음인 것 같다.</u>

위 문장은 앞뒤 문장의 시간적 시점이 맞지 않고 모순적인 의미를 나타내고 있다. '지금까지'라는 시간 부사어의 사건 구조를 완결시키지 않은 채두 번째 문장을 연결하고 있다. 무엇이 처음인지가 모호하다. 생각의 전개와 문장의 전개가 맞지 않다. 문장의 의미를 분명하게 전달할 수 있도록 최대한 고쳐보면 '나는 지금까지 PD가 되고 싶다는 생각을 막연하게 하였지만 정말로 그 생각을 반복해서 계속 생각해 본 것은 이번이 처음이었다.'로해야 한다.

⑩ 나는 저렇게까지 될 수 있을까? 아니. 저 밑이라도 좋다. <u>저런 부류에서 밑이라도 좋으니 저런 좋은 일을 했으면 좋겠다.</u>

위 문장은 전달 방식이 일관되지 않고, 시제 표현도 맞지 않고, 중복표현도 들어 있을뿐만 아리나 정확하지 않은 대용어를 남용하여 의미가 매우 어색한 표현이 되었다. 문맥을 반영하여 적당한 의미가 전달될 수 있도록 문장을 고쳐 쓰면 '나도 저렇게 될 수 있을까? 아니 그 밑이라도 좋으니 방송계 사람들과 함께 일을 한다면 얼마나 좋을까?하는 생각을 했다.'로 고쳐 쓸 수 있다.

　⑭ <u>할수있는게 많지만 모든지 일단 도전해보고 실패를 해도 행복한법이다.</u>

　위 문장은 앞 문장의 의미와 뒷문장의 의미가 논리적으로 연결이 잘 되지 않는 구조이다. 뒷 문장의 의미적 요소를 보충하여 논리를 자연스럽게 연결해야 한다. 이 문장을 전체 글의 맥락을 고려하여 고쳐보면 '하고 싶은 일은 무엇이든지 일단 도전해보아야 한다. 그 과정에 실패를 하더라도 도전을 해보는 것이 행복한 법이다.'로 고치는 것이 좋겠다.

　D대학 학생들의 글쓰기 평가 중 표현과 관련된 오류는 앞뒤 문장의 논리적 관계를 유지하지 못하는 비문법성 유형이 가장 많았다. 정확한 단어를 사용하지 않은 데서 오는 비문법성은 14개의 오류 유형 중 3개였고 11개가 문장성분간의 논리적 관계에 어긋난 문장들이었다. 외국어 문장투나 번역식 말투에서 나오는 문장의 어색한 예문은 표본대상 자료 중에는 나타나지 않았다. 요컨대, D대학 학생들의 글쓰기 오류 유형은 K대학교 학생들의 오류 유형과는 분명히 구별된다고 할 수 있다.

4. 글쓰기 평가 기반의 수업 방법 제안

　글의 완성도에 가장 큰 영향을 미치는 요인은 논리구성력이다. 글이란 문장 단위의 생각들이 모여서 한 주제를 향한 응집된 사고를 펼치는 인지 과정이므로 생각의 얼개에 해당하는 논리적 흐름이 글의 성패를 좌우한다. 즉,

부분적으로 좋은 문장을 쓸 수는 있지만 전체적으로 논리적 흐름을 이루지 못하면 의사소통의 본질적인 기능을 수행하기는 어렵다.[15]

이번 문장 능숙도가 차이가 나는 두 대학 학생들의 글쓰기 과제 분석은 대학별 글쓰기 교과가 학습자의 지식과 수준에 맞는 차별화된 목표와 내용으로 구성해야 한다는 주장을 뒷받침할 근거가 된다.

따라서 학생들의 글쓰기에 대한 수업 방안을 마련하기 위해서는 학생들의 글쓰기 능력을 평가하고 그 결과를 바탕으로 교과 내용을 조직해야 한다. 즉 학습자의 글쓰기 능력 수준이 어떠한지를 정확하게 진단한 후에 부족한 점을 교육 목표로 삼아 수업을 구성하는 것이 효율적이다. 이는 학습 원리에서 오류와 수정의 피드백을 적용한 교육 방식이 단기적인 학습 목표를 달성하는 데는 더 효과적이라는 인지학적 이론 측면에서도 설득력을 갖는다. 특히 D대학을 비롯한 전문대학에서는 글쓰기에 대한 다양한 교과목 운영이 어렵고 한 과목당 교과 시수도 충분하지 않은 여건이므로, 현실적인 기반을 고려한 교과 목표와 운영 방식을 적용하는 것이 학생들의 역량을 높일 수 있는 최선의 선택이다.

이번 연구에서는 K대학교 1학년 학생들과 D대학 1학년 학생들 간의 동일한 글쓰기 과제를 부과하고 그 결과에 대해 문장 능숙도와 문법 오류를 중심으로 비교 분석하였다. 특히 문장의 숙련도에 큰 영향을 미치는 비문법적인 오류 빈도와 유형을 분석하는 데 초점을 맞추었다. 분석 결과를 통해 얻은 결론을 먼저 제시하고 이어서 그에 기반 한 효율적인 수업 방안에 대해 제안하도록 할 것이다.

---

15) D대학 학생들의 전공기초수업의 하나인 <자기표현법> 과목에서 학생들의 개별발표에 대한 동료평가를 실시한 결과, 이야기의 논리적 연결부족이 가장 많이 지적되었다. 발표와 글쓰기는 모두 공통적으로 기본적인 내용구성을 토대로 한다는 점에서 발표에서 지적된 논리적 내용 구성의 부족은 글쓰기에 나타나는 논리성 결여와 같은 맥락에서 그 문제점을 보여주는 예이다.

(1) 분석 결론 1

문장 능숙도가 낮은 학생일수록 어문규칙의 준수도가 낮았다.

(2) 분석 결론 2

문장 능숙도가 낮은 학생일수록 전체 글의 분량이 적었다.

(3) 분석 결론 3

문장 능숙도가 낮을수록 따라 문장의 논리적 관계를 어기는 비문법
적 오류가 많이 나타났다.

(4) 분석결론 5

문장 능숙도가 낮을수록 글 구조에 대한 개념인식이 완전하지 않아서
글의 논리적 전개에 따른 내용 전개가 이루어지지 않은 예가 많았다.

위의 분석결론들은 향후 대학 글쓰기 수업을 구성할 학습자에게 교육해
야 할 중요한 내용 기준으로 수용되어야 할 것이다. 한 가지 더 흥미로운
사실은 D대학 학생들의 경우, 동일집단 안에서도 글쓰기의 능숙도에 개인
차이가 크다는 점이다. 이러한 결과는 K대학교 학생들의 집단 안에서는 나
타나지 않았다. K대학교 학생들 집단에는 미세한 차이는 있지만 글쓰기 능
력의 일정한 수준을 유지하는 균질성을 보이는 반면, D대학 학생들 집단에
는 문장 능숙도의 분포가 상-중-하로 나타났다. 즉 일정한 글쓰기 능력을
잘 갖추고 있는 학생들이 있는가 하면 기초적인 글쓰기 능력을 전혀 갖추지
못한 학생도 분포되어 있었다. 이러한 학생집단의 특성을 고려하면 전문대
학의 글쓰기 수업은 수준별 수업이 이루어져야 한다.

D대학 학생들의 글쓰기 교과를 효율적으로 운영하기 위해서는 교과의 학
습 목표를 구체화, 차등화 하는 일부터 우선적으로 진행되어야 한다. 위의
글쓰기 평가에서 드러난 문제점을 해결하고 학생들의 글쓰기 능력을 보강
하려면, 문장 강화 학습, 언어 규범 숙달 학습, 글의 논리구조 체득 학습 등
의 교과목표가 설정되고 이를 단계별로 습득할 수 있는 내용이 구체적으로
조직되어야 한다.

그런데 글쓰기 능력이 미숙한 학생들의 경우, 글쓰기 교육에서 문법적인

규칙과 표현 규칙을 지나치게 강조하는 것은 오히려 글의 효율적 생산을 방해하는 경향이 있다(황성근, 2005 : 141). 특히 문장의 단순한 확장이나 부분적 단위의 반복 학습은 글 전체적인 내용을 담아내는 데 있어서 효과적이기보다는 장애요소로 작용할 확률이 높다. 글쓰기에 대한 호감도와 흥미가 높지 않은 학생들의 경우, 이러한 장애 현상이 훨씬 심하다. 이 현상이 심화되면 글쓰기 자체를 혐오하게 되고, 글쓰기 과정의 논리력 강화와 사고력 강화의 진정한 목표를 이루기가 어렵다.

글쓰기 교육은 하나의 통합적인 큰 틀에서 이루어지는 것이 바람직하다. 세부적인 내용보다는 개괄적인 내용을 학습시키는 것이 더 효과적이다. 글의 유형과 글의 생산과정, 글쓰기의 자세, 좋은 글의 요건, 문장 표현의 대원칙 등을 교과내용으로 구성하되 큰 틀에서 세부 내용으로 이어질 수 있도록 구성하도록 한다.

다음은 통합적인 논리구조 강화형 글쓰기 수업 구성도이다.

논리구조 중심의 작문 수업

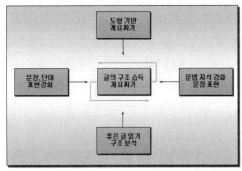

[그림 2] 논리구조를 강화하기 위한 글쓰기 수업 구성도

위의 도식은 글의 논리구조를 중심부에 두고 주변적 요소에 문장 강화를 위한 연습, 문법적 규칙 습득을 위한 학습활동, 좋은 글을 읽고 글 구조의 개념을 익힐 수 있는 과정이 상호 적용되도록 조직하였다.

또한 개요짜기를 체험적으로 습득할 수 있는 방법으로 도형을 이용한 생각의 구조를 조직화하는 방법을 제안하고자 한다.16) 인지언어학적 이론에 따르면 인간은 신체의 체험에서 형성된 개념을 확대하여 추상적 개념을 인지하게 된다.17) 글 구조의 개념이 아직 확실하지 않은 학생들의 경우, 글의 논리성을 전개한다는 것은 이해하기가 어려운 부분이다. 학생들에게 글이란 기본적으로 논리적인 전개로 구성되는 구조물이라는 개념을 체득시키기 위해서는 가시화된 과정을 제시하는 방법이 필요하다. 글을 하나의 구조물이라고 보면, 구조물에는 유기적인 구성 부분들이 있을 것이다. 각 구성 부분을 체계적으로 조직하여 한편의 글을 완성할 수 있도록 도형을 기반 한 개요짜기를 실습하도록 안내한다.

다음은 논리조직 구조가 서로 다른 개요짜기 도형이다.

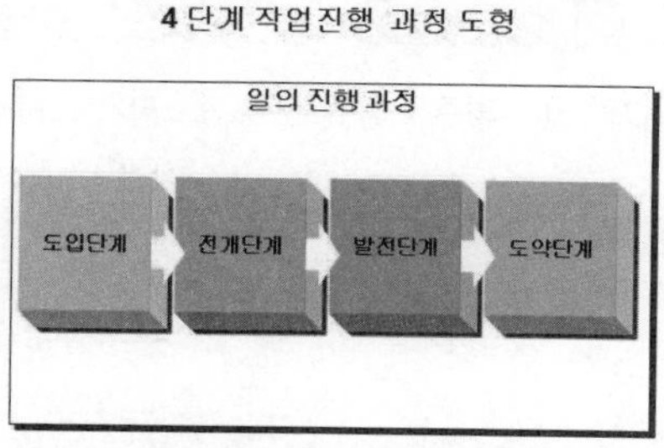

4 단계 작업진행 과정 도형

[그림 3] 단순 진행순서 나열 개요짜기 도형

---

16) 대학 신입생들이 글쓰기 수업에서 겪는 어려움 중의 하나는 글의 논리구조를 구성하는 일이다. 한 편의 글은 개요짜기를 통해 내용을 구성하는데 글쓰기가 미숙한 학생들의 경우 다양한 개요짜기 연습을 통해 단락의 원리와 개념을 익혀 글쓰기가 익숙하게 해야 한다.
17) G.레이코프와 M.존슨의 은유이론에 따르면 인간의 개념화는 일상적 신체화 경험을 기반으로 한 도식을 확대하여 추상적 개념을 형성하는 것이라고 할 수 있다. 이러한 인지언어학적 개념화 이론은 1980년대 이후 언어학의 새로운 이론으로 소개되면서 촘스키의 생성언어학의 한계와 모순에 도전하고 있다.

1개념의 3 부분 개념

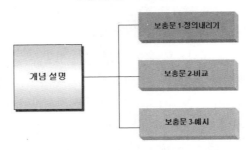

[그림 4] 1개념 3부분 설명 개요짜기 도형

4가지 분류 구조

[그림 5] 1 범주 4 종류 분류 개요짜기 도형

2장 4단락 구성의 논리 구조

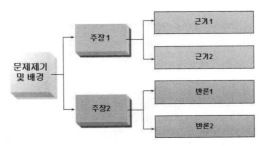

[그림 6] 2개념 4종류 주장 개요짜기 도형

위의 개요짜기 도형들은 실제로 우리가 접하는 사건 구조의 가장 일반적인 형태로서, 각각의 박스는 하나의 대상이나 개념을 나타내도록 구성되어 있다. 한 편의 글은 이 같은 논리적 구조를 형상화한 몇 개의 구성성분들이 결합하여 이루어지는 것이라고 할 수 있다. 각 도형들이 상징하는 논리 구조를 체험할 수 있도록 구체적인 주제를 제시하여 학생들이 각 박스의 내용을 항목식 개요로 채우도록 한다. 학생들은 그러한 연습과정을 거치면서 특정 주제에 대한 생각을 논리적으로 사고할 수 있는 법을 배우게 될 것으로 기대한다. 항목식 개요짜기에서 논리구조 연습과 병행하여 한 문장쓰기 훈련을 반복하도록 한다.

예를 들면, [그림 3]에서 제시된 단순나열 개요짜기 도형에서는 전공과 관련된 작품제작이나 실습과정과 관련된 적절한 주제를 제시함으로써 일의 논리적 전개과정에 대한 학습과 더불어 전공 연계의 글쓰기학습이 이루어지도록 할 수 있다.

[그림 4]에서는 한 개념에 세 가지의 부분 정보가 들어있는 설명 글의 개요짜기 도형으로써 단순한 대상 또는 개념을 설명하는 데 적용해볼 수 있는 방법이다. 이때 비교적 단순한 대상이나 개념들을 선택해야 하고 공통점과 차이점을 중심으로 각각의 항목을 설정할 수 있다는 점을 먼저 알려줄 필요가 있다.

[그림 5]에서는 복합대상이나 조직의 분류 개념을 적용해보는 개요짜기 도형으로써 [그림 4]보다는 분류 가짓수가 좀 더 많은 경우에 적용해볼 수 있다.

[그림 6]은 상반된 주장이 있는 논쟁적 주제에 대해 각각의 주장과 그 주장에 대한 가능한 근거를 구성해보는 분석형 개요짜기 구성이다. 시사적 이슈나 철학적 논쟁거리들을 대상으로 하되, 개요짜기 작업 이전에 배경지식이나 문제점을 파악할 수 있는 지식습득 과정이 선행되도록 수업 절차를 구성하도록 한다.

5. 결론

이 연구는 전문대학 학생들의 실제 글쓰기 과제를 분석하여 오류 유형과 문제점을 도출하고 이를 해결할 수 있도록 글쓰기 수업 방향과 방법을 제안하는 데 목적을 두고 수행되었다. 글쓰기 수업은 학생들의 문장 능숙도에 대한 평가를 바탕으로 수업 내용과 목표를 설정하는 게 바람직하다. 최근 들어서 국가직무능력표준에서 요구하고 있는 직업기초능력의 한 주요역량인 의사소통능력의 산업체 수요를 고려해 볼 때 글쓰기 수업 및 국어과 수업의 현실적인 수업개선이 시급하다고 할 것이다.

이번 연구에서 전문대학 학생들의 문장 능숙도를 동일 연령대의 4년제 상위 대학 학생들의 문장 능숙도와 비교함으로써 대상 학생인 전문대학 학생들의 글쓰기 문제점을 분석하였다. 결론적으로는 전문대학 학생들은 글쓰기 능력에서 내용 구성의 논리성이 심각하게 부족한 것으로 나타났다. 이 때문에 글을 논리적으로 확대해 가는 힘이 적어서 글의 산출량이 적고 문장 간의 논리관계가 적절하지 못한 오류도 많이 나타났다. 특히 글의 단락 단위에 대한 개념이 전혀 없어서 문장 단위와 단락 단위가 구별되지 않는 글이 많았다.

이러한 문제점을 글쓰기 수업 과정을 통해 해결하려면 무엇보다도 글의 개요짜기 연습과정이 많이 제시되어야 할 것이다. 개요짜기 과정은 인지 심리학적 관점에서 사고의 과정을 도형으로 구체화한 모형을 이용하여 사고 과정을 체험적으로 익히게 하고, 동시에 개요의 항목을 완전한 문장으로 표현할 수 있는 한 문장 쓰기 훈련을 강화하여 문법적 문장을 쓸 줄 아는 학습이 이루어지도록 해야 한다.

참고문헌

김병길. 2009. "대학 글쓰기 평가방법과 실태 연구", 「작문교육」 8, 한국작문학회, pp.141-164.

김선정. 2004. "쓰기 영역의 실천적 양상 연구", 「국어교과교육연구」 8, 국어교과교육학회, pp.107-130.

도애경. 2006. "대학 작문 교육의 전략적 접근", 「韓國言語文學」 57, 한국언어문학회, pp.329-356.

박영목. 2003. "21세기의 문식성과 국어교육의 과제", 「국어교육」 110, 한국국어교육연구학회, pp.1-14.

박영민. 2006. "국어과 교육과정 작문 평가 방법의 분석과 개선방안", 「敎員敎育」 21-4, 한국교원대학교, pp.1-15.

박종호·김보은. 2014. "대학생들의 띄어쓰기 사용 실태분석과 그 교육방안 연구-교양 글쓰기 수강 대학 1학년을 대상으로-", 「교양교육연구」 8-3, 한국교양교육학회, 2014.

宋基中. 2003. "敎養國語 敎育의 목적과 범위", 「語文硏究」 31-4, 한국어문교육연구회, pp.407-434.

신선경. 2009. "공학인증과 공학 글쓰기 교육의 새로운 모델", 「반교어문연구」 27, 泮矯語文硏究, pp.63-88.

이주섭. 2000. "대학작문 교재 구성의 양상", 「한국어문교육」 9, 한국교원대학교, pp.247-268.

이상혁. 2009. "대학 글쓰기에서 학습자 수준을 고려한 교육 과정에 대하여-단계별 글쓰기 시스템 모듈화를 위하여-", 「우리어문연구」 33, 우리어문학회, pp.525-546.

이재성. 2009. "문장 능숙도에 따른 대학생 글의 문장 특성 연구", 「작문연구」 9, 한국작문학회, pp.9-38.

이재승. 2002. "작문 부진의 원인과 진단 방법", 「국어교육학 연구」 10, 국어교육학회, pp.169-195.

임천택. 2002. "작문 교육 연구의 문화기술적 접근 원리와 방법", 「한국어문교육」 9, 한국교원대어문교육연구소, pp.269-289.

전은주. 2005. "대학 작문 교재의 동향과 개선 방향", 「새국어교육」 71, 한국국어교육학회, pp.311-333.

정희모. 2001. "<글쓰기> 과목의 목표 설정과 학습 방안", 「현대 문학의 연구」 17, 현대문학연구학회, pp.181-204.

정희모·김성희. "2008. 대학생 글쓰기의 텍스트 비교분석 연구", 「국어교육학 연구」 32, 국어교육학회, pp.393-426.

최병선. 2009. "글쓰기 평가 기준 연구", 「한국언어문화」 38, 한국언어문화학회, pp.393-411.

황성근. 2005. "대학 글쓰기 교육의 효과적 지도 방안", 「작문교육」 창간호, 한국작문학회, pp.137-163.

| 이 논문은 문법 교육 22집(2014, 한국문법교육학회)에 게재된 논문을 재수록한 것입니다.

한국어 교육용 온톨로지 구축과 어휘교육

―고급 단계 [인지적 행위] 동사를 중심으로

이 숙 의

1. 서론

본고의 일차적인 목적은 세종전자사전, 코어넷, 한국어 학습자 어휘목록[1]과 학습자 어휘오류 자료를 활용하여 한국어 어휘 학습을 위한 교육용 온톨로지 구축 방안을 모색하는 것이다. 외국인 학습자 어휘교육에서의 온톨로지 활용에 관한 연구[2]는 일반 온톨로지와 다른 교육 목적을 위한 특수성이 고려되어야 한다는 점, 한국어 교육자가 참여한 표준 의미망이어야 한다는 점 등이 강조하고 있다. 그러나 교육용 온톨로지의 필요성과 온톨로지를 활용한 어휘교육 방안에 관한 필요성이 그동안 제기되어왔지만 한국어 기초사전을 제외하고는 특별한 성과물을 찾아보기 힘들다.

반면 한국어 어휘교육 분야의 연구는 동의어, 다의어, 반의어, 연어, 관용구, 한자어 교육 등 어휘의 의미 관계를 활용한 다양한 교육 방법과 코퍼스 기반 어휘 빈도 추출 결과를 활용한 교수법 및 교수 단계, 학습자 오류 코

---

[1] 학습자 어휘목록은 국립국어원(2003)에서 발표한 자료를 활용하였다. 한국어 학습용 어휘 목록에는 초급 1단계 982개, 중급 2단계 2,111개, 고급 3단계 2,872개로 총 5,965개의 단어가 포함되어 있다. 이 가운데 고급 단계에서 제시된 동사 689개를 대상으로 삼았다.

[2] 조형일(2006), 이현희(2008), 신현숙(2011), 이유경(2012) 등을 참조할 수 있다.

퍼스 구축 등 많은 성과가 있었다. 어휘 학습 도구의 개발 및 활용에 관한 연구도 꾸준한 연구 대상이 되고 있다. 특히 학습사전의 개발은 학습자 수준과 개별 상황에 따라 다양한 활용이 가능하고 어휘지식과 양의 증대에 있어 반드시 필요한 분야이다. 서상규 외(2006), 임형재(2011), 조민정 외(2012) 등의 성과물에서는 쉬운 풀이와 교육 말뭉치를 활용한 용례를 첨부하고, 혼동하기 쉬운 유의어를 비교하여 제시하는 등 모국어 화자를 대상으로 한 사전과는 다른 구성을 보인다. 국립국어원 한국어 기초사전3)은 온라인으로 개방된 사전으로 기존의 학습자 사전 보다 학습자들이 쉽게 찾아볼 수 있다는 점에서 큰 장점이 있다고, 의미 범주와 주제·범주별로 단어를 제시한다는 점에서 어휘의미망(또는 개념망) 형식을 한국어 교육에 활용한 예라고 할 수 있다. 이러한 한국어 기초사전 구축은 교육용 온톨로지를 어휘교육에 활용하고자 하는 본 논문과 매우 밀접하게 관련된다.

기존의 선행연구와 본고의 가장 큰 차이점은 한국어 고급 단계 학습자를 위한 교육용 온톨로지 구축에 관한 실제 구축과정을 통해 교육용 온톨로지의 모형을 제시하고자 한다는 점이다. 이를 위해서는 고급단계 학습자의 어휘학습목록을 점검하고, 고급단계 어휘정보기술을 위한 자료 수집이 필요하다. 이러한 자료검토와 분석결과에 대하여 prótége를 이용해 개념 체계를 세우고, 각 개념에 어휘를 할당하여 개념 간 관계와 어휘관계를 표현할 것이다.

먼저 교육용 온톨로지 구축의 필요성과 활용 가능성에 대하여 논의하고자 한다. 이를 위해 어휘교육과 관련한 기존의 성과물을 검토하여 추후 한국어 교육용 온톨로지가 담아야 하는 내용에 대하여 검토한다. 온톨로지 구축은 자료수집과 분석, 검토 과정에서 방대한 물리적 자원을 요구하므로 본고에서 한국어 모든 영역의 동사 항목을 다루는 것은 불가하다. 따라서 3장

---

3) 국립국어원에서 2012년에 온라인에 공개하여 사용되고 있는 외국인을 위한 한국어 기초사전으로 http://krdic.korean.go.kr에서 참조 가능하며, 기초사전에 관한 보다 자세한 논의는 2장에서 다루도록 하겠다.

에서는 세종전자사전과 고급단계 학습자 어휘목록을 활용하여 학습용 어휘
의 의미범주를 살펴보고, [인지적 행위]에 관한 어휘자원을 구축할 것이다.
마지막 4장에서는 3장에서 수집하고 정리한 자료를 온톨로지로 표현하는
방법에 대하여 다루고자 한다.

2. 관련 연구

온톨로지는 어학과 철학을 비롯한 인문학 분야와 전자사전, 자동번역, 정
보검색, 텍스트 마이닝 관련 공학 분야에서 매우 다양한 방법으로 접근 가
능하다. 그러나 이 두 상이한 분야에서 공통적인 온톨로지 기능은 모두 '개
념의 연결관계'에 기초한다는 점이다. 어느 분야의 목표가 되든 온톨로지는
인간의 사고단위, 즉 어휘의 개념을 바탕으로 개념 간 관계를 집대성한 것
이며, 따라서 가장 큰 기능 중 하나는 어휘 사전으로서의 기능이다.

온톨로지의 주요 기능 중 하나가 어휘 사전적 역할이라는 점에서 교육용
온톨로지의 기초자료가 되는 학습자 사전 개발은 이미 신현숙(2000), 백봉
자(2006), 서상규 외(2006), 임형재(2011), 조민정 외(2012) 등에서 이어지고
있다.[4] 서상규 외(2006)의 <외국인을 위한 한국어 학습 사전>에서는 대규
모 말뭉치 어휘빈도목록에서 공통으로 드러나는 중요 어휘, 한국어 교재의
공통어휘, 한국어 기본어휘목록과 사전편찬을 위한 주요 공통어휘를 조사하
였다. 이를 통해 한국어 학습에 중요한 어휘를 표제어로 선별하여 품사, 정
의, 용례, 문형정보, 참고 어휘 정보, 출현 환경, 발음, 연어정보 등의 내용을
수록하고 있다. 임형재(2011)의 <중국어 화자를 위한 한국어 학습사전>은

---

4) 교육용 온톨로지와 관련하여 조형일(2006), 이현희(2008), 신현숙(2011), 이유경(2012) 등에
   서 이미 한국어 학습자를 위한 온톨로지의 구축의 필요성과 구축 방향 및 내용에 대하여
   제시한 바 있지만 아직까지 국립국어원의 한국어 기초 사전만 개방된 상태이다.

중국어권 한국어 학습자를 대상으로 어휘 정보를 중국어와 한국어로 같이 수록해 두어 중급 이상의 학습자들의 활용이 가능하도록 하였다. 아울러 한국어 교재와 한국어 능력시험(TOPIK)의 기초자료를 통해 표제어를 선정하였다. 또한 국립국어원의 <외국인을 위한 한국어 문법(2005)>과 <한국어 문법사전(백봉자, 2003)>의 기초문법과 표현을 중심으로 의미역 분류와 문법구조정보를 제공하고 있는데, 초·중급에서 중요시되는 문법항목에 대하여 사전의 하단에 참고상자로 제시하고 있다는 점에서 학습자뿐만 아니라 교수자의 어휘정보수집에 유익하다.

조민정 외(2013)의 <한국어 유의어 사전>은 유의어 간 의미와 용법 차이를 중심으로 121개의 유의어군에 대하여 공통의미, 다른 의미, 교체 가능한 어휘와 불가능한 어휘, 표와 삽화를 제공하는 참고정보 등으로 구성된 학습자 사전이다. 외국어 어휘학습의 경우 모국어와 목표어 간 어휘의 개념차이에 따른 오류가 많이 발생한다는 점에서 이같은 유의어 사전은 유의어군에 속하는 어휘의 개념을 구별하는 데에 매우 유용할 것이다.

국립국어원에서 발표한 한국어 기초사전은 한국어 학습용 단어 5만 어휘에 대한 최초의 인터넷 학습사전으로 외국인 학습자를 위한 쉬운 어휘 정보와 함께 한국문화를 이해를 위한 참고정보를 제공하고 있다. 온라인 사전인 만큼 단순검색과 고급검색 기능이 가능하며 의미범주별 찾기, 주제 및 상황 범주별 찾기를 통해 특정어휘와 연관된 어휘항목에 대한 통합적인 검색이 가능하다.5) 주제 및 상황 범주의 '감정' 분야에는 '걱정, 고민, 고프다, 관심, 괜찮다, 궁금하다, 귀여워하다, 그립다' 등 총 63개의 어휘가 소속되어 있다. 이러한 점은 개념망의 특징을 이용한 것으로 어휘 정보를 단순 평면적으로 기술한 기존의 사전보다 한국어 개념습득에 용이하여 각 어휘학습뿐만 아니라 한국어를 통한 한국인의 인식과 문화이해에도 도움이 된다. 반면 의미

---

5) 현재 한국어 기초사전의 의미범주는 대분류 14개, 중분류 4개, 소분류 19개로 나뉘어져 있으며, 주제 및 상황범주는 41개로 제시되고 있다. 예를 들어 '인간>전체>인지행위>'의 의미별 분류를 살펴보면 '결심, 결정, 경험, 계획, 고민, 궁금하다, 기억, 기억나다, 뜻, 마음' 등 24개의 어휘가 같은 의미 범주에 속해 있다.

범주와 주제 및 상황범주가 더 세분화될 필요성이 있고, 범주에 소속된 어휘등급 표기, 유의어의 미세한 개념 및 사용 차이, 고빈도 학습자 오류문장 등을 제시한다면 외국인의 어휘학습도구로서 효용성이 클 것으로 예상된다.

교육용 온톨로지 구축은 학습자 수준에 맞춘 어휘정보와 한국어 어휘의 개념정보를 동시에 습득하는 데에 매우 유용할 것이라는 기대에서 출발한다. 조민정 외(2013) <한국어 유의어 사전>의 서문에서 밝힌 바와 같이 어휘를 정확하게 습득하여 적절히 사용하기 위해서는 단순한 어휘의 정의를 파악하는 이상의 노력이 필요하다. 이는 곧 상황에 맞는 어휘를 습득하는 것으로 목표 언어권 화자의 어휘에 대한 인식을 파악하는 것이다. 개념체계와 개념 간 관계를 바탕으로 구축된 온톨로지는 어휘의 의미와 용례, 문법 정보뿐 아니라 어휘가 소속된 개념, 하위개념이 소속된 상위개념, 개념 간 연결관계 및 거리 등에 대한 통합적인 이해가 가시적으로 가능하다는 점에서 외국어 교육을 위한 자료로서 가치가 충분하다고 사료된다.

개념 간 연결관계를 바탕으로 한 온톨로지6)가 제공되면 어휘의 정의, 동의 관계 및 상·하위 관계에 관한 정보를 습득이 가능하다. 또한 학습자 모국어에 대응하는 한국어 어휘의 개념이 다른 경우, 개념의 이해에 도움이 되며, 이를 통해 모국어와 한국어 간 개념차이에 따른 어휘사용오류를 줄이는 데도 효과적이다. 만약 술어를 중심으로 한 온톨로지(개념망)가 구축되면 술어가 이끄는 문형의 격틀정보와 논항 정보를 통해 어휘의 미세한 개념 차이와 사용상의 차이를 파악하는 데 유용하다. 온톨로지 형식의 자료는 학습자의 개별 수준에 따라 활용정도와 방법이 달리 적용될 수 있고, 교수자가 교육현장에서도 어휘교육을 위한 자료로 활용할 수 있다는 점에도 필요하다.

국내 온톨로지 가운데 대표적으로 영어 어휘집인 워드넷7)과 연동된 코어

---

6) 본고에서 다루고자 하는 '온톨로지'란 어휘 사전과 유사한 형식을 띄지만 각 의미(센스)별 어휘의 개념 관계에 대한 정보를 담고 있다.

7) http://wordnet.princeton.edu/ 참조

넷(CoreNet)[8]이나 코렉스(Korlex)[9], 세종전자사전[10] 등이 있다. 이와 같은 온톨로지는 모국어 화자를 대상으로 한 개념망 형태이다. 교육용 온톨로지와 같은 특수 목적의 온톨로지는 온톨로지를 구성하는 대상 어휘가 달라야 할 뿐더러 어휘 정보에서도 차별화가 필요하다. 그러나 한국어의 보편적 개념 체계와 개념 간 관계는 교육용 온톨로지의 구축에 적용할 수 있다.

[표 1] 코어넷 상위 개념 체계의 일부

1구체/추상	11구체				
	12추상	121추상물			
		122일<추상>	1221인간활동	12211정신	122111마음
					122112감각
					122113감정
					122114표정
					122115의향
					122116학습/기억
					122117사고<정신>
					122118견문/읽기/쓰기
					122119언동
					12211A창조
				12212행위 <인간활동>	
			1222사실/현상		
			1223자연현상		

[표 1]의 [구체/추상]-[추상]-[추상물]/[일<추상>]로 구성된 상위 개념체계는 언어 보편적인 위계이다. 개별어에 따라 다른 개념체계는 하위개념 체계와 개념 내 소속된 어휘에서 많이 나타난다. 따라서 한국어 교육 목적 온

---

8) http://swrc2.kaist.ac.kr/public_cornet_search/korean/ 참조
9) http://corpus.fr.pusan.ac.kr/korlex/ 참조
10) 21세기 세종계획 최종 성과물(2010.12) 수정판 참조

톨로지 구축에서도 코어넷, 코렉스, 세종전자사전과 같은 기존의 온톨로지 개념체계 활용이 도움이 된다.

국외 온톨로지 형식의 프레임넷11)은 Fillmore의 프레임 의미론에 입각하여 특정한 의미를 가진 단어를 선정하고, 이러한 의미를 갖는 프레임이나 개념적 구조를 기술한다. 단어를 포함한 문장을 조사하고, 해당 단어를 포함한 문장의 구성요소가 프레임에 대한 정보를 어떻게 표현하는지 알 수 있다. 이러한 영어어휘집은 어휘 연구자들과 일반인에게 영어어휘에 대한 개념 정보를 쉽게 제공한다는 점에서 장점이 있다. 프레임넷은 개념 간 상·하위 관계에 기초한 어휘체계를 파악할 수 있고, 문장 내 의미역 정보를 통해 어휘의 상황정보를 파악이 가능하다. 밀접한 프레임 사이에는 구성요소들 사이의 대응관계도 표시된다. 또 대상 술어와 논항과의 결합에 있어 구체적으로 어떤 패턴이 많이 쓰이는가를 순위별로 표현하고 있는데, 이 점은 외국인 학습자의 어휘 학습에 매우 유용한 정보라고 판단된다. 프레임넷과 유사한 방식의 한국어 교육용 온톨로지가 구축된다면 외국인 학습자들이 한국어의 특정 개념을 이해하고, 구체적인 사용양상을 파악하는 자료로 활용도가 높을 것으로 기대된다. 또한 한국어 교사들은 어휘 의미정보와 패턴 정보의 제시 범위와 순서 등을 정하는 데에 참고할 수 있다. 프레임넷 (FrameNet)은 영어 교육용으로 구축된 것은 아니지만 프레임으로 구성된 개념정보가 매우 구체적이며 개념에 속한 어휘의 의미역과 문형정보가 상세하다는 점에서 교육용 온톨로지 구축에 참고할 만하다.

모어 화자용으로 구축된 온톨로지는 각 개념에 속한 어휘의 난이도 차이가 크다. 따라서 기존의 온톨로지를 활용하기 위해서는 학습자 어휘 선별 과정이 필요하다. 또 학습자 수준에 맞는 개념과 어휘 설명, 예문을 고려한 어휘 자원이 별도로 마련되어야 한다.

---

11) https://framenet.icsi.berkeley.edu/fndrupal/ 참조.

3. 어휘의 선정과 분석

3.1. 어휘 선정

우선 고급단계 국립국어원 학습용 어휘목록의 고급단계 동사 689개 항목을 대상으로 어휘 개념을 분석하고자 하였다.

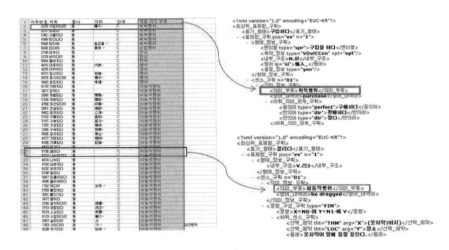

[그림 1] 고급 단계 학습용 동사 어휘의 의미 분류

그 결과, 세종전자사전 용언상세검색기를 통해 어휘의 의미부류를 위처럼 분류하였다. [그림 1]의 오른쪽 부분의 의미부류를 기준으로 왼쪽 부분의 모든 어휘의 의미부류를 분석한 결과이다. 이에 따르면 고급단계 학습용 동사는 [가입], [간섭], [감각행위], [감소], [감소행위], [개선] 등 총 100개의 개념부류로 분류가능하다.

세종의미부류	어휘 수	세종의미부류	어휘 수	세종의미부류	어휘 수	세종의미부류	어휘 수	세종의미부류	어휘 수	세종의미부류	어휘 수
결과행위	139	과피행위	6	죽음	3	명령	2	신체상태	1	긍정적태도	1
피동적행위	53	사동적이동행위	6	전이	3	단어없음	2	속성값	1	해당부류 없음	30
인지적행위	35	비의도적행위	6	장식행위	3	기상현상	2	소리내기	1	기타	16
이동행위	31	보고제안	6	심리행위	3	판계속성값	2	성공	1		
방향성행위	26	획득행위	5	시각적행위	3	간섭	2	생물생리현상	1		
단독행위	22	행위	5	생리행위	3	가입	2	상황값	1		
상태변화	18	수여	5	돌아다니기	3	혼합행위	2	비료	1		
지속적활동	16	섭취행위	5	판계상태	3	포장행위	1	뇔퇴및비행	1		
사동적행위	14	생성	5	감소	3	평가속성값	1	방식속성값	1		
소통행위	13	내재적심리행위	5	현상	2	출생	1	반복적행위	1		
외향적심리행위	12	증가행위	4	탈퇴	2	출발	1	도착	1		
대상성물짓	11	종료행위	4	지속적행위	2	세류	1	대화	1		
상태	10	소멸	4	종료	2	처벌	1	높은정도	1		
배치	9	색속성값	4	일	2	질병및증세	1	긍정적결과행위	1		
창조행위	8	변형	4	인지추상적행위	2	제약	1	긍정적감정	1		
변형행위	8	방식행위	4	악화	2	정도속성값	1	판계추상적대상	1		
몸짓및동작	8	개선	4	수여행위	2	접근	1	감소행위	1		
대칭적행위	8	어박	3	불	2	움직임	1	감각행위	1		
개선행위	8	증가	3	반대	2	운반	1	기상상태	1	총	689
추상적행위	7	중단행위	3	미각적행위	2	연실	1				

[그림 2] 고급 단계 학습용 동사 어휘의 의미 부류[12)]

　의미 부류별로 어휘항목을 세분화한 결과 고급 동사 어휘는 [그림 2]처럼 [결과행위]에 해당하는 항목이 139개로 가장 많으며, [피동적 행위]가 53개, [인지적 행위]가 35개, [이동행위]가 31개 순으로 나타난다.[13)] 위에서 [결과행위]와 [피동적 행위]등은 대분류로서 세분화가 필수적이다.

---

12) 국립국어원(2003)에서 한국어 학습용 어휘 목록으로 제시한 C단계 동사 689개가 대상이 되었으나 643개의 어휘만 의미부류에 따라 범주화되었다. 범주화에서 제외된 46개의 어휘는 [그림 2]에서 [해당 부류 없음]과 [기타]로 표기한 항목들이다. [기타]는 세종 전자사전의 용언 상세 검색에서 의미부류를 검색한 결과 '가능해지다, 길어지다, 다양해지다, 믿어지다, 버려지다, 분명해지다, 심각해지다, 약해지다' 등 사전에 등록되지 않은 16개 어휘 항목이다. '함께하다, 해결되다, 헤매다, 혼나다, 확신하다' 등 30개 어휘는 의미부류가 제시되어 있지 않아 '해당부류 없음'으로 처리하였다.

13) 그 가운데 [피동행위], [결과행위], [단독행위]와 같은 개념명은 매우 포괄적이다. 이 같은 의미부류는 속성에 따라 하위 부류를 세분화하여 재조직할 필요가 있다.

어휘번호	어휘	품사	의미	단계	세종전자사전 의미부류			코어넷 상세 의미부류					개념명
3731	구별하다	동	區別-	C	인지적행위		홍동	식별/홍동	식별	사고<정신>	정신	인간활동	식별
2735	구분하다03	동	區分-	C	인지적행위		구별	식별/홍동	식별	사고<정신>	정신	인간활동	
388	알아보다	동		C	인지적행위		구별	식별/홍동	식별	사고<정신>	정신	인간활동	
2961	택하다	동	擇-	C	인지적행위			선택/채택	식별	사고<정신>	정신	인간활동	
8561	참고하다	동	參考-	C	인지적행위			대조<비교/대조>	식별	사고<정신>	정신	인간활동	
4594	달리하다01	동		C	인지적행위			다름	갈음/다름	관련		추상적 관계	
8034	눈뜨다	동		C	인지적행위			이해	인식/이해	사고<정신>	정신	인간활동	이해
1139	봬닫다	동		C	인지적행위	기억		기억	기억/etc	학습/기억	정신	인간활동	
5877	납득하다	동	納得-	C	인지추상적행위	이해		이해	인식/이해	사고<정신>	정신	인간활동	
5247	알아주다	동		C	인지적행위			이해	인식/이해	사고<정신>	정신	인간활동	
1847	의식하다02	동	意識-	C	인지적행위			인식	인식/이해	사고<정신>	정신	인간활동	
941	파악하다	동	把握-	C	인지적행위			이해	인식/이해	사고<정신>	정신	인간활동	
9945	기억되다	동	記憶-	C	인지적행위	홍동		이해	인식/이해	사고<정신>	정신	인간활동	
1668	인식하다	동	認識-	C	인지적행위			인식	인식/이해	사고<정신>	정신	인간활동	
3528	모색하다02	동	摸索-	C	인지적행위		탐색	탐색	조사/연구	사고<정신>	정신	인간활동	탐색
4357	알아내다	동		C	인지적행위		규명	연구	조사/연구	사고<정신>	정신	인간활동	
3272	뒤지다02	동		C	인지적행위		탐색	연구	조사/연구	사고<정신>	정신	인간활동	
3746	묘사하다	동	描寫-	C	인지적행위		탐색	연구	조사/연구	사고<정신>	정신	인간활동	
9354	집착하다02	동	執着-	C	인지적행위		열중	집착/제념	의향	감정	정신	인간활동	주의
5384	열중하다	동	熱中-	C	인지적행위			관심	주의/방심	사고<정신>	정신	인간활동	
1651	애쓰다	동		C	인지적행위		노력	근면	근태	의향	정신	인간활동	
3828	예측하다	동	豫測-	C	인지적행위			예상	추량	사고<정신>	정신	인간활동	예상
2793	내다보다	동		C	인지적행위			예상	추량	사고<정신>	정신	인간활동	
6104	연상하다02	동	聯想-	C	인지적행위			상상	추량	사고<정신>	정신	인간활동	
3243	예상하다	동	豫想-	C	인지적행위			예상	추량	사고<정신>	정신	인간활동	
5680	착각하다	동	錯覺-	C	인지적 행위				지각	감각	정신	인간활동	판단
1063	여기다	동		C	인지적행위				사색	사고<정신>	정신	인간활동	
870	인정하다	동	認定-	C	인지적행위			판단	판단	사고<정신>	정신	인간활동	
1890	판단하다	동	判斷-	C	인지적행위			판단	판단	사고<정신>	정신	인간활동	
2089	평가하다	동	評價-	C	인지적행위			판단	평가	사고<정신>	정신	인간활동	
3859	논하다	동	論-	C	인지적행위	토의	토의/언쟁 이야기	진술	언동	사고<정신>	정신	인간활동	언동
4451	유의하다02	동	留意-	C	인지적행위	토의	토의/언쟁 이야기	진술	언동	사고<정신>	정신	인간활동	
676	삼다02	동	친구로 ~	C	인지적행위				대우	지배	행위	<인간활	다른부류로 이동
5052	줄합하다	동	聯合-	C	인지추상적행위				결합	이탈	변동	사실적상	
9979	달다04	동	무게를 ~	C	인지적행위			측정	계산/측정	사고<정신>	정신		

[그림 3] [인지적 행위]에 소속된 학습용 동사 어휘와 의미 부류[14]

[인지적 행위][15)에 소속된 학습용 동사 어휘 항목만을 제시하면 [그림 3]으로, 세종전자사전의 의미부류에서 [인지적 행위]와 [인지 추상적 행위]에 속한 어휘를 [인지적 행위]로 통합한 것이다. 해당 어휘를 세종 전자사전의 의미 부류와 코어넷의 의미부류를 비교 검토한 후 [인지적 행위] 개념을 [식별], [이해], [탐색], [주의], [예상], [판단]으로 분류하였다.[16) 세종전자

---

14) 여섯 개의 하위 개념에 속한 어휘는 코어넷의 하위 개념과 사전 의미를 통해 범주화한 것이다.

15) 본고에서는 고급단계 의미부류 중 [인지적 행위]영역으로 대상을 한정한다.

16) 여기서 코어넷의 개념 체계와 대조한 이유는 코어넷이 세종전자사전에 비해 의미 부류가 더 세분화되어 있기 때문이다. 어휘를 의미부류에 따라 나누는 과정에서 코어넷의 [언동]에 해당되는 '논하다, 유의하다'와 같은 어휘는 세종전자사전의 분류에서는 [대화]나 [소통행위] 등에 소속해야 할 것으로 판단되어 [인지적 행위]에서 제외하였고, '삼다, 달다' 등은 세종전자사전에서 [인지적 행위]로 분류되어있기는 하지만 '삼다'는 '사회적 행위'와, '달다'는 '물리적 행위'와 관련된다는 점에서 다른 부류로의 이동이 필요하다고 판단

사전의 [인지적 행위]는 코어넷의 [인간활동]-[정신]-[사고<정신>]에 대응
한다.

다음에서는 [인지적 행위]의 하위부류의 분류방법과 [인지적 행위]에 속
하는 고급단계 동사의 논항 및 문형을 분석방법에 대하여 제시한다.

3.2. [인지적 행위]의 개념과 어휘 정보

3.2.1 [인지적 행위]의 개념과 세분화

[인지적 행위]의 하위 개념을 세분화하기 위해서는 하위개념 사이의 공통
의미와 대립의미에 관한 의미론적 고찰이 필요하다. 먼저 [인지적 행위]에
속한 동사는 '인간의 정신활동으로 구체적 움직임의 꼴이 없다'는 점에서
심리활동에 속하며 '물리적 행위'와 구별된다.[17) 세종전자사전의 [인지적
행위]개념은 코어넷의 [사고]개념에 대응한다. 코어넷의 [사고]는 [추상]의
하위부류 중 [물리적 행위], [사회적 행위], [자연 행위]와 동일 층위에 속하
는 [심리적 행위]의 하위 부류이다. [심리적 행위]에 속하는 동사들은 '감정'
이나 '의향', '사고'처럼 '인간의 정신활동을 통해 실현되는 행위'라는 의미
를 가지며, 심리적 상태 및 정서의 경험주체인 제 1논항은 대부분 경험주에
해당한다.

본고의 [인지적 행위]에 속한 동사는 그간 어휘의미론 분야에서 '인지동
사'로 분류되어 온 것이다. 변정민(2002)에서는 인지를 감각과 지각과 구분

된다. [인지적 행위] 및 여섯 개의 하위 개념에 대한 자세한 내용은 3.2에서 다룬다.

17) 최현배(1961), 최창렬(1980), 천기석(1984), 박선자(1990)등에서는 동사류(동사와 형용사를
포함한 서술어의 개념)의 상위 체계를 통사ㆍ의미적인 관점에서 분류하고 있다. 초기 연
구인 최현배(1961)에서는 동작의 유무와 관련하여 외현적 층위와 내재적 층위로 나누는
방식에 의거해 '유의유형', '유의무형' '자연작용', '생물상태'의 분류하고 있다.(이숙의,
2006 : 30-31) 세종전자사전의 [인지적 행위], 코어넷의 [정신]에 속하는 동사는 국어의
전통적인 분류에서 '유의무형'에 속하는 동사들로 볼 수 있다.

하고, '인지'의 개념을 '지각에서 더 내부적으로 들어와 상상하고 추리하는 등의 이성적 활동[18]'으로 규정하고 있다. 외부 대상에 의한 자극을 '감각'으로 감지하며, '지각'을 통해 객관적으로 인식하는 단계로 보았으며, '인지'는 지각 단계의 객관적 인식이 주관화되는 개념화 단계라고 제시하였다. 따라서 '인지'는 지각단계 이후에 일어나는 사고, 추론, 가정, 짐작 등의 정신 활동으로 정의된다. 황순희(2010 : 376)에서는 인지동사를 '인간의 내면적 심리과정과 인지단계의 양상을 표현하는 동사 부류'로 규정하고, 감각의 단계를 거치지 않고 인지과정으로 확장된 지각동사까지 인지동사에 포함하였으며, '생각하다', '알다', '판단하다', '믿다'를 기본 동사로 설정하고 관련동사의 하위 범주화를 시도하여 어휘의미망에 표상하고자 하였다.

[인지적 행위]의 한국어 학습용 어휘 '구별하다, 구분하다, 알아보다, 택하다, 참고하다, 달리하다, 눈뜨다, 깨닫다, 납득하다' 등 총 32개의 항목 역시 인지동사로 연구된 영역에 소속된 어휘들이다. 이런 점에서 [인지적 행위]에 속한 어휘들은 '외부 세계의 대상에 대한 지각이나 경험을 통해 일어나는 정신적 사고 활동 과정'이라는 공통의미를 가진다고 할 수 있다.

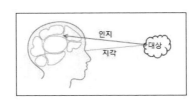

〈인지동사의 의미 표현〉

[인지적 행위] 개념은 행위주 또는 경험주의 인지과정과 개입요소에 따라 [식별], [이해], [탐색], [주의], [예상], [판단]으로 세분화된다. 이러한 각 하위 부류의 개념은 서로 다른 인지의미를 가진다. 각 하위 부류에 소속된 어

---

18) 변정민(2002 : 309 각주 2) 재인용

휘들은 기본의미 속성을 공유하며, 인지 대상의 수와 특성, 대상의 이동에 따른 공통된 인지의미를 가진다.

[표 2] [인지적 행위] 하위 개념과 의미[19]

개념	대표어휘	기본 의미 속성	공통 의미	인지 의미(도식)
식별	구별하다	'두 개' 이상 대상의 구분 및 분류에 관한 사고 활동	외부 세계의 경험 이후 어떤 대상이나 상황에 대해 일어나는 정신적 사고 활동	
이해	납득하다	'몰랐던 대상'을 사고 활동을 통해 알게 되는 과정		
탐색	모색하다	정해지지 않은 대상, 방법을 알아내기 위해 실마리를 찾는 사고 활동		
주의	집중하다	특정 대상에 관심을 두는 정신 활동		
예상	예상하다	경험에 기초해 미리 생각하는 정신 활동		
판단	판단하다	논리나 기준에 의해 대상에 대한 판정을 내리는 사고 활동		

'구별하다, 구분하다, 택하다'가 속한 [식별]은 '두 개 이상의 대상을 나누는 정신적 사고활동'의 개념이다. '공과 사를 구별하다', '읽을 책을 읽은 책과 구분하다', '이 중 하나만 택하세요' 같은 문장 안의 동사는 두 개 이상 섞여있는 대상들을 어떤 기준에 따라 나누는 것을 의미한다. 이때 행위, 즉 '구별'의 대상은 특정한 것이며, [식별]행위에 의해 분류된 대상은 [표 2]에서와 같은 인지의미를 공통적으로 가진다.

[이해]에 속하는 동사 '납득하다, 눈뜨다, 깨닫다' 등은 '행위 주체가 어떤

---

19) <표 2>는 [인지적 행위]의 하위 개념에 대하여 기본 의미 속성, 공통 의미, 인지 의미에 따라 정리한 것이다. 여섯 개의 하위 개념은 '외부 세계의 경험 이후 어떤 대상이나 상황에 대해 일어나는 정신적 사고 활동'이라는 [인지적 행위]의 속성을 공통으로 이어 받는다. 그러나 인지 의미 도식에서 대상의 수와 확실성(○, ● 표기), 이동, 화살표의 굵기 등이 달리 표현된 것처럼 각기 다른 속성을 가진 범주들로 구분된다.

대상을 인지 공간으로 받아들이는 행위'이다. '나는 그의 돌출행동을 납득하기 어려웠다'나 '학문에 눈뜨다', '나는 그것이 잘못임을 깨달았다'의 예에서 동사는 '외부 세계의 특정 대상이 행위 과정을 통해 내부 인지 공간으로 이동됨'을 의미한다. 몰랐던 대상에 대해 정신 활동을 통해 알게 됨으로써 결과적으로 대상이 외부 세계에서 내부 인지 공간으로 이동한 것이다. 따라서 인지 의미는 [구별]과는 다르게 특정 공간으로 대상의 이동에 초점이 있기 때문에 [표 2]의 두 번째 항목에서처럼 도식화가 가능하다.

[탐색]에 해당되는 '모색하다, 알아내다, 뒤지다'는 '정해지지 않은 대상이나 방법을 알아내기 위한 실마리를 찾는 행위'를 의미한다. [탐색]은 행위의 결과보다는 과정에 중점이 있으며, '지형을 탐색하다'나 '방법을 모색하다', '문제를 알아내다', '해결책을 뒤지다'의 예문에서처럼 대상에 해당하는 '방법, 문제, 해결책' 등은 아직 정해지지 않은 불확실한 것이라는 점에서 [식별]이나 [이해]와 구별된다. 따라서 [표 2]의 인지의미 도식에서 대상은 아직 불확실한 '○(빈 동그라미)'로 표시하였으며, 행위는 진한 화살표 '⤳'로 표현하고 있다.

[주의]는 '여러 대상 가운데 특정 대상에 집중된 행위'이다. 따라서 행위 결과가 아닌 과정에 중점이 있다는 점에서 [탐색]과 유사하지만 어떤 한 대상에 집중된 상태라는 점에서 다르다. [예상]은 '경험을 바탕으로 어떤 행위의 결과가 될 수 있는 대상을 미리 생각하는 행위' 개념이다. '예측하다, 내다보다, 연상하다, 예상하다'는 행위와 관련된 과거 경험이 반드시 전제된다는 점이 [인지적 행위]에 속한 다른 개념들과 다르다. 그러나 '비가 올 것을 예상하고 우산을 들고 나갔다'나 '중대장은 적이 지나갈 위치를 예상하여 아군을 배치하였다'와 같은 문장에서 '예상하다'의 대상에 해당하는 '비가 올 것'이나 '위치' 등은 아직 정해지지 않은 미래의 불확실한 것이다. [예상]과 [탐색]은 불확실한 대상을 향한 인지 행위라는 점에서 유사하다.

마지막으로 [판단]은 '논리나 기준에 의해 어떤 대상에 대한 판정을 대리는 사고 행위'로서 [식별]과 유사점이 있다. 그러나 [식별]에서는 '분류'가 필수 의미 속성인데, [판단]은 분류, 인정, 평가 등 대상의 가치에 대한 종합적 사고 행위라는 점에서 차이가 있다. 또 [식별]행위에는 [판단]이 선행될 수 있지만 [판단]은 반드시 [식별]을 선행 단계로 요구하지는 않는다는 점에서도 차이가 있다.

3.2.2. 어휘 정보 기술

최근 어휘교육에서는 개념의미뿐만 아니라 문맥의미의 습득에 관한 관심이 점차 높아지고 있다. 온톨로지는 읽기자료의 다양한 용례와 고빈도 연어관계, 특수한 문형 등에 관한 정보를 제공함으로써 문맥의미를 전달할 수 있다. 본 절에서는 개념관계에 기초한 어휘정의, 용례, 의미관계, 사용제약, 연어관계, 문법적 결합정보를 담은 고급단계 한국어 어휘교육용 온톨로지의 구축을 위해 [인지적 행위] 동사를 중심으로 자료를 수집하고 분석한 결과를 제시할 것이다.

가. 어휘 정의

[인지적 행위]에 속한 어휘는 <표준국어 대사전>의 풀이를 먼저 제시하고, 외국인 학습자 사전과 개념의 기본의미에 가까운 쉬운 풀이를 제공하고자 하였다.

한편 사전적 의미만으로는 어휘의 개념습득이 충분하지 않다. 특히 위처럼 동일 개념에 속하는 유의어는 외국인 학습자 어휘오류의 발생원인이 되기도 한다.

어휘	품	단	의미부위	정의
				1) 다른 사람의 말이나 행동, 형편 따위를 잘 알아서 긍정하고 이해하다. '알아듣다', '이해하다02'로 순화 <출처:표준국어대사전> 2)모르던 것을 알게 되다.
납득하다	동	C	인지적행위	1) 다른 사람의 말이나 행동, 형편 따위를 잘 알아서 긍정하고 이해하다. '알아듣다', '이해하다02'로 순화 <출처:표준국어대사전> 2)모르던 것을 알게 되다.
종합하다	동	C	인지적행위	1)여러 가지를 한데 모아서 합하다. <출처:표준국어대사전>
구별하다	동	C	인지적행위	1)성질이나 종류에 따라 갈라놓다. <출처:표준국어대사전> 2) 다른 점에 의해 나뉘다.
기억되다	동	C	인지적행위	1)일정한 기준에 따라 전체를 몇 개로 갈라 나누다.<출처:표준국어대사전> 2)일같은 점에 의해 나뉘다.
떠오르다	동	C	인지적행위	1)이전의 인상이나 경험이 의식 속에 간직되거나 도로 떠오르다 <출처:표준국어대사전> 2)잊지 않고 다시 생각으로 떠오르다.
파악하다	동	C	인지적행위	1)1.사물을 본질이나 이치 따위를 생각하거나 궁리하여 알게 되다 <출처:표준국어대사전> 2.감각 따위를 느끼거나 알게 되다 <출처:표준국어대사전> 2)모르던 것을 알게 되다.
파악나다	동	C	인지적행위	1) 어떤 생각에 깊이 빠졌다가 계정을 차리다. <출처:표준국어대사전> 2) 정신을 차리다.
내다보다	동	C	인지적행위	1)앞 일을 미리 헤아리다. <출처:표준국어대사전> 2)닥쳐올 일을 미리 생각하다.
논하다	동	C	인지적행위	1)1,의견이나 이론을 조리 있게 말하다. ≒논지하다[A2.─]1,2,그 글을 통해 따져 말하다. ≒논지하다1°2,<출처:표준국어대사전> 2)자세히 생각하여 말하다.
눈뜨다	동	C	인지적행위	1. 예상 알지 못하던 사물의 이치나 원리 따위를 깨달아가 되다 <출처:표준국어대사전>

[그림 4] [인지적 행위]의 학습용 어휘 정의

유의어 사용의 오류 발생을 줄이기 위해서는 어휘의 개념습득이 무엇보다 중요하다. 전술한 바와 같이 [인지적 행위]의 하위개념에 속하는 어휘들은 기본의미 속성과 인지의미를 공유한다는 점에서 유의어 관계에 있다. 이러한 유의어 관계의 어휘는 사전의미로는 구분이 어렵고 문맥상에서만 구별되는 경우가 많다.

'인식하다'와 '의식하다'는 [이해]에 속하면서 '몰랐던 대상을 사고 활동을 통해 알게 되는 과정'이라는 의미와 '내부세계로의 이동된 대상'에 의미의 중점이 있다는 점에서 유의어 관계에 있다.

> (1) <표준국어대사전>에서 '의식하다'와 '인식하다'
> 　가. 의식하다 : ① 어떤 것을 두드러지게 느끼거나 특별히 염두에 두다.
> 　　　　　　　　② 생각이 미치어 어떤 일이나 현상 따위를 깨닫거나 느끼다.
> 　나. 인식하다 : ① 사물을 분별하고 판단하여 알다

위의 사전의미를 참조하면 '의식하다'는 '인식하다'와 대조적으로 행위 이전에 어떤 대상이나 일에 관한 경험주의 주관적 [판단]과 같은 인지과정이 선행되어야 함을 알 수 있다.

또 이 두 어휘는 다음 예에서처럼 미묘한 의미 차이가 있다.

> (2) 가. 남의 눈을 의식하여 부드럽게 말한다.
> 　　나. #남의 눈을 인식하여 부드럽게 말한다.

    다. 역사를 제대로 인식하지 못하는 것은 미래가 없는 것과 같다.
    라. #역사를 제대로 의식하지 못하는 것은 미래가 없는 것과 같다.

'눈을 인식하다'와 '역사를 의식하다'와 같은 중립적인 문장은 문제가 없는 듯하나 (2나)와 (2라) 문맥에서의 쓰임은 어색하다.

    (3) 가. 그 일을 일부러 의식하다.
        나. *그 일을 일부러 인식하다.

또 (3)에서처럼 '인식하다'는 '일부러'와 같은 [고의성] 의미를 갖는 부사와는 함께 출현하지 못하는 점에서 '의식하다'와 다르다. (2)과 (3)의 예를 통해 두 어휘는 개념상 차이가 있음을 알 수 있다.

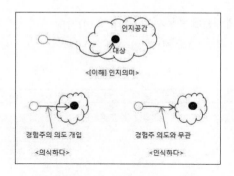

(3나)와 같은 비문은 '의식하다'는 외부세계의 대상이 내부의 인지공간으로 이동하기 전에 의식행위에 관한 경험주의 의도가 개입된다는 점을 보여준다. 반면 '인식하다'는 경험주의 의도개입과 상관없이 자극 또는 지각만으로도 행위가 성립할 수 있다. 학습용 온톨로지에서 모든 어휘에 대한 인지의미를 제공할 필요는 없다. 그러나 어휘사용에서 오류빈도가 높은 유의어군에 대하여는 위처럼 대조적인 의미를 참고할 수 있도록 온톨로지 구축에서 고려해야 한다.

나. 용례수집과 논항추출

용례분석[20]은 논항수집과 의미부류를 나누기 위한 기초자료가 된다. 어휘가 출현하는 문장패턴을 유형화하고 출현빈도에 따라 제시하기 위해서도 필요하다. 동사가 구성하는 문장의 격 정보를 중심으로 선행하는 논항 명사를 추출하였으며, 기본격틀 외에 조사와 결합하는 모든 명사나 명사형을 추출하여 문형의 출현빈도를 분석하였다. (4)는 [인지적 행위]의 [이해]에 속하는 '파악하다'가 쓰인 용례의 논항의 예이다.

(4) <p>박세당은 당시의 정치가 이와 같이 제도적인 모순이나 운영상의 폐단에 빠져있는 현상과 그 원인을 나름대로 파악했던 것으로 보인다.<p>
　　　조사 :　　　_은/는　　　　　　_와/과　　　　　　　_을/를
　　선행 논항(명사) : 박세당　　　　　　현상　　　　　　　　원인

[인지적 행위]에 속하는 동사의 용례를 (4)처럼 분석한 결과를 수집한 후 예문에서 논항 어휘를 추출하여 왼쪽에 정리한 자료의 일부이다.

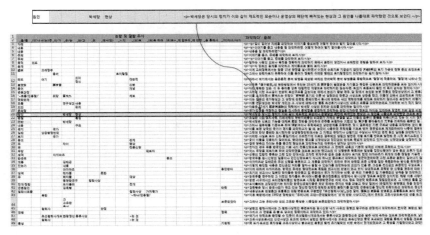

[그림 5] 용례와 논항 수집

---

20) 용례는 21세기 세종계획의 현대국어 문어 말뭉치를 활용하였다.

다. 논항과 문형분석

　다음으로 선택제약정보를 살펴보기 위해 세종전자사전과 코어넷을 참조하여 논항의 의미부류를 설정하였다. 해당 동사가 특정논항이 소속된 개념의 모든 어휘와 결합 가능한 경우에는 상위 개념명을, 개념 내 몇몇 어휘와만 결합하는 경우에는 더 하위 부류로 명사위계를 세분화하여 하위 개념명을 논항의 의미부류로 제시할 수 있다. 소속된 개념과 무관하게 결합하는 특수한 어휘의 경우에는 어휘 자체를 그대로 제시하였다.21)

_을/를	코어넷 참조 의미 부류(의식하다)										논항 의미부류	어휘 수
	depth 10	depth 9	depth 8	depth 7	depth 6	depth 5	depth 4	depth 3	depth 2	depth 1		
배고픔		기갈	기갈/포만	감각	정신	인간활동	일<추상>	추상물	추상	구체 추상	감각	19
답답해져옴			느낌<감각>	감각	정신	인간활동	일<추상>	추상물	추상	구체 추상		
삭막함			느낌<감각>	감각	정신	인간활동	일<추상>	추상물	추상	구체 추상		
근질근질해짐			느낌<감각>	감각	정신	인간활동	일<추상>	추상물	추상	구체 추상		
두려움			느낌<감각>	감각	정신	인간활동	일<추상>	추상물	추상	구체 추상		
메어옴			느낌<감각>	감각	정신	인간활동	일<추상>	추상물	추상	구체 추상		
전율			느낌<감각>	감각	정신	인간활동	일<추상>	추상물	추상	구체 추상		
곤혹스러움			느낌<감각>	감각	정신	인간활동	일<추상>	추상물	추상	구체 추상		
끼침			느낌<감각>	감각	정신	인간활동	일<추상>	추상물	추상	구체 추상		
현도감			느낌<감각>	감각	정신	인간활동	일<추상>	추상물	추상	구체 추상		
시장기			느낌<감각>	감각	정신	인간활동	일<추상>	추상물	추상	구체 추상		
전율			느낌<감각>	감각	정신	인간활동	일<추상>	추상물	추상	구체 추상		
베어남			느낌<감각>	감각	정신	인간활동	일<추상>	추상물	추상	구체 추상		
모멸감			느낌<감각>	감각	정신	인간활동	일<추상>	추상물	추상	구체 추상		
끼침			느낌<감각>	감각	정신	인간활동	일<추상>	추상물	추상	구체 추상		
외로움			느낌<감각>	감각	정신	인간활동	일<추상>	추상물	추상	구체 추상		
느낌			느낌<감각>	감각	정신	인간활동	일<추상>	추상물	추상	구체 추상		
떨림			느낌<감각>	감각	정신	인간활동	일<추상>	추상물	추상	구체 추상		
죄어옴			느낌<감각>	감각	정신	인간활동	일<추상>	추상물	추상	구체 추상		
~라는 것			기타 사건	사건	사실/현상	인간활동	일<추상>	추상물	추상	구체 추상	사건	16
~다는 것			기타 사건	사건	사실/현상	인간활동	일<추상>	추상물	추상	구체 추상		
~는 것			기타 사건	사건	사실/현상	인간활동	일<추상>	추상물	추상	구체 추상		
~ㄴ 것			기타 사건	사건	사실/현상	인간활동	일<추상>	추상물	추상	구체 추상		
~는 것			기타 사건	사건	사실/현상	인간활동	일<추상>	추상물	추상	구체 추상		
사실			기타 사건	사건	사실/현상	인간활동	일<추상>	추상물	추상	구체 추상		
~는 것			기타 사건	사건	사실/현상	인간활동	일<추상>	추상물	추상	구체 추상		
~라는 것			기타 사건	사건	사실/현상	인간활동	일<추상>	추상물	추상	구체 추상		
관심		관심	주의/방심	사고<정신>	정신	인간활동	일<추상>	추상물	추상	구체 추상	관심	12
시선		관심	주의/방심	사고<정신>	정신	인간활동	일<추상>	추상물	추상	구체 추상		
눈돌		관심	주의/방심	사고<정신>	정신	인간활동	일<추상>	추상물	추상	구체 추상		
눈길		관심	주의/방심	사고<정신>	정신	인간활동	일<추상>	추상물	추상	구체 추상		

---

21) 프레임넷을 참조하자면, 유사한 개념에 해당되는 두 동사라고 하더라도 동사가 형성하는 프레임의 개념화를 잘 설명하기 위해서, 논항(핵심구성요소)에 관한 의미부류를 보다 구체적으로 세분화하여 제시하고 있다.

_들/들	depth 10	depth 9	depth 8	depth 7	depth 6	depth 5	depth 4	depth 3	depth 2	depth 1	논항 의미분류		어휘 수
단절				문제	논리/의미	지적생산물(사고/학습)	추상물(정신)	추상물	추상	구체추상	지적생산물		
독자				문제	논리/의미	지적생산물(사고/학습)	추상물(정신)	추상물	추상	구체추상			
독자				안	논리/의미	지적생산물	추상물(정신)	추상물	추상	구체추상			
모델					원리	지적생산물	추상물(정신)	추상물	추상	구체추상			
모순					의미	지적생산물	추상물(정신)	추상물	추상	구체추상			
현장임					논리/의미	지적생산물	추상물(정신)	추상물	추상	구체추상			
문제			진화	진위	논리/의미	지적생산물	추상물(정신)	추상물	추상	구체추상	추상물(정신)		14
문제			실제	진위	논리/의미	지적생산물	추상물(정신)	추상물	추상	구체추상			
문학						창작물(언어)	추상물(정신)	추상물	추상	구체추상			
문학						창작물(언어)	추상물(정신)	추상물	추상	구체추상			
문학					소설	창작물(언어)	추상물(정신)	추상물	추상	구체추상	창작물		
문학						창작물(언어)	추상물(정신)	추상물	추상	구체추상			
문학상황						창작물(언어)	추상물(정신)	추상물	추상	구체추상			
민족							추상물(정신)	추상물	추상	구체추상	(문화)		
~다는 것			실황	상황	양상	상태	존재	추상적 관계	추상	구체추상			
~라는 점			실황	상황	양상	상태	존재	추상적 관계	추상	구체추상			
6·25			실황	상황	양상	상태	존재	추상적 관계	추상	구체추상			
계급			실황	상황	양상	상태	존재	추상적 관계	추상	구체추상			
계급			실황	상황	양상	상태	존재	추상적 관계	추상	구체추상			
고리			사정	상황	양상	상태	존재	추상적 관계	추상	구체추상	상황		12
고리			실황	상황	양상	상태	존재	추상적 관계	추상	구체추상			
공간임			실황	상황	양상	상태	존재	추상적 관계	추상	구체추상			
국면			실황	상황	양상	상태	존재	추상적 관계	추상	구체추상			
국문학연구			실황	상황	양상	상태	존재	추상적 관계	추상	구체추상			
그것			실황	상황	양상	상태	존재	추상적 관계	추상	구체추상			
근대			실황	상황	양상	상태	존재	추상적 관계	추상	구체추상			
민족사						속성	성질	추상적 관계	추상	구체추상			
방법						속성	성질	추상적 관계	추상	구체추상			
변화						속성	성질	추상적 관계	추상	구체추상			
변화						속성	성질	추상적 관계	추상	구체추상	속성		9
부재함						속성	성질	추상적 관계	추상	구체추상			
사실						속성	성질	추상적 관계	추상	구체추상			

[그림 6] '의식하다'와 '인식하다' 논항 의미분류

예를 들어 [인지적 행위]-[이해]에 속하는 '의식하다'와 '인식하다'는 기본 격틀이 'N1_(이)가 N2_(을)를 V'로 N2의 출현이 필수적이다. [그림 6]은 온톨로지에서 두 동사가 결합하는 논항의 의미분류에 관한 정보를 제공하기 위해 각 어휘가 속하는 개념을 코어넷 체계와 대조한 후 깊이(depth)10까지 재분류한 자료의 일부이다.

유의어 관계에 있는 두 동사는 유사한 의미의 논항과 결합하지만 일치하지는 않는다. 학습자가 유의어의 논항정보에 관한 지식이 부족할 경우 어휘 오류가 발생하는 원인이 된다.

(5)[22]가. *공부의 중요성을 의식해야(√인식해야) 한다.
　　나. *사실을 의식할 때(√인식했을 때) 이미 늦었다.
　　다. *문제의 심각성을 의식했습니다(√인식했습니다).

---

22) 예문은 한국어 연수과정 고급단계(6급) 수강생들에게 34개 동사의 문장을 생성하게 한 결과에서 발췌한 예이다.

(5)의 오류는 학습자가 두 단어를 '무엇을 생각하다'와 같은 단순 정의 수준에서 이해하고 문맥의미를 파악하지 못했기 때문이다. '인식하다'와 '의식하다'의 논항 의미부류를 빈도에 따라 제시하는 것은 유의어 관계에 있는 각 어휘의 미세한 개념차이를 인식하는 데 도움이 된다. 이를 위해 두 어휘가 출현하는 용례 일부를 분석한 결과 조사 '_을/를'에 선행하여 결합하는 N2 논항의 의미 부류를 제시할 수 있다.

[표 3] '의식하다'와 '인식하다'의 논항 의미 부류

어휘	논항의미부류			어휘수	어휘	논항의미부류	어휘수
인식하다	지적생산물 창작물 {문화}		추상물(정신)	14	의식하다	감각	19
	상황			12		사건	16
	속성			9		관심	12
	역사			8		인간	6
	사건			5		장소<구체>	6
	작용			5		자아	3
	관계			4		관련	3
	사람			4		감정	3
	생사			4		지적생산물	3
	감각			2		발생/소멸	3
	등급			2		속성	3
	범위			2		존재	3
	지역			2		상황	2
	존재			2		기상<기상/천체현상>	2
	자본/금전			2		신체	2
	인과			2		{몫}	1
	수량			2		{인식}	1
	유형			1		{숨결}	1
	{다이아몬드}			1		{코스모스들}	1
	{서비스}			1		{생활}	1
	활동			1		기타	6

'인식하다'는 '문학, 소설, 시가' 등과 같은 [지적생산물]이나 [창작물]이나 '문화'와 같은 [추상물(정신)]과의 결합 빈도가 가장 높다. '비평의 공적 영역을 이루려는 제반 노력이 부재함을 인식하다'와 같은 문장처럼 [상황]에 속하는 명사나 명사형을 N2로 취하는 예도 많이 보인다. 반면 '의식하다'는 '그는 등줄기를 타고 내리는 세찬 전율을 의식했다'와 같은 예에서처럼 '죄어옴, 두려움, 떨림, 전율' 등 [감각]에 속하는 어휘와의 결합이 빈번하다.

한편 학습 단계별 동사 문형의 출현 빈도에 관한 정보는 모국어 화자가 구체적으로 어떤 패턴을 선호하는가를 반영한다. 따라서 학습자가 현대 한국어 동사의 사용경향을 파악하는 데 유익하며, 한국어 교사들에게도 동사 어휘가 구성하는 문형의 교수순서를 정하는 참고자료로 활용 가능하다. 위의 '의식하다'와 '인식하다'의 용례를 각 100개씩 격틀구조에 따라 분석한 결과, 문형의 출현빈도는 다음과 같다.

[표 4] '의식하다'와 '인식하다'의 문장패턴과 출현빈도

	의식하다		인식하다	
	패턴	출현빈도	패턴	출현빈도
패턴 정보	_도_을/를	1	_(으)로_에 대하여	1
	_만	1	_(으)면_을/를	1
	_에서(는)_을/를	1	_도_(으)로	1
	_와/과_까지	1	_도_을/를	1
	_와/과_을/를	3	_란_을/를	1
	_은/는_와/과_을/를	1	_에서(는)_을/를	1
	_은/는_을/를	43	_에서(는)_을/를_(으)로	1
	_은/는_을/를_(으)로	3	_은/는_(으)로	3
	_은/는_을/를_에	1	_은/는_와/과_(으)로_에서	1
	_은/는_을/를_에서	2	_은/는_와/과_을/를	3
	_을/를	17	_은/는_와/과_을/를_(으)로	1
	_을/를_(으)로	3	_은/는_와/과_을/를_에서	1

_을/를_에	1	_은/는_을/를	7
_이/가	1	_은/는_을/를_(으)로	27
_이/가_도	1	_은/는_을/를_에서	2
_이/가_와/과_을/를	1	_은/는_을/를_을 통하여	1
_이/가_을/를	16	_은/는_을/를_을 통하여	8
_이/가_을/를_(으)로	1	_을/를	
_을/를_에 대해	1	_을/를_(으)로	10
		_을/를_(으)로_에서	2
		_을/를_(이)라고/다고	1
		_을/를_로 하여금	1
		_을/를_에서	1
		_을/를_에서_(이)라고/다고	1
		_이/가	3
		_이/가_(이)라고/다고	3
		_이/가_에 대하여	1
		_이/가_은/는_(으)로	1
		_이/가_은/는_와/과_을/를	1
		_이/가_은/는_을/를	1
		_이/가_을/를	9
		_이/가_을/를_(으)로_에서	1
		_이/가_을/를_에서	1
		부사어	1

외국인을 위한 한국어 학습사전에서 '인식하다'의 격틀구조는 'N1가 N2
를 V'가 먼저 제시되어 있으며, 다음으로 'N1_가 N2_를 N3_로 V'가 제시
되고 있다. 그러나 어휘학습을 위한 교육용 온톨로지라는 특수성을 감안한
다면 어휘개념의 참고정보로서 고빈도 문형정보를 제시하여 학습자가 한국
어 동사의 실제 사용양상을 익히는데 도움을 주고자 제시할 수 있다. '의식
하다'는 'N1은/는(이/가) _ N2을/를 V(59회)'의 기본 격틀구조가 월등히 높
게 출현한다. 그러나 유의어 관계에 있는 '인식하다'는 'N1은/는_ N2을/를_
N3(으)로 V'처럼 '(으)로'앞에 N3가 출현하는 문형이 47회로 가장 높은 빈
도를 보인다.

일반 온톨로지는 개념 정의, 개념 간 관계 설정, 개념 내 소속된 어휘 정보를 중심으로 구축되며, 출현문형의 빈도는 온톨로지 구성요소에서 제외된다. 그러나 본고에서 제안하는 온톨로지는 모국어 화자가 아닌 외국인의 어휘학습을 위한 도구라는 특수성을 지니므로 출현빈도를 개념에 소속된 어휘 정보에 부가적으로 제공하는 것이 학습자의 자연스러운 어휘 사용에 유용한 정보로 적용될 것이다.

4. [인지적 행위]의 교육용 온톨로지 구축

본 장에서는 [인지적 행위]의 교육용 온톨로지 구축 방안을 구체적으로 제시하기 위해 앞에서 수집·분석된 자료를 바탕으로 '술어-논항의 개념 위계 설정', '개체 소속', '어휘 정보 입력', '관계 설정'를 prótége[23]로 작성하면 다음과 같다.

가. 술어(동사)-논항(명사) 개념 위계 설정

앞서 698개 중 643개의 동사[24]가 속한 개념 100개에 관한 동사위계를 작성하였으며, [인지적 행위]는 6개의 하위개념 이외에도 [구별], [다름], [대조], [선택] 등 15개의 개념으로 세분화하였다.

---

23) http://protege.stanford.edu/ 참조, 본고에서는 prótége 4.1을 사용하였다.
24) 세종전자사전에 의미부류가 없거나 등록되어 있지 않은 어휘 46개 제외한 것이다.

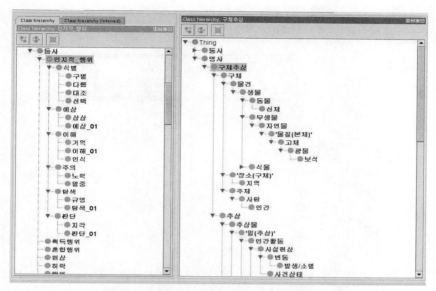

[그림 7] [인지적 행위]의 술어-논항 개념 체계

prótege의 개념체계(Class hierarchy)에 동사·명사 개념층위를 위처럼 생성하였다. 왼쪽은 [인지적 행위]에 속한 동사의 개념체계이며, 오른쪽은 논항에 해당하는 명사 개념체계이다. 명사체계는 [인지적 행위]에 해당하는 동사가 결합하는 논항어휘와 의미부류를 분석한 결과([그림 6]의 자료)를 통해 생성하였다. 명사 개념체계는 코어넷 체계를 활용하였으며 대부분 [구체] 또는 [추상]-[추상물]의 하위 개념에 해당되는 것들이다.

나. 술어(동사)-논항(명사) 개체 소속

[그림 8]처럼 동사와 명사 개념에 실제 어휘(individual)를 생성하였다.

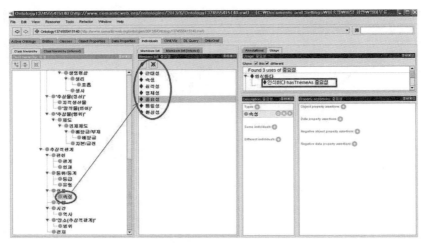

[그림 8] 개체 생성

위 그림은 [속성]에 '근대성, 속성, 심각성, 정체성, 중요성, 통일성, 환상성'과 같은 성질을 표현하는 명사가 개체로 소속되어 있음을 보여준다. 개체의 생성은 다음과 같은 용례 분석을 통해 가능하다.

(6) 가. <p>농업의 중요성을 새롭게 인식하고 절망과 자포자기에 빠진 농민들에게 희망을 주는 풍토와 정책이 이루어져야 한다.</p>

　　나. <p>그럼으로써 사용자 스스로 그 심각성을 인식하고 이를 예방하기 위한 최소한의 대비책 마련을 모색해 보기 바란다.</p>

　　다. <p>한글 세대가 자신들의 세대적 정체성을 인식하며 그 이후의 역사에서 담당해야 할 몫이 바로 이 부분, 특히 의식의 변화였다.</p>

위의 예에서 '인식하다'는 '중요성', '심각성', '정체성'과 결합하며 모두 [속성]에 해당하는 어휘들이다.

다. 개념 및 개별어휘정보 입력

3.2.에서 다룬 [인지적 행위]와 하위 개념, 개별어휘에 대한 개념 및 어휘정보를 [그림 9]처럼 삽입하였다. '인식하다'의 어휘정보는 '정의', 논항의 의미부류, 문형정보, 오류 문형에 관한 내용을 담고 있다.

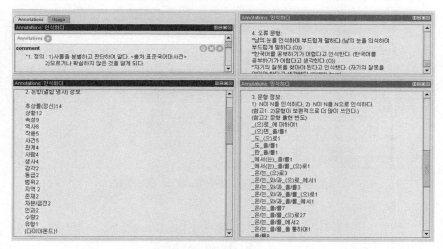

[그림 9] 어휘 정보 입력

'어휘 정의'에는 출처와 함께 사전의미와 쉬운 풀이를 함께 제공하며, 동사가 결합하는 명사의 의미부류를 빈도에 따라 보여준다. 문형정보에는 기본 격틀과 함께 많이 사용하는 문형에 대한 참고 자료를, 오류 문형 정보에는 오류 문장과 올바른 문장을 제시한다.

라. 의미 관계 설정

prótége에서 상·하위 관계는 'isMemberOf'나 'hasMember' 속성(propert-ies)으로 연결된다.

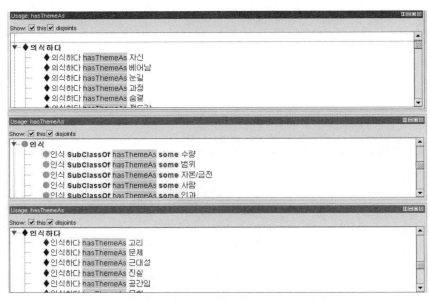

[그림 10] 어휘–어휘, 개념–개념 간의 관계 설정

'_을/를'과 결합하는 논항 명사는 동사와 'hasThemeAs'로 연결하여 각 어휘의 의미관계를 설정하였다. '의식하다'의 경우 '자신', '베어남', '눈길', '과정', '숨결' 등의 어휘와 'hasThemeAs'로 연결된다. 또한 [인식]의 하위 개념에 속하는 동사 어휘는 [수량], [범위], [자본/금전], [사람], [인과] 개념에 속하는 명사 어휘의 일부를 대상(theme)으로 취함을 알 수 있다.

이와 같은 개념과 어휘 간의 의미 관계에 의해 구축된 온톨로지는 [그림 11]과 같은 개념 그래프로 의미 관계를 표현한다. 개념을 연결하는 화살표의 색깔과 방향은 개념 관계를, 화살표 방향은 'has subclass' 관계를 표현한다.

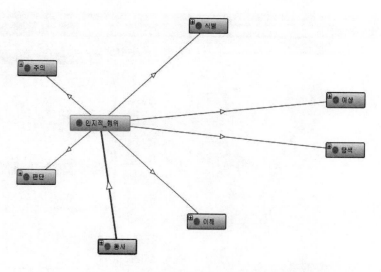

[그림 11] [인지적 행위]의 개념 관계 그래프

위의 개념 관계는 [인지적 행위]와 6개의 하위 개념과의 연결 관계를 표현하고, 하위 개념은 더 세분화된 개념과 연결되어 표현된다.

이와 함께 개념과 개념, 개념과 어휘, 어휘와 어휘 간의 의미 관계도 표현한다. 아래 [그림 12]에서 [인지적 행위]의 하위 개념인 [이해]는 'has subclass'로 더 세분화된 개념 [인식]과 연결된다. [인식]에 속한 어휘는 'hasThemeAs'의 의미관계에 의하여 화살표로 연결된 각 개념의 어떤 어휘(subclass some)와도 연결된다. 또 [인식]은 '의식하다', '인식하다'와 'has individual'의 관계로 연결되어 두 어휘가 [인식]의 개념에 소속된 개체라는 점도 보여준다.

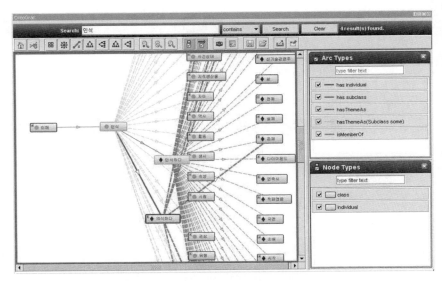

[그림 12] [인지적 행위]-[이해]-[인식]의 개념과 개체 관계 그래프

온톨로지 그래프는 '의식하다', '인식하다'와 결합 가능한 명사 어휘 정보를 보여준다. 위 그래프는 '의식하다'가 명사 어휘 '존재'와 결합함을 보여주고, '존재'가 [생사]의 개념에 해당된다는 점을 표현한다. 이러한 유의어 관계에 있는 어휘개념과 논항정보를 종합적으로 파악할 수 있다는 점이 여타의 어휘교육 자료와 구별되는 온톨로지만의 특징 중 하나이다.

5. 결론

어휘를 안다는 것은 어휘의 실제 쓰임, 그 어휘와 연결된 다른 의미, 그 어휘에 대한 언어사용자의 사고, 즉 개념을 안다는 것이다. 모든 언어 연구자 또는 언어교육자들이 이미 충분히 인지하고 있듯이, 어휘 습득은 사전적 정의와 문법 정보 이상의 개념 습득이다. 온톨로지는 인간의 마음을 조직화한 개념간의 연결망으로 개념과 개념 사이의 관계를 기술한다. 유형론적 분류뿐 아니라 어휘의 스키마까지 포함하며 해당 언어의 문화 모형을 반영한다.

교육용 온톨로지는 어휘정보를 평면적으로 기술하는 사전보다 개념습득에 유익하고, 개념을 통한 한국어 화자의 표준적인 인식과 문화 이해에 유용하다.

외국인 학습자의 어휘 학습에서 교육용 온톨로지의 활용도를 높이기 위해서는 온톨로지의 구축 이후, 학습자가 이해 가능한 개념 및 어휘 정보 제공, 단계별 학습자가 이해 가능한 어휘를 담은 용례 수록, 개념 및 개별 어휘에 관한 통합적인 어휘 정보 제공과 관련한 사항이 고려되어야 한다. 대부분 온톨로지상의 용어와 개념 및 어휘 관계는 학습자들이 이해하기 어렵다. 앞서 제시한 'is member of'나 'has individual', 'has theme as' 등이 대표적이다. 교육용 온톨로지에서는 '하위어', '상위어', '목적어' 등 학습자가 이해 가능한 문법 용어를 사용해야 하며, 이러한 용어와 약호를 한국어 학습자가 이해할 수 있는 수준에서 풀이한 도움말도 구성해야 한다.

한편 학습자의 단계를 고려한 예문으로 자료를 구성해야한다. 따라서 학습용 어휘 목록에서 동사를 제외한 명사, 부사 등에 관한 어휘도 검토해야 하며, 이를 위해 한국어 교재 코퍼스를 구축하여 활용할 수 있다. 또한 학습자가 특정 어휘를 검색할 경우 전체 개념 체계를 통합적으로 이해할 수 있는 화면을 제공해야 한다. 이때 일반 웹사전과 같이 음운, 형태, 의미, 통사 정보 등을 간결하게 제시해야 하며, 어휘 정보 이외에도 사진이나 그림 등의 참조 자료를 담고 있으면 유용할 것이다.

참고문헌

국립국어원. 2003.「한국어 학습용 어휘 목록」.

김유미. 2002. "학습자 말뭉치를 이용한 한국어 학습자 오류 분석 연구",「외국어로
　　　　서의 한국어 교육」27, 연세대학교 언어교육연구원 연세대 학당,
　　　　pp.142-167.

김창구 역. 2012.「I.S.P Nation의 외국어 어휘의 교수와 학습」, 소통.

박선자. 1990. "우리말 풀이씨 뜻 바탕의 설정 근거와 큰 갈래 바탕",「주시경학보」
　　　　5, 7, 주시경 연구소

백봉자. 2006.「외국어로서의 한국어문법사전」, 하우.

변정민. 2002. "인지 동사의 범주",「한국어학」16, 한국어학회, pp.307-332.

서상규・유현경・남윤진. 2002. "한국어 학습자 말뭉치와 한국어교육",「한국어교육」
　　　　13-1, 국제한국어교육학회, pp.127-156

서상규・백봉자・강현화・김홍범・남길임・유현경・정희정・한송화. 2006.「외국인
　　　　을 위한 한국어 학습 사전」, 신원프라임.

신현숙. 2000.「현대 한국어 학습사전」, 한국문화사.

신현숙. 2011. "의미망을 활용한 한국어 어휘 교육",「한국어교육」9-2, 국제 한국어
　　　　교육학회, pp.449-479.

이숙의. 2006. "한국어 동사 의미망 구축 연구", 충남대학교 박사학위논문.

이숙의. 2006. "한국어 동사 의미망 구축을 위한 상위 개념 분류",「언어연구」22-1,
　　　　한국 현대 언어학회, pp.131-153.

이숙의. 2010. "어휘교육 자료로서의 어휘의미망 활용에 관하여",「한국어 교육」
　　　　21-2, 국제 한국어 교육학회, pp.141-165.

이숙의. 2013. "중국인 학습자의 쓰기 자료 분석을 통한 어휘 교육 자료 구성 방안-
　　　　한・중 어휘의 개념 차이에 따른 오류를 중심으로-",「한국어학」58,
　　　　한국어학회. pp.159-199.

이숙의. 2013.「한국어 동사 온톨로지 구축 연구」, 역락.

이준호. 2008. "한국어 어휘 교육 연구사-학위 논문을 중심으로-",「문법교육」9, 한
　　　　국문법교육학회.

이유경. 2012. "외국인 학습자 개별 학습을 위한 한국어 어휘 의미망 사전 개발 방
　　　　안,「이중언어학」49, 이중언어학회, pp.243-268.

이현희. 2008. "한국어 동사의 어휘학습 자료 구성 방안 연구-wordnet 구성을 이용한 한국어 이동 동사 어휘망을 기반으로.", 「국어문법」 8, 한국문법교육학회, pp.191-218.

임지룡. 1997. 「인지의미론」, 탑출판사.

임지룡·김동환 역. 2010. 「인지언어학 개론」, 태학사.

임형재. 2011. 「중국어 화자를 위한 한국어학습사전」, 한국외국어대학교 출판부.

조민정·봉미경·손혜옥·전후민. 2012. 「학습자를 위한 한국어 유의어 사전」, 도서출판 박이정.

조현용. 2005. "어휘교육의 연구사와 변천사", 「한국어 교육론」 2, 한국문화사.

조형일. 2006. "한국어 어휘의 교육용 시소러스 개발 방안 연구", 「선청어문」 34, 서울대학교 국어 교육과, pp.161-177.

천기석. 1983. "국어의 동작동사와 상태동사의 체계 연구", 경북대학교 박사학위논문.

최기선. 2005. 「다국어 어휘의미망」, 한국과학기술원 전문용어언어공학연구센터.

최창렬. 1980. "국어 의미구조에 관한 연구", 전북대학교 박사학위논문.

최현배. 1961. 「우리말본」, 정음사.

황순희. 2010. "인지동사의 의미분류와 어휘의미망 표상", 「언어연구」 26-2, 현대언어학회, pp.373-405.

| 이 논문은 한국어의미학 43집(2014, 한국어의미학회)에 게재된 논문을 재수록한 것입니다.

집필자 소개(논문 게재 순)

임지룡 경북대학교
이정택 서울여자대학교
나익주 전남대학교
이건환 목포해양대학교
김진해 경희대학교
박재연 아주대학교
이동혁 부산교육대학교
정수진 경북대학교
신명선 인하대학교
장경현 조선대학교
김한샘 연세대학교
채　완 동덕여자대학교
윤석민 전북대학교
강보유 중국 복단대학교
이기갑 목포대학교
남명옥 중국 길림공상대학교
최경봉 원광대학교
정주리 동서울대학교
이숙의 충남대학교

국어의미론의 새로운 인식과 전개 3
국어의미론의 접목과 확장

초판 인쇄 2016년 2월 5일
초판 발행 2016년 2월 15일
편저자 윤평현 선생 정년퇴임 기념논총 간행위원회
펴낸이 이대현
펴낸곳 도서출판 역락
주　소 서울시 서초구 동광로 46길 6-6 문창빌딩 2층
전　화 02-3409-2058, 2060
팩　스 02-3409-2059
등　록 1999년 4월 19일 제303-2002-000014호
이메일 youkrack@hanmail.net

정가 40,000원
ISBN 979-11-5686-295-6 94710
　　　979-11-5686-292-5 (전3권)

* 파본은 구입처에서 교환해 드립니다.

이 도서의 국립중앙도서관 출판예정도서목록(CIP)은 서지정보유통지원시스템 홈페이지(http://seoji.nl.go.kr)와 국
가자료공동목록시스템(http://www.nl.go.kr/kolisnet)에서 이용하실 수 있습니다.(CIP제어번호: CIP2016003538)